W0233767

DAS KARL-MAY-LESEBUCH

EINE AUSWAHL DER SCHÖNSTEN GESCHICHTEN

KARL-MAY-VERLAG
BAMBERG · RADEBEUL

Inhalt

Genehmigte Sonderausgabe für Verlagsgruppe Weltbild GmbH,
Steinerne Furt, 86167 Augsburg
Originalausgabe © 2012 Karl-May-Verlag GmbH, Bamberg
Alle Rechte vorbehalten
Umschlaggestaltung: Torsten Greis/pinta nach Motiven von Carl Lindeberg
Gesamtherstellung: CPI-Ebner & Spiegel, Ulm
Printed in Germany
978-3-8289-4529-6

Einkaufen im Internet
www.weltbild.de

Vorwort

Karl May (1842–1912) ist nicht nur der meistgelesene deutschsprachige Schriftsteller, sondern hat auch die Vorstellungen ganzer Generationen vom Leben und Schicksal der Indianer und von jenen Weltgegenden, die wir summarisch ‚den Orient‘ nennen, entscheidend und bis heute anhaltend geprägt. Das ungewöhnlich große Interesse und die Sympathie, die die amerikanischen Ureinwohner gerade in Deutschland genießen – nicht zuletzt ein Verdienst Karl Mays. Aber Karl May ist noch viel mehr als der Vater von Old Shatterhand und Winnetou, Kara Ben Nemsi und Hadschi Halef Omar. Zu seinem Werk gehören weitere Abenteuer aus aller Herren Länder genauso wie historische Erzählungen, humoristische und kriminalistische Geschichten aus der sächsischen Heimat, Gedichte, die symbolischen Erzählungen des Spätwerks und aufschlussreiche autobiografische Schilderungen und Lebenserinnerungen.

Einen Überblick über diese Vielfalt will das vorliegende Lesebuch bieten und damit zum Entdecken der vielen Facetten Karl Mays einladen. Wie jede Auswahl muss es sich beschränken und kann nicht alle Seiten des Gesamtwerks beinhalten, doch denken wir, einen repräsentativen Querschnitt durch Mays schier unerschöpfliche Räume der Fantasie zu bieten.

In der allgemeinen Bekanntheit liegen die Geschichten um Winnetou sicher noch ein kleines Stück vor den Orienterzählungen. Dabei hat May den morgenländischen Schauplätzen im Gesamtwerk sogar mehr Platz eingeräumt als den Prärien und Felsengebirgen Nordamerikas. Unsere Rundreise durch den Mayschen Kosmos beginnt daher auch mit einem der ersten Abenteuer des kleinen Halef und seines ‚Sihdi‘ Kara Ben Nemsi.

In Abraham Mamurs Gewalt führt uns nach Ägypten, an die Ufer des Nils. Die Erstfassung dieser in sich abgeschlossenen Episode entstand 1881 für die Zeitschrift *Deutscher Hausschatz*, 1892 ging sie in *Durch die Wüste,* Band 1 der *Gesammelten Reiseerzählungen* ein, jener zu Mays Lebzeiten 33-bändigen Reihe, die den Grundstock der heutigen *Gesammelten Werke* bildet.

Die darauf folgende, in Missouri spielende Geschichte vom *Prayer-man* ist ein Auszug aus der 1897 verfassten Reiseerzählung *Weihnacht* (Band 24), für viele Freunde und Kenner eines der besten Wildwestabenteuer Mays überhaupt.

Mit *Mein Rih* geht es wieder in orientalische Gefilde, in die Berge Kurdistans. Dieses letzte Kapitel von Band 6, *Der Schut*, hat May 1892 eigens für die Buchausgabe geschrieben.

Die Söhne des Upsaroka ist eine eigenständige kleinere Indianer-Geschichte mit Winnetou und Old Shatterhand aus dem Jahre 1898, die heute im Band 48, *Das Zauberwasser*, zusammen mit anderen kürzeren Geschichten aus aller Welt enthalten ist. Sie spielt in und um die Black Hills in Montana.

Südamerika hat May nur dreimal in seinem Schaffen als Schauplatz gewählt: neben der Jugenderzählung *Das Vermächtnis des Inka* (Band 39) im zweiteiligen Abenteuer *Am Rio de la Plata / In den Kordilleren* (Bände 12/13) und 1894 in der hier vorliegenden Geschichte *Auferstehung* aus Band 48.

Doch nicht immer schweifte der Autor in die Ferne. In der frühen Schaffenszeit entstanden etliche Dorfgeschichten, Humoresken und historische Novellen aus seinem engeren und weiteren heimatlichen Umfeld. Fürst Leopold I. von Anhalt-Dessau (volkstümlich der ‚Alte Dessauer‘ genannt) hat May mehrere, meist komödiantisch angelegte, Prosastückchen gewidmet, so auch *Seelenverkäufer* von 1876. Band 42, der u. a. diese Geschichte enthält, trägt daher auch den Titel *Der alte Dessauer*.

Eine der frühesten literarischen Arbeiten Mays im vorliegenden Lesebuch ist die erzgebirgische Dorfgeschichte *Der Samiel* aus dem Jahre 1877. Als Faksimile des Erstdrucks findet sich dieses kleine Melodram um verschmähte und belohnte Liebe und um einen unheimlichen Wildschützen in Band 43, *Aus dunklem Tann*.

Weit zurück in der Geschichte, nämlich ins frühe 15. Jahrhundert, griff der Erzähler bereits 1876/77 in dem ursprünglich als *Der beiden Quitzows letzte Fahrten* erschienenen Historienroman um den Konflikt zwischen Markgraf Friedrich von Hohenzollern und den brandenburgischen Adelsgeschlechtern unter Führung der Ritter von Quitzow. Da nicht alle Teile dieses Romans von May stammen, enthält Band 69 unter dem Titel *Ritter und Rebellen* nur die von ihm verfassten Abschnitte, darunter die völlig in sich geschlossene Episode *Der Falkenmeister*.

Die Geschehnisse um *Die Rache des Ehri* hat May mehrfach überarbeitet und in teilweise deutlich voneinander abweichenden Versionen veröffentlicht. Wir haben diejenige Fassung des Südsee-Abenteuers ausgewählt, die sich seit 1894 im Band 11, *Am Stillen Ozean*, befindet.

Von subtropischen, sonnendurchfluteten Gestaden springen wir nun in den hohen Norden, ins tief vereiste und verschneite Lappland. Auch in dieser unwirtlichen Gegend finden Mays Helden im 1883 geschriebenen *Der Talisman* (heute in Band 23 *Auf fremden Pfaden*) Gelegenheit ihre Kenntnisse und Fähigkeiten unter Beweis zu stellen.

Mit einer kleinen Auswahl spaßiger Ereignisse aus den Bänden 35 *Unter Geiern* und 37 *Der Ölprinz* geht es in *Der Bär, der Skunk und die Senfindianer* noch einmal in den Wilden Westen.

Heiter bleibt es auch bei den Erlebnissen von *Halef im Taubenschlag* aus Band 4 *In den Schluchten des Balkan* (erstmals 1886 im *Deutschen Hausschatz* erschienen).

Unsere Blütenlese ist nun bei Mays Spätwerk angelangt. In *Das versteinerte Gebet* aus dem gleichnamigen Band 29 (erstmals erschienen 1903 als *Im Reiche des silbernen Löwen IV*) lässt der Autor sein literarisches Ich Kara Ben Nemsi einen seltsamen spukhaften Traum erleben und erweist sich hiermit auch im unheimlich-fantastischen Genre, dem er sich nur selten zugewandt hat, als Meister.

Mit einem – eher augenzwinkernden – autobiografischen Text, *Freuden und Leiden eines Vielgelesenen* von 1896 (aus Band 79, *Old Shatterhand in der Heimat*), schließt unser Lesebuch. Man merkt hier deutlich, wie viel Spaß es Karl May bereitet hat, seine Leser mit einigen Scherzen und Übertreibungen etwas an der Nase herumzuführen und sich – nicht zuletzt – auch ein wenig über sich selbst lustig zu machen.

Wenn Sie nach Lektüre dieses Bandes mehr von Karl May haben wollen, ist unser Ziel erreicht, denn dann hat der ‚Mayster‘ Ihnen schöne Lesestunden bereitet.

In Abrahim Mamurs Gewalt

Es war um die Zeit, in der die ägyptische Sonne ihre Strahlen mit gesteigerter Glut auf die Erde sendet und ein jeder, den nicht die Not hinaus unter den freien Himmel treibt, sich unter den Schutz seines Daches zurückzieht und nach Ruhe und Kühlung strebt. Auch ich lag auf dem weichen Diwan meiner gemieteten Wohnung, schlürfte kräftigen Mokka und schwelgte im Duft des würzigen Dschebeli[1], der meiner Pfeife entströmte. Die starken, nach außen fensterlosen Mauern boten dem Sonnenbrand Einhalt und die aufgestellten porösen Tongefäße, durch deren Wände das Nilwasser verdunstete, machten die Atmosphäre so erträglich, dass ich von der während der Mittagszeit hier so gewöhnlichen Abspannung des Menschen wenig oder gar nichts bemerkte. Da erhob sich draußen die scheltende Stimme meines Dieners Halef Agha.

Halef Agha? Ja, mein guter, kleiner Halef war ein Agha, ein Herr geworden; und wer hatte ihn dazu gemacht? Spaßhafte Frage! Wer denn anders als er selbst!

Wir waren über Tripolis und Kufarah nach Ägypten gekommen, hatten Kairo besucht, das der Ägypter schlechtweg ‚die Hauptstadt‘ oder noch lieber el Kahira, die Siegreiche, nennt, waren den Nil, so weit es mir meine beschränkten Mittel erlaubten, hinaufgefahren und hatten uns dann zum Ausruhen die Wohnung genommen, in der ich mich ganz wohl befunden hätte, wenn nicht mein sonst ganz prächtiger Diwan und alle Teppiche sehr dicht von jenen springfertigen, stechkundigen Geschöpfen heimgesucht worden wären, von denen der alte, gute Fischart dichtete:

„Mich bizt neizwaz, waz mag daz sein?"

und von denen man außer dem großäugigen Pulex xanis und dem rötlichen Pulex musculi noch den allbeliebten Pulex irritans und den wütenden Pulex penetrans kennengelernt hat. Leider muss ich sagen, dass Ägypten nicht das Jagdgefilde des ‚irritans‘, sondern des ‚penetrans‘, also nicht des ‚reizenden‘, sondern des ‚durchdringenden‘ Pulex ist, und so brauche ich wohl nicht hinzuzufügen, dass mein Kef nicht ganz ohne alle Belästigung geblieben war.

Also draußen erhob sich die scheltende Stimme meines Dieners Halef Agha, die mich aus meinen Träumen weckte:

„Was? Wie? Wen?"

„Den Effendi", antwortete es schüchtern.

„Den Effendi, den großen Herrn und Meister, willst du stören?"

„Ich muss ihn sprechen."

„Was? Du musst? Jetzt, in seinem Kef? Hat dir der Teufel – Allah beschütze mich vor ihm! – den Kopf mit Nilschlamm gefüllt, dass du nicht begreifen kannst, was ein Effendi, ein Hekim[2], zu bedeuten hat, ein Mann, den der Prophet mit Weisheit speist, sodass er alles kann, sogar die Toten lebendig machen, wenn sie ihm nur sagen, woran sie gestorben sind!"

Ach ja, ich muss es eingestehen, dass mein Halef hier in Ägypten sehr, sehr anders geworden war! Er war jetzt außerordentlich stolz, unendlich grob und heillos aufschneiderisch geworden und das will im Orient viel sagen.

Im Morgenland wird jeder Deutsche für einen großen Gärtner und jeder Ausländer für einen guten Schützen oder für einen großen Arzt gehalten[3]. Nun war mir

---

[1] Besonders vorzügliche Tabaksorte aus Syrien   [2] Arzt   [3] Die Erzählung wurde 1880 geschrieben.

unglücklicherweise in Kairo eine alte, nur noch halb gefüllte homöopathische Apotheke von Willmar Schwabe in die Hand gekommen; ich hatte hier und da bei einem Fremden oder Bekannten fünf Körnchen in dreißigfacher Verdünnung versucht, dann während der Nilfahrt meinen Schiffern gegen alle möglichen eingebildeten Leiden eine Messerspitze Milchzucker gegeben und war mit ungeheurer Schnelligkeit in den Ruf eines Arztes gekommen, der mit dem Schejtan im Bunde stehe, weil er mit drei Körnchen Durrha-Hirse Tote lebendig machen könne.

Dieser Ruf hatte im Kopf meines Halef eine gelinde Art von Größenwahn erweckt, der ihn aber glücklicherweise nicht hinderte, mir der treueste und aufmerksamste Diener zu sein. Dass er am meisten beitrug, meinen Ruhm zu verbreiten, das versteht sich von selbst; er war ganz und gar in das schmachvolle Laster des weiland Barons von Münchhausen verfallen und versuchte nebenbei, durch eine Grobheit zu glänzen, die klassisch zu werden drohte.

So hatte er sich, unter anderem, von seinem geringen Lohn eine Peitsche aus Nilpferdhaut gekauft, ohne die er gar nicht zu sehen war. Er kannte Ägypten von früher her und behauptete, dass ohne Peitsche da gar nicht auszukommen sei, weil sie größere Wunder tue als Höflichkeit und Geld, von welch Letzterem mir allerdings kein großer Überfluss zur Verfügung stand.

„Gott erhalte deine Rede, Sihdi", hörte ich die bittende Stimme wieder, „aber ich muss deinen Effendi, den großen Arzt aus Franghistan, wirklich sehen und sprechen."

„Jetzt nicht."

„Es ist sehr notwendig, sonst hätte mich mein Herr nicht gesandt."

„Wer ist dein Herr?"

„Es ist der reiche und mächtige Abrahim Mamur, dem Allah tausend Jahre schenken möge."

„Abrahim Mamur? Wer ist denn dieser Abrahim Mamur und wie hieß sein Vater? Wer war der Vater seines Vaters und der Vater seines Vatervaters? Wem wurde er geboren und wo leben die, denen er seinen Namen verdankt?"

„Das weiß ich nicht, Sihdi, aber er ist ein mächtiger Herr, wie ja schon sein Name sagt."

„Sein Name? Was meinst du?"

„Abrahim Mamur. Mamur heißt Beamter und ich sage dir, dass er Vorsteher eines Provinzbezirkes gewesen ist."

„Gewesen? Er ist es also nicht mehr?"

„Nein."

„Das dachte ich mir. Niemand kennt ihn, selbst ich, Halef Agha, der tapfere Freund und Beschützer meines Gebieters, habe noch nie von ihm gehört und noch nie die Spitze seines Tarbusch gesehen. Geh fort, mein Herr hat keine Zeit."

„So sage mir, Sihdi, was ich tun muss, um zu ihm zu kommen!"

„Kennst du nicht das Wort von dem silbernen Schlüssel, der die Stätten der Weisheit erschließt?"

„Ich habe diesen Schlüssel bei mir."

„So schließe auf."

Ich horchte gespannt und vernahm das leise Klimpern von Geldstücken.

„Ein Piaster?[1] Mann, ich sage dir, dass das Loch im Schloss größer ist als dein Schlüssel; er passt nicht, denn er ist zu klein."

---

[1] Damals etwa 20 Pfennig

„So muss ich ihn vergrößern."

Wieder klangen draußen kleine Silberstücke. Ich wusste nicht, sollte ich lachen oder mich ärgern? Dieser Halef Agha war ja ein ganz außerordentlich geriebener Pförtner geworden!

„Drei Piaster? Gut, so kann man wenigstens fragen, was du bei dem Effendi auszurichten hast."

„Er soll kommen und seine Zaubermedizin mitbringen."

„Mensch, was fällt dir ein! Für drei Piaster soll ich ihn verleiten, diese Medizin wegzugeben, die ihm in der ersten Nacht jedes Neumondes von einer weißen Fee gebracht wird?"

„Ist dies wahr?"

„Ich, Hadschi Halef Omar Agha Ben Hadschi Abul Abbas Ibn Hadschi Dawuhd al Gossarah, sage es. Ich habe sie selbst gesehen, und wenn du es nicht glaubst, so wirst du hier diese Kurbatsch, meine Nilpferdpeitsche, zu kosten bekommen!"

„Ich glaube es, Sihdi..."

„Das ist dein Glück!"

„...und werde dir noch zwei Piaster geben."

„Gib sie her! Wer ist denn krank im Hause deines Herrn?"

„Das ist ein Geheimnis, das nur der Effendi erfahren darf."

„Nur der Effendi? Schurke, bin ich nicht auch ein Effendi, der die Fee gesehen hat! Geh nach Hause, Halef Agha lässt sich nicht beleidigen!"

„Verzeihe, Effendi, ich werde es dir sagen!"

„Ich mag es nun nicht wissen. Pack dich von dannen!"

„Aber ich bitte dich..."

„Pack dich!"

„Soll ich dir noch einen Piaster geben?"

„Ich nehme nicht einen mehr!"

„Effendi!"

„Sondern zwei!"

„O Effendi, deine Stirn leuchtet vor Güte. Hier hast du die zwei Piaster."

„Schön! Also wer ist krank?"

„Das Weib meines Herrn."

„Das Weib deines Herrn?", fragte Halef verwundert. „Welche Frau?"

„Er hat nur diese eine."

„Und soll Mamur gewesen sein?"

„Er ist so reich, dass er hundert Frauen haben könnte, aber er liebt nur diese."

„Was fehlt ihr?"

„Niemand weiß es, aber ihr Leib ist krank und ihre Seele ist noch kränker."

„Allah kerîm – Gott ist gnädig, aber ich nicht. Ich stehe da, mit der Kurbatsch in der Hand, und möchte sie dir auf den Rücken geben. Beim Bart des Propheten, dein Mund spricht eine solche Weisheit, als wäre dir der Verstand ins Wasser gefallen! Weißt du nicht, dass ein Weib gar keine Seele hat und deshalb auch nicht in den Himmel darf? Wie also kann die Seele eines Weibes krank sein und gar noch kränker als ihr Leib?"

„Ich weiß es nicht, aber so wurde mir gesagt. Lass mich hinein zu dem Effendi!"

„Ich darf es nicht tun."

„Warum nicht?"

„Mein Herr verachtet die Frauen. Die schönste Perle der Weiber ist ihm wie der Skorpion im Sand und seine Hand hat noch nie das Gewand einer Frau berührt. Er darf kein irdisches Weib lieben, sonst würde die Fee nie wiederkommen."

Ich musste das Talent Halefs von Minute zu Minute mehr anerkennen, fühlte aber trotzdem große Lust, ihn seine eigene Nilpferdpeitsche schmecken zu lassen. Jetzt ertönte die Antwort:

„Du musst wissen, Sihdi, dass er ihr Gewand nicht berühren und ihre Gestalt nicht sehen wird. Er darf nur durch das Gitter mit ihr sprechen."

„Ich bewundere die Klugheit deiner Worte und die Weisheit deiner Rede, Mann. Merkst du denn nicht, dass er gerade durch das Gitter nicht mit ihr sprechen darf?"

„Warum?"

„Weil die Gesundheit, die der Effendi spenden soll, gar nicht zu dem Weib käme, sondern am Gitter hängen bleiben würde. Geh fort!"

„Ich darf nicht gehen, denn ich werde hundert Schläge auf die Sohlen bekommen, wenn ich den weisen Effendi nicht bringe."

„Danke deinem gütigen Herrn, du Sklave eines Ägypters, dass er deine Füße mit Gnade erleuchtet. Ich will dich nicht um dein Glück betrügen. Es selâm 'alejkum, Allah sei bei dir und lasse dir die Hundert gut bekommen!"

„So lass dir noch eins sagen, tapferer Agha. Der Herr unseres Hauses hat mehr Beutel in seiner Schatzkammer, als du jemals zählen kannst. Er hat mir befohlen, dass du auch mitkommen sollst, und du wirst ein Bakschisch erhalten, ein Geschenk, wie es selbst der Khedive von Ägypten nicht reicher geben würde."

Jetzt endlich wurde der Mann klug und fasste meinen Halef etwas kräftiger bei dem Punkt, an dem man jeden Orientalen zu packen hat, wenn man ihn günstig stimmen will. Der kleine Haushofmeister änderte auch sofort seinen Ton und antwortete mit hörbar freundlicherer Stimme:

„Allah segne deinen Mund, mein Freund! Aber ein Piaster in meiner Hand ist mir lieber als zehnt Beutel in einer anderen. Die deinige aber ist so mager wie der Schakal in der Schlinge oder wie die Wüste der Bischarin."

„Lass den Rat deines Herzens nicht zögern, mein Bruder!"

„Dein Bruder? Mensch, bedenke, dass du ein Sklave bist, während ich als freier Mann meinen Effendi begleite und beschütze! Der Rat meines Herzens bleibt zurück. Wie kann das Feld Früchte bringen, wenn so wenig Tropfen Tau vom Himmel fallen!"

„Hier hast du noch drei Tropfen!"

„Noch drei? So will ich sehen, ob ich den Effendi stören darf, wenn dein Herr wirklich ein solches Bakschisch gibt."

„Er gibt es."

„So warte!"

Jetzt endlich also glaubte er, mich ‚stören zu dürfen', der schlaue Fuchs! Übrigens handelte er nach der allgemeinen Unsitte, sodass er einigermaßen zu entschuldigen war, zumal das Wenige, was er für seine Dienste von mir forderte, kaum der Rede wert war.

Was mich aber bei der ganzen Angelegenheit mit Verwunderung erfüllte, war der Umstand, dass ich nicht zu einem männlichen, sondern zu einem weiblichen Patienten verlangt wurde. Da aber, abgesehen von den wandernden Nomadenstämmen, der Moslem die Bewohnerinnen seiner Frauengemächer niemals den Augen eines Fremden freigibt, so handelte es sich hier jedenfalls um ein nicht mehr junges Weib, das sich vielleicht durch Eigenschaften des Charakters und Gemüts die Liebe Abrahim Mamurs erhalten hatte.

Halef trat ein.

„Schläfst du, Sihdi?"

Der Schlingel! Hier nannte er mich Sihdi und draußen ließ er sich selbst so nennen.

„Nein. Was willst du?"

„Draußen steht ein Mann, der mit dir sprechen will. Er hat ein Boot im Nil und sagt, ich müsse auch mitkommen."

Der schlaue Bursche machte diese Schlussbemerkung nur, um sich das versprochene Trinkgeld zu sichern. Ich wollte ihn nicht in Verlegenheit bringen und tat, als hätte ich nichts gehört.

„Was will er?"

„Jemand ist krank."

„Ist es notwendig?"

„Sehr, Effendi. Die Seele der Kranken steht schon im Begriff die Erde zu verlassen. Darum musst du eilen, wenn du sie festhalten willst."

Hm, er war kein übler Diplomat!

„Lass den Mann eintreten!"

Er ging hinaus und schob den Boten herein. Dieser verbeugte sich bis zur Erde nieder, zog die Schuhe aus und wartete dann demütig, bis ich ihn anreden würde.

„Tritt näher!"

„Es selâm 'alejkum! Heil sei mit dir, Herr", grüßte er. „Allah lasse dein Ohr offen sein für die demütige Bitte des geringsten deiner Knechte."

„Wer bist du?"

„Ich bin ein Diener des großen Abrahim Mamur, der aufwärts am Fluss wohnt."

„Was sollst du mir sagen?"

„Es ist großes Herzeleid gekommen über das Haus meines Gebieters, denn Güsela, die Krone seines Herzens, schwindet hin in die Schatten des Todes. Kein Arzt, kein Fakir und kein Zauberer vermochten den Schritt ihrer Krankheit aufzuhalten. Da hörte mein Herr – den Allah erfreuen möge – von dir und deinem Ruhm und dass der Tod vor deiner Stimme flieht. Er sandte mich zu dir und lässt dir sagen: Komm und nimm den Tau des Verderbens von meiner Blume, so soll mein Dank süß sein und hell wie der Glanz des Goldes."

Diese Beschreibung einer bejahrten Frau schien mir ein wenig überschwänglich zu sein.

„Ich kenne den Ort nicht, an dem dein Herr wohnt. Ist er weit von hier?"

„Er wohnt am Strand und sendet dir ein Boot. In einer Stunde wirst du bei ihm sein."

„Wer wird mich zurückfahren?"

„Ich."

„Ich komme. Warte draußen!"

Er nahm seine Schuhe und zog sich zurück. Ich erhob mich, warf ein anderes Gewand über und griff nach meinem Kästchen mit Akonit, Sulphur, Pulsatilla und all den Mitteln, die in einer Apotheke von hundert Nummern zu haben sind. Bereits nach fünf Minuten saßen wir in dem von vier Ruderern bewegten Kahn, ich in Gedanken versunken, Halef aber stolz wie ein Pascha von drei Rossschweifen. Im Gürtel trug er die silberbeschlagenen Pistolen, die er in Kairo geschenkt erhalten hatte, und

11

den scharfen, glänzenden Dolch, in der Hand aber die unvermeidliche Nilpferdpeitsche, das beste Mittel, sich unter der dortigen Bevölkerung Achtung, Ehrerbietung und Berücksichtigung zu verschaffen.

Zwar war die Hitze nicht angenehm, aber die stromaufwärts gehende Bewegung unseres Fahrzeugs brachte uns mit einem kühlenden Luftzug in Berührung.

Es ging eine Strecke weit an schmalen Pflanzungen vorüber, aus deren Hintergrund schlanke Palmen emporragten; dann folgten unbebaute Flächen, über die sich ein niederes Gestrüpp von Mimosen und Sykomoren hinstreckte. Einige unbedeutende Orte mit Ruinen aus der klassischen Zeit folgten. In den das Niltal begleitenden Felswänden zeigte sich Granit. Das Tal verengte sich und man konnte die Wellen einer Stromschnelle erkennen. Es war dies das Bab el Kalabscheh, ein mehrere Kilometer langer Engpass. Vor dessen Beginn erhob sich eine quadratische Mauer, durch die wir uns den Eingang suchen mussten.

Als wir anlangten, bemerkte ich, dass ein schmaler Kanal aus dem Fluss unter der Mauer fortführte, jedenfalls um die Bewohner mit dem nötigen Wasser zu versehen, ohne dass sie sich aus ihrer Wohnung zu bemühen brauchten. Unser Führer schritt uns voran, führte uns um zwei Ecken nach der dem Wasser abgekehrten Seite und gab an dem dort befindlichen Tor ein Zeichen, auf das hin uns bald geöffnet wurde.

Das Gesicht eines Schwarzen grinste uns entgegen, doch erwiderten wir nur flüchtig seinen respektvollen Gruß und schritten an ihm vorüber. Architektonische Schönheit durfte ich bei einem orientalischen Prachtgebäude nicht erwarten und so fühlte ich mich auch nicht überrascht von der kahlen, nackten, fensterlosen Front, die das Haus mir zukehrte. Aber das Klima des Landes hatte doch einen arg zerstörenden Einfluss auf das alte Gemäuer ausgeübt, sodass ich es zur Wohnung eines zarten, kranken Weibes nicht hätte empfehlen mögen.

Früher hatten Zierpflanzen den schmalen Raum zwischen der Mauer und dem Gebäude geschmückt und den Bewohnerinnen eine angenehme Erholung geboten; jetzt waren sie längst verwelkt und verdorrt. Wohin das Auge nur blickte, fand es nichts als starre kahle Öde, und nur Scharen von Schwalben, die in den zahlreichen Rissen und Sprüngen des Gebäudes nisteten, brachten einigermaßen Leben und Bewegung in das traurige, tote Bild.

Der voranschreitende Bote führte uns durch einen dunklen, niedrigen Torgang in einen kleinen Hof, dessen Mitte ein Wasserbecken einnahm. Also bis hierher führte der Kanal, den ich vorhin bemerkt hatte, und der Erbauer des einsamen Hauses war klugerweise vor allen Dingen darauf bedacht gewesen, sich und die Seinigen reichlich mit dem zu versorgen, was in dem heißen Klima jener Länderstriche das Notwendigste und Unentbehrlichste ist. Zugleich bemerkte ich nun auch, dass der ganze Bau darauf angelegt war, die jährlich wiederkehrenden Überschwemmungen des Nils schadlos aushalten zu können. In diesen Hof ragten mehrere hölzerne Gitterwerke, hinter denen jedenfalls die zum Aufenthalt dienenden Räume lagen. Ich konnte ihnen jetzt keine große, zeitraubende Betrachtung schenken, sondern gab meinem Diener einen Wink, mit der Apotheke, die er umhängen hatte, hier zu warten, und folgte dem Boten in das Sselamlyk des Hauses.

Es war ein geräumiges, halbdunkles und hohes Zimmer, durch dessen vergitterte Fensteröffnungen ein wohltuend gedämpftes Licht fiel. Durch die aufgeklebten Tapeten, Arabesken und Ornamente hatte es einen wohnlichen Anstrich erhalten und die in einer Nische stehenden Wasserkühlgefäße erzeugten eine recht angenehme Temperatur. Ein Geländer trennte den Raum in zwei Hälften, deren vordere für die Dienerschaft, die hintere aber für den Herrn und die besuchenden Gäste bestimmt war. Den erhöhten Hintergrund zierte ein breiter Diwan, der von einer Ecke bis in die andere reichte und auf der Abrahim Mamur, der Besitzer von „vielen Beuteln", saß. Er erhob sich bei unserem Eintritt, blieb aber der Sitte gemäß vor seinem Sitz stehen. Da ich nicht die dort gewöhnliche Fußbekleidung trug, so konnte ich mich ihrer auch nicht entledigen, sondern schritt, unbekümmert um meine Lederstiefel, über die kostbaren Teppiche und ließ mich an seiner Seite nieder. Die Diener brachten den unvermeidlichen Kaffee und die noch notwendigeren Pfeifen und nun konnte das Weitere folgen.

Mein erster Blick war natürlich nach seiner Pfeife gerichtet, denn jeder Kenner des Orients weiß, dass man an ihr sehr genau die Verhältnisse ihres Besitzers zu erkennen vermag. Das lange, wohlriechende und mit stark vergoldetem Silberdraht umsponnene Rohr hatte gewiss tausend Piaster gekostet. Teurer aber noch war das Bernsteinmundstück, das aus zwei Teilen bestand, zwischen denen ein mit Edelsteinen besetzter Ring hervorschimmerte. Der Mann schien wirklich „viele Beutel" zu besitzen, nur war dies kein Grund, mich befangen zu machen, da mancher Inhaber einer Pfeife im Wert von zehntausend Piastern seinen Reichtum doch nur den geknechteten Untertanen entwendet oder geraubt hat. Lieber also einen prüfenden Blick ins Gesicht!

Wo hatte ich diese Züge doch schon gesehen, die schönen, feinen und in ihrer Disharmonie so diabolischen Züge? Forschend, scharf, stechend, nein förmlich durchbohrend senkte sich der Blick des kleinen, unbewimperten Auges in den meinen und kehrte dann kalt und wie beruhigt wieder zurück. Glühende und entnervende Leidenschaften hatten diesem Gesicht immer tiefere Spuren eingegraben; die Liebe, der Hass, die Rache, der Ehrgeiz waren einander behilflich gewesen, eine groß angelegte Natur in den Schmutz des Lasters hernieder zu reißen und dem Äußeren des Mannes jenes unbeschreibliche Etwas zu verleihen, das dem Guten und Reinen ein sicheres Warnzeichen ist.

Wo ich diesem Mann begegnet? Gesehen hatte ich ihn; ich musste mich nur besinnen; aber, das fühlte ich, unter freundlichen Umständen war es nicht gewesen.

„Nehârak sa'îd – dein Tag sei glücklich!", grüßte ich.

„Nehârak sa'îd we mubârak – dein Tag sei glücklich und gesegnet!", ertönte es langsam zwischen dem vollen, prächtigen, aber schwarz gefärbten Bart hervor. Die Stimme war kalt, klanglos, ohne Leben und Gemüt; es konnte einen dabei ein Schauer ankommen. „Möge Allah Balsam wachsen lassen auf den Spuren deiner Füße und Honig träufeln von den Spitzen deiner Finger, damit mein Herz die Stimme seines Kummers nicht mehr höre!"

„Gott gebe dir Frieden und lasse mich das Gift finden, das am Leben deines Glückes nagt", erwiderte ich seinen Gruß, da nicht einmal der Arzt nach dem Weib des Moslems fragen darf, ohne den größten Verstoß gegen die Sitte zu begehen.

„Ich habe gehört, dass du ein weiser Hekim bist. Welche Medresse[1] hast du besucht?"

„Keine. Ich bin ein Nemsi."

„Ein Nemsi! Oh, ich weiß, die Nemsi sind kluge Leute; sie kennen den Stein der Weisen und das Abrakadabra[2], das den Tod vertreibt."

„Es gibt weder einen Stein der Weisen noch ein Abrakadabra."

[1] Universität im Orient
[2] Ist abgeleitet von dem mittelpersischen, in der Theosophie üblichen Wort „Abraxas" und geht auf eine griechische Zahlenspielerei zurück.

Er blickte mir kalt in die Augen.

„Vor mir brauchst du dich nicht zu verbergen. Ich weiß, dass die Zauberer von ihrer Kunst nicht sprechen dürfen, und will sie dir auch gar nicht entlocken; nur helfen sollst du mir. Wodurch vertreibst du die Krankheit eines Menschen, durch Worte oder durch einen Talisman?"

„Weder durch Worte noch durch einen Talisman, sondern durch die Medizin."

„Du sollst dich nicht vor mir verstecken. Ich glaube an dich, denn obwohl du kein Moslem bist, ist doch deine Hand mit Erfolg begabt, als hätte sie der Prophet gesegnet. Du wirst die Krankheit finden und besiegen."

„Nur Allah ist allmächtig; er kann retten und verderben, und ihm allein gebührt die Ehre. Doch wenn ich helfen soll, so sprich!"

Diese direkte Aufforderung, ein wenn auch noch so unbedeutendes Geheimnis seines Haushalts preiszugeben, schien ihn unangenehm zu berühren, obwohl er darauf vorbereitet sein musste; doch versuchte er sofort die Schwäche zu verbergen und befolgte meine Aufforderung:

„Du bist aus dem Land der Ungläubigen, wo es keine Schande ist, von der zu reden, die eine Tochter einer Mutter ist?"

Ich war innerlich belustigt von der Art und Weise, mit der er zu umgehen suchte, von ‚seinem Weib' zu sprechen, doch blieb ich ernst und antwortete ziemlich kalt:

„Du willst, dass ich dir helfen soll und beschimpfst mich?"

„Inwiefern?"

„Du nennst meine Heimat das Land der Ungläubigen."

„Ihr seid doch ungläubig."

„Wir glauben an einen Gott, der derselbe Gott ist, den ihr Allah nennt. Du nennst mich von deinem Standpunkt aus einen Ungläubigen; mit demselben Recht könnte ich dich von meinem Standpunkt aus ebenso nennen; aber ich tue es nicht, weil wir Nemsi nie die Pflicht der Höflichkeit verletzen."

„Schweigen wir über den Glauben! Der Moslem darf nicht von seinem Weib sprechen; aber du erlaubst, dass ich von den Frauen in Franghistan rede?"

„Ich erlaube es."

„Wenn das Weib eines Franken krank ist..."

Er sah mich an, als ob er eine Bemerkung von mir erwarte; ich winkte ihm nur, in seiner Rede fortzufahren.

„Also wenn sie krank ist und keine Speise zu sich nimmt..."

„Keine?"

„Nicht die geringste!"

„Weiter!"

„Wenn sie den Glanz ihrer Augen und die Fülle ihrer Wangen verliert – wenn sie müde ist und doch den Genuss des Schlafes nicht mehr kennt..."

„Weiter!"

„Wenn sie nur lehnend steht und langsam, schleichend geht – vor Kälte schauert und vor Hitze brennt..."

„Ich höre. Fahre fort."

„Wenn sie bei jedem Geräusch erschrickt und zusammenzuckt – wenn sie nichts wünscht, nichts liebt, nichts hasst und unter dem Schlag ihres Herzens zittert..."

„Immer weiter!"

„Wenn ihr Atem zu sehen ist wie der des kleinen Vogels – wenn sie nicht lacht, nicht weint, nicht spricht – wenn sie kein Wort der Freude und kein Wort der Klage hören lässt und ihre Seufzer selbst nicht mehr vernimmt – wenn sie das Licht der Sonne nicht mehr sehen will und in der Nacht wach in den Ecken kauert…"

Wieder blickte er mich an und in seinen flackernden Augen war eine Angst zu erkennen, die sich durch jede der aufgezählten Krankheitssymptome zu nähern und zu vergrößern schien. Er musste die Kranke mit der letzten, trüben und also schwersten Glut seines fast ausgebrannten Herzens lieben und hatte mir, ohne es zu wissen und zu wollen, mit seinen Worten sein ganzes Verhältnis zu ihr verraten.

„Du bist noch nicht zu Ende!"

„Wenn sie zuweilen plötzlich einen Schrei ausstößt, als ob ein Dolch ihr in die Brust gestoßen würde – wenn sie ohne Aufhören ein fremdes Wort flüstert…"

„Welches Wort?"

„Einen Namen."

„Weiter!"

„Wenn sie hustet und dann Blut über ihre bleichen Lippen fließt…"

Er blickte mich jetzt so starr und angstvoll an, dass ich merkte, meine Entscheidung würde ein Urteil für ihn sein, ein befreiendes oder ein vernichtendes. Ich zögerte nicht, ihm die Antwort zu geben:

„So wird sie sterben."

Er saß erst einige Augenblicke so bewegungslos, als habe ihn der Schlag getroffen, dann aber sprang er auf und stand hochaufgerichtet vor mir. Der rote Fes war ihm vom kahl geschorenen Haupt geglitten, die Pfeife seiner Hand entfallen; in seinem Gesicht zuckte es von den widerstreitendsten Gefühlen. Es war ein eigentümliches, ein furchtbares Gesicht; es glich ganz jenen Abbildungen des Teufels, wie sie der geniale Stift Dorés zu zeichnen verstand, nicht mit Schweif, Pferdefuß und Hörnern, sondern mit höchster Harmonie des Gliederbaus, jeder einzelne Zug seines Gesichtes eine Schönheit, und doch in der Gesamtwirkung dieser Züge so abstoßend, so hässlich, so – diabolisch! Sein Auge ruhte mit dem Ausdruck des Entsetzens auf mir, der sich nach und nach in einen zornigen und dann zuletzt in einen drohenden verwandelte.

„Giaur!", donnerte er mich an.

„Wie sagtest du?", fragte ich kalt.

„Giaur! Wagst du, mir das zu bieten, Hund? Die Peitsche soll dich lehren, wer ich bin und dass du nur zu tun hast, was ich dir befehle. Stirbt sie, so stirbst auch du; doch machst du sie gesund, so darfst du gehen und kannst verlangen, was dein Herz begehrt!"

Langsam und in tiefer Seelenruhe erhob auch ich mich, stellte mich in meiner ganzen Länge vor ihn hin und fragte:

„Weißt du, was die größte Schande für einen Moslem ist?"

„Was?"

„Sieh nieder auf deinen Fes! Abrahim Mamur, was sagt der Prophet und was sagt der Korân dazu, dass du die Scham deines Scheitels vor einem Christen entblößt hast!"

Im nächsten Augenblick hatte er sein Haupt bedeckt und, vor Grimm dunkelrot im Gesicht, den Dolch aus der Schärpe gerissen und gegen mich gezückt.

„Du musst sterben, Giaur!"

„Ich werde sterben, wann es Gott gefällt, nicht aber wann es dir beliebt."

„Du wirst sterben. Bete dein Gebet!"

„Abrahim Mamur", antwortete ich ruhig wie zuvor, „ich habe den Bären gejagt

15

und bin dem Nilpferd nachgeschwommen; der Elefant hat meinen Schuss gehört und meine Kugel hat den Löwen, den ,Herdenwürgenden' getroffen. Danke Allah, dass du noch lebst, und bitte Gott, dass er dein Herz bezwinge. Du kannst es nicht, denn du bist zu schwach dazu und wirst doch sterben, wenn es nicht sofort geschieht!"

Das war eine neue Beleidigung, eine schwerere als die andere, und mit einem zuckenden Sprung wollte er mich fassen, fuhr aber sofort zurück, denn jetzt blitzte auch in meiner Hand die Waffe, die man in jenen Ländern niemals weglegen darf.

Wir standen einander allein gegenüber, denn er hatte sofort nach der Darreichung des Kaffees und der Pfeifen die Dienerschaft hinausgewinkt, damit sie nichts von unserer Unterhaltung vernahm.

Mit meinem wackeren Halef hatte ich nicht den mindesten Grund, mich vor den Bewohnern des alten Hauses zu fürchten; nötigenfalls hätten wir beide die wenigen hier wohnenden Männer zusammengeschossen; aber ich ahnte zu viel von dem Schicksal der Kranken, für die ich mich lebhaft zu interessieren begann; ich musste sie sehen und womöglich einige Worte mit ihr sprechen.

„Du willst schießen?", fragte er wütend, auf meinen Revolver deutend.

„Ja."

„Hier in meinem Haus?"

„Allerdings, wenn ich gezwungen werde, mich zu verteidigen."

„Hund, es ist wahr, was ich gleich vorhin dachte, als du eintratest!"

„Was ist wahr, Abrahim Mamur?"

„Dass ich dich bereits einmal gesehen habe."

„Wo?"

„Ich weiß es nicht."

„Wann?"

„Auch das weiß ich nicht; aber das ist sicher, dass es nicht im Guten war."

„Gerade wie heute, denn es sollte mich wundern, wenn diese Zusammenkunft gut enden würde. Du hast mich ,Hund' genannt und ich sage dir, dass dir, sobald du dieses Wort noch einmal sagst, meine Kugel im Gehirn sitzen wird. Beachte das wohl, Abrahim Mamur!"

„Ich werde meine Diener rufen!"

„Rufe sie, wenn du ihre Leichen sehen willst, um dich dann tot neben sie zu legen."

„Oho, du bist kein Gott!"

„Aber ein Nemsi. Hast du schon einmal die Hand eines Nemsi gefühlt?"

Er lächelte verächtlich.

„Nimm dich in Acht, dass du sie nicht einmal zu fühlen bekommst! Sie ist nicht in Rosenöl gebadet wie die deinige. Aber ich will dir den Frieden deines Hauses lassen. Lebe wohl. Du willst es nicht, dass ich den Tod bezwinge; dein Wunsch mag sich erfüllen; rabbena chaliëk – der Herr erhalte dich!"

Ich steckte den Revolver ein und schritt zur Tür.

„Bleib!", rief er.

Ich ging dennoch weiter.

„Bleib!", rief er gebieterischer.

Ich hatte beinahe die Tür erreicht und kehrte nicht um.

„So stirb, Giaur!"

Im Nu drehte ich mich um und hatte gerade noch Zeit, zur Seite auszuweichen. Sein Dolch flog an mir vorüber und tief in das Getäfel der Wand.

„Jetzt bist du mein, Bube!"

Mit diesen Worten sprang ich auf ihn zu, fasste ihn, riss ihn empor und schleuderte ihn gegen die Wand.

Er blieb einige Sekunden liegen und raffte sich dann wieder empor. Seine Augen waren weit geöffnet, die Adern seiner Stirn zum Bersten geschwollen und seine Lippen blau vor Wut, aber ich hielt ihm den Revolver entgegen und er blieb eingeschüchtert vor mir halten.

„Jetzt hast du die Hand eines Nemsi kennengelernt. Wage es nicht wieder, sie zu reizen!"

„Mensch!"

„Feigling! Wie nennt man das, wenn einer einen Arzt um Hilfe bittet, ihn mit Worten beschimpft und dann gar hinterrücks ermorden will? Der Glaube, der solche Bekenner hat, kann nicht viel taugen!"

„Zauberer!"

„Warum?"

„Wenn du keiner wärst, hätte dich ganz sicher mein Dolch getroffen und du hättest nicht die Kraft gehabt, mich empor zu werfen!"

„Nun wohl! Bin ich ein Zauberer, so hätte ich dir auch Güsela, dein Weib, erhalten können."

Ich sprach den Namen mit Vorbedacht aus. Es hatte Wirkung.

„Wer hat dir diesen Namen genannt?"

„Dein Bote."

„Ein Ungläubiger darf nicht den Namen einer Gläubigen aussprechen!"

„Ich spreche nur den Namen eines Weibes aus, das bereits morgen tot sein kann."

Wieder blickte er mich mit seiner eisigen Starrheit an, dann aber schlug er die Hände vors Gesicht.

„Ist es wahr, Hekim, dass sie bereits morgen tot sein kann?"

„Es ist wahr."

„Kann sie nicht gerettet werden?"

„Vielleicht."

„Sage nicht vielleicht, sondern sage gewiss! Bist du bereit, mir zu helfen? Wenn sie gesund wird, so fordere, was du willst."

„Ich bin bereit."

„So gib mir deinen Talisman oder deine Medizin."

„Ich habe keinen Talisman und Medizin kann ich dir jetzt nicht geben."

„Warum nicht?"

„Der Arzt kann nur dann einen Kranken heilen, wenn er ihn sehen kann. Komm, lass uns zu ihr gehen oder lass sie zu uns kommen!"

Er fuhr zurück, wie von einem Stoß getroffen.

„Bist du toll? Der Geist der Wüste hat dein Hirn verbrannt, dass du nicht weißt, was du forderst. Das Weib muss ja sterben, auf dem das Auge eines fremden Mannes ruhte!"

„Sie wird noch sicherer sterben, wenn ich nicht zu ihr darf. Ich muss den Schlag ihres Pulses messen und Antwort von ihr hören über vieles, was ihre Krankheit betrifft. Nur Gott ist allwissend und braucht niemand zu fragen."

„Du heilst wirklich nicht durch Talisman?"

„Nein."

„Auch nicht durch Worte?"

„Nein."

„Oder durch das Gebet?"

„Ich bete auch für die Leidenden; aber Gott hat uns die Mittel, sie gesund zu machen, bereits in die Hand gelegt."

„Welche Mittel sind es?"

„Es sind Blumen, Metalle und Erden, deren Säfte und Kräfte wir ausziehen."

„Es sind keine Gifte?"

„Ich vergifte keinen Kranken."

„Kannst du das beschwören?"

„Vor jedem Richter."

„Und du musst mit ihr sprechen?"

„Ja."

„Was?"

„Ich muss sie nach ihrer Krankheit fragen und nach allem, was damit zusammenhängt."

„Nach andern Dingen nicht?"

„Nein."

„Du wirst mir jede Frage vorher sagen, damit ich sie dir erlaube?"

„Ich bin es zufrieden."

„Und du musst auch ihre Hand betasten?"

„Ja."

„Ich erlaube es dir auf eine ganze Minute. Musst du ihr Angesicht sehen?"

„Nein, sie kann ganz verschleiert bleiben. Aber sie muss mehrmals im Zimmer auf und ab gehen."

„Warum?"

„Weil am Gang oder an der Haltung vieles zu erkennen ist, was die Krankheit betrifft."

„Ich erlaube es dir und werde die Kranke jetzt herbeiholen."

„Das darf nicht sein."

„Warum nicht?"

„Ich muss sie da sehen, wo sie wohnt; ich muss alle ihre Zimmer betrachten."

„Aus welchem Grund?"

„Weil es viele Krankheiten gibt, die nur in unpassenden Wohnungen entstehen, und das kann nur das Auge des Arztes bemerken."

„So willst du wirklich meinen Harem[1] betreten?"

„Ja."

„Ein Ungläubiger?"

„Ein Christ."

„Ich erlaube es nicht."

„So mag sie sterben. Allah jekûn ma'ak – Gott behüte dich!"

Ich wandte mich zum Gehen. Obgleich ich bereits aus der Aufzählung der Symptome gemerkt hatte, dass Güsela an einer hochgradigen Gemütskrankheit litt, tat ich doch, als glaubte ich an eine bloß körperliche Erkrankung; denn gerade wie ich vermutete, dass ihr Leiden die Folge eines Zwanges sei, der sie in die Gewalt dieses Mannes gebracht hatte, wollte ich mich so weit wie möglich über alles aufklären. Er ließ mich wieder bis zur Tür gehen, dann aber rief er:

---

[1] Das arabische Wort Harem bedeutet eigentlich „Das Heilige, Unverletzliche" und bezeichnet bei den Mohammedanern die Frauenwohnung, die von den übrigen Räumen des Hauses abgesondert ist.

„Halt, Hekim, bleib da. Du sollst die Gemächer betreten!"
Ich wandte mich um und schritt, ohne ihn meine Genugtuung merken zu lassen, wieder auf ihn zu. Ich hatte gesiegt und war außerordentlich zufrieden mit den Zugeständnissen, die er mir gemacht hatte. Die Liebe des Ägypters und seine Sorge mussten sehr ungewöhnlich sein, dass er sich zu solchen Zugeständnissen verstand. Freilich konnte ich die ingrimmige Erbitterung gegen mich aus jeder seiner Mienen lesen, denn ihm war ich ein unausweisbarer Eindringling in die Mysterien seiner inneren Häuslichkeit, und ich hegte die Überzeugung, dass ich ihn auch selbst im Fall einer glücklichen Heilung der kranken Frau als unversöhnlichen Feind zurücklassen würde, zumal er ganz wie ich die Überzeugung hatte, dass wir uns bereits einmal unter unfreundlichen Umständen begegnet waren.

Jetzt entfernte er sich, um alles Nötige in eigener Person anzuordnen, denn keiner seiner Diener durfte ahnen, dass er einem fremden Mann Zutritt in das Heiligtum seines Hauses gestattete.

Er kehrte erst nach einer langen Weile zurück. Es lag ein Ausdruck fester, trotziger Entschlossenheit um seinen zusammengekniffenen Mund, und mit einem Blick voll hervorbrechenden Hasses erklärte er:

„Du sollst zu ihr gehen..."

„Du versprachst es bereits."

„Und ihre Zimmer sehen..."

„Natürlich."

„Auch sie selbst..."

„Verschleiert und eingehüllt."

„Und mir ihr sprechen."

„Das ist notwendig."

„Ich erlaube dir viel, unendlich viel, Effendi. Aber bei der Seligkeit aller Himmel und bei den Qualen aller Höllen, sobald du ein Wort sprichst, das ich nicht wünsche, oder das Geringste tust, was dir nicht von mir erlaubt wurde, stoße ich sie nieder. Du bist stark und wohlbewaffnet, darum wird mein Dolch nicht gegen dich, sondern gegen sie gerichtet sein. Ich schwöre es dir bei allen Suwar[1] des Korân und bei allen Kalifen, deren Andenken Allah segnen möge!"

Er hatte mich also doch kennengelernt und dachte sich, dass ihm diese Versicherung mehr nützen würde, als prahlerische Drohungen, wenn sie gegen mich selbst gerichtet gewesen wären. Übrigens war es mir ja gar nicht in den Sinn gekommen, ihn in seinen Rechten zu kränken; nur konnte ich mich bei seinem Verhalten je länger, desto weniger einer Ahnung erwehren, dass in seinem Verhältnis zu der Kranken irgendein dunkler Punkt zu finden sei.

„Ist es Zeit?", fragte ich.

„Komm!"

Er schritt voran und ich folgte ihm.

Zunächst kamen wir durch einige fast in Trümmern liegende Räume, in denen allerlei nächtliches Getier sein Wesen treiben mochte; dann betraten wir ein Gemach, das als Vorzimmer zu dienen schien, und nun folgte der Raum, der allem Anschein nach als eigentliches Frauengemach benutzt wurde. Alle umherliegenden Kleinigkeiten waren solche, wie sie von Frauen gesucht und gern benutzt werden.

„Das sind die Zimmer, die du sehen wolltest. Sieh, ob du den Dämon der Krankheit

---

[1] Plural von Sura, die Strophe, der Abschnitt

in ihnen zu finden vermagst!", meinte Abraham Mamur mit einem halb spöttischen Lächeln.

„Und das Gemach nebenan?"

„Die Kranke befindet sich darin. Du sollst es auch sehen, aber ich muss mich vorher überzeugen, ob die Sonne ihr Angesicht verhüllt hat vor dem Auge des Fremden. Wage ja nicht, mir nachzufolgen, sondern warte ruhig, bis ich wiederkomme!"

Er trat hinaus und ich war allein.

Also da draußen befand sich Güsela. Dieser Name bedeutet wörtlich ‚die Schöne'. Dieser Umstand und das ganze Verhalten des Ägypters brachte meine frühere Vermutung, dass es sich um eine ältere Person handle, ins Wanken.

Ich ließ mein Auge durch den Raum schweifen. Es war hier ganz dieselbe Einrichtung getroffen wie im Zimmer des Hausherrn:

Das Geländer, der Diwan, die Nische mit den Kühlgefäßen.

Nach kurzer Zeit erschien Abrahim wieder.

„Hast du die Räume geprüft?", fragte er mich.

„Ja."

„Nun?"

„Es lässt sich nichts sagen, bis ich bei der Kranken gewesen bin."

„So komm, Effendi. Aber lass dich noch einmal warnen!"

„Schon gut! Ich weiß ganz genau, was ich zu tun habe."

Wir traten in das andere Gemach. In weite Gewänder gehüllt, stand eine Frauengestalt tiefverschleiert an der hinteren Wand des Zimmers. Nichts war von ihr zu sehen, als die kleinen, in Samtpantoffeln steckenden Füße.

Ich begann meine Fragen, deren Enthaltsamkeit den Ägypter vollständig befriedigte, ließ sie eine kleine Bewegung machen und bat sie endlich, mir die Hand zu reichen. Fast wäre ich trotz der ernsten Situation in eine laute Heiterkeit ausgebrochen. Die Hand war nämlich so vollständig in ein dickes Tuch gebunden, dass es ganz und gar unmöglich war, auch nur die Lage oder Form eines Fingers zu erkennen. Sogar der Arm war in derselben Weise verhüllt.

Ich wandte mich zu Abrahim.

„Die Bandagen müssen entfernt werden."

„Warum?"

„Ich kann den Puls nicht fühlen."

„Entferne die Tücher!", gebot er ihr.

Sie zog den Arm hinter die Hüllen zurück und ließ dann ein zartes Händchen erscheinen, an dessen Goldfinger ich einen sehr schmalen Reifen erblickte, der eine Perle trug. Abrahim beobachtete meine Bewegungen mit gespannter Aufmerksamkeit. Während ich meine Finger an ihr Handgelenk legte, neigte ich mein Ohr tiefer, wie um den Puls nicht bloß zu fühlen, sondern auch zu hören, und – täuschte ich mich nicht – da wehte es leise, leise, fast unhörbar durch den Schleier:

„Senitzaji kurtar – rette Senitza!"

„Bist du fertig!", fragte jetzt Abrahim und trat rasch näher.

„Ja."

„Was fehlt ihr?"

„Sie hat ein großes, ein tiefes Leiden, das größte, das es gibt, aber – ich werde sie retten!"

Diese letzten vier Worte richtete ich mit langsamer Betonung mehr an sie als an ihn.

20

„Wie heißt das Übel?"

„Es hat einen fremden Namen, den nur die Ärzte verstehen."

„Wie lange dauert es, bis sie gesund wird?"

„Das kann bald, aber auch sehr spät geschehen, je nachdem ihr mir gehorsam seid."

„Worin soll ich dir gehorchen?"

„Du musst ihr meine Medizin regelmäßig verabreichen."

„Das werde ich tun."

„Sie muss einsam bleiben und vor allem Ärger behütet werden."

„Das soll geschehen."

„Ich muss täglich mit ihr sprechen dürfen."

„Du? Weshalb?"

„Um meine Mittel nach dem Befinden der Kranken einrichten zu können."

„Ich werde dir dann selbst sagen, wie sie sich befindet."

„Das kannst du nicht, weil du das Befinden eines Kranken nicht zu beurteilen vermagst."

„Was hast du denn mit ihr zu sprechen?"

„Nur das, was du mir erlaubst."

„Und wo soll es geschehen?"

„Hier in diesem Raum, gerade wie heute."

„Sag genau, wie lange du kommen musst!"

„Wenn ihr mir gehorcht, so ist sie von heute an in fünf Tagen von ihrer Krankheit frei."

„So gib ihr die Medizin."

„Ich habe sie nicht hier, sie befindet sich unten im Hof bei meinem Diener."

„So komm!"

Ich wandte mich gegen sie, um mit dieser Bewegung einen stummen Abschied von ihr zu nehmen. Sie hob unter der Hülle die Hände wie bittend empor und wagte die drei Silben:

„Eww' Allah – mit Gott!"

Sofort fuhr er herum:

„Schweig! Du hast nur zu sprechen, wenn du gefragt wirst!"

„Abrahim Mamur", antwortete ich sehr ernst, „habe ich dir nicht gesagt, dass sie vor jedem Ärger, vor jedem Kummer bewahrt werden muss? So spricht man nicht zu einer Kranken, in deren Nähe der Tod schon steht!"

„So mag sie zunächst selbst dafür sorgen, dass sie sich nicht zu kränken braucht. Sie weiß, dass sie nicht sprechen soll. Komm!"

Wir kehrten in das Sselamlyk zurück, wo ich nach Halef schickte, der alsbald mit der Apotheke erschien. Ich gab Ignatia[1] nebst den nötigen Vorschriften und machte mich dann zum Gehen bereit.

„Wann wirst du morgen kommen?"

„Um dieselbe Stunde."

„Ich werde dir wieder einen Kahn senden. Wie viel verlangst du für heute?"

„Nichts. Wenn die Kranke gesund ist, magst du mir geben, was dir beliebt."

Er griff dennoch in die Tasche, zog eine reich gestickte Börse hervor, nahm einige Stücke und reichte sie Halef hin.

„Hier, nimm du!"

---

[1] Eine Strychnin enthaltende Pflanzenbohne. Ihr Extrakt wirkt in kleinen Dosen nervenanregend.

Der wackere Halef Agha griff mit einer Miene zu, als handle es sich um eine große Gnadenbezeugung gegen den Ägypter, und meinte, das Bakschisch ungesehen in die Tasche senkend:

„Abrahim Mamur, deine Hand ist offen und die meine auch. Ich schließe sie gegen dich nicht zu, weil der Prophet sagt, dass eine offene Hand die erste Stufe zum Aufenthalt der Seligen sei. Allah sei mit dir und auch mit mir!"

Wir gingen, von dem Ägypter bis in den Garten begleitet, wo uns ein Diener die Tür in der Mauer öffnete. Als wir allein waren, griff Halef in die Tasche, um zu sehen, was er erhalten hatte.

„Drei Goldzechinen[1], Sihdi! Der Prophet segne Abrahim Mamur und lasse sein Weib so lange wie möglich krank bleiben!"

„Hadschi Halef Omar!"

„Sihdi! Willst du mir nicht einige Zechinen gönnen?"

„Doch; noch mehr aber ist einem Kranken die Gesundheit zu gönnen."

„Wie oft gehst du noch, bis sie gesund wird?"

„Noch fünfmal vielleicht."

„Fünfmal drei macht fünfzehn Zechinen; wenn sie gesund wird, vielleicht noch fünfzehn Zechinen, macht dreißig Zechinen. Ich werde forschen, ob es hier am Nil noch mehr kranke Frauen gibt."

*

Wir langten bei dem Kahn an, wo uns die Ruderer bereits erwarteten. Unser voriger Führer saß am Steuer, und als wir eingestiegen waren, ging es flott den Strom hinab, schneller natürlich als aufwärts, sodass wir nach einer halben Stunde unser Ziel erreichten.

Hier legten wir in der Nähe einer Dahabije an, die während unserer Abwesenheit am Ufer vor Anker gegangen war. Ihre Taue waren befestigt, ihre Segel eingezogen und nach frommem mohammedanischem Brauch lud der Rejs[2] seine Leute zum Gebet ein:

„Haj ala 's salât – auf, rüstet euch zum Gebet!"

Ich war schon im Fortgehen begriffen, wandte mich aber schnell um. Diese Stimme kam mir außerordentlich bekannt vor. Hatte ich recht gehört? War dies wirklich der alte Hassan, den man Abu er Rejsân, Vater der Schiffsführer, nannte? Er war in Kufarah, wo er einen Sohn besucht hatte, mit mir und Halef zusammengetroffen und mit uns nach Ägypten zurückgekehrt. Wir hatten einander außerordentlich liebgewonnen und ich war überzeugt, dass er sehr erfreut sein würde, mich hier wieder zu finden. Ich wartete daher, bis das Gebet beendet war, und rief dann zum Deck empor.

„Abu er Rejsan, ohio!"

Sofort zeigte sich sein altes, gutes, bärtiges Gesicht.

„Wer ist – Allah akbar, Gott ist groß! Ist das nicht mein Sohn, der Nemsi Kara Effendi?"

„Er ist es, Rejs Hassan."

„Komm herauf, mein Sohn, ich muss dich umarmen!"

Ich stieg empor und wurde von ihm aufs Herzlichste bewillkommnet.

---

[1] Eine Goldzechine, in Ägypten auch Fondukli genannt, besaß damals einen Wert von 4,75 Mark.
[2] Schiffskapitän

„Was tust du hier?", fragte er mich.

„Ich ruhe aus von der Reise. Und du?"

„Ich komme mit meinem Schiff von Dongola, wo ich eine Ladung Sennesblätter eingenommen habe. Ich bekam ein Leck und musste also hier anlegen."

„Wie lange bleibst du hier?"

„Nur morgen noch. Wo wohnst du?"

„Dort rechts in dem allein stehenden Haus."

„Hast du einen guten Wirt?"

„Es ist der Scheik el Beled[1] des Ortes, ein Mann, mit dem ich sehr zufrieden bin. Du wirst diesen Abend bei mir sein, Rejs Hassan?"

„Ich werde kommen, wenn deine Pfeifen nicht zerbrochen sind."

„Ich habe nur die eine; du musst also die deinige mitbringen, aber du wirst den köstlichsten Dschebeli rauchen, den es je gegeben hat."

„Ich komme gewiss. Bleibst du noch lange hier?"

„Nein. Ich will nach Kairo zurück."

„So fahre mit mir. Ich lege in Bulak[2] an."

Bei diesem Anerbieten kam mir ein Gedanke.

„Rejs Hassan, du nanntest mich deinen Freund!"

„Du bist es. Fordere von mir, was du willst, so soll es dir werden, wenn ich es habe oder kann!"

„Ich möchte dich um etwas sehr Großes bitten."

„Kann ich es erfüllen?"

„Ja."

„So ist es dir schon voraus gewährt. Was ist es?"

„Das sollst du am Abend erfahren, wenn du mit mir Kaffee trinkst."

„Ich komme und – doch, mein Sohn, ich vergaß, dass ich bereits geladen bin."

„Wo?"

„In demselben Haus, in dem du wohnst."

„Beim Scheik el Beled?"

„Nein, sondern bei einem Mann aus Istanbul, der zwei Tage mit mir gefahren und hier ausgestiegen ist. Er hat dort eine Stube für sich und einen Platz für seinen Diener gemietet."

„Was ist er?"

„Ich weiß es nicht, er hat es mir nicht gesagt."

„Aber sein Diener konnte es sagen."

Der Kapitän lachte, was sonst seine Angewohnheit nicht war.

„Dieser Mensch ist ein Schelm, der alle Sprachen gehört hat und doch von keiner sehr viel lernte. Er raucht, pfeift und singt den ganzen Tag und gibt, wenn man ihn fragt, Antworten, die heute wahr und morgen unwahr sind. Vorgestern war er ein Türke, gestern ein Montenegriner, heute ist er ein Druse und Allah nur weiß, was er morgen und übermorgen sein wird."

„So wirst du also nicht zu mir kommen?"

„Ich komme, nachdem ich eine Pfeife mit dem anderen geraucht habe. Allah behüte dich, ich habe noch zu arbeiten."

Halef war bereits vorausgegangen, ich folgte jetzt nach und streckte mich, in meiner Wohnung angekommen, auf den Diwan, um mir das heutige Erlebnis zurecht-

---

[1] Bürgermeister   [2] Vorstadt von Kairo mit Hafen

zulegen. Dies sollte mir aber nicht gelingen, denn bereits nach kurzer Zeit trat mein Wirt herein.

„Neharak saìd."

„Neharak saìd we mubarak."

„Effendi, ich komme, um deine Erlaubnis einzuholen."

„Wofür?"

„Es ist ein fremder Sihdi zu mir gekommen und hat mich um eine Wohnung gebeten, die ich ihm auch gegeben habe."

„Wo liegt diese Wohnung?"

„Droben."

„So stört mich der Mann ja gar nicht. Tu, was dir beliebt, Scheik."

„Aber dein Kopf hat viel zu denken, und er hat einen Diener, der sehr viel zu pfeifen und zu singen scheint."

„Wenn es mir nicht gefällt, so werde ich es ihm verbieten."

Der besorgte Wirt entfernte sich und ich war wieder allein, sollte aber doch zu keinem ruhigen Nachdenken kommen, denn ich vernahm die Schritte zweier Menschen, die der eine vom Hof und der andere von außen her kommend, gerade an meiner Tür zusammentrafen.

„Was willst du hier? Wer bist du?", fragte der eine. Ich erkannte an der Stimme Halef.

„Wer bist denn du zunächst und was willst du in diesem Haus?", fragte der andere.

„Ich? Ich gehöre in dieses Haus!", meinte Halef sehr entrüstet.

„Ich auch!"

„Wer bist du?"

„Ich bin Hamsad el Dscherbaja."

„Und ich bin Hadschi Halef Omar Agha."

„Ein Agha?"

„Ja, der Begleiter und Beschützer meines Herrn."

„Wer ist dein Herr?"

„Der große Arzt, der hier in dieser Stube wohnt."

„Ein großer Arzt? Was kuriert er denn?"

„Alles."

„Alles? Mach mir nichts weis! Es gibt nur einen einzigen, der alles kurieren kann."

„Wer ist das?"

„Ich."

„So bist du auch ein Arzt?"

„Nein. Ich bin auch der Beschützer meines Herrn."

„Wer ist dein Herr?"

„Das weiß man nicht. Wir sind erst vorhin in dieses Haus gezogen."

„Ihr konntet draußen bleiben."

„Warum?"

„Weil ihr unhöfliche Männer seid und keine Antwort gebt, wenn man fragt. Willst du mir sagen, wer dein Herr ist?"

„Ja."

„Nun?"

„Er ist, er ist – mein Herr, aber nicht dein Herr."

„Schlingel!"

24

Nach diesem letzten Wort hörte ich, dass mein Halef sich höchst ungehalten entfernte. Der andere blieb unter dem Eingang stehen und pfiff, dann begann er leise vor sich hin zu brummen und zu summen; nachher kam eine Pause und darauf fiel er mit halblauter Stimme in ein Lied.

Ich wäre vor Überraschung beinahe aufgesprungen, denn der Text der beiden Strophen, die er sang, lauteten in dem Arabisch, dessen er sich bediente:

> „Fid-dagle ma tera jekun?
> Chammin hu Nabuliun.
> Ma baluhu jedubb hena?
> Kussuhu, ja fitjanena!
>
> Gema'a homr el-elbise
> Wast el-chala muntasibe.
> Ma bal'hadalik wakifin?
> Halluna nenzor musri' in!"

Und diese arabischen Verse, die sich sogar ganz leidlich reimten, klingen in unserem guten Deutsch nicht anders als:

> „Was kraucht nur dort im Busch herum?
> Ich glaub', es ist Napolium.
> Was hat er nur zu krauchen dort?
> Frischauf, Kam'raden, jagt ihn fort!
>
> Wer hat nur dort im off'nen Feld
> Die roten Hosen hingestellt?
> Was haben sie zu stehen dort?
> Frischauf, Kam'raden, jagt sie fort!"

Auch die Melodie war ganz die bekannte, Note für Note, Ton für Ton. Ich sprang, als er die zweite Strophe beendet hatte, zur Tür, öffnete und sah mir den Menschen an. Er trug weite, blaue Pumphosen, eine eben solche Jacke, Lederstiefeletten und einen Fes auf dem Kopf, war also eine ganz gewöhnliche Erscheinung.

Als er mich sah, stemmte er die Fäuste in die Hüften, stellte sich, als ob er sich aus mir nicht das Mindeste mache, vor mich hin und fragte:

„Gefällt es dir, Effendi?"

„Sehr! Woher hast du das Lied?"

„Selbst gemacht."

„Sag das einem andern, aber nicht mir! Und die Melodien?"

„Selbst gemacht, erst recht!"

„Lügner!"

„Effendi, ich bin Hamsad el Dscherbaja und lasse mich nicht beschimpfen!"

„Du bist Hamsad el Dscherbaja und dennoch ein großer Schlingel! Dieses Lied kenne ich."

„So hat es einer gesungen oder gepfiffen, der es von mir gehört hat."

„Und von wem hast du es gehört?"

„Von niemand."

„Du bist unverbesserlich, wie es scheint. Diese Melodie gehört zu einem deutschen Lied."

„O Effendi, was weißt du von Deutschland!"

„Das Lied heißt: ‚Was kraucht nur dort im Busch herum? Ich glaub', es ist…'"

„Hurrjes, wat is mich denn dat!", unterbrach er mich mit jubelndem Ton, da ich diese Worte in deutscher Sprache gesprochen hatte. „Sind Sie man vielleicht een Deutscher?"

„Versteht sich!"

„Wirklich? Ein deutscher Effendi? Woher denn, wenn ich fragen darf, Herr Basch hekim?"

„Aus Sachsen."

„Een Sachse! Da sollte man doch gleich vor Freude 'n Ofen einreißen! Und Sie sind man wohl een Türke jeworden?"

„Nein. Sie sind ein Preuße?"

„Dat versteht sich! Een Preuße aus Jüterbog."

„Wie kommen Sie hierher?"

„Auf der Bahn, per Schiff, per Pferd und Kamel und auch mit die Beene."

„Was sind Sie ursprünglich?"

„Barbier unjefähr. Es jefiel mich nicht mehr derheeme und da jing ich in die weite Welt, bald hierin, bald dorthin, bis endlich hierher."

„Sie werden mir das alles erzählen müssen. Wem aber dienen Sie jetzt?"

„Mein Herr ist een konstantinopolitanischer Kaufmannssohn und heeßt Isla Ben Maflei; hat schauderhaftes Jeld, dat Kerlchen."

„Was tut er hier?"

„Weeß ich's? Er sucht wat."

„Was denn?"

„Wird wohl vielleicht 'n Frauenzimmer sein."

„Ein Frauenzimmer? Das wäre doch sonderbar!"

„Wird aber doch wohl zutreffen."

„Was sollte es für ein Frauenzimmer sein?"

„'ne Montenegrinerin, 'ne Senitscha oder Senitza oder wie dat ausjesprochen wird."

„Wa-a-as? Senitza heißt sie?"

„Ja."

„Wissen Sie das ganz gewiss?"

„Versteht sich! Erstens hat er ein Bild von ihr, zweitens tut er stets – halt, er klatscht droben, Effendi, ich muss hinauf!"

Ich setzte mich nicht wieder nieder, sondern es trieb mich in dem Zimmer auf und ab. Zwar musste mir dieser Barbier aus Jüterbog, der sich so poetisch Hamsad el Dscherbaja nannte, höchst interessant sein, noch weit mehr aber war meine Teilnahme für seinen Herrn erwacht, der hier am Nil eine Montenegrinerin suchte, die den Namen Senitza führte. Unglücklicherweise aber kamen einige Fellachen, die Kopfschmerz oder Leibweh hatten und denen meine Zauberkörner helfen sollten. Sie saßen nach orientalischer Sitte eine ganze Stunde bei mir, ehe ich nur erfahren konnte, was ihnen fehlte, und als ich sie abgefertigt hatte, blieben sie am Platz, bis es ihnen selbst beliebte, die Audienz abzubrechen.

So wurde es Abend. Der Kapitän kam und stieg nach oben, ließ aber seinen schlürfenden Schritt nach einer halben Stunde wieder vernehmen und trat bei mir ein. Halef servierte den Tabak und den Kaffee und zog sich dann zurück. Kurze Zeit später hörte ich ihn mit dem Jüterboger Türken zanken.

„Ist dein Leck ausgebessert?", frage ich Hassan.

„Noch nicht. Ich konnte für heute nur das Loch verstopfen und das Wasser auspumpen. Allah gibt morgen wieder einen Tag."

„Und wann fährst du ab?"

„Übermorgen früh."

„Du würdest mich mitnehmen?"

„Meine Seele würde sich freuen, dich bei mir zu haben."

„Wenn ich nun noch jemand mitbrächte?"

„Meine Dahabije hat noch viel Platz. Wer ist es?"

„Kein Mann, sondern ein Weib."

„Ein Weib? Hast du dir eine Sklavin gekauft, Effendi?"

„Nein. Sie ist das Weib eines anderen."

„Der auch mitfahren wird?"

„Nein."

„So hast du sie ihm abgekauft?"

„Nein."

„Er hat sie dir geschenkt?"

„Nein. Ich werde sie ihm nehmen."

„Allah kerîm – Gott sei gnädig! Du willst sie ihm nehmen, ohne dass er es weiß?"

„Vielleicht."

„Effendi, weißt du, was das ist?"

„Allerdings. Ein Ichtitâf¹."

„Ein Ichtitâf, das mit dem Tod bestraft wird. Ist dein Geist dunkel und deine Seele finster geworden, dass du ins Verderben rennen willst?"

„Nein. Die ganze Angelegenheit ist noch sehr fraglich. Ich weiß, du bist mein Freund und kannst schweigen. Ich werde dir alles erzählen."

„Öffne die Pforte deines Herzens, mein Sohn. Ich höre!"

Ich erstattete ihm Bericht über mein heutiges Abenteuer und er hörte mir mit Aufmerksamkeit zu. Als ich fertig war, erhob er sich.

„Steh auf, mein Sohn, nimm deine Pfeife und folge mir!"

„Wohin?"

„Das sollst du sogleich sehen."

Ich ahnte, was er beabsichtigte, und folgte ihm. Er führte mich hinauf in die Wohnung des Kaufmanns. Dessen Diener war nicht anwesend, daher traten wir ein, nachdem wir uns zuvor durch ein leichtes Hüsteln angemeldet hatten.

Der Mann, der sich vor uns erhob, war noch jung, er mochte vielleicht sechsundzwanzig Jahre zählen. Der kostbare Tschibuk, aus dem er rauchte, sagte mir, dass der Jüterboger mit seinem „schauderhaften Jeld" wohl Recht haben konnte. Er war eine sympathische Erscheinung und ich sagte mir gleich in der ersten Minute, dass ich ihm mein Wohlwollen schenken konnte. Der alte Abu er Rejsan nahm das Wort:

„Das ist der Großhändler Isla Ben Maflei aus Istanbul und das hier ist Kara Ben Nemsi Effendi, mein Freund, den ich liebe."

„Seid mir beide willkommen und setzt euch!", erwiderte der junge Mann.

Er machte ein sehr erwartungsvolles Gesicht, denn er musste sich sagen, dass der Kapitän jedenfalls einen guten Grund haben müsse, mich so ohne weiteres bei ihm einzuführen.

¹ Entführung

„Willst du mir deine Liebe erzeigen, Isla Ben Maflei?", fragte der Alte.

„Gern. Sag mir, was ich tun soll."

„Erzähle diesem Mann die Geschichte, die du mir vorhin erzählt hast!"

In den Zügen des Kaufmanns drückte sich Staunen und Missmut aus.

„Abu er Rejsan", meinte er, „du gelobtest mir Schweigen und hast doch bereits geplaudert!"

„Frage meinen Freund, ob ich ein Wort erzählt habe!"

„Warum bringst du ihn denn herauf und begehrst, dass ich auch zu ihm reden soll?"

„Du sagtest zu mir, ich solle während meiner Fahrt, da, wo ich des Abends anlegen muss, die Augen offen halten, um mich nach dem zu erkundigen, was dir verloren ging. Ich habe meine Augen und meine Ohren bereits geöffnet und bringe dir hier diesen Mann, der dir vielleicht Auskunft geben kann."

Isla sprang, die Pfeife fortwerfend, mit einem Ruck empor.

„Ist das wahr? Du könntest mir Auskunft erteilen?"

„Mein Freund Hassan hat kein Wort zu mir gesprochen und ich weiß daher auch gar nicht, worüber ich dir Auskunft geben könnte. Sprich du zuerst!"

„Effendi, wenn du mir sagen kannst, was ich zu hören wünsche, so werde ich dich besser belohnen, als ein Pascha es könnte!"

„Ich begehre keinen Lohn. Rede!"

„Ich suche eine Jungfrau, die Senitza heißt."

„Und ich kenne eine Frau, die sich denselben Namen gegeben hat."

„Wo, wo Effendi? Rede schnell."

„Magst du mir nicht vorher die Jungfrau beschreiben?"

„Oh, sie ist schön wie die Rose und herrlich wie die Morgenröte, sie duftet wie die Blüte der Reseda und ihre Stimme klingt wie der Gesang der Huri. Ihr Haar ist wie der Schweif des Pferdes Gilja und ihr Fuß ist wie der Fuß von Delila, die Samson betörte. Ihr Mund träufelt von Worten der Güte und ihre Augen..."

Ich unterbrach ihn durch eine Bewegung meines Arms.

„Isla Ben Maflei, das ist keine Beschreibung, wie ich sie verlange. Sprich nicht mit der Zunge eines Bräutigams, sondern mit den Worten des Verstandes! Wann ist sie dir verloren gegangen?"

„Vor zwei Monden."

„Hatte sie nicht etwas bei sich, woran man sie erkennen kann?"

„O Effendi, was sollte dies sein?"

„Ein Schmuck vielleicht, ein Ring, eine Kette..."

„Ein Ring, ja! Ich gab ihr einen Ring, dessen Gold so dünn war wie Papier, aber er trug eine schöne Perle."

„Ich habe ihn gesehen."

„Wo, Effendi? Sag es schnell! Und wann?"

„Heute, vor wenigen Stunden."

„Wo?"

„In der Nähe dieses Ortes, nicht weiter als eine Stunde von hier."

Der junge Mann kniete bei mir nieder und legte mir seine beiden Hände auf die Schultern.

„Ist es wahr? Sagst du keine Unwahrheit? Täuschst du dich nicht?"

„Es ist wahr, ich täusche mich nicht."

„So komm, erhebe dich, wir müssen hin zu ihr."

„Das geht nicht."

„Es geht, es muss gehen! Ich gebe dir tausend Piaster, zwei-, dreitausend Piaster, wenn du mich zu ihr führst!"

„Und wenn du mir hunderttausend Piaster gibst, so kann ich dich heute nicht zu ihr bringen."

„Wann sonst? Morgen, morgen ganz früh?"

„Nimm deine Pfeife auf, brenn sie an und setz dich! Wer zu schnell handelt, handelt langsam. Wir wollen uns besprechen."

„Effendi, ich kann nicht. Meine Seele zittert."

„Brenn deine Pfeife an!"

„Ich habe keine Zeit dazu; ich muss..."

„Nun gut. Wenn du keine Zeit zu geordneten Worten hast, so muss ich gehen."

„Bleib! Ich werde alles tun, was du willst."

Er setzte sich wieder an seinen Platz und nahm aus dem Becken eine glimmende Kohle, um den Tabak seiner Pfeife in Brand zu stecken.

„Ich bin bereit. Nun sprich!", forderte er mich dann auf.

„Heute schickte ein reicher Ägypter nach mir, weil sein Weib krank sei..."

„Sein Weib...!"

„So ließ er mir sagen."

„Du gingst?"

„Ich ging."

„Wer ist dieser Mann?"

„Er nennt sich Abrahim Mamur und wohnt aufwärts von hier in einem einsamen, halbverfallenen Haus, das am Ufer des Nils steht."

„Es wird von einer Mauer umgeben?"

„Ja."

„Wer konnte dies ahnen! Ich habe alle Städte, Dörfer und Lager am Nil durchgeforscht, aber ich dachte nicht, dass dieses Haus bewohnt werde. Ist sie wirklich sein Weib?"

„Ich weiß es nicht, aber ich glaube es nicht."

„Und krank ist sie?"

„Sehr."

„Wallahi – bei Gott, er soll es bezahlen, wenn ihr etwas Böses widerfährt. An welcher Krankheit leidet sie?"

„Ihre Krankheit liegt im Herzen. Sie hasst ihn; sie verzehrt sich in Sehnsucht, von ihm fortzukommen, und wird sterben, wenn es nicht bald geschieht."

„Nicht er, sondern sie hat dir das gesagt?"

„Nein, ich habe es beobachtet."

„Du hast sie gesehen?"

„Ja."

„Belauscht?"

„Nein. Er führte mich in seine Frauenwohnung, damit ich mit der Kranken sprechen könne."

„Er selbst? Unmöglich!"

„Er liebt sie..."

„Allah strafe ihn!"

„Und fürchtete, dass sie sterben würde, wenn er mich wieder fortschickte."

„So sprachst du auch mit ihr?"

„Ja, aber nur die Worte, die er mir erlaubte. Aber sie fand Zeit, mir leise zuzuflüstern: ‚Rette Senitza'. Sie trägt also diesen Namen, obgleich er sie Güsela nennt."

„Was hast du ihr geantwortet?"

„Dass ich sie retten werde."

„Effendi, ich liebe dich, dir gehört mein Leben! Er hat sie geraubt und entführt. Er hat sie durch Betrug an sich gerissen. Komm, Effendi, wir wollen gehen. Ich muss wenigstens das Haus sehen, in dem sie gefangen gehalten wird!"

„Du wirst hier bleiben! Ich gehe morgen wieder hin zu ihr und…"

„Ich gehe mit Effendi!"

„Du bleibst hier! Kennt sie den Ring, den du am Finger trägst?"

„Sie kennt ihn sehr gut."

„Willst du ihn mir anvertrauen?"

„Gern. Aber wozu?"

„Ich spreche morgen wieder mit ihr und werde es so einzurichten wissen, dass sie den Ring zu sehen bekommt."

„Effendi, das ist vortrefflich! Sie wird sogleich ahnen, dass ich in der Nähe bin. Aber dann?"

„Erzähle du zunächst das, was ich wissen muss."

„Du sollst alles erfahren, Herr. Unser Geschäft ist eins der größten in Istanbul; ich bin der einzige Sohn meines Vaters, und während er den Basar verwaltet und die Diener beaufsichtigt, habe ich die notwendigen Reisen zu unternehmen. Ich war sehr oft auch in Skutari und sah Senitza, als sie mit einer Freundin auf dem See spazieren fuhr. Ich sah sie später wieder. Ihr Vater wohnt nicht in Skutari, sondern in den Schwarzen Bergen; sie kam aber zuweilen herunter, um die Freundin zu besuchen. Als ich vor zwei Monaten wieder an jenen See reiste, war die Freundin mit ihrem Mann verschwunden und Senitza dazu!"

„Wohin?"

„Niemand wusste es."

„Auch ihre Eltern nicht?"

„Nein. Ihr Vater, der tapfere Osko, hat die Crnagora verlassen, um nach seinem Kind zu suchen, so weit die Erde reicht; ich aber musste nach Ägypten, um Einkäufe zu machen. Auf dem Nil begegnete ich einem Dampfboot, das aufwärts fuhr. Als der Sandal[1], auf dem ich war, an ihm vorüberlenkte, hörte ich drüben meinen Namen rufen. Ich blickte hinüber und erkannte Senitza, die den Schleier vom Gesicht genommen hatte. Neben ihr stand ein schöner, finsterer Mann, der ihr den Jaschmak sofort wieder überwarf – weiter sah ich nichts. Seit dieser Stunde habe ich ihre Spur verfolgt."

„Du weißt also nicht genau, ob sie ihre Heimat freiwillig oder gezwungen verlassen hat?"

„Freiwillig nicht."

„Kanntest du den Mann, der neben ihr stand?"

„Nein."

„Das ist sonderbar! Oder hast du dich in der Person geirrt? Vielleicht ist es eine andere gewesen, die ihr ähnlich sieht."

„Hätte sie dann gerufen und die Hände nach mir ausgestreckt, Effendi?"

„Das ist wahr."

---

[1] Kleines Segelschiff

„Effendi, du hast ihr versprochen, sie zu retten! Wirst du dein Wort halten?"

„Ich halte es, wenn sie es wirklich ist."

„Du willst mich nicht mitnehmen. Wie kannst du da erkennen, ob sie es ist?"

„Dein Ring wird mir Gewissheit geben."

„Und wie wirst du sie dann aus dem Haus bringen?"

„Indem ich dir sage, auf welche Weise du sie holen kannst."

„Ich werde sie holen, darauf kannst du dich verlassen."

„Und dann? Rejs Hassan, wärst du bereit, sie in deiner Dahabije aufzunehmen?"

„Ich bin bereit, obgleich ich den Mann nicht kenne, bei dem sie sich befindet."

„Er nennt sich Mamur, wie ich dir gesagt habe."

„Wenn er wirklich ein Mamur, der Verwalter einer Provinz gewesen ist, so ist er mächtig genug, uns zu verderben, wenn er uns ergreift", meinte der Kapitän mit ernster Miene. „Eine Entführung wird mit dem Tod bestraft. Mein Freund Kara Ben Nemsi, du wirst morgen sehr klug und vorsichtig handeln müssen."

Was mich selbst betraf, so dachte ich weniger an die Gefahr als vielmehr an das Abenteuer selbst. Natürlich stand es fest, dass ich keine Hand rühren würde, wenn Abrahim Mamur ein wirkliches Recht auf die Kranke geltend machen konnte.

Wir besprachen uns noch lange über das bevorstehende Ereignis und trennten uns dann, um schlafen zu gehen; doch war ich überzeugt, dass Isla keine Ruhe finden würde.

*

Da es sehr spät geworden war, als wir schlafen gingen, wunderte ich mich nicht darüber, dass ich am andern Morgen auch sehr spät erwachte. Ich hätte vielleicht noch länger fortgeschlafen, wenn ich nicht durch den Gesang des Barbiers erweckt worden wäre. Dieser lehnte draußen am Eingangstor und schien mir zu Ehren seinen ganzen Vorrat an deutschen Liedern erschöpfen zu wollen. Ich ließ den Sänger hereinkommen, um mich ein Weilchen mit ihm zu unterhalten, und fand in ihm einen recht gutmütigen, aber leichtsinnigen Burschen, den ich trotz aller Landsmannschaft sicherlich nicht mit meinem braven Halef vertauscht hätte. Ich ahnte damals nicht, unter wie bösen Verhältnissen ich später wieder mit ihm zusammentreffen sollte.

Am Vormittag besuchte ich Abu er Rejsan auf seinem Schiff, und als ich kaum das Mittagsmahl verzehrt hatte, erschien das Boot, das mich abholen sollte. Halef hatte schon längst fleißigen Ausguck danach gehalten.

„Sihdi, fahre ich mit?", fragte er.

Ich schüttelte den Kopf und antwortete scherzend:

„Heute brauch ich dich nicht."

„Wie? Du brauchst mich nicht?"

„Nein."

„Wenn dir nun etwas begegnet!"

„Was soll mir begegnen?"

„Du kannst ins Wasser fallen."

„So schwimme ich."

„Oder Abrahim Mamur kann dich töten. Ich habe es ihm angesehen, dass er dein Freund nicht ist."

„So könntest auch du mir nicht helfen."

„Nicht? Sihdi, Halef Agha ist der Mann, auf den du dich allzeit verlassen kannst!"

„So komm!"

Es war ihm natürlich nur um sein Bakschisch zu tun.

Der Weg wurde in derselben Weise zurückgelegt wie gestern, doch war ich heute natürlich aufmerksamer auf alles, was mir von Nutzen sein konnte. Im Garten, den wir durchschreiten mussten, lagen mehrere starke und ziemlich lange Stangen. Sowohl das Außen- wie auch das Innentor wurde immer mit breiten, hölzernen Riegeln verschlossen, deren Konstruktion ich mir genau merkte. Einen Hund sah ich nirgends und von dem Bootssteuerer erfuhr ich, dass außer dem Herrn, der Kranken und einer alten Wächterin elf Fellachen zu dem Haus gehörten und nachts auch darin schliefen. Der Herr selbst schlief stets auf dem Diwan seines Sselamlyk.

Als ich dort eintrat, kam er mir mit einer sichtlich freundlicheren Miene entgegen als gestern.

„Sei mir willkommen, Effendi! Du bist ein großer Arzt."

„So?"

„Sie hat bereits gestern schon gegessen."

„Ah!"

„Sie hat mit der Wächterin gesprochen."

„Freundlich?"

„Freundlich und viel."

„Das ist gut. Vielleicht ist sie bereits in weniger als fünf Tagen vollständig gesund."

„Und heute früh hat sie sogar ein wenig gesungen."

„Das ist noch besser. Ist sie schon lange dein Weib?"

Sogleich verfinsterte sich sein Gesicht.

„Die Ärzte der Ungläubigen sind sehr neugierig!"

„Wissbegierig nur, aber diese Wissbegierde rettet vielen das Leben oder die Gesundheit, denen eure Ärzte nicht helfen könnten."

„War deine Frage wirklich notwendig?"

„Ja!"

„Sie ist noch ein Mädchen, obgleich sie mir gehört."

„So ist die Hilfe sicher."

Er führte mich wieder nur bis in das Zimmer, in dem ich gestern warten musste und auch heute zurückblieb. Ich sah mich genauer um. Fenster gab es nicht, die Lichtöffnungen waren vergittert. Das hölzerne Gitterwerk war so angebracht worden, dass man es öffnen konnte, indem man ein langes, dünnes Riegelstäbchen herauszog. Schnell entschlossen zog ich es heraus und steckte es so hinter das Gitter, dass es nicht bemerkt werden konnte. Kaum war ich damit fertig, so erschien Abrahim wieder. Hinter ihm trat Senitza ein.

Ich ging auf sie zu und legte ihr meine Fragen vor. Unterdessen spielte ich wie im Eifer für die Sache mit dem Ring, den mir Isla mitgegeben hatte, und ließ ihn dabei aus den Fingern gleiten. Er rollte hin bis an ihre Füße, sie bückte sich schnell und hob ihn auf. Sofort aber trat Abrahim auf sie zu und nahm ihr ihn aus der Hand. So schnell das ging, sie hatte doch Zeit gehabt, einen Blick auf den Ring zu werfen – sie hatte ihn erkannt, das sah ich an ihrem Zusammenzucken. Nun hatte ich für jetzt weiter nichts mehr hier zu tun.

Abrahim fragte, wie ich sie gefunden hätte.

„Gott ist gut und allmächtig", antwortete ich, „er sendet den Seinen Hilfe, oft ehe sie es denken. Wenn er es will, so ist sie morgen bereits gesund. Sie mag die Medizin nehmen, die ich ihr senden werde, und mit Vertrauen warten, bis ich wiederkomme."

Heute entließ sie mich, ohne ein Wort zu wagen. Im Sselamlyk harrte Halef bereits mit der Apotheke. Ich gab nichts als ein Zuckerpulver, wofür der kleine Agha ein noch größeres Bakschisch als gestern erhielt. Dann ging es wieder stromabwärts zurück.

Der Kapitän erwartete mich bereits bei dem Kaufherrn.

„Hast du sie gesehen?", rief mir dieser entgegen.

„Ja."

„Erkannte sie den Ring?"

„Sie erkannte ihn."

„So weiß sie, dass ich in der Nähe bin!"

„Sie ahnt es. Und wenn sie meine Worte richtig deutet, so weiß sie, dass sie heute Nacht errettet wird."

„Aber wie?"

„Rejs Hassan, bist du mit deinem Leck fertig?"

„Ich werde fertig bis zum Abend."

„Bist du bereit, uns aufzunehmen und nach Kairo zu bringen?"

„Ja."

„So hört mich! In das Haus führen zwei Türen, die aber von innen verriegelt sind; durch sie können wir nicht eindringen. Aber es gibt noch einen zweiten Weg, wenn er auch schwierig ist. Isla Ben Maflei, kannst du schwimmen?"

„Ja."

„Gut. Es führt ein Kanal aus dem Nil unter den Mauern hinweg nach einem Bassin, das sich in der Mitte des Hofes befindet. Kurz nach Mitternacht, wenn alles schläft, treffen wir dort ein und du dringst durch den Kanal und das Bassin in den Hof. Die Tür, die du sofort finden wirst, ist durch einen Riegel verschlossen, der sehr leicht zurückzuschieben ist. Wenn du öffnest, kommst du in den Garten, dessen Tür sich auf gleiche Weise öffnen lässt. Sobald die Türen offen sind, trete ich ein. Wir holen eine Stange aus dem Garten und lehnen sie an die Mauer, um zu dem Gitter emporzusteigen, hinter dem die Frauengemächer liegen. Ich habe es bereits von innen geöffnet."

„Und dann?"

„Was dann geschehen soll, muss sich nach den Umständen richten. Wir fahren mit einem Boot bis an Ort und Stelle, wo unsere erste Arbeit sein muss, das Boot Abrahim Mamurs zu versenken, sodass er uns nicht verfolgen kann. Unterdessen macht der Rejs seine Dahabije segelfertig."

Ich nahm einen Stift zur Hand und zeichnete den Grundriss des Hauses auf ein Blatt Papier, sodass Isla Ben Maflei vollständig orientiert war, wenn er heute Abend aus dem Bassin stieg. Der Tag verging vollends unter den notwendigen Vorbereitungen; der Abend kam, und als es Zeit wurde, rief ich Halef herein und gab ihm die nötigen Weisungen für das bevorstehende Abenteuer.

Halef packte rasch unsere Habseligkeiten zusammen. Die Wohnungsmiete war schon voraus bezahlt.

Ich begab mich zu Hassan und Halef kam sehr bald mit den Sachen nach. Das Schiff war bereit zur Fahrt und brauchte nur vom Ufer gelöst zu werden. Nach einiger Zeit stellte sich auch Isla mit seinem Diener ein, der von ihm unterrichtet worden war, und nun stiegen wir in das lange, schmale Boot, das zur Dahabije gehörte. Die beiden Diener mussten rudern und ich lenkte das Steuer.

Es war eine jener Nächte, in denen die Natur in so tiefem Vertrauen ruht, als gäbe es auf dem ganzen weiten Erdenrund kein einziges drohendes Element.

Die leisen Lüfte, die mit dem Schatten der Dämmerung gespielt hatten, waren zur Ruhe gegangen, die Sterne des Südens lächelten freundlich aus dem tiefblauen Dunkel des Himmels herab und die Wasser des ehrwürdigen Stromes fluteten ruhig und lautlos dahin in ihrer breiten Bahn. Diese Ruhe herrschte auch in meinem Innern, obgleich es schwer scheint, dies zu glauben.

Es war nichts Leichtes, was wir zu vollbringen gedachten, aber man bebt ja vor einem Ereignis; ist es jedoch einmal angebahnt oder gar bereits eingetreten, so kann man ohne innere Kämpfe handeln. Eine nächtliche Entführung wäre vielleicht gar nicht notwendig gewesen, wir hätten vielmehr Abrahim Mamur vor Gericht angreifen können. Aber wir wussten ja nicht, wie die Verhältnisse lagen und welche rechtlichen oder unrechtlichen Mittel ihm zu Gebot standen, sein Anrecht auf Senitza geltend zu machen. Nur von ihr erst konnten wir erfahren, was wir wissen mussten, um gegen ihn aufzutreten, und das konnten wir nur dann erfahren, wenn es uns gelang, sie hinter seinem Rücken in unsere Hände zu bekommen.

Nach einer kleinen Stunde hoben sich die dunklen Umrisse des Gebäudes aus ihrer grauen, steinigen Umgebung hervor. Wir legten eine kurze Strecke unterhalb der Mauer an und ich stieg zunächst allein aus, um zu rekognoszieren. Ich fand in der ganzen Umgebung des Hauses nicht die geringste Spur von Leben und auch innerhalb der Mauern schien alles in tiefster Ruhe zu liegen. Am Kanal lag das Boot Abrahims mit den Rudern. Ich stieg ein und brachte es neben unseren Kahn.

„Hier ist das Boot", sagte ich zu den beiden Dienern. „Fahrt es ein wenig abwärts, füllt es mit Steinen und lasst es sinken. Die Ruder aber können wir gebrauchen. Wir nehmen sie in unser Boot herein, das ihr nachher nicht abhängen lasst, sondern bereithaltet, dass wir abstoßen können, sobald wir einsteigen. Isla Ben Maflei, folge mir!"

Ich verließ das Boot und wir schlichen zum Kanal. Dessen Wasser blickten uns nicht sehr einladend entgegen. Ich warf einen Stein hinein und erkannte dadurch, dass der Kanal nicht tief war. Isla zog seine Kleider aus und stieg hinein. Das Wasser reichte ihm bis an das Kinn.

„Wird es gehen?", fragte ich ihn.

„Mit dem Schwimmen besser als mit dem Gehen. Der Kanal hat so viel Schlamm, dass er mir fast bis an die Knie reicht."

„Bist du noch entschlossen?"

„Ja. Bring meine Kleider mit zum Tor!"

Er hob die Beine empor, stieß die Arme aus und verschwand unter der Maueröffnung, durch die das Wasser führte.

Ich verließ die Stelle nicht sofort, sondern wartete noch eine Weile, da es ja sehr leicht möglich war, dass etwas Unvorhergesehenes geschehen konnte, was meine Gegenwart nötig machte. Ich hatte richtig vermutet, denn eben wollte ich mich wenden, als der Kopf des Schwimmers wieder in der Öffnung erschien.

„Du kehrst zurück?"

„Ja, ich konnte nicht weiter."

„Warum?"

„Effendi, wir können Senitza nicht befreien!"

„Weshalb nicht?"

„Die Mauer ist zu hoch..."

„Es würde auch nichts helfen, wenn sie niedriger wäre, denn das Haus ist fest verschlossen."

„Und der Kanal auch."

„Verschlossen?"

„Ja."

„Womit?"

„Mit einem starken Holzgitter."

„Konntest du es nicht entfernen?"

„Es widersteht aller meiner Kraft."

„Wie weit ist der Ort von hier?"

„Das Gitter muss sich unmittelbar bei der Grundmauer des Hauses befinden."

„Ich werde einmal nachsehen. Zieh dich an, halte meine Kleider und erwarte mich hier."

Ich warf nur das Obergewand ab und stieg in das Wasser. Mich auf den Rücken legend, schwamm ich vorwärts. Der Kanal war auch im Garten nicht offen, sondern mit steinernen Platten bedeckt. Als ich nach meiner Berechnung das Haus erreicht haben musste, stieß ich an das Gitter. Es war so breit und hoch wie der Kanal selbst, bestand aus starken, gut eingefügten Holzstangen und war mit eisernen Klammern an der Mauer befestigt. Die Vorrichtung hatte jedenfalls den Zweck, Tiere wie etwa Ratten, Wassermäuse usw. vom Bassin fern zu halten. Ich rüttelte daran, es gab nicht nach und ich musste einsehen, dass es im Ganzen nicht zu entfernen war. Ich fasste einen einzelnen Stab mit beiden Händen, stemmte die hoch emporgezogenen Knie hüben und drüben gegen die Mauer – ein Ruck aus allen Kräften und die Stange zerbrach. Jetzt war eine Bresche da und in der Zeit von zwei Minuten hatte ich noch vier Stäbe herausgerissen, sodass eine Öffnung entstanden war, durch die ich mich zwängen konnte.

Sollte ich zurückkehren, um Isla das Weitere zu überlassen? Nein, denn das wäre Zeitverschwendung gewesen. Ich befand mich nun einmal im Wasser und kannte ja auch die Örtlichkeit genauer als er. Ich passierte also die Öffnung, die ich mir gemacht hatte und schwamm weiter fort in dem Wasser, das durch den aufgewühlten Schlamm ganz dick war. Als ich mich nach meiner ungefähren Berechnung unter dem inneren Hof befinden musste, senkte sich plötzlich die Wölbung bis auf die Oberfläche des Wassers herunter und ich wusste nun, dass ich mich in der Nähe des Bassins befand. Der Kanal glich von hier aus nur noch einer Röhre, die so vollständig mit Wasser gefüllt war, dass die zum Atmen nötige Luft fehlte. Die noch übrige Strecke musste ich also unter Wasser durchkriechen oder tauchend durchschwimmen, was nicht nur höchst unbequem und anstrengend, sondern auch mit größter Gefahr verbunden war. Wie nun, wenn sich ein zweites, unvorhergesehenes Hindernis in den Weg stellte und ich auch nicht so weit zurückkehren konnte, um den nötigen Atem zu holen? – Oder wenn ich beim Emportauchen bemerkt wurde? Es war doch immerhin möglich, dass sich jemand im Hof befand. Diese Bedenken durften mich nicht irremachen. Ich sog die Lunge voll Atem, bog mich unter das Wasser und schob mich, halb schwimmend und halb gehend, mit möglichster Schnelligkeit vorwärts.

Eine ziemliche Strecke legte ich so zurück und schon verspürte ich den eintretenden Luftmangel, als ich mit der Hand wirklich an ein neues Hindernis stieß. Es war, wie ich fühlte, ein aus einem durchlöcherten Blech bestehendes Siebgitter, das die ganze Lichte der Kanalröhre einnahm und jedenfalls als Filter des schlammigen, trüben Wassers dienen sollte.

Bei dieser Entdeckung bemächtigte sich meiner eine wirkliche Angst. Zurück konnte ich nicht mehr, denn ehe ich die Stelle zu erreichen vermochte, wo die höhere

Wölbung des Kanals mir gestattet hätte, emporzutauchen und Atem zu schöpfen, war ich jedenfalls schon erstickt, und doch schien das ziemlich starke Siebwerk sehr haltbar befestigt zu sein. Hier gab es freilich nur zwei Fälle: Entweder es gelang mir durchzukommen oder ich musste elend ertrinken. Es war kein Augenblick zu verlieren.

Ich stemmte mich gegen das Blech – vergebens; ich drückte und presste mit aller Gewalt dagegen, doch ohne Erfolg. Und wenn ich hindurch kam und hinter ihm nicht sofort das Bassin fand, war ich dennoch verloren. Ich hatte nur noch Luft und Kraft für eine Sekunde; es war mir, als wollte eine fürchterliche Gewalt mir die Lunge zerbersten und den Körper zersprengen – noch eine letzte, die allerletzte Anstrengung; Herrgott im Himmel, hilf, dass es mir gelingt! Ich fühlte den Tod mit nasser, eisiger Hand nach meinem Herzen greifen; die Pulse stockten, die Besinnung wollte schwinden, die Seele sträubte sich mit aller Gewalt gegen das Entsetzliche; eine krampfhafte, tödliche Spannung dehnte die erstarrenden Sehnen und Muskeln aus – ich hörte einen Krach, kein Geräusch, aber der Kampf des Todes hatte vermocht, was dem Leben nicht gelingen wollte, das Sieb wich, es ging aus den Fugen, ich fuhr empor. Ein langer, langer, tiefer Atemzug, der mir augenblicklich das Leben wiederbrachte, dann tauchte ich wieder unter. Es konnte ja jemand im Hof sein und meinen Kopf bemerken, der gerade in der Mitte der kleinen Wasserfläche sichtbar geworden war. Am Rand kam ich vorsichtig wieder auf und blickte mich um.

Es schien kein Mond, aber die Sterne des Südens verbreiteten genügend Licht, um alle Gegenstände unterscheiden zu können. Ich stieg aus dem Bassin und wollte mich leise an die Mauer schleichen, als ich ein leises Knacken vernahm. Ich blickte empor zu den Gittern, hinter denen die Frauengemächer lagen. Hier, rechts über mir, war die Stelle, an der ich den Riegelstab entfernt hatte, und links davon bemerkte ich eine Spalte in der Vergitterung desjenigen Zimmers, in das ich nicht hatte treten dürfen. Es war jedenfalls das Schlafzimmer Senitzas. War sie wach geblieben, um mich zu erwarten? Kam das Knacken von dem Gitter, das sie auch in ihrer Stube geöffnet hatte? War dies der Fall, so hatte sie mich aus dem Wasser steigen sehen und sich jetzt wieder zurückgezogen, da sie mich unmöglich erkennen konnte.

Ich schlich näher und legte die Hände rund um den Mund.

„Senitza!", flüsterte ich leise.

Da wurde die Spalte größer und ein dunkles Köpfchen erschien.

„Wer bist du?", hauchte es herab.

„Der Hekim, der bei dir war."

„Du kommst, mich zu retten?"

„Ja. Du hast es geahnt und meine Worte verstanden?"

„Ja. Bist du allein?"

„Isla Ben Maflei ist draußen."

„Ach! Er wird getötet werden!"

„Von wem?"

„Von Abraham. Er schläft nicht des Nachts, er wacht. Und die Wächterin liegt in dem Raum neben mir. Halt – horch! Oh, fliehe schnell!"

Hinter der Tür, die zum Sselamlyk führte, ließ sich ein Geräusch vernehmen. Die Spalte oben schloss sich und ich eilte augenblicklich zum Bassin zurück. Dort war der einzige Ort, wo ich Zuflucht finden konnte. Vorsichtig, damit das Wasser keine Wellen werfen sollte, die mich verraten hätten, glitt ich hinein.

Kaum war dies geschehen, so öffnete sich die Tür und die Gestalt Abrahims erschien, langsam und spähend umschritt er den Hof. Ich stand bis zum Mund im Wasser und mein Kopf war hinter der Einfassung verborgen, sodass mich der Ägypter nicht gewahr werden konnte. Dieser überzeugte sich, dass das Tor noch verschlossen war, und verschwand, nachdem er die Runde vollendet hatte, wieder im Sselamlyk.

Jetzt stieg ich wieder aus dem Wasser, glitt zum Tor, schob den Riegel zurück und öffnete. Ich stand im Garten. Rasch eilte ich quer darüber weg, um nun auch das Mauertor zu öffnen, und dann wollte ich um die Ecke biegen, Isla Ben Maflei zu holen, als dieser eben erschien.

„Hamdulillah, Preis sei Gott, Effendi! Es ist dir gelungen."

„Ja. Aber ich kämpfe mit dem Tod. Gib mir mein Gewand!"

Hose und Weste trieften mir von Wasser, ich warf nur die Jacke über, um nicht in meinen Bewegungen gehindert zu sein, und sagte ihm:

„Ich sprach bereits mit Senitza."

„Ist es wahr, Effendi?"

„Sie hatte mich verstanden und erwartete uns."

„Oh komm! Schnell, schnell!"

„Warte noch!"

Ich ging in den Garten, um eine der Stangen zu holen, die ich gleich bei meiner ersten Anwesenheit bemerkt hatte. Dann traten wir in den Hof. Die Spalte oben im Gitterwerk hatte sich bereits wieder geöffnet.

„Senitza, mein Stern, mein...", rief Isla mit unterdrückter Stimme, als ich empor gezeigt hatte. Ich unterbrach ihn:

„Um alles in der Welt, still! Hier ist keine Zeit zu Herzensergüssen. Du schweigst und nur ich rede!"

Dann wandte ich mich empor zu ihr:

„Bist du bereit, mit uns zu gehen?"

„Oh ja!"

„Durch die Zimmer geht es nicht?"

„Nein. Aber drüben hinter den hölzernen Säulen liegt eine Leiter."

„Ich hole sie!"

Wir brauchten also weder die Stangen noch den mitgebrachten Strick. Ich ging und fand die Leiter. Sie war fest. Als ich sie angelehnt hatte, stieg Isla empor. Ich schlich unterdessen nach der Tür zum Sselamlyk, um zu horchen.

Es dauerte einige Zeit, bis ich die Gestalt des Mädchens erscheinen sah. Sie stieg herab und Isla unterstützte sie dabei. Im Augenblick, in dem sie den Boden erreichten, erhielt die Leiter einen Stoß, sie schwankte und stürzte mit einem lauten Krach zu Boden.

„Flieht! Schnell zum Boot!", warnte ich.

Sie eilten nach dem Tor und zu gleicher Zeit hörte ich Schritte hinter der Tür. Abrahim hatte das Geräusch vernommen und kam herbei. Ich musste den Fliehenden den Rückzug decken und folgte ihnen also mit nicht zu großer Schnelligkeit. Der Ägypter bemerkte mich, sah auch die umgestürzte Leiter und das geöffnete Gitter. Er stieß einen Schrei aus, der von allen Bewohnern des Hauses gehört werden musste.

„Dieb, Räuber, halt! Herbei, herbei, ihr Männer, ihr Leute, ihr Sklaven! Hilfe!"

Mit diesen laut gebrüllten Worten sprang er hinter mir her. Da der Orient keine Betten nach Art der unseren kennt und man meist in den Kleidern auf dem Diwan schläft, so waren die Bewohner des Hauses alsbald auf den Beinen.

Der Ägypter war hart hinter mir. Am Außentor blickte ich mich um. Er war nur zehn Schritte von mir entfernt und dort am inneren Tor erschien bereits ein zweiter Verfolger.

Draußen bemerkte ich rechts Isla Ben Maflei mit Senitza fliehen, ich wandte mich also nach links. Abrahim ließ sich täuschen. Er sah nicht sie, sondern nur mich und folgte mir. Ich sprang um die eine Ecke, in Richtung zum Fluss zu, oberhalb des Hauses, während unser Boot unterhalb lag. Dann rannte ich um die zweite Ecke, das Ufer entlang.

„Halt, Schuft! Ich schieße!", erscholl es hinter mir.

Er hatte also Waffen bei sich. Ich eilte weiter. Traf mich seine Kugel, so war ich tot oder gefangen, denn hinter ihm folgten seine Diener, wie ich aus ihrem Geschrei vernahm. Der Schuss krachte. Er hatte im Laufen gezielt, statt dabei stehen zu bleiben; das Geschoss flog an mir vorüber. Ich tat, als sei ich getroffen, und warf mich zur Erde nieder.

Er stürzte an mir vorbei, denn er hatte nun das Boot bemerkt, in das Isla eben mit Senitza einstieg. Gleich hinter ihm sprang ich wieder auf. Mit einigen Sprüngen hatte ich ihn erreicht, packte ihn im Nacken und warf ihn nieder.

Das Geschrei der Fellachen erscholl aber jetzt hinter mir, sie waren mir sehr nah, da ich mit dem Niederwerfen Zeit und Raum verloren hatte, aber ich erreichte den Kahn und sprang hinein. Sofort stieß Halef vom Ufer, von dem wir bereits mehrere Bootslängen entfernt waren, als die Verfolger dort ankamen.

Abrahim hatte sich wieder emporgerafft. Er überblickte die ganze Situation.

„Geri – Zurück, ihr Männer!", brüllte er. „Zurück zum Boot!"

Alle wandten sich in Richtung zum Kanal, wo ihr Kahn gelegen hatte. Abrahim kam zuerst dort an und stieß einen Schrei der Wut aus. Er sah, dass das Boot verschwunden war.

Wir hatten unterdessen die ruhigeren Gewässer des Ufers verlassen und das schneller strömende Wasser erreicht; Halef und der Barbier aus Jüterbog ruderten, auch ich nahm eins der aus dem Boot Abrahims genommenen Ruder; Isla tat dasselbe und so schoss unser Kahn sehr schnell stromabwärts. Es wurde kein Wort gesprochen, unsere Stimmung war nicht danach.

Während des ganzen Abenteuers war doch eine längere Zeit vergangen, sodass sich bereits jetzt der Horizont rötete und man die nebellosen Wasser des Nils weithin zu überblicken vermochte. Noch immer sahen wir Abrahim mit den Seinigen am Ufer stehen, und weiter oben erschien ein Segel, das im Morgenrot erglühte.

„Ein Sandal!", meinte Halef.

Ja, es war ein Sandal, eine jener lang gebauten, stark bemannten Barken, die so schnell segeln, dass sie fast mit einem Dampfer um die Wette gehen.

„Er wird den Sandal anrufen und uns darauf verfolgen" sagte Isla besorgt.

„Hoffentlich ist der Sandal ein Kauffahrer, der nicht auf ihn hört!"

„Wenn Abrahim dem Rejs eine genügende Summe bietet, wird dieser sich nicht weigern."

„Auch in diesem Fall würden wir einen guten Vorsprung gewinnen. Ehe der Sandal anlegt und der Rejs mit Abrahim verhandelt hat, vergeht einige Zeit. Auch muss sich Abrahim, ehe er an Bord gehen kann, mit allem versehen, was zu einer längeren Reise notwendig ist, da er nicht wissen kann, welche Ausdehnung die Verfolgung haben wird."

Das Segel verschwand jetzt unseren Blicken und wir machten eine so schnelle Fahrt, dass wir nach kaum einer halben Stunde die Dahabije zu Gesicht bekamen.

Der alte Abu er Rejsan lehnte an der Brüstung. Er sah, dass eine weibliche Person im Boot saß, und wusste also, dass unser Unternehmen gelungen war, wenigstens gelungen bis zu diesem Augenblick.

„Legt an", rief er. „Die Treppe ist niedergelassen!"

Wir stiegen an Bord und das Boot wurde am Steuer befestigt. Dann ließ man die Seile gehen und zog die Segel auf. Das Fahrzeug drehte den Schnabel vom Land ab, der Wind legte sich in das Leinen und wir strebten der Mitte des Stromes zu, der uns weiter abwärts trug.

Ich war zum Rejs getreten.

„Wie ging es?", fragte er mich.

„Sehr gut. Ich werde es dir erzählen; doch sage mir vorher, ob ein guter Sandal dein Fahrzeug einholen könnte."

„Werden wir verfolgt?"

„Ich glaube es nicht, doch ist es möglich."

„Meine Dahabije ist sehr gut, aber ein guter Sandal holt jede Dahabije ein."

„So wollen wir wünschen, dass wir unverfolgt bleiben!"

Ich erzählte nun den Hergang unseres Abenteuers und ging dann nach der Kajüte, um meine noch immer feuchten Kleider zu wechseln. Sie war in zwei Teile geteilt, einen kleinen und einen größeren. Der erste war für Senitza und der letzte für den Kapitän, Isla Ben Maflei und mich bestimmt.

Es waren vielleicht zwei Stunden seit unserer Abfahrt vergangen, als ich oberhalb unseres Schiffes die Spitze eines Segels bemerkte, das sich immer mehr vergrößerte. Als der Rumpf sichtbar wurde, erkannte ich den Sandal, den wir in der Frühe gesehen hatten.

„Siehst du das Schiff?", fragte ich den Rejs.

„Allah akbar – Gott ist groß und deine Frage ist auch groß", antwortete er mir. „Ich bin ein Rejs und sollte ein Segel nicht sehen, das so nah hinter dem meinigen steuert!"

„Ob es ein Fahrzeug des Khedive ist?"

„Nein."

„Woran erkennst du das?"

„Ich kenne diesen Sandal sehr genau."

„Ah!"

„Er gehört dem Rejs Chalid Ben Mustafa."

„Kennst du diesen Chalid?"

„Sehr gut, aber wir sind keine Freunde."

„Warum?"

„Ein ehrlicher Mann kann nicht der Freund eines unehrlichen sein."

„Hm, so ahne ich etwas."

„Was?"

„Dass sich Abrahim Mamur bei ihm an Bord befindet."

„Werden es sehen!"

„Was wirst du tun, wenn der Sandal bei der Dahabije anlegen will?"

„Ich muss es zugeben. Das Gesetz sagt es so."

„Und wenn ich es nicht zugebe?"

„Wie wolltest du das anfangen? Ich bin der Rejs meiner Dahabije und habe nach den Vorschriften des Gesetzes zu handeln."

„Und ich bin der Rejs meines Willens."

Jetzt trat Isla zu uns. Ich wollte ihm keine zudringliche Frage vorlegen, aber er begann selbst:

„Kara Ben Nemsi, du bist mein Freund, der beste, den ich gefunden habe. Soll ich dir erzählen, wie Senitza in die Hände der Ägypter gekommen ist?"

„Ich möchte es sehr gern hören, doch zu einer solchen Erzählung gehört die Ruhe und Sammlung, die wir jetzt nicht haben können."

„Du bist unruhig? Weshalb?"

Er hatte das hinter uns segelnde Fahrzeug noch nicht bemerkt.

„Dreh dich um und sieh diesen Sandal."

Er wandte sich um, sah das Schiff und fragte:

„Ist Abrahim an Bord?"

„Ich weiß es nicht, aber es ist sehr leicht möglich, weil der Kapitän ein Schurke ist, der sich von Abrahim erkaufen lassen wird."

„Woher weißt du, dass er ein Schurke ist?"

„Rejs Hassan sagt es."

„Ja", bestätigte dieser, „ich kenne diesen Kapitän und auch sein Schiff. Selbst wenn es weiter entfernt wäre, würde ich es an seinem Segel erkennen, das dreifach ausgebessert und zusammengeflickt ist."

„Was werden wir tun?", fragte Isla.

„Zunächst abwarten, ob Abrahim sich an Bord befindet."

„Und wenn er da ist?"

„So kommt er nicht zu uns herüber."

Unser Schiffsführer prüfte den Fortgang des Sandal und denjenigen, den wir selbst machten, und meinte dann:

„Er kommt uns immer näher. Ich werde eine Triketa[1] beisetzen lassen."

Dies geschah, aber ich merkte bereits nach einigen Minuten, dass die Entscheidung dadurch höchstens verzögert, nicht aber aufgehoben wurde. Der Sandal kam uns immer näher; endlich war er nur noch eine Schiffslänge von uns entfernt und ließ das eine Segel fallen, um seine Schnelligkeit zu vermindern. Wir sahen Abrahim Mamur an Deck stehen.

„Er ist da!", sagte Isla.

„Wo steht er?", fragte der Rejs.

„Ganz vorn am Bug."

„Dieser? Kara Ben Nemsi, was tun wir? Sie werden uns ansprechen und wir müssen ihnen antworten."

„Wer hat nach euren Gesetzen zu antworten?"

„Ich, der Inhaber meiner Dahabije."

„Merke auf, was ich dir sage, Abu er Rejsan. Bist du bereit, mir dein Schiff von hier bis Kahira zu vermieten?"

Der Kapitän sah mich erstaunt an, begriff dann aber gleich, welchen Zweck ich verfolgte.

„Ja", antwortete er.

„Dann bin also ich der Inhaber?"

„Ja."

„Und du als Rejs musst tun, was ich will."

„Ja."

---

[1] Kleines Segel

„Und bist für nichts verantwortlich?"

„Nein."

„Gut. Ruf deine Leute zusammen!"

Auf seinen Ruf kamen alle herbei und der Kapitän erklärte ihnen:

„Ihr Männer, ich sage euch, dass dieser Effendi, der Kara Ben Nemsi heißt, unsere Dahabije von hier bis Kahira gemietet hat. Ist es so?"

„Ja, es ist so", bestätigte ich.

„Ihr könnt mir also bezeugen, dass ich nicht mehr Herr des Schiffes bin?", fragte er die Leute.

„Wir bezeugen es."

„So geht an eure Plätze. Das aber müsst ihr wissen, dass ich die Leitung des Schiffes behalte, denn Kara Ben Nemsi hat es mir befohlen."

Sie entfernten sich, sichtlich befremdet über die sonderbare Mitteilung.

Mittlerweile war der Sandal auf gleiche Höhe mit uns gekommen. Sein Kapitän, ein alter, langer, sehr hagerer Mann mit einer Reiherfeder auf dem Tarbusch, trat an die Bordung und fragte herüber:

„Ho, Dahabije, welcher Rejs?"

Ich neigte mich vor und antwortete:

„Rejs Hassan."

„Hassan, genannt Abu er Rejsan?"

„Ja."

„Schön, kenne ihn", antwortete er mit schadenfroher Miene. „Ihr habt ein Weib an Bord?"

„Ja."

„Gebt es heraus!"

„Chalid Ben Mustafa, du bist verrückt!"

„Wird sich finden. Wir werden bei euch anlegen."

„Das werden wir verhindern."

„Wie willst du dies anfangen?"

„Das will ich dir sofort zeigen. Achte auf die Feder an deinem Tarbusch!"

Ich erhob sehr schnell den Stutzen, den ich, ohne dass er ihn gesehen hatte, bereitgehalten hatte, zielte und drückte los. Die Feder flog herab. Selbst das entsetzlichste Unglück hätte den würdigen Ben Mustafa nicht so in Aufregung versetzen können wie dieser Warnschuss. Er fuhr so hoch in die Luft, als beständen seine hageren Gliedmaßen aus elastischem Gummi, hielt sich den Kopf mit beiden Händen und floh hinter den Mast.

„Jetzt weißt du, wie ich schieße, Ben Mustafa", rief ich hinüber. „Wenn dein Sandal noch eine einzige Minute bei uns längsseits fährt, so schieße ich dir nicht die Feder vom Tarbusch, sondern die Seele aus dem Leib; darauf kannst du dich verlassen!"

Diese Drohung hatte eine augenblickliche Wirkung. Er eilte ans Steuer, riss es aus den Händen dessen, der es bisher geführt hatte, und drehte ab. In zwei Minuten befand sich der Sandal in einer solchen Entfernung von uns, dass ihn meine Kugel nicht erreichen konnte.

„Jetzt sind wir für den Augenblick sicher", meinte ich.

„Er wird uns nicht wieder so nah kommen", stimmte Hassan bei, „aber er wird uns auch nicht aus dem Auge lassen, bis wir irgendwo anlegen, wo er die Hilfe des Gesetzes in Anspruch nehmen kann. Die fürchte ich freilich nicht, aber ich fürchte etwas anderes."

„Was?"

„Das da!"

Er deutete mit der Hand hinaus auf das Wasser und wir verstanden sogleich, was er meinte.

Schon seit einiger Zeit hatten wir bemerkt, dass die Wogen mit größerer Gewalt und Schnelligkeit vorwärts strebten als vorher und die jetzt felsig gewordenen Ufer einander immer näher traten. Wir näherten uns nämlich einer jener Stromschnellen, die dem Verkehr auf dem Nil fast unüberwindliche Hindernisse entgegenstellen. Jetzt musste die Feindschaft der Menschen schweigen, damit sich die ungeteilte Aufmerksamkeit aller auf das drohende Element richten konnte. Die Stimme des Rejs tönte laut schallend über das Deck:

„Blickt auf, ihr Männer, der Schellâl kommt, der Katarakt! Tretet zusammen und betet die heilige Fâtiha!"

Die Leute folgten seinem Gebot und wandten sich nach Mekka.

„Im Namen Gottes des Allbarmherzigen!", begann der Rejs.

Darauf fielen die andern ein und beteten die Fâtiha, die erste Sure des Korân.

Ich muss gestehen, dass dieses Gebet auch mich ergriff, aber nicht aus Furcht vor der Gefahr, sondern aus Ehrfurcht vor der tief im Herzen wurzelnden Religiosität dieser halbwilden Menschen, die nichts tun und beginnen, ohne sich dessen zu erinnern, der in den Schwachen mächtig ist.

„Wohlan, ihr jungen Männer, ihr mutigen Helden, geht an eure Plätze", gebot nun der Führer, „der Strom hat uns ergriffen."

Das Kommando eines Nilschiffes läuft nicht so ruhig und exakt ab wie die Führung eines europäischen Fahrzeugs. Das heiße Blut des Südens rollt durch die Adern und treibt in der Gefahr den Menschen vom Extrem der ausschweifendsten Hoffnung herab auf das der tiefsten Niedergeschlagenheit und Verzweiflung. Alles schreit, ruft, brüllt, heult, betet oder flucht im Augenblick der Gefahr, um im nächsten Moment, wenn diese Gefahr vorübergegangen ist, noch lauter zu jubeln, zu pfeifen, zu singen und zu jauchzen. Dabei arbeitet ein jeder mit Anspannung aller seiner Kräfte und der Schiffsführer springt von einem zum andern, um jeden anzufeuern, tadelt die Säumigen in Ausdrücken, wie sie nur ein Araber sich auszusinnen vermag, und belohnt die andern mit den süßesten, zärtlichsten Namen, unter denen sich das Wort ‚Held' am meisten wiederholt.

Hassan hatte sich auf die Stromschnelle vorbereitet und Ersatzmannschaft eingenommen. Jedes Ruder war doppelt besetzt und am Steuer standen drei Barkenführer, die jeden Fußbreit des Stromes hier an dieser gefährlichen Stelle kannten.

Mit furchtbarer Gewalt rauschten die Wogen jetzt über die vom Wasser kaum bedeckten Felsblöcke; die Wellen stürzten schäumend über das Deck und der Donner des Katarakts übertäubte jedes, auch das lauteste Kommandowort. Das Schiff stöhnte und krachte in allen Fugen, die Ruder versagten ihre Dienste und dem Steuer vollständig ungehorsam tobte die Dahabije durch die kochenden Gewässer.

Da traten die schwarzen, glänzenden Felsen vor uns eng zusammen und ließen nur noch ein Tor offen, das kaum die Breite unseres Schiffes besaß. Die Wogen wurden förmlich hindurchgepresst und stürzten sich in einem dicken, mächtigen Strahl nach unten in ein Becken, das übersät war von haarscharfen und nadelspitzen Steinblöcken.

Mit sausender Hast schossen wir dem Tor zu. Die Ruder wurden eingezogen. Jetzt befanden wir uns in einem furchtbaren Loch, dessen Wände uns zu beiden Seiten so nahe waren, dass wir sie fast mit den Händen erreichen konnten. Als wollte es uns hinaustreiben in die Luft, so schleuderte uns die rasende Gewalt der Strömung über die sprühenden, Gischt spritzenden Kämme des Falls hinaus und wir stürzten hinab in den Schlund des Kessels. Es brodelte, spritzte, rauschte, tobte, donnerte und brüllte um uns her. Da packte es uns wieder mit unwiderstehlicher Macht und riss uns eine schief abfallende Ebene hinab, deren Wasserfläche glatt und freundlich vor uns lag, aber gerade unter dieser Glätte die gefährlichste Tücke barg, denn wir schwammen nicht, nein, wir fielen, wir stürzten mit rasender Schnelligkeit die abschüssige Bahn hinab und...

„Allah kerîm – Gott ist gnädig!", ertönte Hassans Stimme jetzt so schrill, dass sie gehört werden konnte. „Allah w' Allah, an die Ruder, ihr Jünglinge, ihr Männer, ihr Helden, ihr Tiger, Panther und Löwen! Der Tod liegt vor euch. Seht ihr es denn nicht? Macht, bei Gott, macht, ihr Hunde, ihr Feiglinge, ihr Schurken und Katzen, arbeitet, ihr Wackeren, ihr Guten, ihr Helden, ihr Unvergleichlichen, Erprobten und Auserwählten."

Wir schossen einer Schere zu, die sich gerade vor uns öffnete und uns im nächsten Augenblick vernichten konnte. Die Felsen waren so scharf und der Fall des Stroms so reißend, dass von dem Schiff keine Hand voll Holz beisammen bleiben konnte, wie es schien.

„O du Bewahrer, hilf! Links, links, ihr Hunde, ihr Geier, ihr Rattenfresser, ihr Aasverdauer, links, links mit dem Steuer, ihr Braven, ihr Herrlichen, ihr Väter aller Helden! Allah, Allah! Maschallah! Gott tut Wunder, ihm sei Dank!"

Das Schiff hatte den fast übermenschlichen Anstrengungen gehorcht und war vorübergeflogen. Für einige Augenblicke befanden wir uns im ruhigen Fahrwasser und alles stürzte sich auf die Knie, um dem Allmächtigen zu danken.

„Esch'hetu inu la ilâha ill' Allah!", tönte es jubelnd über das Deck hin. – „Ich bezeuge, dass es nur einen Gott gibt! Er begnadige uns mit seinem Segen!"

Da kam es hinter uns hergeschossen, wie von der Sehne eines Bogens geschnellt. Es war der Sandal, der dieselben Gefahren hinter sich hatte wie wir. Seine Schnelligkeit war jetzt wieder größer als die unsrige und er musste daher an uns vorüber. Aber das offene Fahrwasser war so schmal, dass wir nur mit Mühe auszuweichen vermochten, und fast Bord an Bord rauschte er vorüber. Am Mast lehnte Abrahim Mamur, die Rechte hinter sich versteckend. Mir gerade gegenüber riss er die verborgen gehaltene lange arabische Flinte an die Wange – ich warf mich nieder – die Kugel pfiff über mir weg und im nächsten Augenblick war der Sandal uns weit voran.

Alle hatten den Mordversuch gesehen, aber niemand fand Zeit zur Verwunderung oder zum Zorn, denn die Strömung packte uns wieder und trieb uns in ein Labyrinth von Klippen.

Da erscholl vor uns ein lauter Schrei. Der Sandal wurde von der Macht des Schellâl an einen Felsen geworfen; die Schiffer schlugen die Ruder in die Flut und das nur leicht beschädigte Fahrzeug schoss, von den Wogen wieder gefasst, befreit davon. Aber bei dem Stoß war ein Mensch über Bord gefallen, er hing im Wasser, sich verzweiflungsvoll an die Klippe klammernd. Ich ergriff einen der vorhandenen Dattelbaststricke, eilte an die Bordwand und warf ihn dem Bedrohten zu. Er fasste danach – hielt ihn fest – wurde emporgezogen. Es war – Abrahim Mamur.

Sobald er das Verdeck glücklich erreicht hatte, schüttelte er das Wasser aus seinen Kleidern und stürzte dann mit geballten Fäusten auf mich zu.

„Hund, du bist ein Räuber, ein Betrüger!"

Ich erwartete ihn ruhig und meine Haltung bewirkte, dass er vor mir stehen blieb, ohne seine Fäuste zu gebrauchen.

„Abrahim Mamur, sei höflich, denn du befindest dich nicht in deinem Haus!", warnte ich ihn. „Sagst du nur noch ein Wort, das mir nicht gefällt, so lasse ich dich an den Mast binden und durchpeitschen!"

Die größte Beleidigung für einen Araber ist ein Schlag und die zweitgrößte ist die Drohung, ihn zu schlagen. Abrahim machte eine Bewegung, bezwang sich aber.

„Du hast mein Weib an Bord!"

„Nein."

„Du sagst mir nicht die Wahrheit."

„Ich sage sie, denn die ich an Bord habe, ist nicht dein Weib, sondern die Verlobte dieses jungen Mannes, der neben dir steht."

Er stürzte auf die Kajüte zu, dort trat ihm Halef entgegen.

„Abrahim Mamur, ich bin Hadschi Halef Omar Ben Hadschi Abul Abbas Ibn Hadschi Dawuhd al Gossarah; dieses hier sind meine zwei Pistolen und ich werde dich niederschießen, sobald du irgendwohin gehen willst, wohin zu gehen mein Herr dir verbietet!"

Mein kleiner Halef machte ein Gesicht, dem der Ägypter es ansehen konnte, dass es ihm mit dem Schießen Ernst war. Er wandte sich daher ab und schnaubte:

„So werde ich Euch verklagen, sobald Ihr an Land geht, um Eure Hilfsmatrosen abzusetzen."

„Tu das. Bis dahin aber bist du nicht mein Feind, sondern mein Gast, solange du dich friedlich benimmst."

Die Stromschnelle war in ihren gefährlichen Stellen glücklich durchschifft und wir konnten uns nun mit der nötigen Muße unserer Angelegenheit zuwenden.

„Willst du uns jetzt erzählen, auf welche Weise Senitza in die Hand dieses Menschen geraten ist?", fragte ich Isla.

„Ich will sie holen", antwortete er, „sie mag es Euch selbst erzählen."

„Nein, sie mag in der Kajüte bleiben, denn ihr Anblick würde den Ägypter erbittern und zum Äußersten reizen. Sag uns vor allen Dingen, ob sie Mohammedanerin oder Christin ist."

„Sie ist eine Christin."

„Von welcher Konfession?"

„Von der, die Ihr griechisch nennt."

„Sie ist nicht seine Frau geworden?"

„Er hat sie gekauft."

„Ah! Ist das möglich?"

„Ja. Die Montenegrinerinnen gehen nicht verschleiert. Er hat sie in Skutari gesehen und ihr gesagt, er liebe sie und sie solle sein Weib werden, sie aber hat ihn ausgelacht. Dann ist er in die Crnagora zu ihrem Vater gekommen und hat eine große Summe geboten, um sie von ihm zu kaufen, dieser jedoch hat ihn hinausgeworfen. Dann hat er den Vater der Freundin bestochen, bei der Senitza oft zu Besuch war, und dieser ist auf den Handel eingegangen."

„Wie?"

„Dieser Mensch hat sie für seine Sklavin ausgegeben, hat sie an Abrahim Mamur verkauft und ihm eine Schrift darüber ausgehändigt, in der sie für eine tscherkessische Sklavin gilt."

„Ah, darum also ist diese Freundin mit ihrem Vater so plötzlich verschwunden!"

„Nur darum. Er hat sie dann auf ein Schiff gebracht und ist mit ihr erst nach Zypern, dann nach Ägypten gefahren. Das Übrige ist Euch bekannt."

„Wie hieß der Mann, der sie verkaufte?", fragte ich unwillkürlich.

„Barud el Amasat."

„El Amasat – el Amasat – dieser Name kommt mir sehr bekannt vor. Wo habe ich ihn gehört? War dieser Mensch ein Türke?"

„Nein, sondern ein Armenier."

Ein Armenier – ah, jetzt wusste ich es! Hamd el Amasat, jener Armenier, der uns auf dem Schott el Dscherid verderben wollte und dann aus Kbilli entfloh – war es derselbe? – Nein, denn die Zeit stimmte nicht.

„Weißt du nicht", fragte ich Isla, „ob dieser Barud el Amasat einen Bruder hat?"

„Nein, Senitza weiß es auch nicht, ich habe sie nach dieser Familie sehr genau befragt."

Da kam der Diener Hamsad el Dscherbaja herbei und wandte sich an mich:

„Herr Effendi, ich habe Sie wat zu sagen."

„Sprechen Sie!"

„Wie heißt dieser ägyptische Tunichtjut?"

„Abrahim Mamur."

„So! Dat will also een Beamter jewesen sein?"

„Allerdings."

„Dat lassen Sie mich man nur nicht weismachen, denn ich kenne diesen Menschen besser als er mir!"

„Ah! Wer ist er?"

„Ich habe ihn jesehen als eenen, der die Bastonade kriegte, und weil es die erste Bastonade war, die ich jesehen habe, so habe ich mir sehr einjehend nach ihm erkundigt."

„Nun, wer und was ist er?"

„Er war bei der persischen Jesandtschaft in Konstantinopel Attascheh oder so wat und hat een Jeheimnis verraten oder so unjefähr. Er hat totjemacht werden sollen, aber weil er Jönner jehabt hat, so ist bei der Absetzung mit Bastonade jeblieben. Sein Name ist Dawuhd Arafim."

Dass der Barbier aus Jüterbog diesen Mann kannte, war ein ganz staunenswertes Zusammentreffen, und nun fiel es mir wie Schuppen von den Augen. Ich hatte ihn bereits einmal gesehen, und zwar in Konstantinopel, wo er als Gefangener weggeschafft wurde.

So kam es, dass auch er mich gesehen und sich jetzt meiner erinnert hatte.

„Ich danke Ihnen, Hamsad, für diese Mitteilung", sagte ich, „behalten Sie Ihre Weisheit aber jetzt noch für sich."

Nun war mir nicht im Mindesten mehr bange bei dem Gedanken, dass Abrahim mich verklagen würde. Ich weiß nicht, wie es kam, aber ich konnte die Vermutung nicht zurückweisen, dass er mit Barud el Amasat, der Senitza an ihn verkauft hatte, nicht erst durch das Mädchen bekannt geworden war. Abrahim war Gefangener gewesen und hatte sogar die Bastonade erhalten, jetzt trat er als Mamur auf und besaß ein Vermögen – dies waren Umstände, die mir sehr zu denken gaben.

Ich zog es vor, die Mitteilung des Barbiers jetzt noch für mich zu behalten, damit Abrahim nicht merkte, dass er durchschaut worden war.

Am nächsten Landeplatz mussten die oberhalb der Stromschnelle auf die Dahabije genommenen Schiffer wieder an Land gesetzt werden. Unser Fahrzeug wandte sich daher dem Ufer zu.

„Werden wir Anker werfen oder nicht?", fragte ich den Rejs.

„Nein, ich lenke sofort um, wenn die Männer das Schiff verlassen haben."

„Warum?"

„Um die Polizei zu vermeiden."

„Und Abrahim?"

„Wird mit den Schiffern an das Ufer gebracht."

„Ich fürchte die Polizei nicht."

„Du bist ein Fremdling im Land und stehst unter deinem Konsul. Man kann dir also nichts tun. Ah!"

Dieser letzte Ausruf galt einem Boot, das mit bewaffneten, finster blickenden Männern besetzt war. Es waren Polizisten.

„Du wirst wohl nicht sofort umlenken", meinte ich zu Hassan.

„Oh doch, wenn du es befiehlst. Ich habe nur dir zu gehorchen."

„Ich befehle es nicht, ich möchte im Gegenteil die hiesige Polizei einmal kennenlernen."

Das Boot legte bei uns an und alle seine Insassen stiegen an Bord, noch ehe wir das Ufer erreicht hatten. Die Bemannung des Sandal war hier auch gelandet, hatte erzählt, dass Abrahim im Schellâl ertrunken sei, und auch von dem ‚Frauenraub‘ berichtet. Sodann war, wie wir später erfuhren, der alte Rejs Chalid Ben Mustafa eilenden Fußes zum Richter gelaufen und hatte eine so wohlgesetzte Rede gehalten über mich, den ungläubigen Mörder, Aufrührer, Räuber und Empörer, dass ich eigentlich sehr zufrieden sein musste, wenn ich nur mit dem Hängen oder Säcken davonkam.

Da die Gerechtigkeit jener Länder von der wichtigen Erfindung der Aktenstöße noch keine Notiz genommen hat, so wird in Rechtsfällen überaus schnell und summarisch verfahren.

„Wer ist der Rejs dieses Schiffes", fragte der Anführer der Polizisten.

„Ich", antwortete Hassan.

„Wie heißt du?"

„Hassan Abu er Rejsan."

„Hast du auf deinem Schiff einen Effendi, einen Hekim, der ein Ungläubiger ist?"

„Da steht er und heißt Kara Ben Nemsi."

„Und ist hier auf deinem Schiff auch ein Weib namens Güsela?"

„Sie ist in der Kajüte."

„Wohlan, ihr seid allesamt meine Gefangenen und folgt mir zum Richter, während ich das Schiff von meinen Leuten bewachen lasse!"

Die Dahabije legte an, und ihre ganze Bemannung nebst sämtlichen Passagieren wurde ‚sofort anhero transportiert‘. Senitza, tief verschleiert, wurde in eine bereitstehende Sänfte gehoben und musste unserm Zug folgen, der bei jedem weiteren Schritt größer wurde, weil Jung und Alt, Groß und Klein sich ihm anschloss. Hamsad el Dscherbaja, der Exbarbier, schritt hinter mir her und pfiff nach dem Takt seiner Beine munter sein „Muss i denn, muss i denn zum Städtele hinaus!"

Der Polizeidirektor saß mit seinem Sekretär bereits unserer Ankunft gewärtig. Er trug die Abzeichen eines Binbaschy, eines Majors oder Befehlshabers von tausend Mann, hatte aber trotzdem weder ein kriegerisches noch ein übermäßig intelligentes Aussehen. Wie die ganze Bemannung des Sandal, so hatte auch er Abrahim Mamur für ertrunken gehalten und empfing den vom Tod Auferstandenen mit einem Respekt, der ganz das Gegenteil von dem Blick war, den er uns zuwarf.

Wir wurden in zwei Gruppen geteilt: hüben die Bemannung des Sandal mit

Abrahim und einigen seiner Diener, die er mitgenommen hatte, und drüben die Leute von der Dahabije mit Senitza, Isla und mir nebst Halef und dem Barbier.

„Befiehlst du deine Pfeife, Herr?", fragte der Polizeidirektor den vermeintlichen Mamur.

„Lass sie bringen!"

Er erhielt sie nebst einem Teppich, um sich darauf niederzusetzen. Dann begann die Verhandlung:

„Hoheit, sag mir deinen von Allah gesegneten Namen!"

„Er lautet Abrahim Mamur."

„So bist du ein Mamur. In welcher Provinz?"

„In En Nasar."

„Du bist der Ankläger. Sprich, ich höre zu und werde richten."

„Ich klage an diesen Giaur, der ein Hekim ist, des Ichtitâf; ich klage an den Mann, der neben ihm steht, des Ichtitâf und ich klage an den Führer der Dahabije der Mithilfe beim Frauenraub. Wie weit die Diener dieser beiden Männer und die Matrosen der Dahabije beteiligt sind, magst du bestimmen, o Binbaschy."

„Erzähle, wie der Raub begangen wurde."

Abrahim erzählte. Als er geendet hatte, wurden seine Zeugen verhört, was zur Folge hatte, dass ich von dem Rejs des Sandal, Herrn Chalid Ben Mustafa, auch noch des Mordversuchs bezichtigt wurde.

In den Augen des Polizeibeamten leuchtete der Blitz, als er sich nun mir zuwandte:

„Giaur, wie ist dein Name?"

„Kara Ben Nemsi."

„Wie heißt deine Heimat?"

„Almanja."

„Wo liegt diese Hand voll Erde?"

„Hand voll? Hm, Binbaschy, du beweist, dass du sehr unwissend bist!"

„Hund!", fuhr er auf. „Was willst du damit sagen?"

„Almanja ist ein großes Land und hat zehnmal mehr Einwohner als ganz Ägypten. Du aber kennst es nicht. Du bist überhaupt ein schlechter Geograf und darum lässt du dich von Abrahim Mamur belügen."

„Wage es, noch ein Wort zu sagen, und ich lasse dich mit dem Ohr an die Wand nageln."

„Ich wage es! Dieser Abrahim sagt, er sei der Mamur der Provinz En Nasar. Mamurs gibt es nur in Ägypten..."

„Liegt En Nasar nicht in Ägypten, Giaur? Ich bin selbst dort gewesen und kenne den Mamur wie meinen Bruder, ja wie mich selbst."

„Du lügst!"

„Nagelt ihn fest!", gebot der Richter.

Ich zog den Revolver und Halef, der dies sah, seine Pistolen.

„Binbaschy, ich sage dir, dass ich erst den niederschießen werde, der mich anrührt, und dann dich! Du lügst, ich sage es noch einmal. En Nasar ist eine ganz kleine, geringe Oase zwischen der Hammada el Hora und Tighert im Lande Tripolis; dort gibt es keinen Mamur, sondern nur einen armen Scheik, er heißt Mamra Ibn Alef Abuzin und ich kenne ihn. Ich könnte mit dir Komödie spielen und dir erlauben, noch weiter zu fragen, aber ich will es kurz machen. Wie kommt es, dass du die Kläger stehen lässt, während der Angeklagte, der Verbrecher, sitzen darf und sogar die Pfeife von dir bekommt?"

Der gute Mann sah mich ganz verdutzt an.

„Wie meinst du das, Giaur?"

„Ich warne dich, mich mit diesem Wort zu beschimpfen! Ich habe einen Pass bei mir und auch einen Ssejahat belgeßi[1] des Vizekönigs von Ägypten; dieser aber, mein Gefährte, ist aus Istanbul, er hat ein Bujrultu und steht im Schatten des Großherrn."

„Zeigt die Scheine her!"

Ich gab ihm den meinigen und Isla legte ihm den seinigen vor. Er las sie und gab sie uns dann mit verlegener Miene zurück. „Sprich weiter."

Diese Aufforderung bewies mir, dass er nicht wusste, was er tun sollte. Ich nahm also wieder das Wort:

„Du bist Polizeidirektor von Assuan und Binbaschy und weißt doch nicht, was deines Amtes ist. Wenn du ein Handschreiben des Großherrn liest, musst du es vorher an Stirn, Auge und Mund drücken und alle Anwesenden auffordern, sich zu verbeugen, als ob Seine Herrlichkeit selbst zugegen wäre. Ich werde dem Khediven und dem Großwesir in Istanbul erzählen, welche Achtung du ihnen erweist!"

Das hatte er nicht erwartet. Er war so erschrocken, dass er die Augen aufriss und den Mund öffnete, ohne ein Wort zu sagen. Ich aber fuhr fort:

„Du wolltest wissen, was ich vorhin mit meinen Worten meinte. Ich bin der Ankläger und muss stehen und dieser ist der Angeklagte und darf sitzen!"

„Wer klagt ihn an?"

„Ich, dieser, dieser und wir alle."

Abrahim staunte, aber er sagte noch nichts.

„Wessen klagst du ihn an?", fragte der Sahbeth-Bei.

„Des Ichtitâf, desselben Verbrechens, dessen er uns anklagte."

Ich sah, dass Abrahim unruhig wurde. Der Richter gebot mir:

„Sprich!"

„Du dauerst mich, Binbaschy, dass du eine solche Trauer erleben musst."

„Welche Trauer?"

„Dass du einen Mann verurteilen musst, den du so gut kennst wie deinen Bruder, ja wie dich selbst. Du bist sogar bei ihm in En Nasar gewesen und weißt genau, dass er ein Mamur ist. Ich aber sage dir, dass auch ich ihn kenne. Er heißt Dawuhd Arafim, wurde in Konstantinopel abgesetzt und bekam sogar die Bastonade."

Jetzt erhob sich Abrahim.

„Hund! – Binbaschy, dieser Mensch hat den Verstand verloren!"

„Binbaschy, höre mich weiter, dann wird es sich zeigen, wessen Kopf besser ist und fester sitzt, der meine oder der seine!"

„Rede!"

„Dieses Weib hier ist eine Christin, eine freie Christin aus Karadagh[2]; Dawuhd Arafim hat sie geraubt und mit Gewalt nach Ägypten entführt. Hier mein Freund ist ihr rechtmäßiger Verlobter und darum ist er nach Ägypten gekommen und hat sie sich wiedergeholt. Du kennst uns, denn du hast unsere Legitimationen gelesen, ihn aber kennst du nicht. Er ist ein Frauenräuber und Betrüger. Lass dir seine Legitimation zeigen oder ich gehe zum Khediven und sage, wie du Gerechtigkeit übst in dem Amt, das er dir gegeben hat. Ich bin von dem Kapitän des Sandal des Mordversuchs angeklagt. Frag diese Männer! Sie alle haben gehört, dass ich ihm die Feder vom Tarbusch schießen wollte, und ich habe sie getroffen. Der aber, der sich ein Mamur

---

[1] Reiseschein   [2] Montenegro. Beides heißt wie Crnagora „Schwarzes Berg"

nennt, hat im Ernst und in der Absicht, mich zu töten, auf mich geschossen. Ich klage ihn an. Nun entscheide!"

Der brave Mann befand sich natürlich in einer großen Verlegenheit. Er konnte doch seine Worte und Taten nicht widerrufen, fühlte aber sehr wohl, dass ich im Recht war, und so entschloss er sich, zu tun, was eben nur ein Ägypter zu tun vermag. „Das Volk soll hinaus und in seine Häuser gehen!", gebot er. „Ich werde mir die Sache überlegen und am Nachmittag das Gericht halten. Ihr alle aber seid meine Gefangenen!"

Die Polizisten trieben die Zuschauer mit Stockschlägen hinaus, sodann wurde Abrahim Mamur mit der Mannschaft des Sandal gefangen abgeführt und schließlich schaffte man auch uns fort, nämlich in den Hof des Gebäudes, in dem wir uns ungestört bewegen durften, während einige Polizisten, am Ausgang postiert, uns zu bewachen schienen. Nach einer Viertelstunde aber waren sie verschwunden.

Ich ahnte, was der Binbaschy im Sinn hatte, und trat zu Isla Ben Maflei, der neben Senitza am Brunnen saß.

„Denkst du, dass wir heute unsern Prozess gewinnen werden?"

„Ich denke gar nichts, ich überlasse alles dir", antwortete er.

„Und wenn wir ihn gewinnen, was wird mit Abrahim geschehen?"

„Nichts. Ich kenne diese Leute. Abrahim wird dem Binbaschy Geld geben oder einen der kostbaren Ringe, die er an den Fingern trägt, und der Beamte wird ihn laufen lassen."

„Wünschst du seinen Tod?"

„Nein. Ich habe Senitza gefunden, das ist mir genug."

„Und wie denkt deine Braut darüber?"

Senitza antwortete selbst:

„Effendi, ich war sehr unglücklich, jetzt aber bin ich frei. Ich werde nicht mehr an ihn denken."

Das befriedigte mich. Jetzt galt es nur noch, den Abu er Rejsan zu befragen. Er erklärte mir rundweg, dass er sehr froh sei, mit heiler Haut davonzukommen, und so machte ich mich beruhigt daran, Umschau zu halten.

Ich schritt den Ausgang hinaus auf die Straße. Die heiße Tageszeit war eingetreten und ich sah keinen Menschen auf der Straße. Es war klar, der Binbaschy wünschte, dass wir ausreißen und nicht auf seine Entscheidung warten möchten; ich kehrte daher in den Hof zurück, teilte den Leuten meine Absicht mit und forderte sie auf, mir zu folgen. Sie taten es, und kein Mensch trat unserem Tun entgegen.

Als wir die Dahabije erreichten, ergab es sich, dass sie von den Polizisten verlassen worden war. Ein Bewunderer der Ladung, die aus Sennesblättern bestand, hätte ganz ungestört eine Annexion vornehmen können. Der Sandal lag nicht mehr am Ufer, er war verschwunden. Jedenfalls hatte der würdige Chalid Ben Mustafa noch eher als wir die Absicht des Richters begriffen und sich mit Schiff und Bemannung davongemacht.

Wo aber befand sich Abrahim Mamur?

Dies zu erfahren wäre uns nicht gleichgültig gewesen; denn es war nicht nur möglich, sondern sehr wahrscheinlich, dass er uns im Auge behalten werde. Ich wenigstens hatte die Ahnung, ihn früher oder später wieder einmal zu treffen.

Die Dahabije lichtete den Anker, und wir setzten unsere unterbrochene Fahrt fort mit dem wohltuenden Bewusstsein, einer schlimmen Lage glücklich entronnen zu sein.

Der Prayer-man

1. In Weston

Das Leben hat mich in eine strenge Schule genommen, aber die Härte, mit der es mich behandelte, war nur eine scheinbare, denn ich hatte mir meinen Weg selber vorgezeichnet und neben all den Anstrengungen und Entbehrungen, die mich trafen, auch Freuden und Genugtuungen gefunden, die mir bei einem anderen, ruhigeren Lebensgang versagt geblieben wären. Hatte ich doch – und das war eine der reichsten Gaben, die mir geworden sind – meinen herrlichen, unvergleichlichen Winnetou kennengelernt und mit ihm eine Freundschaft geschlossen, die ich fast als einzig dastehend bezeichnen möchte. Diese Freundschaft allein wäre schon eine vollkommene Entschädigung für alle erlittenen Mühsale und Entsagungen gewesen, aber an dem rauen Pfad, den ich wanderte, standen auch noch andere schöne Blüten und Früchte, die ich mir pflücken durfte. Hierzu gehörte vor allen Dingen die Liebe, die mir von allen meinen braven Bekannten entgegengebracht wurde, während die Leute, die kein reines Gewissen hatten, nichts so fürchteten wie die Namen Winnetou und Old Shatterhand.

Meinen letzten Ritt habe ich mit diesem edelsten der Indianer vom Rio Pecos aus durch Texas und das Indianer-Territorium zum Missouri gemacht, von wo aus er nach den Bergen ritt, um Nuggets zu holen, während ich zurückblieb. Da ich von vielen meiner Leser über die zwischen Winnetou und mir herrschenden Geldverhältnisse gefragt worden bin, benutze ich hier die Gelegenheit, eine Andeutung darüber zu geben.

Man sprach und spricht noch heute sehr oft davon, dass die Indianer große Goldlager kennen, die sie weder selbst ausbeuten noch den Weißen verraten. Auch der qualvollste Tod könne sie nicht bewegen, jemand ihr Geheimnis mitzuteilen. Aber das sind nicht gewöhnliche Männer, sondern sie gehören alten, hervorragenden Familien an, in denen sich derartige Überlieferungen vom Vater auf den Sohn vererbten und niemals einem anderen Familien- oder Stammesmitglied, am allerwenigsten aber einem Weißen mitgeteilt wurden. Man muss nämlich wissen, dass der Sinn für Familienzugehörigkeit, also der Stolz auf eine ungewöhnliche Abkunft, den Indianern nichts Unbekanntes ist. Dieser Sinn wird ihnen allerdings sehr häufig abgesprochen; aber wer das tut, verrät dadurch nur seine Unkenntnis und plappert gedankenlos Behauptungen nach, die von den Unterdrückern der roten Rasse vorgebracht worden sind, um das eigene grausame Vorgehen in einem weniger verwerflichen Licht erscheinen zu lassen. Es gibt unter den roten Stämmen berühmte Familien, denen anzugehören eine große Ehre ist. Es ist damit bei ihnen genauso wie bei gewissen Völkern des Altertums und des heutigen Orients, die auch keine Familiennamen kannten oder kennen und doch Familien aufzuweisen haben, die weltgeschichtlich berühmt geworden sind.

Winnetou konnte eine lange Reihe berühmter Vorfahren aufzählen, die alle Häuptlinge gewesen waren. Er kannte ihre Wirksamkeit und jede einzelne ihrer Taten und hatte von ihnen die Kunde von Goldlagern übernommen, über die ihn selbst die ausgesuchtesten Martern nicht hätten zum Reden bringen können. Ich war der Einzige, dem er eine leise Andeutung darüber machte. Dazu kam, dass sein unvergleichlich scharfes Auge einen ungewöhnlichen Blick für Fundorte edlen Metalls besaß.

Ich wusste, dass er auf seinen vielen Wanderungen von einem Stamm zum anderen selber Stellen entdeckt hatte, wo Gold oder Silber zu finden war. Er hatte dann oft Wochen damit verbracht, diese Orte unzugänglich zu machen oder wenigstens so zu verbergen, dass ein anderer sich lange Zeit in unmittelbarer Nähe befinden konnte, ohne zu ahnen, dass er an einer Quelle großen Reichtums saß.

Solche Stellen waren es, die er aufsuchte, wenn er einmal in die Lage kam, Geld zu brauchen. Im Wilden Westen war das nie der Fall, denn da schoss er sich unterwegs das Fleisch, dessen er zur Nahrung bedurfte, und konnte darauf rechnen, in jedem befreundeten Lager oder Zelt als Gast aufgenommen zu werden. Aber wenn er ein Fort oder eine sonstige Niederlassung betreten musste, um Muniton zu kaufen, oder wenn er eine weitere Reise nach den ‚zivilisierten‘ Gegenden unternahm, dann brauchte er Geld und da versorgte er sich vorher stets mit einem Vorrat von Nuggets, die er gegen geprägte Münzen oder ‚mit Zahlen versehenes Papier‘ umtauschte.

Dass dann seine Kasse, wenn ich bei ihm war, auch für mich offen stand, brauche ich eigentlich nicht erst zu sagen; aber das kam nicht sehr häufig vor, denn ich gehöre nicht zu der Art von Menschen, die Freundschaft nur schließen, um Nutzen davon zu haben. In der Not würde ich mich um Geld nur an Fremde, nie aber an einen Freund wenden, denn ich weiß aus Erfahrung, die ich an sonst ganz guten Menschen machte, dass das Borgen ein wahrer Freundschaftsmörder ist. Man sage mir dagegen, was man will, ich behaupte doch: Es sei mir jemand noch so wohlgesinnt, er fühle eine noch so große Hochachtung für mich und er sei von meiner Zahlungsfähigkeit auch noch so felsenfest überzeugt, sobald ich mir hundert oder fünfzig oder auch nur zwanzig Mark von ihm borge, fällt ein kleiner Tropfen auf die schönen Schwingen unserer Freundschaft und nimmt, wenn auch nur einige der glänzenden Schuppen weg – der Schmetterling ist von jetzt an beschädigt. Die wahre Freundschaft ist zum größten Opfer bereit, die zwischen Winnetou und mir war es sogar zum Opfer des Lebens. Diese Opferbereitschaft ist etwas Hohes, Heiliges, das Borgen aber etwas so Alltägliches, Niedriges, dass es zwischen Freunden vermieden werden soll und nur – zwischen zwei blutarmen Schülern und dem lieben Franzl in Falkenau vorkommen sollte.

Zwar, wenn Winnetou für mich bezahlte, war das kein Borgen zu nennen und er hatte die Nuggets umsonst; aber auch dieses Wort ‚bezahlen‘ hat, wenn es für einen anderen, und sei er der beste Freund, geschieht, einen anderen Klang, als wenn man für sich selber bezahlt. Hätte er mich mit an das Placer genommen und mir erlaubt, so viele Nuggets, wie ich brauchte, einzustecken, dann gut. Aber was er in seiner Tasche hatte, das waren für mich nicht mehr herrenlose Nuggets, sondern das war sein Gold, sein Geld; und wenn er das für mich ausgab, so hatte ich immer das Gefühl, als dürfte ich nicht mit dabei sein, als müsste ich hinausgehen, um es nicht zu sehen. Und dieses Gefühl ließ mich dafür sorgen, von seinen Nuggets möglichst unabhängig zu sein.

Sobald wir nämlich in eine bewohnte Gegend kamen, die Postverbindung hatte, verwandelte ich mich aus dem Westmann in den Schriftsteller. Meine Arbeiten wurden von den Zeitungen gern aufgenommen und sofort gut bezahlt. Diese Vergütungen waren es, die mir meine Unabhängigkeit ermöglichten, und diese Zeitungsbeiträge sind es, die den Reiseerzählungen zu Grunde liegen. Winnetou fühlte genau wie ich. Es ist ihm nie eingefallen, mir auch nur die geringste Andeutung darüber zu machen, dass dieses Schreiben für Geld doch ganz überflüssig sei. Er hat sogar oft, wenn die Bezahlung nicht gleich eintreffen wollte, obgleich wir eigentlich keine Zeit dazu hatten, geduldig mit mir gewartet, bis sie kam, und sich dann ebenso darüber gefreut, als wäre er selber der Verfasser, und zwar ein mitteloser Verfasser. Ich erinnere mich noch heute mit Vergnügen einer Zurechtweisung, die ein reicher Pflanzer, dessen Knaben ich aus dem Mississippi gezogen hatte, von ihm erfuhr. Dieser Mann wollte mich, weil er mich wegen meines abgetragenen Prärieanzugs für einen armen Teufel hielt, mit einer Geldsumme belohnen. Winnetou trat aber dazwischen und blitzte ihn mit seinen Augen zornig an.

„Kann man das Leben eines Menschen mit Geld belohnen? Ich bin Winnetou, der Häuptling der Apatschen, und dieser Gentleman ist Old Shatterhand, mein Freund. Er könnte Millionen besitzen, wenn er sie von mir annähme, er mag sie aber nicht. Und du willst ihm diese armseligen Dollars schenken? Steck sie ein, du brauchst sie selber." –

Also, ich war mit Winnetou an den Missouri gekommen, und zwar nach St. Joseph, wo es damals fünf Zeitungen, darunter eine deutsche, gab, und die Verbindungen mit St. Louis, beziehungsweise den Schriftleitern der dortigen Blätter, war so gut, dass ich auf Erfüllung meiner schriftstellerischen Wünsche nicht lange zu warten brauchte. Winnetou hatte sich da von mir getrennt, um, wie bereits gesagt, Nuggets zu holen, denn wir hatten die Absicht, über den Mississippi nach dem Osten zu gehen, wozu wir natürlich Geld brauchten. Das Ziel des Häuptlings kannte ich nicht; er hatte nur gesagt, dass er sich nach Verlauf von zwei Wochen wieder bei mir einstellen werde.

St. Joseph war damals der westliche Endpunkt der Hannibal-St.-Joseph-Eisenbahn und hatte unter seinen 7.000 Einwohnern ungefähr 2.000 Deutsche. Es bedurfte nur der kurzen Benachrichtigung, dass Old Shatterhand da sei, so kamen die Besitzer der Newspapers, um Beiträge von mir zu verlangen. Ich befriedigte sie alle binnen drei Tagen und konnte mir von dem Erlös einen feinen Anzug und Wäsche für unsere Reise nach dem Osten kaufen. Dieses Gewand nahm ich sogleich in Gebrauch, denn mein Anzug aus Elkleder war mir während des Schreibens zu schwer und unbequem. Dann arbeitete ich für St. Louis und erbat mir die Vergütung nach Weston, wohin ich fahren wollte, um mir dort bis zu Winnetous Rückkehr auch etwas zu verdienen.

Diese Stadt, deren Einwohner zum dritten Teil Deutsche waren, liegt in einer wirtschaftlich sehr reichen Gegend und hatte sich durch die Auswandererzüge sehr gehoben. Sie besaß damals fünf Kirchen, darunter zwei deutsche. Die Deutschen befanden sich in den besten Verhältnissen und hatten mehrere Vereine, sogar eine Jägerkompanie gegründet.

In St. Joseph war ich keine Viertelstunde lang mein eigener Herr. Es regnete Einladungen, und da ich ihnen, um zu arbeiten, nicht folgte, so kamen die Leute zu mir, um mich zur Schilderung unseres Lebens in Wildwest aufzufordern. Das passte mir nicht, und damit es mir in Weston nicht ebenso ergehen möchte, nahm ich mir vor, dort meinen Namen zu verschweigen. Weil mein Pferd, dessen Aussehen überall bekannt war, mich hätte verraten können, gab ich es einem Farmer in Pflege und fuhr mit einem Missouriboot von St. Joseph ab, nachdem ich nur meinen Wirt ins Vertrauen gezogen und ihm gesagt hatte, wo ich vorkommendenfalls zu finden sei.

Ich muss sagen, dass ich seit langer Zeit nicht so anständig ausgesehen hatte wie jetzt in meinem neuen Anzug.

Die Waffen, den Patronengürtel und alle anderen Ausrüstungsgegenstände hatte ich gut verpackt und so konnte man mich eher für alles andere halten als für einen Westmann, der sich soeben erst mit Lebensgefahr durch das Gebiet der feindlichen Komantschen und Kiowas geschlichen hatte.

Als ich mich in Weston nach einer guten Wohngelegenheit erkundigte, wurde ich in ein Hotel gewiesen, das zwar nur nach westlichen Anschauungen diese Bezeichnung verdiente, aber für mich anspruchslosen Mann genügte. Ich verlangte vor allen Dingen Sauberkeit und die fand ich hier, sodass ich beschloss, so lange da zu wohnen, wie ich überhaupt in Weston blieb.

Der Wirt war ein Deutscher, die Wirtin eine freundliche, vor Reinlichkeit glänzende Frau und auch der Kellner redete mich, als ich ins Gastzimmer trat, in deutscher Sprache an; er wurde Oberkellner genannt, obgleich er der einzige war. Dieser junge, vielleicht achtundzwanzigjährige Mann war ein überaus schmächtiger Mensch; er reichte mir nur bis an die Schulter, befand sich aber im Besitz eines desto stattlicheren Schnurrbarts, auf den er große Stücke zu halten schien, weil er ihn, wenn er nichts anderes zu tun hatte, keinen Augenblick aus den Händen ließ. Nachdem ich von ihm bedient worden war, kehrte er zu der Zeitung zurück, bei der er vorher gesessen hatte, und während er las, hörte er nicht auf, den Bart nach rechts und nach links zu streichen. Plötzlich stieß er einen lauten Ruf der Überraschung aus, sprang auf und sagte zu dem Wirt, der rauchend und mich still beobachtend in meiner Nähe saß:

„Mylord, ich muss Sie für heute und morgen um Urlaub bitten."

Dass ein Kellner seinen Arbeitgeber mit Mylord anredet, hatte ich noch nicht gehört. War das hier im Haus so gebräuchlich oder geschah es von dem kleinen Mann aus übertriebener Höflichkeit?

„Urlaub, heute?", fragte der Wirt. „Sind Sie des Teufels? Urlaub, wo die Jäger ihr Stiftungsfest feiern und bei uns große Festtafel mit Ball ist!"

„Tut mir leid, Mylord", äußerte sich der Kleine mit einer bedauernden Verbeugung. „Ich bin bereit, Ihnen jedes Opfer zu bringen, nur dieses nicht. Ich muss nämlich mit ihm sprechen!"

„Mit wem?"

„Mit Old Shatterhand."

„Was? Wie?", rief der Wirt. „Old Shatterhand? Ist er etwa hier in Weston?"

„Nein, aber in St. Joseph oben."

„Woher wissen Sie das?"

„Hier steht es in der Zeitung. Er ist vor einigen Tagen dort angekommen und hat sogleich einen Beitrag geliefert, der morgen erscheinen wird."

Ah, der pfiffige Herausgeber des Blattes machte die Leserwelt auf meinen Aufsatz aufmerksam, um möglichst viele Nummern zu verkaufen! Die amerikanischen Zeitungen sind bekanntlich weniger auf die regelmäßigen Abnehmer als vielmehr auf den Straßenverkauf angewiesen.

„Und da wollen Sie nach St. Joseph fahren?", fragte der Wirt.

„Ja."

„Wissen Sie denn, wo er wohnt?"

„Nein, aber ich werde es leicht erfahren."

„Sie werden es nicht erfahren."

„Warum?"

„Weil Sie sich gar nicht danach erkundigen werden, denn ich kann Ihnen die Erlaubnis zu der Reise nach St. Joseph nicht geben."

Da machte der Kellner dieselbe tiefe Verbeugung zum zweiten Mal.

„Ich kenne nicht nur meine Pflicht, Mylord, sondern ich widme Ihnen auch die größte Hochachtung, deren mein Herz fähig ist, aber dennoch muss ich Ihnen durch die Mitteilung wehtun, dass ich diese Reise unbedingt machen werde."

„Aber doch nicht gleich heute?"

„Allerdings gleich heute, denn morgen könnte Old Shatterhand nicht mehr zu haben sein."

„Aber Sie müssen doch einsehen, dass Sie mich in die größte Verlegenheit bringen, wenn Sie gerade jetzt fortgehen."

„Das weiß ich freilich, kann es aber beim besten Willen nicht ändern. Ich habe Ihnen doch gesagt, dass ich nach dem Westen muss, und Sie darauf vorbereitet, dass mir jede Gelegenheit, diesen Vorsatz auszuführen, höher steht als der Dienst in Ihrem Hotel."

„Aber was hat das mit Old Shatterhand zu tun?"

„Bitte gehorsamst, diese Frage doch lieber nicht zu tun, weil sie sich ganz von selber beantwortet. Ich werde Old Shatterhand bitten, mich mit nach dem Westen zu nehmen."

„Wissen Sie denn, dass er dorthin will?"

„Ja. Wohin sollte er sonst wollen? Ein Westmann wie er gehört doch in den Westen."

„Er kann auch von dort kommen."

„Nein. Gestatten Sie, dass eine innere Stimme mir sagt, dass er nicht aus dem Westen kommt, sondern im Begriff steht, dorthin zu gehen. Eine vortrefflichere Gelegenheit, meinen Vorsatz auszuführen, kann ich niemals finden."

„Aber eine bessere Gelegenheit, hier bei mir Geld zu verdienen, haben Sie auch noch nicht gehabt."

„Meine Absicht steht mir höher als alles Geld."

„Und Sie denken, dass Old Shatterhand Sie mitnehmen wird?"

„Ich bin überzeugt davon."

„Mann! Bilden Sie sich das nicht ein!"

„Warum?"

„Old Shatterhand wird sich hüten, sich mit Ihnen abzugeben. Man weiß, dass er am liebsten mit Winnetou allein ist und so viel wie möglich vermeidet, dass sich andere an ihn hängen. Er pflegt da nur mit Leuten von Ruf eine Ausnahme zu machen."

„Er wird sie auch mit mir machen."

„Mit Ihnen, der Sie gar kein Westmann sind?"

„Ja!"

„Das bezweifle ich."

„Gestatten Sie, dass mir meine innere Stimme sagt, dass er diese Ausnahme mit mir machen wird."

„Wird sich hüten! Ich sage Ihnen im Voraus, dass Ihre Reise nach St. Joseph umsonst wäre. Ich begreife überhaupt nicht, dass Sie auf den Westen so versessen sind. Sie haben es doch bei mir so gut, wie Sie es sich nur wünschen können, und verdienen genug, um sich in absehbarer Zeit selbständig zu machen."

Der Kellner verbeugte sich jetzt zweimal anstatt einmal und entgegnete:

„Ich halte allerdings meinen Platz für so vorzüglich, dass ich ihn nicht aufgeben würde, wenn mich mein Beruf nicht geradezu zwänge, den Westen aufzusuchen."

„Ach was, Beruf!", sagte der Wirt jetzt unwillig. „Der Teufel hat den Beruf, nach den ‚finsteren und blutigen Gründen' zu gehen und sich dort langsam abmurksen zu lassen, aber nicht Sie."

„Ich bitte inständigst, Mylord, haben Sie doch die Gewogenheit, diese Ansicht nicht festzuhalten. Wenn ein Mensch den Drang in sich fühlt, diese Richtung einzuschlagen, so bin ich es. Das habe ich die Ehre gehabt, Ihnen schon des Öfteren auseinander zu setzen, leider aber immer ohne den gewünschten Erfolg."

„Sie werden diesen Erfolg auch niemals bei mir haben. Wie oft sagte ich Ihnen schon, dass Ihnen hier in Weston eine Zukunft offen steht. Sie sind ein belesener, gewandter und sparsamer junger Mann und unsere Stadt blüht einer Zukunft entgegen. Wie lange wird es dauern, so können Sie sich hier selbständig machen!"

„Dazu gehört mehr Geld, als ich habe."

„Nein, denn Sie besitzen Vertrauenswürdigkeit und auch ich werde Ihnen gern behilflich sein, hier ein Hotel, einen ‚Saloon' oder etwas Derartiges zu eröffnen; denn es ist mir lieber, Sie zum Wettbewerber zu haben als einen anderen, der fremd herkommt und keine Rücksicht gegen mich zu nehmen braucht."

„Ihre Güte, Mylord, kann keinen Erfolg haben, weil mein Beruf ein anderer als der eines Wirtes ist."

„Sprechen Sie doch nicht von Beruf! Was Geld einbringt, das ist Beruf."

„Ich werde, wenn ich einst mit erweiterten Kenntnissen und Erfahrungen aus dem Westen zurückkehre, mehr Geld verdienen, als ich in Ihrem Fach jemals erwerben würde; das weiß ich genau. Ein Mann, der den großen, vorderen, gekerbten Muskel so gut vom Kapuzenmuskel zu unterscheiden versteht, wie ich das gelernt habe, der hat andere Ziele vor Augen als durch den Verkauf von geistigen Getränken ein reicher Mann zu werden."

„Von Ihrer Muskelei verstehe ich nichts, ich weiß nur, dass ich Sie heute unmöglich entbehren kann. Fahren Sie doch morgen, wenn der Ball vorüber ist!"

„Das geht nicht, denn da könnte, wie gesagt, Old Shatterhand schon nicht mehr in St. Joseph sein."

„Fragen Sie doch telegrafisch bei ihm an!"

„Ich weiß nicht, wo er wohnt."

„Man wird ihn finden."

„Davon bin ich überzeugt, aber selbst ist der Mann! Er könnte leicht auf den Gedanken kommen, mich durch eine abweisende Antwort von sich abzuschütteln. Ich muss unbedingt selber hin."

Da bat auch die Wirtin den Kellner, doch noch bis morgen zu warten. Sie stellte ihm vor, dass man ihn heute unmöglich missen könnte, doch waren auch ihre Bemühungen umsonst; er antwortete in der höflichsten Weise, nannte sie Mylady und machte eine Verbeugung nach der anderen, ließ sich aber von seinem Vorsatz, die Fahrt nach St. Joseph heute zu unternehmen, nicht abbringen. Dieser junge, entschlossene Mann berührte mich trotz des drolligen Anflugs, den er hatte, angenehm. Was er eigentlich war und was er im Wilden Westen suchte, das wusste ich nicht. Die Erwähnung der beiden Muskeln ließ vermuten, dass er ein Beflissener der löblichen Arztkunst war. In Amerika kann auch ein Mediziner leicht dazu kommen, vorübergehend die Rolle eines Kellners zu übernehmen. Um der Verlegenheit des Wirts zu Hilfe zu kommen, mischte ich mich ins Gespräch:

„Erlauben die Herren eine Bemerkung! Die Reise nach St. Joseph würde erfolglos sein, denn Old Shatterhand ist nicht mehr dort."

„Nicht? Wissen Sie das genau? Wer hat es Ihnen gesagt?", fragten die beiden durcheinander.

„Ich weiß es genau, denn ich habe es von ihm selbst erfahren", antwortete ich.

Im Nu saßen sie rechts und links zu meinen beiden Seiten und der Wirt erkundigte sich:

„Sie haben also mit ihm gesprochen?"

„Ja. Ich komme aus St. Joseph."

„Das ist im höchsten Grade überraschend! Man sagt, dass er ein Deutscher sei. Wissen Sie, ob das wahr ist?"

„Es ist wahr."

„Das freut mich ungemein! Ich bin nämlich ein so guter Deutscher, wie es drüben im alten Land nur irgendeinen geben kann. Wissen Sie, woher er stammt?"

„Ich habe ihn nicht danach gefragt."

„Freilich! Solchen Mann darf man nicht aushorchen wie andere Leute. Also er ist nicht mehr in St. Joseph? Wohin ist er denn?"

„Das weiß wahrscheinlich niemand außer ihm."

„Das ist höchst unangenehm!", rief der Kellner. „Ich hätte viel darum gegeben, wenn ich hätte mit ihm sprechen können."

„Was das betrifft, so kann ich Sie beruhigen. Er hat nämlich nur einen Ausflug vor und will wiederkommen."

„Wirklich? Wann denn, wann?"

„Das ist noch unbestimmt. Er scheint Winnetou in St. Joseph erwarten zu müssen."

„Winnetou? Der kommt auch? Das ist ja alles, was ich mir nur wünschen kann! Ich werde beide sehen, Old Shatterhand und Winnetou! Bitte, haben Sie die freundliche Gewogenheit, uns zu sagen, was für ein Mann er ist, wie lang, wie breit, was für Augen, welche Stimme und..."

„Halten Sie ein, halten Sie ein!", fiel ich ihm lachend in die Rede. „Wer kann sich denn alle diese Fragen merken?"

„Richtig! Ich bin zu hastig gewesen."

Er erhob sich, machte mir eine tiefe Verbeugung und fuhr fort:

„Gestatten Sie, Mylord, dass ich meine Fragen einzeln vorlege. Wie hoch ist er?"

„So hoch wie ich."

„Wie breit?"

„Auch wie ich."

„Hm! Gestatten Sie, dass eine innere Stimme mir immer gesagt hat, dass er viel höher und viel breiter sein muss! Wie ist seine Haltung?"

„Aufrecht."

„Sein Gang?"

„Wenn er läuft, geht er mit zwei, wenn er aber reitet, mit vier Beinen."

„Oh, bitte, nicht solche Scherze. Ich zolle diesem Mann Gefühle, die jeden Witz ausschließen. Was hat er für einen Bart?"

„Schnurrbart und Fliege."

„Also auch wie Sie. Kleidung?"

„Trapperanzug aus Elkleder."

„Mit Menschenhaar?"

„Nein, sondern mit roten Lederfransen."

„Ja. Man weiß, dass er es nicht liebt, sich wie eine Rothaut mit barbarischen Siegeszeichen zu schmücken. Sie haben mit ihm gesprochen?"

„Ja."

„Worüber?"

„Über Verschiedenes."

„Hat er Ihnen von seinen Erlebnissen erzählt?"

„Nein. Aber ich habe mit ihm gegessen und getrunken, mich mit ihm rasieren lassen, in seiner Stube mit ihm geschrieben, bin mit ihm ausgegangen und habe sogar sein Waschbecken, seine Seife und sein Handtuch benutzt."

„Was Sie sagen, Mylord! Das ist ja ein höchst vertrauter Verkehr gewesen, um den ich Sie beneide. Hoffentlich haben Sie die Güte, mir noch mehr über ihn zu erzählen. Kommen Sie vielleicht wieder mit ihm zusammen?"

„Ja."

„Bitte, wann?"

„Ich werde der Erste sein, der seine Rückkehr nach St. Joseph erfährt."

„Und so lange bleiben Sie hier?"

„Ja."

„Dann ersuche ich Sie inständigst, mich mitzunehmen und ihm vorzustellen. Wollen Sie das tun, Mylord?"

„Hm! Er ist kein Freund von neuen Bekanntschaften und ich weiß, dass er gerade jetzt mit Winnetou allein reisen will."

„Vielleicht überlegt er sich das doch noch anders, wenn er mir Gehör geschenkt hat. Stellen Sie mich ihm nur vor, damit ich mit ihm sprechen kann!"

„Ich habe vorhin gehört, dass Sie den Wunsch haben, sich ihm anzuschließen, gebe Ihnen aber zu bedenken, dass er kein Fremdenführer ist."

„Was denken Sie, Mylord! Ich weiß genau, dass hundert verdiente Westmänner es für die größte Ehre halten würden, ihn und Winnetou begleiten zu dürfen, und ich bin nichts weniger als ein Westmann; aber wenn er hört, was ich will, so wird er mich nicht von sich weisen."

„Nun, was wollen Sie denn von ihm?"

Da stand er auf, verbeugte sich wieder und meinte:

„Gestatten Sie, Mylord, dass ich Sie über meine Person unterrichte. Ich heiße Hermann Rost, bin ein Deutscher und meines Zeichens Barbier. Mein Herzenswunsch war, Medizin zu studieren, aber meine Eltern waren zu arm dazu; darum wählte ich den erwähnten Beruf, den man eine Vorstufe zu dem erstrebten Ziel nennen kann. Ich habe dieses Ziel während meiner Lehrlings- und Gehilfenzeit stets vor Augen gehabt und stets fleißig gearbeitet. Zwei Gymnasiasten, die bei meinem Prinzipal wohnten, unterstützten mich im Latein, das ich jetzt wenigstens soweit kenne, wie ein Arzt es beherrschen muss. Ich verwendete meine geringen Ersparnisse dazu, mir die einschlägigen Werke zu kaufen, und habe alle meine freie Zeit damit zugebracht, mir ihren Inhalt zu eigen zu machen. An den Besuch einer Universität konnte ich freilich nicht denken; dazu fehlten mir die Mittel. Wenn ich eine Hochschule besuchen wollte, so konnte das nur in Amerika sein. Ich ging also nach Hamburg und nahm, um nicht zahlen zu brauchen, Arbeit auf einem nach New York bestimmten Segelschiff. Hier in den Staaten wurde ich wieder Barbier, doch mit dem Unterschied, dass es mir gelang, nebenbei das Columbia-College zu besuchen. Ich will Sie, Mylord, nicht mit einer langen Erzählung belästigen; es genügt, zu sagen, dass ich vor einem halben Jahr die St.-Louis-Universität mit guten Zeugnissen verlassen habe."

Als er jetzt eine Pause machte, reichte ich ihm die Hand.

„Das ist aller Ehren wert, Herr Rost. Ich gestehe Ihnen, dass ich Ihnen meine Anerkennung zolle. Aber wie sind Sie auf den Gedanken gekommen, hier Kellner zu werden?"

„Sie finden das sonderbar, aber für Amerika ist das nichts Außergewöhnliches. Ich bin Mediziner, mag aber von Medizin, wie sie von unseren Ärzten verordnet wird, nichts wissen. Ich bin vielmehr der Ansicht, dass der kranke Körper, wenn er überhaupt noch Lebensfähigkeit besitzt, keine fremden, wohl gar giftigen Stoffe in sich aufzunehmen braucht, um wieder gesund zu werden. Die durch die Krankheiten verursachten Störungen im menschlichen Körper müssen durch die Natur selbst wieder ausgeglichen werden, wobei ich aber keineswegs behaupte, dass diese Ansicht auf alle Krankheiten und auf alle Arzneimittel anzuwenden wäre. Ich habe mir vorgenommen, auf diesem Weg weiterzugehen, und bin der Meinung, dass die sogenannten wilden Völker, weil sie auf die Natur angewiesen sind, meiner Überzeugung anhängen. Darum entstand in mir der Gedanke, nach dem Westen zu gehen, um bei irgendeinem Indianerstamm meine Studien zu treiben. Die Mittel zur Ausrüstung besaß ich zwar nicht, aber ich machte mich doch auf den Weg und kam bis hierher, wo ich diese Stelle annahm, um eine passende Gelegenheit nach dem Westen abzuwarten. Heute las ich, dass Old Shatterhand in St. Joseph wäre, und fasste sofort den Entschluss, mich an ihn zu wenden. Vielleicht nimmt er mich mit, und wenn nicht, so bedarf es nur einer Empfehlung von ihm oder Winnetou an einen befreundeten Stamm, um mir dort eine gute Aufnahme zu sichern. Was sagen Sie dazu, Mylord?"

„Ich betrachte Sie jetzt allerdings mit anderen Augen als vorhin, wo ich Sie sagen hörte, dass Sie Old Shatterhand bitten wollten, Sie mitzunehmen. Ich war überzeugt, dass Ihnen dieser Wunsch nicht in Erfüllung gehen würde, zumal ich weiß, dass er mit Winnetou jetzt nicht nach dem Westen, sondern nach dem Osten will."

„Nach dem Osten? Wie bedaure ich das!"

„Suchen Sie ihn trotzdem auf! Er wird Ihnen wenigstens einen Rat nicht vorenthalten, und wenn Winnetou damit einverstanden ist, halte ich es nicht für unmöglich, dass Sie von ihnen eine Empfehlung in Gestalt eines Totems für einen befreundeten Häuptling bekommen. Am besten wäre es, Sie erbäten sich ein Totem für einen der Winnetou unterstehenden Apatschenstämme. Da könnten Sie nicht nur einer guten Aufnahme, sondern auch aller möglichen Unterstützungen und Auskünfte sicher sein. Das ist so meine Ansicht; was Old Shatterhand dazu sagen wird, ist freilich eine andere Sache."

„Aber Sie kennen ihn. Würden Sie, Mylord, die große Güte haben, mir ein Empfehlungsschreiben an ihn mit nach St. Joseph zu geben?"

„Warum nicht? Ich bin gern bereit, Ihnen diesen Wunsch zu erfüllen, kann Ihnen aber nicht versprechen, dass dieses Schreiben auch wirklich den beabsichtigten Erfolg haben wird."

Da stand er auf, verbeugte sich dreimal und erklärte:

„Ergebensten Dank, Mylord! Der Erfolg wird nicht auf sich warten lassen. Gestatten Sie, dass mir eine innere Stimme sagt, dass ich auf jeden Fall ein Totem bekommen werde. Sie meinen also, ein solches für einen Apatschenstamm würde für mich am vorteilhaftesten sein?"

„Ja. Freilich hätten Sie dann von hier aus eine größere Reise, als wenn Sie sich nördlicher wohnenden Indianern anschließen wollten. Doch das bringt mich auf die Frage, wie es mit Ihren Fähigkeiten für eine solche Reise und einen Aufenthalt in der Wildnis steht."

„Oh, was das betrifft, so bin ich gesund, ausdauernd und habe gelernt, ein Pferd zu meistern. Da ich meinen Zweck bei allem, was ich tat, im Auge behielt, habe ich mich in St. Louis fleißig im Gebrauch der Waffen geübt. Ich bin kein Präriemann, darf aber sagen, dass ich unter zehn Schüssen sechs- oder siebenmal das Schwarze treffe."

„Das ist allerdings hübsch, aber wenn man einen guten Westmann erzählen hört, erfährt man, dass Scheibenschüsse einen richtigen Savannenläufer kalt lassen."

Wir wurden gestört, denn der Kellner hatte einen eben eingetretenen neuen Gast zu bedienen. Der Mann war schwarz gekleidet und glatt rasiert, ähnlich einem Geistlichen, und hatte einen kleinen Handkoffer bei sich. Er gab sich ein frommes, würdevolles Aussehen, zu dem aber, wie ich später bemerkte, sein unsteter Blick nicht recht passen wollte.

„Ah, der Prayer-man[1]", sagte der Wirt, indem er auf ihn zuging, um ihn mit der Hand zu begrüßen.

„Ja, der Prayer-man", näselte der Fremde salbungsvoll. „In dieser sündhaften Welt ist der Prayer-man notwendiger als jeder andere. Die Menschen wollen sich nicht mehr von Gott strafen lassen; sie wandeln die Wege des Verderbens, und wenn nicht eine zweite Sintflut kommen und alles Lebende vernichten soll, müssen die Gott treu Gebliebenen versuchen, die Irrenden auf den Pfad des Glaubens zurückzuführen. Gerade hier an der Grenze zwischen der Gesittung und dem Wilden Westen treffen die Kinder dieser Welt zusammen und verderben durch ihr Beispiel die wankenden Seelen, die vielleicht noch zu retten wären."

„Leider ist das so!", stimmte der Wirt bei. „Können Sie sich besinnen, dass wir bei Ihrer letzten Anwesenheit davon sprachen, dass der Händler, der da gegenüber wohnte, sein Haus und Geschäft verkauft hatte und nach Memphis ziehen wollte?"

„Ich kann mich nicht mehr darauf besinnen."

„Er hatte den Kaufpreis ausgezahlt bekommen; es wurde aber, ich glaube zwei Tage nach Ihrer Abreise, bei ihm eingebrochen, das Geld war fort."

Da schlug der Prayer-man entsetzt die Hände zusammen, hob die Augen fromm empor und rief:

„Welch eine Sündhaftigkeit!"

„Und drüben in Plattsburg geschah ein ähnlicher Fall, einen oder zwei Tag vorher, wenn ich mich nicht irre. Pretter, der Anwalt, hatte einem Kunden zweitausend Dollar auszuzahlen, konnte das Geld aber nicht gleich an den Mann bringen, weil dieser verreist war; da kamen die Einbrecher und holten es. Sie kennen doch den Anwalt?"

„Nein, denn die Kinder der Seligkeit vermeiden allen Zank und Streit."

„Ich dachte, Sie wären damals von Plattsburg unmittelbar nach Weston herübergekommen?"

„Ich wandle die Pfade meines himmlischen Berufs und merke mir die irdischen Wege nicht. Kann ich die bescheidene Stube wiederbekommen, die ich damals bewohnte?"

„Ja, sie steht Ihnen zur Verfügung."

„So will ich gleich einmal versuchen, ob mein heutiger Eintritt in Ihr Haus vom Herrn gesegnet ist."

Er öffnete seinen Koffer, suchte eine Hand voll Schriften zusammen, kam zu mir, legte sie vor mich hin und fragte:

„Verstehen Sie Deutsch, mein werter Herr?"

Ich nickte.

„So habe ich wahrscheinlich die Freude, in Ihnen einen Landsmann zu begrüßen, der das Bibelwort kennt: Der Teufel geht wie ein brüllender Löwe umher, um zu suchen, wen er verschlinge. Noch ist es Zeit, ihm auszuweichen. Erfassen Sie die

[1] Gebetsmann

Gelegenheit und greifen Sie nach dem Rettungsanker, der sich Ihnen hier in diesen frommen Werken bietet, deren geringer Preis auf den Titelblättern zu lesen ist!"

Mit einer Bewegung, als ob er mich segnen wollte, wendete er sich von mir ab und seinem Tisch wieder zu, wo er sich niedersetzte, um zu sehen, ob ich lesen und auch kaufen würde.

Der Amerikaner hält sehr viel auf Religiosität, darum werden in den Vereinigten Staaten mehr fromme Bücher gekauft als in anderen Ländern. Umherziehende Händler machen mit Erbauungsblättchen kein übles Geschäft. Ein solcher Händler war dieser Prayer-man. Ich gehöre zu den Menschen, denen ihr Glaube höher steht als alle irdischen Angelegenheiten; aber das zudringliche Zurschautragen der Frömmigkeit ist mir verhasst, und wenn jemand vor Salbung überfließt wie dieser Mann, so zuckt es mir in der Hand und ich möchte ihm am liebsten mit einer Salbung anderer Art antworten. Ich kann mir da nicht helfen: Ich muss dabei stets an die Fabel vom Wolf im Schafspelz denken. Es widerstrebte mir, die Schriften anzufassen, aber ich tat es doch, denn auch der Wirt und der Kellner blickten zu mir her. Ich wollte nicht in den Verdacht kommen, ein Verächter der Religion zu sein, und sah die Sachen durch.

Es waren Predigten und fromme Abhandlungen in englischer und deutscher Sprache; auch kleine Gebetbücher und Liedersammlungen gab es dabei, doch stießen mich schon die meisten Überschriften ab. Da stand zu lesen: ‚Himmelsrettung eines räudigen Erdenschafs', ‚Psalterklänge auf fünf Seelensaiten', ‚Kanzeldonner für verfluchte Seelenschlangen', ‚Religiöses Fernrohr zur Entdeckung des Weges zur Seligkeit'. Ich mag vielleicht Unrecht haben, aber solche Bezeichnungen empören mich.

Die Sprache soll für das Höchste, was der Mensch besitzt, die edelsten ihrer Worte leihen, hier aber war sie zur Geschmacklosigkeit erniedrigt. Ein einziges kleines Heftchen hatte einen Titel, der mir wenigstens nicht widerwärtig war, er lautete: ‚Sechs ergreifende Festgedichte für Weihnachten, Ostern und Pfingsten'. Es kostete fünfundzwanzig Cent, war also teuer genug. Ich behielt es, ohne hineingesehen zu haben, schob die anderen Sachen fort und legte das Geld darauf. Da kam der Prayerman wieder, nahm die Münzen und die Hefte an sich und sagte:

„Mein Freund, Ihre Auswahl ist sehr bescheiden. Es ist die Pflicht eines guten Christen, die heilige Religion zu unterstützen; Sie aber scheinen mehr an irdischen Gütern als an den himmlischen zu hängen, darum gebe ich Ihnen zu bedenken, dass einem jeden dereinst mit demselben Maß gemessen wird, mit dem er hier gemessen hat. Ihre Sparsamkeit wird Ihnen keinen Lohn im Himmel bringen."

Ich hatte mit dem Mann nicht sprechen wollen, konnte mich aber jetzt nicht enthalten, ihm zu antworten:

„Das lassen Sie meine Sorge sein! Behalten Sie Ihren geistlichen Rat für sich!"

Er wollte etwas erwidern, aber die Veränderung, die in meinem vorher gleichgültigen Gesicht vorgegangen war, schien ihn zu belehren, dass Schweigen jetzt besser sei als Reden; er wandte sich mit einer hochmütigen Handbewegung von mir ab, legte die Drucksachen in den Koffer, zog ein Heftchen der Gedichte, die ich behalten hatte, hervor und gab es dem Wirt mit den Worten:

„Als Gast dieses Hauses kann ich von Ihnen keine Bezahlung fordern. Ich verehre Ihnen diese sechs ergreifenden Festgedichte unentgeltlich zum Heil Ihrer Seele. Ich erweise Ihnen diese fromme Aufmerksamkeit auch deshalb, weil ich eins dieser Gedichte hier in Weston erhalten habe."

„Hier? Von wem?", fragte der Wirt und schlug das Heft auf.

„Von einer sehr frommen Dame, die mir schon öfters etwas abgekauft hat. Es ist die Frau des Pelzjägers, der seit einer Reihe von Monaten zurückerwartet wird und nicht kommt. Ihr Sohn, der bei ihr wohnt, ist Lawyer[1], nimmt aber keine Stelle an."

„Ah, Sie meinen Frau Hiller?"

„Ja, Hiller ist ihr Name, ich besinne mich jetzt. Als ich zum letzten Mal bei ihr war, las sie mir ein Weihnachtsgedicht vor und es gefiel mir so, dass ich sie bat, es mir abschreiben zu dürfen. Ich habe es drucken lassen und verkaufe es nun."

„Welches ist es?"

„Gleich das erste."

„Also das mit der Überschrift ‚Weihnachtslust am Kindleinsstall zu Bethlehem'?"

„Ja. Das müssen Sie unbedingt lesen oder vielmehr ich selber werde es Ihnen vorlesen, denn um das richtig zu können, muss man eine auserwählte Gabe besitzen, den Sinn des Gedichtes zu erfassen und das Herz des Zuhörers zu ergreifen. Erlauben Sie mir also!"

Er nahm dem Wirt das Heft wieder aus der Hand, schlug es auf und stellte sich an, das Gedicht vorzutragen.

„Weihnachtslust am Kindleinsstall zu Bethlehem!" Wieder eine so gassenfromme Überschrift! Jedenfalls war der Wert des Gedichts dem Titel angemessen. Ich mochte es nicht hören und erhob mich, um hinauszugehen. Schon war ich fast an der Tür, als der Prayer-man begann:

> *„Ich verkünde große Freude,*
> *die euch widerfahren ist,*
> *denn geboren wurde heute*
> *euer Heiland Jesus Christ."*

Man kann es sich denken, dass ich vor Erstaunen stehen blieb. War es denn möglich, dass ich mein Gedicht, wirklich mein eigenes Gedicht da vernahm? Ich horchte weiter, ja, es war Wort für Wort das meinige, das er mit näselnder Stimme vortrug. Ich kehrte an meinen Tisch zurück, auf dem das von mir gekaufte Heft lag, schlug es auf und las: ‚Weihnachtslust am Kindleinsstall zu Bethlehem – Reuegedicht eines verlorenen, aber durch das Lesen unserer Schriften wiederbekehrten Sünders'.

Ich war sprachlos! Sollte ich lachen oder sollte ich mit den Fäusten dreinschlagen? Da hörte ich, noch bevor ich einen Entschluss fassen konnte, die Worte des Prayer-man:

„Wenn Sie sich von der Wirkung des Gedichts überzeugen wollen, so sehen Sie sich den Fremden dort an!"

Er zeigte mit der Hand auf mich und fuhr fort:

„Er war zu sparsam, sich den Quell der Gnade ganz zu kaufen; er hat nur einen Tropfen davon bezahlt, aber dieser eine Tropfen schon hat ihn so ergriffen, dass er in seinen Busen greift und auch die anderen Hefte verlangen wird. Ich eile, seine arme Seele vom ewigen Tod zu erretten!"

Dabei holte er auch schon die von mir zurückgewiesenen Hefte wieder aus dem Koffer, legte sie mir abermals vor und hielt mir die Hand hin, um das Geld in Empfang zu nehmen. Ich fühlte mich durch diese Frechheit in jenen inneren Zustand versetzt, den Winnetou mit den Worten zu bezeichnen pflegte:

---

[1] Rechtskundiger, Anwalt

„Mein Bruder wird gleich losschießen, er hat die Patronen schon im Mund und auch in den Fäusten."

Ich pflegte dann gewöhnlich im freundlichsten Ton zu beginnen, aber was dann folgte, war nichts weniger als Freundlichkeit. So fragte ich auch jetzt den Prayer-man mit gutmütigem Lächeln:

„Das Gedicht hat allerdings einen tiefen Eindruck auf mich gemacht. Ist Ihnen der Verfasser bekannt?"

„Ja", antwortete er.

„Wer und was ist er?"

„Er war ein berüchtigter Pferdedieb. Das Lesen unserer Schriften hat ihn zu solcher Reue geführt, dass er sich kurz vor seinem Tod noch hinsetzte, um diese Verse zu dichten."

„Er lebt also nicht mehr?"

„Nein. Oder wissen Sie nicht, dass Pferdediebe hier in den Staaten gehängt werden?"

„Ah, gehängt worden ist er also! Das wissen Sie genau?"

„Ja, ich war es ja, von dem er die Schriften bekam, die ihn zur Reue führten, und bin bei seinem seligen Verscheiden zugegen gewesen."

„Er war ein Deutscher?"

„Was denken Sie, Herr! Hat es jemals einen Deutschen gegeben, der zum Pferde-dieb geworden ist? Nein, er war ein Irishman."

„Ich hörte aber doch, dass Sie das Gedicht bei einer Frau Hiller abgeschrieben und dann erst in Druck gegeben haben?"

„Ja, das ist richtig", gestand er zu. Er merkte, dass er sich verschnappt hatte, und fuhr nach einer Pause der Verlegenheit fort: „Diese Dame hat eine Abschrift des Ge-dichts von dem betreffenden Gefängnisbeamten bekommen."

„Stand der Name des Dichters dabei, als Sie es abschrieben?"

„Ja, ich habe ihn aber nicht verzeichnet, um den armen Teufel, der so selig ins Jenseits gegangen ist, nicht im Diesseits bloßzustellen."

Ich hatte meine Fragen einander immer schneller folgen lassen und sie in einem stetig steigenden Ton ausgesprochen. Er beachtete das nicht und war jetzt sogar so unverfroren, mich aufzufordern:

„Sie haben die Macht der wahren Reue erkannt, lieber Herr, und werden nach die-ser Erkenntnis zu handeln wissen. Hier nehmen Sie nun auch die anderen Schriften! Ich werde Ihnen nur zwei Dollar und fünfzig Cent dafür berechnen."

Jetzt war es mit meiner Zurückhaltung zu Ende. Ich prasselte ihn an:

„Schwindler, der Sie sind! Sie wären der Kerl dazu, meine arme Seele vom ewigen Tod zu erretten! Bekümmern Sie sich um Ihre eigene Seele, die Ihnen wohl noch genug zu schaffen machen wird! Der Dichter dieser Strophen soll ein Pferdedieb gewesen sein, der an seinem Strick selig ins Jenseits hinübergeschieden ist, weil Sie, Sie unverschämter Lügner, ihn durch Ihre Schriften von ewiger Verdammnis errettet haben? Sie wagen, mir zu sagen, dass ein Irländer ein solches Gedicht in deutscher Sprache schreiben kann? Sie wagen es, auch mir die in Ihren Druckwerken enthal-tene Seligkeit für zwei und einen halben Dollar anzubieten? Hier haben Sie den Rummel. Lesen Sie ihn selbst, denn Sie bedürfen der Reue und Buße mehr als der schlimmste Pferdedieb."

Bei diesen Worten warf ich ihm die Schriften ins Gesicht. Er stand vor Erstaunen und Zorn eine Minute bewegungslos, dann trat er hart an mich heran und hielt mir die geballten Fäuste vors Gesicht.

„Was haben Sie getan? Und wie haben Sie mich genannt? Einen Schwindler und einen unverschämten Lügner? Ich soll schlimmer sein als ein Pferdedieb? Sagen Sie nur noch ein solches Wort, so haue ich Sie zu Staub!"

Er tat, als ob er ausholen wollte.

„Nieder mit den Händen!", befahl ich ihm. „Weil Sie auch einer sind, schäme ich mich in meinem Leben zum ersten Mal, ein Deutscher zu sein. Der Dichter dieser Strophen soll gehängt worden sein? Wissen Sie, wer er ist? Er steht hier vor Ihnen und Sie werden mir den Vorrat, den Sie haben, ausliefern, damit ich ihn verbrennen lasse!"

„Sie – Sie – Sie wollen der Dichter sein?", lachte er höhnisch auf. „Ihr Gesicht ist ja ein so ausgesprochenes Schafs..."

Weiter kam er in seiner Rede nicht, denn ich gab ihm eine solche Ohrfeige, dass er, zwei Stühle mit sich niederreißend, zu Boden stürzte. Er sprang aber schnell wieder auf, riss ein langes Messer aus der Tasche und drang auf mich ein. Ich empfing ihn mit dem emporgehobenen Fuß und versetzte ihm einen so kräftigen Tritt gegen den Leib, dass er wieder niederstürzte. Noch hatte er sich nicht halb aufgerafft, so stand ich bei ihm, nahm ihn mit der linken Hand beim Genick, riss ihn vollends empor, schlug ihm mit der Rechten das Messer aus der Hand, gab ihm noch zwei schallende Ohrfeigen, schleifte ihn zu seinen Koffern und befahl:

„Heraus mit den Gedichten! Sie müssen verbrannt werden! Wenn du nicht sofort gehorchst, helfe ich nach!"

Der fromme Mann hatte mehr als genug. Er schien sich zwar weigern zu wollen, aber ein vermehrter Druck an seinem Hals brachte ihn zum Gehorsam. Er warf die Heftchen mit den Gedichten aus dem Koffer auf den Tisch und grinste dabei drohend:

„Mir kann es recht sein, denn wenn sie gegen meinen Willen verbrannt werden, muss ich sie bezahlt bekommen; es gibt noch Gerechtigkeit hier im Westen!"

„Jawohl, die gibt es hier noch! Das habe ich dir schon gezeigt und bin bereit, es dir auch noch weiter zu beweisen. So, jetzt bist du fertig und ich bin es einstweilen mit dir auch. Nimm dich in Acht, dass wir nicht noch einmal in dieser Weise zusammentreffen! Man kommt nicht immer so gut aus meinen Händen. Merk dir das, frommer Augenverdreher!"

Ich gab ihn frei und nahm die Schriften, um sie selber in die Küche zu tragen, wo ich mich überzeugte, dass sie alle in den Ofen gesteckt und verbrannt wurden. Als ich dann ins Zimmer zurückkehrte, war der Prayer-man nicht mehr da.

„Er ist auf seine Stube gegangen", sagte der Wirt im Ton des Bedauerns, indem er mich halb vorwurfsvoll, halb prüfend mit dem Blick maß. „Das kam so schnell, so unerwartet! Sie sprachen so freundlich zu ihm und plötzlich bekam er die Schriften ins Gesicht! Und dann die gewaltige Ohrfeige, dieser Tritt in den Leib und dieser Griff ins Genick – so etwas habe ich noch nicht gesehen. Das ging so rasch wie das Brezelbacken."

„Ja, so etwas habe ich noch nicht miterlebt", stimmte der Kellner bei. „Das war alles in zwei kurzen Augenblicken fertig, als wäre es vorher geübt. Gestatten Sie, Mylord, dass mir eine innere Stimme sagt, dass Sie diesen gewaltigen Griff ins Genick wahrscheinlich von Old Shatterhand gelernt haben! Da muss ja jedem gewöhnlichen Menschen sofort der Atem ausgehen!"

„Haben Sie die Gedichte wirklich alle verbrannt?", erkundigte sich der Wirt.

„Alle", nickte ich.

„Da werden Sie sie wohl bezahlen müssen."

„Pshaw! Es wird diesem Kerl nicht einfallen, mich dafür zur Rechenschaft zu ziehen."

„So sind Sie also wirklich der Verfasser des Gedichtes?"

„Ja."

„Sonderbar! Er sagte doch – hm! Er ist ein frommer und ehrenwerter Mann."

Es war dem Wirt anzumerken, dass er diesem frommen und ehrenwerten Mann mehr Glauben schenkte als mir. Ich fühlte keinen Beruf, ihn von dieser Ansicht zu bekehren, und erkundigte mich:

„Sie kennen diese Frau Hiller, von der gesprochen wurde?"

„Ja."

„Ist sie auch eine Deutsche?"

„Ich glaube eher, dass sie eine Deutschösterreicherin ist. Man hat nicht oft Gelegenheit, mit diesen Leuten zu sprechen."

„Sie leben einsam?"

„Sehr. Der Mann ist Pelzjäger für ein bedeutendes Geschäft in St. Louis und meist nur zwei oder drei Monate während des ganzen Jahres daheim. Da pflegt er sich, widmet sich der Frau und seinem Sohn und lässt sich wenig blicken. Sie werden die jetzigen Verhältnisse des Fell- und Pelzhandels wohl schwerlich kennen; denn ein Mann, der Gedichte macht, hat für so nüchterne Sachen keine Zeit: Er ist lange nicht mehr so in Blüte wie ehemals, weil das Wild immer seltener wird. Der Jäger, der Geschäfte machen will, muss jetzt mehr wagen als früher und in die gefährlichsten Gegenden der Rocky Mountains[1] vordringen, wo zwar noch gute Beute zu holen ist, wo aber auch gefährliche Zusammenstöße mit Indsmen nicht zu vermeiden sind. Es ist da schon mancher hinaufgegangen und nicht wiedergekommen, Hiller aber hat stets Glück gehabt. Er pflegt alljährlich eine Gesellschaft von Jägern und Fallenstellern anzuwerben, deren Master er in jeder Beziehung ist. Diese Leute werden von ihm nach der Zeit, nicht nach der Menge der Beute bezahlt, gleichviel, ob er gute Geschäfte macht oder nicht; er scheint aber dabei doch seine Rechnung gefunden zu haben, denn es sind von ihm stets ganze Massen von Pelzwerk nach St. Louis geliefert worden. Die Jäger drängen sich dazu, von ihm angeworben zu werden, und die Indsmen scheinen Achtung vor ihm zu haben, dass sie ihm einen Kriegsnamen gegeben haben, was sie doch bei keinem gewöhnlichen Mann zu tun pflegen."

„Kennen Sie diesen Namen?"

„Ja, er lautet Nana-po. Was das heißt und aus welcher Sprache es ist, das weiß man nicht. Hiller selbst spricht nicht darüber."

„Das Wort ist abgekürzt, lautet vollständig Nana-po-pahwitsch und gehört den Mundarten der Utahs und Schoschonen an, die miteinander verwandt sind. Dieser Ausdruck bedeutet so viel wie ‚mein älterer Bruder' und ist nach Indianerbrauch eine ehrende Bezeichnung. Da die Utahs nicht in einer an Pelztieren reichen Gegend wohnen, so vermute ich, dass es die Schoschonen sind, die ihm diesen Namen gegeben haben. Er muss auf freundschaftlichem Fuß mit ihnen stehen und sich durch seine Eigenschaften ihre Achtung erworben haben, sonst würden sie ihn nicht ihren ältesten Bruder nennen. Ich bin überzeugt, dass die Bewohner von Weston stolz auf diesen Mitbürger sein können."

„Davon haben wir keine Ahnung gehabt", gestand der Wirt. Und während er mich mit erstaunten Augen musterte, fuhr er fort: „Aber Sie zeigen da Kenntnisse, die man

---

[1] Felsengebirge

bei Ihnen nicht vermuten konnte. Ein Westmann sind Sie nicht, denn ein solcher hat kein Geschick, sich in einer Kleidung wie der Ihrigen zu bewegen; aber die Sprachen der Roten sind Ihnen bekannt und Sie machen Gedichte. Wahrscheinlich gehören Sie dem studierenden Stand an?"

„Sie haben Recht, ich bin ein Federfuchser."

„Und bitte, wie heißen Sie? Sie entschuldigen diese Frage. Man muss doch wissen, wie man Sie zu nennen hat."

Da ich verschweigen wollte, wer ich war, und mein richtiger Name möglicherweise auch hier als der Old Shatterhands bekannt sein konnte, legte ich mir in der Schnelligkeit einen ähnlich klingenden bei:

„Mein Name ist so selten, dass Sie ihn wahrscheinlich noch niemals gehört haben, ich heiße nämlich Meier."

„Meier?", lachte er. „Allerdings höchst selten! Aber kennen tu ich ihn doch, denn ich muss Ihnen gestehen, dass ich auch so heiße. Hatten Sie eine bestimmte Absicht, sich nach der Familie Hiller zu erkundigen?"

„Ja. Es ist des Gedichtes wegen, das vor einer Reihe von Jahren verfasst wurde. Wer es sich so lange aufgehoben hat, der muss einen besonderen Grund dafür haben, und so ist es verständlich, dass ich wissen wollte, wer diese Frau Hiller ist."

„So besuchen Sie sie doch einmal! Sie hält sich zwar, ebenso wie ihr Mann, sehr zurück, wird aber doch wohl nicht so unhöflich sein, Sie abzuweisen."

„Es ist, wie ich höre, auch ein Sohn da?"

„Ja. Er hat, wie bereits gesagt, auf den Lawyer studiert, nimmt jedoch keine Stelle an, sondern sitzt zu Haus bei einer Menge von Büchern, mit denen er sich den ganzen Tag beschäftigt, als wolle er sie auswendig lernen. Sonst aber ist er, wenn man ihm ja einmal begegnet, ein freundlicher junger Mann."

Es war so, wie ich gesagt hatte: Der Umstand, dass diese Frau mein Gedicht besaß, fiel mir auf. Woher hatte Sie es? Sie war eine Deutschamerikanerin. Stammte sie aus meiner Heimat? Hatte sie es mit herübergebracht oder war es ihr von einem Verwandten geschickt worden? Es fiel mir nicht ein, das Gedicht für so wertvoll zu halten, dass sie es nur der dichterischen Vorzüge wegen so lange aufgehoben hatte; ich sagte mir vielmehr, dass es damit eine andere Bewandtnis haben müsse, und bin aufrichtig genug, zu gestehen, dass mich die Neugier trieb, diese Frau kennenzulernen. Ich ließ mir also ihre Wohnung beschreiben und ging, sie aufzusuchen.

2. Ein erfolgreicher Goldsucher

Das hübsche Häuschen hatte einen Seitengarten, in dem eine Frau beschäftigt war, Spätrosen abzuschneiden. Ihr Kopf war zum Schutz gegen die Sonne mit einem Tuch bedeckt, sodass ich ihr Gesicht nicht vollständig sehen konnte.

Als ich mich bei ihr erkundigte, ob Frau Hiller zu sprechen sei, fragte sie, wer ich sei und was ich wolle. Ich nannte mich Meier, erklärte, dass ich nur eine kurze Erkundigung beabsichtige und nicht lange stören würde.

„Gehen Sie hinein, ich komme gleich", beschied sie mich und wandte sich dann wieder ihrer Arbeit zu.

Im Flur gab es rechts und links eine Tür; die links war verschlossen, ich trat also rechts ein und befand mich in einem zwar kleinen, aber eigenartigen Empfangszimmer, das mit Waffen und indianischen Beutestücken ausgestattet war. Ich hatte keine Zeit zu einer langen Betrachtung, denn die Frau, die ich im Garten erblickt hatte, kam bald nach und sagte, indem sie auf einen Stuhl zum Niedersetzen deutete:

„Ich selber bin Frau Hiller. Womit kann ich Ihnen dienen, Mr. Meier?"

Sie nahm das Tuch vom Kopf und legte es beiseite, ich bekam ihr ganzes Gesicht zu sehen und behielt vor Überraschung die Antwort auf den Lippen.

War es Wirklichkeit oder irrte ich mich infolge einer Ähnlichkeit, die allerdings auffällig gewesen wäre? – Nein, ich irrte mich nicht! Und nun war es mir freilich klar, warum diese Frau mein Gedicht aufgehoben hatte, denn es bildete ein Erinnerungszeichen an die vielleicht trübsten Tage ihrer Vergangenheit.

„Sie wollten sich nach etwas erkundigen...?", fragte sie, als ich noch immer mit der Antwort zögerte.

„Allerdings", ließ ich mich endlich hören. „Diese Erkundigung wird nun, da ich Sie sehe, freilich anders ausfallen, als ich vorher beabsichtigte; sie ist der Art, dass ich alle Ursache zu der Bitte habe, sie mir nicht übel zu nehmen."

„Sprechen Sie nur!", forderte sie mich erwartungsvoll auf.

„Haben wir uns nicht schon einmal getroffen, Mrs. Hiller?", forschte ich.

Sie wurde blass und ihre Stimme klang unsicher, als sie erwiderte:

„Ich gestehe, dass mir Ihr Gesicht nicht ganz fremd vorkommt. Wahrscheinlich sind wir uns hier in den Staaten einmal flüchtig begegnet."

„Nein, nicht hier, sondern drüben jenseits des Meeres. Wenn ich mich nicht irre, wurden Sie damals nicht Hiller, sondern Frau Elise Wagner genannt."

Da verwandelte sich die liebliche Blässe ihres Gesichts in vollständige Farblosigkeit; sie sank auf einen Sessel nieder, schlug die Hände zusammen und seufzte, indem sie mit angstvollen Augen zu mir aufblickte:

„Mein Gott! Ist denn diese Zeit noch immer nicht versunken und vergessen? Geht die Grausamkeit des Schicksals so weit, uns selbst hier, an der Grenze des Wilden Westens, noch zu verfolgen? Haben wir nicht genug unschuldig gelitten, dass sich selbst nach so langer Zeit noch das Gespenst der Vergangenheit aus dem Grab erhebt und uns wieder drohend entgegentritt?"

Sie wollte noch weitersprechen, ich fiel ihr aber rasch in die Rede:

„Ich bitte dringend, sich keine Sorgen zu machen. Die Absicht, die mich zu Ihnen führt, ist durchaus freundlich, und ich beeile mich, Ihnen vor allen Dingen zu sagen, dass ich Sie nur zweimal ganz kurz gesehen habe und dass mir Ihre Verhältnisse vollständig unbekannt sind."

„Ah!", holte sie tief Atem. „Ihre Absicht ist keine böse! Wie bin ich erschrocken! Bitte, wollen Sie mir sagen, wo Sie mich getroffen haben?"

„Es ist kein Wunder, dass Sie mich nicht erkennen, denn es sind seitdem Jahre verflossen und ich war damals nur ein Knabe. Ich habe eigentlich keinen Grund, Sie in Ihrem hiesigen Heim zu stören, doch muss ich bekennen, dass ich Ihnen stets ein treues und teilnahmsvolles Andenken bewahrt habe. Als ich heute hier von Ihnen hörte, hatte ich keine Ahnung, dass Mrs. Hiller jene Frau Wagner ist, der ich für ihr ganzes Leben alles Gute wünsche."

Es war wieder Farbe in ihr Gesicht und Glanz in ihre Augen gekommen.

Sie stand langsam auf.

„Aber wenn Sie nicht wussten, wer ich bin, welche Ursache hatten Sie, mich aufzusuchen? Sie haben allerdings nicht das Aussehen eines Mannes, dem es Vergnügen bereitet, der Bedränger anderer Leute zu sein."

„Es ist eigentlich eine – wenn ich mich so ausdrücken darf – eine literarische Veranlassung, die mich zu Ihnen führt. Ich bin Schriftsteller und reise viel, um dann über meine Reisen Bücher zu schreiben. Einst habe ich als Schüler eine kleine dichterische Sünde begangen, von der ich glaubte, sie wäre mir längst vergeben; aber heute erfuhr ich, dass solche Sünden niemals vergessen werden. Die Rache hat mich vorhin hier in Weston ereilt, wo ich mit einem frommen Mann zusammengeriet, der mir mein Verbrechen für fünfundzwanzig Cent ans Gewissen legte und mir dabei durch die Überschrift erfreulicherweise den Beweis lieferte, dass ich wenigstens kein verlorener, sondern ein bekehrter Sünder bin."

Ich zog das Heft aus der Tasche und reichte es ihr hin, nachdem ich die erste Seite aufgeschlagen hatte. Sie warf einen Blick darauf und stand überrascht.

„Mein Gedicht – wollte sagen, mein Lieblingsgedicht. Es ist abgedruckt worden. Wer hat das getan?"

„Ein sehr frommer Prayer-man, der es vor einiger Zeit bei Ihnen abgeschrieben hat."

„Der? – Ich entsinne mich seiner. Ich kaufte ihm einige Sachen ab, deren Stil sehr fromm-schwülstig war, und ich glaubte, ihn darauf aufmerksam machen zu müssen, dass man durch diese übertriebene Ausdrucksweise der guten Sache mehr Schaden als Nutzen bringt. Er behauptete dagegen, dass es keine andere Behandlungsweise dieser Art von Stoffen gebe, und ich holte also dieses Gedicht, um ihn zu überführen. Es gefiel ihm sehr, und als er mich bat, es abschreiben zu dürfen, sah ich keinen Grund, ihm die Erlaubnis zu verweigern. Ich ahnte freilich nicht, dass er es drucken lassen würde. Dazu hatte er doch ganz bestimmt auch gar kein Recht! Hätte ich ihm doch die Erlaubnis nicht gegeben! Was ist denn das für eine entsetzliche Überschrift? Der Mann kann nicht bei Sinnen sein."

„Er erzählte mir sogar, dass der Dichter ein Pferdedieb gewesen sei, der, kurz bevor er für seine Taten aufgehängt wurde, aus Reue das Gedicht verfasst habe. Doch lassen wir das! Es genügt für jetzt, dass diese Strophen die Veranlassung meines Besuches bei Ihnen sind. Ich glaube annehmen zu müssen, dass jemand, der sich für ..."

„Ah, bitte!", unterbrach sie mich. „Wir waren ganz davon abgekommen. Die Hauptsache ist doch – sagten Sie nicht, Sie wären der Verfasser dieses Gedichts?"

„Ja."

Ihre Augen öffneten sich weit, als ob sie meine Gestalt mit einem Mal umfassen wollten; sie hob die Arme gegen mich und fragte schnell weiter:

„Dann sind Sie also der junge Schüler, den wir damals mit noch einem in – in – in Falkenau in Böhmen trafen?"

„Der bin ich", nickte ich.

„Sie kamen uns dann in die Mühle nach, wo mein guter, alter Vater starb?"

„Ja."

„Und gaben uns – oh, ich war damals vor Herzeleid nicht bei mir selbst, sonst hätte ich – erlauben Sie! Ich muss ihn rufen! Das ist einer meiner schönsten Lebenstage! Sie haben uns durch Ihr Kommen eine unbeschreibliche Freude bereitet, denn Sie wissen nicht, nein, Sie können keine Ahnung haben, wie oft wir an Sie, an den jungen Mann gedacht haben, der uns damals eine Wohltat erwies, die wir ihm niemals vergelten können."

Sie wollte eine Nebentür öffnen, ich hielt sie aber zurück.

„Bitte, wenn Sie nicht wünschen, dass ich sofort wieder gehe, so erwähnen Sie nicht wieder, dass mein Mitgefühl mich damals zu einer Handlung hinriss, die..."

67

„Was, die...?", unterbrach sie mich, indem sie sich mir rasch wieder zuwandte. „Die Sie wohl lieber nicht getan hätten? Das ist nicht wahr! Wenn Sie das behaupten wollen, so kennen Sie sich selbst nicht! Ich weiß, dass Sie ein armer Teufel waren. Wer trotz seiner Armut und ohne sich zu besinnen, all sein Geld einem noch Bedürftigeren gibt, der bereut das nie, der wird stets mildtätig bleiben. Sein offenes Herz ist eine herrliche Gottesgabe, um die ihn die größten Härten des Lebens nicht zu bringen vermögen. Und weil wir einmal davon sprechen, bevor mein Sohn bei mir ist, will ich Ihnen Folgendes sagen: Ich bin recht wohl in der Lage, Ihnen das Geld, das Sie mir damals gaben, zurückzuerstatten, aber ich tu das Ihnen und auch mir nicht an. Das Scherflein der Witwe oder in diesem Fall das ganze, ganze Vermögen des armen Schülers, das er auf dem Altar der Liebe, des Erbarmens opferte, darf nicht zu einem mit Zinsen zurückgegebenen Darlehen herabgewürdigt werden; es soll und muss ein Opfer bleiben, das Gott, der gerechte Zahlmeister von Ewigkeit zu Ewigkeit, zurückerstatten wird. Vielleicht hat er das schon getan, denn aus dem Schüler, der sogar dann noch der Botenfrau seine letzten Kreuzer in die Hände schüttete, scheint ein Mann geworden zu sein, der seinen Reichtum nicht allein in Gold und Silber sucht. Und mit jenem Geld, das mir und meinem Knaben die Reise nach Bremen ermöglichte, habe ich von Ihnen eine andere, unendlich wertvollere Gabe empfangen, die ich Ihnen mit allen Schätzen der Erde nicht vergelten könnte. Sie haben mich damals vor der Verzweiflung gerettet. Hungernd und frierend schleppten wir uns bettelnd von Ort zu Ort, und je weiter wir kamen, desto elender wurden wir äußerlich und auch innerlich. Da leuchtete plötzlich mitten in all diese unbeschreibliche körperliche und seelische Armseligkeit hinein die Kerzen des Tannenbaums in Falkenau und wie vom weihnachtlichen Himmel herab erklangen uns die Worte Ihres Gedichts:

,Ich verkünde große Freude,
die euch widerfahren ist,
denn geboren wurde heute
euer Heiland Jesus Christ.'"

Jetzt machte sie eine kurze Pause und stand mit leuchtenden Augen und glühenden Wangen vor mir. Ihr Blick war, wie damals in der Mühle, wie durch die Mauer ins Weite gerichtet, aber mit einem so ganz anderen Ausdruck. Damals war er seelenlos, stier und leer, heute besaß er Leben, Licht und Tatkraft. Damals war er auf eine trostlose Wüste des Elends und der Erbärmlichkeit gerichtet, jetzt sah er die Errettung aus diesem Jammer hinter sich und vor sich vielleicht immer noch die Strahlen des kleinen Weihnachtsbaums, der sein Licht so unerwartet auf den mühseligen Pfad der Unglücklichen geworfen hatte.

Nun fuhr sie fort:

„Wir waren während der nächsten Nacht dem Erfrieren nahe. Dann nahm uns die arme Botenfrau mitleidig auf und ich kniete am Sterbebett meines Vaters, dem es nicht an der Wiege gesungen worden war, dass er einst in Lumpen von der Erde scheiden würde. Als ich von seinem Lager aufstand, kämpfte in mir der Jammer, der mich wieder niederreißen wollte, mit der Pflicht, mich um meines Sohnes willen zusammenzuraffen und aufrechtzuerhalten. Hinter mir gähnte die klaffende Tiefe des überstandenen Elends und neben mir lag der Tote, von dem ich noch nicht wusste, wo er seine letzte Ruhestätte finden würde. Vor mir stiegen steile, kahle, unbekannte Felsen auf, die kommenden Tage, die ich in meiner grenzenlosen Müdigkeit erklimmen sollte, und welche Mittel hatte ich dazu? Eine trockene Brotrinde war alles, was ich besaß – alles! Es wurde mir leer vor den Augen, ich sah die Leiche nicht mehr, nicht mehr die Frau, deren jämmerlicher Gast ich war, nicht mehr meinen Sohn und auch nicht – Sie, der Sie sich bei uns befanden, ohne dass ich es beachtet hatte. Aber indem ich in eine endlose, leere Öde schaute, hörte ich Ihre Stimme. Ich antwortete, ohne zu wissen, was, und dann waren Sie fort. Dann saß ich auf dem Schemel und strengte mich an, mich zurückzufinden. Mein Sohn schmiegte sich an mich und sagte mir, es sei etwas in meiner Tasche, was Sie mir gegeben hätten. Ich nahm es heraus und hörte den Klang von – Geld! Herr, das Wort Geld ist ein gemeines, hässliches Wort, aber ich sage Ihnen: Als ich die Silberstücke zählte, wurde es bei jedem einzelnen lichter in mir. Ich dachte in diesem Augenblick nicht an die Größe Ihres Opfers, sondern nur daran, dass es mir Rettung brachte. Es kam wie eine Erlösung über mich, ich konnte weinen – weinen – weinen. Wie es dann kam, weiß ich nicht, aber ich hatte Ihr Gedicht in den Händen, kniete am flackernden Herdfeuer und las unter Tränen Ihre Mahnung:

> ‚Hat der Herr ein Leid gegeben,
> gibt er auch die Kraft dazu.
> Bringt dir eine Last das Leben,
> trage nur und hoffe du!‘

Das hatte ein Schüler, ein armer, vielleicht fünfzehnjähriger Knabe gedichtet! Und ich? Es war fast wie Scham, was ich empfand. Ich ging hinaus vor die Mühle und betete. Herr, mein Gott, ich konnte wieder beten. Als ich dann in die Stube zurückkehrte, hatte alles ein ganz anderes Aussehen. Das Elend war verschwunden und dafür war ein stiller, weher Ernst zurückgeblieben. Die Botenfrau sagte mir, dass auch sie Geld von Ihnen bekommen hätte und sich nun morgen einmal richtig satt essen wolle. Mein Knabe sah mich mit so liebevollen Augen an und über das Gesicht des Toten hatte sich ein ruhiger, seliger Hauch des Friedens ausgebreitet. – Ich war damals nicht in der Lage, mich nach Ihnen zu erkundigen, und es dann durch Briefe von Amerika aus zu tun, verboten uns gewisse Gründe, über die ich nicht sprechen kann. Höchstens darf ich sagen, dass der Name Wagner falsch war und dass wir verschwunden sein mussten, ohne eine Spur zurückzulassen. Wir hätten zwar vielleicht erfahren können, was Sie geworden sind, denn wir wussten Ihren Namen und…"

„Nein, den wussten Sie nicht", fiel ich ein.

„Er steht doch unter dem Gedicht!"

„Nicht ganz, es fehlt eine Silbe. Ich heiße Meier."

Als sie bemerkte, dass ich dabei lächelte, fragte sie:

„Darf ich vielleicht annehmen, dass es eine Silbe zu viel ist? Ein Schüler setzt, wenn ein Gedicht von ihm veröffentlicht wird, wohl keinen falschen Namen darunter; ich meine vielmehr, dass er stolz sein wird, sich gedruckt zu sehen!"

„Wie es scheint, sind Sie in die tiefsten Tiefen der deutschen Schülerseele eingedrungen; dennoch muss ich dabei bleiben, dass ich hier in Weston Meier heiße."

„Darf man die Gründe erfahren?"

„Jetzt noch nicht. Sie haben Ihre Geheimnisse und ich besitze auch welche; jedenfalls aber werden die meinigen noch vor meiner Abreise offen vor Ihnen liegen."

„So sollen Sie jetzt meinen Sohn sehen. Ich wollte ihn rufen, denke aber, dass wir ihn lieber in seinem Zimmer überraschen. Bitte, kommen Sie!"

Sie führte mich durch eine Tür in ein einfaches, aber sehr trauliches Wohnzimmer, dessen Ausstattung ebenso wie der Empfangsraum einen Westmann als Besitzer verriet. Von hier aus ging es in eine kleinere, einfenstrige Stube, wo an einer Wand ein voller Bücherständer und gegenüber ein Schreibtisch stand, an dem ein junger Mann saß, der bei unserem Eintritt aufstand und uns fragend anblickte. Man sah seinen feinen Zügen die geistige Arbeit an; ich erkannte ihn trotz seines Schnurrbarts sofort.

„Sieh dir diesen Herrn an!", sagte seine Mutter. „Ich bin begierig zu erfahren, ob du erraten kannst, wer er ist."

Er betrachtete mich eine Weile und schüttelte den Kopf.

„Ich sehe ihn heute auf jeden Fall nicht zum ersten Mal, aber erraten, wer er ist, das vermag ich nicht. Möglich, dass die dunkle Gesichtsfarbe schuld ist. Der Herr ist von der Sonne verbrannt und vom Wetter mitgenommen wie ein Fallensteller."

„Fallensteller!", lachte sie. „Um braun zu werden, braucht man nicht auf der Prärie oder im Urwald herumzulaufen. Herr Meier hat den Westen jedenfalls noch nie gesehen, denn er ist – ich will dir einhelfen: Er ist ein Dichter."

„Dichter? – Meier – Mei – Mei..."

Da flog ein Strahl freudigen Erkennens über sein Gesicht, er streckte mir beide Hände entgegen.

„Unsinn – Meier! Welch eine Überraschung! Eine größere Freude konnte uns gar nicht werden! Jetzt erkenne ich Sie und bin darüber verwundert, dass es nicht sogleich geschehen ist, obgleich Sie damals ein kleines, schmales Kerlchen waren und jetzt fast wie ein Indsman aussehen. Da muss ich doch gleich auch einmal zum Dichter werden, wobei ich mir aber gestatte, die Reime von Ihnen zu entlehnen:

Ich verkünde große Freude
grade wie zum heilgen Christ,
denn gekommen ist uns heute
einer, der uns teuer ist!"

Er schüttelte mir dabei die Hände so anhaltend, dass die Aufrichtigkeit seiner Freude keinem Zweifel unterliegen konnte, und schob uns dann ins Wohnzimmer zurück.

„Hier ist kein Platz für ein frohes Wiedersehen. Meine Bücherrücken machen ein so ernstes Gesicht, dass wir uns ihren Augen unbedingt entziehen müssen."

Es waren fast lauter juristische Werke und ich bekam später Gelegenheit, zu bemerken, dass sie sich meist auf die in Österreich geltenden Rechte bezogen. Den Grund sollte ich dann auch erfahren.

Die beiden guten Menschen wollten vor allen Dingen möglichst viel über mich und meine Verhältnisse wissen. Ich konnte ihnen nur kurz sagen, dass ich Reiseschriftsteller sei und über meine Vermögenslage nicht zu klagen hätte. Damit mussten sie sich einstweilen zufrieden geben. Sie baten mich, während meines Aufenthalts in Weston bei ihnen zu wohnen, und ich war überzeugt, dass ihnen das Eingehen auf diese Einladung große Freude gemacht hätte; aber ich schlug es ihnen höflich, doch bestimmt ab, denn meine Erfahrungen auf diesem Gebiet lassen sich mit wenigen Worten ausdrücken: Ich habe zwar gern Gäste, bin aber nicht gern selber Gast. Ich entschädigte sie durch das Versprechen, am Abend wiederzukommen. Sie meinten, dass ich heute im Gasthof doch nicht arbeiten könne, weil der Lärm des Festmahls und des Balls mich um die nötige Sammlung bringen würde. –

Die Jägerabteilung zog mit Musik durch die Stadt und dann nach dem Platz, auf dem die Schießübungen stattfanden. Ich ging auch hin, um zuzusehen. Die Herren schossen für ihre Zwecke gut, ein Schütze nach Westmannsart war aber nicht dabei. Auch den Prayer-man erblickte ich, der auf dem Platz umherging, um seine Schriften feilzubieten; er schien gute Geschäfte zu machen. Der Festplatz zeigte genau das Bild einer deutschen Vogelwiese und konnte mich daher nicht lange fesseln. Als es dunkel zu werden begann, suchte ich mein Gasthaus auf, wo die Herrichtung der Festtafel alle Hände in Anspruch nahm. Der Wirt hatte sich einige Aushilfskellner von auswärts kommen lassen, weil unter den durchweg wohlhabenden Bewohnern dieser Stadt keiner zu finden gewesen war, der sich zu diesem Dienst herabließ.

Da ich Durst hatte, setzte ich mich, ohne zuvor auf mein Zimmer zu gehen, an einen Ecktisch und ließ mir ein Glas Bier geben. In der gegenüberliegenden Ecke saß ein Mann auch beim Bier. Wir waren vorläufig die einzigen Gäste. Er sah gelangweilt vor sich hin und blinzelte zuweilen forschend zu mir herüber. Wahrscheinlich sehnte er sich nach Unterhaltung und schätzte mich heimlich darauf ab, ob ich die Person wäre, bei der er das Gewünschte finden könnte. Nach einiger Zeit stand er auf, schlenderte durch die Stube und kam dabei so nebenher an mir vorbei.

Er blieb stehen und grüßte:

„Good evening, Sir! Schöner Tag heute, nicht?“

„Well!“, nickte ich.

Er sprach englisch, also tat ich es auch.

„War Festtag für die Jäger. Wisst Ihr das?“

„Yes!“

„Feine Schützen! Nicht?“

„Leidlich!“

„Wie? Nur leidlich?“

„Yes!“

„Versteht Ihr denn etwas davon?“

„Yes!“

„Seid wohl selber ein guter Treffer?“

„No!“

„Nicht! Und wollt doch etwas davon verstehen?“

„Yes!“

„Wie reimt sich das zusammen, Sir? Ihr scheint überhaupt ein sehr gesprächiger und unterhaltender Mann zu sein, ich aber langweile mich dort an meinem Tisch. Darf ich mein Bier holen und mich zu Euch setzen?“

„Yes!“

Ich hatte seine Fragen immer nur mit einem einzigen Wort beantwortet und doch nannte er mich einen gesprächigen und unterhaltenden Mann! Jedenfalls war er das mehr als ich. Als er sich bei mir niedergelassen hatte, nahm er den zerrissenen Faden wieder auf:

„Also, wie reimt sich das zusammen? Ihr meint wohl, dass man, ohne selber schießen zu können, zu beurteilen vermag, ob jemand ins Schwarze getroffen hat?“

„Yes!“

„Das ist nicht ganz falsch gedacht; aber zuschauen oder selber schießen, das ist ein Unterschied. Und das Schwarze nur einmal zu treffen oder alle Kugeln nacheinander hineinzujagen, das ist auch nicht ein und dasselbe. Meint Ihr nicht?“

„Yes!“

„Solltet einmal mich schießen sehen! Möchtet das wohl gern, Sir?"

„Yes!"

„Könnt das Vergnügen einmal haben, wenn Ihr einige Tage hier bleibt. Wann wollt Ihr wieder fort? Morgen?"

„No!"

„Nicht! Ich schätze nämlich, dass Ihr auch fremd hier seid wie ich. Habe ich Recht?"

„Yes!"

„Schön! Wir sind also in dieser Beziehung Kameraden und Kameraden müssen zusammenhalten. Stellen wir uns darum einander vor! Kennt Ihr mich?"

„No!"

„Ich heiße Watter. Jedenfalls habt Ihr diesen Namen schon oft gehört?"

„No!"

„Nicht? Das wundert mich. Ist Euch etwa auch der Name Welley unbekannt?"

„Yes!"

Jetzt fiel ihm meine Wortarmut doch endlich auf, er murrte:

„Yes – no, no – yes! Tut doch den Mund etwas weiter auf! Ihr könnt das ruhig wagen, denn Ihr verschwendet Eure Worte an keinen Unwürdigen. Werdet es sofort erfahren. Sagt mir nur vorher, wie Ihr heißt!"

„Meier."

„Meier? Schöner Name, so schön, dass sich ein paar Millionen Menschen friedlich darein geteilt haben. Nicht?"

„Yes!"

„So ein Friedlicher scheint auch Ihr zu sein. Wenigstens kann man bei Eurer kurzen Ausdrucksweise keinen großen Streit mit Euch anfangen. Sagt doch einmal, Mr. Meier, was habt Ihr eigentlich für ein Geschäft?"

„Writer."

„Writer? So, so! Also Tinte und Feder! Das reicht freilich nicht aus zu einem guten Schuss. Der Wilde Westen ist Euch wohl gerade so unbekannt wie mein Rücken dem Bauch, zwei ganz entgegengesetzte Seiten! Aber nun sollt Ihr erfahren, was ich bin. Ich bin nämlich ein Westmann. Wisst Ihr, was das ist?"

„Yes!"

„Ja, aber verstehen werdet Ihr nichts davon. Und ich bin nicht nur ein Westmann, sondern sogar ein berühmter. Und Welley ist auch so einer. Wir sind nämlich stets beisammen, nur heute nicht, er ist noch unterwegs, kommt aber nach. Er kann jeden Augenblick da zu der Tür hereintreten. Ihn müsst Ihr auch die Büchse handhaben sehen, ihn und mich. Welley sollte morgen schon da sein; würde mich freuen, sehr freuen, des Wettschießens wegen."

„Wettschießen?", fragte ich.

„Ja, Mr. Meier. Ich war da draußen auf dem Platz, gleich als das Schießen begann. Da gab es so ein paar Jäger, die groß taten; habe über sie gelacht und bin eine Wette mit ihnen eingegangen. Das müsst Ihr morgen sehen! Werde mir da einige Pfunde Dollar verdienen. Brauche es zwar nicht, denn ich habe genug, Welley auch. Wir sind nämlich ungeheuer reich an Staub und an Nuggets. Wisst Ihr, was das ist, Nuggets?"

„Yes!"

„Ja, wissen werdet Ihr es, aber gesehen habt Ihr wohl noch keine. Will Euch mal welche zeigen. Da, schaut her!"

Er griff in die Tasche und brachte eine halbe Hand voll Goldkörner hervor, die alle Erbsen- bis Haselnussgröße hatten. Das waren natürlich ausgelesene Nuggets, die er stets bei sich trug, um sie vorzuzeigen und damit zu prunken, der unvorsichtige Mensch! Er fuhr fort:

„Habt Ihr eine Ahnung, wie viel das in Geld ist? Sagt es mir einmal!"

„Fünf Dollar", antwortete ich, obwohl ich wusste, dass die Nuggets einen Wert von wenigstens fünfundzwanzig hatten.

„Fünf – Dollar!", lachte er. „Ihr seid fünfmal verrückt, Mr. Meier! Wenn Ihr mir dreißig geben wollt, so bekommt Ihr das Gold noch lange nicht. Und nun hört, was ich Euch sage!"

Er bog sich über den Tisch herüber und flüsterte mir in wichtigem Ton zu:

„Ich habe wenigstens einen halben Zentner solcher Nuggets, das sind also über vierzehntausend Dollar. Versteht Ihr mich wohl?"

„*Yes!*"

„Und Welley hat noch viel mehr. Habt Ihr eine Ahnung, woher wir diese Menge von Goldstaub und Körnern haben?"

„*No!*"

„Wollt Ihr es wissen?"

„*Yes!*"

„Seid Ihr aber auch verschwiegen, Mr. Meier?"

„*Yes!*"

„Gut, so will ich es Euch sagen."

Er ließ die Nuggets wieder in die Tasche gleiten und sprach weiter:

„Ihr wisst natürlich, was man unter einer Bonanza, einem Placer oder einem Finding-hole[1] versteht. Eine Bonanza ist eine Stelle, wo das Wasser einen mächtig großen Goldklumpen aus dem Gestein gewaschen hat; solche Orte sind aber außerordentlich selten; es sollen Klumpen von mehr als Zentnerschwere gefunden worden sein. Ein Placer ist überhaupt eine Stelle, wo Gold in irgendeiner Form gefunden wird. Mit den Finding-holes aber hat es eine eigenartige Bewandtnis. Wenn nämlich das Wasser das Gold aus den Bergen herausgeschwemmt hat, nimmt es dieses je nach der Schwere langsamer oder schneller mit sich fort und schleift die Stücke rund ab wie Steine, die man in einem Flussbett findet. Gibt es nun unten auf dem Grund des Wassers ein Loch oder sonstige Vertiefung, so wird alles Leichtere darüber hinweggerissen, während die größeren Goldstücke ihrer Schwere wegen in das Loch fallen und es nach und nach ausfüllen. So eine mit Gold ausgefüllte Stelle wird ein Finding-hole genannt. Solange es sich unter Wasser befindet, kann man es nur durch irgendeinen Zufall entdecken; aber es kommt auch nicht selten vor, dass das Wasser plötzlich einmal einen anderen Lauf nimmt und sich ein neues Bett gräbt; dann wird das vorige bloßgelegt und trocknet aus, sodass Gold zu sehen ist. Allmählich wehen die Winde von Staub, Laub und anderen Dingen eine Decke darüber, unter der das Finding-hole wieder verschwindet, aber das Auge eines guten Goldsuchers ist scharf und weiß den Ort trotz der daraufliegenden Erdschicht zu entdecken. Habt Ihr das verstanden, Sir?"

„*Yes!*"

„Schon wieder nur *yes*! Mr. Meier, ich sage Euch, wenn Ihr es Euch nicht angewöhnt, den Mund mehr aufzutun, werdet Ihr es im Leben nicht weit bringen. Denn wer nicht mit seinem Mundwerk umzugehen weiß, der bleibt immer auf derselben Stelle sitzen."

---

[1] Fundloch

„Auch wenn er auf einer Bonanza oder einem Finding-hole sitzt?"

„Auch dann! Was nützt ihm das Gold, wenn er darauf hocken bleibt und nicht fortgeht, um es zu verkaufen? Übrigens habt Ihr jetzt zum ersten Mal ein paar Worte mehr gesprochen und ich will hoffen, dass Ihr bei dieser besseren Art bleibt. Ihr seid sonst ein ganz angenehmer und freundlicher Gesellschafter, aber ich gebe Euch den guten Rat, nicht so wortkarg zu bleiben wie bisher."

„Danke, Mr. Watter."

„Bitte, bitte! Nun möchtet Ihr wohl wissen, ob ich meine Goldkörner in einer Bonanza, an einem Placer oder in einem Finding-hole aufgestöbert habe?"

„*Yes!*"

„Eine Bonanza habe ich natürlich nicht gefunden, denn solche große Klumpen fallen einem nicht so ins Maul."

„Würde auch einen tüchtigen Knacks geben und schade um die Zähne sein."

„Richtig! Da macht Ihr schon einen Witz, wenn es auch ein herzlich schlechter war. Über ein Finding-hole sind wir auch nicht gestolpert, denn so ein Glück ist nur dummen Kerlen beschert und nicht so klugen Menschen, wie ich und Welley sind. Aber ein Placer, ein sehr gutes Placer haben wir entdeckt und – was nicht immer vorkommt – wir haben Muße gehabt, es bis zum letzten Körnchen auszubeuten. Dann aber war es auch gleich die höchste Zeit, denn es kamen allerlei Lumpenkerle dazu, vor denen sich jeder ehrliche Mensch in Acht nehmen muss. Ihr würdet das doch nicht begreifen, denn Ihr seid ja nicht einmal ein Greenhorn, sondern der reine Garnichts im Wilden Westen. Es ist ein reines Elend, wenn man es mit Leuten zu tun hat, die nur immer in ihrer Tinte sitzen und mit der Schreibfeder auf dem Papier Windmühle spielen; aber weil Ihr sonst ein leidlich guter, gebildeter Gesellschafter seid, soll es mir wenigstens auf einige Andeutungen nicht ankommen."

Er tat einen tiefen Zug aus seinem Glas und fuhr dann fort:

„Seid Ihr vielleicht im schönen Staat Wyoming geboren?"

„*No!*"

„Nicht? Das ist sehr gut und doch auch wieder sehr schade für Euch, Mr. Meier. Gut, weil man Euch da für einen Menschen halten kann, mit dem man umgehen darf, denn da oben habe ich fast nur Gesindel gefunden. Schade, weil dort das Gold nur so aus der Erde strebt und Euch, wenn Ihr dort das Licht der Welt erblickt hättet, vielleicht zwei große Klumpen des schönen Metalls über Eurer Wiege zusammengewachsen wären. Ich sage Euch, man hat von da oben Millionen an Gold und Silber heruntergeschleppt. Ich wollte natürlich auch mein Teil davon haben und bin also mit meinem Genossen Welley und einigen anderen unternehmenden Männern hinauf. Habt Ihr vielleicht schon einmal im Stihi Creek gebadet?"

„*No!*"

„Hört, in solchen Fällen will ich Euer *No* gelten lassen, sonst aber nicht! Ihr seid ein vortrefflicher Mensch und darum gönne ich es Euch, dass Ihr nicht so dumm wart, darin zu baden. Der Stihi Creek ist nämlich wegen seiner sogar im Sommer ganz unbegreiflich großen Kälte berüchtigt. Man sagt, dass selbst die Fische darin erfrieren. Ob sein Name in irgendeiner Beziehung zu dieser Kälte steht, kann ich nicht sagen, weil man nicht weiß, was Stihi heißt."

„Stihi ist ein Schoschonenwort und bedeutet eiskalt."

Es machte mir heimlich Spaß, dass er mit einem schnellen Ruck emporfuhr und mich mit großen Augen maß.

„Wie – was?", stieß er erstaunt hervor.

„Und unbegreiflich kann ich diese Kälte ganz und gar nicht finden, denn der Stihi Creek wird von den Eiswassern des Fremont-Park gespeist."

„Auch das wollt Ihr wissen? Will dieses Küchlein schoschonisch gackern und wirft mit Schneebergen um sich, als ob sie Gummibälle wären!" Er setzte sich wieder nieder und lachte: „Aber ich gestehe, dass dieser Witz besser ist als der, den Ihr vorhin gemacht habt. Ich sehe, dass trotz Eurer frühen Wortkargheit noch ein ganz vernünftiger Mensch aus Euch werden kann, mein lieber Mr. Meier. Also, vom Stihi Creek muss ich sagen, dass er goldreich ist. Ich weiß es aus Erfahrung, denn an seinem Ufer lag das Placer, dem wir unsere Nuggets entnommen haben. Wir hatten eben alles eingepackt und wollten am nächsten Tag an den Rückweg denken, als vier Kerle geritten kamen und sich an uns machten. Sie gaben sich alle Mühe uns auszufragen, erhielten aber keinen Bescheid. Sie ärgerten sich darüber umso mehr, als sie an der weithin aufgewühlten Erde sahen, dass wir dort gearbeitet und wohl auch gute Geschäfte gemacht hatten, denn sie mussten die festen Ledersäcke bemerken, in denen die kleineren Nuggetbeutel steckten. Ich glaube, sie hätten uns am liebsten ermordet; aber wir legten die Revolver nicht aus den Händen und brachen, um aus ihrer Nähe zu kommen, noch am gleichen Tag auf."

„Sie sind Euch aber wohl gefolgt?"

„Hm! Diese Frage trifft das Richtige. Wir sind nämlich den Green-River hinab. An der Mündung des New Fork hielten wir eine längere Rast und merkten da, dass sie hinter uns her waren. Wir machten uns also schnell weiter fort, erblickten sie aber, als wir über den South Pass gingen, wieder auf unserer Fährte. Am Sweetwater hätten sie uns beinahe des Nachts überrumpelt. Das wurde uns denn doch zu gefährlich und wir beschlossen, uns zu trennen, um sie irrezuführen. Wir warfen das Los zwischen uns, es entschied so, dass Welley den Platte hinabfuhr, während für mich der Landweg blieb."

„Und die anderen?"

„Welche anderen?"

„Ihr sagtet doch, dass außer Welley noch einige unternehmende Männer bei Euch gewesen wären."

„Ja, richtig! Ich habe vergessen zu erwähnen, dass wir uns von diesen losmachten, als wir, ohne dass sie es ahnten, das Placer am Stihi Creek entdeckt hatten. Pfiffig muss man sein! Es fiel uns gar nicht ein, mit ihnen zu teilen."

„Habt Ihr, als Ihr dann allein wart, die Verfolger wieder bemerkt?"

„*No!*"

„Hattet Ihr mit Welley eine Zeit und einen Ort festgesetzt, wo Ihr Euch wieder treffen wollt?"

„*Yes*, hier in Weston in diesem Gasthof."

„Hm! Ihr sagtet, dass die vier Männer euch am Sweetwater beinahe des Nachts überrumpelt hätten. Wie ging das zu?"

„Wir rochen ihr Lagerfeuer und schlichen uns hin. Dort sahen wir nur zwei von ihnen, aber die Gewehre der beiden anderen lagen auch da. Das war genug für uns."

„Ihr hattet auch ein Feuer?"

„Natürlich! Die Nächte da oben sind kühl und wir brauchten es außerdem, um unser Fleisch zu braten."

„Wann seid ihr von dort fortgegangen?"

„Als der Tag graute."

„Ihr erzähltet, dass Welley mehr Gold bei sich habe als Ihr. Warum das? Hattet ihr nicht geteilt?"

„Welche Frage! Welley ging auf einem Floß den Platte hinab und ein Floß trägt doch mehr, als ein Pferd tragen kann. Das wenigstens solltet Ihr wissen. Ich wiege anderthalb Zentner und meine Nuggets sind einen halben Zentner schwer; stellt Euch da vor, was mein Tier zu schleppen hatte. Ich möchte fast sagen, dass ich geschlichen anstatt geritten bin, so langsam kamen wir fort."

„Wie lange habt Ihr vom oberen Platte bis hierher gebraucht?"

„Fast vier Wochen."

„Habt Ihr die Nuggets schon verkauft?"

„Nein. Damit muss ich warten, bis Welley eintrifft; dann tun wir die beiden Lasten zusammen und schaffen sie nach St. Louis."

„So habt Ihr das Gold gar hier im Haus?"

„Wo sollte ich es sonst haben? Aber erst hattet Ihr nur ein *Yes* und ein *No* und jetzt fragt Ihr mich so ausführlich aus. Gefällt Euch etwas nicht von dem, was ich erzählt habe?"

„Es gefällt mir mehreres nicht; ich will aber nicht viele Worte machen, sondern Euch kurz heraus Folgendes sagen: Ihr wartet vergeblich auf Euren Freund Welley, denn er ist ermordet und beraubt worden, und wenn Ihr Euch nicht bald von hier aus dem Staub macht und gegen andere ebenso mitteilsam seid wie gegen mich, wird es Euch wahrscheinlich ähnlich ergehen wie ihm."

Er warf den Kopf zurück und fragte dann in überlegenem Ton von oben herab:

„Wie war das? Ermordet – ausgeraubt? – Bei Euch ist wohl der Kopf mit Luft gefüllt? Wie ist es nur möglich, auf einen so unbeschreiblich verrückten Gedanken zu kommen? Oder habt Ihr Euch nur einen dummen Spaß erlaubt?"

„Mr. Watter! Gerade die Menschen, die ‚in der Tinte sitzen‘, wie Ihr Euch auszudrücken beliebtet, müssen an ihr Gehirn noch andere Ansprüche stellen als zum Beispiel Leute, die da oben am Plattefluss ein Feuer riechen und dennoch nicht auf den nahe liegenden Gedanken kommen, dass das ihre auch gerochen wird."

„Das klingt ja genauso, als ob Ihr mir eine Lehre erteilen wolltet."

„Nehmt das, wie es Euch beliebt! Wenn man die Verfolger so dicht hinter sich hat, dass man sie erblicken kann, brennt man überhaupt kein Feuer an. Als Euch der Geruch des Feuers der vier Männer, die keine klugen Westleute waren, in die Nase kam, hättet Ihr diese Nase nur hinter Euch ins Gebüsch zu stecken brauchen, um die zwei Personen zu bemerken, von denen Ihr dann nur die Gewehre saht. Sie belauschten euch, noch bevor ihr das fremde Feuer entdecktet, und dann auch nachher, als ihr das Los warft, um euch zu trennen und verschiedene Wege einzuschlagen. Sie hörten alles, was ihr miteinander spracht, und erfuhren euren Plan, euch hier in diesem Gasthaus zu treffen. Sie merkten, dass Euer Genosse den größten Teil des Goldes zum Fortschaffen bekam, und folgten ihm, während sie Euch einstweilen laufen ließen, um Euch das übrige hier in Weston abzunehmen. So ist die Sache!"

„Hört, Mr. Meier, Ihr habt ja eine geradezu großartige Einbildungskraft, um die man Euch beneiden müsste, wenn man ihre Erzeugnisse in Goldklumpen verwandeln könnte. Ich will einmal annehmen, dass Ihr im Ernst gesprochen habt, und mir da erlauben, Euch mit einer einzigen Frage zu schlagen: Warum haben diese Kerle uns nicht niedergeknallt, als sie, wie Ihr annehmt, hinter uns lagen und uns belauschten? Mit zwei Kugeln wäre alles abgemacht gewesen und sie hätten unser ganzes Gold gehabt. Nun, was sagt Ihr jetzt, Ihr unvergleichlich kluger Mann?"

„Sie hätten über einen Zentner Gold zu schleppen gehabt. Was das heißt, habt Ihr ja selber erfahren. Sie ließen euch lieber noch leben, um es von euch so weit bringen zu lassen, dass sie mühelos zugreifen konnten. Man kann auch noch andere Gründe vermuten. Denkt nur an euer eigenes Verhalten droben am Stihi Creek! Ihr habt dort eure Gefährten fortgeschickt, weil ihr das Placer nur für euch behalten wolltet. Vielleicht gab es unter den vier Männern auch einen, den man erst beseitigen wollte, bevor man zugriff. Bei mir steht es bombenfest, dass man Eurem Genossen auf dem Fluss gefolgt ist. Er müsste längst vor Euch eingetroffen sein. Oder habt Ihr Grund anzunehmen, dass er sich, um besser wegzukommen als Ihr, aus dem Staub gemacht hat?"

„Nein. Er ist ehrlich gegen mich, denn wir sind schon über zwanzig Jahre lang gute Kameraden gewesen und einander so treu – wie – na, wie zum Beispiel Winnetou und Old Shatterhand. Habt Ihr schon einmal von diesen beiden gehört?"

„*Yes!*"

„Gott sei Dank, dass ich endlich wieder einmal bloß ein *Yes* zu hören bekomme! Nämlich seit Ihr gesprächiger geworden seid, gefallt Ihr mir nicht mehr; Ihr kommt mir wie ein Waschbär vor, der sich einbildet, Präsident der Vereinigten Staaten zu sein."

„So kann ich mich ja von jetzt an wieder auf ein *Yes* und *No* beschränken."

„Tut das immerhin! Ich werde es Euch gewiss nicht wieder vorwerfen."

„*Well!* Aber vorher will ich noch eine kurze Warnung aussprechen: Nehmt Euch hier in Acht und sagt zu keinem Menschen, dass Ihr so viel Gold bei Euch habt! Ich an Eurer Stelle würde es gleich morgen schon in Geld umtauschen und sofort nach Plattsmouth fahren."

„Warum dorthin?"

„Weil dort der Platte in den Missouri mündet und Euer Genosse unbedingt dort gewesen sein muss, wenn er die Fahrt auf dem Platte River glücklich vollendet haben sollte. Ich würde dort die sorgfältigsten Erkundigungen einziehen und, falls diese ergebnislos wären, den Platte aufwärts gehen, um weiterzuforschen. Das seid Ihr Welley schuldig, der so lange Zeit ein treuer Freund von Euch gewesen ist."

Sein Gesicht, das sich nach und nach verfinstert hatte, nahm jetzt einen zornigen Ausdruck an, er polterte:

„Hört einmal, macht mir das Bild nur nicht zu bunt! Ihr bildet Euch ein, dass er tot ist, und ich behaupte, dass er lebt und bald kommen wird. Ihr wisst weder Gix noch Gax vom Wildwestleben, ich aber bin ein Westmann, der sich in jeder Lage auskennt, ja, ich kann dreist behaupten, dass ich mich selbst vor Leuten wie Winnetou, Old Shatterhand, Old Firehand und anderen nicht zu verstecken brauche; und da setzt Ihr Euch her und sprecht von Fehlern, die ich gemacht haben soll. Welche Verrücktheit liegt allein in der Behauptung, dass ich hier beraubt und ermordet werden soll!"

„Ich habe gesagt, dass es Euch ähnlich gehen kann wie Eurem Freund. Das braucht kein Raub und kein Mord, sondern das kann auch ein Diebstahl sein."

„Auch das ist lächerlich. Mein Gold steckt tief im Kasten und dieser ist nicht nur gut verschlossen, sondern ich habe ihn sogar fest angeschraubt."

„Wo?"

„In meiner Stube. Nehmt dann mich dazu, das Gewehr, das Messer, meine Revolver, so möchte ich den Dieb sehen, dem es gelingen könnte, den Kasten leer zu machen."

„Seid Ihr denn stets in der Stube?"

„*Pshaw!* Sie ist fest verschlossen und ich habe den Schlüssel in der Tasche. Übrigens klingt es sehr komisch, wenn die Maus dem Löwen Ratschläge erteilt. Ich muss Euch sagen, dass nicht einmal Winnetou es gewagt hätte, mich ungebeten mit einem Rat zu belästigen."

„Winnetou? Kennt Ihr den?"

„Und ob! Ihn und Old Shatterhand, der von ihm unzertrennlich ist. Ich bin mit beiden eng befreundet."

„J-a-a, Mr. Watter, da habe ich mit meinen Ratschlägen freilich einen Bock geschossen. Sind diese beiden wirklich so unvergleichliche Westmänner?"

„Unvergleichlich? Hm!", brummte er, selbstgefällig schmunzelnd, indem er langsam an sich herabblickte. „Ich kenne wenigstens eine Person, die diesen Vergleich recht gut aushielte. Aber andere können sich keinesfalls an sie wagen. Winnetou ist ein wahrer Riese, der sich getrost für Geld sehen lassen könnte, und Old Shatterhand ist noch größer."

„*Good luck!* So eine Gestalt ist an sich schon viel wert."

„Nicht wahr? Und denkt Euch dazu eine ungeheure Körperkraft, eine fabelhafte Gewandtheit und Schlauheit, kurz und gut, das genaue Gegenteil von Euch, so habt Ihr Old Shatterhand vor Augen."

„Ihr seid um diese Freundschaft zu beneiden."

„Das gebe ich gern zu, besonders da sie schon so alt und innig ist, dass man sich die beiden ohne mich fast gar nicht denken kann."

„Das sagtet Ihr aber schon von Welley. Wie stimmt das überein?"

„Sehr einfach, wir sind fast immer zu vieren gewesen!"

„Ah – so!"

Ich dehnte, ohne es zu wollen, diese beiden Worte in einer Weise, die ihm nicht gefiel, denn er fragte mich:

„Wollt Ihr mir etwa nicht glauben, Sir?"

„Oh, mir fiel nur auf, dass man Euch niemals erwähnt, wenn man von diesen beiden spricht."

„Das ist es ja, was mich stets geärgert hat. Auf sie fällt aller Ruhm, ihre Begleiter aber bekommen nichts davon, obgleich sie ihn ebenso verdienen."

„So? Ich könnte Euch eine ganze Reihe von Westmännern nennen, die mit den beiden geritten sind: Old Firehand, Sam Hawkens, Dick Stone, Pitt Holbers, Dick Hammerdull, der lange Davy mit dem dicken Jemmy und noch viele andere mehr. Von denen spricht man. Die Namen Watter und Welley aber hat man nie dabei gehört. Wie das wohl kommen mag, Sir?"

„Hört, das sagt Ihr in so einem Ton! Sprecht gerade heraus! Meint Ihr, dass Ihr alle Begleiter dieser beiden berühmten Jäger kennt?"

„Nichts anderes, Mr. Watter!"

„Das heißt mit anderen Worten, dass ich geflunkert haben soll? Das ist eine Beleidigung für mich, Mr. Meier. Wenn Ihr ein Westmann wärt, würde ich Euch auf Messer fordern; dankt also Gott, dass Ihr ein reiner Garnichts seid! Darum will ich so tun, als ob ich die Beleidigung nicht gehört hätte, und Euch laufen lassen. Aber dass ich noch länger bei Euch sitzen bleibe, das dürft Ihr nicht von mir verlangen."

„Tu ich auch gar nicht."

„So? Nicht? So steht gefälligst auf und setzt Euch fort!"

„Aaaaaah!", staunte ich.

„Ja – jawohl!"

„Wer hat zuerst hier gesessen?"

„Ihr, aber das geht mich nichts an. Ihr werdet Euch doch nicht einbilden, dass ich, der Westmann, vor Euch, dem Garnichts, zurückweiche?"

„Von einer Einbildung ist hier gar keine Rede."

„Wovon denn?"

„Von dem, was ich für richtig halte."

„Ach, also was Euch beliebt?"

„*Yes!*"

„Und was beliebt Euch denn?"

„Dass Ihr Euch wieder dorthin begebt, wo Ihr vorher gesessen habt."

„Nun, so wollen wir doch einmal sehen, wie weit Ihr es mit diesem Bleiben bringt. Ich bleibe hier sitzen, so lange es mir gefällt. Jetzt bin ich neugierig, was Ihr machen werdet."

„Das sollt Ihr sofort erfahren."

Es waren inzwischen mehr Gäste gekommen, die unsere anfangs halblaut geführte Unterhaltung nicht beachtet hatten; Watter aber hatte allmählich seine Stimme erhoben und sprach schließlich so laut, dass es über das ganze Zimmer schallte, wodurch die allgemeine Aufmerksamkeit auf uns gelenkt wurde. Ich bin durchaus kein Freund von Kneipenauftritten, aber die Überheblichkeit, mit der er meinen begründeten und wohl gemeinten Rat zurückgewiesen hatte, verdiente eine Zurechtweisung, mit der ich auch nicht zögerte. Während er mich bei seinen letzten Worten in überlegener Weise anlächelte und ich ihm sagte: „Das sollt Ihr sofort erfahren", stand ich rasch auf, hob seinen Stuhl mit ihm selber in die Höhe, trug ihn durch die Stube hinüber und stellte ihn dort nieder, wo er sich vorher befunden hatte. Als ich wieder zurückging, erscholl ein allgemeines Gelächter, untermischt mit Bravorufen.

Watter sprang sofort wieder auf, kam hinter mir her und schrie, als ich mich niedergelassen hatte:

„Ihr habt es gewagt, mich anzufassen! Eure Albernheiten habe ich ruhig ertragen, denn sie waren so dumm, dass Ihr mich nur erbarmen konntet; aber tätliche Angriffe kann ein Westmann auf keinen Fall dulden. Wisst Ihr, was ich tun werde?"

„Nun, was?", fragte ich, ihn ruhig anlächelnd.

„Ich werfe Euch hinaus auf die Straße."

„Schön! Tut es, Mr. Watter! Seht, ich stehe auf: Hier habt Ihr mich! Ich werde mich gar nicht wehren."

Ich erhob mich wieder und stellte mich vor ihn hin.

„Gut, gut!", rief er. „Soll sofort losgehen! Also hinaus, hinaus!"

Er fasste mich bald rechts, bald links, bald oben, bald unten, bald hüben und drüben oder hinten und vorn zu gleicher Zeit und brachte mich doch nicht um einen Zentimeter von der Stelle, denn ich hatte die Beine ausgespreizt und die Knie ein wenig gebogen und schob jedem Druck von ihm den Schwerpunkt meines Körpers entgegen. Wer diesen Kniff gut eingeübt hat, den bringt selbst ein ungewöhnlich starker Mann nicht von der Stelle. Die Hauptsache ist, dass man nicht den Bruchteil einer Sekunde zögert, sich auf die Absichten des anderen umzustellen und seinen Schwerpunkt sofort dem Druck des Gegners entgegenzuschieben. Man muss diesen Druck, ich möchte sagen, vorherahnen, man darf nicht warten, bis man ihn fühlt. Versäumt man nur einen Augenblick, so ist es zu spät und man hat das Gleichgewicht verloren.

Es lässt sich denken, dass alle Gäste ihre Plätze verlassen hatten, um uns zuzuschauen. Es war ein Vergnügen für sie, zu beobachten, welche Mühe sich Watter gab, seine Drohung wahr zu machen.

„Lo, lo! Up! Greift zu! Fester! Come on! Hebt, schiebt, schiebt! Huzza, huzza!", erklang es aufmunternd von allen Seiten. „Wer wettet mit? Ich sage, er bewegt ihn nicht! Einen Dollar, zwei Dollar, fünf Dollar! Jetzt, jetzt! Ach, wieder nichts! Der Mann steht fest wie ein Fels, wie ein Gebirge! Zehn Dollar setze ich, zehn! Wer wagt sich dagegen?"

Diese Rufe spornten meinen Gegner zur größten Anstrengung an, er tat, was er konnte, doch ohne jeden Erfolg. Endlich ließ er ab, holte tief Atem und schrie erbost:

„Dieser Kerl hat entweder den Teufel oder er ist an die Diele festgenagelt! So etwas hat man noch nie erlebt."

„Ich will Euch gleich etwas zeigen, was Ihr wohl auch noch nicht erlebt habt", lachte ich. „Ihr wolltet mich auf die Straße werfen, ich will es feiner mit Euch machen; Ihr müsst zwar auch hinaus, aber ich werde Euch nicht werfen, sondern tragen. Passt auf!"

Um seine Arme und Hände für mich unschädlich zu machen, drehte ich ihn, bevor er es vermutete, schnell um, fasste ihn oben am Rock- und Westenkragen, unten am Gesäß, hob ihn mit einem Ruck in die Höhe, schüttelte ihn einige Male derb auf und nieder, was ihm für den Augenblick die Widerstandskraft nahm, ging zur halb offenen Tür, schob sie vollends auf und trug ihn durch den Flur hinaus auf die Straße. Alles, was sich im Zimmer befand, kam unter hellem Gelächter hinterhergelaufen.

„Wohin soll ich ihn tun, Mesch'schurs?", fragte ich.

„Steckt ihn wieder zum Fenster hinein, damit wir ihn drinnen Beifall spenden können!", schlug er vor.

„Gut! Bitte sehr!"

Bei diesen Worten schob ich den ‚berühmten Westmann' durch das Fenster, mit dem Kopf voran, und gab, als der Oberkörper drin war, den Beinen einen Stoß, sodass er nieder auf den Boden fiel. Allgemeines Händeklatschen und Bravorufen begleitete diesen leichten Erfolg, dann kehrten wir in die Stube zurück. Kein Watter war zu sehen. Rost, der einstweilige Oberkellner, beantwortete die erstaunten Fragen, indem er lustig lachend auf ein offenes Fenster an der anderen Wand deutete:

„Dort ist er gleich wieder hinausgesprungen, als er schnell aufgestanden war. Das ging so im Nu, dass man ihn gar nicht deutlich sehen konnte."

Das Gelächter verdoppelte sich. Übrigens hatte der tüchtige Westmann klug daran getan, sich sofort aus dem Staub zu machen, denn er hätte nach dieser Zurechtweisung doch nur eine jämmerliche Rolle gespielt. Was mich betrifft, so wollte man mich in Beschlag nehmen; man schlug vor, dass alles sich an einem Tisch zusammensetzen möchte, ich brachte aber irgendeine glaubhafte Entschuldigung vor und ging auf mein Zimmer, um dort den Tisch zur Arbeit herzurichten, denn ich hatte vor, trotz des Ballgeräuschs die Nacht hindurch zu schreiben.

Meine Stube hing durch eine Tür mit der nebenan liegenden zusammen, der Schlüssel steckte auf meiner Seite. Ohne irgendein Misstrauen zu hegen, folgte ich nur der alten westmännischen Gewohnheit, meine Umgebung genau kennenzulernen, und schloss die Tür auf. Man hatte drüben einen Schrank vorgesetzt, der so breit und so hoch war, dass er nicht nur die Tür, sondern auch ihre Einfassung vollständig verdeckte. Wer als Fremder jenseits wohnte, konnte also leicht der Meinung sein, dass der Schrank an der Mauer stände und kein Durchgang vorhanden sei.

3. Das geheimnisvolle Leder

Nun kam die Zeit, der Einladung von Frau Hiller zu folgen. Das Abendbrot war zubereitet und wir setzten uns, als ich eintrat, sofort zu Tisch. Man schien erwartet zu haben, dass ich jetzt erzählen würde, weshalb ich nach Amerika gekommen war und was ich bis zu diesem Tag erlebt hatte; ich wies das aber von mir, selbstverständlich in einer Weise, die sie nicht beleidigen konnte. Hierauf erfuhr ich, warum sich im Arbeitszimmer des Sohnes fast nur Bücher juristischen Inhalts befanden.

Den eigentlichen Grund, weshalb die Familie die Heimat verlassen hatte, wo diese Heimat lag und welchen Stand Hiller angehört hatte, erzählte man nicht. Aber ich merkte, dass es ein Band gab, das sie mit der Heimat zusammenhielt und nicht zerrissen werden sollte. Es war ihnen ein großes Unrecht geschehen, dem sie wehrlos gegenüberstanden. Man hatte eine, wie es schien, sehr schwere Schuld auf sie geworfen und sie waren geflüchtet, um der Bestrafung zu entgehen. Die Ehre der Familie war vernichtet und sie schienen bis heute ihr ganzes Bestreben darauf gerichtet zu haben, diese Ehre wiederherzustellen, um in die Heimat zurückkehren zu können. Es galt, Beweise ihrer Unschuld zu erbringen, wozu es guter gerichtlicher und wahrscheinlich auch polizeilicher Kenntnisse bedurfte; und weil sie sich keinem Fremden anvertrauen wollten, war der Sohn Jurist geworden und hatte sich, ohne nach einer Anstellung in den Vereinigten Staaten zu trachten, ausschließlich darauf gelegt, die einschlägigen Gesetze seines Vaterlandes zu studieren. Sobald er sich dazu reif fühlte, sollte an die Lösung der schwierigen Aufgabe gegangen werden.

Die Ausbildung des Knaben und die Hingabe an diesen großen Lebenszweck hatten Opfer gefordert, vor allen Dingen geldlicher Art. Hiller hatte verdienen müssen und doch zu keinem erwerblichen Beruf Kenntnisse oder Geschick besessen, was mich auf die Vermutung brachte, dass die Familie eigentlich von Adel sei und ihr Haupt bis zum Hereinbruch des Unglücks nur den gesellschaftlichen Verpflichtungen gelebt hatte, eine Art der Lebensführung, die ein großes Vermögen erfordert, was zwar in den heimatlichen Verhältnissen möglich ist, aber im Land der rastlosen Arbeit jenseits des Ozeans mit keinem einzigen Cent bewertet wird. Zu seinem und der Seinen Glück war Hiller ein guter Jäger gewesen und es gelang ihm, bei einem der großen Pelzgeschäfte Anstellung zu finden. Er arbeitete sich mit der Zeit in diesem Fach so empor, dass er ein hinreichendes Einkommen erzielte. Freilich konnte er nur kurze Zeit im Jahr daheim sein und Frau und Sohn mussten sich in steter Sorge um ihn befinden; aber die Macht der Gewohnheit blieb auch hier nicht ohne Wirkung, zumal ihm auf seinen Jagdzügen nie ein Unglück widerfahren war.

Jetzt aber waren die beiden Personen, bei denen ich saß, in großer Sorge um ihn. Er war, wie schon oft, im zeitigen Frühjahr aufgebrochen, um bei den Indianern, mit denen er in Geschäftsverbindung stand, die Erträgnisse der Herbst- und Winterjagd einzuhandeln, und bis heute nicht zurückgekehrt, obgleich er seine Heimkehr auf spätestens Anfang Juli festgesetzt hatte. Auf ihre wiederholten, ängstlichen Erkundigungen war Frau Hiller aus St. Louis nur immer der unzulängliche Bescheid zugegangen, dass man selber noch keine Kunde von ihm oder einem seiner Begleiter bekommen habe und den erwarteten großen Pelzlieferungen schon längst mit Ungeduld entgegensehe. Das Geschäft schien sich also auch in Sorge zu befinden; dazu kam, dass seit einiger Zeit ein dunkles Gerücht über die Feindseligkeiten zwischen den Indianerstämmen in den nordwestlichen Bergen aufgetaucht war. Ich hatte davon noch nichts gehört, weil ich mit Winnetou aus dem Süden gekommen und durch Gegenden geritten war, in denen es keine Weißen gab und wo wir jedes Zusammentreffen mit den Roten hatten vermeiden müssen.

Ich suchte, um Frau Hiller und ihren Sohn zu beruhigen, alle möglichen Gründe zusammen, die sein langes Ausbleiben erklären konnten, brachte aber damit nicht die beabsichtigte Wirkung hervor. Als ich mich erkundigte, welche Indianerstämme es wären, die er hatte besuchen wollen, antwortete sie:

„Er pflegt das aus Geschäftsgründen immer geheim zu halten; gegen mich zwar braucht er nicht verschwiegen zu sein, aber es würde doch zu nichts führen, Ihnen die Namen alle zu nennen, die Ihnen ja doch unbekannt sind."

„Sie irren. Ich kenne die Verhältnisse aller Stämme der Vereinigten Staaten besser, als Sie denken."

„Aus der Ferne ja, aus Zeitungen und aus Büchern. Sie sind uns ein lieber, hoch geehrter Freund und in Ihrem Fach jedenfalls ein tüchtiger Mann; aber in unserer Sorge um meinen Mann ist es Ihnen unmöglich, uns auch nur einen kleinen Teil der Last zu nehmen. Dazu gehören Männer, die den Westen kennen und kühn und erfahren genug sind, sich hinauf in die Felsenberge zu wagen, um nach den Vermissten zu forschen. Ein deutscher Schriftsteller, und wenn er der berühmteste wäre, wiegt da auch nicht ein Gramm. Sie verzeihen diese Worte, aber es ist wirklich so. Ich werde nach St. Louis fahren, um dort den Vorschlag zu machen, dass man einige tüchtige Jäger hinaufschickt; aber mutig und klug müssen sie sein und die Verhältnisse genau kennen, nicht solche unbewanderte Leute wie alle die, die nicht wussten, was das Leder zu bedeuten hatte."

„Leder?", fragte ich.

„Ja. Da kann ich Ihnen gleich den Beweis liefern, dass die überlegene Klugheit des Europäers an einem Stückchen Leder scheitert."

„Hm! Gestatten Sie, dass ich mich vor diesem Beweis nicht fürchte! Ich bin nämlich Fachmann."

„Oh, in der Weise, wie Sie es meinen, bin ich auch bewandert. Hier aber handelt es sich um die Beantwortung der wichtigen Frage: Welche Bedeutung hat es, wenn ein Indianer zu Ihnen kommt und Ihnen ein Stück Leder gibt?"

„Das ist ein Brief oder hat sonst irgendeinen Sinn, der auf eine Mitteilung abzielt."

„Das hat bis jetzt ein jeder gedacht, aber keiner hat mir Genaueres darüber sagen können. Ich habe mich hier erkundigt und bin überall herumgefahren; ich bin auch in St. Louis gewesen, wo es bei den Handelsgeschäften doch Leute gibt, von denen man Aufschluss erwartet; es sind hundert und noch mehr Westmänner, Jäger, Trapper und sonstige Kenner gefragt worden, alle haben das Leder untersucht, aber die Antwort hat stets in einem Kopfschütteln und dem Geständnis bestanden, dass dieses Fell ein gewöhnliches Stück Leder wäre und nichts zu besagen hätte. Und doch muss es eine Bedeutung besitzen, denn ein Indianer hat es gebracht und dabei gesagt, dass es für die Squaw von Nana-po, so wird mein Mann genannt, bestimmt sei."

„Sie äußerten doch, dass Sie keine Nachricht von Ihrem Mann hätten. Warum haben Sie diesen Besuch nicht schon längst erwähnt?"

„Weil das keinen Zweck gehabt hätte. Was hundert Westmänner nicht sagen können, können auch Sie nicht wissen. Die Bedeutung des Leders wird mir ein Rätsel bleiben, bis einmal so ein Mann wie Old Firehand oder Old Shatterhand in diese Gegend kommt, den ich dann aufsuchen werde, um es ihm zu zeigen."

„Da können Sie jahrelang warten, bevor so einer zufälligerweise einmal nach Weston oder in die Nähe gerät."

„Leider! Aber in Jefferson City soll Old Shatterhand und sogar auch Winnetou schon einmal gewesen sein."

„Sie haben das Leder noch?"

„Ja."

„Vielleicht genügt es, dass Sie es mir einmal zeigen."

„Ihnen? – Meinetwegen! Sie sollen es sehen, nur damit Sie mir später sagen können, dass Sie ein indianisches Totem in der Hand gehabt haben. Ich hole es."

Sie brachte es und gab es mir. Es war ein vierfach zusammengelegtes Lederstück von der Größe eines Papierbogens. Man konnte auf keiner Seite ein Zeichen bemerken, was darauf hätte schließen lassen, dass es irgendeine Bedeutung besaß. Und doch wusste ich sofort, woran ich war.

„Nun?", fragte sie lächelnd. „Nicht wahr, es ist ein Stück Leder wie jedes andere?"

„Nein."

„Nicht? Da bin ich wirklich neugierig, was Sie denken. Natürlich wird es ein Irrtum sein."

„Ich denke, dass einmal ein deutscher Schriftsteller einer ganzen Reihe von Westmännern beweisen kann, dass er ihnen in diesem Fall überlegen ist. Dieses Leder ist ein Brief."

„Was? Sie irren sich! Sie täuschen sich!", rief sie schnell. „Es ist ja ganz und gar nichts darauf zu erkennen."

„Nicht darauf, sondern darin."

„Darin? Kann ein Lederstück hohl sein?"

„Es sind eigentlich zwei Stücke."

„Unmöglich! Das hätte man doch fühlen und auch an den Rändern sehen müssen."

„Pah! Wir haben da zwei sehr fein zubereitete Waschbärfelle vor uns, die zusammengeklebt sind. Das eine ist der Brief und das andere die Decke."

„Warum hätte man eine Decke auf den Brief geklebt?"

„Um die Schrift zu schonen."

„Das hätte man auf einfachere Weise erreichen können, zum Beispiel durch Einwickeln."

„Die Decke hat noch einen zweiten Zweck, der mir Besorgnis einflößt."

„Warum?"

„Der Indianer, der den Brief gebracht hat, ist ein Feind von Ihnen, also auch von Ihrem Mann gewesen. Auf welche Weise hat er Ihnen eigentlich das Leder gegeben?"

„Ich war nicht daheim. Er hat es gebracht und gesagt, das sei für die Squaw von Nana-po, dann ist er schnell wieder fortgegangen. Ich habe mich nach ihm erkundigt, aber er ist keinen Augenblick in der Stadt geblieben."

„Also habe ich Recht. Der Brief ist so beschaffen, dass Sie Zeit brauchten, ihn zu öffnen und zu lesen, und während dieser Frist konnte der Überbringer flüchten. Der Inhalt der Botschaft ist nicht günstig für Sie."

„Um Gott! Wenn Sie ihn doch öffnen könnten!"

„Ich vermag es!"

„Das wäre ein unbegreifliches Wunder, nachdem so viele Kenner nichts herausgebracht haben."

„Das waren Pfuscher. Wissen Sie, was der Lederarbeiter unter ‚Leder schärfen' versteht?"

„Nein."

„Die Ränder sind mit einem sehr scharfen Messer verdünnt worden, damit sie besser zusammenkleben, sodass man nicht leicht bemerkt, dass das Leder aus zwei Stücken besteht. Der Kenner aber fühlt sofort, dass die Ränder dünner sind."

„Aber man müsste doch in der Mitte merken, dass es doppelt ist."

„Es ist auch da zusammengeklebt."

„Geht so nicht die Schrift beim Auseinanderreißen verloren?"

„Wir reißen nicht, sondern wir weichen auf."

„Da weicht doch auch die Schrift auf."

„Nein, denn die ist nicht mit Wasserfarbe geschrieben. Bitte, geben Sie mir eine Schere und bringen Sie eine Schüssel voll Wasser!"

Als sie beides geholt hatte, schnitt ich auf allen vier Seiten den Rand des Leders weg und legte es so in die Schüssel, dass das Wasser darüber stand; dann mussten wir warten, bis der Klebstoff aufgelöst war. Inzwischen hatten wir Zeit, die eiserne Herdplatte durch ein gelindes Feuer zu erwärmen, um den ‚Brief' darauf trocknen zu lassen.

Es ist eigentlich überflüssig, zu betonen, dass die zwei Personen sich in einer außergewöhnlichen Spannung befanden. Es wollte ihnen nicht einleuchten, dass ein ‚deutscher Schriftsteller' nun doch mehr wüsste als alle Westmänner, an die sie sich vorher gewandt hatten; aber die Sicherheit und Überzeugung, die ich zeigte, brachten ihre Zweifel bald ins Wanken. Zu ihrer Spannung gesellte sich Unruhe, eine Folge meiner Behauptung, dass der Indianer ein Feind gewesen und der Inhalt des Briefes daher nicht erfreulich wäre.

Nach einer halben Stunde nahm ich das Leder aus dem Wasser und konnte die beiden Teile wie zwei aufeinandergeklebte Papiere auseinander ziehen; Mutter und Sohn vermochten sie nicht zu unterscheiden, ich aber sah trotz der Nässe, welcher Teil die Decke und welcher der Brief war; diesen breitete ich, die Schriftseite nach oben, auf die warmen Ofenplatten aus, musste aber sehr aufpassen, dass die Schrift nicht durch die Wärme zum Zerfließen kam. Dann wurde das Leder zwischen zwei Lampen auf den Tisch gelegt.

Die beiden beugten sich schnell darüber, um zu lesen, richteten sich aber enttäuscht wieder in die Höhe.

„Das sind ja keine geschriebenen Buchstaben, sondern eingeschnittene rote Punkte, Striche und Bilder!", sagte die Frau.

„Es ist eine wunderbar ausgeführte indianische Zinnoberschrift", antwortete ich.

„Die nun wahrscheinlich kein Mensch entziffern kann. Wie froh ich war, als Sie behaupteten, es sei ein Brief! Und nun fallen wir in die frühere Ungewissheit zurück."

„Beruhigen Sie sich, Mrs. Hiller. Ich lese ihn."

„Wirklich? Wo haben Sie denn das nur gelernt?"

„Bei den Indianern."

„Was? Wie? Sie wären bei den Indianern gewesen? Davon haben Sie doch kein einziges Wort gesagt."

„Man soll sprechen, wenn es notwendig ist, sonst nicht. Erlauben Sie, dass ich mir erst still die Bedeutung der Bilder überlege! Das nimmt mehr Zeit in Anspruch als das Lesen eines Briefes in gewöhnlicher Schrift."

Es dauerte zehn Minuten, bis ich fertig war. Der Inhalt war, wie ich vorausgesagt hatte, nicht erfreulich. Ich fragte mich im Stillen, ob es nicht besser wäre, ihn zu verschweigen, kam aber doch zu dem Entschluss, aufrichtig zu sein. Ich durfte der Frau nicht vorenthalten, wie es mit ihrem Mann stand. Wenn sie es erfuhr, war es ihr mit Hilfe des Pelzgeschäfts möglich, ihn zu retten. Ich bereitete sie durch eine kurze Einleitung auf die betrübliche Mitteilung vor und erklärte dann:

„Sie erkennen zunächst hier oben einen mit Federn geschmückten Indianer und von dessen Mund eine dünne Linie, gewissermaßen den Hauch einer Gestalt, zu dem Viereck mit vier Cowboys. Das ist der Name des Schreibers und Absenders dieses Briefs, des Häuptlings der Kikatsas, die eine Abteilung der Kräheninidianer, also der Crows oder, wie sie sich selbst nennen, Upsarokas sind. Er heißt Yakonpi-Topa, das ist zu deutsch: Vier Hirten, womit Cowboys gemeint sind. Er hat nämlich damals, als er auszog, um sich einen Namen zu holen, was jeder junge Indianer tun muss, vier Cowboys getötet und ihre Skalpe mit heimgebracht; daher sein Name."

„Aber wie kommt dieser grausame Mörder dazu, mir einen Brief zu senden? Mein Mann hat doch mit ihm und den Kikatsa nie etwas zu tun gehabt", fragte die Frau.

„Bitte um Geduld, Sie werden es schnell genug erfahren. Weiter sehen Sie fünf Schlangen mit Menschenköpfen; vier von diesen Köpfen sind barhaupt und haben langes Haar, wie es die Indianer tragen, der fünfte hat einen Hut auf, was stets einen Weißen bedeutet. Die Schlangen sind Schlangenindianer, also Snakes, die sich Schoschonen nennen. Ich weiß jetzt, dass Mr. Hiller mit diesen Schoschonen in Geschäftsverbindung steht."

„Das ist richtig, er wollte auch zu ihnen. Woraus entnehmen Sie das?"

„Die Schlange mit dem Hut ist Ihr Mann, die vier anderen Schlangen sind Schoschonen. Unter ihnen erblicken Sie sechs verkehrte Vögel, das heißt, sie liegen auf dem Rücken und haben die Beine an den Leib gezogen, sie sind also tot. Von den Schlangen führt eine Linie aus roten Punkten, die Flintenkugeln bedeuten, zu den Krähen herunter, das heißt: Vier Schoschonen und Ihr Mann haben sechs Kikatsas erschossen. Die Vögel sollen nämlich Krähen, also Crow- oder Kikatsasindianer bedeuten."

„Das ist unmöglich! Es kann meinem Mann nicht einfallen, einen Indianer zu töten."

„Was ich hier lese und Ihnen sage, ist zweifellos Tatsache. Der größte Indianerfreund kann, zum Beispiel, wenn er von Roten überfallen wird, in die Lage kommen, einige zu erschießen."

„Das ist dann aber Notwehr und nicht Mord."

„Ganz recht, leider aber erkennen die Indsmen diese Unterscheidung niemals an. Weiter! Sie erblicken hier eine Menge von Krähen, sie bilden einen Kreis um die Schlangen, die zusammengebunden sind. Das heißt, die Kikatsas haben die Mörder gefangen genommen."

„Himmel! Meinen Mann auch?"

„Leider!"

„Was wird mit ihm geschehen? Sagen Sie es mir!"

„Bleiben Sie ruhig! Es ist ihm nichts zugestoßen. Er lebt noch."

„Jetzt noch? Aber später? Sie wollen ihn töten, ja?"

„Bitte, Mrs. Hiller, regen Sie sich nicht auf, es wird wahrscheinlich alles gut. Hier sehen Sie einen Berg gezeichnet, um den Felle hängen; das bedeutet einen großen Haufen von Fellen, die Westleute pflegen zu sagen: einen Berg von Fellen. Die Kikatsas haben Ihrem Mann also sein ganzes Pelzwerk, das er bei sich führte, geraubt."

„Das Unglück wird immer größer. Was soll man in St. Louis dazu sagen, wo man erwartet, dass..."

„Klagen Sie jetzt nicht, sondern hören Sie mich an! Zunächst ist ein Menschenleben mehr wert als der größte Haufen von Häuten, wir wollen uns also einstweilen nur um Mr. Hiller kümmern. Und sodann hat er natürlich nicht alle seine Einkünfte mit sich geschleppt, sondern sie von Zeit zu Zeit auf den Weg gegeben. Diese Sendungen werden schon noch in St. Louis ankommen. Ferner sehen Sie hier vier Schlangen an einen Pfahl gebunden; ihre Köpfe liegen unten, aber glücklicherweise kein Hut dabei. Das heißt: Die vier Schoschonen sind wegen des Mordes von den Kikatsas zu Tode gemartert worden! Ihr Mann war aber nicht mit dabei. Von ihm lesen wir jetzt weiter: Es folgen, wie Sie sehen, zwei Figurenreihen. Von der ersten führt ein Faden nach der oberen Außenecke des Vierecks im ersten Bild und von der zweiten einer nach der unteren. Das bedeutet: entweder – oder; das heißt: Entweder geschieht das, was auf der einen Reihe oder das, was auf der anderen Reihe steht!"

„Und was steht da? Sie spannen mich auf die Folter."

„Haben Sie doch nur Geduld! Hier erblicken Sie ein Leder und unten auf der anderen Reihe auch. Das ist der Brief, den Sie bekommen haben. Wann wurde er Ihnen gebracht?"

„Vor noch nicht ganz vier Wochen."

„Gut, so haben wir noch drei Monate Frist."

„Wieso Frist? Wozu?"

„Ihren Mann zu retten. Schauen Sie her! Da liegt die Schlange gebunden, mit einem Hut auf dem Kopf; das heißt: Ihr Mann ist gefangen, lebt aber noch. Hierauf sind vier Monde nacheinander abgebildet, das bedeutet die Zeit von vier Monaten. Dann folgt diese Schlange am Pfahl und der Kopf mit dem Hut liegt unten. Der Sinn dieser Zeichnung ist: Der Weiße lebt noch, wird aber vier Monate nach Abgabe des Briefes am Marterpfahl sterben; ich will aber..."

„Das ist doch schrecklich!", unterbrach sie mich, indem sie die Hände zusammenschlug. „Gibt es denn nicht..."

„Hören Sie nur weiter!", fiel ich ihr in die Rede. „Auf der anderen Reihe folgt nach dem Brief die Schlange mit dem Hut; sie hat jetzt Hände, in denen sie zwei Gewehre hält, mit denen andere Gewehre mittels einer Schnur verbunden sind; das bedeutet eine Vielzahl von Gewehren. Dahinter kommt das Zeichen des Häuptlings mit den vier Cowboys oder Hirten. Dieses Zeichen hat zwei Hände, die es den Gewehren entgegenstreckt. Von der Schlange bis zum Häuptling hin ziehen sich oben wieder vier Monde und darunter erkennen Sie zwei Hände mit ausgespreizten Fingern, an die sich ein einzelner Finger legt; das ist die Bezeichnung, die Gebärde des Zählens; zwischen diesen Händen steht eine Sonne, das Zeichen des Jahres, die sich auf die Anzahl der Gewehre bezieht: also 365 Stück. Der Häuptling hat diese und nicht eine nach unseren Begriffen ,runde Summe' gewählt, weil die Sonne für ihn die einfachste, kürzeste und darum bequemste Zahlenzeichnung war. Hinter dieser Gruppe erblicken Sie die Schlange mit dem Hut auf einem Pferd, das davongaloppiert, sich also schnell entfernt. Diese ganze Figurenkette bedeutet demnach: Wenn die gefangene Schlange, also Ihr Mann, binnen vier Monaten 365 Gewehre an den Häuptling zahlt, erhält er die Freiheit und kann fortreiten. Ganz unten entdecke ich zu meinem Erstaunen zwei wirkliche Buchstaben, nämlich ein kleines v und ein großes lateinisches H. Was das zu bedeuten hat, kann ich leider nicht sagen."

„Aber ich, ich!", rief sie schnell und froh. „Zeigen Sie, zeigen Sie! Ja, hier steht es: v. H. Das ist das adlige ,von' mit dem Anfangsbuchstaben unseres Namens, also ein Lebenszeichen meines Mannes."

„Und zugleich das Zeichen, dass er mit dem Brief einverstanden ist. Haben Sie diesen erfasst oder soll ich ihn wiederholen?"

„Ja, bitte, sagen Sie mir den Inhalt noch einmal!"

„Gern! Also: Mr. Hiller ist mit vier Schlangenindianern beisammen gewesen und wird darum der leichteren Bezeichnung wegen von dem Häuptling auch als Schlange abgebildet, aber von ihnen durch einen Hut unterschieden. Diese fünf Schlangen haben sechs Kräheninidianer getötet, die zum Stamm der Kikatsas gehörten, und sind dafür von den Kikatsas gefangen genommen worden. Die vier roten Schlangen, mit denen man wenig Federlesens machte, wurden am Marterpfahl umgebracht; mit der fünften weißen Schlange aber, Ihrem Mann also, hat man etwas anderes vor, vielleicht ist er bei der Tötung der Kräheninidianer nicht so beteiligt gewesen wie die Schlangenindianer; vielleicht auch ist die Rachsucht des Häuptlings weniger groß als seine Klugheit, die sich in den Besitz einer hinreichenden Anzahl von Gewehren zu setzen wünscht, womit er diejenigen seiner Krieger, die noch keins besitzen, bewaffnen kann. Wenn sich das Gerücht, von dem Sie vorhin sprachen, bestätigt, so bereiten sich da oben in den Bergen Feindseligkeiten vor, bei denen die bessere Bewaffnung leicht den Ausschlag gibt. Der Häuptling sendet also einen Brief an die Frau des Gefangenen und sagt ihr darin: Schickst du binnen vier Monaten nach Empfang dieses Schreibens 365 Gewehre an mich, so gebe ich deinen Mann frei und er kann reiten, wohin er will; tust du das aber nicht, so muss er geradeso am Marterpfahl sterben wie die vier Schoschonen. Mr. Hiller hat den Brief gesehen und unterzeichnet, er ist also damit einverstanden, dass er an Sie gesandt wurde."

„Auch mit der Lieferung der Gewehre?"

„Das will ich nicht behaupten. Wenn er ein Westmann ist, wie Sie ihn beschreiben, ist er dagegen."

„Aber da müsste er doch sterben."

„Nicht so unbedingt, wie Sie annehmen. Kein Jäger wird es für seinen Vorteil erachten, dass die Indianer ihm in Beziehung auf Bewaffnung gleichgestellt werden, und vier Monate sind eine lange Zeit, in der viel geschehen kann. Das wäre mir ein Westmann, der binnen hundertundzwanzig Tagen keine Gelegenheit zur Flucht fände! Ich bin oft Gefangener der Indianer gewesen, ohne eine viermonatige Frist zu..."

„Sie, Sie waren auch schon gefangen?", fiel sie ein.

„Ja, und zwar wiederholt. Ich habe da in der Hitze des Gefechts mehr gesagt, als ich sagen wollte; das tut aber nichts, denn wie die Sachen stehen, werden Sie auch noch mehr über mich erfahren. Also, man braucht diesem Häuptling Yakonpi-Topa nicht gleich so viel Gewehre, wie das Jahr Tage hat, hinzuwerfen, um Mr. Hiller frei zu machen; er wird auch mit sich handeln lassen, wenn Ihr Mann nicht inzwischen schon entkommen ist. Übrigens müssten, falls man die Waffen doch schicken will, die Boten tüchtige Kerle sein, die sich nicht fürchten und sich nicht betrügen lassen, sonst nimmt er die Gewehre und gibt den Gefangenen doch nicht frei. Ich kenne das."

„So steht mein Entschluss fest: Ich werde morgen früh nach St. Louis fahren und den Brief wieder mitnehmen, um mit den Herren wegen der Gewehre zu sprechen."

„Übereilen Sie nichts! Es gibt da noch wichtige Punkte zu überlegen."

„Welche?"

„Yakonpi-Topa hat mitgeteilt, dass er Ihrem Mann einen ganzen Berg von Pelzen abgenommen hat; aber ob er sie ihm wiedergeben will, davon schreibt er nichts."

„Das ist doch selbstverständlich!"

„O nein! Wollte er sie ihm ausliefern, so hätte er im Brief den Berg hinter das fortgaloppierende Pferd gemalt. Auch schreibt er nur von Ihrem Mann, nicht aber von dessen weißen Begleitern. Mr. Hiller ist doch nicht allein fort?"

„Er hat noch sechs Mann mitgenommen."

„Sehen Sie! Die sind auch Gefangene der Kikatsas oder vielleicht gar schon am Marterpfahl gestorben."

„Ist es denn nicht möglich, dass sie gar nicht mit ergriffen wurden?"

„Möglich ist es wohl, aber nicht wahrscheinlich. Ich nehme an, dass sie mit ihm bei den Schlangenindianern gewesen sind?"

„Gewiss."

„Wenn Ihr Mann ohne sie den Kikatsas in die Hände gefallen wäre, so hätten das seine Gefährten unbedingt erfahren und Ihnen oder auch nach St. Louis so schnell wie möglich Nachricht gegeben. Auch wären, wenn sie noch frei wären, längst Pelzsendungen angekommen."

„Das leuchtet mir ein."

„Nicht wahr? Und sodann: Fünf Schlangen, dabei Ihr Mann, sollen sechs Krähen ermordet haben! Mr. Hiller war ein Indianerfreund, der auch aus geschäftlichen Gründen wohl alles versucht hätte, um eine solche Tat zu verhüten. Die Sache ist nicht ganz richtig, wenigstens ist sie nicht so, wie sie von Yakonpi-Topa in seinem Brief dargestellt wird. Man muss da vorsichtig sein und nicht vorschnell handeln. Warum haben die Krähenindianer die vier Schoschonen so schnell hingerichtet, den einen Weißen aber leben lassen? Hat Yakonpi-Topa Ihren Mann mit allen sechs Begleitern gefangen und spricht in seinem Brief nur von einem unbestimmten Weißen, so gibt er für die 365 Gewehre einen von ihnen frei und behält Ihren Mann mit den anderen fünf doch zurück, um neue und noch größere Forderungen zu stellen. Sie sehen: Einen solchen Indianerbrief zu lesen, ist das Wenigste, man muss ihn auch überlegen. Diese roten Herren sind pfiffig und ich sage Ihnen, dass das Schreiben, das hier vor uns liegt, ein kleines diplomatisches Meisterstück ist. Selbst Ihre Westmänner würden sich durch diesen Brief wahrscheinlich auf falsche Wege locken lassen."

„Sagen Sie, Mr. Meier, könnten Sie morgen mit mir nach St. Louis fahren?"

„Zu den Herrschaften vom Pelz?"

„Ja."

„Danke! Ich bin nicht gewohnt, solchen Leuten nachzulaufen."

„Oder soll ich telegrafieren, dass man mir einen Bevollmächtigten schickt, mit dem ich verhandeln kann?"

„Das wäre schon etwas anderes."

„Ich möchte nämlich gern, dass Sie mit dabei sind."

„Ich? Der deutsche Schriftsteller?"

Sie blickte eine Weile still vor sich hin, reichte mir dann die Hand hin und meinte: „Verzeihen Sie! Ich weiß nicht, woran ich mit Ihnen bin und was ich tun und sagen soll. Das Unglück, das meinen Mann getroffen hat, lässt mich nur an ihn denken, und darum wirken Sie nicht so auf mich, wie es sonst der Fall wäre; aber es ist mir dennoch so, als ob ich an Ihnen immer neue Entdeckungen zu machen hätte. Sie lesen einen Indianerbrief, den andere Westmänner für ein wertloses Stück Leder hielten, Sie lesen sogar zwischen den Zeilen dieses Briefes und dringen dann in einer so selbstverständlichen Weise in die schwierigsten Verhältnisse ein, dass ich gleich bitten möchte: Gehen Sie hin und holen Sie meinen Mann! Ich glaube, ich würde fast ohne Besorgnis warten, bis Sie wiederkämen, denn ich habe das sichere Gefühl, dass Ihnen kein Unfall zustieße, dass Sie alle Schwierigkeiten überwinden und ihn mir heimbringen würden. Wie kommt das nur? Vorhin kam mir der Gedanke an die Hilfe Old Shatterhands, jetzt nicht mehr."

„Ist auch nicht nötig, Mrs. Hiller."

„Ich dachte nur, wenn der hier wäre und die Sache in die Hand nehmen wollte! Ja, wenn er sich nur herbeiließe, einen guten Rat zu geben."

„Das hat er schon getan."

„Getan?", fragte sie verwundert.

„Ja."

„Wann?"

„Jetzt eben."

„Ich – verstehe Sie nicht. Sie geben mir Rätsel zu lösen, die ich – ich..."

Sie vollendete den Satz nicht und sah mit furchtsam fragenden Augen zu mir herüber. Ich brach in ein herzliches Lachen aus und half ihr aus der Verlegenheit:

„Ja, Sie haben mit dem Mann, dessen Namen Sie erwähnten, gesprochen. Ich habe nämlich die eigentümliche Gewohnheit, eigentlich ein deutscher Schriftsteller, nebenbei aber auch Old Shatterhand zu sein."

Sie brachte vor Erstaunen keinen Laut hervor. Ihr Sohn aber, der sich nur zuweilen mit einem kurzen bescheidenen Wort an unserem Gespräch beteiligt hatte, sprang so rasch auf, dass er den Stuhl hinter sich umwarf und rief:

„Old Shatterhand? Sprechen Sie die Wahrheit?"

„Gewiss."

„Ich glaube es, ich glaube es! Aber bitte, beweisen Sie es dennoch – meiner armen Mutter wegen, die so schwere Sorge um den Vater hat!"

„Gern! Welchen Beweis fordern Sie?"

„Old Shatterhand hat von Winnetou einen Stich in den Hals bekommen...?"

„Hier, sehen Sie – da ist die Narbe! Stimmt es?"

Da fasste er seine Mutter, zog sie vom Stuhl auf, drückte sie an sich und frohlockte:

„Er ist es, er ist Old Shatterhand! Nun brauchen wir keine Sorge zu haben, er wird uns den Vater bringen, und wenn er ihn aus der Mitte von tausend Rothäuten herausholen müsste!"

„Sachte, sachte!", warnte ich lachend. „Sie sprechen ja von mir wie von einem Dollarstück, das Sie schon in der Tasche haben! Hinauf zu den Kikatsas zu reiten, ist keine Kleinigkeit. Das erfordert Zeit und wir haben keine."

„Nicht? Warum nicht?"

„Weil wir nach dem Osten wollen."

„Nach dem Osten? Was wollen Sie dort? Etwa Gedichte machen oder Kalender schreiben? Bei einer solchen Arbeit kann ich mir Old Shatterhand gar nicht denken."

„Ich auch nicht, Verehrtester! Aber wenn ich die Feder in die Hand nehme, so bin ich nicht mehr Old Shatterhand, sondern – ein gewisser Mr. Meier, der zum Beispiel heute die ganze Nacht hindurch schreiben wird, bis es morgen Mittag schlägt. Und unsere Reise nach dem Osten ist so fest beschlossen, dass uns nur ein ungewöhnlicher Grund veranlassen könnte, sie aufzuschieben."

„So ein Grund ist doch nun da. Oder ist es vielleicht etwas Gewöhnliches, meinen Vater aus der Gefangenschaft und vom Tod am Marterpfahl zu erretten?"

„Ja, wenigstens für uns, denen derartige Aufgaben schon längst nichts Neues mehr sind."

„Uns – wir? – Wen meinen Sie damit noch?"

„Erraten Sie das nicht?"

„Etwa Winnetou?"

„Ja."

„Wirklich? Winnetou ist auch hier?"

„Hier noch nicht, aber er wird bald eintreffen."

„Hurra, hurra! Winnetou kommt auch! Winnetou und Old Shatterhand! Mutter, heute ist ein Tag, wie ich noch keinen erlebt habe! Mein heißer Wunsch ist stets gewesen, den guten, lieben Schüler, den wir in Falkenau trafen, einmal wieder zu sehen. Da steht er, er ist heute erschienen! Und dann weißt du, wie ich Tag und Nacht gearbeitet habe, um euren Wunsch zu erfüllen und ein guter Jurist zu werden. Ich habe weder nach rechts noch nach links geschaut und mir keine andere Erholung gegönnt als nur die, dass ich die Blätter las, in denen von Winnetou, dem Häuptling der Apatschen, und seinem weißen Freund und Blutsbruder die Rede war. Oder ich ging hier zu Bekannten, bei denen man von diesen zwei Westmännern und ihren Gefährten erzählte. Da habe ich oft gedacht, was für eine Freude es mir wäre, wenn ich das Glück hätte, einen von ihnen oder gar alle beide einmal zu sehen. Und nun ist er in unserem Zimmer, dieser Old Shatterhand, der zugleich unser kleiner Schüler ist, und Winnetou, der Herrliche, den alle Welt bewundert, bei dessen Namen jedes Herz begeistert schlägt, wird auch kommen!"

Der vorher so stille, junge Mann schien ganz außer Rand und Band geraten zu sein, denn er tanzte jubelnd um den Tisch herum. Wäre ich nur sein ‚kleiner Schüler' gewesen, so hätte er mich gewiss ebenso umarmt wie seine Mutter; da in mir aber zu gleicher Zeit auch Old Shatterhand steckte, so wagte er sich nicht an mich heran.

Jetzt wussten die beiden, warum ich vorher so schweigsam über mich gewesen war. Sie gaben zu, dass ich recht getan hatte, mich hier in Weston nicht zu nennen, weil ich sonst keinen Augenblick für mich hätte allein sein können und gezwungen gewesen wäre, nur immer zu erzählen und Tausende von Fragen zu beantworten. Einen kleinen Vorgeschmack eines solchen Fragensturmes bekam ich übrigens auch schon hier, denn Mutter und Sohn schienen ihre eigenen Verhältnisse ganz vergessen zu haben und wollten immer nur von mir und Winnetou hören.

Ganz sonderbarerweise stand es bei beiden fraglos fest, dass wir ihnen nicht bloß mit unserem Rat, sondern auch durch die Tat helfen würden. Sie sprachen von Winnetous und meinem Ritt hinauf zu den Kikatsa-Indianern wie von einer selbstverständlichen Angelegenheit, über die es keinen Zweifel geben könnte. Das war, wie ich wohl wusste, nicht etwa rücksichtslose Anmaßung, sondern eine unausbleibliche Folge des Rufs, in dem wir standen, oder vielmehr der schwärmerischen Legenden, die sich besonders über Winnetou gebildet hatten, den man sich nicht anders als den stets bereiten Rächer allen Unrechts und Schützer der Bedrängten denken konnte. Nach der Beschreibung, die von ihm und seinen hochherzigen Eigenschaften im Schwang war, durfte man allerdings erwarten, dass er die wichtigste Sache, falls sie ihn selber betraf, fallen ließ, wenn es galt, sich der Nöte eines anderen anzunehmen.

Um die Wahrheit zu sagen, war ich, ohne dass ich es verriet, gar nicht abgeneigt, diese braven Leute zu unterstützen, denn erstens reizte mich das Abenteuer an sich schon und zweitens schien es mir eine Folgerung der Vergangenheit zu sein, meine Teilnahme für sie aus dem Wort in die Tat zu übersetzen; aber ich durfte auf meine Gefühle allein hin keinen Entschluss fassen, ohne vorher Winnetou um seine Ansicht zu fragen. Darum hielt ich es für angebracht, so zu tun, als ob wir wohl mitraten, jedoch keinesfalls mittun könnten.

Das glaubten sie aber nicht; sie waren vielmehr vom Gegenteil so überzeugt, dass der Sohn die Absicht aussprach, sich uns anzuschließen, denn wenn fremde Leute ihr Leben wagten, um seinen Vater zu befreien, so könnte er doch unmöglich wartend zu Hause bleiben. Ich hatte meine liebe Not, ihn davon zu überzeugen, dass er sich ganz und gar nicht zur Beteiligung eigne und durch seine Anwesenheit die vorauszusehenden Schwierigkeiten und Gefahren nur vergrößern würde.

Als keiner meiner Einwände im Stande war, die Unerschütterlichkeit, mit der man von unserer Hilfe überzeugt war, ins Wanken zu bringen, gab ich halb ärgerlich und halb lachend schließlich noch einen letzten Grund an:

„Aber was soll mit meinem neuen Anzug werden, in den ich mich mit so ungeheuren Kosten gesteckt habe, um jenseits des Mississippi für einen leidlich anständigen Menschen gehalten zu werden? Nun ich ihn einmal gekauft habe, will ich ihn auch tragen, und für einen so anstrengenden Ritt wäre er doch zu schade."

„Den lassen Sie hier bei uns", sagte Frau Hiller, „und wenn Sie zurückkehren, bekommen Sie ihn wieder. Sie können dann ebenso Staat darin machen wie jetzt. Und denken Sie, was für ein Zug das werden wird! Sobald Sie bekannt geben, dass Sie und Winnetou dieses Unternehmen beabsichtigen, werden Ihnen so viele Begleiter zuströmen, dass Sie mit einem ganzen Heer droben bei den Kikatsas ankommen und, um des ungefährlichsten und mühelosesten Sieges sicher zu sein, nur über diese Roten herzufallen brauchen."

„Ungefährlich und mühelos? Verzeihung, Mrs. Hiller, aber wenn Sie das glauben, befinden Sie sich in einem Irrtum, der freilich in diesem Fall verzeihlich ist. Je zahlreicher die Truppe, desto unwahrscheinlicher ist der Erfolg. Vor allem anderen bildet da schon die Ernährungsfrage eine Aufgabe, deren Lösung große Schwierigkeiten bietet. Sie kennen die Gegenden nicht, die man da durchqueren muss. Der Weg ist wenigstens fünfzehnhundert amerikanische Meilen weit und bietet große Strecken, auf denen man kein einziges Pfund Fleisch schießen kann oder wo den Pferden das Wasser und das Futter mangeln. Und gerade an den allerwichtigsten Umstand haben Sie nicht gedacht: Wir haben Herbst und droben in den Bergen tritt der Winter früher ein als hier. Es kann da vorkommen, dass man heute den schönsten Sonnenschein hat und morgen schon im Schnee stecken bleibt. Ein vorsichtiger Mann muss damit rechnen, dass er nicht wieder herunter kann, sondern gezwungen ist, den ganzen Winter in irgendeinem abgelegenen Gebirgswinkel zuzubringen. Was soll da mit so vielen Leuten werden? Ich wiederhole: Sie dürfen durchaus nicht damit rechnen, dass wir unseren bisherigen Plan ändern und nach dem Westen zurückkehren, um die Krähen aufzusuchen; aber wenn wir es ja täten, so können Sie sicher sein, dass wir einen jeden, der sich als Begleiter anböte, abweisen würden."

„Sie wollten den weiten, gefahrvollen Ritt ganz allein unternehmen?"

„Ja."

„Sie zwei gegen einen ganzen Stamm? Das ist doch unmöglich!"

„Es wäre nicht zum ersten Mal, dass wir gerade dadurch unseren Zweck erreichten."

„Ich kann nichts dazu sagen, denn ich verstehe nichts davon; aber ich bin überzeugt, dass das, was Sie für gut halten, auch wirklich gut ist, wenn auch mein Mann seine Wanderungen stets in möglichst zahlreicher Begleitung unternommen hat."

„Das ist etwas anderes. Sein Zweck war die Pelztierjagd und dazu der Handel mit den Indianern. Da brauchte er schon zum Fortschaffen der Felle, das er allein nicht hätte bewältigen können, die ausreichende Beihilfe anderer Leute. Wir aber verfolgen auf unserem Ritt andere Ziele, und wenn es sich gar darum handelt, durch List etwas zu erreichen, was bei Anwendung offener Gewalt große Opfer fordern würde, so müssen wir uns verborgen halten, und das wäre nicht möglich, wenn wir uns in zahlreicher Gesellschaft befänden. Nun aber ist meine Zeit abgelaufen, und wenn sie es gestatten, will ich mich an meine Arbeit begeben."

„Soll ich nach St. Louis telegrafieren?"

„Nein. Warten Sie damit, bis Winnetou kommt! Wir wollen sehen, welcher Meinung er ist."

„Ich bin überzeugt, dass er nicht das Herz hat, uns seine Hilfe zu versagen."

„Na, na! Der Mensch soll niemals mit allzu großer Sicherheit auf die Erfüllung seiner Wünsche rechnen. Und nicht wahr, Sie verschweigen, dass sich Old Shatterhand hier befindet?"

„Wenn Sie es wollen, ja. Lieber aber möchte ich es allen Menschen erzählen, dass er heute mein Gast gewesen und überhaupt ein alter, lieber Bekannter von mir ist. Sehen wir uns morgen wieder?"

„Ich denke es, falls Sie nicht inzwischen Gründe finden, mich abzuweisen, wenn ich komme. Gute Nacht!"

Ich wurde bis vor die Tür begleitet und ging dann zum Gasthof, aus dem mir schon von Weitem die Tanzmusik entgegenschallte. Die Fenster des Gastzimmers standen offen und mit dem hellen Licht der Lampen drang das Stimmengewirr der Gäste heraus, die so zahlreich erschienen waren, dass kein Stuhl leer stand.

Einen Augenblick schaute ich hinein und sah Watter, den schwatzhaften Westmann und unverdient glücklichen Nuggetfinder, auch drinsitzen. Er hatte also meine Zurechtweisung schon überwunden. Bei ihm befand sich – der Prayer-man. Sie schienen in ein sehr angelegentliches Gespräch vertieft zu sein. Wenn sich Watter gegen den salbungsvollen Schriftenhändler ebenso mitteilsam verhielt wie gegen mich, so konnte ihm nur angeraten werden, seinen Goldkasten noch mehr in Obhut zu nehmen als bisher.

Eben wollte ich mich zur Tür wenden, um hineinzugehen, da fing ich einen Blick des Prayer-man auf, den er nach einem anderen Tisch warf, einen Blick, der mir sonderbar und auffällig vorkam. Es war ein Wink mit den Augen, der so ungefähr sagen wollte: Sorg dich nicht, ich habe meine Sache gut gemacht und er geht mir sicher auf den Leim.

An dem betreffenden Tisch saßen nicht weniger als sechs Personen, darunter einer, der seinen Stuhl etwas abgerückt hatte und nicht am Gespräch der übrigen teilnahm. Es waren jedenfalls Bewohner von Weston, während ich den einen für einen Fremden hielt. Er hatte seine Augen auf Watter und den Prayer-man gerichtet und ich sah eben jetzt, als die Wirkung des ihm geltenden Blicks, einen Zug der Befriedigung über sein braun gebranntes Gesicht gleiten. Nach dieser Beobachtung gab es für mich keinen Zweifel darüber, dass er aus irgendeinem Grund mit dem Erbauungsblättchenhändler in heimlichem Einvernehmen stand. War dieser Grund nun ein guter oder ein schlimmer? Sollte ich Watter warnen? Nein, das wäre Unsinn gewesen, denn ich wusste ja nichts. Aber wenn ich nicht den Zusammenstoß mit dem Westmann gehabt hätte, wäre ich jetzt hineingegangen, um mich zu ihm zu setzen und dadurch den Prayer-man von ihm wegzutreiben. Nun aber war mir das nicht möglich. Ich begab mich auf mein Zimmer und brannte die Lampe an, die auf meinen Wunsch hinaufgestellt worden war. Dann machte ich mich an die Arbeit, womit ich bis zum nächsten Tag fertig sein wollte.

Unter mir klang die Musik, noch stärker drang sie zum offenen Fenster herein; um mir die frische Nachtluft nicht abzuschließen, ließ ich es offen, schloss aber den Laden. Dann zog ich draußen den Schlüssel ab und verriegelte von innen die Tür.

Auch zog ich die Stiefel aus und nahm an ihrer Stelle die bequemeren und geräuschlosen Mokassins an die Füße. Von jetzt ab ging meine Arbeit trotz der unter mir klingenden Musik flott und ohne Unterbrechung vonstatten.

Nach einiger Zeit hörte ich jemand in das Nachbarzimmer kommen und die Tür von innen verschließen. Es gab also einen Gast, der es bewohnte, was mir aber gleichgültig sein konnte. Nur fiel mir auf, dass er nicht schlafen ging, sondern unruhig auf und ab spazierte.

Eben war unten eine Tanzpause eingetreten, die Musik schwieg und so kam es, dass ich ein Klopfen an der Tür der Nachbarstube vernehmen konnte.

„Wer ist es?", fragte der Ruhelose.

„Du weißt es", lautete die Antwort. „Mach schnell, damit ich nicht erwischt werde!"

Erwischt! Dieses Wort musste mir auffallen. Wer befürchtet, erwischt zu werden, der befindet sich nicht auf rechtlichen Wegen. Der Klopfende hatte laut sprechen müssen, um von dem im Zimmer verstanden zu werden, darum hatte auch ich seine Worte gehört. Infolge des Wortes ‚erwischt' stand ich leise auf, schlich an die Verbindungstür und horchte. Der eine ließ den anderen ein, die Tür wurde wieder verschlossen und dann vernahm ich die Frage:

„Können wir belauscht werden?"

„Nein", wurde geantwortet.

„Aber ich sah draußen, dass nebenan noch ein Zimmer ist!"

„Das ist unbewohnt."

„Weißt du das genau?"

„Ja."

„Du hast dich erkundigt?"

„Nein, das wäre vielleicht aufgefallen. Man kann in unserer Lage nicht vorsichtig genug sein. Aber ich bin schon vorhin und auch jetzt wieder im Hof gewesen und habe bemerkt, dass der Laden vor dem Fenster verschlossen ist, es ist also unbewohnt. Und selbst wenn jemand drüben wäre, könnte er uns nicht hören, durch die Mauer dringt kein Wort."

Der Sprecher wusste also nicht, dass sich hinter dem Schrank eine Tür befand.

„Komm her!", sagte er weiter. „Du hast diesen Watter beobachtet. Wie denkst du heute? Noch so wie zuerst?"

„Ja. Wir haben es bei ihm jedenfalls viel leichter als bei seinem vorsichtigen..."

Pum – pum – derum! fiel unten die Musik mit Paukenschlägen ein und ich konnte nichts mehr hören. Wer waren die beiden Männer da drüben? Offenbar der Prayerman und der Fremde, dem er den von mir beobachteten Blick zugeworfen hatte. Und welche Person war mit den Worten ‚seinem vorsichtigen' gemeint gewesen? Da sie Watter erwähnt hatten, so glaubte ich diesen abgebrochenen Ausdruck auf Welley, seinen Freund, beziehen zu müssen. Und wenn ich damit das Richtige getroffen hatte, so war Welley zwar ein vorsichtiger Mann gewesen, aber dennoch tot; meine Voraussage war eingetroffen. Dieser Gedankengang führte aber noch weiter: Wenn nämlich alles so war, wie ich dachte, so befanden sich Welleys Mörder oder doch wenigstens zwei Mitschuldige da drüben in dem Zimmer neben mir.

Dieser Gedanke ließ mich meine Arbeit vergessen und ich ging an meine Tür, um mich zu überzeugen, dass sich das Plättchen auf dem Schlüsselloch befand und infolgedessen von Licht in meiner Stube nichts zu sehen war, falls die beiden Männer beim Verlassen des Nebenzimmers ja auf den Gedanken kommen sollten, einmal hindurchzublicken. Dann schlich ich wieder an die Verbindungstür, drehte den Schlüssel leise auf, hob die Klinke empor und öffnete sie.

Ich habe ein sehr feines Gehör, konnte aber doch nur vernehmen, dass gesprochen wurde. So lauschte ich längere Zeit vergeblich, bis unten die Polka zu Ende war, da hörte ich nun die Worte:

„Du hast ihm die Nuggets gezeigt?"

„Natürlich! Anders ging es doch nicht."

„Was sagte er?"

„Er wurde begierig wie ein Teufel auf die Seele. Der alte Kerl ist habsüchtig wie kein zweiter Mensch."

„Die Hauptsache ist, ob er auf den Handel einging."

„Sofort."

„Wie viel hast du verlangt?"

„Hunderttausend Dollar."

„Ah! Was meinte er zu dieser Summe?"

„Sie war ihm zu hoch, er bot fünfundzwanzigtausend."

„Das war auch genug", erklang es mit einem Lachen, an dem ich den Prayer-man genau erkannte. Der andere fiel in das Lachen ein und fuhr fort:

„Ja, es wäre auch genug für nichts; aber ich versuchte doch, noch mehr herauszuschlagen, und es kam so weit, dass wir auf fünfundsiebzigtausend einig wurden."

„Wann zahlbar?"

„Sofort wenn ich ihm das Finding-hole übergeben habe."

„Mit welcher Münze?"

„Er zahlt mit einer Anweisung. Wir sind sogleich miteinander zum Bankier gegangen, wo er sie geschrieben hat. Dann wurde ausgemacht, dass, wenn ich käme und das Papier brächte, mir das Geld sofort ausgehändigt werden soll. Der Bankier kennt mich persönlich, womit allen späteren Zweifeln vorgebeugt ist."

„Die Anweisung nimmt der Alte mit?"

„Natürlich! Und oben am Finding-hole muss er sie unterschreiben und hergeben."

„Und tauchen?"

„Ja. Er ist ein guter Schwimmer und sein deutscher Neffe hat es auch gelernt. Sie werden gezwungen, die Nuggets aus dem eiskalten Wasser zu holen, und wenn sie das noch nicht das Leben kosten sollte, helfen wir nach."

„Alle Teufel, wird das ein Geschäft! Dann haben wir die Nuggets von jetzt, das Gold aus dem Hole und die fünfundsiebzigtausend Dollar dazu. Wenn dieser Streich gelingt, könnten wir uns zur Ruhe setzen."

„Ich wüsste keinen Grund, weshalb er missglücken sollte."

„Weshalb? Gründe stellen sich oft gerade dann ein, wenn man sie am wenigsten erwartet. Man hat immer Glück gehabt und gerade dann, wenn man den letzten Hauptstreich führen will, geht die Sache den verkehrten Gang. Bei diesem Welley wäre es uns auch beinahe misslungen. Der Kerl war gescheiter als der geschwätzige Watter, der einem seine Nuggets beinahe in die Tasche steckt. Es ist gut, dass wir ihn damals haben reiten lassen. Auf diese Weise hat er das schwere Gold für uns hierhergeschleppt und wir können es uns in aller Gemächlichkeit von ihm holen."

„Was wird er für Augen machen!"

„Die werde ich mir genau betrachten."

„Du, sei ja nicht unvorsichtig!"

„Fällt mir nicht ein! Ich weiß genau, wie weit ich..."

Jetzt begann unten ein neuer Tanz und ich konnte nichts mehr verstehen. Das war ja eine außerordentlich saubere Angelegenheit, die man da vor meinen Ohren besprochen hatte! In ihrem ganzen Umfang kannte ich sie noch gar nicht; aber nach dem, was ich erlauscht hatte und mir dazu dachte, verhielt es sich so, dass der eine dieser Gauner einem Mann, der der Oheim eines deutschen Neffen war, Nuggets vorgezeigt und ihm weisgemacht hatte, dass sie aus einem Finding-hole stammten, das er nicht selber ausbeuten könne und deshalb verkaufen wolle. Der Oheim war auf das Anerbieten eingegangen und hatte fünfundsiebzigtausend Dollar, zahlbar auf eine Anweisung, dafür versprochen, falls sich das Hole als so reichhaltig erweisen sollte, wie es ihm beschrieben worden war. Bis hierher war mir alles klar; aber woher hatten die Halunken die vorgezeigten Nuggets? Waren sie Welley abgenommen worden? Wer war der Oheim und wer war der Neffe? Wo wohnten sie? Von welcher Bank hatte man gesprochen? Der Oheim und der Neffe waren gute Schwimmer. Wozu man das benutzen wollte, hatte ich gehört. Sie sollten nach dem Finding-hole gebracht werden, angeblich um es anzusehen, zu kaufen und zu bezahlen. Aber das war nur Vorspiegelung. In Wahrheit wollte man ihnen die Anweisung abnehmen und das Papier später bei der erwähnten Bank in Geld umsetzen. Die beiden Betrogenen sollten nicht bloß diesen Verlust erleiden, sondern auch noch gezwungen werden, die Nuggets aus dem Finding-hole herauszuholen.

Man muss wissen, was so eine Arbeit zu bedeuten hat! Man nehme an, solch ein Goldfund befindet sich im Bett eines Gebirgswassers, das aus den Eisfeldern quillt. Dieses tiefe Loch wird also von dem darüber wegfließenden Wasser vollständig angefüllt und hat auf seinem Grund die wegen ihrer Schwere da hinuntergespülten Goldbrocken und Körner. Um sie heraufzubekommen, muss man sich ausziehen und auf den Grund des eiskalten Wassers niedertauchen. Das muss so lange geschehen, bis nichts mehr unten liegt; es kann, je nach Menge des Goldes, wochen- und auch monatelang dauern. Wenn man annimmt, dass schon ein einmaliges Tauchen in die eisige Flut genügt, eine schwere Erkältung zu verursachen, so kommt man zu der Überzeugung, dass die vollständige Entleerung des Hole den sicheren Tod nach sich ziehen muss. Und zu dieser schrecklichen Arbeit sollten Oheim und Neffe gezwungen werden! Es gehörte eine geradezu teuflische Gefühllosigkeit dazu, einen solchen Plan nur zu entwerfen, geschweige denn auszuführen. Es stand daher bei mir fest, dass ich dieses Vorhaben verhindern müsse.

Soweit ich es bis jetzt kannte, konnte ich freilich nichts dagegen tun. Hätte ich die Kerle angezeigt, so wäre ich einfach ausgelacht worden, weil ich nichts beweisen konnte. Ich musste Belege haben und hoffte, während des weiteren Verlaufs der Unterhaltung noch so viel zu erfahren, dass ich, wenn ich auch keine unmittelbaren Beweise bekäme, sie mir doch aus dem Erlauschten aufbauen könnte. Ich wartete also mit größter Spannung auf die nächste Tanzpause, während der das Gespräch für mich wahrscheinlich wieder vernehmbar wurde.

Endlich schwieg die Musik wieder einmal und ich schob mich so nahe, wie ich nur konnte, an die Hinterwand des Schranks, der jedenfalls leer war; denn darin befindliche Kleider hätten den Schall so gedämpft, dass selbst mein ausgezeichnetes Gehör nicht scharf genug gewesen wäre, die vor dem Schrank im Zimmer gesprochenen Worte zu verstehen.

Ich lauschte also, hörte aber kein Wort. Ich wartete, doch vergeblich. Ich blieb bis zum Beginn des neuen Tanzes auf meinem Posten, vernahm aber nicht das geringste Geräusch.

Es war gewiss, dass die beiden Männer nicht so lange Zeit wortlos beieinander saßen; sie mussten sich entfernt haben und ich hatte das wegen des von unten heraufschallenden Lärms nicht gehört.

Was nun tun? Mich wieder hinsetzen und weiterschreiben? Dazu fehlte mir die nötige Sammlung. Die Sache ließ mir keine Ruhe, ich löschte meine Lampe aus und ging hinunter, meine Tür von draußen verschließend. Die Gaststube lag rechts. Links war ein kleiner Nebenraum, eigentlich für den Pförtner bestimmt; da aber keiner da war, hatte der Oberkellner diese Obliegenheiten mit übernommen. Dort hingen auch die Schlüssel der Fremdenzimmer.

Eben kam der Oberkellner aus diesem Zimmer heraus und wollte nach der Wirtsstube. Ich hielt ihn an und fragte ihn:

„Sitzt der Prayer-man noch drin, Herr Rost?"

„Ja", antwortete er. „Seit einigen Stunden schon."

„Aber er ist einmal für einige Zeit fortgewesen?"

„Nein."

„Hören Sie, Sie haben keine Zeit, aber meine Sache ist höchst wichtig und ich vertraue sie Ihnen mit der Bitte an, keinem Menschen etwas davon zu sagen. Ich werden Ihnen dafür bei Winnetou und Old Shatterhand nützlich sein. Der Prayer-man muss einmal fortgewesen sein! Sie haben vielleicht nicht Acht auf ihn gehabt?"

„Sie müssen sich irren, Mr. Meier. Gerade auf ihn habe ich mehr Acht als auf jeden anderen Gast, weil er seit einiger Zeit wie ein Kellerloch trinkt. Er und Mr. Watter scheinen es darauf abgesehen zu haben, zu erfahren, wer von ihnen am meisten vertragen kann. Kaum habe ich ihnen volle Gläser gegeben, so muss ich schon wieder hin, um sie von Neuem zu füllen. Da müsste ich es bemerkt haben, wenn er einmal auch nur auf fünf Minuten fortgewesen wäre. Er ist nicht aufgestanden."

„Wo hat er seine Stube?"

„Im Hinterhaus über dem Stall."

„Wie? Nicht im Vorderhaus?"

„Nein!"

„Und Watter? Wohnt der vielleicht neben mir?"

„Nein. Er wohnt am anderen Ende des Gangs."

„Wer aber übernachtet neben mir?"

„Niemand."

„Das ist unmöglich. Es waren Leute nebenan im Zimmer."

„Auch da werden Sie sich geirrt haben, Mr. Meier. Ich müsste es doch vor allen Dingen wissen, wenn die Stube neben Ihnen besetzt wäre, denn ich pflege den ankommenden Gästen ihre Räume anzuweisen."

„Hm! Ist der Schlüssel zu dem Nebenzimmer da?"

„Ja, hier!"

Er nahm ihn vom Nagel und zeigte ihn mir.

„Erlauben Sie ihn mir auf eine Minute, ich will einmal hinauf. Aber bitte keinem Menschen etwas sagen!"

„Keinem", nickte er. „Mein Ehrenwort darauf."

Ich begab mich zunächst in mein Zimmer, um meine Lampe wieder anzubrennen, dann trat ich damit auf den Gang, um die Nachbarwohnung aufzuschließen. Der Schlüssel passte. Ich trat hinein, zog die Tür hinter mir zu und ließ das Licht der Lampe in jeden Winkel fallen. Die Sache war mir so wichtig, dass ich so genau wie sonst selten forschte, es durfte mir kein Stäubchen entgehen.

Und richtig, da fand ich eine Spur. Es lagen Schnupftabakskörnchen am Boden und ich hatte heute bemerkt, dass der Prayer-man ein leidenschaftlicher Schnupfer war, denn während der kurzen Zeit, in der es mir möglich gewesen war, ihn zu beobachten, hatte er wenigstens zwanzigmal den Finger in der Schnupfdose gehabt. Ich suchte weiter und fand noch mehr Tabaksbröckchen, die eine allerdings nicht zusammenhängende, aber doch leidlich bemerkbare Linie von der Tür zum Fenster bildeten, also über das ganze Zimmer hinweg. Der Verdächtige war vor dem Erscheinen seines Spießgesellen erregt hin und her gegangen, hatte in der Erregung die Nase in einem fort mit Prisen gefüttert und dabei den Schnupftabak verstreut. Also, der Oberkellner musste sich irren, der Prayer-man war dennoch da gewesen.

Ich trat wieder hinaus, verschloss die Tür, setzte die ausgelöschte Lampe in mein Zimmer, versperrte es und trug den Schlüssel, den ich vom Oberkellner erhalten hatte, an seinen Platz. Der Prayer-man hatte diesen Schlüssel heimlich weggenommen, um in der unbewohnten Fremdenstube seinen Bundesgenossen zu erwarten. Woher aber kannte er diesen Schlüssel und warum hatte er den Verbündeten nicht hinüber nach dem Hintergebäude in seine eigene Stube bestellt? Vielleicht, weil die heimliche Zusammenkunft den dort Bediensteten leichter aufgefallen wäre als den Bewohnern des Vorderhauses, wo man in dem Gedränge des Festabends den Einzelnen nicht beobachtete. Was sollte ich nun tun? Mich in die Gaststube setzen und den Prayer-man beobachten? Nein, denn das konnte ihm leicht auffallen, und ich liebe nicht den Dunst und Qualm so eng gefüllter Räumlichkeiten. Schreiben? Meine Gedanken waren abgelenkt und ich wusste, dass ich jetzt nichts fertig bringen würde. Ich beschloss also, einen Spaziergang zu machen und währenddessen über die Angelegenheit nachzudenken, die mir nicht die kleinste Handhabe zum Anfassen bot.

Von der Straße aus warf ich einen Blick durch die Fenster in die Stube. Der Fremde, den ich im Verdacht des geheimen Einverständnisses mit dem Prayer-man gehabt hatte, war nicht mehr da; der Verkäufer der unerbaulichen Erbauungsblätter aber saß mit Watter beisammen und erhob eben jetzt sein Glas, um mit ihm anzustoßen. Hatte er vielleicht die Absicht, ihn untern Tisch zu trinken? Ich riss aus einem Notizbuch ein Blatt, worauf ich die Warnung schrieb:

„Betrinkt Euch nicht, Mr. Watter, und gebt heute auf Eure Nuggets Acht!"

Dieses Blatt faltete ich zusammen, gab es einem von den Knaben, die von der Straße aus neugierig in den Gastraum gafften, zeigte ihm den Mann, dem er es zu bringen hatte, und sagte, dass er keine Auskunft über den Absender geben und gleich wieder gehen solle; dann würde er zwanzig Cent von mir erhalten. Er ging hinein und ich sah, dass er den Zettel richtig übergab; es fielen einige kurze Worte und der Empfänger steckte den Zettel, ohne ihn zu lesen, in die Westentasche.

„Nun?", forschte ich den Jungen aus, als er wieder kam.

„Er fragte mich, von wem es wäre; ich sagte ihm, das würde er schon lesen; da meinte er, übers Jahr würde er antworten, und steckte das Papier ein."

Der Knabe erhielt seinen Botenlohn und ich ging. Ich hatte meiner Pflicht genügt, mehr konnte ich jetzt nicht tun. Nach einem Spaziergang von einer halben Stunde hatte ich mir die Angelegenheit aus dem Kopf gebracht und ich kehrte nach dem Gasthof und in meine Stube zurück, um die unterbrochene Arbeit wieder aufzunehmen, mit der ich zwar flott vorwärts, aber doch erst um die Mittagszeit zu Ende kam. Den Morgenkaffee hatte ich mir auf mein Zimmer bringen lassen, zum Mittagessen ging ich in die Gaststube hinab, mit deren Wiederherstellung nach der gestrigen Verwirrung man erst jetzt zu Ende war.

Ich war der einzige Gast, sodass sich der Oberkellner ganz der freundlichen Aufgabe widmen konnte, mir das Beste von den übrig gebliebenen Resten des Festmahls aussuchen und wärmen zu lassen.

Später kam Watter hinzu. Er sah angegriffen und übernächtigt aus und ging unsicheren Schrittes auf den Tisch zu, an dem er schon gestern gesessen hatte und dann von mir wieder niedergesetzt worden war, heute würdigte er mich keines Blicks. Von dem Oberkellner gefragt, ob er speisen wolle, wehrte er heftig ab.

„Nein, keinen Bissen! Aber bringt mir eine Flasche Wein, so stark Ihr ihn habt! Wenn man von einem Hund gebissen worden ist, muss man Hundehaare auflegen."

„Seid Ihr denn auch gebissen worden?", fragte der Oberkellner lächelnd.

„Nur ein bisschen, aber der Prayer-man war vollständig tot! Wisst Ihr das, Mr. Rost?"

„Ja, die zwei Aushilfskellner, die ihn mit hinaufgeschafft haben, erzählten es mir."

„Ja, er war so toll betrunken, dass er nicht stehen und gehen konnte. Ich musste mich seiner annehmen und bat die Leute, mir zu helfen. Da haben wir ihn über den Hof hinüber nach dem Hintergebäude und hinauf in seine Stube getragen. Ist er schon da gewesen?"

„Nein."

„Das lässt sich denken, denn sein Rausch war so gewaltig, dass er leicht vor abends nicht – alle Teufel, er kann ja doch noch gar nicht da gewesen sein, denn er kann nicht heraus und herunter!"

„Warum nicht?"

„Weil ich den Schlüssel zu seiner Stube eingesteckt habe. Er war nämlich trotz seiner Betrunkenheit sehr auf seine Sicherheit bedacht. Zwar konnte er nur noch lallen, aber ich verstand dennoch seinen Wunsch. Durch den Verkauf seiner Schriften hatte er Geld eingenommen, um das er besorgt war. Er befürchtete, man könnte seinen Rausch benutzen und sich bei ihm einschleichen, um es ihm abzunehmen. Darum bat er mich, ihn einzuschließen und den Schlüssel einzustecken."

„Ein sonderbarer Wunsch, den nur ein Betrunkener haben kann", bemerkte der Oberkellner.

„Warum?"

„Er konnte sich doch selber einschließen und den Schlüssel zu sich ins Zimmer nehmen."

„Das ist richtig und das sagte ich ihm auch, aber was kann man gegen die Eingebung eines berauschten Menschen tun? Ich musste ihm seinen Wunsch erfüllen. Er hat eine fürchterliche Schlappe erlitten, denn er behauptete, dass er wenigstens fünfmal so viel wie ich vertragen könne, und wurde doch von mir totgetrunken, obgleich er sich außerordentlich dagegen stemmte. Ich muss doch einmal hinübergehen, um nachzusehen, wie es mit ihm steht."

Er stand von seinem Tisch auf und verschwand.

Dieser Mann freute sich seines Trinkersieges, während ich eine ganz andere Ansicht über diese Sauferei, denn anders konnte man es nicht nennen, hatte. Das Verlangen des Prayer-man an Watter, ihn einzuschließen und den Schlüssel einzustecken, kam mir gar nicht wie das unbegründete Verlangen eines Betrunkenen vor; ich ahnte vielmehr, dass der Schriftenhändler sich nur so berauscht gestellt hatte, um irgendeinen Zweck zu erreichen. Als ich weiter darüber nachdachte, kam ich auf den Gedanken, dass es sich da vielleicht um einen Alibibeweis handle. Hatte ich damit das Richtige getroffen, so war während der vergangenen Nacht das Gold Watters verschwunden. War es da nicht meine Pflicht, ihn, wenn er jetzt wiederkam, aufzufordern, sofort einmal nach seinen Nuggets zu sehen? Eigentlich wohl, uneigentlich aber nein, und ich zog bei dem gespannten Verhältnis zwischen ihm und mir, das er selbst geschaffen hatte, das ,uneigentlich' dem ,eigentlich' vor.

Dass ich beschloss zu schweigen, hatte auch noch einen anderen, überaus triftigen Grund. Selbst wenn sich meine Ahnung bewahrheitete und die Nuggets verschwunden waren, durfte ich überzeugt sein, dass alle Nachforschungen danach vergeblich sein würden. Der Prayer-man konnte beweisen, dass er im öffentlichen Gastzimmer gesessen und sich einen so schweren Rausch angetrunken hatte, dass er getragen werden musste, und bis jetzt in seiner Stube eingeschlossen gewesen war. Der Verbündete, mit dem ich ihn im Nebenzimmer belauscht und der die Tat ausgeführt hatte, war mit den Nuggets fort. Niemand kannte ihn. Ich konnte nicht beweisen, dass er mit dem Prayer-man in heimlichem Einvernehmen gestanden hatte. Dass zwei Männer in der Stube neben der meinigen gewesen seien, würde man mir überhaupt nicht glauben, denn schon der Oberkellner hatte es bezweifelt. Sein Zeugnis würde gegen meine Aussage sein und er verwahrte die Schlüssel. Dazu kam, dass Watters Nuggets für mich nicht die Wichtigkeit besaßen wie der von mir erlauschte Plan, der gegen den sogenannten Oheim und dessen Neffen ausgeführt werden sollte und den ich, wenn irgend möglich, zunichte machen wollte. Verriet ich aber, dass ich an der Verbindungstür meines und des anderen Zimmers gelauscht hatte, so gab ich unklugerweise eine Waffe aus der Hand und machte es mir dadurch unmöglich, ein Verbrechen zu verhüten, dessen Verhinderung so in meine Hände gegeben war. Darum musste ich jetzt schweigen.

Nach einiger Zeit kehrte Watter zurück, er brachte den Prayer-man mit, der sehr angegriffen tat, obgleich er ein gar nicht katzenjämmerliches Aussehen hatte. Er aß sogar mit großem Appetit, während Watter behauptete, dass es ihm unmöglich sei, einen einzigen Bissen zu genießen. Auch dieser Umstand zeigte, wer von den beiden eigentlich der Betrunkene gewesen sei.

Sie unterhielten sich zunächst über ihre Wette, dann aber auch über andere Dinge, wobei sie jede Gelegenheit benutzten, mir eine Beleidigung zuzuwerfen. Ich stellte mich aber, als ob ich sie nicht höre, und ging fort, um erst einen Besuch bei Frau Hiller und dann einen Spaziergang zu machen, der mir nach der durchwachten Nacht Erfrischung bringen sollte. Als ich bei Mrs. Hiller diesen Spaziergang erwähnte, bat sie mich, mit ihrem Sohn daran teilnehmen zu dürfen, weil sie die Gelegenheit, mit mir zusammen zu sein, möglichst ausnützen möchte. Die Höflichkeit verbot mir, nein zu sagen und sie wissen zu lassen, dass ein Westmann unter ,spazieren gehen' etwas anderes meint, als neben einer Dame herzuschlendern und sich dabei Mühe zu geben, ein angenehmer Gesellschafter zu sein.

Aus dem ausgiebigen Spaziergang, den ich vorgehabt hatte, wurde also ein langsamer Bummel, der uns zu dem gestrigen Festplatz führte. Wir hatten dort nur vorübergehen wollen, ohne uns aufzuhalten. Weil das Fest vorbei war, glaubten wir, ihn leer zu finden. Es wurde aber heute wieder geschossen und es gab dort eine beträchtliche Anzahl von Leuten, die den Scheibenständen eine solche Aufmerksamkeit widmeten, dass der junge Hiller hinging, um sich nach der Ursache zu erkundigen. Er kam nicht zurück, sondern winkte uns, hinzuzukommen. Wir erfuhren, dass ein höchst spannendes Wettschießen stattfinde, das gestern von einem gewissen

Mr. Watter angeregt worden sei und einen größeren Umfang angenommen habe, als vorher beabsichtigt war.

Ich war Zuschauer von hundert Wettschießen unter wohlgeübten Jägern im Wilden Westen gewesen und hatte da wohl auch einmal selber mitgetan; darum lag mir nichts daran, mir meine ohnehin nicht rosige Laune durch das Anstaunen stümperhafter Schießereien noch mehr verderben zu lassen, aber Frau Hiller war nun auch neugierig geworden und so sah ich mich gezwungen, einen unfreiwilligen Zuwachs der Zuschauermenge zu liefern.

Das eigentliche, für heute beabsichtigte Preisschießen war schon vorüber, es hatte über eine Stunde gedauert und einen für die hiesige Jägerkompanie unerwarteten Ausgang genommen, denn Watter war der Sieger gewesen. Man hatte geglaubt, dass die bei jedem Kampf um einen Preis unvermeidliche Aufregung nun vorüber wäre, und sich schon auf den Heimweg begeben wollen. Da aber war Watter im Gefühl seiner Überlegenheit auf den Gedanken gekommen, den gewonnenen Preis von fünfzig Dollar auf hundert Dollar zu verdoppeln und gegen einen gleichen Einsatz auf fünf Schüsse auszubieten. Keiner der Jäger war so mutig gewesen, eine solche Summe gegen den Sieger zu wagen, da aber hatte zum allgemeinen Erstaunen der Prayer-man erklärt, dass er dagegenhalten wolle. Ein frommer Schriftenhändler, der sich erbot, mit einem Westmann für hundert Dollar um die Wette zu schießen! Das hatte ungeheures Aufsehen erregt. Ich sagte mir, dass wohl keiner davon so überrascht gewesen war wie Watter selber, und gestehe zu, dass mir dieses Schießen nun freilich viel spannender vorkam als vorher. Eben, als wir an den Scheibenstand traten, wurden die Bedingungen aufgerufen. Jeder wollte sich seines eigenen Gewehres bedienen und die fünf Schüsse in zwei Minuten abgeben. Die geschossenen Nummern sollten zusammengezählt werden, wer die größte Summe hatte, war der Sieger.

Die Entfernung betrug, so schätze ich, hundertundzwanzig Schritte, das Treffen ins Schwarze war da ein reines Kinderspiel. Wenn es hier etwas zum An- oder Erstaunen gab, so war es der Umstand, dass jeder sein eigenes Gewehr haben sollte. Der Prayer-man besaß also eines, und nicht nur das, sondern er hatte es auch bei sich. Er schleppte es also stets mit sich herum, der Handel mit Erbauungsschriften war mithin nur Mittel zum Zweck für ihn. Er war in die Stadt zum Gasthof geeilt und kam jetzt mit der Waffe zurück.

Ich stand ziemlich weit von ihm, sah aber doch, dass der Lauf mit einer Säure stumpfgebeizt worden war, das machte mich neugierig und ich forderte Hiller auf, hinzugehen, um unauffällig zu erfahren, ob in der Nähe des Schlosses ein Fabrikstempel in den Lauf gestanzt wäre. Es wurde ihm leicht, das zu erfahren, denn es gab mehr Wissbegierige, die das Gewehr in die Hand nahmen und betrachteten. Er kam wieder und teilte mir mit, dass er „Ralling, Shelbyville, Tenn." gelesen habe.

Dieser Name machte mich stutzig. Es gibt oder vielmehr es gab im Wilden Westen Jäger, die ihre Gewehre wegen berühmt waren. Wenn so ein Mann irgendwo erschien, ging die Waffe von Hand zu Hand, sie wurde betrachtet und beurteilt, wie ein seltenes Pferd von Kennern in die Augen genommen wird. Jeder, der sie gesehen hatte, erzählte an anderen Orten davon und so kam es, dass der bewanderte Westmann die meisten guten Gewehre, die es jenseits des Mississippi gab, nach ihrem Firmenstempel oder dem Namen des jetzigen Besitzers kannte. Winnetou und ich, die wir so weit herumgekommen waren, konnten mit Recht behaupten, in diesen Dingen besonders Bescheid zu wissen. Nun kannte ich nur zwei Gewehre, die den Ralling-Stempel trugen. Das eine besaß ein Unterhäuptling Winnetous, der

Nonton[1] der Pinalenjos war; das andere gehörte Amos Sannel, einem alten, biederen Pelzjäger, den wir bei einer Herbst-Büffeljagd oben in Montana getroffen hatten. Wir waren mehrere Wochen lang mit ihm zusammen gewesen und hatten da mit seiner Erlaubnis manchen Schuss aus seinem vorzüglichen Einläufer getan. Er hatte in die beiden Backen des Schlosses Blumen ätzen lassen, deren Staubfäden rechts am Lauf ein A und links ein S bildeten; doch musste man, um das zu erkennen, überhaupt wissen, dass die Fäden Buchstaben sein sollten. Wir hatten nichts vom Tod dieses braven Alten gehört und ich nahm darum an, dass es sich hier beim Prayer-man um ein drittes Gewehr von Ralling handelte. Das war aber auch schon genug, in mir den Wunsch zu erregen, es einmal in die Hand nehmen zu dürfen.

Jeder der beiden Wettenden bekam eine zwölfkreisige Scheibe für sich. Kreis Nummer zwölf war der innerste und schloss das Schwarze ein, der äußerste Kreis hatte die Nummer eins; je besser der Schuss, desto höher war also die Nummer. Es wurde um die Reihenfolge gelost. Watter sollte zuerst schießen. Das Geld war in die Hände einer Dame gelegt worden.

Ich muss sagen, dass ich, als er zum ersten Schuss anlegte, einige Schritte vorwärts tat, um ihm näher zu stehen. Der Westmann in mir machte sich doch geltend. Er schoss eine Acht. Das war, da er schon vorher geschossen hatte, ein schlechter Schuss. Dann kam gar eine Sieben, hierauf aber ein Schwarz, dem eine Elf und eine Neun folgten. Er hatte also zusammen 47 Punkte geschossen. Wenn durch diese Fertigkeit vorher die ganze hiesige Jägerkompanie von ihm besiegt worden war, so war es freilich leicht, ihren Mitgliedern eine Wette anzutragen.

Jetzt trat der Prayer-man vor. Meine Aufmerksamkeit verdoppelte sich, denn wie er jetzt dastand, in dieser Haltung und mit diesem aus halb zusammengekniffenen Augen auf die Scheibe gerichteten Blick, war er kein Erbauungsschriftenhändler mehr. Hätte ich ihn in diesem Augenblick zum ersten Mal gesehen, ich hätte sofort gesagt, dass er ein Westmann, und zwar kein schlechter, sei.

Sich leicht vorbeugend, nahm er das Gewehr in einer Weise in Anschlag, die den guten Westschützen kennzeichnet, zielte kurz und drückte ab.

Er schoss eine Zehn.

„Das war der erste Schuss", lachte er. „Es wird schon besser werden, Mesch'schurs!"

Der zweite Schuss brachte wieder zehn, auf den dritten und vierten fiel Schwarz und der fünfte traf die Elf. Er hatte also zusammen 55 geschossen.

Watter senkte den Kopf. Er hatte gestern dem Prayer-man jedenfalls viel von seinen großen Eigenschaften als Westmann erzählt, weil er des Glaubens gewesen war, der Schriftenhändler verstände nichts vom far-west, und musste nun erfahren, dass er von diesem vermeintlich Kenntnislosen um acht Punkte und hundert Dollar geschlagen worden war. Der Sieger, dem man zujubelte, verbeugte sich selbstbewusst nach allen Seiten und näherte sich der erwähnten Dame, um den Preis aus ihrer Hand zu nehmen. Aber noch war er nicht ganz bei ihr, so hielt er an, drehte sich um und erhob die Hand zum Zeichen, dass man auf ihn hören solle. Ich ahnte, was für ein Entschluss in ihm erwacht war. Der Wetteufel ist, wo es eine Gelegenheit zum Verlust des Gewonnenen gibt, immer bereit, sein schadenfrohes Spiel zu treiben.

„*Ladies and Gentlemen*", rief er. „Ich will nicht weniger anständig sein, als Mr. Watter vorhin gewesen ist. Er hat seinen Preis wieder ausgeboten und ich tue das

---

[1] Apatschisch = Anführer

auch. Es stehen zweihundert Dollar auf fünf Schüsse. Wer setzt dieselbe Summe dagegen?"

Kein Mensch antwortete. Ich sah Watter an. Sollte er denn nicht versuchen, wieder zu seinem Verlust zu kommen und noch hundert Dollar dazu zu erbeuten? Er schien mit sich zu Rate zu gehen. Bis jetzt hatte er nur fünfzig Dollar verloren, nun aber handelte es sich um das Vierfache und das schien ihm zu viel zu sein.

Frau Hiller legte ihre Hand an meinen Arm und sagte:

„Das wäre jetzt etwas für Sie."

Ihr Sohn hatte das gehört und wies sie zurecht:

„Da müsste er seine Gewehre mithaben, mit einer fremden Büchse schießt selbst der größte Meister keine fünfundfünfzig Ringe auf fünf Kugeln."

Ich antwortete nicht, denn ich hielt es für ausgeschlossen, dass ich hier in irgendeiner Weise in Betracht käme. Mir war es nur darum zu tun, das Gewehr des Prayer-man einmal betrachten zu dürfen. Aber es sollte anders werden, als ich gedacht hatte.

Der Sieger wiederholte sein Angebot noch einige Mal, doch ohne Erfolg. Er blickte dabei im Kreis rundum, wobei sein Auge auch auf mich traf. Sein Gesicht nahm einen höhnischen Ausdruck an, der mir die Überzeugung gab, dass er sich jetzt von seiner Rachsucht hinreißen lassen würde, sich an mir zu reiben. Richtig! Er hob den Arm, zeigte auf mich und rief:

„*Look here!* Da steht ja einer, der so tut, als ob er die Klugheit mit tausend Löffeln gegessen hätte! Er hat gestern Mr. Watter, der doch ein kluger, unvergleichlicher Westmann ist, so mit Gescheitheiten überschüttet, als ob Männer wie Old Firehand oder Old Shatterhand dumme Jungens gegen ihn wären. Seht ihn doch einmal an! Er ist seines Zeichens Schriftsteller, ein Papierfresser und Tintentrinker, tut aber so dick, als ob er die Pfiffe und Kniffe des ganzen Wilden Westens im Leib hätte. Jetzt hat er die Gelegenheit, zu beweisen, dass er nicht bloß Worte zu machen versteht. Ich rufe ihm zu: *Come on!*"

Aller Augen waren auf mich gerichtet, und zwar in einer für mich wenig schmeichelhaften Ausdrucksweise. Frau Hiller und ihr Sohn waren entrüstet darüber, ich blieb aber ruhig und antwortete nicht.

„Da habt ihr es, dass er kein Wort sagen kann!", fuhr der Prayer-man fort. „Solche Prahlhänse bekommen eine wahre Todesangst, wenn es sich um Taten handelt!"

Da fiel Watter, dem das aus der Seele gesprochen war, lachend ein:

„Gebt Euch keine Mühe! Dieser Mensch hat ja in seinem Leben noch kein Gewehr in der Hand gehabt."

„Oder er hat kein Geld!", rief der Prayer-man wieder. „Er mag nur hundert gegen meine zweihundert setzen, ja, nur fünfzig! Seht Ihr, wie verlegen er wird? Er schwitzt schon vor Angst."

„Wenn ich wäre wie Ihr, so ließe ich ihn ohne Einsatz mittun; er trifft doch die Scheibe nicht", schlug Watter vor.

„Gut, gut! Also ohne allen Einsatz gegen meine zweihundert Dollar!", stimmte der Prayer-man mit höhnischem Grinsen bei. „Ich setze sie gern aufs Spiel, nur um der verehrten Versammlung einmal zu zeigen, wie ein Papierfresser schießt."

Für jeden anderen wäre der Reinfall fertig gewesen, mir machte die Sache großen Spaß. Ich steckte eine sehr verlegene Miene auf und ließ mich von den Umstehenden nach ihrem Belieben vorwärtsschieben und weiterziehen. Das Gefallen an dem Preisschießen war bisher immer lebhafter geworden, hatte aber nun, da es sich um einen solchen Spaß handelte, den höchsten Grad erreicht. Der Sieger, der mit fünf

Schüssen eine 55 erzielt hatte, setzte zweihundert Dollar gegen nichts, nur um den Anwesenden eine lustige Unterhaltung zu verschaffen. Man lachte schon im Voraus und drängte mich zu ihm hin. Als er mich bei sich sah, schlug er ein spöttisches Gelächter an.

„Na, da seid Ihr ja endlich, Ihr – Ihr – wie war doch gleich Euer Name?"

„Meier", antwortete ich.

„Ja, Meier – Meier! Jedoch der Meier tut nichts zur Sache, denn nur dort auf die Scheibe kommt es an. Ihr werdet also mit mir um die Wette schießen – was? Heh?"

„Aber", wandte ich zögernd ein, „ich habe – doch keine Flinte!"

„Flinte? Flinte! Das ist gut! Habt ihr es gehört, Mesch'schurs? Er hat Flinte gesagt, Flinte, hahaha! Diesem Mangel wird gleich abgeholfen sein, Mr. Meier, denn Ihr dürft mit meiner Flinte schießen. Flinte, hahaha! Also, Ihr seid einverstanden?"

„Ja – ja, ich muss doch wohl."

„Ja, Ihr müsst! Ihr kommt nicht los davon! Also ich setze zweihundert Dollar, und wenn Ihr mich überschießt, gehört das Geld Euch, die Lady dort wird es Euch geben. Habt Ihr es verstanden?"

„*Yes!*"

„Wollen wir losen, wer erst drankommt?"

„*Yes!*"

„Oder soll ich gleich schießen?"

„*Yes!*"

Er schien es für seiner unwürdig zu halten, wenn er nach mir schießen musste, nachdem ich nichts getroffen hätte.

„Gut!", stimmte er bei. „Ich schieße also zuerst. Gebt Raum, Mesch'schurs! Der Spaß wird gleich beginnen."

Man stand noch immer dicht um uns gedrängt, jetzt schaffte er Platz, die Leute wichen zurück. Die Schusslöcher der beiden Scheiben wurden überklebt, dann stellte sich mein Gegner zum ersten Schuss an. Er hatte das Gewehr schon angelegt, da setzte er es wieder ab und sagte laut, dass alle es hörten:

„Denkt nicht, Myladys und Mesch'schurs, dass ich jetzt wieder eine 55 schieße! Ich würde mich schämen müssen, ihm eine so hohe Ziffer vorzugeben; ich schieße so, wie es gerade kommen will. Also passt auf!"

Er schoss eine Neun, dann eine Acht und wieder eine Neun. Hierauf zielte er vorsichtiger und schoss eine Elf und zuletzt eine Zehn. Er hatte also 47 zusammengebracht.

„Das ist nicht viel, für so einen Dummkopf aber mehr als genug", lachte er. „Hier ist das Gewehr – die Flinte, hahaha, und da sind die Patronen."

Ich nahm den ,Dummkopf' ruhig hin und ergriff das Gewehr beim Lauf, den Kolben nach oben, um es zu betrachten.

Ein brausendes Gelächter war die Folge dieses vermeintlichen Ungeschicks und Watter rief:

„Ich setze zwanzig Dollar, dass er auf seine fünf Schüsse keine dreißig macht. Wer hält dagegen?"

Keiner hatte den Mut dazu, nur Hiller meldete sich:

„Ich setze zwanzig dagegen. Wer bewahrt das Geld auf? Meine Mutter hier?"

„Jawohl, ja!", lachte Watter. „Es ist ganz gleich, wer es einstweilen hält, ich bekomme es nachher doch."

Mein erster Blick fiel auf die Schlossbacken des Gewehrs, ich sah die beiden Blumen mit dem S und dem A, es war also das unseres alten Amos Sannel. Wie war es in die Hände seines jetzigen Besitzers geraten? Etwa durch ein Verbrechen? Ich hatte jetzt keine Zeit, meine Gedanken mit dieser Frage zu beschäftigen, und fühlte mich zunächst durch das Bewusstsein beruhigt, eine mir bekannte Waffe in der Hand zu haben. Dennoch war ich wenigstens des ersten Schusses nicht sicher, weil die Möglichkeit vorlag, dass das Gewehr inzwischen schlecht behandelt worden war. Der erste Schuss musste ein Probeschuss sein. Aber wohin? Ich wollte meinen Gegner mit achtundvierzig überschießen, dazu genügten vier Schwarze; ich hatte also die erste Kugel frei und beschloss, sie gar nicht nach der Scheibe zu richten.

„Vorwärts, vorwärts!", riefen die Zuschauer ungeduldig. „Schießt doch! Wann geht es denn los?"

Ich nahm das Gewehr so dumm wie möglich in Anschlag, zielte auf einen im Kugelfang befindlichen Ast und drückte los. Ein schallendes Gelächter begleitete diesen Misserfolg, der aber für mich ein sehr beruhigendes Ergebnis hatte, denn der Ast war getroffen.

„Er hat den Kugelfang erschossen", johlte der Prayer-man. „Geht weg, Leute, denn es ist gefährlich, seitwärts von ihm zu stehen. Ich bin überzeugt, dass er es noch fertig bringt, gerade längs seiner Ellbogen hinauszuschießen."

Allgemeiner Beifall belohnte diesen Witz. Ich lud wieder und sah dabei, dass Hiller jetzt doch eine besorgte Miene machte. Darum forderte ich ihn laut auf:

„Seid unbesorgt um die vierzig Dollar, Mr. Hiller! Lasst Euch das Geld immerhin schon jetzt von Eurer Mutter geben, denn ich werde gewinnen!"

Hierauf ertönte ein unbeschreibliches Gelächter und Watter rief, als sich der Lärm gelegt hatte:

„Da hört man ja, dass der Kerl verrückter ist als verrückt! Wenn er die vorgelegte siebenundvierzig überschießen wollte, müsste er mit vier Kugeln vier Schwarze treffen!"

„Das werde ich auch", antwortete ich.

„Hallo! Das kann man gar nicht anders als den reinen Wahnsinn nennen."

„*Pshaw!* Ihr scheint alle blind zu sein. Ich musste das Gewehr prüfen und hätte das mit einem Zieler in die Zwölf tun können, hielt es aber einem solchen Luftschützen gegenüber, wie der Prayer-man ist, nicht für nötig. Wer wie er, vorhin, wo es ihm ernst war, auf fünf Kugeln nur eine Fünfundfünfzig macht, der mag seine ‚Dummköpfe‘ nur an die eigene Person richten. Also aufgepasst! Von jetzt an geht es schneller als bisher."

Mein zweiter Schuss krachte, er traf einen Finger breit vom Rand ins Schwarze, die nächste Kugel ging schon mehr in die Mitte und der vierte und fünfte Schuss nahmen grad durch den Mittelpunkt ihren Weg. Ich weiß wohl, dass ich sehr gewagt gehandelt hatte, als ich darauf rechnete, vier Treffer hintereinander zu machen; aber es gibt Schützen, und ich gehöre glücklicherweise zu ihnen, die die Treffer schon vorausfühlen. Das ist ungefähr so, wie ein guter Billardspieler versichert, dass er hundert Punkte hintereinander machen wird. Er weiß, dass er gerade jetzt ruhiges Blut hat und dass auch sonst alle Erfordernisse dazu vorhanden sind – er macht die hundert wirklich.

Jetzt verhielten sich die Zuschauer ganz anders als nach meinem ersten Schuss. Zunächst war alles still, dann brach ein Sturm des Beifalls los. Ich sah, dass Frau Hiller ihrem Sohn die vierzig Dollar gab, und ging zu der Dame, die die zweihundert hielt. Schon wollte sie mir das Geld reichen, da stürzte der Prayer-man herbei und schrie:

„Halt, halt! Das Geld ist mein, es ist ja alles nur ein Scherz gewesen!"

Es bildete sich im Nu ein Kreis von Zuschauern um uns, die neugierig waren, wie diese Meinungsverschiedenheit sich lösen würde. Mein Gegner wollte nach dem Geld greifen, da schob ich meinen Arm vor und warnte:

„Ich habe Euch schon einmal eine Lehre gegeben; versucht es nicht, eine zweite herauszufordern, denn sie würde viel kräftiger als die erste ausfallen. Ihr habt die zweihundert Dollar gesetzt und ich habe sie gewonnen, sie sind mein. Ich rate Euch, diesen Verlust ruhig hinzunehmen, sonst könnte ich Euch noch ganz anders kommen."

„Soll das etwa eine Drohung sein?", fuhr er mich zornig an. „Ihr seid nicht der Mann, der auch nur einem Floh in meinem Rock Angst einjagen könnte."

„Ich habe es weniger auf die Flöhe in Euren Kleidern als vielmehr auf das Ungeziefer in Eurem Gewissen abgesehen."

„Was wisst Ihr von meinem Gewissen? Wenn Ihr wieder eine Verrücktheit loslassen wollt, dann heraus damit!"

„*Well!* Woher habt Ihr Euer Gewehr, Ihr frommer Mann?"

„Woher? Gekauft natürlich!"

„Wann habt Ihr es gekauft?"

„Vor langer Zeit, es ist länger als zehn Jahre her."

„Das ist eine Lüge!"

„Eine Lüge? Herr, wagt nicht, mich zu beleidigen!"

„*Pshaw!* Ich kenne das Gewehr. Habt Ihr schon einmal den Namen Amos Sannel gehört?"

Diese Frage kam ihm so vollständig unerwartet, dass er keine Zeit fand, sich zu beherrschen. Er erbleichte bis in die Haarwurzeln hinauf, riss sich aber schnell zusammen und antwortete in unsicherem Ton:

„Dieser Name ist – ist mir – mir unbekannt."

„So will ich Euch sagen, dass Amos Sannel ein Pelzjäger ist oder vielleicht war, aus dessen Gewehr – Eurem jetzigen, ich oft geschossen habe. Darum die vier sicheren Treffer hintereinander. Bei Lebzeiten verkauft oder verschenkt so ein Mann ein solches Gewehr nie; ich nehme also an, dass es ihm gestohlen wurde oder dass es erst nach seinem Tod in andere Hände gekommen ist. Was sagt Ihr dazu?"

„Nichts, als dass Ihr mir beweisen sollt, dass mein Gewehr das Eigentum dieses Amos Sannel ist."

„Nichts leichter als das! Sein Name ist eingeätzt."

„Schau! Eingeätzt? Meine Damen und meine Herren, seht euch das Gewehr einmal genau an, und wenn ihr einen Namen findet, lasse ich mich auf der Stelle hängen!"

Er gab es zum Betrachten herum. Niemand fand, was ich meinte. Da zeigte ich auf die beiden Backen und erklärte:

„Der Dieb oder gar Mörder wird sich das Gewehr freilich sehr genau betrachtet haben, ist aber ein so großer Dummkopf gewesen, in diesen Blumen nicht die Verschleierungen des Namens zu erkennen. Schaut ihr genauer hin, so werdet ihr bemerken, dass die Staubfäden ein A und ein S bilden, was eben Amos Sannel bedeutet!"

Jetzt freilich fanden sie die Buchstaben leicht, sie wichen von dem Prayer-man zurück. Er zischte mich grimmig an.

„Schwindler, Ihr habt beim Laden zufällig die Ähnlichkeit der Staubfäden mit den beiden Buchstaben bemerkt und Euch schnell eine Lüge ausgesonnen, um Euch an mir zu rächen."

„Den ,Schwindler' bleibe ich Euch für zwei Augenblicke schuldig und lasse Euch aus guten Gründen auch in Beziehung auf das Gewehr einstweilen laufen. Für jetzt handelt es sich um unser Wettschießen. Ich will den Preis haben und Ihr wollt ihn nicht zahlen. Die Anwesenden mögen entscheiden, ich werde mich genau nach ihrem Urteil richten. Also, *Ladies and Gentlemen!* Gehört das Geld mir?"

„Ja", erklang es rundumher.

„*Well,* so werde ich es nehmen, und wer mich daran hindern will, der hat es mit mir zu tun!"

Ich wandte mich wieder an die Dame, da fuhr der Prayer-man schnell dazwischen: „Halt! Ich dulde es nicht. Es war eine Wette und das Geld ist noch nicht ausgezahlt. Das Gericht entscheidet, dass da kein Mensch zur Zahlung gezwungen werden kann!"

„Papperlapapp! Ihr habt Euch so vor dem Gericht zu fürchten, dass es Euch gar nicht einfallen wird, seine Hilfe in Anspruch zu nehmen. Übrigens Gericht – es gibt auch ein gewisses Gericht, das man selber ausübt, und ich werde Euch sogleich ein solches kennen lehren: Ich bin Euch den ‚Schwindler' vorhin schuldig geblieben und will ihn jetzt bezahlen, der heutige Preis dafür sind drei Ohrfeigen, die ich Euch jetzt geben werde. Eine Empfangsbescheinigung brauche ich nicht. Kommt her, Ihr fromm gesalbter Mann!"

Er wollte schnell fort, ich nahm ihn aber beim Genick, drehte ihn herum und verabreichte ihm die erwähnte Zahlung mit solcher Schnelligkeit, dass er gar nicht zu dem Versuch kam, sich ihrer zu erwehren. Dann gab ich ihm einen Stoß, dass er weit fort zu Boden flog, und nahm der Dame endlich die zweihundert Dollar aus der Hand. Das Geld einsteckend, grüßte ich die Anwesenden, deren Gesinnung sich nach den vier Treffern vollständig umgekehrt hatte, und als ich mich mit Mrs. Hiller und ihrem Sohn entfernte, schallte ein vielstimmiges Bravo hinter uns her.

„Das war ein wahrhaft köstliches Abenteuer!", sagte mein Begleiter. „Sie sind durch unseren Spaziergang um ein hübsches Sümmchen reicher geworden."

„*Pshaw!* Um das Geld ist es mir wahrlich nicht, ich habe es genommen, um ihn zu strafen. Übrigens ist Ihr Vertrauen zu mir auch belohnt worden, wenn auch nur mit einem kleinen Betrag. Gehen wir heim?"

„Ja, natürlich zu mir!"

„Gestatten Sie mir, dass ich höflich ablehne! Mir ahnt, dass der Prayer-man sich bald aus dem Staub machen wird, und da habe ich Gründe, im Gasthof zu sein. Ich habe ihm einiges gesagt, was ihn hier in Missachtung gebracht hat, und vermute, er fühlt, dass ihm der Boden unter den Füßen zu warm wird. Ich begleite Sie bis an Ihre Wohnung. Vielleicht sehen wir uns am Abend wieder."

„Ach, erlauben Sie, dass ich bei Ihnen bleibe. Wir trinken ein Bier im Gasthaus. Sie tun mir einen großen Gefallen damit. Ich gehe so wenig aus."

Es lag mir nichts daran, aber ich konnte nicht unhöflich sein und sagte also zu.

5. Die gestohlenen Nuggets

Wir schritten, nachdem wir die Mutter heimgebracht hatten, zum Gasthof, wo uns der Wirt im Beisein seiner Frau und des Oberkellners mit der verwunderten Frage empfing: „Was ist denn geschehen, Mr. Meier? Erst kam der Prayer-man gelaufen, schimpfte in allen Tonarten auf Sie und erklärte, dass er abreisen werde, weil Sie ihn aus der Stadt trieben. Als er in sein Zimmer gegangen war, erschien auch Mr. Watter, wetterte ebenso auf Sie und fragte nach dem Prayer-man. Sobald er erfuhr, dass dieser fort wolle, erklärte er, dass auch er das Haus verlassen müsse, denn mit einem Menschen wie Ihnen möchte er nicht unter einem Dach wohnen."

„Sie sind nicht beide miteinander gekommen?", forschte ich.

„Nein."

„Erst der Prayer-man und dann Watter?"

„Ja."

„So weiß der Erste noch nicht, dass auch der Zweite Weston verlassen will?"

„Nein. Warum fragen Sie das?"

Ich hütete mich, ihm den Grund mitzuteilen. Wenn meine allerdings kühnen Schlüsse richtig waren, so musste Watter jetzt beim Zusammenpacken seiner Sachen entdecken, dass – ich kam gar nicht dazu, diesen Gedanken vollends auszuspinnen, denn der Genannte stürzte, bleich vor Schreck, herein und auf den Wirt zu.

„Schickt sogleich nach dem Sheriff und dem Constable! Ich bin bestohlen worden! Man ist in mein Zimmer eingebrochen und hat mir alle meine Nuggets und meinen Goldstaub geraubt!"

Man kann sich denken, welchen Eindruck diese Worte machten. Hier handelte es sich um einen nicht ganz gewöhnlichen Diebstahl, denn auch der Hotelbesitzer wusste, dass Watters Gold einen halben Zentner wog. Er forderte diesen auf, ihm den Hergang der Sache kurz mitzuteilen. Der Bestohlene versuchte, seine Aufregung zu bemeistern, und erzählte:

„Ich eilte auf mein Zimmer, um einzupacken. Der Kasten mit dem Gold steht im Schrank; er kann nicht herausgenommen werden, denn ich habe ihn mit acht Schrauben an dem Boden des Schrankes befestigt. Die Schrauben gehen durch den Boden des Kastens, und wenn man sie aufdrehen will, muss man erst den ganzen Inhalt, also die Nuggets, auspacken. Das macht aber so viel Mühe, dass sich jeder Einbrecher hüten wird, den Kasten mit dem Gold zu stehlen. Dennoch aber ist es fort. Der Kasten war verschlossen und der Schrank auch und ich habe beide Schlüssel bei Tag stets hier in meiner Hosentasche und des Nachts unter dem Kopfkissen gehabt. Jetzt öffnete ich den Schrank und auch den Kasten, um ihn loszuschrauben – er war leer! Schickt also sofort zum Constable und zum Sheriff! Es darf kein Mensch das Haus verlassen! Ich erkläre jedermann, der sich in seinen Mauern befindet, für verhaftet, besonders auch den fremden Deutschen, der sich Mr. Meier nennt."

Diese Worte lenkten alle Augen auf mich.

„Warum gerade diesen Herrn?", fragte der Wirt erstaunt.

„Weil er es wahrscheinlich gewesen ist, denn ich habe ihm alles erzählt. Das war eine großartige Unvorsichtigkeit von mir, die ich schwer bereue."

Ich nahm diese Anschuldigung in Anbetracht der Aufregung, in der sich Watter befand, ruhig hin. Der Wirt achtete nicht darauf und forderte ihn auf, ihn auf das Zimmer zu begleiten, wo der Diebstahl stattgefunden hatte. Als sie gingen, wandte sich Watter an der Tür noch einmal um und rief dem Oberkellner zu:

„Mr. Rost, passt auf diesen Deutschen scharf auf, bis ich wiederkomme! Er darf das Zimmer nicht verlassen!"

Hiller war über meine Gleichgültigkeit sehr erstaunt. Die Wirtin und der Oberkellner baten mich, die Worte des zornigen Goldsuchers nicht so ernst zu nehmen; er sei noch böse darüber, dass er gestern eine so kräftige Lehre von mir erhalten hätte.

„Ahnen denn auch die Wirtsleute nicht, dass Sie Old Shatterhand sind?", fragte Hiller mich leise.

„Sie befinden sich in voller Unwissenheit darüber", antwortete ich ihm. „Ich würde es ihnen sagen."

„Warum?"

„Weil man sich dann bezüglich des auf Sie geworfenen Verdachts ganz anders gegen Sie verhalten würde."

„Oh, diese Leute wissen wohl, dass ich der Dieb nicht bin, und wenn es anderen einfallen sollte, auf die alberne Verdächtigung zu hören, so werde ich ihnen meinen Namen nennen, der sie eines Besseren belehren wird."

„Ja, denn der Name Old Shatterhand ist so geachtet, dass er Ihnen als Beweis Ihrer Ehrlichkeit dienen würde."

Der Wirt kam mit Watter zurück. Er hatte einen Boten nach der Polizei geschickt.

„Wenn die Beamten keine Klarheit in die Sache bringen, so bleibt sie ein Geheimnis für alle Zeit. Ich kann nicht begreifen, wie das zugegangen ist!"

„Ich auch nicht", stimmte Watter bei. „Der Vorgang an sich ist mir vollständig unerklärlich, desto besser aber weiß ich, wer der Halunke ist, der mich zum armen Mann gemacht hat oder vielmehr hat machen wollen. Er ist noch da und ich hoffe, man wird ihn zu zwingen wissen, den Ort anzugeben, wohin er meine Nuggets gesteckt hat. Ich bleibe hier sitzen und lasse ihn nicht von der Stelle, bis die Polizei gekommen ist!"

Er setzte sich, mir giftige, hasserfüllte Blicke zuwerfend, zwischen mich und die Tür. Ich schwieg auch jetzt, der Wirt aber sagte zu ihm:

„Ihr habt jetzt schon oben in Eurem Zimmer von mir gehört, dass Ihr mit Eurem Verdacht auf ganz falschem Weg seid. Der Dieb ist jedenfalls an einem anderen Ort als hier in meinem Haus zu suchen."

„*Pshaw!* Das weiß ich besser!"

„Er würde sich hüten, sich hierher zu setzen!"

„Oh, es gibt freche Gesellen, die gerade dadurch, dass sie bleiben, den Verdacht von sich ab und auf Unschuldige lenken wollen. Ich kenne diese Kniffe, denn ich bin ein alter, erfahrener Westmann, der sich nicht so leicht etwas weismachen lässt!"

Da erschien der Sheriff mit einem Constable, der an der Tür stehen blieb; der Sheriff fragte, wo Mr. Watter, der Bestohlene, sei. Dieser sprang auf und stellte sich vor. Er erzählte, was er vorher dem Wirt mitgeteilt hatte, und sprach dann seinen gegen mich gerichteten Verdacht aus.

Hierauf erkundigte sich der Beamte bei ihm:

„Habt Ihr auch anderen Leuten gesagt, wo sich die Nuggets befunden haben?"

„Nein, keinem Menschen."

„Und Ihr bleibt bei diesem Verdacht?"

„Ja, zumal dieser Deutsche gestern unbedachterweise ein Wort über diesen Diebstahl fallen ließ."

„Ah! Das gibt freilich zu denken!"

Er zog die Stirn in Falten, nahm mich mit einem fast beleidigenden Blick in Augenschein, kam auf mich zu und forschte:

„Ihr seid ein Deutscher?"

„Ja, und Ihr ein Yankee?"

„Hört, Mann, hier habe ich zu fragen und nicht Ihr!"

„Wer will es mir verbieten zu fragen, wer und was jemand ist, der mit mir spricht?"

„Donnerwetter! Ich bin der Sheriff!"

„Schön! Das muss doch gesagt werden, weil wir Menschen nun einmal nicht allwissend sind. Jetzt stehe ich Euch zur Verfügung und werde Eure Fragen, solange sie höflich sind, gern beantworten."

„Ich muss Euch vernehmen und werde Euch verhaften, wenn es mir beliebt."

„Das werdet Ihr nun freilich nicht."

„Wer will es mir verwehren?"

„Ich!"

Er trat einen Schritt zurück, unterwarf mich einer spöttischen Betrachtung und lachte:

„Ihr? Mir verwehren? Sagt mir doch einmal gütigst, wie Ihr das anfangen würdet!"

„Soll ich es Euch nicht lieber zeigen?"

„*Well*", nickte er. „Bin sehr neugierig darauf!"

Ich packte ihn sofort an der Brust und am Oberschenkel, hob ihn hoch empor, trug ihn zum offenen Fenster und erklärte:

„Hier hinaus würde ich Euch werfen, Sir. Da Ihr mir aber die Verhaftung bis jetzt noch nicht angekündigt habt, so werde ich Euch einstweilen wieder dahin tun, wo ich Euch weggenommen habe. So, da steht Ihr wieder."

Ich hatte ihn zurückgetragen und vor meinen Tisch gestellt.

Er hatte vor Überraschung kein Glied bewegt, jetzt aber wurde er umso lebendiger.

„Hört, Ihr habt Euch am Sheriff vergriffen!", donnerte er mich an. „Wisst Ihr, was das heißt?"

„Vergriffen? Dass ich nicht wüsste! Ihr habt mich aufgefordert und ich bin dieser Aufforderung gefolgt, dafür habe ich hier Zeugen."

„Mann, ich werde doch noch anders mit Euch reden, als Ihr zu ahnen scheint. Wenn ich Euch festnehmen will, so stelle ich mich nicht so mundrecht zum Anfassen her, sondern dazu ist der Constable da."

„Es scheint fast, dass ich die Gesetze des Staates Missouri besser kenne als Ihr, der Beamte. Es darf nämlich hier ohne richterlichen Befehl keine Verhaftung vorgenommen werden. Wisst Ihr das? Wo habt Ihr diesen Befehl? Und wenn Ihr ihn hättet, so bin ich ein Ausländer. Ihr müsstet Euch erst an den *Circuit court* oder noch höher wenden."

„Alle Teufel! Das ist ja eine ganze polizeiliche Belehrung, die Ihr mir da haltet!", rief er aus, bemüht, seine Verlegenheit zu verbergen. „Also höflich und freundlich soll ich mit Euch sein? *Well*, wollen es versuchen! Habt Ihr die Nuggets gestohlen, Mr. Meier?"

„*No!*"

„Nicht? Also werden wir einmal in Eurem Zimmer nachsuchen."

„Das dulde ich nicht, denn nach den Gesetzen des Staates Missouri bedarf es zu einer Haussuchung ebenfalls eines richterlichen Befehls."

„Ich bin erstaunt! Ihr, der Ausländer, scheint unsere Gesetze ja förmlich bis auf das Tüpfelchen auf dem i ergründet zu haben!"

„Das muss man auch, wie es scheint!"

„Nun, ich verstehe mich ebenso darauf wie Ihr. Ich brauche zu einer Haussuchung hier keinen Befehl, weil der Wirt mir die Einwilligung dazu nicht vorenthalten wird."

„Den Wirt geht mein Zimmer gar nichts an! Nach den Gesetzen des Staates Missouri ist jeder in einem Hotel wohnende Gast der vollberechtigte Besitzer des Zimmers, das er bewohnt und bezahlt. Er würde also nicht seiner, sondern meiner Erlaubnis bedürfen."

Der Sheriff kannte diese Gesetze selbstverständlich auch, nur hatte er geglaubt, dass es einem Fremden gegenüber nicht notwendig sei, sich danach zu richten. Keine Haussuchung – keine Verhaftung – und doch war ich beschuldigt? Dazu die Art und Weise meines Auftretens. Er schluckte seinen Ärger hinunter und sagte:

„Übertreibt es nicht, Sir, und macht mir mein Amt nicht schwer! Es ist auch für Euch besser, wenn Ihr Euch den Umständen fügt."

„Das weiß ich; aber ich bin unschuldig verdächtigt und muss es mir verbitten, in einer Weise mit Ausdrücken angerempelt zu werden, als ob schon hundert Beweise gegen mich vorlägen. Ihr seid belogen worden, Sir. Ich bin nicht der Einzige, zu dem der Bestohlene von seinen Nuggets gesprochen hat. Fragt nur den Wirt und den Oberkellner!"

Diese beiden gaben zu, dass er auch ihnen seine ganze Fundgeschichte aufgezwungen und den Kasten mit den Nuggets sogar gezeigt hatte.

„Und fragt den dort auch!", fügte ich hinzu, indem ich nach der Tür zeigte, durch die der Prayer-man soeben hereinkam.

Dieser wusste noch nicht, dass der Diebstahl schon entdeckt worden war und der Sheriff schon gekommen war. Watter sprang auf, nahm ihn schützend bei der Hand und sagte zu dem Beamten:

„Dieser Gentleman ist ein guter Freund von mir, der allerdings auch alles weiß, aber ich stehe für ihn ein."

„Well! Hat er hier gewohnt?"

„Yes!"

„So muss ich auch ihn befragen trotz Eurer Bürgschaft. Sagt, Mr. Meier, werdet Ihr so vernünftig sein, mich in Eurem Zimmer nachsehen zu lassen?"

„Ja", antwortete ich. „Doch stelle ich die Bedingung, dass auch das Zimmer und die Sachen des Prayer-man untersucht werden!"

„Einverstanden!"

„Nein, nicht einverstanden!", rief Watter. „Ich lasse meinen Freund nicht beleidigen! Ich kann nachweisen, dass er während der Zeit, als der Diebstahl ausgeführt worden sein muss, bei mir gesessen hat; dann bin ich mit ihm auf sein Zimmer gegangen und habe ihn eingeschlossen und seinen Schlüssel mitgenommen. Nehmt nur dort diesen Mr. Meier tüchtig vor, der doch schon durch seine Gewalttätigkeiten beweist, dass er ein böses Gewissen hat."

Durch diese Wiederholung seiner Beschuldigung nun endlich doch erzürnt, ließ ich mich zu der unbedachten Äußerung hinreißen:

„Was diesen angeblichen Gentleman betrifft, so bin ich über ihn zu Mitteilungen bereit, die Euch wahrscheinlich überraschen werden. Er mag zunächst beweisen, dass das Gewehr des alten Amos Sannel sein wohlerworbenes Eigentum ist, und sodann kenne ich ihn auch in anderer Beziehung besser, als er ahnt. Ich werde nachweisen, dass er sogar den sonst so vorsichtigen Welley mit auf seinem Gewissen hat."

Der Prayer-man wurde leichenblass und starrte mich aus weit aufgerissenen Augen an, als wäre ich ein Gespenst.

„Welley?", fragte mich der Sheriff. „Welche Bewandtnis hat es mit diesem Welley?"

„Das sollt Ihr bald erfahren. Gebt nur vor allen Dingen Eurem Constable den Befehl, sich an die Tür zu stellen und diesen Verkäufer frommer Schriften nicht hinauszulassen! Ich sehe voraus, dass er nicht zögern – halt, halt!"

Der Prayer-man hatte, als ich ihn und seinen Mitschuldigen belauschte, gesagt, dass er der Entdeckung des Diebstahls mit Vergnügen beiwohnen würde; jetzt war die Zeit zu diesem Vergnügen da, aber die Verhältnisse waren anders, als er sie sich gedacht hatte. Meine Anschuldigungen kamen für ihn wie ein Blitz aus heiterem Himmel. Der Boden war ihm schon draußen beim Wettschießen unter den Füßen warm geworden; jetzt fühlte er, dass sich diese Wärme zur Hitze steigerte, und als ich nun gar seine Bewachung forderte, riss er sich aus dem Schreck, in den ihn meine Erwähnung Welleys versetzt hatte, heraus und war mit zwei schnellen Sprüngen durch die Tür verschwunden. Er hatte nichts in den Händen gehabt, seine Sachen befanden sich also noch auf seinem Zimmer; daraus war zu schließen, dass er wenigstens sein Gewehr holen würde, darum forderte ich die Anwesenden auf, mit mir nach dem Hintergebäude zu kommen, um ihn dort festzunehmen. Ich eilte nach dem Ausgang, da stellte sich mir aber der Sheriff in den Weg und mahnte:

„Bitte zu bleiben, Sir! Ihr seid Angeschuldigter und dürft nicht hinaus."

„Das hieße ja so viel wie Verhaftung und die dulde ich nicht, wie ich schon gesagt habe."

„Missversteht mich nicht! Ihr seid nicht verhaftet, sondern ich bitte Euch, hier zu bleiben, bis ich wiederkomme. Wollt Ihr mir versprechen, das zu tun?"

Das kam mir denn doch so urkomisch vor, dass ich mich laut lachend niedersetzte.

„*Well*, ich werde sitzen bleiben, bis Ihr zurückkehrt. Aber macht jetzt schnell, sonst entflieht der Prayer-man und der kluge Mr. Watter bekommt seine Nuggets niemals wieder!"

Sie rannten alle zur Tür hinaus und ließen mich und Hiller unter dem liebreichen Schutz des Constable im Zimmer zurück. Es war wirklich eine Dummheit von mir gewesen, dem Prayer-man zu verraten, dass ich einen Blick in seine Geheimnisse getan hatte; aber jetzt, da der Sheriff eine noch viel größere beging, konnte ich mich nicht mehr über die meinige ärgern. Mir war es in diesem Augenblick gleichgültig, ob sie ihn entrinnen ließen oder nicht.

Freilich, wenn ich an den belauschten Plan dachte, der sich auf den rätselhaften Oheim und seinen Neffen bezog, wurde mir durch das Entkommen des Schriftenhändlers ein Strich durch meine Rechnung gemacht. Ich hatte gehofft, dass er bleiben und dass sich mir dadurch irgendeine Gelegenheit bieten werde, über diese beiden Personen etwas Näheres zu erkunden. Wenn aber dem Prayer-man die Flucht gelang, konnte mir aller Scharfsinn nichts nützen und ich musste wahrscheinlich darauf verzichten, zu erfahren, wer die Leute waren, die hinauf zu dem Finding-hole gelockt werden sollten.

Hiller war glücklich darüber, dass er mit mir hatte gehen dürfen. Er wollte aber nicht begreifen, dass ich so zögerte, meinen Namen zu nennen.

Es dauerte sehr lange, bevor sich der Sheriff mit seinen Begleitern wieder blicken ließ. Als sie endlich kamen, war der Flüchtling leider nicht dabei.

Der Beamte bemerkte den Blick, den ich auf ihn richtete, und sagte:

„Lacht nicht, Sir!"

„Lache ich denn?", fragte ich.

„Ihr tut es, wenn auch heimlich, ich sehe es Euch an!"

„Was Ihr seht, ist kein Spott, sondern Neugier, Sir. Darf ich mich vielleicht erkundigen, ob der Prayer-man in sein Zimmer schlafen gegangen ist?"

„Ich verbitte mir derartige Scherze! Der Mensch ist fort und wir sind ihm vergeblich nachgerannt bis weit vor die Stadt hinaus."

„War er in seiner Stube, als Ihr hinüberkamt?"

„Ja, aber er hatte zugeschlossen."

„Ihr musstet ihn doch von zwei Seiten nehmen, von der Tür und vom Fenster aus."

„Das haben wir dann auch getan, aber als wir unter das Fenster traten, stand es offen und er war schon herabgesprungen."

„Hat er etwas von seinen Sachen mitgenommen?"

„Nur das Gewehr. Mr. Rost ist dann mit Hilfe einer Leiter eingestiegen und hat uns die Tür geöffnet. Wir untersuchten das Zimmer und fanden nichts als seinen Koffer."

„Was war darin?"

„Fromme Schriften, der Rest von gestern."

„Hm! Darf ich einmal hinübergehen?"

„Was wollt Ihr drüben? Haltet Ihr Euch für scharfsinniger als einen Polizeibeamten?"

„Nein, aber es kommt vor, dass ein Mensch schließlich doch entdeckt, was andere Leute nicht beachtet haben."

„Da habt Ihr es wieder", fiel Watter ein. „Dieser Mr. Meier ist überzeugt, dass es kein Mensch an Klugheit mit ihm aufnehmen kann. Gerade diese eingebildete Gescheitheit befestigt meinen Verdacht. Er ist der Dieb."

Das war mir nun endlich doch zu viel. Ich stand auf, ging zu ihm und erklärte:

„Mensch, ich habe mit Euch lange Geduld gehabt, nun aber ist sie zu Ende. Wenn Ihr noch ein einziges beleidigendes Wort sprecht, werfe ich Euch an die Decke, dass Ihr da oben kleben bleibt."

Da befahl mir der Sheriff:

„Keine Drohungen! Ich habe hier polizeiliche Ermittlungen zu führen und kann auf keinen Fall dulden, dass der Bestohlene von dem des Diebstahls Verdächtigten in dieser Weise angebrüllt wird. Kommt jetzt mit hinauf! Ich werde den Schauplatz des *Verbrechens und dann auch Euer Zimmer untersuchen.*"

„*Well!* Ich habe versprochen, Euch diese Untersuchung zu gestatten, und halte Wort; dann aber werde ich mir das Vergnügen machen, Euch einmal zu zeigen, wie man es anzufangen hat, Schuld von Unschuld zu unterscheiden und einen Gentleman als Gentleman zu behandeln. Vielleicht kleben nachher zwei an der Decke."

„Hört, Mann, das ist genug gesagt, um Euch die Handschellen anlegen zu lassen! Wir haben sie mit, und wenn..."

Er hielt inne und blickte nach dem Fenster, durch das lautes Pferdestampfen hereinklang. Man sah draußen zwei indianisch aufgeschirrte, prächtige Hengste und einen Indianer, der sich, um hereinzuschauen, aus dem Sattel herabbückte, sodass sein langes niederfallendes, dunkles Haar beinahe die Erde berührte. Der Wirt ging rasch hin und wir hörten die klangvolle Stimme des Roten fragen:

„Dies ist ein Gasthaus? Wohnt mein Bruder Old Shatterhand hier?"

„Old Shatterhand?", fragte der Wirt erstaunt. „Soll er hier in Weston sein?"

„Ja. Er ist gestern hier eingetroffen, und weil dies das beste Haus für Fremde ist, vermute ich, dass er hier eingekehrt ist. Ich bin Winnetou, der Häuptling der Apatschen."

„Winnetou, Winnetou!", erklang es aus jedem Mund und alle eilten nach dem Fenster hin. Ich aber war im nächsten Augenblick draußen bei ihm.

„Winnetou, mein Bruder, sei gegrüßt!"

„Scharlih, mein Bruder, gib mir deine Hand!"

Sein dunkles Auge strahlte lächelnd auf meinen neuen Anzug nieder, indem er weiter sprach:

„Mein Freund Scharlih wird diese Kleidung der Blassgesichter ablegen und sein

Leder wieder anziehen müssen, doch heute bleiben wir noch hier. Gefällt es dir in diesem Haus?"

„Das Haus ist gut und seine Bewohner sind es auch, aber soeben befindet sich die Polizei drin, weil Nuggets gestohlen worden sind und ein Bleichgesicht mich beschuldigt hat, der Dieb zu sein."

„Uff! Old Shatterhand ein Dieb! Dieses Bleichgesicht hat dich doch sofort um Verzeihung gebeten?"

Man konnte drin jedes unserer Worte hören, darum zog ich den einen Augenwinkel in Falten, ein Zeichen, das Winnetou sofort verstand, und antwortete:

„Nein, er behauptet trotz aller meiner Versicherungen auch jetzt, ich sei der Dieb, und der Sheriff glaubt es ihm und hat mir soeben gedroht, Eisen um meine Hände legen zu lassen."

„Uff! Mein Bruder gehe voran, ich folge gleich."

Das Zusammenziehen des Augenwinkels war zwischen uns die Andeutung, eine Sache, über die wir innerlich lachten, äußerlich mit Wichtigkeit zu behandeln. Ein heiteres Lächeln ging schnell wie ein Blitz über Winnetous Gesicht, um sich sogleich in den Ausdruck drohenden Zorns zu verwandeln. Ich verstand „ich folge gleich" und kehrte in die Stube zurück, indem ich die Haus- und Zimmertür weit offen ließ.

Die Anwesenden waren von den Fenstern weggetreten. Sie wussten nun, wer ich war, und schauten mich mit ganz anderen Augen an als vorher. Wie staunten sie aber, als sie das Stampfen der Hufe vom Flur her hörten und Winnetou zu Pferd vor der Tür erschien! Er bückte sich, um hereinzukommen, hielt den Rappen an, blitzte mit seinen durchdringenden Augensternen eine Person nach der anderen an und fragte dann:

„Welches von diesen Bleichgesichtern ist der Sheriff?"

„Ich bin es", antwortete der Genannte in einem Ton, als stände er vor einem Herrscher.

„Und du wagst es, Old Shatterhand, meinen berühmten Bruder, der lieber alles, was er besitzt, verschenkt, als dass er einen fremden Grashalm nimmt, einen Dieb zu nennen? *Pshaw!*"

Es lag in diesem „*Pshaw!*" der Ausdruck einer so tief herniedersteigenden Herablassung, eines so hoheitsvollen Erbarmens, dass der, an den es gerichtet war, keine Antwort fand und unwillkürlich einige Schritte zurückwich, als ob er mit dieser nun sehr heikel gewordenen Angelegenheit jetzt lieber gar nichts mehr zu tun haben möchte. Einem jeden, der Winnetou nicht gekannt hat, muss dieser Eindruck seiner Persönlichkeit höchst ungewöhnlich vorkommen, aber der berühmte Häuptling der Apatschen war noch weit mehr als bloß ein ungewöhnlicher Mann. Die Häuptlingsstellung war es natürlich nicht, die solche Achtung vor ihm erzwang, sondern es lag ganz allein in seiner Persönlichkeit, in der Gesamtheit seiner Vorzüge, dass sein Erscheinen überall, wohin er kam, Bewunderung und Ehrerbietung erregte.

Winnetou trug, wie auch ich stets, wenn ich mich im Westen befand, einen aus Elkleder gefertigten Jagdanzug von indianischem Schnitt, an den Füßen leichte Mokassins, die mit Stachelschweinborsten geschmückt waren. Eine Kopfbedeckung gab es bei ihm nicht. Sein bläulich schwarzes Haar war auf dem Kopf zu einem helm-artigen Schopf geordnet und fiel, wenn er im Sattel saß, wie eine Mähne fast bis auf den Rücken des Pferdes herab. Keine Adlerfeder schmückte diese indianische Haartracht. Er trug dieses Abzeichen der Häuptlinge nie; es war ihm auch ohne dies auf den ersten Blick anzusehen, dass er kein gewöhnlicher Krieger sei. Ich habe ihn mitten unter Häuptlingen gesehen, die alle mit den Federn des Kriegsadlers geschmückt waren und sich auch sonst mit allen möglichen Siegeszeichen behängt hatten; seine königliche Haltung, sein freier, ungezwungener und stolzer Gang zeichneten ihn immer als den Edelsten von allen aus. Wer nur einen einzigen Blick auf ihn richtete, der sah sofort, dass er es mit einem bedeutenden Mann zu tun hatte. Um den Hals trug er die wertvolle Friedenspfeife, den Medizinbeutel und eine dreifache Kette von Krallen der Grizzlybären, die er mit Lebensgefahr selbst erlegt hatte. Der Schnitt seines ernsten, männlich schönen Angesichts, dessen Backenknochen kaum merklich vorstanden, war fast römisch und die Farbe seiner Haut ein mattes Hellbraun, mit einem leisen Bronzehauch übergossen.

Dieser herrliche Mann befand sich jetzt, hoch zu Pferd, hier im Zimmer und aller Augen hingen mit Bewunderung an seinem gebieterischen Angesicht und seiner tadellosen Gestalt, die in vornehmer Haltung halb auf dem Sattel, halb in den mit Klapperschlangenzähnen verzierten Bügeln ruhte. Von seinen breiten, kräftigen Schultern hing ein von seiner schönen Schwester Nscho-tschi gefertigtes Lasso in Schlingen über Brust und Rücken herab. Ferner hatte er um die Hüften eine bunt schillernde Saltillodecke als Schal gebunden, die Messer, Revolver und alle die Gegenstände enthielt, die der Westmann in seinem Gürtel zu tragen pflegt. Auf seinem Rücken hing ein doppelläufiges, an den Holzteilen mit silbernen Nägeln beschlagenes Gewehr. Das war die weltberühmte Silberbüchse, deren Kugeln nie ihr Ziel verfehlten. Sein Tomahawk steckte unsichtbar in einer Scheide von Opossumfell.

Er wandte sich, als der Sheriff ängstlich zurückgewichen war, an die übrigen und fragte:

„Und welches ist das Bleichgesicht, dem die Nuggets gestohlen worden sind?"

„Ich", antwortete Watter.

„Du hast behauptet, Old Shatterhand sei der Dieb!"

Watter wagte nicht, ja zu sagen.

„Und als mein weißer Bruder dich zurückwies, hast du es dennoch weiter behauptet."

Der tadellose Westmann antwortete auch jetzt noch nicht.

„Mensch, ich reite dich nieder! Tschah!"

Dieser Ausruf war für seinen Rappen der Befehl, hochzuspringen. Winnetou nahm ihn mit den Zügeln vorn empor, stemmte die Fersen fest ein und setzte mit dem Pferd über den Tisch hinüber, dass alles vor Schreck laut aufschrie, obgleich der kühne Sprung so wunderbar gelang, dass der Tisch von keinem Haar des Hengstes gestreift worden war. Watter zog sich bis an die Wand zurück. Winnetou riss sein Pferd wieder in die Höhe und ließ es auf den Hinterhufen dem Flüchtling folgen, bis es so nah vor ihm stand, dass er es hätte mit der Hand berühren können.

„Um Gottes willen, tut das nicht, tut das nicht!", zeterte Watter vor Angst. „Ich habe ja nicht gewusst, dass dieser vorzügliche Gentleman der berühmte Old Shatterhand ist!"

„Kojote!"

Kojote ist der Präriewolf, der Aas frisst und sich nicht einzeln an ein lebendes Wild wagt. Dieser Feigheit und seines Gestankes wegen wird er so verachtet, dass sein Name als schwere Beleidigung gilt. Watter wagte es aber nicht, sie zurückzuweisen; er hielt, um sich vor den Hufen zu schützen, die sich vor seinem Gesicht bewegten, die Ellbogen vor und rief:

„Zurück, Mr. Winnetou! Das Pferd schlägt mir ja nach dem Kopf!"

„Wenn du gestehst, dass du ein Kojote bist. Bist du einer?"

„Ja doch, ja! Ich bin alles, was Ihr wollt, sogar ein Kojote!"

Da drehte der Apatsche den Rappen herum, ließ ihn nieder und sagte:

„Und nun hinaus jeder, der Old Shatterhand, meinen weißen Bruder, beleidigt hat! Hier ist nur Platz für ihn und seine Freunde!"

Er ließ das Pferd zwischen den Tischen hintänzeln, was bei der Lebhaftigkeit des Tieres gefährlich aussah, obwohl es dabei jedem Druck der Schenkel gehorchte. Watter schoss sofort zur Tür hinaus. Ihm folgte etwas langsamer der Sheriff, dem der Constable noch voraneilte. Wir erfuhren später, dass sie sich eine andere Stube genommen hatten, die nicht, wie der Sheriff sich ausgedrückt hatte, „als Reitbahn zum Zureiten von Indianergäulen benutzt wird".

Zu Pferd in das Gastzimmer eines Hotels zu kommen, konnte nur einem Winnetou einfallen, der so ein Reiter war, dass er nichts beschädigt hätte, selbst wenn die Stühle und Tische von Glas gewesen wären. Unsere Hengste waren Brüder, Pferde edelster Abkunft, vollständig fehlerlos, feurig, mutig, ausdauernd, klug und trotz ihres Feuers lammfromm. Winnetou hatte sie selbst indianisch zugeritten. Der Name seines Hengstes war Iltschi[1], der des meinigen Hatatitla[2], ein Apatschenwort, das auf den beiden letzten a betont und als Hatahtitlah ausgesprochen wird. Mein Tier stand mir, sooft ich kam, zur Verfügung und war, solange ich mich mit Winnetou zusammenbefand, mein Eigentum, das ich ihm zurückgab, sobald ich mich von ihm trennte.

Winnetou stieg, als die erwähnten Personen aus der Stube gegangen waren, ab und führte den Hengst hinaus, um ihn und Hatatitla anzubinden. Die Hufe hatten auf der Diele keine Spur gemacht, weil sie unbeschlagen waren. Der Wirt sagte zu mir:

„Ich habe mir gleich gedacht, dass Sie nicht bloß so ein herumlaufender und zuweilen schreibender Mr. Meier sind; meine Frau wird das bestätigen. Dass ein so bedeutender Diebstahl bei mir stattgefunden hat, ist außerordentlich unangenehm. Aber das Missgeschick wird mehr als aufgewogen durch die hohe Ehre, dass Sie und der berühmte Häuptling der Apatschen meine Gäste sind. Ich hoffe, dass auch Winnetou bei mir wohnen wird?"

„Für heute kann ich zusagen, für morgen aber nicht mehr", erwiderte ich, „denn ich glaube, dass wir morgen nach dem Westen aufbrechen werden."

Da fragte Hiller schnell:

„Also nicht nach dem Osten, wohin Sie doch erst gehen wollten?"

„Ja. Winnetou kommt jetzt von St. Joseph herab und hätte unbedingt einen anderen, dort gekauften Anzug an und auch die Pferde in Verwahrung gelassen, wenn er die Absicht, nach dem Osten zu gehen, nicht aufgeschoben hätte."

Das war Wasser auf die Mühlen des Oberkellners, der mit einer tiefen Verbeugung zu mir trat:

„Verzeihen Sie, wenn ich es vielleicht an der nötigen Höflichkeit habe mangeln lassen; ich wusste ja nicht, wer Sie sind! Darum also, weil Sie Old Shatterhand sind, konnten Sie mit so großer Bestimmtheit sagen, dass ich ihn nicht in St. Joseph treffen würde. Ich bin überglücklich über den Vorzug, Sie in unserem Haus bedienen zu dürfen, und bitte um Erlaubnis, dass eine innere Stimme mir sagt, mein Herzenswunsch, indianisch-medizinische Studien machen zu dürfen, könnte jetzt in Erfüllung gehen."

---

[1] Wind   [2] Blitz

„Wenden Sie sich an Winnetou!"

„Oh, er wird tun, was Sie wollen, Mylord."

„Möglich! Aber ich weiß jetzt noch nicht, aus welchen Gründen er unserem Plan eine Änderung gegeben hat, und kann Ihnen erst dann, wenn ich das erfahren habe, eine bestimmte Zusage erteilen."

Wenigstens ebenso sehr wie Rost freute sich Hiller über die Ankunft meines roten Bruders, denn erstens war er schon darüber glücklich, ihn überhaupt einmal zu sehen, und zweitens glaubte er, dass sich die Hoffnungen, die er in Beziehung auf seinen Vater hegte, nun erfüllen würden. Als der Apatsche wieder hereinkam und sich zu mir und ihm setzte, richtete der junge Mann seinen Körper kerzengerade im Stuhl auf und ließ diese hochachtungsvolle Haltung auch nicht wieder fallen, bis er sich entfernte.

Es wäre ein Irrtum zu denken, dass Winnetou nun von sich, seinem Ritt und seinen Absichten gesprochen hätte. Das tat er nicht und ich erwartete es auch nicht von ihm. In solchen Angelegenheiten war er der schweigsame Mann, der nur dann redete, wenn es notwendig war. Ich hatte gelernt, mehr aus seinen Augen und seinem Gesicht zu lesen als von seinen Lippen zu hören. Als der Oberkellner ihn dienstbereit nach seinen Wünschen fragte, antwortete er nur das eine Wort „Wasser" und richtete dann sein Auge auf mich. Ich verstand diesen Blick und erzählte ihm in kurzen Worten von dem Diebstahl, wobei ich mein Verhältnis zu Watter und dem Prayer-man streifte. Ein treffendes Wort genügte vollständig für ihn. Als ich fertig war, erhob er sich und sagte:

„Mein Bruder mag über die Klugheit dieser Leute nicht lachen, sondern Mitleid mit ihnen haben! – Winnetou will den Stall ansehen. Komm!"

Der Stall war sauber und stand jetzt leer. Wir schafften die Pferde hinein und ließen ihnen Wasser und Futter geben, das wir vorher auf seine Güte untersuchten. Zugleich befahl Winnetou, dass kein anderes Pferd hineingestellt werden dürfe, was uns gern zugesichert wurde.

Der Stall lag, wie bereits erwähnt, im Hintergebäude. Neben seiner Tür führte eine Treppe zu der Stube, worin der Prayer-man gewohnt hatte. Wir sahen den Sheriff mit Watter und dem Constable herabkommen. Seinem bisherigen, unfreundlichen Verhalten entgegen kam der Beamte auf mich zu und meldete mir in einem Ton, als ob ich sein Vorgesetzter wäre:

„Wir sind noch einmal oben gewesen, um nachzuforschen, haben aber nichts gefunden. Auch im Zimmer von Mr. Watter haben wir nichts entdecken können. Ihr hattet vorhin den Wunsch, einmal hinaufzugehen, Mr. Shatterhand?"

„Diesen Wunsch hatte ich als Mr. Meier, der durch Eure Beschuldigungen dazu gezwungen wurde", entgegnete ich kalt. „Jetzt geht mich die Sache nichts mehr an."

„Aber ich dachte – dachte – hm!"

„Was dachtet Ihr?", half ich ihm aus der Verlegenheit.

„Da Ihr Old Shatterhand seid und dieser vorzügliche Gentleman Winnetou ist und weil man weiß, dass Ihr selbst Spuren, die kein anderer erkennen kann, so meisterhaft zu lesen versteht, so wollte ich – Euch höflichst bitten, doch einmal zu versuchen, ob Ihr vielleicht etwas findet, was wir nicht beachtet haben."

Ich warf einen schnellen Blick auf Winnetou. Sein Gesicht war unbewegt. Er war also weder dafür noch dagegen und überließ mir die Entscheidung. Darum erwiderte ich, aber nur ganz kurz:

„Kommt!"

Sie stiegen voran, um uns die Stube zu zeigen. Wir folgten ihnen. Der Wirt, der im Hof gestanden hatte, kam nach, als er sah, wer jetzt das Suchen übernahm. Der Sheriff schloss auf und wollte eintreten.

„Halt!", sagte ich. „Ihr kommt erst hinter uns. Ihr könntet uns die Spuren verderben, wenn Ihr sie nicht schon verdorben habt. Der Häuptling der Apatschen wird zuerst eintreten!"

Winnetou verstand mich, trat einen Schritt hinein und blieb einen Augenblick stehen. Wir konnten sein Gesicht nicht beobachten. Dann ging er bis in die Mitte der Stube, sodass wir folgen konnten. An der rechten Wand stand das Bett, an der linken ein Tisch und ein Stuhl, darauf der Koffer des Prayer-man. Winnetou bückte sich und hob eine Schnur auf, die unter dem Tisch lag.

„Das ist nichts!", sagte der Sheriff wegwerfend.

„Wartet nur!", entgegnete ich.

Der Apatsche schritt nach dem offenen Fenster und ließ die Schnur hinab, um zu untersuchen, wie weit sie draußen hinunterreichte. Dann warf er sie herein, behielt aber den Kopf draußen, um etwas zu betrachten. Hierauf schwang er sich auf die Fensterbrüstung und stieg auf die noch anliegende Leiter hinaus. Als er wieder hereinkam, hatte er einen kurzstieligen Hohlbohrer in der Hand.

„Die Bleichgesichter haben keine Augen und keine Gedanken", sagte er. „Der Prayer-man ist nicht betrunken gewesen und hat nicht geschlafen. Er hatte Werkzeuge und er hatte einen Gehilfen, dem er sie an dieser Schnur hinunterließ. Der Gehilfe ging, um die Nuggets zu stehlen; als das geschehen war, brachte er die Werkzeuge wieder, band sie unten an die Schnur und der Prayer-man zog sie herauf; sie waren aber nicht fest zusammengebunden und so fiel eins heraus und blieb draußen im Gezweig des wilden Weins hängen, der an der Mauer wächst. Hier ist es. Solche Werkzeuge steckt man nicht in die Tasche des Anzugs; er hatte sie also nicht bei sich, als er floh, zumal seine Flucht sehr schnell geschah, sie sind noch hier. Die Bleichgesichter mögen noch einmal alles aus dem Bett werfen."

Der Constable nahm ein Stück nach dem anderen heraus. Es lag nichts darin, was nicht hineingehörte, auch nichts darunter.

„Die Bleichgesichter mögen auch den Koffer leeren!", ordnete Winnetou an.

Der Sheriff erklärte, das wäre bereits einmal geschehen und nichts dabei gefunden worden. Als die Papiere herausgenommen waren, war der Koffer leer. Winnetou nahm ihn in die Hand, hielt ihn einen Augenblick, lächelte und gab ihn mir. Ich fühlte sofort, dass er zu schwer war, wenn er wirklich leer sein sollte.

„Mein Bruder Shatterhand messe die Tiefe von außen und von innen!", forderte mich Winnetou auf.

Ich tat es durch die Handspanne und fand, dass der Koffer einen hohlen Boden haben müsse. Die Untersuchung ergab, dass er einen bis oben reichenden Einsatz hatte, den wir nun herauszogen; dann schütteten wir den geheimen Inhalt heraus, der aus Nachschlüsseln, Bohrern, Feilen und sonstigen Werkzeugen bestand. Sie waren so gearbeitet, dass sie möglichst wenig Platz einnahmen. Von einem Meißel, der so schmal war, dass er als Zieher kleiner Schrauben benutzt werden konnte, war die Spitze abgebrochen. Winnetou betrachtete die Bruchstelle aufmerksam und fragte dann:

„Die Bleichgesichter haben auch in der Stube, wo die Nuggets waren, keine Spur gefunden?"

„Nein, nicht die geringste", entgegnete der Sheriff.

„Sie mögen uns hinführen."

Wir gingen über den Hof zum Vorderhaus und dort in Watters Raum, der ein Eckzimmer wie das meinige war. Hier standen mehr und bessere Möbel als drüben. Der Schrank war offen; der leere, noch angeschraubte Kasten stand offen darin. Winnetou blickte und griff hinein und ließ den offenen Deckel in den Gelenken spielen.

„Das ist alles nutzlos!", erklärte Watter. „Ich selber erst habe ihn aufgeschlossen und der Schlüssel ist nicht aus meiner Tasche gekommen."

Nun langte Winnetou mit der Hand hinter den Kasten und suchte dort.

„Uff!", rief er aus, indem er sich aufrichtete und uns ein kleines scharfes Eisenstückchen zeigte. „Dieser Schrank steht nicht an einer Mauer, sondern an einer Tür."

„Das ist richtig!", sagte der Wirt erstaunt, denn der Schrank verdeckte die Tür so vollständig wie in dem Zimmer neben dem meinigen; Winnetou hatte sie also nicht bemerken können.

„Man öffne die Stube, zu der diese Tür führt!", befahl Winnetou. „Von dort aus ist die Rückwand des Schranks geöffnet worden, und weil der Dieb den Schlüssel zum Kasten nicht besaß, hat er die Gelenke des Deckels aufgeschraubt. Als er sie später wieder zuschraubte, ist die Spitze des Meißels abgebrochen, die ich gefunden habe. Er hat die Stifte nur halb wieder hineingebracht; das fühlte ich gleich, als ich hinter den Kasten griff."

Der Schlüssel wurde geholt, wir gingen in das Nebenzimmer und öffneten die Verbindungstür. Da standen wir vor der Hinterwand des Schranks und sahen sofort, dass ein Teil weggenommen worden war. Der Schrank war ein leicht gearbeitetes Stück, wie sie in Fremdenzimmern zu stehen pflegen; der Tischler hatte die Bretter der Hinterwand nur aufgenagelt und die Nagelkuppen waren von dem Dieb mit dem Hohlbohrer freigelegt worden, sodass er zwei Bretter hatte wegnehmen können. Wir taten das auch, worauf das Innere des Schranks vor uns lag, und nun entdeckten wir auch die halb hervorstehenden Schrauben. Es war genau so, wie Winnetou gesagt hatte: In Ermangelung des Schlüssels hatte der Dieb den Kasten nicht vorn beim Schloss, sondern hinten bei den Gelenken geöffnet.

„Das ist geradezu erstaunlich", rief der Sheriff.

„Wer hätte das gedacht!", stimmte Watter bei.

Der Wirt versetzte dem Goldsucher einen gelinden Rippenstoß und sagte mit einer Anzüglichkeit, die mich schmunzeln ließ:

„Was denkt Ihr nun von Eurer großen Weisheit, Mr. Watter? Wer ist so albern gewesen, sich von dem Prayer-man so betrunken machen zu lassen, dass er im Schlaf das Geräusch nicht gehört hat, das hier doch ganz unvermeidlich war? Ihr wollt wegen Mr. Shatterhand mein Haus verlassen, dessen Ruf nur durch Eure Dummheit bloßgestellt werden konnte. Ihr mögt immer gehen, denn solche Gäste mag ich gar nicht haben."

Der Gerüffelte sagte kein Wort. Winnetou aber fuhr in seiner Erklärung fort:

„Der Dieb hat einem Verbündeten, der unten stand, das Gold nach und nach zugereicht, indem er es wahrscheinlich in irgendeinem Gefäß an einer Schnur hinunterließ."

„Eines Gefäßes bedurfte es nicht", erklärte Watter. „Es waren lauter fest zusammengebundene Pakete. Aber woher kann man wissen, dass es durch das Fenster gegeben wurde?"

Winnetou deutete, ohne ein Wort zu sagen, auf einige am Boden liegende Nuggets und auf verstreuten Goldstaub hin, der nach dem Fenster führte.

„Ah, da ist ein Paket offen gewesen! Ja, das stimmt! Also drei Personen haben mich bestohlen! Dieser Prayer-man, den der Teufel fressen soll, und noch zwei andere, die ich nicht kenne. Ich werde seine Fährte suchen, um ihr zu folgen, und wenn ich ihn erwische, so..."

Mehr hörte ich nicht, denn Winnetou glaubte, genug getan zu haben, und ging; ich folgte ihm. Als er unten nach dem Gastzimmer einbiegen wollte, hielt ich ihn durch eine Handbewegung davon ab und führte ihn wieder nach der Stube des Prayer-man. Er ging schweigend mit. Oben erzählte ich ihm das Gespräch, das ich belauscht hatte. Er hörte mir aufmerksam zu, ließ, als ich zu Ende war, jenes beistimmende Lächeln sehen, das mich stets so sehr befriedigte, und sagte:

„Und nun will mein weißer Bruder wohl diesen Koffer noch einmal untersuchen?"

„Ja, deshalb ging ich hierher, bevor der Sheriff kommt und ihn mit Beschlag belegt."

Wir suchten die Schriften durch, doch ohne Ergebnis. Dann wurde der Koffer noch einmal vorgenommen. Eine heimliche Tasche, ein verborgenes Fach gab es nicht mehr; aber an einer Stelle war das leinerne Futter losgeweicht und ein Schnitt hineingemacht. Ich griff in den Schnitt und zog drei Papiere heraus, es war weiter nichts darin. Das erste Papier enthielt lediglich untereinander gesetzte Namen. Darüber stand: „To the Finding-hole." Die Namen waren folgende:

Kansas City, Kansas River, Republican River, Frenchmans Fork, Pine Bluff, Lodge Pole Creek, Iron Mountain/Chugwater Creek, Lake Jone/Laramie River, Medicine Bow River, Platte River, Sweetwater River, Pacific Creek, Big Sandy Creek, Fremont Peak, Finding-hole.

Das zweite Papier war ein Wechsel auf Sicht auf fünftausend Dollar, ausgestellt von Frank Sheppard und angenommen von Emil Reiter.

Das dritte Papier war sehr wichtig. Die darauf stehenden Zeilen lauteten folgendermaßen:

„Geständnis.
Ich, Emil Reiter, erkläre hiermit an Eides statt, dass ich vorgestern Nachmittag 3 Uhr den Farmer Guy Finell mit meinem Gewehr erschossen habe, und verspreche, dem Untersuchungsrichter auf Vorzeigung dieses Zugeständnisses den Mord ohne Weigerung einzugestehen.
Emil Reiter, Steelville."

Das unterzeichnete Datum ging auf nicht ganz ein Jahr zurück. Der Name des Täters erinnerte mich an meinen Musiklehrer, jenen alten, lieben Kantor, der meine Motette hatte drucken lassen. Sein Sohn war nach Amerika gegangen und hieß Emil Reiter. Sicherlich war das nur ein Zufall und es gab keinen Grund anzunehmen, dass der Schreiber dieser Zeilen der Sohn jenes Kantors wäre.

Was hatte ihn veranlasst, dieses Geständnis schriftlich niederzulegen? Und was hatte der, für den es geschrieben war, für einen Grund, es sich geben zu lassen und es aufzuheben, ohne den Mord zur Anzeige zu bringen? War der jetzige Besitzer, also der Prayer-man, diese Person? Wenn er es war, so war die Absicht wohl nicht gut. Vielleicht hatte Emil Reiter den Sichtwechsel gutheißen müssen, um das Schweigen des Zeugen zu erkaufen; dann aber musste man annehmen, dass der Aussteller Frank Sheppard und der Prayer-man ein und dieselbe Person seien, der Schriftenhändler jedoch hieß anders – wenigstens jetzt.

Winnetou sah mich forschend an. Als ich die drei Papiere einsteckte, fragte er:

„Wir behalten sie?"

„Ja", entgegnete ich, „das eine enthält die Reiserichtung zum Finding-hole, ist uns also überaus wichtig und die beiden anderen können uns noch wichtiger werden."

„Diese Orte – uff! Sie bezeichnen fast genau den Weg, den auch wir jetzt miteinander reiten werden."

Jetzt also, jetzt brach er das Schweigen!

„Müssen wir auch da hinauf?"

„Ja. Dein Bruder Winnetou hat nicht Zeit gefunden, Nuggets zur Reise nach dem Osten zu holen. Er ist unterwegs wieder umgekehrt, weil er erfuhr, dass die Krieger der Crows gegen die Krieger der Schoschonen den Tomahawk des Kampfes ausgegraben haben."

„Ich dachte es mir, dass sie das tun würden."

Meine Worte mussten ihm ganz unerwartet kommen, er fragte aber ohne das geringste Zeichen des Erstaunens:

„Mein weißer Bruder hat es gewusst?"

„Ja. Es sind sechs Crows von den Schoschonen getötet worden, die gerächt werden sollen. Ich habe es hier von einer Squaw erfahren, deren Mann dabei gewesen ist und die von Yakonpi-Topa, dem Häuptling der Kikatsa-Crows, einen Brief empfangen hat."

„Uff! Winnetou und Old Shatterhand müssen schnell fort, um ihre Freunde, die Schoschonen, zu unterstützen. Es sind auch noch andere Feindseligkeiten zwischen ihnen und ihren Feinden vorgekommen. Yakonpi-Topa ist diesmal von dem verderblichen Brauch der roten Männer, gleich nach geschehener Ursache, ohne gerüstet zu sein, in den Kampf zu ziehen, abgewichen und trifft große Vorbereitungen. Er hat die River- und die Mountain-Crows, die Ahwahaways und die Allakaweahs aufgewiegelt und scheint auch die Krieger der Satsilaa, der Kahnas, Pigans und der Small Robes an sich ziehen zu wollen. Er ist ein alter, listiger Fuchs, während Wagare-Tey[1], der junge Häuptling der Schoschonen, noch nicht dreißig Winter zählt und mehr Aufrichtigkeit als Klugheit und Erfahrung besitzt."

„Da müssen wir freilich schleunigst fort und auf dem kürzesten Weg hinauf. Der bequemste führt immer am Nord-Platte hin, macht aber so viele Windungen, dass man fast doppelt so lange braucht wie auf dem anderen, der sehr beschwerlich ist und große Ortskenntnisse erfordert. Es ist fast genau der Weg, dessen Verzeichnis wir jetzt auf dem Zettel des Prayer-man gelesen haben, und so dürfen wir hoffen, dass wir ihn trotz seiner Flucht auf dem Hin- oder doch auf dem Rückweg treffen. Ich wünsche das sehr. Und ich habe noch einen zweiten Wunsch, der mir durch deine Absicht, zu den Schoschonen zu reiten, schneller in Erfüllung gehen kann, als ich es bis jetzt für möglich hielt. Die Kikatsas halten nämlich ein Bleichgesicht gefangen, den Mann der Squaw, von der ich dir sagte, ihr Gatte sei bei der Tötung der sechs Krähen zugegen gewesen und sie habe von Yakonpi-Topa einen Brief bekommen. Dieser Gefangene wird trotz allem Lösegeld nicht freigegeben werden und so muss man ihn den Kikatsas entweder durch Gewalt oder mit List entreißen."

„Hat mein Bruder Shatterhand einen Grund, sich seiner anzunehmen?"

„Ja, du sollst ihn erfahren."

Ich erzählte ihm von Frau Hiller und ihrem Sohn, und zwar tat ich das, um seine Teilnahme an diesen beiden Personen zu vergrößern, etwas ausführlicher, als es sonst

---

[1] ‚Gelber Hirsch'

geschehen wäre. Ich bemerkte zu meiner Genugtuung, dass ich die beabsichtigte Wirkung erzielte. Er hörte sehr aufmerksam zu und erkundigte sich dann:

„Mein Bruder Scharlih hat, wie ich höre, diese Squaw und ihren Sohn lieb gewonnen?"

„Ja. Sie hat so viel Schlimmes erfahren, dass ich ihr die schwere Trübsal, ihren Mann zu verlieren, ersparen möchte."

„Der Mann dieser Squaw wird also Nana-po genannt, ich muss diesen Namen schon einmal gehört haben. Nana-po – ja, jetzt finde ich es. Er nahm sich eines Sambitschekriegers an, der vom Felsen gestürzt war, und pflegte ihn so lange, bis er zu den Seinen zurückkehren konnte; dieser Krieger hat es mir selbst erzählt. Wer so an einem Fremden handelt, der ist ein guter Mann und darf nicht am Marterpfahl der Krähen sterben. Wir werden ihn, falls er noch lebt, den Crows zu entreißen versuchen. Jetzt wollen wir gehen, es braucht niemand zu wissen, dass wir noch einmal gesucht und etwas gefunden haben."

Als wir hinunter in den Hof kamen, stand er voll Menschen. Es hatte sich schnell in der Stadt herumgesprochen, wer hier im Hotel zu sehen sei, und nun waren sie gekommen, die lieben, neugierigen ‚Sympathievögel', und wir wussten, dass sie uns nun bis zum Augenblick unserer Abreise umflattern würden. Winnetou schloss sofort den Stall zu und steckte den Schlüssel ein, um wenigstens unseren Pferden die gehörige Ruhe zu sichern.

Wir wollten uns ins Gastzimmer begeben, wo Hiller zurückgeblieben war; er trat eben jetzt heraus, um uns zu suchen. Er meldete uns, seine Mutter habe ihm einen Boten gesandt, er solle sofort nach Haus eilen, es sei etwas Wichtiges geschehen; sie lasse auch mich bitten, mitzukommen.

„Sind Leute in der Gaststube?", fragte ich ihn.

„Alles voll!", lachte er. „Es kann fast kein Apfel zu Boden fallen und vor dem Haus stehen sie auch so dicht. Alles will Winnetou und Old Shatterhand sehen."

„So gehen wir beide mit Ihnen. Führen Sie uns einen möglichst freien Weg, wo wir nicht erblickt werden!"

Es war ihm aber unmöglich, diesen Wunsch zu erfüllen. Man bemühte sich zwar, uns Platz zu machen, aber es waren der Menschen so viele, dass wir nur langsam hindurchkamen. Und als wir die Straße erreicht hatten, warteten da noch mehr, durch die wir uns drängen mussten; dann liefen sie hinter uns her und blieben, als wir bei Frau Hiller eingetreten waren, dort vor dem Haus stehen.

Sie wusste noch nicht, dass Winnetou gekommen war, und war von seinem Anblick so überrascht, dass sie kein Wort zur Begrüßung fand. Diesen ergreifenden Eindruck seiner Persönlichkeit hatte ich schon oft beobachtet. Als er ihre Sprachlosigkeit bemerkte, reichte er ihr freundlich die Hand mit den Worten:

„Winnetou kommt, um seiner guten, weißen Schwester zu sagen, dass er ihr Freund ist und sich vorgenommen hat, ihr Leid zu stillen, wenn es ihm und seinem Bruder Scharlih möglich ist."

Sie erwiderte auch hierauf nichts. Noch als wir schon im Zimmer waren und er Platz genommen hatte, vermochte sie kaum die Augen von ihm zu wenden und musste von ihrem Sohn darauf aufmerksam gemacht werden, dass sie doch nach uns geschickt habe, weil etwas Wichtiges geschehen sei.

Da röteten sich ihre Wangen und ihre Augen strahlten.

„Ja", sagte sie, „etwas Hochwichtiges, was allem Leid ein Ende machen und uns das verlorene Glück wiederbringen wird. Bitte, lest, Mr. Shatterhand!"

Sie sprach Englisch, weil sie annahm, auf Deutsch von Winnetou nicht verstanden zu werden. Dabei gab sie mir eine Zeitung in die Hand und deutete auf die Stelle, die sie meinte. Es war der noch jetzt bestehende[1], in St. Louis erscheinende ,Anzeiger des Westens', der allen deutschen Lesern warm empfohlen werden kann. Er war das erste auf der Westseite des Mississippi herausgegebene deutsche Blatt, wurde stets in vorzüglicher Weise geleitet, hat bis zum heutigen Tage die Vorteile der Deutschen vertreten und war die einflussreichste landsmännische Zeitung im ganzen Westen. Die betreffenden, sehr groß gedruckten Zeilen lauteten:

„!!! – v. H. – – – v. H. – – – v. H. – !!!
Die Unschuld ist erwiesen! Der Täter wurde entdeckt und hat alles eingestanden! Sie dürfen offen zurückkehren! Geben Sie, falls Sie nicht gleich kommen können, Ihre genaue Anschrift an!
Treuer Nachbar. "

Als sie sah, dass ich fertig war, faltete sie die Hände und sagte, vor Freude weinend: „Endlich hat sich Gott unser erbarmt, wie danke ich ihm dafür! Wir dürfen in die Heimat zurückkehren, dürfen unseren ehrlichen Namen wieder tragen! Wir bekommen alles wieder, was wir verloren haben. Ja, weine du auch, mein Sohn! Das sind ganz andere Tränen als die bisher vergossenen. Vor ihnen weicht die ganze Last des Jammers von unseren Herzen und die Seele wird ebenso frei, wie wir uns in jeder anderen Beziehung nun frei fühlen dürfen. Wenn doch mein alter, lieber Vater das hätte erleben dürfen!"

Der Sohn hatte sich still in eine Ecke gesetzt und verbarg das Gesicht in den Händen. Niemand konnte ihnen die Freude aufrichtiger gönnen als ich, aber ich war gewöhnt, vorsichtig zu sein.

Wenn diese Mitteilung nicht auf Wahrheit, sondern auf Täuschung beruhte, musste der Rückschlag später umso niederschmetternder sein.

Darum fragte ich:

„Dürft Ihr diesem Aufruf auch wirklich Vertrauen schenken? Handelt es sich nicht vielleicht um eine Falle, die man Euch stellen will, um Euch hinüberzulocken?"

„Nein! Dieser Nachbar ist treu und aufrichtig wie Gold. Mit ihm von hier aus Briefe zu wechseln, wagten wir nicht; aber wir machten mit ihm aus, dass er uns sofort Nachricht geben sollte, sobald die Verhältnisse drüben für uns eine Wendung zum Besseren nähmen. Da wir nicht wussten, wo wir uns befinden würden, wurde für New York, Cincinnati, Chicago und St. Louis je eine Zeitung bestimmt, in der die Benachrichtigung erscheinen sollte; auch über die Form dieser Benachrichtigung wurde ein so genaues Abkommen getroffen, dass wir nicht in Zweifel sein können, ob sie von diesem Freund oder von der Heimtücke eines anderen Menschen stammt. Nein, wir können so fest vertrauen, als ob die Wahrheit in eigener Person diese Bekanntmachung aufgegeben hätte."

„*Well*, so stecke ich sie also ein."

Ich faltete die Zeitung zusammen und schob sie in die Tasche.

„O nein!", rief sie da. „Bitte, nehmt mir dieses Blatt nicht! Es ist mir ein ganzes Vermögen wert."

„Davon bin ich überzeugt. Aber Ihr könnt Euch eine andere Nummer verschaffen, wozu wir wahrscheinlich keine Zeit haben. Wir brauchen es."

---

[1] Diese Aussage bezieht sich natürlich auf das Jahr 1897, in dem Karl May die vorliegende Erzählung verfasste. (Anm. d. Hrsg.)

„Wozu, Mr. Shatterhand?"

„Um es Eurem Mann zu bringen."

Das hatte sie nicht erwartet. Sie jauchzte vor Freude auf:

„Herrgott! Wollt Ihr ihn wirklich aufsuchen und ihm diese frohe Botschaft übermitteln?"

„Ja. Winnetou ist einverstanden."

„Mein Bruder Scharlih sagt die Wahrheit", bekräftigte der Häuptling. „Meine gute weiße Schwester ist im Unglück eine starke Heldin gewesen, das hat der große Manitou gesehen und sie heute dafür mit seiner Hilfe belohnt. Er will es, dass wir zu Nana-po gehen, um ihn aus der Gefangenschaft zu holen und mit seiner treuen Squaw zu vereinigen. Wir brechen morgen früh von hier auf."

Da sank sie laut weinend vor ihm in die Knie, um ihm für diesen Entschluss zu danken.

Er ließ sie aber nicht zu Wort kommen, sondern zog sie schnell wieder empor.

„Winnetou ist ein Mensch und vor Menschen darf man niemals knien. Wenn meine weiße Schwester nicht wünscht, dass ich mich gleich entfernen soll, so mag sie kein einziges Wort des Dankes sagen."

„Aber wie kann ich schweigen, wenn mir das Herz überfließt! Welch eine Botschaft für meinen armen Mann, wenn Ihr ihm diese Zeitung gebt! Er kennt Euer Gedicht auswendig, Mr. Shatterhand, er weiß, auf welche Weise ich es bekommen habe. Mir klingt der Anfang heute so deutlich in den Ohren wie damals, als ich ihn unter dem Christbaum zum ersten Mal vernahm: ‚Ich verkünde große Freude, die euch widerfahren ist!' Leider aber wird die Freude meines Mannes keine so fromme, zu Gott gerichtete sein, wie die meinige ist. Er ist ungläubig."

Sie machte eine Pause, betrübt durch den soeben ausgesprochenen Gedanken, dann fuhr sie fort:

„Sein krasser Unglauben hat mich im Stillen oft schwer betrübt. Ich habe deshalb täglich gebetet und mit Gott um Erhörung gerungen, aber die Erfüllung dieser Bitten ist bis heute ausgeblieben. Der Umstand, dass wir so schwer und doch so unverschuldet leiden mussten, hat meinen Mann um den Glauben gebracht und ihn vollständig von Gott abgewandt. Es ist mein heißes Flehen, dass er durch das Glück, das uns nun wieder leuchtet, zu ihm zurückgeführt wird."

„Lasst Eure Hoffnung nicht sinken, Mrs. Hiller!", bat ich. „Die Wege des Herrn sind wunderbar, aber herrlich ist ihr Ende. Mir dürft Ihr das glauben, ich habe es schon so oft im Leben erfahren. Der Pfad des Leidens, auf dem ich Euch begegnet bin, wird Euch gewiss zum Segen gereichen."

„Das ist schon jetzt der Fall, Mr. Shatterhand. Ihr traft mich in einer Zeit, als die Flut der Trübsal am reißendsten war. Ich wollte damals nach Graslitz zu einem Mann, den ich aus Rücksicht auf meine Sicherheit als unseren Verwandten bezeichnete; er war es aber nicht, sondern nur der Verwandte eines unserer Beamten. Ich hielt ihn für wohlhabend, hatte mich aber geirrt; auch war er von Graslitz fort, und wenn Ihr Euch nicht meiner erbarmt und mir Euer ganzes Geld geschenkt hättet, so lebte ich heute wohl nicht mehr."

„Hat Euch der Empfehlungsbrief meines damaligen Gefährten Carpio etwas genützt?"

„Nein. Ich nahm ihn nur, um den jungen Mann nicht zu kränken. Kennt Ihr den Empfänger, an den er gerichtet war?"

„Nein."

„Es war ein Mr. Lachner in Pittsburg. Mein Weg führte mich später nach dieser Stadt und ich erkundigte mich nach ihm. Er war wohlhabend geworden durch Gefälligkeiten, für die man ihm zehnfache Zinsen zu bezahlen hatte. Man bezeichnete ihn als einen der schlimmsten von der Art Menschen, die der Engländer *cutpurse*[1] und der Amerikaner *cut-throat*[2] nennt. Ich hütete mich, den Brief abzugeben."

Also ein Gurgelabschneider war jener geheimnisvolle Verwandte meines Carpio! Die drei bekannten Blitze ‚El Dorado – Millionär – Alleinerbe' kamen mir jetzt nicht mehr so leuchtend vor wie in der Jugendzeit.

Was im Laufe der Unterhaltung weiter gesprochen wurde, kann ich übergehen, weil es von keinem Einfluss auf unsere späteren Erlebnisse war. Heute Abend noch einmal mit mir hierher zu kommen, mutete ich Winnetou nicht zu und so bat uns Mrs. Hiller, uns für eine Minute im Gasthof aufsuchen zu dürfen, um uns einen Brief für ihren Gatten zu bringen. Wir gaben die Zeit an, wann wir da sein würden, und verabschiedeten uns.

Das Haus war, als wir dort ankamen, in seinen öffentlichen Räumen gestopft voll Menschen. Watter hatte, auf uns wartend, am Fenster gesessen und kam uns entgegen.

„Mesch'schurs", sagte er. „Ich gehe sofort, um den Prayer-man zu verfolgen, während der Sheriff in anderer Weise versuchen wird, seiner habhaft zu werden. Ich habe nur gewartet, um Mr. Shatterhand um Verzeihung zu bitten, dass ich so dumm und grob gewesen bin. Seid Ihr damit zufrieden?"

„*Yes!*", lachte ich.

„Der Teufel selbst wäre nicht klug genug gewesen, in jenem frommen Mann einen solchen Halunken zu vermuten!"

„Oh, was das betrifft, so muss ich Euch fragen, ob Ihr den Zettel gelesen habt, den Euch gestern ein Knabe ins Gastzimmer brachte. Ihr hattet gesagt, dass Ihr ihn in einem Jahr beantworten wollt!"

„Den – den habe ich wohl noch in der Westentasche. Was steht darauf? Wo ist er denn?"

Er brachte ihn heraus, las ihn und sah mich betroffen an.

„Diesen Zettel habe ich geschrieben, um Euch zu warnen", erklärte ich ihm. „Hättet Ihr ihn gelesen und befolgt! Nun seht Ihr wohl ein, dass es gar nicht der Pfiffigkeit eines Teufels bedurfte, den Prayer-man zu durchschauen. Nur die Augen muss man offen haben; Ihr aber habt sie mit Gewalt zugedrückt."

Damit ließ ich ihn stehen.

Man hatte für Winnetou das beste Zimmer des Hauses hergerichtet, dahin begaben wir uns, um der Neugier der Leute zu entgehen. Wir befanden uns kaum dort, so kam der Oberkellner, um uns zu bedienen, doch war seine Hauptabsicht, dem Häuptling seinen Wunsch vorzutragen, uns begleiten zu dürfen. Er tat das unter tiefen Verbeugungen in seiner höflichen Weise. Winnetou hatte keine Lust, ich sprach aber für den jungen Mann, der sich so brav bemüht hatte, sein Ziel zu erreichen, und so entschied der Apatsche, dass er eine Ausnahme machen und es wagen wolle, einen Fremden, der zudem gar kein Westmann war, mitzunehmen, nur müsse Rost ein gutes Pferd haben und auch beweisen können, dass er ein leidlicher Reiter sei. Da bat uns der Bittsteller, eine Viertelstunde zu warten und dann in den Hof zu blicken.

Nach der angegebenen Zeit erschien er unten auf einem gar nicht üblen Braunen

---

[1] Beutelschneider   [2] Gurgelabschneider

und ritt die Schule in einer Weise durch, dass Winnetou ihn heraufwinkte, um ihm zu sagen, dass er sich noch heute mit allem zur Reise Notwendigen versehen und dann morgen frühzeitig zum Aufbruch bereit halten solle. Der gute Mensch war außer sich vor Freude und rannte fort, um den Gästen sein großes Glück zu verkünden.

Schon hatte er die Tür hinter sich zugemacht, da öffnete er sie noch einmal und sagte unter einer tiefen Verneigung:

„Mylords, ich versichere noch einmal, dass heute der schönste Tag meines Lebens ist, und bitte dringend um die Erlaubnis, dass mir eine innere Stimme sagt, Ihr werdet die mir erteilte ehrenvolle Erlaubnis nie zu bereuen haben."

Mein Rih

Viele Hunderte von Zuschriften aus allen Gegenden des Vater- und auch des Auslandes haben mir bewiesen, welch ein inniges Seelenbündnis sich zwischen meinen Lesern und mir herausgestaltet hat. Was die Zeitungen schreiben, ist außerordentlich erfreulich und ehrenvoll; weit, weit tiefer aber berührt es mich, aus so vielen Privatbriefen, von Alt und Jung, Vornehm und Einfach, Hoch und Niedrig, zu vernehmen, dass nicht nur ich der Freund meiner Leser geworden bin, sondern auch meine Gefährten, von denen ich erzählte, sich allseitige Teilnahme erworben haben.

Besonders ist es mein guter, treuer Hadschi Halef Omar, nach dessen späteren Schicksalen und gegenwärtigen Verhältnissen ich gefragt werde. Aus Kreisen, die dem Thron nahe stehen, und aus der kleinen Arbeiterhütte, aus der teuren Goldfeder des Millionärs und der zitternden Hand der armen Witwe, vom Boudoir der Weltdame ebenso wie aus der ernsten Klausur des Klosters, von der Schulbank des Kadetten oder Gymnasiasten und aus der Schreibmappe des kleinen, munteren Backfischchens habe ich Anfragen erhalten, die meist den wackeren Hadschi betreffen. Ich kann getrost sagen, dass dieses mir so liebe Kerlchen sich alle Herzen und nicht etwa bloß das meinige erobert hat.

Was will man da nicht alles über ihn wissen! Ich könnte Briefe über Briefe schreiben und würde doch nie fertig werden, denn es gehen täglich immer wieder neue Fragen ein. Ich soll noch mehr, viel mehr von ihm erzählen. Ich soll sagen, ob, wann, wo und wie ich wieder mit ihm zusammengetroffen bin und was ich da mit ihm erlebt habe. Ich kann wirklich nicht anders, ich muss diese Bitten, so gut es geht, schon jetzt und hier zu erfüllen suchen und bemerke dabei zugleich, dass später noch oft und viel von Halef die Rede sein wird.

Hier sollen auch die Wünsche derjenigen erfüllt werden, die ihre rege Teilnahme auch jenem Wesen schenken, das meinem Herzen so nah gestanden hat, obgleich es kein Mensch, sondern nur ein Tier war. Ich meine Rih, meinen unvergleichlichen Rappen, nach dem sich ja auch so viele Leser erkundigen.

Ich befand mich wieder einmal in Damaskus und hatte die Absicht, von da aus über Aleppo, Diarbekr, Erserum und die russische Grenze zu gehen, um nach Tiflis zu gelangen. Ein Freund von mir, bekannter Professor und Sprachforscher, hatte es verstanden, mich für die kaukasischen Idiome zu interessieren, und ich hielt es, wie das meine Art und Weise stets gewesen ist, für am vorteilhaftesten, meine Studien nicht daheim, sondern an Ort und Stelle zu machen. Wie sich von selbst versteht, wohnte ich in Damaskus nicht in einem Gasthaus, sondern war auf der ‚geraden Straße‘ bei Jakub Afarah abgestiegen[1] und mit großer Freude aufgenommen worden. Damals hatte ich nicht Zeit gefunden, die Umgebung von Damaskus eingehend kennenzulernen, und so strebte ich denn jetzt, dieses Versäumnis nachzuholen. Ich machte täglich einen Ausflug und war bald so weit herumgekommen, dass ich nur noch den im Norden der Stadt gelegenen Dschebel Kasjûn zu besuchen hatte. Dieser Berg ist darum merkwürdig, weil dort nach der morgenländischen Erzählung Kain seinen Bruder Abel erschlagen haben soll.

Ich unternahm diesen Spazierritt ganz allein, um den Anblick der prächtigen Stadt ganz ungestört auf mich wirken zu lassen. Es war noch sehr früh am Tag und so durfte ich hoffen, nicht belästigt zu werden. Aber als ich auf der Höhe ankam, sah

---

[1] Siehe Karl Mays Gesammelte Werke Band 3 „Von Bagdad nach Stambul"

ich, dass ich heute nicht der erste Besucher war. Ich erblickte einen jungen Hammar[1], der im Gras neben seinem Tier lag, und als ich um einige Olivenbüsche bog, sah ich auch den Mann, den der Esel heraufgetragen hatte. Er wandte mir den Rücken zu, seiner Kleidung nach musste er ein Europäer sein, da unmöglich ein Eingeborener in so einem Anzug stecken konnte.

Ein hoher, grauer Zylinderhut saß auf einem langen, schmalen Kopf, der in Beziehung auf den Haarwuchs noch öder als die Sahara war. Der dürre, bloße Hals ragte aus einem sehr breiten, umgelegten und tadellos geplätteten Hemdkragen hervor; dann kam ein graukarierter Rock, eine graukarierte Hose, und auch die Gamaschen waren graukariert. Ich sah ihn wie gesagt von hinten, konnte aber darauf schwören, dass er auch einen graukarierten Schlips und eine graukarierte Weste trug. Über dem Schlips gab es dann ein langes, dünnes Kinn, einen breiten, dünnlippigen Mund, noch höher hinauf eine Nase, die einmal mit einer riesigen Aleppobeule behaftet gewesen war. Das wusste ich ganz genau, denn ich kannte diesen Mann, der so in sich versunken war, dass er mein Kommen gar nicht gehört hatte.

Ich stieg aus dem Sattel, schlich mich zu ihm hin, legte ihm von hinten her beide Hände auf die Augen und sagte mit verstellter Stimme:

„*Sir David, who is there* – wer ist da?"

Er schrak ein wenig zusammen und nannte dann einige englische Namen, jedenfalls von ihm bekannten Personen, die sich gegenwärtig in Damaskus befanden. Darauf rief ich mit meiner wirklichen Stimme:

„Falsch geraten, Sir! Wollen sehen, ob Ihr mich nun erkennt."

Da antwortete er augenblicklich:

„*The devil!* Wenn das nicht dieser armselige Kara Ben Nemsi ist, der seinen Rapphengst verschenkt hat, anstatt ihn an mich zu verkaufen, so will ich auf der Stelle gleich selbst ein Rappe sein!"

Er machte sich von meinen Händen frei und drehte sich nach mir um. Seine Augen richteten sich groß auf mich, sein Mund zog sich von einem Ohrläppchen zum andern und seine bekannte lange Nase geriet in eine unbeschreibliche Bewegung.

„Richtig, richtig, ganz richtig!", stieß er dann hervor. „Er ist's, er ist's wirklich, dieser Mensch! Kommt an mein Herz, Sir! Muss Euch an meinen Busen drücken!"

Er schlang die langen Arme wie ein Polyp um mich, quetschte mich fünf-, sechsmal an seine vordere Seite und legte dann – *have care!* – seinen sich fürchterlich zuspitzenden Mund auf den meinigen, was er nur dadurch fertig brachte, dass er seine Nase eine sehr resolute Seitenschwenkung machen ließ. Dann schob er mich wieder von sich ab und fragte mit froh leuchtenden Augen:

„Mann, Mensch, Kerl, Herzensfreund, wie kommt denn Ihr grad jetzt in diese Gegend, auf Berg herauf? Bin ganz außer mir vor Freude und Erstaunen. Habt etwa doch meinen Brief bekommen?"

„Welchen Brief, Sir?"

„Von Triest aus. Forderte Euch auf, dorthin zu kommen und mit mir nach Kairo zu fahren."

„Habe keinen Brief erhalten. Ich war gar nicht daheim."

„Also Zufall? Der reine Zufall? Seit wann treibt Ihr Euch denn hier herum?"

„Seit schon elf Tagen."

„Bei mir sind's nur erst vier. Morgen geht's wieder fort. Wo wollt Ihr denn von hier hin?"

[1] Eseltreiber

„Nach dem Kaukasus."

„Kaukasus? Weshalb?"

„Sprachstudien."

„Unsinn! Schwatzt genug in fremden Zungen. Was habt Ihr davon, Euch mit den Tscherkessen herumzubalgen. Geht mit mir! Soll Euch kein Geld kosten."

„Wohin?"

„Zu den Haddedihn."

„Was?", fragte ich, nun meinerseits erstaunt. „Ihr wollt zu den Haddedihn?"

„*Yes*", nickte er und seine Nase nickte auf ihre eigene Rechnung gar dreimal. „Warum nicht? Habt Ihr etwas dagegen?"

„Nicht das Geringste. Aber wie kommt Ihr auf diesen Gedanken? Wollt Ihr etwa wieder nach ‚Fliegenden Stieren' graben?"

„Haltet den Mund! Braucht mich nicht zu foppen, Sir, bin von diesem Gedanken längst abgekommen. Aber Ihr wisst, dass ich Mitglied vom Traveller-Klub, London, Near Street 47, bin. Habe mich da anheischig gemacht, eine Reise von achttausend Meilen zu machen, ganz egal wohin. Überlegte mir die Sache. Dachte an unsere früheren Ritte und entschloss mich, die bekannten Orte aufzusuchen und dann von Bagdad nach Indien und China zu gehen. Wollt Ihr mit?"

„Danke! Habe nicht so lange Zeit."

„Dann wenigstens mit zu den Haddedihn. Wollte mir hier einige Führer nehmen, habe sie sogar schon angestellt; können aber dableiben, wenn Ihr mitgeht."

Der Gedanke, die Haddedihn und namentlich Halef zu besuchen, war mir höchst sympathisch, aber ich hatte nun einmal anders über meine Zeit verfügt und machte Einwendungen. Er hörte sie jedoch gar nicht an, schüttelte den Kopf, wobei seine Nase in ein bedenkliches Schlingern kam, wedelte mit den Armen, sodass ich mich durch einige Schritte nach rückwärts in Sicherheit bringen musste, und ließ eine solche Flut von Einwendungen, Vorwürfen und Ermahnungen über mich los, dass ich schließlich bat:

„Nehmt Eure Stimmwerkzeuge in Acht, Sir! Vielleicht habt Ihr sie später auch noch einmal nötig."

„*Pshaw!* Ich werde so lange reden, bis Ihr sagt, dass Ihr mitmachen wollt."

„Wenn das der Fall ist, so muss ich mich nun freilich mehr über Euch erbarmen als Ihr selbst. Ich reite mit. Doch sage ich Euch, dass ich nicht mehr als einen Monat für Euch haben kann."

„Schön, schön, herrlich, prächtig, Sir! Aus Monat wird leicht Jahr. Kenne Euch. *Yes.*"

Er umarmte mich wieder und versuchte, einen zweiten Kuss an den Mann zu bringen, dem ich aber durch eine schlaue Kopfbewegung entging, sodass die drohend zugespitzten Lippen in der Luft laut auseinander platzten. Darauf erkundigte ich mich, wo er in Damaskus wohnte.

„Beim englischen Konsul; ist entfernter Verwandter", antwortete er. „Und Ihr?"

„Bei Jakub Afarah natürlich. Ich habe dadurch große Freude angerichtet. Warum habt Ihr ihn nicht besucht?"

„Woher wisst Ihr, dass ich nicht bei ihm gewesen bin?"

„Weil er es mir gesagt hätte."

„*Well.* Dachte, dass er mich gleich dort behalten würde; wisst ja, dass ich gern mein eigener Herr bin. Gast ist immer gebundener Mann. Doch da ich Euch gefunden habe, will ich Euch zu ihm begleiten. Möchte gern das famose Klavier sehen, auf dem Ihr damals Konzert gegeben habt."

Kain und Abels Erinnerungsstätte erregte jetzt weniger unsere Aufmerksamkeit, wir ritten bald nach der Stadt zurück. Das war wieder einmal so ein unerwartetes Zusammentreffen, wie ich sie so oft erlebt hatte! Die Folge davon war anstatt der geplanten Reise nach Norden ein Ausflug zu den lieben Haddedihn vom Stamm der Schammar. Zwei Tage später waren wir schon unterwegs, ganz allein, denn Führer konnten uns nur lästig fallen. Was die Vorbereitungen zu diesem Ritt betrifft, so kosteten sie mich keinen Pfennig. Lindsay kaufte drei gute Kamele, eins davon zum Tragen der Vorräte, die wir mitnahmen. Auch für Geschenke hatte er in höchst anständiger Weise gesorgt. Leider war es mir nicht möglich gewesen, ihn zu bestimmen, seinen schauderhaften graukarierten Anzug abzulegen. Auf alle meine darauf bezüglichen Vorstellungen gab er immer nur die eine Antwort:

„Lasst mich mit Euren fremden Kleidern in Ruh! Habe einmal in einem kurdischen Anzug gesteckt, einmal und nicht wieder! Bin mir vorgekommen wie ein Löwe in der Eselshaut!"

„Wirklich? Sonderbar!"

„Was, sonderbar?"

„Diese Umkehrung. Die bekannte Fabel spricht doch wohl von einem Esel in der Löwenhaut."

„Sir! Soll das eine Anzüglichkeit bedeuten?"

„Nein, nur eine Richtigstellung."

„*Well*, sollte Euch auch nicht gut bekommen! Hoffe, Euch beweisen zu können, dass ich keiner fremden Haut bedarf, um Mut zu zeigen. Könnt Euch darauf verlassen!"

Dieser Bemerkung bedurfte es gar nicht, er hatte ja mehr als zur Genüge bewiesen, dass er Mut besaß; nur hatte er leider dabei die Eigentümlichkeit, alles am verkehrten Ende anzufassen. Das Bild vom Esel in der Löwenhaut war von mir berichtigt worden, weil ich wissen wollte, ob ich noch in der früher zwischen uns gebräuchlichen Weise mit ihm verkehren könnte.

Wir benutzten genau denselben Weg, den ich damals von den Weideplätzen der Haddedihn nach Damaskus eingeschlagen hatte, und gingen also in der Gegend von Deïr auf Kelleks über den Euphrat. Wir hatten bisher nichts erlebt, was besondere Erwähnung verdiente; in Deïr aber erfuhren wir, dass wir von jetzt an vorsichtig sein müssten, weil die Abu-Ferhan-Araber, deren Herden jetzt hier und am Khabur weideten, sich mit den Haddedihn entzweit hatten und uns, die wir mit den Letzteren befreundet waren, jedenfalls feindlich behandeln würden. Wir hielten uns also lieber südlich und gingen bei Abu Seraj über den Khabur. Dort liegen die Ruinen des alten Circesium oder Karchemisch, wo 605 v. Chr. Nebukadnezar den ägyptischen König Necho besiegte. Einen Tag später hatten wir das Gebiet der Abu-Ferhan hinter uns, ohne einem von ihnen begegnet zu sein, und durften darauf rechnen, morgen oder spätestens übermorgen die Haddedihn zu sehen.

Am nächsten Abend machten wir auf der weiten Ebene, die jetzt einer blumigen Wiese glich, halt. Lindsay hätte gern ein Feuer angebrannt, doch gab ich das nicht zu. Wir lagerten also im Dunkeln. Gegen Mitternacht hörte ich den schnellen Hufschlag von Pferden, konnte aber die Reiter nicht sehen. Dem Schall nach zu urteilen, ritten sie ostwärts, also in der Richtung, in der wir die Haddedihn suchten. Hätten wir ein Feuer gemacht, so wären wir von diesen Leuten bemerkt und aufgesucht worden.

Als der Tag graute, brachen wir auf. Nachdem wir vielleicht eine Stunde lang geritten waren, erblickten wir zwei Reitertrupps, die aus Osten kamen; der erste von ihnen, der aus sechs bis acht Personen bestand, hielt sich nördlich, musste also für uns schnell wieder verschwinden, der zweite zählte nur zwei Personen, die gerade auf uns zukamen. Ich glaubte annehmen zu dürfen, dass diese beiden Trupps zusammengehörten und sich erst vor wenigen Minuten getrennt hatten.

Zunächst konnten wir nichts Deutliches sehen, weil die Leute noch zu fern waren, doch kamen die beiden uns rasch näher und da erkannten wir, dass der eine auf einem Schimmel und der andere auf einem Schwarzen saß. Sie sahen uns natürlich ebenso wie wir sie, veränderten aber ihre Richtung nicht, schwangen die Arme, wie um uns ein Zeichen zu geben, und ließen frohe Ausrufe hören, die aus der Ferne wie „Nadscha, nadscha, nefad!" klangen. Wenn ich nicht falsch hörte, so hieß dies so viel wie: „Es ist gelungen!" Sie schienen uns für ihresgleichen zu halten.

Dann aber mussten sie die graukarierte Gestalt des Englishman deutlicher sehen, sie stutzten, kamen aber doch dann auf uns zu. Jetzt waren sie ungefähr noch zweihundert Pferdelängen von uns entfernt, da konnte ich einen Ausruf des Erstaunens nicht unterdrücken, ich erkannte die beiden Pferde. Bei dem Engländer war dasselbe der Fall, denn er sagte zu gleicher Zeit:

„Donner, das ist ja unser Rih! Sind diese Leute Haddedihn?"

„Nein, Pferdediebe", antwortete ich leise. „Macht sie mir nicht scheu! Jedenfalls sind es Abu-Ferhan, dieselben, die gestern Abend an uns vorüberritten. Sie haben die beiden besten Pferde der Haddedihn gestohlen. Haltet an und steigt ab, Sir! Die Pferde müssen wir haben. Bleibt hier halten, bis ich wiederkomme!"

Wie ließen unsere Kamele niederknien und stiegen ab. Den Bärentöter und den Stutzen ließ ich im Sattel hängen und ging den beiden Reitern mit leeren Händen entgegen. Sie waren auch halten geblieben. Ein Blick nach rückwärts sagte mir, dass Lindsay sein Gewehr in der Hand hielt. Als ich noch ungefähr sechzig Schritte von ihnen entfernt war, rief mir derjenige, der auf dem Rapphengst saß, zu:

„Halt, bleib stehen! Wer bist du?"

„Ich bin der Besitzer des Rappen, auf dem du sitzt", antwortete ich. „Steig ab!"

„Allah verbrenne dich!", antwortete er. „Bist du bei Sinnen? Das Pferd ist mein!"

„Das wird sich gleich zeigen."

Ich warf meinen Burnus ab, sodass der Rappe meine Gestalt deutlicher sehen konnte, und rief ihm zu:

„Rih, Rih, et tajib, ta'al, ta'a lahaun – Rih, mein lieber Rih, komm her zu mir!"

Das herrliche Pferd hatte mich sehr lange nicht gesehen, es erkannte mich jedoch sogleich: Ein gewaltiger Satz mit allen vieren in die Luft, ein zweiter dann zur Seite und der Reiter lag im Gras, schon im nächsten Augenblick stand der Rappe hell aufwiehernd bei mir. Früher pflegte er mich dadurch zu liebkosen, dass er seinen Kopf an mir rieb oder mich leckte. Jetzt aber war das treue Tier so entzückt, dass ihm das nicht genügte; es nahm meine Schulter ins Maul und ließ dabei einen schnaubenden Freudenlaut hören, der so deutlich wie mit menschlichen Worten sagte:

„O du lieber, lieber Herr, ich könnte vor Wonne sterben, dass ich dich wiederhabe."

Aber es gab keine Zeit zu Zärtlichkeiten. Der Abgeworfene kam schon herbeigesprungen, er hatte sein Messer in der Hand. Und der andere trieb sein Pferd auch auf mich zu. Ein rascher Sprung und ich saß im Sattel. Den Revolver ziehend, hielt ich ihn dem ersten entgegen und gebot:

„Bleib stehen, sonst schieße ich!"

Er gehorchte.

„Herab vom Pferd!", befahl ich nun dem zweiten. „Sonst schieße ich dich herunter!"

Er hielt den Schimmel an, da er nicht näherzukommen wagte, rief mir aber zornig entgegen:

„Hund, was hast du uns zu befehlen! Diese Pferde gehören uns und ich..."

„Schweig!", unterbrach ich ihn. „Ich bin Kara Ben Nemsi Effendi, der Freund der Haddedihn, und dieser Rappe ist mein Pferd."

„Kara Ben Nemsi!", schrie er auf. „Der Fremdling mit den Zauberflinten!"

Einen Augenblick starrte er mich wie ratlos an, aber nur einen einzigen Augenblick, dann schoss er auf dem Schimmel fort, schnell wie ein Gedanke über die Ebene dahin.

„Sir, nehmt den Kerl hier fest!", rief ich dem Engländer zu, dann flog ich hinter dem Reiter her.

Kein anderer als ich hätte ihn einzuholen vermocht. Das Pferd, auf dem er saß, war das schnellste Ross der Haddedihn, jene junge Schimmelstute, von der Mohammed Emin[1] zu mir gesagt hatte: „Diese Stute geht nur mit meinem Leben von mir." Er hatte mit ihr den wilden Esel des Sindschar müde gejagt, bis er zusammenbrach. Selbst mein Rih hätte sie nicht einholen können, wenn der rechtmäßige Herr auf ihr gesessen hätte. Dieser Pferdedieb aber kannte ihr Geheimnis nicht und konnte sie also nicht zur Entfaltung ihrer größten Schnelligkeit bringen. Ich aber kannte das meines Hengstes und war darum des Erfolges sicher.

Ich legte dem Rappen die Hand zwischen die Ohren und rief dreimal „Rih!" Er wieherte laut auf und griff so aus, dass mir hätte schwindlig werden mögen. Schon nach einer halben Minute sah ich, dass ich Raum gewann. Der Dieb blickte hinter sich und bemerkte es auch. Er schlug auf sein Pferd ein, um es anzutreiben, doch war die edle Stute eine solche Behandlung nicht gewöhnt; sie widersetzte sich, das brachte mich ihr rascher näher. Der Kerl gab sich alle Mühe und strengte seine ganze Reitkunst an, er gewann die Herrschaft wieder über das Pferd und flog weiter.

Er war ein vorzüglicher Reiter. Es lässt sich denken, dass, wenn ein Stamm die besten Pferde eines andern Stammes stehlen will, nur die besten Reiter dazu verwendet werden. Diese nehmen, um nicht gehindert zu sein, keine langen Waffen, sondern nur das Messer mit. Dafür aber bekommen sie Begleiter, die sie zu beschützen haben. Das war der andere Reitertrupp gewesen, der die nördliche Richtung eingeschlagen hatte, um die Verfolgung von den eigentlichen Dieben ab und auf sich zu lenken.

Aber die Geschicklichkeit dieses Mannes half ihm nichts, ich kam ihm näher und immer näher. Nun verlegte er sich auf Finten und wich von der geraden Richtung bald nach rechts, bald nach links wie ein Fuchs, der die Meute hinter sich hat, doch vergeblich. Ich kam an seine Seite.

„Halt!", gebot ich ihm.

Er schwang sein Messer, stieß ein grimmiges Lachen aus und gehorchte nicht. Ich wäre gern von meinem Pferde aus auf das seinige, um hinter ihn zu kommen, hinübergesprungen, aber das hätte der zarten Stute schaden können. Darum rief ich ihm zu, mich an seiner Seite haltend und den Revolver drohend auf ihn richtend:

„Nochmals, halt an, sonst schieße ich!"

Er lachte wieder. Da zielte ich auf seine Hand, die das Messer hielt, und drückte zweimal ab. Die Kugeln saßen. Er stieß einen Schrei aus und ließ das Messer fallen, er

---

[1] Siehe Karl Mays Gesammelte Werke Band 1, „Durch die Wüste"

war nun waffenlos. Da drängte ich den Rappen hart an den Schimmel, erhob mich in den Bügeln und schlug ihm die Faust gegen den Kopf. Er taumelte und ließ die Zügel aus der Linken fallen. Sofort ergriff ich sie, Pferd und Reiter waren mein. Wir hielten an, nachdem die Tiere noch eine kleine Strecke fortgeschossen waren.

Er war nicht ganz betäubt, wankte aber im Sattel hin und her. Das Blut lief ihm von der rechten Hand.

„Halt dich fest, es geht zurück!", gebot ich ihm. „Wenn du eine Bewegung der Flucht oder des Widerstandes machst, schieße ich dich vollends zu Schanden!"

Er sah trotz der Wut, die ihn beherrschte, ein, dass er sich fügen musste, und ergab sich in sein Schicksal.

Die Verfolgung hatte wohl kaum fünf Minuten gedauert und doch waren wir weit, sehr weit von dem Engländer fortgekommen. Es verging im Trab über eine Viertelstunde, bis ich ihn wieder sah. Er saß bei den Kamelen und hatte den andern Dieb neben sich.

„Gut, dass Ihr kommt", rief er mir entgegen. „Ist ein verteufelt langweiliger Kerl. Wollte mich mit ihm unterhalten, versteht aber kein Wort Englisch."

„Es ist auch wohl kaum nötig, dass ein Lord von Altengland sich mit einem Pferdedieb unterhält", lachte ich. „Wie habt Ihr ihn bekommen?"

„Mit den Händen, mit denen man alles fassen kann, was sich greifen lässt. Wollte fortlaufen, der Halunke, habe aber auch zwei Beine, *well!*"

„Hat er sich zur Wehr gesetzt?"

„Freilich. Habe ihm aber Klaps auf die Nase gegeben, dass sie bald aussehen wird wie damals die meinige, als sie die Aleppobeule hatte. Der da hat wohl auch Klaps erhalten?"

Er deutete dabei auf den Dieb, den ich brachte. Der seinige hielt die Nase in beiden Händen.

„Ja", antwortete ich. „Jetzt reiten wir die Pferde und diese beiden Gentlemen mögen sich auf unsere Kamele setzen."

„Wohin geht's?"

„Gar nicht weit. Nur bis dahin, wo die Spitzbuben sich geteilt haben."

„Geteilt? Wieso?"

„Ist sehr einfach, Sir. Die Haddedihn haben den Diebstahl natürlich, sobald es Tag wurde, bemerkt und sich augenblicklich auf die Verfolgung gemacht. Um sie irrezuleiten, sind die Diebe auseinander gegangen, die einen nach Norden und diese beiden hier mit den erbeuteten Pferden westwärts. Wir reiten bis zu dieser Scheidestelle und werden da die Haddedihn bald kommen sehen."

„*Well!* Werden Augen machen, wenn sie ihre Pferde so bald wiederbekommen, und nun gar von wem!"

Die beiden Abu-Ferhan – denn sie gehörten diesem Stamm wirklich an – mussten auf die Kamele steigen, dann ritten wir weiter, bis ihre Fährte mit der ihrer Genossen zusammenstieß. Dort stiegen wir wieder ab und setzten uns ins Gras. Die Pferde und Kamele begannen sofort zu weiden. Lindsay rieb sich vor Vergnügen die Hände und sagte:

„Bin doch begierig auf die Gesichter, die wir sehen werden! Wird ein Hauptspaß werden. Nicht?"

„Ja, eine tüchtige Überraschung. Halef wird einer der Ersten sein und Amad el Ghandur ist natürlich auch dabei."

Hierbei muss ich bemerken, dass, als ich mit Halef von der Todeskarawane zu den

Haddedihn zurückkehrte, Amad el Ghandur noch nicht wieder bei seinem Stamm angekommen war. Wir hielten ihn für verloren. Später aber langte er doch glücklich an. Er hatte den Tod seines Vaters an den Bebbeh-Kurden gerächt, jedoch mehr Zeit dazu gebraucht, als von ihm und auch von mir angenommen worden war. Er bekleidete jetzt als Nachfolger Mohammed Emins die Stelle eines Scheiks der Haddedihn.

„Und Omar Ben Sadek mit Schecke", fügte Lindsay hinzu. „Freue mich darauf wie Schneesieber auf Gurkenzeit. Ist doch etwas ganz andres, wenn man mit Euch reist, Sir. Man erlebt etwas."

„Macht mich nicht stolz, Sir David! Andere Leute haben auch ihre Erlebnisse."

„Aber was für welche!"

Die beiden Gefangenen sagten kein Wort, der eine starrte zur Erde nieder und der andere betastete unaufhörlich seine Nase, die an Farbenreichtum und Ausdehnung sichtlich zunahm. Der Lord musste ihm einen nicht gewöhnlichen Hieb gegeben haben.

Da, als wir ungefähr eine Viertelstunde lang gesessen hatten, sahen wir eine ganze Menge Reiter am östlichen Horizont auftauchen.

„Sie kommen, sie kommen!", lachte Lindsay übers ganze Gesicht. „Ich könnte ihnen gleich tausend Pfund Sterling schenken, so freue ich mich!"

Ja, sie kamen, sie näherten sich schnell, weil sie auf der Spur der Pferdediebe ritten. Sie sahen uns und hielten an, um uns zu betrachten. Sie bemerkten nebst unsern Kamelen einen Schimmel und einen Rappen. Diese Färbung der Pferde stimmte. Konnten es die ihrigen sein? Nein, denn dann wären wir die Diebe gewesen und hätten sie nicht so ruhig herankommen lassen.

„Sir", fragte der Engländer, „wer ist der hohe, bärtige Mann, der an ihrer Spitze hält?"

„Das ist Amad el Ghandur. Er trägt den Bart ebenso lang wie früher sein Vater, nur dass der seinige schwarz ist und der von Mohammed Emin weiß wie Silber war."

„Und der Alte neben ihm?"

„Ist Scheik Malek von den Atejbeh, der Großvater von Hanneh, der Herrlichsten unter den Herrlichen."

„Und der kleine Kerl seitwärts von diesem?"

„Unser Hadschi Halef Omar."

„Well! Habt bessere Augen als ich. Hält dort nicht einer auf einem scheckigen Pferd?"

„Ja. Das ist Omar Ben Sadek auf seinem Aladschy-Pferd. Sie haben uns noch nicht erkannt, jetzt aber kommen sie."

„Well! Werde mich ihnen gleich in meiner vollen Lebensgröße zeigen."

Er stand auf, streckte seine lange Gestalt womöglich noch länger und schritt ihnen entgegen. Sie stutzten wieder. Die sonderbare, graukarierte Figur überraschte sie. Da aber stieß der kleine Hadschi einen lauten Freudenruf aus, trieb sein Pferd vorwärts und rief dabei, sein Arabisch und Türkisch mit den wenigen deutschen und englischen Brocken, die er sich gemerkt hatte, bereichernd:

„Maschallah, Wunder Gottes! *That's Lord David Lindsay*, ich erkenne ihn! Kejfumis nedir – wie geht es?"

Er kam hergeritten, der Lord ging ihm entgegen. Als sie sich trafen, sprang Halef vom Pferd und fragte:

„*You* hier bei uns! Allah, Allah! Habt Ihr von meinem guten Sihdi gehört? Wie geht es ihm? Hat er ein Weib genommen oder noch nicht? Was...?"

Die Frage blieb ihm im Mund stecken, ich hatte ihm den Rücken halb zugekehrt, stand aber jetzt auf und schritt auf ihn zu. Er bewegte zunächst kein Glied, dann breitete er die Arme aus, als ob er mich schon von Weitem umfangen wollte, konnte aber nicht von der Stelle, sondern sank auf die Knie nieder und bewegte die Lippen. Man sah, dass er sprechen wollte, er brachte aber kein Wort hervor, dabei rannen ihm dicke Tränen aus den Augen und über das Gesicht herab.

Ich war tief, tief gerührt von dieser außerordentlichen Gemütsbewegung, hob ihn empor und zog ihn an meine Brust. Da schlang er die Arme um mich, drückte sein Gesicht an mich und weinte und schluchzte zum Herzbrechen.

Nun wurden auch die andern lebendig. Sie erkannten uns, sie erkannten auch den Hengst und die Schimmelstute; im nächsten Augenblick wogte es um uns von Reitern, die von den Pferden sprangen, von Rufen und Fragen. Aller Hände streckten sich nach uns aus, ich konnte keine einzige drücken, denn ich hatte vollauf mit meinem Halef zu tun, der sich endlich so weit beruhigte, dass er sprechen konnte, aber auch erst nur die Worte:

„Ja Sihdi, hajâti, na' imi, nuri esch schems, ja Allah, ja Allah – o Sihdi, mein Leben, mein Glück, mein Sonnenlicht – o Gott, o Gott!"

Dabei streichelte er mir mit beiden Händen das Gesicht und küsste den Saum meines Burnus. Für ihn war es in diesem Augenblick ganz gleichgültig, ob die beiden kostbaren Pferde gerettet waren oder nicht. Er hatte mich, das war ihm genug.

Umso größer aber war der Jubel der andern darüber, dass die Tiere sich in Sicherheit befanden. Auch ich hatte Tränen in den Augen über Halefs tiefes Ergriffensein, und dennoch konnte ich nicht anders, ich musste lächeln über die Art und Weise, in der der graukarierte Lord die Haddedihn begrüßte. Er suchte seinen ganzen arabischen und türkischen Wortvorrat zusammen, um ihnen zu sagen, wie sehr er sich über das Wiedersehen freue; er verfügte da über zwanzig oder höchstens dreißig Ausdrücke und man kann sich denken, welch ein Unsinn dabei zu Stande kam.

Omar Ben Sadek hatte lange gewartet, um auch an mich zu kommen. Jetzt nahm er Halef einfach bei den Schultern, zog ihn von mir weg und sagte:

„Glaubst du denn, den Sihdi ganz allein für dich behalten zu können? Hier ist auch noch jemand, der ihn begrüßen will!"

Er drückte, ich mochte wehren, so sehr ich wollte, seine Lippen auf meine Hände und ließ nicht eher von mir ab, als bis Amad el Ghandur ihn zur Seite drängte und meine Rechte ergriff.

„Allah sei Dank, der dich wieder zu uns führt, Effendi! Es wird große Freude sein in unserem Lager und viel Wonne unter unseren Zelten. Unsere Krieger werden euch mit dem La'b el Barûd, dem Spiel des Pulvers, empfangen und aus dem Mund der Frauen und Mädchen wird dein Lobgesang erschallen. Du sollst bei uns willkommen sein, wie noch nie jemand bewillkommnet worden ist, denn du bist der beste unserer Freunde und schon dein bloßes Nahen hat uns Heil gebracht. Du hast die zwei edelsten Pferde unseres Stammes gerettet. Willst du uns sagen, wie dir dies gelungen ist?"

Erst durch diese Frage des Scheiks wurde Halef veranlasst, seine Augen von mir auf den Rappen zu wenden.

„Ja", rief er aus, „noch hat mein Sihdi, der berühmte Kara Ben Nemsi, seinen Fuß nicht zu uns gesetzt, so kommt von ihm uns schon das Glück entgegen. O Sihdi, man hatte mir deinen Rih gestohlen, das Pferd meiner Seele, den Rappen meines Herzens. Welche Schande wäre über mich gekommen, wenn du die Räuber nicht besiegt hättest! Wie hast du es angefangen, sie und die gestohlenen Rosse auf euren langsamen Kamelen einzuholen?"

„Das sollst du gleich erfahren, wenn ich vorher diesen kleinen Ben Arab begrüßt habe, von dem ich wohl errate, wer er ist."

Ein etwa achtjähriger Knabe saß auf einem vielleicht dreijährigen Rapphengst; er war nicht abgestiegen und hielt seine großen, dunklen Augen mit einem ganz eigenen Ausdruck auf mich gerichtet. Ich reichte ihm die Hand und sagte:

„Wir haben uns seit drei Jahren nicht gesehen. Du bist Kara Ben Hadschi Halef, der Sohn meines Namens?"

„Ich bin es", antwortete er, auf sein junges Pferd deutend. „Und dieser Rapphengst ist Assil Ben Rih, der Sohn dessen, den du meinem Vater geschenkt hast."

„Wie? Rih hat einen Sohn?", fragte ich verwundert.

„Einen Sohn und eine Tochter", antwortete Halef. „Durfte so ein Pferd ohne Nachkommen bleiben? Nein. Seine Nachkommen aber sollten ebenso schwarz werden, wie er selber ist; darum erkundigte ich mich nach der besten schwarzen Stute, die aufzufinden war. Dieses berühmte Pferd wohnte in der arabischen Wüste auf der El Hamad-Ebene und ich habe große Gefahren zu überwinden gehabt, ehe ich ihren glücklichen Besitzer begrüßen konnte. Diesem gefiel unser Rih und er ging mit mir einen Vertrag ein. Rih sollte uns einen Sohn und eine Tochter geben; die Tochter sollte ihm, dem Besitzer der Stute, der Sohn aber mir, dem Besitzer des Hengstes, gehören. So ist es auch geschehen. Rih hat unsere Hoffnungen erfüllt und uns das gegeben, was wir von ihm wünschten; die Tochter ist zwei Jahre, der Sohn aber drei Jahre alt, hier siehst du ihn, Sihdi. Er ist fast edler noch als Rih und trägt schon meinen Knaben, den Sohn der Lieblichsten unter den Schönsten. Sie beide sind Tag und Nacht beisammen und wir haben ihn schon ein Geheimnis gelehrt, das ich dir mitteilen werde, denn er ist ja dein Eigentum, wie auch Rih dir gehört."

„Nein, es gehört mir keiner von beiden", antwortete ich. „Sie sind dein Eigentum."

„Nein, das deinige!", behauptete er. „Du hast mir Rih, den herrlichen, anvertraut, weil er nur hier bei uns leben und gedeihen kann. Ich habe ihn gepflegt mit den Reichtümern, die ich nur durch dich erhalten habe, und ihn während deiner Abwesenheit reiten dürfen; dadurch bin ich überreichlich belohnt für die Mühen, die ich für ihn aufgewendet habe. Es sind dies auch gar keine Mühen gewesen, sondern Vorzüge und Wonnen, die ich genossen habe. Du bist nun zu uns zurückgekehrt und wirst ihn wieder reiten. Ich hoffe, dass du mir diese Bitte nicht abschlagen wirst. Denn wenn dein Recht veraltet wäre, so hast du es dir dadurch aufs Neue erworben, dass du das Pferd aus der Hand dieser Diebe errettet hast. Sag also ja, Sihdi, nimm ihn hin; du wirst mir eine große Freude damit bereiten, denn ich kann und mag meinen geliebten Sihdi nicht anders sehen als auf dem Rücken des Pferdes, das ihn in so großen Gefahren getragen hat."

Es versteht sich von selbst, dass ich ihm diesen Wunsch erfüllen musste, selbst wenn es nicht meine Absicht gewesen wäre, dies zu tun. Ich nahm Rih also wieder von ihm an, doch, wie ich ihm ausdrücklich bemerkte, nur für die kurze Dauer meiner jetzigen Anwesenheit.

Dann erzählte ich, wie wir uns der beiden Abu-Ferhan-Araber bemächtigt hatten. Sie wurden auf die Kamele gebunden, um mitgenommen zu werden. Der Raub so edler Pferde wird mit dem Tod bestraft, doch aus Freude über unseren Besuch versprachen mir Amad el Ghandur, Hadschi Halef und der alte Malek, dass die Ahndung weniger schwer sein sollte. Jetzt brachen wir nach dem Weideplatz der

Haddedihn auf. Ein Bote wurde vorangeschickt, um das Lager über unser Kommen zu unterrichten.

Wir hatten gegen drei Stunden zu reiten. Nach Verlauf dieser Zeit sahen wir eine große Wolke von Reitern, die uns entgegengaloppiert kam. Sie stürmten mit großem Geschrei herbei, umringten uns und drangen von allen Seiten auf uns ein, sodass es den Anschein hatte, als ob sie uns niederrennen wollten. Sie jagten durcheinander, schrien Heil und Willkommen, rühmten meine Taten und schossen dabei im Jagen ihre Flinten ab, wobei außerordentlich viel Pulver verschwendet wurde. Aus diesem Grund wird so ein Empfang, so eine Fantasia, La'b el Barûd, Pulverspiel, genannt.

Es dauerte ohne Unterbrechung fort, bis wir die Zelte des Lagers erblickten. Von dorther tönte uns der Willkommensgesang der Frauen und Mädchen entgegen. Sie hatten sich am Eingang des Zeltdorfes aufgestellt. An ihrer Spitze standen die Frauen, die mich von früher her kannten, voran die Witwe des Scheiks Mohammed Emin mit ihren beiden Nebenfrauen, die ich bei meiner ersten Ankunft mit dem ‚heiligen‘ Wasser des Sem Sem aus Mekka besprengt hatte. Die ehemalige Gebieterin war damals noch jung gewesen, aber unter dem Kummer über den Tod des Scheiks rasch gealtert. Lippen und Augenbrauen waren nicht mehr gefärbt, kein Schönheitspfläsﬠterchen lag auf Stirn und Wangen und auch die großen, goldenen Ringe fehlten, die ihr von der Nase und den Ohren herabgegangen hatten. Ihr Nacken, ihre Knöchel, Arm und Handgelenke waren frei von den Silberringen, Korallenstücken, Perlen, bunten Steinen und assyrischen Zylindern, die sie früher geschmückt hatten. Neben ihr stand Amscha, die Heldin, noch immer so ernst und stolz, wie ich sie in der Steppe von Dschidda getroffen hatte, und zu ihrer Rechten Hanneh, Halefs Weib, die ‚Lieblichste der Frauen, die Sonne unter den Sternen des weiblichen Geschlechtes‘. Sie dünkte mich noch ebenso jung und schön zu sein wie damals, als wir sie meinem braven Hadschi vermählten; ihre dunklen Augen waren mit sichtlicher Zuneigung und Ehrerbietung auf mich gerichtet.

Als wir unter Sang und Klang in die breite Zeltstraße eingeritten waren, blieben wir halten, stiegen ab und wurden in das größte, beste Zelt geführt, das schnell für uns bereitet worden war, nachdem der Bote unsere Ankunft gemeldet hatte. Hier stand Wasser zu unserer Reinigung. Während wir uns wuschen, meinte der Lord:

„Was man gleich tun kann, soll man nicht aufschieben, Sir. Wann wollt Ihr Eure Geschenke verteilen?"

„Meine Geschenke? Ich habe keine."

„Unsinn! Habt sie ja gesehen und mit eingekauft."

„Aber nicht bezahlt, sie gehören Euch."

„Möchte wissen! Gehören denen, für die sie bestimmt sind. Gebt sie ihnen!"

„Das zu tun ist Eure Sache."

„Unsinn! Wie kann David Lindsay diese arabischen Ladys beschenken!"

„Wenn Ihr nicht dürftet, wäre es mir auch verboten."

„*Pshaw!* Was Ihr tut, das hat Schick. So etwas steht Euch besser an als mir. Will doch lieber Löwen jagen als einer Lady Geschenk überreichen! Wenn Ihr mir das nicht abnehmen wollt, werfe ich die dummen Sachen weg!"

Es waren keine dummen Sachen, sondern im Gegenteil recht nützliche, schöne und meist auch kostspielige Gegenstände. Ich entschied:

„Nun wohl, so will ich es für Euch tun, Sir, aber mit fremden Federn schmücke ich mich nicht, ich werde also Euren Namen nennen."

„Nennt wen Ihr wollt, meinetwegen König von Portugal oder auch Kaiser von Lappland. Mich lasst in Ruhe."

Bald drang ein prächtiger Bratengeruch in unser Zelt. Ich ließ Halef kommen und übergab ihm die Geschenke zum Verteilen. Er selbst erhielt zwei schöne Revolver und ein großes, seidenes Turbantuch und war ganz entzückt darüber. Für Hanneh, die Prächtigste unter den Herrlichen, waren ein rotseidenes Gewand, ein Fingerring, zwei Ohrenreife, eine Halskette und ein aus Gold und Silbermünzen bestehender Haarschmuck bestimmt. Wir sahen später, dass ihr Entzücken darüber außerordentlich war. Andere Frauen erhielten auch Geschenke und ebenso wurden diejenigen Männer bedacht, die früher mit uns in nähere Berührung gekommen waren.

Das Festmahl wurde im Freien gehalten. Es bestand meist aus den gleichen Gerichten, die von früher her bekannt sind, da ich sie damals beschrieben habe. Nach dem Essen bat uns Amad el Ghandur, mit in sein Zelt zu kommen, wo er uns eine Bitte vorzutragen habe. Es versammelten sich dort die Ältesten des Dorfes. Malek und Halef waren auch dabei. Dass mein Hadschi mit hinzugezogen wurde, freute mich außerordentlich, denn ich ersah hieraus, dass er es verstanden hatte, sich in den Stamm einzuleben und dessen Achtung zu erwerben.

„Effendi", begann der Scheik, „Ihr seid gerade in einem wichtigen Augenblick zu uns gekommen. Kannst du dich noch erinnern, an welchem Tag mein Vater, der Scheik Mohammed Emin der Haddedihn vom Stamm der Schammar, gestorben ist?"

„Sehr genau. Es war am sechsundzwanzigsten Tag des Monats Rabîû'l achir, der in jenem Jahr dem zwölften Hasirân[1] christlicher Zeitrechnung entsprach."

„So ist es. Es sind darüber acht Jahre vergangen und noch ist niemand an seinem Grab gewesen, um die Gebete der Freundschaft und Verwandtschaft zu verrichten. Das lässt mich nicht länger ruhen. Ich will hinauf in die Berge, meine Pflicht zu tun, und der Stamm hat beschlossen, dass eine Anzahl tapferer Krieger mich begleiten soll, damit die Andacht in der Weise geschehe, wie es eines so berühmten Scheiks würdig ist. Wir wollen heute schon aufbrechen, ich mit zwanzig Mann, nachmittags um die Zeit des Asr; darum feierten wir gestern Abend den Abschied bis in die Nacht hinein, unsere Wächter waren davon ermüdet und so konnte es den Hunden der Abu-Ferhan glücken, unsere zwei besten Pferde zu stehlen. Nun seid ihr gekommen, die Gastfreundschaft gebietet uns, bei euch zu bleiben und doch wollten wir am Todestag des Scheiks an seinem Grab sein. Wir bitten dich, uns einen Rat zu geben, welcher von diesen beiden Pflichten wir folgen sollen."

„Der Pflicht, der ihr vor unserm Kommen folgen wolltet", antwortete ich kurz entschlossen.

„Du sagst, wir sollen hinauf in die Berge ziehen? Dann habt ihr nur gewöhnliche Krieger hier, die euch nichts bieten können."

„Du irrst. Wir werden die Besten eures Stammes bei uns haben, nämlich euch."

„Uns? Wieso?"

„Das fragst du noch, Scheik? Ist nicht Mohammed Emin mein Freund und Bruder gewesen? Haben wir nicht nebeneinander gegen die Feinde der Haddedihn gekämpft? Sind wir nicht miteinander geritten wochenlang und haben Freude und Leid, Gefahren und Entbehrungen miteinander geteilt? Bin ich nicht an demselben Tag verwundet worden, an dem Allah ihn zu sich rief? Habe ich ihn nicht mitbestattet und über seinem Grab die Sure der Auferstehung gesprochen? Habe ich also nicht

---

[1] Juni

137

ein Recht, mit euch zu ziehen? Ist es nicht meine Pflicht, mit euch den Freund zu besuchen, der mir so teuer war?"

„Effendi, du willst mit, wirklich mit?", rief da Amad el Ghandur freudig aus.

„Ja. Hoffentlich erlaubt ihr es mir!"

„O Allah, welche Frage! Wir wagten nur nicht, dich darum zu bitten, da du für uns schon so viel getan hast. Nun können wir sicher sein, dass wir alle Gefahren überwinden werden."

„Sind deren jetzt ungewöhnliche vorhanden?"

„Nicht mehr als sonst."

„Welchen Weg wollt ihr einschlagen?"

„Den, der dir recht ist. Wir werden uns nach deinem Willen richten. Wir hatten beschlossen, nicht direkt nach der Grabstätte zu reiten. Meine Krieger wollten unsern damaligen Weg kennenlernen, um die Stätten zu betreten, an denen er in seinen letzten Tagen weilte; das glaubten sie ihm schuldig zu sein und ich war einverstanden, weil ich dasselbe Bedürfnis fühlte. Darum wollten wir hinüber nach dem Zagros-Gebirge, zunächst zu dem Tschinar-Wald, an dem wir Heider Mirlam trafen. Das war die erste Stufe hinauf zu dem hohen Grabmal meines Vaters Mohammed Emin."

„Ich bin einverstanden, denn auch ich möchte die Orte einmal wieder sehen, die wir damals berührten. Aber wie steht es mit den Bebbeh-Kurden? Sie waren unsere Feinde, du hast den Tod deines Vaters an ihnen gerächt; darum ist jeder Haddedihn, den sie in ihre Gewalt bekommen können, ihrer Blutrache verfallen. Wir werden uns vor ihnen hüten müssen."

„Ja, das werden wir. Aber bedenke, dass wir ihnen in der jetzigen Jahreszeit leicht ausweichen können und von den andern Kurdenstämmen, durch deren Gebiet wir kommen, nichts zu fürchten haben. Wir werden zudem zwanzig tapfere Männer sein, und da du mit deinen Gewehren bei uns bist, so ist es so gut, als ob wir hundert wären."

Da erhob sich mein kleiner Hadschi Halef Omar von seinem Sitz, versuchte, die dreizehn Haare seines dünnen Schnurrbarts martialisch in der Luft zu zwirbeln, räusperte sich, was er stets tat, wenn er im Begriff stand, eine seiner großen, berühmten Reden zu halten, und sprach:

„Hört, ihr Männer, ihr Tapfern, ihr Unüberwindlichen, ich will zu euch reden! Es war am sechsundzwanzigsten Tag des Monats Rabîû'l achir, als Mohammed Emin, der große Scheik der Haddedihn, im Kampf gegen die Bebbeh-Kurden gefallen ist. Wir haben siegreich an seiner Seite gestritten, wobei mein guter Sihdi einen Lanzenstich und ich einen Schuss in den rechten Oberschenkel erhielt. Wir haben beschlossen, diesen Todestag feierlich zu begehen, indem wir zum Grab des Scheiks reiten und an diesem unsere Andacht verrichten. Wir wollen dabei keineswegs Blut vergießen, denn der Tod Mohammed Emins ist schon gerächt worden, und ich habe von meinem Sihdi gelernt, Gnade und Barmherzigkeit über meinen Feinden walten zu lassen. Unser Ritt soll ein Ritt der Andacht und des Friedens sein. Darum bitte ich euch, ihn so einzurichten, dass wir jede Begegnung mit Leuten, die uns nicht freundlich gesinnt sind, vermeiden und den großen Kara Ben Nemsi Effendi unsern Führer sein lassen. Er wird uns so leiten, dass jeder Kampf vermieden wird. Wenn ich dies sage, glaube ich nicht, von einem von euch für feig gehalten zu werden. Ich wäre bereit, sofort auf Tod und Leben mit ihm zu kämpfen!"

Er setzte sich wieder nieder und ich antwortete:

„Es kann keinem von uns einfallen, den braven Hadschi Halef Omar, der seine Tapferkeit so oft erwiesen hat, für mutlos zu halten. Er hat mir aus der Seele gesprochen: Unser Ritt soll friedlich sein. Die große Ehre aber, euer Anführer zu sein, darf ich nicht für mich beanspruchen; ein jeder von euch ist ein ebenso tapferer, erfahrener und umsichtiger Krieger und Amad el Ghandur ist euer Scheik, ich jedoch bin euer Gast und stelle mich ihm gern unter."

Darauf gingen die Haddedihn aber nicht ein, alle widersprachen mir und Amad el Ghandur machte die entscheidende Bemerkung:

„Sihdi, du hörst, dass keiner von uns auf diesen deinen Vorschlag eingehen will. Du bist damals unser Führer gewesen und sollst es auch jetzt wieder sein."

„Ich bin aber doch fremd in diesem Land und du kennst es viel besser als ich."

„Nein, du bist hier nicht mehr fremd und dein Verstand findet sogar die Wege aller Gegenden, in denen du noch nie gewesen bist; wir haben das oft gesehen und erfahren. Rede uns also nicht darein, du sollst uns wieder führen."

Damit war dieser Punkt abgemacht, denn ich widersprach nicht mehr, weil ich dachte, dass es allerdings besser sei, wenn die leicht erregbaren Beduinen mir und nicht ihren eigenen Eingebungen zu folgen hatten.

Die anderen, weniger wichtigen Punkte waren bald auch besprochen und wir kamen zu dem Entschluss, übermorgen früh aufzubrechen. Freilich wollten die Haddedihn die Reise viel lieber zur Zeit des Asr, des Nachmittagsgebets, antreten, weil dies die Stunde ist, in der alle strenggläubigen Mohammedaner ihre Reisen zu beginnen pflegen, doch stimmten sie mir endlich bei, nachdem ich ihnen bewiesen hatte, dass wir nicht in der Lage waren, einen Dreivierteltag zu versäumen. Wir hatten uns im Gegenteil sehr zu sputen, wenn wir am Todestag Mohammed Emins an seinem Grab eintreffen wollten.[1]

Omar Ben Sadek befand sich auch unter denen, die für diesen Ritt bestimmt waren; er hätte sich auf keinen Fall davon abhalten lassen und war geradezu begeistert darüber, wieder einmal einen solchen Zug mit mir unternehmen zu können. Es braucht wohl kaum erwähnt zu werden, dass er und sein Weib Sahama auch reich beschenkt worden waren.

Halef bat mich, in dieser Nacht an meiner Seite schlafen zu können; ich gewährte es dem treuen Kerlchen gern, obgleich ich voraussah, dass vom Schlaf nicht sehr die Rede sein würde. Es kam auch so, wie ich gedacht hatte: Ich musste ihm erzählen und auch er hatte mir so viel Neues und Interessantes zu berichten, dass wir erst gegen Morgen die Augen schlossen und schon nach Kurzem durch das erwachende Lagerleben wieder geweckt wurden.

Es gab zum Frühstück einen Kaffee, mit dem wir zufrieden sein konnten, und duftende Kebab, kleine, über dem Feuer geröstete Fleischstücke, die sehr gut schmeckten. Dann führte Halef mich in ein Zelt, denn Hanneh, die ‚Lieblichste der Frauen und Töchter', wollte mich bei sich sehen. Sie bereitete uns ein zweites, sehr delikates Frühstück und der Hadschi war unendlich glücklich, als er sah, mit welcher Achtung

---

[1] Bei dieser Gelegenheit mag es am Platz sein, einmal den Unterschied zwischen dem christlichen und dem mohammedanischen Kalender zur Sprache zu bringen. Wie schon erwähnt, fiel der Tod Mohammed Emins auf den 12. Juni, also in die heiße Jahreszeit. Nach dem mohammedanischen Kalender ereignete er sich indes im Monat Rebi-ul-ewwel. Nun rechnet aber der Moslem nach dem Mondjahr, das um elf Tage kürzer ist als unser Sonnenjahr, und daher verschiebt sich ein mohammedanisches Datum, verglichen mit unserer Zeitrechnung, jährlich um elf Tage, was bei acht Jahren einen Unterschied von rund drei Monaten ausmacht. Da sich die Hadedihn als strenggläubige Moslems selbstverständlich an ihre Zählung hielten, ist leicht erklärlich, dass der Todestag des Haddedihnscheiks, der im Juni gestorben war, jetzt nach acht Jahren in den März fallen musste. (Anm. d. Hrsg.)

und Höflichkeit ich seine ‚Schönste unter den Schönen' behandelte. Nach dem Mahl fragte er mich:

„Sihdi, du hast gestern Kara Ben Halef, meinen Sohn, auf seinem Pferd sitzen sehen. Wie reitet er?"

„Sehr gut", antwortete ich, ihn erwartungsvoll anblickend, denn ich kannte ihn und hatte schon längst bemerkt, dass er etwas Wichtiges auf dem Herzen hatte. Meine Antwort war nicht bloß aus Rücksicht für seinen Vaterstolz gegeben, ich fuhr vielmehr der Wahrheit gemäß fort:

„Ich habe noch nie einen Knaben dieses Alters sein Pferd so meistern sehen. Er reitet wirklich wie ein Erwachsener."

Seine und Hannehs Augen leuchteten vor Entzücken, er rief:

„Wie stolz du mich mit deinen Worten machst, o Sihdi! Ich selbst bin sein Lehrer gewesen, darum tut dies Wort aus deinem Mund mir zehnfach wohl. Nun sollst du ihn aber auch schießen sehen. Willst du die Güte haben, mit mir hinauszugehen?"

Er führte mich vor das Lager, wo Kara Ben Hadschi Halef Omar schon auf uns wartete; er war mit einem Doppelgewehr, zwei Pistolen und einem Revolver ausgerüstet. Ein Pfahl steckte in der Erde. Auf diesen deutend, sagte Halef:

„Sihdi, wie oft hast du, wenn du dich in Not und Gefahr befandest, auf so einen Pfahl geschossen, um deinen Feinden zu zeigen, wie unfehlbar deine Kugeln sind und dass sie verloren sein würden, wenn sie es wagten, dich anzugreifen. Ich habe mich später auf dieselbe Weise geübt und dann auch meinem Sohn Unterricht gegeben. Er mag dir zeigen, was er gelernt hat. Erlaubst du es?"

Ich hatte selbstverständlich nichts dagegen einzuwenden. Der Knabe schoss auf äußerste Tragweite seiner Waffen und tat keinen einzigen Fehlschuss. Jede Kugel saß, so wie es Halef von mir gesehen hatte, einen Zoll von der vorigen entfernt in der Zeltstange.

„Nun, Sihdi, genügt dir diese Probe?", fragte mich sein Vater.

„Natürlich", antwortete ich. „Er wird ein Krieger wie sein Vater werden und ich bin stolz, dass er meinen Namen trägt."

„Er soll ein Held werden, wie du bist, Sihdi. Folge mir wieder in mein Zelt zurück, denn ich und Hanneh, die beste unter den Frauen und Müttern, haben dir eine Bitte vorzutragen."

Ich ahnte, welcher Wunsch dies war, und hatte mich in meiner Vermutung auch nicht getäuscht, denn als wir wieder im Zelt beisammensaßen, sagte er:

„Mein Sohn soll seinen ersten Zug nicht unter einer gewöhnlichen Führung machen, ich wäre außerordentlich glücklich, ihn unter deiner Leitung zu sehen. Soll ich da warten, bis du später einmal wiederkommst? Kann man überhaupt wissen, ob Allah gewillt ist, uns noch einmal mit deiner Gegenwart zu erfreuen? Jetzt aber bist du hier und wirst uns nach dem Grab des Scheiks führen. Soll ich da nicht diese Gelegenheit ergreifen, meinen Nachfolger im Schatten deiner Vortrefflichkeit reiten zu sehen? Erlaube mir also, ihn mitzunehmen, o Sihdi, meine Dankbarkeit wird ohne Grenzen sein!"

„Er ist zu jung, mein lieber Halef", warf ich ein.

„Darf man die Jugend oder das Alter nach Zahlen messen? Es gibt junge Menschen, die wie alte handeln, und wiederum sieht man oft alte Leute, die nicht klüger als unerfahrene Kinder sind."

„Das ist richtig. Ich sehe, dass dein Kara Ben Halef weit über seine Jahre vorgeschritten ist; aber sein Körper ist wohl noch nicht widerstandsfähig genug, um einen solchen schnellen, weiten und anstrengenden Ritt, wie wir ihn vorhaben, aushalten zu können."

„Denke das ja nicht, Sihdi! Er ist abgehärtet wie ein Alter. Ich habe ihn in diesem Jahr mit in Basra gehabt, gewiss ein weiter Ritt, viel, viel weiter als derjenige, den wir jetzt vorhaben, und er war bei der Rückkehr so munter und so frisch, wie er beim Aufbruch gewesen war. Ich sage dir, er hält es aus, vielleicht besser als ein Krieger von dreißig oder vierzig Jahren. Es würde mich sehr schmerzen, wenn du mir meinen Wunsch nicht erfüllen wolltest."

„Vom Erfüllen oder Nichterfüllen meinerseits kann keine Rede sein. Du bist der Vater und hast also allein zu bestimmen, was dein Sohn zu tun oder zu lassen hat. Es kommt also nur auf dich an, ob du ihn mitnehmen willst oder nicht."

„Das sagst du, Sihdi, aber die Haddedihn werden anders denken. Ich vermute, dass sie sich weigern werden, einen Knaben mitzunehmen."

„Das kann ich ihnen, aufrichtig gesagt, auch nicht verdenken, obwohl sie den beabsichtigten Ritt viel leichter nehmen als ich."

„Leichter? So hältst du ihn für schwieriger als sie?"

„Nicht allein für schwieriger, sondern auch für gefährlicher."

„Gefährlich? Weshalb?"

„Ihr habt mir die Führung übergeben und, wie ich nur zu dir allein sage, ganz wohl daran getan, denn ich bin als Abendländer viel bedachter als sie. Ich habe mich daran gewöhnt, mir alles vorher zu überlegen, und halte es für leicht möglich, dass wir einen Zusammenstoß mit den Bebbeh haben."

„Wir können aber doch leicht die Gegend vermeiden, in der sie sich jetzt befinden!"

„Nein, das können wir wahrscheinlich nicht, denn es ist leicht denkbar, dass sie sich gerade dort befinden, wohin wir jetzt wollen."

„Was könnten sie dort wollen?"

„Dasselbe, was wir beabsichtigen."

„Ich verstehe dich nicht, Sihdi. Sie können doch nicht auf den Gedanken kommen, am Grab des Scheiks, der ihr Feind und Gegner war, zu beten!"

„Das wird ihnen freilich nicht einfallen; aber es gibt ein anderes Grab dort, das sie gerade an demselben Tag anziehen kann. Denk an ihren Scheik Gasâl Gaboga!"

„Den ich erschossen habe?"

„Ja. Er hat mit Mohammed Emin denselben Todestag. Kannst du mich nun begreifen?"

„Allah, Allah, daran habe ich gar nicht gedacht! Aber da fällt mir ein, dass es gar kein Grab gibt, an dem sie beten könnten, denn wir haben damals ihre Toten, also auch die Leiche ihres Scheiks, ins Wasser geworfen."

„Was ich nicht zugegeben hätte, wenn ich nicht betäubt gewesen wäre", fiel ich ein. „Man muss die Toten ehren, das ist damals nicht geschehen und darum wird die Stimmung der Bebbeh seitdem doppelt feindselig geworden sein. Dazu kommt, dass Amad el Ghandur nachher den Tod seines Vaters an ihnen gerächt hat."

„Du meinst also, dass sie ans Wasser kommen werden, um zu beten?"

„Ich meine, dass ihr Kommen möglich ist, weiter nichts; aber wenn sie kommen, so brauchen sie sich nicht an das Wasser zu stellen; davon bin ich überzeugt. Sie sind auf alle Fälle, als wir fort waren, zurückgekehrt, um zu sehen, was mit ihren gefallenen Kriegern geschehen ist. Sie haben die Leichen aus dem Wasser gezogen und begraben; es gibt also eine Stätte, an der sie sich zur Andacht versammeln können.

141

Unsere Haddedihn sind nicht umsichtig genug, daran zu denken. Ich habe also guten Grund, unseren Ritt für nicht ungefährlich zu halten. Es kann leicht zu einem Zusammenstoß mit ihnen kommen. Nimmst du deinen Sohn mit, so weißt du nun, welcher Gefahr du ihn aussetzt."

„Sihdi, das ist aber doch kein Grund, ihn hier zu lassen! Soll er sich vor einer Gefahr fürchten, der sein Vater kaltblütig entgegengeht? Er wird nun erst recht wünschen, bei mir sein zu dürfen. Ist er vielleicht besser als ich? Bin ich so wertlos gegen ihn, dass ich, der Vater, mich erschießen lassen muss, während er, der Sohn, hier bei den alten Weibern zurückbleibt, um seinen edlen Leib zu pflegen und seine zarte Haut mit wohlriechenden Salben einzureiben? Wie kann ein Held aus ihm werden, wenn er es schon jetzt verschmäht, den Glanz seines Mutes zu zeigen und den Schimmer seiner Tapferkeit zu pflegen. Soll ich mir ein Ding bauen lassen, das ihr im Abendland einen Chisânet el Kesâs[1] nennt, und meinen Sohn hineinsperren, damit kein Stäubchen auf ihn fallen und er seine Feigheit durch die Glasscheiben bewundern lassen kann?"

Der kleine Hadschi war in Aufregung geraten. Er sprach noch weiter und brachte alles Mögliche vor, um mich zu überzeugen, dass es ganz unumgänglich notwendig sei, den Knaben gerade jetzt an diesem Zug teilnehmen zu lassen. Ich freute mich über den Eifer dieses wackeren Menschen, seinem Sohn Gelegenheit zu geben, schon jetzt zu zeigen, dass aus ihm ein würdiges Ebenbild seines Vaters zu erwarten sei; ich war gleich beim ersten Wort, das er gesprochen hatte, nicht abgeneigt gewesen, auf seinen Wunsch einzugehen, und ließ jetzt nur noch die letzte Einwendung hören:

„Deine Gründe sind mir leicht begreiflich, lieber Halef, aber was sagt Hanneh, die Mutter des Knaben, dazu? Sie hat das Recht, ihre Meinung auch hören zu lassen."

„Ja, das hat sie und sie soll dir sofort sagen, was sie denkt. Hanneh, du Liebling aller Lieblinge, erkläre unserem Sihdi, was dein Wunsch und Wille ist!"

Sie hatte bei uns gesessen, ohne bis jetzt ein Wort zu sprechen, war aber unserem Gespräch mit größter Teilnahme gefolgt, jetzt ließ sie sich bescheiden vernehmen:

„Sihdi, du magst bestimmen, was du willst, so füge ich mich deinem Willen, denn ein Weib hat sich dem Rat der Männer zu unterwerfen. Aber da du befiehlst, dass ich dir meine Meinung sage, so sollst du sie hören. Du weißt, wie sehr ich Hadschi Halef Omar, meinen Herrn und Gebieter, liebe; dennoch habe ich ihn gern mit dir ziehen lassen, obwohl ich wusste, welche Gefahren auf euch warteten und dass er sein Leben wohl oft zu wagen haben würde. Ich habe im Stillen um ihn gebangt und für ihn gebetet, aber ich bin stolz darauf gewesen, dass er dein Begleiter sein und dir zeigen durfte, dass er ein treues und mutiges Herz besitzt. Er hat alle Gefahren glücklich überstanden und ist zu mir als ein Mann zurückgekehrt, der mehr erlebte und erfuhr als alle andern Männer und Krieger dieser Gegend. Jetzt sitzt er im Rat der Alten, die gern seine Stimme hören und ihr wohl immer folgen. Das erfüllt mein Herz mit großer Wonne, denn ich besitze einen Gemahl, mit dem sich kein anderer vergleichen darf. Wir vom Stamm der Atejbeh waren die Verachtetsten unter den Verachteten, als du uns kennenlerntest; jetzt ist das ganz anders geworden, denn der Name Hadschi Halef Omar ist mit reichem Ruhm bekannt, so weit die Fluten des Euphrat und des Tigris fließen. Es kommen die Krieger fremder, weit entfernter Stämme, um meinen Gemahl zu sehen und ihn kennenzulernen; werde da nicht auch ich von den Strahlen seiner Berühmtheit beleuchtet? Ebenso stolz möchte ich auch auf meinen Sohn

[1] Glasschrank

sein dürfen und ich weiß, dass nur du es bist, der ihn so schnell zum Ruhm führen kann, wie der Name seines Vaters durch dich auf alle Lippen und Zungen gebracht worden ist. Ich liebe ihn mehr als mich selbst, aber gerade darum ist es mein höchster Wunsch, dass er seines Vaters würdig werden möge. Ich weiß ihn in deinem Schutz so sicher, als ob er sich hier in diesem Zelt befände. Du kannst ihm ein Beispiel und Vorbild für sein ganzes ferneres Leben geben, aber nur dadurch, dass er es vor sich hat und sieht, dadurch, dass er sich in deiner Nähe befindet. Darum habe ich denselben Wunsch, den Hadschi Halef Omar ausgesprochen hat: Erfülle unsere Bitte und nimm ihn mit! Er wird dann von dieser Erinnerung zehren, wie man aus einem Brunnen trinkt, der unaufhörlich Wasser gibt!"

Da schlang Halef seine Arme um sie, küsste sie auf Stirn, Mund und Wangen und rief aus:

„Das habe ich gewusst, dass du so sprechen würdest, du Verständigste unter den Verständigen, du Weib des Tapferen und du Mutter des zukünftigen Helden! Hast du es gehört, Sihdi? Sie will auch, dass Kara Ben Hadschi Halef Omar mit uns gehe. Sei nicht dagegen, sondern stimme bei!"

Er streckte mir die Hand entgegen, ich schlug ein und antwortete:

„Euer Wunsch sei erfüllt, er soll mit uns reiten."

„Auch wenn die andern dagegen sind?"

„Auch dann, denn ich hoffe, dass die Haddedihn meine Fürsprache berücksichtigen werden."

„Oh, das tun sie sicher und gewiss, Sihdi. Du darfst von ihnen verlangen, was du willst; sie tun es, wenn es überhaupt nur möglich ist."

Er strahlte förmlich vor Entzücken und auch Hanneh war hocherfreut darüber, dass ich meine Zusage gegeben hatte. Halef eilte fort, um seinem Sohn das Resultat der Unterredung mitzuteilen.

Was ich erwartet hatte, geschah dann später: Als die Haddedihn vernahmen, dass der Hadschi seinen Knaben mitnehmen wollte, waren sie einstimmig dagegen. Ich machte nicht viele Worte, um ihre Einwilligung zu erlangen, sondern sagte nur, dass es auch mein Wunsch sei, meinen Paten, der meinen Namen trage, bei mir zu haben; da ließen sie jeden Einwand fallen.

Am nächsten Morgen wurde schon frühzeitig zum Aufbruch gerüstet. Es waren ohne mich und den Knaben zwanzig Reiter, alle nach Kräften aufs Beste bewaffnet. Mehrere Packpferde mussten die Speisevorräte tragen, die wir mitnahmen, um nicht unterwegs auf die zeitraubende Jagd angewiesen zu sein. Amad el Ghandur ritt die Schimmelstute, ich meinen Rih und der Knabe den Sohn meines Rappen, Omar Ben Sadek saß auf dem Schecken des Aladschy, Halef hatte das nächstdem beste Pferd des Stammes geliehen bekommen und auch die andern waren so gut beritten, dass wir in Beziehung auf die Schnelligkeit unserer Reise ganz ohne Sorge sein konnten.

Unserm Programm gemäß gelangten wir gegen Abend des nächsten Tages an die kleine Hütte, in der wir Allo, den bärenhaften Köhler, gefunden hatten. Sie war unbewohnt und ganz verfallen. Am darauf folgenden Mittag erreichten wir den Berosieh-Fluss, in dessen Wasser wir wie damals badeten. Einen Tag später ging es über die Höhe von Bane und dann in den nach Süden führenden Pass hinein. Vierundzwanzig Stunden darauf kamen wir in das schmale Tal mit dem wiesenähnlichen Streifen in der Mitte, wo die Bebbeh uns zum zweiten Mal überfallen hatten, hierauf in das krumme Seitental, in dem wir mit dem Bruder des Scheiks Gasâl Gaboga übernachtet hatten. Nachher gelangten wir an den Lagerplatz, wo die beiden

Haddedihn gegen mich gestreikt hatten. Da blieb Amad el Ghandur halten und sagte zu mir:

„Effendi, mein Vater lebte wohl heute noch, wenn wir uns nicht hier gegen deinen Willen empört und nachher infolgedessen den Scheik Gasâl Gaboga freigelassen hätten. Wir sind damals große Toren gewesen."

Ich zog es vor, nicht zu antworten, denn meine Antwort hätte nur ein Vorwurf sein können, der vollständig überflüssig war.

Auch an das Haus von Mahmud Manßur, dem Scheik der Dschiaf-Kurden, kamen wir wieder und stiegen bei demselben ab. Zu unserer Freude lebte der Hausmeister Dschibrail Mamrasch mit seinem Weib noch. Sie erkannten uns wieder und luden uns ein, bei ihnen zu übernachten. Wir erfüllten ihnen diesen Wunsch sehr gern, denn wir hatten Zeit dazu und wussten, dass wir ihnen wirklich willkommen waren.

Bis jetzt hatten wir fast gar nichts erlebt. Ich war mit Halef und seinem Sohn stets vorangeritten, um die Gegend zu erkunden, und die Haddedihn hatten nur in bedeutender Entfernung folgen dürfen. Auf diese Weise war jede gefährliche Begegnung vermieden worden, aber auch jedes Zusammentreffen mit jemandem, bei dem wir uns nach dem jetzigen Stand der Dinge hätten erkundigen können. Dies konnte bei Dschibrail Mamrasch nachgeholt werden.

Halef hatte seinem Sohn unterwegs jeden in unserer Erinnerung lebenden Platz gezeigt und ihm – vielleicht zum hundertsten Mal – erzählt, was da geschehen war. Das geschah natürlich stets in seiner bilderreichen Weise, die mir auch jetzt viel Spaß bereitete. Seiner Schilderung nach war er wenigstens ein halber, ich aber viel mehr als ein ganzer Gott.

Ich hatte den kleinen Kara Ben Halef gleich vom ersten Tag unseres Ritts an in die Schule genommen. Er kam fast nie von meiner Seite und zeigte sich außerordentlich aufmerksam und gelehrig. Ich lehrte ihn, auf die Stimmen der Wildnis zu achten, und bei jeder Spur, auf die wir trafen, zeigte ich ihm, nach welchen Regeln sie gelesen werden müsste, um richtig verstanden zu werden; dabei bekam ich schon nach Verlauf der ersten Woche die Überzeugung, dass er sich zu einem recht tüchtigen Beduinen entwickeln würde. Ich gewann ihn lieb und sah, dass er mir seine Zuneigung auch geschenkt hatte. Omar Ben Sadek hatte sich diese ebenfalls errungen und wurde von ihm nicht anders als Amm, d. i. Oheim von väterlicher Seite, genannt.

Als wir zum ersten Mal bei Mamrasch eingekehrt waren, hatten wir von ihm erfahren, dass sich nicht viele Dschiaf-Kurden, zu denen er gehörte, in der Nähe befanden, vielmehr hatte der Stamm der Bilba sich aus Persien herüber in die Nähe gezogen. So stand es auch noch am heutigen Tag.

„Und die Bebbeh?", fragte ich ihn. „Wo haben diese jetzt ihre Weideplätze?"

„Zwischen Persien und dem Zagros-Gebirge", antwortete er.

„Also ziemlich weit von hier. Sind vielleicht in letzter Zeit welche hier in der Umgegend gewesen?"

„Bei mir nicht, aber eine Tagreise von hier pflegt jährlich ein Trupp von ihnen Rast zu machen."

„Ach, wirklich? Mit solcher Regelmäßigkeit?"

„Ja. Jährlich einmal, ich glaube, um die jetzige Zeit lagern sie dort."

„Wie groß ist ihre Anzahl?"

„Immer zehn oder zwölf Mann."

„Was tun sie dort?"

„Sie scheinen ein Id el Amwat[1] zu feiern."

„So? Gibt es Gräber dort?"

„Ja, mehrere, sie liegen am Ufer des Dijala-Flusses. Die Hügel bestehen aus Erde, droben aber auf der Felsenhöhe gibt es ein einzelnes Grab, das aus Steinen errichtet ist."

„Kennst du es?"

„Ja, ich bin einmal oben gewesen."

„Ist es gut erhalten?"

„Sehr gut. Es sind nur einige Steine entfernt worden, sodass man ins Innere blicken kann. Da sieht man den Toten sitzen, der nicht verwest, sondern vertrocknet ist wie eine Mumija[2] in Ägypten. Er hat einen langen silbergrauen Bart."

„Hast du eine Ahnung, wer er gewesen sein mag?"

„Genau weiß ich es nicht, denn als ich im vorigen Jahr oben war, war sein Gesicht so eingetrocknet, dass die eigentlichen Züge nicht mehr vorhanden waren, aber ich glaubte, es sei der Scheik, der damals mit euch bei mir gewesen ist."

„Das hast du ganz richtig erraten. Es ist Mohammed Emin, der Scheik der Haddedihn. Dieser Krieger hier ist Amad el Ghandur, sein Sohn und Nachfolger. Wir sind gekommen, ihm die ‚Ehren der Verstorbenen' zu erweisen. Ist sein Grab hier in der Gegend bekannt geworden?"

„Ja. Es pilgern viele Gläubige hinauf zur Höhe. Ich hörte erzählen, der Tote habe mit den Bebbeh-Kurden gekämpft und so viele von ihnen getötet, wie unten am Wasser in den Gräbern liegen, sei dann aber durch die Überzahl überwunden worden."

„Auch dies ist in der Hauptsache richtig. Da wundert es mich aber, dass diese Kurden bei ihren jährlichen Besuchen sich nicht an diesem Toten und seinem Grab vergriffen haben."

„Was denkst du, Herr! Sie sind zwar Diebe und Räuber, aber auch gläubige Moslemin, und kein wahrer Gläubiger schändet ein Grab, selbst wenn es das eines seiner ärgsten Feinde wäre. Der Prophet hat dies streng verboten, es steht im Koran geschrieben."

„Nicht da steht es geschrieben und nicht Mohammed hat es verboten, sondern Ssamachschari, der Erklärer, hat gesagt, dass, wer das Grab eines Gläubigen schändet, am Jüngsten Tag das seinige nicht verlassen dürfe und also nicht in den Himmel kommen könne."

„Seid Ihr dabei gewesen, Herr, als er getötet wurde?"

„Ja."

„Darf ich erfahren, wie es geschehen ist? Ich möchte es sehr gern wissen, weil er doch mein Gast gewesen ist."

Diese Gelegenheit, sein Erzählertalent leuchten zu lassen, ließ sich Halef natürlich nicht entgehen. Er ergriff sofort das Wort, um zu berichten, was damals geschehen war.

Diese braven Leute taten wieder alles, um uns den Aufenthalt bei sich so angenehm wie möglich zu machen, und wurden darum, als wir sie am andern Morgen verließen, reichlich beschenkt.

Gegen Mittag erreichten wir den berühmten Schamian-Weg, der Sulmanije mit Kirmanschah verbindet, und gingen über den Tschakansu. Am folgenden Morgen

---

[1] Totenfest   [2] Mumie

kamen wir in die Nähe des Dijala, an dessen Ufer Mohammed Emin gefallen war. Da sich meine Vermutung, dass die Bebbeh die Gräber der Ihrigen besuchten, bewahrheitet hatte, so galt es nun, außerordentlich vorsichtig zu sein. Sie konnten schon hier sein, weil morgen der Jahrestag jenes siegreichen und für uns doch so unglücklichen Kampfes war.

Da ich Halefs Knaben nicht der Gefahr aussetzen wollte, ritt ich jetzt allein voran. Die andern mussten mir einzeln und in gewissen Abständen folgen. So sehr ich meine Augen anstrengte, ich konnte keine Spur eines menschlichen Wesens entdecken. Wir erreichten ganz ungefährdet die Stelle, an der wir damals Mittagsrast gemacht hatten. Wie damals hatten wir auf der einen Seite den Fluss, auf der andern die mit Ahorn-, Kornelbäumen, Platanen und Kastanien bestandene sanfte Anhöhe, und vor uns erhob sich jener Felsenrücken, dessen zerklüftete Krone der Ruine einer alten Ritterburg sehr ähnlich war.

Die Gefährten wollten nun gleich nach der Stelle reiten, wo der Kampf stattgefunden hatte, ich gab dies aber nicht zu, da ich vorher auf Erkundung gehen wollte. Sie mussten also zurückbleiben, ich aber stieg vom Pferd und schlich mich in der betreffenden Richtung weiter. Als ich den Platz erreichte, war auch da nicht die geringste Spur zu sehen, aber die Höhe des Grases, das hier stand, machte mich bedenklich. Darum sagte ich, als ich zu meinen Begleitern zurückgekehrt war:

„Ich halte es für geraten, den Platz des Kampfes nicht aufzusuchen. Das Gras wächst dort so hoch und dicht, dass es sich, wenn wir es niedertreten, vor zwei oder drei Tagen nicht wieder aufrichten kann; es ist da vollständig unmöglich, unsere Spuren zu verwischen."

„Meinst du wegen der Bebbeh-Kurden?", fragte Amad el Ghandur. „Die sind doch nicht zu fürchten!"

„Nicht? Haben sie uns damals nicht größten Schaden getan?"

„Damals waren es wohl vierzig Mann, jetzt zählen sie nur zehn oder zwölf."

„Weißt du, dass auch heuer nur so wenige kommen werden? Ist es denn unmöglich, dass ihr Trupp in diesem Jahr bedeutender sein kann?"

„Das würde nichts schaden, denn wir sind vorbereitet, was wir damals nicht waren."

„Wir haben aber beschlossen, jeden Kampf zu vermeiden!"

„Das haben wir, ja, aber es ist doch nicht nötig, uns vor diesen Hunden zu fürchten. Du bist zu ängstlich, Effendi. Wir wissen ja gar nicht, ob sie heuer auch kommen werden. Sind wir hierher gekommen, um uns nicht an die Hauptstelle zu wagen? Ich muss den Ort sehen, an dem das Blut meines Vaters geflossen ist. Ich würde hinreiten, und wenn tausend Kurden sich dort befänden. Vorwärts also!"

Er war bisher so ruhig gewesen, nun aber wirkte die Nähe des unglücklichen Platzes auf ihn ein; die schreckliche Erinnerung erregte ihn, er trieb sein Pferd weiter und die andern folgten ihm; ich konnte nicht allein zurückbleiben, rief ihm aber zu:

„Ihr habt damals den Tod deines Vaters selbst verschuldet; wenn ihr jetzt wieder so unvorsichtig seid, bitte ich euch, die Verantwortung dessen, was darauf folgen kann, nicht auf mich zu wälzen."

„Habe keine Sorge", rief er mir zurück „es wird nichts geschehen. Und wenn etwas geschähe, so werden wir die Schuld dir nicht geben."

Wir ritten auf dem Wiesenrand am Fluss hin, bogen um die Krümmung des Höhenzugs und waren an Ort und Stelle. Rechts von uns befand sich der Felsen, an dem ich die kämpfenden Perser erblickt hatte. Vor uns gab es die Stelle, an welcher Amad el Ghandur die Feinde mit dem Kolben von sich abgewehrt hatte, den toten Vater zu seinen Füßen liegend. Links davon war Gasâl Gaboga von meinem Halef niedergeschossen worden und seitwärts von dieser Stelle war ich mit dem Pferd niedergebrochen. Näher am Wasser sahen wir die Gräber der Kurden liegen. Es war ihnen anzusehen, dass sie von Zeit zu Zeit – also wohl immer am Jahrestag – ausgebessert und aufgeschüttet worden waren.

Amad el Ghandur stieg vom Pferd und kniete auf der Erde nieder, die das Blut seines Vaters getrunken hatte; die andern folgten, außer mir und Lindsay, seinem Beispiel, sie beteten. Dann, als sie sich wieder erhoben hatten, erklärte der Scheik ihnen an Ort und Stelle den Verlauf des Kampfes. Das benutzte der Lord, mir die Bemerkung zu machen:

„War ein schrecklich dummer Tag damals. Habe zwei Finger eingebüßt, also, da ich bloß zehn hatte, genau zwanzig Prozent. Ist ein wenig viel, Sir, nicht?"

„Gewiss", nickte ich. „Aber das war wohl noch nicht alles. Hattet Ihr nicht auch noch eine Verwundung, so da in der Nähe des Verstandes?"

„*Yes.* Habe etliche Haare und ein Stück Knochen eingebüßt, ungefähr da, wo man sein bisschen Vernunft zu haben pflegt."

„Da ging wohl auch so ein Stück von dieser Vernunft mit flöten?"

„Glaube es nicht, Sir, obgleich ich viel leichter als Ihr einen solchen Verlust ertragen könnte; habe davon grad so viel Überfluss, wie Euch davon fehlt. *Well!*"

Er wandte sich lachend ab.

Ich hatte mich im Stillen darüber gewundert, dass Halef sich die Gelegenheit entgehen ließ, den Haddedihn den Verlauf des Kampfes zu erklären, und dies vielmehr dem Scheik überließ. Er war mit seinem Sohn an die Gräber der Kurden getreten, stand mit gefalteten Händen da und bewegte die Lippen im Gebet.

„Du betest?", fragte ich ihn, mich erstaunt stellend.

„Ja, Sihdi, ich und Kara Ben Halef, mein Sohn, haben auch hier gebetet."

„An den Gräbern eurer Feinde?!"

„Nein, denn die Toten sind unsere Feinde nicht mehr; der Christ kennt überhaupt keine Feinde, er hasst keinen Menschen, sondern er liebt sie alle, alle; das hast du mich ja selbst gelehrt."

„Was hast du gebetet? Die Fatha?"

„Nein. Wer diese betet, ist ein Mohammedaner, und kein solcher betet am Grab seines Feindes. Ich und mein Sohn haben als Christen hier gestanden und das heilige Abûna[1] gebetet, das ich von dir gelernt habe. Hanneh, die Perle unter den Frauen und Müttern, pflegt es auch mit uns zu beten. Wunderst du dich etwa darüber?"

„Nein, denn ich weiß, dass das Wort Gottes wie ein kleines Samenkorn ist, das in die Erde gelegt, sich zu einem Baum entwickelt, der mächtig und zugleich lieblich anzuschauen ist und immer neue Früchte und Samen entwickelt. Du hast ein solches Korn von mir empfangen, es wächst in dir und wird Früchte bringen. Gib die Samen davon weiter, mein guter Halef! Dann wirst du Gott wohlgefallen und viele Menschen glücklich machen."

„Oh, das weiß ich, Sihdi, ich bin ja selbst so sehr glücklich geworden. Weißt du noch, was für Mühe ich mir gegeben habe, dich zum Islam zu bekehren? Ich habe da manch ein Wort gesprochen, das wie der zweite Kopf eines Kamels war, das doch nur einen haben kann. Du hast dazu gelächelt und bist, wenn ich dann zornig wurde,

[1] Vaterunser

immer gut und freundlich geblieben. Diese deine Güte hat mich besiegt. Ein einziges warmes Wort von dir hat mehr gewirkt, als alle meine langen Reden wirken konnten. Der Islam ist die Schauk[1], die nur auf dürrem Boden wächst, das Christentum aber die Nachli[2], die hoch in die Lüfte ragt und viele Früchte bringt. Der Islam gleicht der Wüste, in der es nur hier und da einen Brunnen gibt, der schlechtes Wasser hat, das Christentum aber einem schönen Land mit mächtigen Bergen, auf deren Höhen Glocken erklingen, und schönen Tälern, in denen Ströme fließen, die Wälder und Felder und Gärten nähren und an deren Ufern Städte und Dörfer stehen, deren Bewohner gute und folgsame Kinder ihres himmlischen Vaters sind. Dass ich dieses weiß, habe ich dir zu danken; es sollen es aber auch von mir noch viele, sehr viele erfahren."

Jetzt gingen wir, die Pferde an den Zügeln führend, nach dem Ort, an dem wir nach dem Kampf mit den Persern gelagert hatten. Ich dachte an das ‚Haus', das mich und Halef mit allen möglichen Delikatessen versehen hatte, und dabei war es mir, als ob jener süße, orientalische Duft mich heute wieder umwehte. Welch ein schreckliches Ende hatten diese guten Menschen dann da unten auf dem Wege der Todeskarawane gefunden!

Dann stiegen wir hinauf zur Felsenhöhe. Da standen noch die Reste der Hütte des Soran-Kurden; er war nicht zu ihr zurückgekehrt, weil er dann Amad el Ghandurs Begleiter gewesen war und die Rache der Bebbeh zu fürchten hatte. Unweit davon erhob sich auf der Felsenplatte das Grabmal des Scheiks. Es war, wie sein Sohn damals zu mir gesagt hatte: „Die Sonne begrüßt den Ort früh, wenn sie kommt, und abends, wenn sie geht." Es war noch in gutem Zustand, aber an der Westsüdwestseite waren, wie Mamrasch gesagt hatte, mehrere Steine herausgenommen worden. Amad el Ghandur trat hinzu und blickte hinein. Er fuhr zurück und schrie:

„Maschallah, mein Vater! Sollte seine Seele noch nicht von ihm gewichen sein?"

Als dann ich in die Öffnung sah, konnte ich diesen Ausruf wohl begreifen. Da saß der Scheik noch gerade so, wie wir ihn hineingesetzt hatten, mit weit über die Brust herabwallendem Bart. Sein Gesicht war tief eingefallen, aber recht wohl zu erkennen. Welchem Umstand oder welchen chemischen Einflüssen die Erhaltung der Leiche zuzuschreiben war, weiß ich nicht, aber der Anblick war von einer außerordentlichen, unbeschreiblichen Wirkung; ich musste noch nach Monaten immer an ihn denken und noch heute ist es mir, als ob ich die Mumie des edlen Greises noch vor mir in den Steinen sitzen sähe.

Die Haddedihn kamen einer nach dem andern herbei, um die Überreste ihres einstigen tapferen Anführers zu betrachten. Es geschah wortlos und mit einer Andacht, die leicht erklärlich war. Als der letzte von ihnen vom Grab zurückgetreten war, griff Amad el Ghandur in die Tasche und zog einen kleinen Stein hervor.

„Kara Ben Nemsi Effendi und Hadschi Halef Omar, ihr wart dabei, als mein Vater Mohammed Emin, der Scheik der Haddedihn, in dieser Gruft bestattet wurde; ihr habt gesehen, dass ich mit meinem Dolch diesen Stein vom Grabmal schlug und zu mir steckte, und werdet gewusst haben, was dies zu bedeuten hatte. Jetzt bringe ich ihn zurück und gebe ihn dem Toten. Die Mörder sind gefallen, der Tod meines Vaters ist gerächt; ihre Seelen mögen im glühendsten Feuer der Dschehenna brennen, die seinige aber mag wandeln unter den Palmen des siebenten Himmels und vom Quell des Paradieses trinken in alle Ewigkeit!"

---

[1] Distel   [2] Palme

Das war die Ssâr, die Blutrache: Auge gegen Auge, Zahn gegen Zahn, Blut gegen Blut! Es überlief mich kalt. Was konnte ich jetzt aber sagen? Jedes Wort wäre nicht nur vergeblich gewesen, sondern hätte sogar Unwillen erregen können. Man soll nichts sagen oder tun, von dem man vorher überzeugt ist, dass es vergeblich sein wird; es könnte nur Schaden, nicht aber Nutzen bringen. Diese Gefühle und Gedanken hegte nicht ich allein, denn als Amad el Ghandur nun das Steinstück ins Innere des Grabes fallen ließ, warf Halef mir einen Blick zu, dem ich es ansah, dass der Hadschi gleichen Sinnes und gleicher Meinung mit mir war. Auch er, der früher so ausgesprochene Mohammedaner, der mich zum Islam bekehren wollte, dachte jetzt so wie ich: „Liebet eure Feinde, segnet, die euch fluchen, und tut denen wohl, die euch beleidigen und verfolgen; dann seid ihr gute Kinder eures himmlischen Vaters!"

Da die eigentliche Feier erst morgen am Todestag stattfinden sollte, konnten wir uns heute ausruhen und mussten uns zunächst nach einem passenden Lagerplatz umsehen. Ich wollte von der Höhe herabsteigen, um einen solchen zu suchen, Amad el Ghandur aber sagte:

„Effendi, das ist nicht notwendig. Ich werde nirgends bleiben als hier am Grab meines Vaters. Ich gehöre hierher zu ihm."

„Nicht jetzt, denke an die Unsicherheit der Gegend und an die Bebbeh, die kommen können."

„Ich habe nicht an sie, sondern an den Toten zu denken. Ich bin gekommen, ihn zu besuchen, und nun ich bei ihm bin, werde ich nicht eher von ihm gehen, als bis wir diese Gegend verlassen."

„Das würde die größte Unvorsichtigkeit sein. Wie das Gelände hier beschaffen ist, wären wir, wenn sie kommen, ganz in ihre Hände gegeben."

„Ja, wenn sie kommen! Und selbst dann wäre es nicht so schlimm, wie du meinst. Wir haben erfahren, in welch geringer Anzahl sie zu kommen pflegen, wir aber sind zwanzig erfahrene und tapfere Krieger. Was hätten wir zu fürchten?"

„Tapfere, ja, aber auch erfahrene? Was nützt die Erfahrung, wenn man nicht nach ihr handelt! Und ist es nicht möglich, dass sie heuer zahlreicher kommen als bisher? Und selbst wenn es ihrer so wenige wären, wäre uns das Gelände ungünstig."

„Es ist uns im Gegenteil günstig. Wir befinden uns hier oben und sie würden von unten kommen, der Obere aber ist stets der Stärkere."

„In diesem Fall nicht. Sieh dir doch die Lage dieses Ortes an! Der Fels fällt nach Süd, West und Nord so steil ab, dass man nach diesen Richtungen nicht hinunter kann; wenigstens gehört ein guter Kletterer dazu, in die Tiefe hinabzukommen, mit den Pferden aber ist es geradezu eine Unmöglichkeit..."

„Wir wollen ja gar nicht da hinab", fiel er mir in die Rede.

„Lass mich ausreden, so wirst du einsehen, dass die Möglichkeit gar wohl vorhanden ist, dass wir noch einen Fluchtausweg von hier suchen müssen."

„Fliehen? Vor diesen Hunden? Nie!", rief er aus.

„Nie, nie, nie!", stimmten ihm seine Haddedihn eifrig bei.

„Lasst doch meinen Effendi reden!", warnte Halef. „Er ist klüger als wir alle und ich habe viele, viele Male die Erfahrung gemacht, dass jeder, der nicht auf ihn hört, es später zu bereuen hatte."

Ich warf ihm einen anerkennenden Blick zu und fuhr fort:

„Der Auf- und Abstieg kann nur auf der Ostseite des Berges geschehen und da treten an einer Stelle, die ihr ja kennt, weil wir vorhin dort vorüberkamen, die Felsen so eng zusammen, dass nur zwei Reiter nebeneinander Platz haben. Das ist eine Pforte, die uns gefährlich werden kann."

„Wieso?", fragte der Scheik.

„Wenn die Kurden sie besetzen, können wir nicht fort."

„Und wenn wir sie besetzen, können sie nicht herauf!", meinte er in überlegenem Ton.

„Das klingt sehr schön, ist es aber nicht. Ob wir oder sie diese Enge besetzen und ob wir sie nicht herauf oder sie uns nicht hinunter lassen, das bleibt sich gleich: Wir können eben nicht fort."

„So verjagen wir sie!"

„Das würde ja den Kampf geben, den wir vermeiden wollen."

„Nun, dann bleiben wir hier oben, bis ihnen die Zeit so lang wird, dass sie sich fortmachen!"

„Wird ihnen gar nicht einfallen, dies zu tun. Erstens werden sie bleiben, weil sie sich rächen wollen, und zweitens treibt sie die Not nicht fort, wie sie uns forttreiben würde."

„Uns? Welche Not?"

„Der Hunger. Wasser gibt es freilich, aber was sollen wir essen? Gibt es ein Wild hier oben auf der kahlen Felsenplatte? Nein. Und unser Proviant ist dermaßen zusammengeschwunden, dass ich nachher noch fortgehen muss, um Fleisch zu schießen."

„Du malst das so schlimm aus, weil es deine Gewohnheit ist, an alles mögliche Üble, was kommen kann, vorher zu denken. Ich sehe nicht so schwarz wie du, denn ich habe zwanzig tapfere Krieger bei mir, die, falls wir angegriffen werden, diese Höhe wie eine Festung verteidigen werden. Und was den Proviant betrifft, so werde ich diese Männer jetzt alle auf die Jagd senden. Wir haben damals sehr reichlich Wild gefunden und es wird wohl jetzt auch nicht weniger davon vorhanden sein."

„Ich bitte dich, dies nicht zu tun."

„Warum?"

„Weil es eine große Unvorsichtigkeit sein würde. Wir müssen hier so wenig Spuren wie möglich machen; wenn aber zwanzig Männer nach allen Richtungen hier herum- und auseinander laufen, so müssen die Kurden, wenn sie kommen, sofort auf uns aufmerksam werden."

„Sie werden uns auch ohnedies bemerken. Du bist, wie ich schon wiederholt gesagt habe, viel zu ängstlich."

„Hier ist es besser, ängstlich als vertrauensselig zu sein. Ich bitte dich wirklich dringend, heute nicht hier zu bleiben! Wir müssen uns einen Lagerplatz suchen, wo wir verborgen sind und den Zugang zu dieser Höhe beobachten können."

„Bestürme mich nicht mit dieser Bitte, ich kann sie dir nicht erfüllen. Ich gehöre hier zu meinem Vater. Wenn ihr nicht hier oben bleiben wollt, so geht, wohin ihr wollt!"

„Wir bleiben, wir bleiben!", riefen die Haddedihn einmütig.

„Hörst du es?", fragte Amad el Ghandur. „Sie bleiben bei mir, du aber hast deinen Willen und kannst dir einen anderen Lagerplatz suchen. Halef und sein Sohn werden sich wahrscheinlich zu dir halten."

„Davon bin ich überzeugt, denn der Hadschi weiß, dass meine Ansicht wohlbegründet ist. Aber was könnte es nützen, wenn wir uns von euch trennten? Wir brächten uns in Sicherheit, während ihr euch in Gefahr befändet; das würde uns als Feigheit ausgelegt werden können, und um dies zu vermeiden, werden wir bleiben. Aber wenn dann eintrifft, was ich dir vorausgesagt habe, so wirf die Schuld nicht auf uns."

Ich nahm meinen Henrystutzen, um mich zum Jagen zu entfernen. Als der Lord dies sah, fragte er:

„Wohin, Sir?"

„Fleisch schießen."

„*Well*, gehe auch mit."

„Es wäre mir lieber, wenn Ihr hier bleibt."

„Aus welchem Grund?"

„Weil nur so wenig wie möglich Spuren verursacht werden dürfen."

„Auf eine mehr kommt es doch wohl nicht an. Was macht Ihr übrigens für ein Gesicht. Ärgert Euch wohl über die Haddedihn?"

„Ja."

„Warum? Habe bemerkt, dass Ihr Euch mit dem Scheik strittet, konnte aber Gerede nicht verstehen."

„Ich bin darüber unwillig, dass sie hier oben bleiben wollen, während ich es unten im dichten Wald für sicherer für uns halte."

„Wohl wegen Bebbeh?"

„Ja."

„Lasst Euch nicht anfechten! Ob wir hier oben oder dort unten mit ihren Köpfen zusammenrennen, ist ganz egal."

„Nicht ganz, Sir David. Übrigens ist es ausgemacht worden, dass wir uns vor Feindseligkeiten möglichst hüten wollen."

„*Well*, habe nichts dagegen gehabt. Aber wenn diese Kurden einmal kommen und mit uns anbinden wollen, so habe ich auch noch eine Rechnung mit ihnen auszugleichen. Gentlemen haben mich um zwei Finger gebracht, außerdem um Ecke von meinem Kopf. Will keineswegs ein Bluträcher sein, aber klingt doch nicht übel, wenn man sagen kann: Auge um Auge, Zahn um Zahn, Finger um Finger, Ecke um Ecke. Wenn sie uns in Ruhe lassen, werde ich ihnen nichts tun, halten sie es aber für gut, sich mit mir zu boxen, so sollen sie Hiebe bekommen, dass die Schwarten fliegen! Also, ich darf jetzt mit Euch gehen?"

„Meinetwegen. Da Ihr Euch mit den Beduinen doch nicht recht unterhalten könnt, würde Euch hier die Zeit zu lang werden."

„Und wer geht noch mit?"

„Halef natürlich."

„Und sein *Boy?*"

„Wahrscheinlich, denn den lässt sein Vater doch nicht zurück."

„*Well*, hat sehr recht. Junge ist ganz tüchtiger Kerl und will von Euch lernen. Nehmt ihn also immer mit!"

Der kleine Kara Ben Halef freute sich allerdings sehr, als er hörte, dass er uns mit seinem Vater begleiten dürfe. Wir vier stiegen den Berg hinab, nachdem ich Amad el Ghandur gebeten hatte, ja seine Leute nicht auf die Jagd gehen zu lassen. Ich traute ihm aber nicht so recht, denn seit er sich am Grab seines Vaters befand, schien er nicht nur abermals auf Rache zu sinnen, sondern auch gegen mich steifsinnig geworden zu sein.

Als wir unten im Tal angekommen waren, drangen wir in den Wald ein, der den erwähnten Höhenzug bedeckte. Dort hatte ich damals auch gejagt. Ich hatte mich für diese Richtung entschieden, weil die Kurden, wenn sie ja nahten, aus einer andern kommen mussten.

Wir hatten Glück. Halef war ein guter Jäger geworden, der Lord verstand sich auch auf das edle Weidwerk und der kleine Kara Ben Halef machte seine Sache so gut, dass ich ihn öfter loben konnte. Nach Verlauf von vier Stunden stiegen wir mit reicher Beute beladen wieder zur Felsenhöhe empor.

Oben angekommen sah ich, dass ein Feuer brannte, über dem ein frischer Braten schmorte.

„Also ist doch jemand von euch fort gewesen?", fragte ich Amad el Ghandur. „Ich hatte doch gebeten, dies unbedingt zu unterlassen!"

„Sollten wir hier sitzen und faulenzen, während ihr euch plagt?", antwortete er. „Du erlaubst diesem Knaben, Wild zu holen, und den erwachsenen Kriegern soll es nicht gestattet sein?"

„Der Knabe befand sich bei mir, da war ich sicher, dass er keinen Fehler beging."

„Die vier Männer, die ich fortschickte, haben auch keinen begangen."

„Das ist fraglich. Es wäre jedenfalls besser gewesen, wenn sie den Gang unterlassen hätten."

„Nein! Es ist im Gegenteil gerade sehr vorteilhaft für uns, dass sie ihn unternommen haben, denn sie haben eine sehr wichtige Botschaft mit zurückgebracht."

„Ah? Welche?"

„Dass die Bebbeh heuer nicht hierher kommen. Du siehst also, dass deine große Ängstlichkeit gar keinen Grund hatte!"

Er lächelte mich dabei ein wenig von oben herab an. Mir schien die Sache nicht ganz geheuer zu sein, darum antwortete ich:

„Von Ängstlichkeit kann keine Rede sein. Ich bin vorsichtig, aber Angst habe ich nicht. Du gebrauchst den Ausdruck ,Botschaft'. Zu einer Botschaft gehören aber zwei, einer, der sie gibt, und einer, der sie weiterträgt. Von wem haben deine Leute diese Botschaft erhalten?"

„Von zwei Soran-Kurden."

„Ah! Wo haben sie diese getroffen?"

„Unten am Wasser, wo der Kampfplatz war."

„Zum Teufel!", brauste ich da auf, ganz gegen meine Gewohnheit, da ich mich sonst in jeder Lage bestrebe, gelassen zu sein. „Wer hat ihnen denn erlaubt, gerade diesen Platz wieder aufzusuchen?"

„Ich!", antwortete er und bohrte einen festen, beinahe herausfordernden Blick in mein Gesicht.

„So, du! Ich war aber doch schon einmal und überhaupt dagegen, diesen Ort zu besuchen. Ihr habt es doch getan, und so sollte dieser zweite Besuch wenigstens aus Achtung gegen mich vermieden werden!"

„Ich streite mich nicht mit dir. Wenn du etwas erfahren willst, so frag hier Battar, er wird dir Auskunft geben."

Er wandte sich von mir ab. Ich antwortete ihm:

„Es ist keineswegs meine Absicht, mich mit dir zu streiten. Aber blicke dieses Grab an, in dem dein Vater ruht; es sollte dir und euch allen eine Warnung sein. Mohammed Emin ist nur darum hier begraben, weil ihr euch damals nicht mehr nach meinen Vorschlägen richten wolltet. Ihr hattet mich freiwillig zu eurem Anführer erkoren und solange ihr euch nach mir richtetet, wurden alle Gefahren glücklich überwunden. Ich bin ein Christ und als solcher stets gegen das unnötige Töten eines Menschen gewesen, ihr aber lechztet damals nach Blut und empörtet euch gegen meine wohl gemeinten Ratschläge. Das rächte sich an euch, denn ihr musstet es mit dem Blut des Scheiks bezahlen."

Ich hielt inne. Niemand sagte ein Wort, darum fuhr ich fort:

„Jetzt habt ihr mich wieder zu eurem Anführer gewählt, ganz gegen meinen Willen, denn ich schlug Amad el Ghandur dafür vor. Ihr seid mir gefolgt, wie ich euch führte, und es ist alles gut gegangen. Nun raucht euch plötzlich das Blut des toten Scheiks um die Köpfe, es benebelt euern Verstand und macht euch widerspenstig gegen mich. Bedenkt wohl, was ihr tut! Ich bin mit euch ausgezogen, um alle Not und Gefahr mit euch zu teilen; ich werde euch auf keinen Fall verlassen, aber wenn ich sehe, dass ihr meinen Willen nicht mehr achtet und Dummheiten begeht, die uns unser Leben kosten können, so kann ich nicht länger Anführer sein."

Amad el Ghandur kehrte mir den Rücken zu und sagte nichts; Battar aber, der Haddedihn, an den er mich gewiesen hatte, fuhr zornig auf:

„Dummheiten, Effendi? Wärst du es nicht, der dieses Wort sagt, so würde ich hier mit meinem Dolch antworten! Ein Krieger der Haddedihn begeht keine Dummheiten!"

„Du irrst", antwortete ich ihm ruhig. „Ich könnte euch eine ganze Reihe von großen Fehlern, ja von Dummheiten herzählen, die von berühmten Haddedihn begangen worden sind. Wer seine Fehler nicht erkennen will, wird niemals klüger werden, und unternimmt er es gar, sie zu verteidigen, so ist es noch schlimmer mit ihm bestellt. Ich halte es für meine Pflicht, euch die Wahrheit zu sagen; wollt ihr sie nicht hören, so kann ich euch nicht helfen. Jetzt möchte ich wissen, wie ihr mit diesen sogenannten Soran-Kurden zusammengetroffen seid und was ihr mit ihnen gesprochen habt."

Amad el Ghandur rührte sich noch immer nicht, seine Leute blickten finster vor sich nieder und Battar, an den ich mich mit meinen letzten Worten gewandt hatte, antwortete nicht. Das Herz begann mir wehzutun, ich hatte das sichere Gefühl, dass die Starrsucht dieser Leute üble Folgen haben werde. Jedenfalls hatten sie sich während meiner Abwesenheit dahin besprochen, bei einer Begegnung mit den Bebbeh-Kurden meinen menschenfreundlichen Ratschlägen nicht zu gehorchen. Ich musste meine Aufforderung noch einmal an Battar richten, ehe er sich herbeiließ, mir Auskunft zu erteilen:

„Wir stiegen ins Tal hinab, um am Fluss nach wildem Geflügel zu suchen, da kamen die beiden Soran-Kurden."

„Saht ihr sie eher oder sie euch?"

„Wir sie."

„Wie verhielten sie sich, als sie euch dann erblickten?"

„Sie stutzten und hielten ihre Pferde an. Wir gingen auf sie zu und winkten ihnen, dass wir friedlich gesinnt seien. Da ließen sie uns bis zu sich herankommen."

„Wie waren sie bewaffnet?"

„Mit Gewehren, Messern und Pistolen."

„Was hatten sie für Pferde?"

„Sehr gute. Sie begrüßten uns sehr freundlich und fragten uns, wer wir seien."

„Antwortetet ihr ihnen darauf?"

„Nicht sogleich. Wir verlangten zuvor zu wissen, zu welchem Stamm sie gehörten. Da erfuhren wir, dass sie Soran seien."

„Habt ihr euch dabei auch nach dem Lagerplatz ihres Stammes erkundigt?"

„Ja, sie weiden ihre Herden am Beledrus-Kanal."

„So weit im Süden von hier? Und sie kamen von Norden? Wo waren sie gewesen?"

„Das fragten wir nicht."

„Wo wollten sie hin?"

„Zu ihrem Stamm. Nun erst, als wir dies wussten, sagten wir ihnen, dass wir Haddedihn seien."

„Sagtet ihr ihnen auch noch mehr?"

„Ja, denn die Soran sind die Feinde der Bebbeh. Wir brauchten uns also gar nicht zu scheuen. Sie freuten sich sehr, als sie hörten, weshalb wir uns hier befinden, denn sie hatten von dem Ruhm Mohammed Emins gehört. Ja, sie waren ganz entzückt, als wir ihnen sagten, dass ein Stammesgenosse von ihnen damals hier der Führer Amad el Ghandurs geworden sei und ihn auf seinem Rachezug begleitet habe."

„Da habt ihr ihnen wohl erzählt, was damals hier alles geschehen ist?"

„Natürlich! Sie fühlten solche Teilnahme dafür, als ob sie selbst zu unserem Stamm gehörten."

„Und habt ihr ihnen auch gesagt, wer jetzt hier ist?"

„Ja. Sie fragten uns danach. Wir sprachen von dir, von Hadschi Halef Omar und seinem Sohn Kara Ben Halef, von Amad el Ghandur, von dem Ingilis, der damals auch dabei gewesen und verwundet worden ist. Sie waren so freundschaftlich zu uns, dass sie sich sogar nach deinem berühmten Rih erkundigten, ob du wieder auf ihm reitest."

„Da habt ihr ihnen natürlich auch Auskunft erteilt?"

„Ja. Sie freuten sich sehr über unsere edlen Pferde, über den jungen Hengst von Kara Ben Halef und über die Stute Amad el Ghandurs."

„Und dann? Sprich weiter!"

„Und dann? Nun, dann ritten sie fort."

„Wohin?"

„Zurück."

„Zurück? Also nach Norden, woher sie gekommen waren?"

„Ja."

„Ich denke doch, dass sie südwärts zu ihrem Stamm wollten?"

„Freilich wohl, Effendi, aber der eine bemerkte, während wir miteinander sprachen, dass er seinen Dolch aus dem Gürtel verloren hatte. Das war ein altes, kostbares Erbstück, das er unmöglich aufgeben konnte. Sie mussten also zurück, um den Dolch zu suchen."

„Aber von den Bebbeh habt ihr doch auch gesprochen. Was habt ihr da erfahren?"

„Wir sagten, dass wir auf die Ankunft der Bebbeh gerüstet seien, weil wir erfahren hätten, dass diese alljährlich hierher gekommen sind. Da sagten uns die Soran, dass die Bebbeh heuer nicht kommen könnten."

„Was für einen Grund gaben sie an?"

„Die Bebbeh liegen gerade jetzt mit den Pir-Mam-Kurden vom Bulba-Stamm im Streit, es kann täglich ein Zusammenstoß stattfinden und so wirst du begreifen, Effendi, dass sie keine Zeit haben, hierher zu kommen."

„Schön! Was habt ihr noch mit ihnen gesprochen?"

„Weiter nichts. Was wir dir erzählt haben, ist alles. Nun gibst du wohl zu, dass deine Sorge umsonst gewesen ist und dass Amad el Ghandur, unser Scheik, Recht gehabt hat?"

Diese Frage wurde im Ton großer Befriedigung ausgesprochen und nun machte Amad el Ghandur endlich auch eine Bewegung, er drehte sich langsam um und warf mir einen stolzen, triumphierenden Blick zu. Ich tat, als ob ich dies nicht bemerkt hätte, und antwortete:

„Ich sehe ein, dass Amad el Ghandur sehr Unrecht gehabt hat."

Da fuhr Amad halb empor und rief mir zornig zu:

„Unrecht? Wenn du nach dem, was du jetzt gehört hast, dieses Wort aussprichst, so ist dir der Verstand abhanden gekommen und ich sehe ein, dass es besser ist, dir das Kommando abzunehmen. Denn wenn wir uns weiter nach dir richten, können wir leicht dem Verderben entgegenreiten."

„Ich bitte dich, dich nicht aufzuregen, sondern ruhig zu bleiben! Selbst wenn ich den Verstand verloren hätte, reichte doch der kleine Rest, der mir davon übrig geblieben sein würde, aus, einzusehen, dass ihr mit aller Gewalt ein böses Verhängnis auf euch herabbeschwören wollt. Wenn ihr so weiter..."

„Schweig!", fuhr er mich an und sprang vollends auf. „Du, nur du würdest dieses böse Verhängnis sein, wenn wir weiter auf dich hören wollten. Du magst tun, was dir beliebt, und gehen, wohin du willst; wir folgen dir nicht, wir brauchen keinen andern Lagerplatz. Die Bebbeh kommen nicht. Ich gehöre an das Grab meines Vaters, ich bleibe hier!"

Ich wollte auch aufbrausen, beherrschte mich aber und sagte:

„So lass dir doch wenigstens die Gründe sagen, weshalb ich..."

„Nichts, nichts mag ich hören", unterbrach er mich abermals. „Du hast uns vorgeworfen, dass unser damaliges Verhalten den Tod meines Vaters verschuldet habe. Es ist aber ganz anders: Hättest du uns erlaubt, auf die Bebbeh zu schießen und ihren Scheik Gasâl Gaboga zu töten, so hätten sie nicht mehr gelebt und uns nicht verfolgen können. Du also bist schuld, du allein, ganz allein! Ich klage dich an des Todes meines Vaters und mag nichts mehr von dir wissen. Ich gebiete dir, dich von uns zu trennen!"

Er streckte den Arm befehlend aus, seine Augen blitzten, er war das lebendig gewordene Bild des rücksichtslosesten, keiner Überlegung mehr fähigen Zornes. Ich kann nicht etwa bloß sagen, dass er mir leid tat, denn das, was ich jetzt empfand, war viel, viel mehr. Seine Leute hatten sich auch von ihren Plätzen erhoben, sie waren zu ihm getreten, mir damit anzudeuten, dass sie ganz seiner Meinung seien. Nur Halef, sein Sohn, Omar Ben Sadek und der Engländer befanden sich bei mir. Sollte ich auf die schwere Anschuldigung Amad el Ghandurs antworten oder nicht? Noch war ich mit mir nicht darüber einig geworden, da sprangen Halef und Omar auf; der erste trat einige Schritte vor, räusperte sich, wie es so seine Angewohnheit war, und rief:

„Allah, Allah! Welche Wunder geschehen am heutigen Tag! Die Undankbarkeit kleidet sich in das Gewand des Stolzes und das Verdienst wird mit dem Auswurf der Kamele und Schafe beworfen! Mein Effendi ist der Weiseste der Weisen und der Tapferste der Tapferen. Er hat für alle, die ihn begleiteten, stets wie ein Vater und eine Mutter gesorgt, für sie gewacht und alle Gefahren auf sich genommen. Ich, Hadschi Halef Omar, will hier nicht aufzählen, was er auch für euch getan hat; ihr seid ihm Dank schuldig jetzt und in alle Ewigkeit. Aber anstatt ihm diesen zu zollen, werft ihr ihm eine Anklage entgegen, die ich augenblicklich rächen würde, wenn ich nicht einer der Eurigen geworden wäre. Nicht er hat den Verstand verloren, sondern euch ist er abhanden gekommen. Mein Effendi weiß stets, was er sagt. Er sieht jetzt eine große Gefahr voraus, eine Gefahr, in der ihr untergehen werdet, wenn ihr nicht auf ihn hört. Eure Köpfe sind bis heut frei gewesen von falschen Gedanken. Aber seit ihr dieses Grab erblickt habt, sind die Teufel der Blutrache über euch gekommen, haben euer Herz betört und eure Augen blind gemacht. Es ist, als ob euch ein böses

Ssuchuni[1] überfallen habe, in dem ihr tolles Zeug redet und wie unvernünftige Geschöpfe handelt. Ich bitte euch, den Effendi anzuhören! Ihr werdet ihm gewiss und sicher Recht geben!"

„Nein, wir mögen nichts mehr von ihm hören!", rief Amad el Ghandur und streckte beide Hände abwehrend aus. „Er hat dein Herz betört und du bist seines Glaubens geworden, darum redest du für ihn. Wir brauchen weder ihn noch dich. Die Blutrache ist ein heiliges Gebot, du aber bist ein von Allah Abtrünniger. Bleibe bei deinem Effendi, wir haben nichts mehr mit euch zu tun!"

Da ging Halef noch einen Schritt weiter und antwortete:

„Ja, ich bin abgefallen von der Lehre, die Blut und Rache gebietet, und ein Sohn der Liebe geworden, die selbst den Unwürdigen umfängt. Darum will ich euch das, was ihr jetzt redet und tut, nicht entgelten lassen, sondern weiter über euch wachen, damit ihr nicht in eurem Irrtum untergeht. Hier stehe ich, ich halte zu meinem Sihdi, dem ich treu sein werde, solange ich lebe, denn ich bin Hadschi Halef Omar, der von euren grausamen und blutigen Gesetzen nichts mehr wissen mag!"

Da stellte sich Omar an seine Seite und sagte:

„Und ich bin Omar Ben Sadek, auf dessen Namen nie ein Makel lastete. Ihr habt unsern Effendi beleidigt, ich halte zu ihm, die Folgen aber werden über euch kommen!"

Und nun geschah etwas, was ich nicht erwartet hatte. Nämlich Halefs kleiner Sohn trat an die andere Seite seines Vaters und rief mit seiner jugendlich hellen Stimme:

„Und ich bin Kara Ben Halef und halte auch zu dem Effendi, dessen Namen ich trage. Er ist größer, als ihr alle seid!"

„Ruh ja mesach – geh, du Zwerg", lachte Amad grimmig, „umso kleiner bist dann du! Wer unter dem Schutz eines solchen Knaben steht, kann wahrlich stolz sein!"

„Ja, stolz bin ich allerdings", antwortete ich, „doch nicht auf diese beiden Eigenschaften, sondern darauf, dass dieser Knabe, dessen ich mich erst seit einigen Tagen angenommen habe, trotzdem schon einen schärferen Blick besitzt als ihr, die ihr euch erwachsene und erfahrene Krieger nennt. Du hast mich von dir gewiesen; wohlan, ich trenne mich von euch, doch nur auf wenige Schritte, denn ich weiß, dass ihr meiner Hilfe bedürfen werdet. Du hast vorhin in deiner Halsstarrigkeit das Wort gesagt: ‚Ich gehöre an das Grab meines Vaters, ich bleibe hier!' Sieh zu, dass es nicht in der Weise in Erfüllung geht, dass du für immer hier bleiben musst!"

Ich wandte mich ab und führte meinen Rih von den andern Pferden fort, das war das Zeichen der ausgesprochenen Trennung; Halef, sein Sohn und Omar holten ihre Pferde auch. Da stand der Engländer, der bisher am Boden sitzend stumm zugehört hatte, auch auf, brachte sein Pferd herbeigeführt und fragte mich:

„Hört einmal, wertester Mr. Kara Ben Nemsi, was ist denn hier für ein Teufel los? Habt Euch von den Haddedihn getrennt?"

„Weil sie mich als Anführer abgesetzt haben. Die vier nämlich, die vorhin auf der Jagd gewesen sind, haben zwei Bebbeh getroffen, die sie aber für Soran-Kurden halten. Ich riet, ein anderes Lager zu beziehen, sie bleiben aber hier."

„The devil! Da kann es etwas absetzen, nicht? Wollt Ihr mir wohl sagen, was..."

„Jetzt nicht", fiel ich ihm in die Rede, „später. Ich muss gleich den beiden Bebbeh nach, ich nehme Halef und seinen Sohn mit..."

„Was, die? Warum nicht mich?", unterbrach er mich.

[1] Hitziges Fieber

„Weil ich einen sicheren Mann hier bei den kostbaren Pferden haben muss und Ihr seid doch der sicherste", antwortete ich.

„*Well*, schön, ich bleibe", erklärte er sehr befriedigt, obwohl ich ihn nur deshalb nicht mitnahm, weil ich dachte, dass er da Dummheiten machen würde.

Einige Minuten später stieg ich mit Halef und seinem Sohn wieder von der Höhe ins Tal hinab. Bis wir hinunterkamen, fiel mir nichts auf, weil der Weg meist felsig war; unten aber fiel mein Auge auf die Spuren, die die vier Haddedihn, die jagen gewesen waren, gemacht hatten; ich sah ihre hingehende und zurückkehrende Fährte. Daneben aber gab es noch die Eindrücke zweier Menschen, die nicht in den Felsenpfad, sondern seitwärts davon einbogen und da zur Höhe führten.

„Kannst du dir denken, wer hier gegangen ist?", fragte ich Halef.

„Nein, Sihdi", antwortete er. „Da du mir deine Meinung noch nicht mitgeteilt hast, weiß ich noch nicht, von welchem Gedanken ich auszugehen habe."

„Von dem Gedanken, dass die beiden Kurden, die sich für Soran ausgegeben haben, Bebbeh gewesen sind."

„Maschallah! Das denkst du?"

„Es gibt mehrere Gründe. Zunächst gibt es keinen Stamm der Soran mehr."

„Das ist richtig, Sihdi. Dieser Stamm ist ja von den Bebbeh vernichtet worden, sodass nur einzelne Männer übrig blieben, die sich noch heute verbergen müssen. Daran dachte ich gar nicht."

„Wie kann also ein Stamm der Soran unten am alten Kanal Beledrus seine Herden weiden!"

„Dort hat es überhaupt niemals Kurden, sondern stets nur arabische Stämme gegeben. Die vier Haddedihnjäger sind schmählich belogen worden."

„Und so dumm gewesen, die Lügen zu glauben. Die zwei Kurden waren die Kundschafter der Bebbeh, die heute wie alle Jahre kommen und, um sicherzugehen, zwei Krieger vorausgesandt haben. Diese Späher haben es unsern vier Jägern natürlich sofort an den Stammeskennzeichen angesehen, dass sie Haddedihn sind, und sich infolgedessen für Soran ausgegeben; sie haben sie ausgefragt, alles erfahren und sich dann die Lüge von dem verlorenen Dolch ausgesonnen, um unauffällig wieder zurückkehren zu können. Dann haben sie an einem passenden Ort ihre Pferde versteckt und sind hierher zurückgekehrt, um sich nach oben zu schleichen und uns zu sehen. Ihre Fährte führt hier hinauf, aber nicht wieder herab; ich will doch nicht denken, dass sie noch oben sind! Bleibt hier stehen, ich muss Gewissheit haben."

Ich schlich mich an Büschen und Felsen vorüber wieder hinauf. Es war sehr schwer, auf dem harten Boden die Spur zu verfolgen, es gelang mir aber doch. Da sah ich, dass sie uns beobachtet und vielleicht auch unsere Verhandlungen gehört und verstanden hatten, da von uns so laut und erregt gesprochen worden war; dann führte ihre Fährte seitwärts wieder in die Tiefe. Da gab es Gras, sie war also deutlich zu sehen, ich schätzte sie kaum eine Viertelstunde alt und rief Halef und seinen Sohn herbei, um sie ihnen zu erklären. Wie stolz war der wackere Hadschi darauf, dass seinem Kara die große Ehre widerfuhr, auf dem jetzigen gefährlichen Gang mitgenommen zu werden!

Wir folgten nun zusammen der Spur. Sie strich quer durch die andern Stapfen nach dem Begräbnisplatz am Wasser hin und führte dann nach Norden, sich erst immer nahe ans Ufer haltend. Natürlich fiel sie von nun an mit derjenigen Spur zusammen, die die beiden Bebbeh gemacht hatten, ehe sie die vier Haddedihn trafen. Wir hatten also alte, herwärts kommende und neue, wieder zurückführende Eindrücke vor uns.

Es dauerte nicht lange, so kamen wir an ein Gebüsch, wo die Bebbeh ihre beiden Pferde versteckt gehabt hatten. Sie hatten diese natürlich hervorgeholt und wieder bestiegen. Sie waren, wie wir sahen, von hier an Galopp geritten, um den Ihrigen die wichtige Nachricht möglichst bald zu bringen. Ich erklärte im Weiterschreiten meinem kleinen Schüler alles, was ihm noch nicht verständlich war, und hatte dabei meine helle Freude über sein gutes, scharfes Fassungsvermögen.

Von dem Versteck der Pferde aus waren wir wohl eine gute halbe Stunde lang dem Lauf des Flusses gefolgt, jede Deckung sorgfältig für uns benutzend; da kam der Wald von der Höhe herabgestiegen und bildete einen am Fluss liegenden grasigen Platz, der an den drei andern Seiten von Bäumen umgeben war.

„Hier müssen wir uns verstecken", sagte ich.

„Warum gerade hier?", fragte Halef.

„Weil die Bebbeh hier ihr Nachtlager aufschlagen werden."

„Sihdi, bist du allwissend?"

„Nein, aber ich ziehe aus den gegebenen Umständen meine Folgerungen. Es ist nicht mehr ganz eine Stunde bis zum Untergang der Sonne, dann müssen die Kurden lagern."

„Werden sie nicht vielleicht weiterreiten bis in die Nähe des Felsengrabes?"

„Nein, denn es ist da noch dunkel, der Mond geht erst später auf. Vielleicht benutzen sie seinen Schein, um sich uns dann zu nähern. Jedenfalls aber bleiben sie vorerst hier."

„Warum nicht weiter oben, sodass wir, um sie zu sehen, noch weiter zu gehen hätten?"

„Siehst du denn nicht, dass die beiden Kundschafter hier abgestiegen sind? Die vielen Stapfen sagen dir, dass sie den Platz und auch den angrenzenden Waldsaum durchsucht haben. Welch ein anderer Grund könnte hierzu vorhanden sein, als dass sie die Ihren bis hierher führen wollen?"

„Du hast Recht, wie immer, Sihdi. Was werden wir nun tun? Sie belauschen, um zu hören, was sie reden werden?"

„Das möchte ich allerdings sehr gern. Wollen sehen, ob sich die Möglichkeit dazu bietet. Wir verstecken uns im Wald, bis sie kommen."

Wir drangen links in den Forst ein, bis es da ein Buschwerk gab, das uns, als wir hineingekrochen waren, vollständig verbarg.

Ich war außerordentlich gespannt darauf, ob die Kurden wirklich da, wo ich es vermutete, anhalten würden. Halef teilte diese Neugier und sein Sohn natürlich auch.

Da wir nichts weiter tun als warten konnten, unterhielten wir uns leise miteinander und ganz selbstverständlich war das Verhalten der Haddedihn und ihres Scheiks der Gegenstand unseres Gespräches. Der kleine Hadschi ärgerte sich gewaltig und erging sich in den kräftigsten Ausdrücken über diese unvorsichtigen Menschen. Noch mehr aber, weit mehr, bedrückte ihn der Gedanke, dass ich so sehr gekränkt worden war. Ich mochte ihm wieder und immer wieder versichern, dass ich jetzt weder Ärger noch Kränkung fühle, sondern nur die Verpflichtung, über die Leute zu wachen, deren Augen blind und taub geworden waren, er glaubte es nicht und gab sich alle Mühe, mich zu beruhigen, zu trösten und seiner Treue und Anhänglichkeit zu versichern.

Ich hatte jene unbestimmte Ahnung von dem unaufhaltbaren Nahen eines traurigen Ereignisses, die mich noch nie betrogen hat, sondern stets in Erfüllung gegangen ist; daher die letzten Worte, die ich Amad el Ghandur zugerufen hatte. Für mich fürchtete ich nichts, sondern es war ein Etwas in mir, das mir sagte, dass er es sei, der sich zu hüten habe. Ich nahm mir vor, alles zu tun und selbst mein Leben zu wagen, um das Drohende von ihm abzuwenden.

Der Abend senkte sich nieder und es wurde dunkel um uns, da hörten wir Pferdegetrappel; die Kurden kamen. Der Hufschlag ging nicht weiter; ich hatte mich also nicht getäuscht, sie hielten auf dem von mir vorher bestimmten Platz an.

„Sihdi, du hast richtig vermutet, sie steigen von den Pferden. Wollen wir hin?"

„Du nicht und auch Kara Ben Halef nicht. Ihr würdet euch unnötig in Gefahr begeben, da ihr die kurdische Sprache nicht versteht. Ich gehe allein."

„Gut, aber wenn du nicht bald wiederkommst, folge ich nach!"

„Keine Unvorsichtigkeit, Halef! Ich will sie belauschen und muss also so lange warten, bis sie von dem reden, was ich hören will. Darüber können Stunden vergehen."

„Ich werde dir gehorchen, aber wehe ihnen, wenn sie dich erwischen! Ich steche und schieße sie alle nieder, alle!"

Ich hatte mir die Art und Weise, in der ich mein Vorhaben ausführen wollte, schon zurechtgelegt. Das Frühlingswasser hatte nämlich vom Berg herab und durch den Wald ein Rinnsal, einen ziemlich tiefen natürlichen Graben gerissen, in dem es dem Fluss zugeführt wurde. Dieser Graben war jetzt trocken und ging quer über den Platz, auf dem die Bebbeh angehalten hatten. Ich kroch aus dem Gebüsch hervor in diese Rinne hinab und schob mich langsam in derselben weiter. Die Kurden sprachen nicht laut, da ja die Haddedihn zufällig in der Nähe sein konnten, aber als ich eine genügende Strecke vorwärts gekommen war, hörte ich eine Stimme fragen:

„Brennen wir ein Feuer an?"

„Nein", antwortete eine andere. „Erst muss ein Lauscher weiter abwärts gehen, um nachzuforschen, ob wir hier sicher sind."

„Wir sind es, denn die Haddedihn lagern oben am Grab und werden sich in dieser Dunkelheit nicht so weit davon entfernen."

„Ja, die Haddedihn, das sind dumme Molche, die sich nicht aus ihren Höhlen wagen. Aber dieser fremde Teufel ist überall da, wo er nicht hingehört, und mit ihm der kleine Hund mit dem dünnen Bart, der Gasâl Gaboga, meinen Vater, erschossen hat. Dieser Zwerg soll gemartert werden, dass sein Schmerzgeheul weit über die Berge und durch die Täler erklingt!"

Er nannte einen seiner Leute beim Namen und schickte ihn fort, die Gegend abwärts zu erkunden. Es war mir natürlich sehr lieb, dass es jetzt noch dunkel bleiben sollte, das konnte mir nur nützlich sein. Ich kroch also weiter und immer weiter, bis ich die Waldbäume hinter mir hatte und mich im Graben am Rand des Grasplatzes befand. Die Pferde waren nach dem Wasser gelaufen, links vom Graben hatten sich die Kurden niedergesetzt, um auf die Rückkehr des Kundschafters zu warten. Sie konnten jetzt lauter sprechen, denn falls Haddedihn in der Nähe gewesen wären, hätte er sie wahrscheinlich entdeckt und es gemeldet.

Aus dem, was ich bis jetzt gehört hatte, war zu schließen, dass diese Kurden von dem Sohn Gasâl Gabogas, den Halef damals erschossen hatte, angeführt wurden. Wehe uns, wenn wir in die Hände dieses Bluträchers fielen! Im Verlauf des nun folgenden Gespräches hörte ich, dass er Ahmed Asad hieß, er wurde von den andern so genannt. Mein an die Dunkelheit gewöhntes Auge zählte jetzt elf Personen. Wenn ihrer nicht mehr waren, brauchten wir uns allerdings nicht zu fürchten.

„Ein Glück", sagte Ahmed Asad, „dass ich auf den Gedanken kam, zwei Späher vorauszusenden! Hätte ich das nicht getan, so wären wir den Haddedihn in die Hände geritten."

„Wann greifen wir sie an?", fragte einer.

„Das kommt darauf an, ob unser Bote schnell genug gewesen ist. Am liebsten noch in der Nacht, weil sie uns da nicht sehen können und wir sie da so überraschen, dass sie lebendig in unsere Hände fallen. Also köstliche Pferde haben sie?"

„Ja. Zunächst der Rapphengst des Fremden, der sich Kara Ben Nemsi nennt und zwei Zaubergewehre besitzt, mit denen man unendlich oft schießen kann, ohne laden zu müssen. Sodann ist noch ein junger Rapphengst da, den der Knabe des kleinen Kerls mit den wenigen Barthaaren reitet. Und endlich ist noch eine kostbare Schimmelstute vorhanden, die dem Scheik Amad el Ghandur gehört. Auch eine Schecke soll es geben, die ausgezeichnet ist."

„Hast du diese Pferde alle gesehen, als du oben warst?"

„Alle, nur die Schecke nicht."

„Glaubst du, dass sie besser sind als meine schwarze Perserstute?"

„Nein. Deine Stute sucht ihresgleichen. Ihr Stammbaum reicht ja hinauf bis in den Stall von Nadir-Schah."

„Dennoch müssen wir diese Pferde bekommen. Niemand darf auf sie schießen, außer er befindet sich in Todesgefahr. Das wird aber bei keinem der Fall sein, denn wir werden so schnell über diese räudigen Hunde her sein, dass sie gar keine Zeit finden, um zu beißen."

Leider kehrte jetzt der Kundschafter zurück und meldete, dass er nichts Verdächtiges bemerkt habe. Darauf erklärte Ahmed Asad:

„So brennt ein Feuer an, damit ihr essen könnt! Dann, wenn der Mond gekommen ist, reiten wir weiter und lagern uns in der Nähe des Felsenberges, auf dem die Haddedihn sich befinden."

Der Kundschafter fragte:

„Dann muss ich wohl vor dem Angriff hinauf, um zu sehen, ob sie schlafen und ein Feuer brennen?"

„Natürlich müssen wir das vorher wissen. Du gehst voran, um es mir zu berichten."

Jetzt suchten die Kurden die umstehenden Bäume und Sträucher nach dürren Ästen ab; das Feuer musste mich verraten, darum hielt ich es für geraten, mich schnell zurückzuziehen. Ich hatte das Glück, die Gefährten zu erreichen, ohne von den Bebbeh bemerkt worden zu sein, und schlich mit ihnen fort. Erst gingen wir leise und langsam, um kein Geräusch hören zu lassen, als wir aber die Hörweite hinter uns hatten, brauchten wir uns nicht mehr so in Acht zu nehmen. Halef war neugierig auf das, was ich erfahren hatte. Ich sagte es ihm. Er fragte dann:

„Denkst du, dass sie schon während der Nacht angreifen?"

„Ich denke es. Nur machen mich die Worte des Anführers irre, dass es darauf ankomme, ob der Bote schnell genug gewesen ist. Was für ein Bote mag gemeint sein?"

„Wer weiß es!"

„Es wäre aber wohl sehr nötig, es zu wissen. In einer Lage, wie die unsrige ist, kann man nicht umsichtig genug sein. Ich zählte elf Personen, mit dem Kundschafter zwölf. Ob der Anführer einen Boten fortgeschickt hat, noch mehr Leute zu holen?"

„Da müssten doch noch mehr Bebbeh in der Nähe sein!"

„Warum nicht? Wenn dies der Fall wäre, bekämen wir gewiss einen sehr harten Stand."

„Ich fürchte mich nicht, Sihdi!"

„Das weiß ich, lieber Halef; aber mir liegt das Vorgefühl in den Gliedern, dass es auch diesmal hier kein gutes Ende nehmen werde."

„Mach dir doch keine solchen Sorgen! Wie oft sind wir in noch viel größerer Gefahr gewesen und stets gut daraus hervorgegangen. So wird es auch heute und morgen werden. Was gedenkst du zu tun? Werden wir den Überfall abwarten oder die Bebbeh lieber selbst angreifen?"

„Darüber kann ich nicht bestimmen. Du weißt ja, dass Amad el Ghandur jetzt das Kommando führt."

„Allah sei es geklagt! Hoffentlich aber ist er inzwischen zur Einsicht gekommen!"

„Das bezweifle ich. Ich kenne das Fieber der Blutrache. Wer ihm einmal verfällt, dem ist nicht zu helfen, bis es seinen natürlichen Lauf genommen und entweder den einen oder den andern in den Tod gebracht hat. Du wirst sehen, dass er jetzt noch ganz so denkt wie vorhin, als wir ihn verließen."

Wir hatten inzwischen das untere Tal erreicht und stiegen nun zum Grabmal empor. Bereits von Weitem, als wir durch die schon erwähnte Felsenenge gelangt waren, leuchtete uns der Schein eines riesigen Feuers entgegen.

„Welch ein Fehler, solche Flammen lodern zu lassen!", entfuhr es mir, obgleich ich mir vorgenommen hatte, jetzt nichts zu tun als ruhig zuzuwarten.

„Werde ihnen gleich meine Meinung sagen", meinte Halef.

Das stets flinke Kerlchen sprang die Höhe vollends empor und rief den um das Feuer sitzenden und schmausenden Haddedihn zu:

„Allah akbar, Gott ist groß, aber eure Unvorsichtigkeit ist doch noch größer! Was fällt euch ein, ein solches Feuer zu brennen?"

„Was geht es dich an?", antwortete Amad el Ghandur.

„Sehr viel. Mein Leben kann davon abhängen."

„An deinem Leben ist nicht viel gelegen!"

„So! Wenn du nicht im Rächerwahn sprächest, würde ich dir anders antworten, als ich jetzt tue. Die Bebbeh sind da, um uns zu überfallen, und ihr brennt für sie ein Feuer an, damit ihre Kugeln uns ja recht sicher treffen mögen!"

„Die Bebbeh? Das lügst du!"

„Wahre deine Zunge! Ich bin Hadschi Halef Omar und habe noch nie gelogen. Die zwei Kundschafter der Bebbeh haben euch weisgemacht, dass sie Soran-Kurden seien, und von euch alles erfahren, was sie wissen wollten. Nun sind sie zurückgekehrt, um den Blutträcher Ahmed Asad, den Sohn Gasâl Gabogas, herbeizuholen. Er hält gar nicht weit von hier und will uns überfallen."

Das brachte die Haddedihn denn doch aus ihrer Fassung. Sie forderten Halef auf, alles zu erzählen, er antwortete:

„Eigentlich seid ihr keines Wortes wert. Ihr habt euch von meinem Effendi losgesagt und so sollten wir eigentlich fortreiten und uns nicht weiter um euch bekümmern; aber ich weiß, was ich meiner Bekehrung zur wahren Liebe schuldig bin, und werde euch also eure Bitte erfüllen. Der Effendi Kara Ben Nemsi, ich, der Hadschi Halef Omar, und mein Sohn Kara Ben Halef, wir sind am Lager der Bebbeh gewesen und haben ihre Gespräche belauscht. Hätten wir das nicht getan, so würdet ihr noch heute Nacht abgeschlachtet wie Schafe, die keinen Hirten und Beschützer haben."

Er erzählte nun das, was wir getan, gesehen und gehört hatten, in seiner farbenreichen Weise und schloss die besten Ermahnungen daran. Schon glaubte ich, dass diese seine Vorstellungen nicht ohne Erfolg sein würden, da fuhr ihn Amad el Ghandur an:

„Schweig! Wir brauchen deine Ermahnungen nicht, wir wissen selbst, was wir zu tun haben. Also zwölf Bebbeh habt ihr gezählt?"

„Ja. Wenn du sie nachzählen willst, so geh hin zu ihnen!"

„Und da machst du solchen Lärm! Zwölf gegen zwanzig!"

„Aber es können leicht noch mehr kommen, denn Ahmed Asad hat von einem Boten gesprochen."

„Sie mögen kommen, wir fürchten sie nicht. Was schreist du da über unser großes Feuer! Gerade dieses ist für einen solchen Überfall gut. Wir setzen uns in den Schatten, da können die Bebbeh uns nicht sehen; wir aber erblicken sie, sobald sie kommen, und geben ihnen unsere Kugeln."

„Aber unser Ritt sollte doch friedlich sein!"

„Schweig! Die Kurden kommen, sich an uns zu rächen: Wir müssen uns wehren. Aber selbst wenn wir dies nicht müssten, würden wir es doch tun. Diese Hunde sind nicht wert, dass sie unter Allahs Himmel wandeln, sie müssen von der Erde verschwinden."

„Gut, ich werde schweigen, ihr aber werdet weinen und heulen über das, was daraus folgen wird!"

Er wandte sich ab und ging dahin, wo Omar Ben Sadek und der Lord saßen. Ich hatte mir vorgenommen, nichts zu sagen, konnte es aber doch nicht übers Herz bringen. Es war ja doch möglich, Blutvergießen zu verhüten. Die Haddedihn konnten hier oben und die Bebbeh unten an ihren Gräbern beten und die gegenseitige Rache für später aufheben. Darum machte ich noch einen Versuch, zum Frieden zu reden:

„Amad el Ghandur, ich war dein Freund, dein Bruder und Gefährte und will es auch jetzt noch sein. Hast du nicht heute diesen Stein in dieses offene Grabmal geworfen und dabei behauptet, dass dein Vater gerächt sei? Warum trachtest nach neuem Blut?"

„Die Rache war nicht tot", murrte er, „sie hat nur geschlafen und ist wieder aufgewacht."

„Nein, so ist es nicht; sie schläft noch jetzt, sie will nicht erwachen, aber du willst sie aufwecken. Wer einen Brand entfacht, soll vorsichtig sein und es sich vorher bedenken, denn er kann sich leicht selbst verbrennen."

„Meinst du, dass ich deine guten Lehren brauche?"

„Ja, das meine ich. Gerade jetzt solltest du ein offenes Ohr für sie haben. Ich mag mich nicht rühmen und will mir auch das, was ich getan habe, nicht bezahlen lassen; aber heute, wo so vieler Leben, auch das deinige, von dir abhängt, muss ich dich an den Kerker von Amadije erinnern, in dem du verschmachtet wärst, wenn ich dich nicht herausgeholt hätte. Wäre Mohammed, dein Vater, noch am Leben, der damals mit uns war, er würde dir raten, auf meine Worte zu hören."

„Nein", fuhr er da auf, „das würde er nicht, denn dein Rat und deine Worte haben ihn damals ins Verderben geführt. Du bist nicht unseres Glaubens, du gehörst nicht zu uns. Wenn ein gläubiger Moslem einem Christen folgt, ist es stets zu seinem Schaden. Ich will Rache, ich will Blut und ich werde meinen Willen haben."

„Und ich will Liebe und Versöhnung. Wir werden sehen, wessen Wille bessere Früchte bringt!"

Ich sah ein, dass all mein Bemühen hier vergeblich war, und ging zu den Gefährten, bei denen ich mich niedersetzte. Wir befanden uns im tiefen Schatten und auch die Haddedihn suchten jetzt dunkle Stellen auf, um mit ihren Kugeln die angreifenden Kurden zu empfangen.

Der Lord hatte nur wenig von dem, was gesprochen worden war, verstanden; ich musste ihn aufklären. Als dies geschehen war, meinte er:

„Harte Köpfe, diese Kerls! Meint Ihr, dass die Bebbeh auch solche Köpfe haben?"

„Ja."

„Dann Zusammenstoß."

„Sehr wahrscheinlich, aber ich werde doch versuchen, ihn zu verhindern."

„Wie das anfangen?"

„Zunächst kann ich nichts anderes tun, als Ahmed Asad wissen lassen, dass wir von dem geplanten Überfall unterrichtet sind. Dann wird er ihn wahrscheinlich, wenigstens für die Nacht, unterlassen."

„Und ihn dann aber am Tag ausführen!"

„Darauf muss ich es ankommen lassen. Vielleicht kommt mir bis dahin ein rettender Gedanke."

„Wie aber soll dieser Kurde erfahren, dass sein Anschlag uns verraten worden ist?"

„Durch den Späher, den er heraufschicken will, um zu erfahren, ob wir schlafen und ein Feuer brennen."

„Dem wollt Ihr es sagen?"

„Ja."

„Wie wollt Ihr das anfangen, Master Sihdi und Effendi?"

„Ich nehme ihn fest."

„Ach, oh, festnehmen!"

Ich sah trotz der Dunkelheit, dass sein Mund sich vor Entzücken in ein offenes Trapezoid verwandelte und dass seine Nase in selige Bewegung geriet. Er ergriff meine Hand und fuhr fort:

„Hört einmal, Ihr großer, vortrefflicher und berühmter Kara Ben Nemsi, wollt Ihr dieses Festnehmen des Kurden nicht mir überlassen? Habe während dieses ganzen, langen Rittes nichts tun können, gar nichts, und hätte doch so gern mit einem Regenwurm gekämpft oder wenigstens einen Lindwurm totgetreten. Jetzt gibt es die schönste Gelegenheit, meine acht Finger um den Hals von Bebbeh zu legen. Erlaubt mir das, Sir! Zahle Euch gern hundert oder auch noch mehr Pfund Sterling dafür!"

„Könnt es ohne Zahlung haben, Mylord. Ich will es Euch erlauben, doch unter der Bedingung, dass ich dabei bin und dass Ihr Euch nach meinen Vorschriften richtet!"

„*Well*, zugestanden, *yes*! Bebbehkurde, Finger, Hals, Vorschriften, vortrefflich, unvergleichlich! Nun geht doch endlich einmal das ordentliche, solide Leben wieder an!"

Er rief das so laut aus, dass ich ihn ersuchen musste, ruhig zu sein. Nach einiger Zeit ging der Mond auf und ich nahm an, dass die Kurden nun ihr Lager auf dem Wiesenplatz verlassen würden. Ich stieg also, natürlich ohne den Haddedihn von meinem Vorhaben Mitteilung zu machen, mit dem Engländer die kurze Strecke nach der Felsenenge hinab, wo wir uns verbergen wollten.

Da sie an ihrer oberen Seite von dem Feuer der Haddedihn beleuchtet wurde, so durchschritten wir sie und legten uns an ihrer untern, unbeleuchteten Seite hinter einem Gebüsch nebeneinander auf den Boden nieder. Wir konnten annehmen, dass uns der Späher hier, wo es dunkel war, nicht sehen würde.

„Ob er aber auch kommen wird?", fragte der Lord, der ganz erpicht darauf war, den Bebbeh in seine Hände zu bekommen.

„Jedenfalls", antwortete ich. „Ahmed Asad, sein Scheik, hat es gesagt. Doch seid jetzt still, damit wir ihn nicht nur sehen, sondern schon vorher sein Kommen hören."

Nun lagen wir wohl eine Viertelstunde lang. Von unten herauf erklang jenes monotone und doch so viel sagende Rauschen des Waldes, jene ergreifende Predigt von der Allmacht des Unendlichen. Da hörte ich ein dumpfes Geräusch in der Tiefe.

„Horcht!", flüsterte ich dem Lord zu.

„Höre nichts", antwortete er.

„Aber ich höre es deutlich. Es sind die Schritte der Pferde auf dem Wiesengrund unten. Sie kommen."

„*Well!* Müsst lange Ohren haben, Sir! Glaube, die Lappen davon hängen bis dort hinunter, wo die Kerls sich befinden. Seid ein Unikum und gehört in ein Panoptikum!"

„Danke, Sir David! Nun aber aufpassen, denn es wird gar nicht lange dauern, so kommt der Späher heraufgestiegen."

Es vergingen vielleicht fünf Minuten, so vernahm ich das Geräusch eines rollenden Steins, der aus seiner Lage gestoßen worden war.

„Er naht", raunte ich dem Lord zu. „Nehmt ihn beim Hals, aber gleich so fest, dass er keinen Laut von sich geben kann!"

„Und dann?"

„Ist meine Sache."

Jetzt hörten wir leise Schritte und einige Augenblicke später sahen wir ihn auch. Der Mond beleuchtete ihn hell, während wir im Schatten der Felsenenge lagen. Er war wohl der beste Späher der Kurden und dennoch ein schlechter Kundschafter; ich an seiner Stelle hätte die dunklen Stellen hinter den Büschen gesucht und wäre gekrochen, während er aufrecht gegangen kam.

Seine Schritte waren langsam und bedächtig; ganz in der Nähe blieb er stehen, um zu horchen. Da er nichts Verdächtiges sah und hörte, so ging er weiter, um in die Enge einzudringen; er musste an uns vorüber. Da gab ich dem Lord einen Stoß, er richtete seine lange Gestalt auf; der Kurde sah diese so plötzlich neben sich in die Höhe ragen und wich erschrocken einen Schritt zurück; ehe er sich fassen und einen Schrei ausstoßen konnte, lagen ihm die Hände des Engländers am Hals.

„Habe ihn!", meinte Lindsay. „Was nun?"

„Herlegen."

Ich hob dem Bebbeh die beiden Füße aus und der Lord ließ ihn nieder, er machte keine einzige Bewegung der Gegenwehr. Ich zog mein Messer, setzte ihm die Spitze recht fühlbar auf die Brust, bat Lindsay, ihm den Hals freizugeben, und bedrohte ihn:

„Sprichst du ein lautes Wort, so ersteche ich dich; hingegen wird dir gar nichts geschehen, wenn du gehorchst!"

Er röchelte eine kurze Weile und holte dann tief Atem, zu reden aber oder gar zu schreien wagte er nicht.

„Du siehst, dass du nicht immer Glück beim Spähen hast", fuhr ich fort. „Einmal ist es dir gelungen, als du heute mit einem Gefährten zum ersten Mal hier warst; jetzt aber ist's um dich geschehen, wenn du dich nicht so verhältst, wie ich es dir befehle. Beantworte meine Fragen, doch so leise, dass nur wir es hören können! Ahmed Asad lagert mit euch da unten im Tal?"

Er sagte nichts, sondern besann sich wohl, wie er sich in seiner Lage am besten zu verhalten habe. Ich wiederholte meine Frage und ließ ihn das Messer stärker fühlen.

„Chodih[1], stich nicht!", bat er da schnell. „Ja, wir sind da unten."

„Wie viele Männer?"

„Zwölf."

[1] Kurdisch: Herr

„Aber es werden noch mehr kommen?"

„Nein."

„Ihr habt ja einen Boten fortgeschickt? Wozu ist das denn geschehen?"

„Katera Chodeh – um Gottes willen!", stieß er hervor. „Das weißt du?"

„Ja."

„Wer bist du, o Herr?"

„Ich denke, du kennst mich, sieh mich an!", antwortete ich, während ich aus dem Schatten in den hellen Mondschein trat.

„Der fremde Effendi mit den Zauberflinten!", sagte er im Ton des Schreckens.

„Ja, der bin ich. Beantworte meine Frage!"

Er folgte dieser Aufforderung erst nach einer Weile des Überlegens:

„Wie du es wissen kannst, ist mir unerklärlich, aber es ist wahr; wir haben einen Boten abgesandt, er ist zu Dschibrail Mamrasch gegangen."

„Ah, nach dem Haus des Scheiks der Dschiaf-Kurden? Das liegt fast anderthalb Tagereisen von hier. Was soll er dort?"

„Ja, es ist freilich weit bis dahin, aber doch der nächste Ort, an dem wir Fleisch und Mehl bekommen können. Wir sind hierher gekommen, um unsere Andacht zu verrichten, da können wir nicht fort, um Wild zu schießen. Darum wollen wir uns bei Dschibrail Mamrasch Proviant kaufen."

„Bei diesem? Hm! Er gehört zu den Dschiaf-Kurden, deren Feinde ihr seid."

„Jetzt nicht mehr, Chodih."

„Mag sein! Ich glaube dir nicht. Nimm dich in Acht! Ihr wollt uns überfallen, ich weiß es genau. Du siehst aber, dass wir den Zugang zur Höhe besetzt halten. Wer sich nähert, wird erschossen."

„Chodih, wir wollten euch nichts tun!"

„Schweig! Ich weiß es besser, ich weiß überhaupt alles. Aber auch wir sind nur der Andacht und nicht des Kampfes wegen gekommen, darum will ich gegen dich und überhaupt gegen euch anders handeln, als ich eigentlich sollte. Warum wollen wir uns gegenseitig bekämpfen, da der Rache Genüge getan worden ist? Warum soll aus dem gottgefälligen Gebet ein gottloses Schlachten und Morden werden? Steh auf, ich gebe dich frei! Steig hinab zu Ahmed Asad, eurem Anführer, und bring ihm meine Botschaft! Ich biete ihm Frieden. Beide Teile mögen an den Gräbern für ihre Toten beten und dann diese Stätte verlassen, wann und wie es ihnen beliebt."

„Nein, das darf nicht geschehen!", rief es da neben mir. Amad el Ghandur trat aus der Felsenenge hervor, in der er gesteckt hatte, und fuhr in drohendem Ton fort:

„Wie kannst du, ohne mich zu fragen, über uns bestimmen! Ich sah euch beide fortgehen; ihr kehrtet nicht zurück, da dachte ich mir gleich, dass ihr etwas beabsichtigtet, was gegen meinen Willen ist, und bin euch nach. Ich kam in diese Enge, hörte eure Stimme und blieb stehen. Ich habe alles vernommen, sage dir aber, dass du kein Recht hast, den Frieden zu bieten. Ich würde mich überhaupt schämen, diese Kurdenhunde um Frieden zu bitten! Weißt du das?"

„Ich habe den Frieden angeboten, ich ihnen, sie aber nicht darum angebettelt. Weißt du das? Du hast dich von mir getrennt und magst es halten, wie es dir beliebt; ich werde auch tun, was ich will."

„Gut, tu das! Aber dieser Kurde hier ist unser Gefangener, den wirst du mir übergeben!"

„Nein, das werde ich nicht. Ich habe noch nie mein Wort gebrochen und so wird es auch jetzt bei dem bleiben, was ich gesagt habe. Er ist frei."

„Er ist nicht frei!", rief Amad el Ghandur und ergriff den Bebbeh beim Arm. „Er gehört mir und ich schwöre dir bei Allah..."

„Halt, schwöre nicht!", unterbrach ich ihn. „Du würdest deinen Schwur nicht halten können."

„Ich halte ihn und sage dir, dass ich meinem Willen selbst mit der Waffe Nachdruck geben werde!"

„Gut! Ganz so, wie du willst! Wenn Freundschaft, Dankbarkeit, Vorsicht und Überlegung nichts mehr gelten, so mag das Messer zwischen uns entscheiden. Es wird heute gerade so sein wie damals mit Gasâl Gaboga und du wirst deinen Starrsinn zu bezahlen haben. Ich habe gesagt, dass dieser Kurde frei sein soll, und mein Wort darf nicht zu Schanden werden. Tu die Hand von ihm!"

„Nein!", knirschte er.

„Tu sie weg, sonst schlage ich dich nieder mit dieser meiner Faust! Du kennst den Hieb!"

„Schlag zu! Wage es!", drohte er mir, während er, ohne den Kurden loszulassen, sein Messer gegen mich zückte.

Ich holte zu dem mir so geläufigen Fausthieb aus, ließ aber den Arm rasch wieder sinken, denn da krachte ganz in unserer Nähe hinter einem Busch hervor ein Schuss und noch einer, Amad el Ghandur drehte sich, den Kurden loslassend, halb um seine eigene Achse und taumelte dann gegen den Felsen. Der Kurde entfloh, hinter dem Busch aber kamen zwei Gestalten hervorgesprungen, die mit umgekehrten Gewehren auf mich und den Engländer eindrangen, um uns mit den Kolben niederzuschlagen.

Was man in solchen Augenblicken tut, geschieht viel schneller, als man es zu erzählen vermag. Ich wartete den Hieb, der mir gelten sollte, gar nicht erst ab, sondern sprang dem ersten Angreifer entgegen, warf mich einen Schritt weit auf die Seite und stieß ihm mit aller mir zu Gebote stehenden Kraft die Faust in die Achselhöhle des hoch erhobenen linken Armes. Er ließ das Gewehr fallen, stieß einen Schrei aus und flog fünf, sechs Schritte weit fort, um dort wie ein Sack niederzustürzen.

Indessen war der zweite an den Lord gekommen und hatte zugeschlagen, aber nicht getroffen, weil der Engländer dem Hieb ausgewichen war. Ich tat einen raschen Sprung hinzu und riss den Kurden nieder und hielt ihn fest, bis ihm der Lord das Messer und die Pistole aus dem Gürtel genommen hatte. Der Mond beschien sein Gesicht und ich erkannte den mir damals wohlgesinnten Bruder des Scheiks Gasâl Gaboga. Er war mir, wie man sich erinnern wird, zur Dankbarkeit verpflichtet gewesen, weil ich ihn den Haddedihn gegenüber beschützt und aus der Gefangenschaft entlassen hatte; ohne mich wäre er erschossen worden.

Der andere Angreifer, den ich fortgeschleudert hatte, raffte sich auf und eilte davon. Ich hielt ihn nicht zurück, obgleich der Engländer mir zurief:

„Dort läuft der Halunke hin. Haltet ihn fest, Sir!"

„Lasst ihn laufen!", antwortete ich, „wir haben hier einen besseren und wertvolleren Mann."

„Wen denn? Ah, das ist ja jener famose Scheiksbruder, den wir damals partout ermorden sollten!"

„Ja. Schnell hinein in die Enge mit ihm! Es könnten noch mehrere Kurden heraufgekommen sein! Ich nehme ihn. Nehmt Ihr Amad el Ghandur!"

„Ich brauche niemanden, ich kann allein gehen", antwortete dieser. „Du bist schuld daran, Effendi, das werde ich dir nie vergessen. Du hast mich schlagen wollen, nun bin ich verwundet. Es ist aus zwischen uns beiden, aus für immer!"

Er taumelte in die Enge hinein. Wir beide folgten ihm. Als wir sie passiert hatten, stießen wir auf Halef und seinen Sohn, die herbeigeeilt waren.

„Sihdi, wir hörten Schüsse. Was ist geschehen?", rief der Hadschi.

„Ein Angriff von zwei Kurden", antwortete ich. „Vielleicht kommen noch mehr. Steck dich mit Kara Ben Halef in die Enge und passt auf. Ihr schießt auf jeden Feind, der sich ihr nähert!"

Die beiden verschwanden zwischen den Felsen. Auch die Haddedihn hatten die Schüsse gehört. Sie scharten sich am Feuer um ihren verwundeten Scheik und ließen laute Drohungen hören. Ich achtete nicht auf sie, denn ich hatte mit dem Bebbeh zu reden. Wir hielten ihn jetzt nicht mehr fest. Er lehnte am Felsen, blickte finster vor sich nieder und sagte:

„Jetzt bin ich zum zweiten Mal in deine Hand geraten, Effendi."

„Ja, und das ist mir nicht lieb. Du hast mir damals selbst gesagt, dass ich dir das Leben und die Ehre gerettet habe; ich bin dein Freund und Bruder geworden und dennoch hast du vorhin auf mich geschossen!"

„Auf dich? Du irrst. Wir hatten einen Späher heraufgesandt, er blieb uns zu lange aus. Da schlich ich mich mit noch einem herauf. Ich sah euch und hörte deine friedliche Rede, ich sah ferner, dass dein eigener Freund das Messer gegen dich zückte, da schossen wir auf ihn."

„So weißt du also, dass ich euch nicht bekämpfen will?"

„Ja."

„Gut! Du bist noch heut wie damals mein Bruder. Ich gebe dich frei. Du kannst gehen."

„Wirklich, Effendi, wirklich?", fragte er und starrte mich ungläubig an.

„Ja."

„Aber – aber – aber das tut – das tut doch kein Mensch!"

„Ein Moslem allerdings nicht, aber du wirst noch wissen, dass ich ein Christ bin. Geh in Gottes Namen zu den Deinen. Draußen liegen eure Waffen, hebe sie auf und nimm sie mit! Sag Ahmed Asad, dass ich den Frieden will! Ich werde morgen am Vormittag hinunter in euer Lager kommen und mit ihm verhandeln."

„Das – das willst du wagen?!"

„Es ist kein Wagnis, ich weiß genau, was ich tue. Ich fürchte mich nicht vor euch, obgleich ihr uns an Zahl weit überlegen seid."

„Das weißt du auch?"

„Ja. Euer Späher hat mich belogen. Er sagte, der Bote sei zu Dschibrail Mamrasch gegangen, um Proviant zu kaufen; das konnte er einem andern weismachen, aber nicht mir! Der Bote hat noch mehr Krieger von euch herbeigeholt."

„Ja, so ist es, Effendi. Wir befinden uns auf einem Kriegszug gegen die Kurden von Rummok und Pir Mam. Ahmed Asad wich vom Weg ab, um die Gräber hier zu besuchen, und sandte uns den Boten, rasch nachzukommen, da die Haddedihn sich auch hier befänden. Unsere Krieger wollen sich rächen."

„Wie stark sind sie?"

„Hundertzwanzig. Ihr werdet verloren sein, denn ihr habt einen schlechten Platz hier oben."

„Ja, der Platz ist schlecht, aber desto besser sind unsere Waffen, wie du weißt. Und auch darauf kommt es nicht allein an, sondern ebenso auf den Mann, der sie trägt, auf seinen Kopf und auf die Gedanken, die sich darin befinden. Ich wiederhole dir, dass ich mich vor euch gar nicht fürchte. Geh hinab und sag das den Deinen! Es ist auch für sie besser, wenn sie so tun, als ob wir uns gar nicht hier befänden. Es könnte sonst aus ihrem Kriegszug sehr leicht eine Niederlage werden."

Da ergriff er meine Hand und sagte:

„Effendi, ich habe noch keinen Menschen gekannt, der so denkt, redet und handelt wie du. Wäre ich nicht ein Bebbeh, so wollte ich, ich wäre ein Christ und wohnte in deinem Land. Sind dort alle Leute so wie du?"

„Nicht alle. Es gibt überall Gute und Böse, ein Christ aber wird nie nach dem Blut seines Nächsten dürsten, auch nach dem seines ärgsten Feindes nicht. Ein wahrer Christ weiß, dass die Liebe allmächtig ist und endlich allen Hass überwindet. Also geh, ich komme morgen Vormittag hinab. Aber sag den Bebbeh, dass wir uns während der Nacht hier verteidigen und jeden niederschießen werden, der es wagen sollte, sich bis morgen uns zu nähern!"

„Ich werde es sagen, Effendi, und es mag kommen, wie es will, so wirst du sehen, dass ich mich als Freund gegen dich verhalte."

„Auch gegen meine Gefährten?"

„Nein, denn sie sind die Feinde meines Stammes. Ihnen gegenüber bin ich zu nichts verpflichtet. Leb wohl! Und wenn wir uns morgen wieder sehen, so wünsche ich, dass ich dir so dienen kann, wie du mild und freundlich gegen mich gewesen bist!"

Er ging und ich gab Halef und seinem Sohn die Weisung, ihn ungehindert durchzulassen. Der Lord hatte natürlich kein Wort von unserer Unterhaltung verstanden. Darum fragte er jetzt:

„Ihr lasst ihn fort, Sir? War es nicht besser, ihn festzuhalten? Wir hätten in ihm eine Geisel gehabt."

„Das durfte ich nicht, weil ich damals Freund- und Bruderschaft mit ihm geschlossen habe. Ihr könnt Euch darauf verlassen, dass er jetzt weit mehr für uns wirken wird, als er uns als Geisel hätte nützen können."

„*Well*, ganz wie Ihr wollt. Aber hatte den andern Kerl so schön bei der Gurgel und nun ist auch der auf und davon! Seid ein ganz eigentümliches Menschenkind."

Er hätte wohl gern weitergesprochen, wurde aber unterbrochen, denn eben jetzt kam Amad el Ghandur rasch und in drohender Haltung auf mich zugeschritten. Sein Burnus war voller Blut, der Schuss hatte ihn an der Schulter verletzt.

„Ich sehe den Kurden nicht!", rief er mich zornig an und seine Augen funkelten grimmig. „Wo ist er?"

„Hinunter in sein Lager."

„Wer hat ihn fortgelassen?"

„Ich."

„Effendi, soll ich dich niederschlagen? Dieser Hund hat auf mich geschossen und du lässt ihn fort! Ich frage abermals, ob ich dich niederschlagen soll?"

„Weißt du nicht mehr, dass ich damals sein Bruder geworden bin? Er hat mir nichts getan, also habe ich ihn freigegeben."

„Aber mich hat er töten wollen! Siehst du hier das Blut an meinem Gewand? Es schreit nach Rache!"

„Daran bist nur du allein schuld. Er wollte nichts gegen uns unternehmen, aber als er sah, dass du das Messer gegen mich, der ich sein Freund bin, erhobst, schoss er auf dich."

„So hattest du ihn mir zu übergeben!"

„Er befand sich in meinen Händen, nicht in den deinigen. Ich konnte tun, was mir beliebte. Wenn du ihn haben willst, so hole dir ihn!"

„Wagst du wirklich, in dieser Weise mit mir zu reden! Ich frage zum dritten Mal, ob ich dich niederschlagen soll?"

„Und ich antworte zum dritten Mal nicht auf diese Frage. Du selbst hast gesagt, dass wir nichts mehr miteinander zu schaffen haben, also lass mich in Ruh!"

Meine Gelassenheit imponierte ihm, aber es kostete ihn dennoch gewaltige Anstrengung, seinen Grimm zu meistern. Die Haddedihn waren auch herbeigekommen, sie standen hinter ihm. Hätte er sie aufgefordert, mich zu packen, so weiß ich wirklich nicht, ob sie ihm gehorsam gewesen wären oder nicht. Ihr Sinn war eben auch auf Kampf und Rache gerichtet. Ich ging vorwärts, an Amad el Ghandur vorbei und mitten zwischen ihnen hindurch. Sie wagten doch nicht, mich zu hindern. Da drehte ich mich noch einmal zum Scheik zurück und sagte:

„Übrigens sprach dieser Kurde davon, dass wir verloren sind, weil wir hier einen schlechten Platz haben. Seine Truppe besteht nicht mehr aus zwölf, sondern aus hundertzwanzig Kriegern. Sieh zu, wie du mit ihnen auskommst!"

„Hundertzwanzig? Das ist eine Lüge!"

Ich tat, als hätte ich diese Beleidigung nicht gehört, und ging zu meinem Pferd, wo ich mich niederlegte. Später löste ich Halef und seinen Sohn ab und blieb bis zum Morgen wachend in der Felsenenge liegen.

Es war das keine gute Nacht. Es schien geradezu ein Teufel in die Haddedihn gefahren zu sein. Wie hatten sie sich über mein Kommen gefreut! Welche Achtung und Zuneigung hatten sie mir erwiesen! Und nun waren sie mir so plötzlich beinahe feindlich gesinnt. Das war der Rausch der Rache. Wer es nicht selbst erfahren hat, der kann es gar nicht glauben, welchen Einfluss sie auf einen halbwilden Menschen besitzt. Kommt es doch auch in unsern zivilisierten Ländern gar nicht selten vor, dass ein Mensch seine Ehre, sein ganzes Lebensglück von sich wirft um einer Rache willen, die nicht nur unchristlich, sondern zuweilen geradezu lächerlich ist. Wenn das Christen tun, wie soll man da über einen Beduinen, Indianer, Hottentotten oder Australneger richten!

Dies waren die Gedanken, die mich während der Nacht beschäftigten. Als es Tag geworden war, ging ich zu meinem Rih, um ihn zu füttern. Er leckte mir die Wangen und die Hände und war außerordentlich zärtlich, weil ich während der Nacht nicht bei ihm gewesen war. Er hatte sich nach mir gesehnt. Ich hatte ein Säckchen mit Datteln für ihn mitgenommen, ihm bisher aber nur wenige davon gegeben, weil wir stets Gras gefunden hatten. Hier oben gab es aber nur ein sehr spärliches Grün, und da mir ahnte, dass es heute zum Kampf kommen und vielleicht für mich einen Grund geben würde, mich auf die Schnelligkeit und Ausdauer meines Pferdes zu verlassen, gab ich ihm alle diese Datteln zu fressen. Er war noch nie so zärtlich mit mir gewesen, rieb seinen schönen Kopf immerfort an mir und suchte mich auch von hinten mit dem Schwanz zu erreichen. Das kluge Tier wusste, dass es nicht laut werden durfte; es wollte gern vor Liebe wiehern, das merkte ich ihm an, da es sich dies aber nicht getraute, so gab es wiederholt einen Ton von sich, der zwischen Wiehern und Schnauben lag. Er war mit dem Drucksen und Glucksen einer Henne zu vergleichen, die ihre Küchlein unter ihre Flügel lockt. Wenn es nicht für lächerlich gehalten werden könnte, möchte ich fast sagen, Rih ahnte, was ihm bevorstand, wollte mir zum letzten Mal seine Liebe zeigen und Abschied von mir nehmen. Ich schäme mich nicht, zu gestehen, dass mir, wo ich heute dieses schreibe, einige sehr unmännliche Tropfen aus den Augen rinnen.

Auch Amad el Ghandur hatte nicht geschlafen. Er lehnte mit dem Rücken am

Grabmal seines Vaters und verfolgte meine Bewegungen mit düsteren Blicken. Seine Verwundung war jedenfalls nicht leicht und in seinen Augen flackerte es, als ob das Fieber bereits im Anzug sei. Ich ging trotz allem, was gestern zwischen uns vorgekommen war, zu ihm hin, um mich zu erkundigen und ihm meine Hilfe anzubieten; er aber wandte sich hastig ab und sagte:

„Packe dich fort! Es soll mich nie wieder ein Christ berühren!"

Nun beorderte ich Halef wieder als Wache in die Felsenenge, hängte den Stutzen über und stieg den Berg hinab, um zu den Kurden zu gehen. Halef wollte unbedingt mit, ich gab dies aber nicht zu. Das Wagnis war zu groß, als dass ich einen andern hätte daran teilnehmen lassen mögen.

Ich huschte von Strauch zu Strauch, um nicht gesehen zu werden, denn ich wollte ganz plötzlich unter die Bebbeh treten. Da sah ich einen von ihnen an einem Baum lehnen, er blickte bergaufwärts, als ob er von dorther jemanden erwarte. Es war Gasâl Gabogas Bruder. Er wusste, dass ich kommen wollte. Harrte er auf mich? Hatte er mir etwas mitzuteilen? Ich trat hinter den Büschen hervor. Als er mich erblickte, kam er rasch auf mich zu und sagte:

„Effendi, du bist mein Bruder, darum muss ich dich retten. Trenne dich schnell von den Haddedihn, sonst bist du mit ihnen verloren."

„Warum?"

„Ihr werdet in spätestens einer Viertelstunde angegriffen."

„Ihr könnt ja nicht durch die Felsenenge, die wir verteidigen werden."

„Oh, wir kommen nicht von dieser Seite."

„Ah, so wollt ihr jenseits emporsteigen?"

„Ja. Wir haben gleich nach Tagesanbruch gesucht und eine Stelle entdeckt, an der wir hinaufkönnen. Kein Beduine, der Bewohner der Ebene ist, könnte da empor; wir Kurden aber hausen in den Bergen und sind gute Kletterer."

„Wir werden euch auch da empfangen!"

„Das weiß ich, nachdem ich es dir gesagt habe. Du siehst, wie dankbar ich dir bin, denn ich verrate meine eigenen Genossen. Aber es wird euch doch nichts helfen, denn ihr werdet von zwei Seiten angegriffen, auch von der Felsenenge aus."

„Hm! Wo lagert ihr? Noch immer gerade unter uns im Grund?"

„Nein, wir sind rückwärts gegangen, halb um den Felsenberg herum. Mehr darf ich dir nicht sagen. Ich habe meine Pflicht gegen dich getan. Nun handle, wie du willst. Chodeh te bahvesche – Gott erhalte dich!"

Er wandte sich um und eilte fort. Ich stieg rasch den Berg hinan und rief, oben angekommen, den gestrigen Streit und auch das heutige Verhalten Amad el Ghandurs vergessend:

„Auf, zu den Waffen, ihr Männer! Die Bebbeh werden uns angreifen, da an dem Felsendurchgang und auch von dort her, wo sie heraufgestiegen kommen."

Da sprang Amad el Ghandur auf und fragte:

„Wo sind sie jetzt?"

„Sie haben sich nördlich halb um den Berg gezogen. Der Bruder von Gasâl Gaboga hat es mir gesagt, darum will ich, dass ihm nichts geschehe. Schießt nicht auf ihn. Schont überhaupt den Feind so viel wie möglich. Schießt sie in die Beine! Ich werde mit meinem Stutzen mich an..."

„Schweig!", fuhr mich Amad el Ghandur an. „Was hast du uns zu befehlen! Jetzt bin ich der Gebieter und was ich sage, das geschieht. Wir werden uns hüten zu warten, bis sie von beiden Seiten auf uns kommen. Wir überrumpeln sie. Wir greifen sie an. Nehmt die Waffen und die Pferde, ihr tapferen Krieger der Haddedihn! Wir führen die Pferde hinab bis dahin, wo wir aufsteigen können, dann reiten wir mitten unter die Hunde hinein und...""

„Um Gottes willen, nur das nicht!", fiel ich ihm in die Rede. „Ihr müsst...""

„Schweig!", schrie er mich abermals an. „Meinst du, dass ich nichts vom Krieg verstehe? Wir brauchen deinen Rat und deine Hilfe nicht. Bleib hier zurück und erstick an deiner Klugheit und an deiner berühmten Feindesliebe. Und wenn dein Halef vergisst, dass er ein Haddedihn geworden ist und nicht zu dir, sondern zu uns gehört, so mag er mit seinem Knaben auch zurückbleiben und uns niemals wieder vor die Augen kommen. Wir brauchen keine Feiglinge bei uns!"

„Feigling? Ich?", rief Halef. „Das hat mir noch niemand gesagt! Ich werde dir zeigen, ob ich feig bin, ich reite mit!"

Er warf sein Gewehr über und ging zu seinem Pferd, sein Sohn tat dasselbe. Es war ein Augenblick größter Aufregung, ich sah, dass alle meine Vorstellungen vergeblich sein würden, und schwieg. Der Lord fragte mich nach dem Grund des Tumults und ich gab ihm Auskunft.

„Machen wir mit?", erkundigte er sich.

„Hier bleiben können wir nicht."

„*Well*, so sollen diese Bebbeh einen gewissen David Lindsay kennenlernen!"

„Nicht so, Sir David! Es fällt mir nicht ein, mit diesen toll gewordenen Menschen geradezu ins Verderben zu rennen. Ich möchte sie gern zurückhalten, doch Ihr seht, dass sie nicht auf mich hören. Wir reiten hinter ihnen her und werden dann ja sehen, was zu tun ist. Gott gebe einen besseren Ausgang, als ich ahne!"

Die Haddedihn drängten sich durch die Enge. Halef und sein Sohn waren die letzten.

„Sihdi", rief er mir zu, „bist du mir böse? Soll Hanneh, die beste unter den Frauen, hören, dass ich ein Feigling bin?"

„Nein. Du musst leider mit, deine Ehre gebietet es dir. Aber lass Kara Ben Halef bei mir zurück!"

„Nein, Effendi. Er soll ebenso wenig wie ich feig genannt werden. Hadschi Halef Omar lässt seinen Namen nicht schänden. Wenn wir sterben sollten, so grüße meine Hanneh, die Rose unter den Blumen, und sage ihr, dass wir nicht vor dem Tod gezittert haben. Tröste die Gute und lebe auch du wohl, mein lieber, lieber Herr!"

Er eilte fort. Nur Omar Ben Sadek war bei uns geblieben.

„Nun, und du?", fragte ich ihn.

„Ich halte zu dir, denn ich bin nicht verrückt", antwortete er. „Mögen sie mich für feig halten, mein Stolz hört nicht auf solche Leute!"

„Du hast Recht. Übrigens wirst du wohl Gelegenheit finden, auch zu zeigen, dass du Mut besitzt. Kommt, wir wollen fort!"

Wir nahmen unsere Pferde bei den Zügeln und gingen. Als wir die Enge hinter uns hatten, war von den Haddedihn schon nichts mehr zu sehen, sie konnten nicht schnell genug ins Unglück gelangen. Unten im Tal angekommen, stiegen wir auf und ritten ihren Spuren nach. Wir sahen, wo die Bebbeh gelagert hatten. Die Hufstapfen ihrer Pferde führten von da aus nach Norden um den Berg herum, dessen westlicher Fuß in eine Ebene überging, deren Breite wohl über eine englische Meile betrug.

Eben bogen wir, dem Tal folgend, nach Westen ein, da hörten wir Schüsse und ein wildes Geschrei. Der Kampf hatte begonnen. Wir ritten rascher. Das Schießen dauerte fort.

„*The devil!*", rief der Lord, dessen sich das Kampffieber zu bemächtigen schien. „Die Kurden schlachten unsere Haddedihn bis auf den letzten Mann ab, wenn wir nicht schneller machen. Vorwärts, vorwärts!"

Er gab seinem Pferd die Sporen und flog im Galopp davon. Omar und ich folgten ebenso rasch hinterher. Jetzt hatte das Schießen aufgehört, aber das Schreien war stärker geworden. Da öffnete sich das Tal nach der genannten Ebene und wir sahen den Kampfplatz vor uns liegen. Hier hatten die Bebbeh gelagert, der Überfall war, wie ich vorausgesehen hatte, vollständig misslungen. Wir sahen Tote und Verwundete liegen; diejenigen Haddedihn, die davongekommen waren, flohen draußen über die Ebene; sie wurden von den Bebbeh verfolgt, natürlich waren diese ebenso zu Pferde. Links sah ich Amad el Ghandur auf seinem Schimmel dahinstürmen, fünf Kurden waren hinter ihm her. Der Vorderste von diesen ritt eine prächtige persische Rappstute. Das war der Scheik Ahmed Asad. Gerade vor uns floh der kleine Kara Ben Halef, verfolgt von einem Kurden, der auf einem persischen Fuchs saß; auch dieses Pferd war hochedel, wie ich auf den ersten Blick sah. Hart hinter diesem ritt Halef, um seinen Sohn zu schützen, doch war sein Pferd nicht schnell genug, den Fuchs einzuholen. Auf die übrigen Reiter achtete ich nicht, denn ich sah, dass Kara Ben Halef verloren war, wenn der kräftigere Kurde ihn einholte; ich musste ihm zu Hilfe kommen.

„Dem Knaben nach!", rief ich den Gefährten zu. „Rih, Rih, kawâm, kawâm – schnell, schnell!"

Wir flogen an dem Kampfplatz vorüber. Die wenigen Kurden, die dort mit den Verwundeten beschäftigt waren, wollten auf uns schießen, hatten aber keine Kugeln in den Läufen. Ich sauste, ohne nach Omar und Lindsay zurückzublicken, an schreienden Kurden vorbei, die sich auf der Verfolgung befanden, achtete aber gar nicht auf sie, denn ich hatte nur den Knaben im Auge, dem der Perserfuchs immer näher kam.

Gerade vor uns wurde die Ebene von einem bewaldeten Berg begrenzt, an dessen Fuß sich links ein breites Tal öffnete. In diesem verschwand jetzt Amad el Ghandur, Ahmed Asad war hart hinter ihm. Dorthin lenkte Kara Ben Halef auch, gefolgt von dem Kurden und dann von seinem Vater. Ich kam dem Letzteren schnell näher. Er hörte mich kommen, drehte sich im Sattel um und rief, als er mich sah, mir zu:

„Sihdi, rette meinen Sohn! Mein Pferd ist nicht schnell genug."

„Hat er das Geheimnis schon angewendet?"

„Nein."

„Dann ist ja alles gut. Folge mir!"

Bei diesen Worten schoss ich an ihm vorüber. Es war, wie wenn ein Eilzug an einem langsamen Güterzug vorübersaust. Jetzt war das Tal erreicht. Jede Sekunde brachte mich dem Fuchs näher, bald war ich nur noch wenige Pferdelängen hinter ihm. Der Reiter drehte sich um, sah mich und schrie mir hohnlachend zu:

„Bist du es, Giaur? Hole mich ein, wenn du kannst! Ich bin Nisar Hared, Gasâl Gabogas zweiter Sohn!"

Er zog eine Pistole aus seinem Gürtel und schoss auf mich, traf aber nicht. Da griff er hinter sich nach dem Schwanz seines Pferdes und rief diesem zu:

„Galib, Galib, räftä, räftä!"

Das war persisch und heißt zu deutsch: „Sieger, Sieger, von dannen, von dannen!" Er wandte also das Geheimnis seines Pferdes an. Als der verfolgte Knabe dies hörte, lachte er jubelnd zurück. Ich sah, dass er seinem jungen Rappen die Hand zwischen die Ohren legte; was er dazu sagte, hörte ich nicht, aber ich sah den Erfolg.

Der Rappe war ein ebenbürtiger Sohn meines Rih: Das Geheimnis vernehmend, schoss er mit doppelter Schnelligkeit davon, der Fuchs aber fast ebenso schnell hinter ihm her. Als der Kurde sah, dass er wahrscheinlich nach und nach zurückbleiben würde, nahm er sein Gewehr vom Rücken, um es im Reiten zu laden. Er wollte auf Kara Ben Halef schießen. Da rief ich „Rih, Rih" und legte meinem Pferd die Hand auch zwischen die Ohren. Der Rappe schnaubte tief auf und schoss dann so reißend schnell vorwärts, dass ich binnen einer Minute mich an der Seite des Kurden befand. Ein Kolbenhieb mit dem Bärentöter warf ihn vom Pferd, er blieb wie leblos liegen. Ich rief den Knaben und er hielt an. Hinter mir sah ich Omar Ben Sadek auf seinem Schecken, dann kamen Halef und der Engländer.

„Kommt mir schnell nach", gebot ich Kara Ben Halef, „und bringt diesen Kurden und sein Pferd mit! Ich muss noch hinter Amad el Ghandur her."

Nach diesen Worten sprengte ich weiter, natürlich wieder mit Anwendung des Geheimnisses. Es war mir offen gestanden unerklärlich, dass der sonst so tapfere Amad el Ghandur vor Ahmed Asad floh, ohne ihm standzuhalten, sah aber dann später, dass ihm sein Gewehr aus der Hand geschlagen worden war; dazu war ihm der Gürtel zersprungen und mit dem Messer und den Pistolen herabgefallen, er hatte also keine einzige Waffe in der Hand, um sich zu verteidigen, und konnte sich nur durch die Schnelligkeit seines Pferdes retten.

Leider sollte ihm diese Absicht misslingen. Der gestrige Blutverlust hatte ihn geschwächt, dazu kam die gegenwärtige Aufregung und wahrscheinlich war auch das Wundfieber im Anzug. Vor seinem Verfolger herschießend, musste er um eine scharfe Krümmung des Tals biegen. Da sah er ein langes, hohes Felsenstück quer in seinem Wege liegen; er hatte keine Zeit mehr, auszuweichen; er musste darüber hinweg. Es fehlte ihm die Kraft, dem Pferde die notwendige Hilfe zu geben, es blieb mit den Hinterbeinen hängen und stürzte jenseits des Felsens mit ihm nieder, glücklicherweise so, dass er nicht in dem Bügel blieb, sondern abgeworfen wurde.

Ahmed Asad kam zwei Sekunden hinter ihm um die Ecke nach, er beherrschte sein Pferd so gut, dass es ihm gelang, dem Felsen auszuweichen und hinter diesem anzuhalten. Er sprang aus dem Sattel, um sich auf den am Boden liegenden, halb betäubten Haddedihn zu werfen. In diesem Augenblick hatte auch ich die Krümmung erreicht. Um sie lenkend, sah ich die beiden. Der Bebbeh zückte soeben sein Messer nach der Brust Amad el Ghandurs.

„Halt, stich nicht, es ist dein Tod!", rief ich ihm zu und nahm meinen Rih vorn fest, um über das Felsenstück zu setzen und den Bebbeh niederzureiten. Er warf das Messer weg, riss sein Gewehr, das noch geladen war, vom Rücken und schrie mir entgegen:

„Komm heran, Hund! Du bist mein!"

Es war mir unmöglich anzuhalten, denn eben setzte Rih zum Sprung an. Ich sah die Mündung des Gewehrs auf mich gerichtet, der Schuss krachte, gerade als mein Rappe hoch empor und über den Felsen flog. Da der Bebbeh im vorhergehenden Augenblick tiefer gezielt hatte, als ich mich infolge des Sprunges im jetzigen Moment befand, traf die Kugel nicht mich, sondern mein Pferd.

Ich hatte das Gefühl, als säße ich auf einem Stuhl, gegen dessen Beine ein Schlag geführt wird, zog schnell beide Füße aus den Bügeln und wurde in einem weiten Bogen aus dem Sattel geschleudert, während Rih sich überschlug und jenseits des Felsens liegen blieb.

Ich war außer mir, raffte mich auf und sprang, ohne auf den Kurden zu achten, zu meinem Pferd hin. Die Kugel war ihm in die Brust gedrungen! Es war unrettbar verloren. Da bemächtigte sich meiner ein Grimm, wie ich ihn noch nie gefühlt hatte; er riss mich förmlich vom Pferd weg und nach dem Bebbeh hin, doch schon zu spät, denn er sprang soeben wieder auf sein Pferd. Er hatte gesehen, dass ich unverletzt geblieben war, und die Angst vor mir und meinen überlegenen Waffen trieb ihn weiter.

„Der Teufel hat dich abermals beschützt, wohne bei ihm in der Hölle!", schrie er mir noch zu, dann sauste er fort.

Die Wut, die in mir kochte, wollte mich verführen, ihn vom Pferd zu schießen, doch hörte ich glücklicherweise selbst in diesem Augenblick auf die Stimme der Überlegung. Tötete ich den Scheik der Kurden, so forderte ich die Blutrache noch mehr heraus; bekam ich ihn aber lebendig in die Hand, so konnte er mir als Geisel von größtem Vorteil sein. Ich musste ihn also fangen. Aber wie? Rih konnte wohl keinen Schritt mehr tun, doch da stand ja Amad el Ghandurs Schimmelstute. Er lag noch am Boden und stöhnte schmerzvoll:

„Effendi, ich muss etwas gebrochen haben und dein herrlicher Rih ist tot. Räche uns an diesem Ahmed Asad!"

„Leihe mir dazu deinen Schimmel", antwortete ich, indem ich diesen aber auch schon bestieg. „Und verrate mir sein Geheimnis, ich sage es keinem Menschen wieder, schnell, schnell!"

Was Amad el Ghandur sonst nie getan hätte, jetzt tat er es, er antwortete:

„Streiche ihm mit einem Finger dreimal quer über den Rücken des Halses und sag dazu jedes Mal das Wort Adschal[1]."

Er sprach noch weiter, ich hörte es aber nicht, denn ich flog schon fort, hinter Ahmed Asad her, der nun aus einem Verfolger ein Flüchtling geworden war. Ich war noch nicht weit gekommen, so sah ich ihn vor mir. Weil Amad el Ghandur gestürzt und mein Pferd erschossen worden war, glaubte der Kurde, er könne nicht verfolgt werden, und ritt in langsamem Trab, während ich galoppierte. Er sah sich nicht um und hörte mich auch nicht, weil der Boden hier weich war. Um ihn vollständig zu überrumpeln, wandte ich das Geheimnis an. Der Schimmel gehorchte und griff auf wahrhaft wunderbare Weise aus, sodass ich, als der Bebbeh endlich den Hufschlag hinter sich hörte, kaum zwanzig Pferdesprünge von ihm entfernt war. Er sah sich um und stieß einen Ruf des Entsetzens aus. Sein Schreck war so groß, dass er für einige Sekunden gar nicht daran dachte, seinen Perserrappen anzuspornen, und das war für mich genug. Ich ergriff den Bärentöter und schlug ihn im Vorübersausen mit dem Kolben vom Pferd herunter.

Als es mir gelungen war, den Schimmel zu zügeln, wandte ich um und kehrte zu Ahmed Asad zurück. Sein Pferd war bei ihm stehen geblieben. Er lag auf der Erde und versuchte eben, sich aufzurichten, aus seinem Mund strömte mir eine wahre Flut von Flüchen und Verwünschungen entgegen.

„Schweig, wenn dir dein Leben lieb ist!", gebot ich ihm. „Du hast mir mein Pferd erschossen. Weißt du, was das für dich bedeutet? Ein solches Pferd ist das Leben von hundert Kurden wert. Du bist mein Gefangener. Weigerst du dich etwa, mir zu gehorchen, so trifft dich mein Messer augenblicklich. Her mit den Händen, damit ich sie dir auf den Rücken binde!"

Trotz meiner Drohung widersetzte er sich und ich hatte, da ich sein Leben schonen und ihn auch nicht verwunden wollte, Mühe, ihn zu bezwingen. Als er endlich

[1] Eile

174

mit gebundenen Händen und Füßen am Boden lag, sah ich Halef, seinen Sohn und Omar Ben Sadek in Karriere dahergestürmt kommen. Der erste ritt Nisar Hareds Perserfuchs. Sie hielten bei uns an und stiegen von den Pferden. Halef ergriff meine beiden Hände und sagte:

„O Sihdi, Allah hat eine große Traurigkeit auf unsere Herzen geworfen. Rih ist tot, in seine herrliche Brust geschossen! Meine Seele will in einem Meer von Herzeleid ertrinken, aber mein Auge kann keinen einzigen Tropfen des Schmerzes finden, denn der Verlust, der uns betroffen hat, ist allzu groß. Wer ist der Hund, dessen Kugel diesen Jammer verschuldet hat? Etwa Ahmed Asad, der hier am Boden liegt, von deiner Hand gefällt? Sag es mir, damit ich ihn zwischen meinen Händen hier zermalmen und zerreißen kann!"

„Lass mich jetzt, Halef", bat ich ihn. „Die Kugel sollte mich treffen, Rih ist für mich gestorben. Als er stürzte, musste ich schnell weiter, und erst jetzt finde ich Zeit, daran zu denken, dass wir ihn verloren haben."

Es war so, wie ich sagte, die volle Erkenntnis des Verlustes trat erst in diesem Augenblick an mich heran. Ich ging seitwärts, setzte mich nieder und legte das Gesicht in beide Hände. Halefs Knabe weinte laut, sein Vater setzte sich zu mir und legte den Arm um mich, Omar entfernte sich einige Schritte, um die Strecke, die wir durchritten hatten, übersehen zu können, und drohte in grimmigem Ton:

„Bleib ruhig sitzen, Effendi! Ich werde darüber wachen, dass ihr sicher seid. Wehe dem Kurden, der etwa kommt, sich an euch zu wagen! Meine Kugel sendet ihn in die tiefste Tiefe der Dschehenna hinab!"

Nach einiger Zeit kamen Amad el Ghandur und der Lord, sie brachten den gefangenen Nisar Hared geführt. Der erste wagte nicht zu sprechen, denn er fühlte, dass er an allem schuld war, Lindsay aber erging sich in den sonderbarsten Ausrufungen über den Tod des Rappen. Er weinte dabei, er wollte das nicht sehen lassen und infolgedessen gab es in seinem Gesicht ein geradezu unbeschreibliches Mienenspiel.

Eben wollte ich von meinem Platz aufstehen und sagen, dass wir zu Rih zurückkehren müssten, dessen Leiche ich den Kurden auf keinen Fall überlassen wollte, da schrie Omar laut auf:

„Maschallah, schuf, schuf, Effendi, bjidschi, bjidschi – Wunder Gottes, sieh, sieh, Effendi, er kommt, er kommt!"

„Wer, wer?", fragte ich.

„Dein Rih!"

Rih? War er nicht tot? War die Wunde nicht lebensgefährlich? Hatte ich mich getäuscht? Mit zwei, drei Sprüngen stand ich bei Omar, wo ich nach rückwärts blicken konnte. Ja, er kam, der Rappe, in langsamem Trab, wankend und strauchelnd; die Liebe zu mir hatte ihn noch einmal auf- und mir nachgetrieben. Es war ein Anblick zum Herzbrechen. Wir sprangen ihm entgegen, aus seiner Brust floss ein fingerstarker Blutstrahl. Ich war der Erste bei ihm und schlang ihm beide Arme um den Hals. Er schnaubte mich freudig an und leckte mir die Wange und den Hals, dann brach er langsam erst hinten und dann vorn zusammen. Nach einer vergeblichen Anstrengung, sich wieder aufzuraffen, hob er den schönen, kleinen Kopf, sah mit brechenden Augen zu mir auf und wieherte leise, leise und ersterbend, wie ich noch nie ein Pferd habe wiehern hören. Ich warf mich neben ihn nieder und bettete seinen Kopf an meine Brust, während Halef das rinnende Blut zu stillen suchte. Wir alle weinten, weinten so, als ob ein lieber, lieber Mensch im Sterben liege. Des Rappen Maul lag in meiner Hand, er leckte sie fort und fort, immer leiser und langsamer, bis er die Zunge nicht mehr bewegen konnte; dann noch ein letztes, sich verhauchendes Schnauben, ein krampfhaftes Zucken – – – Rih war tot!

Ich nahm die Kefje[1], die ich unter dem Turban trug, hielt sie an die Wunde und fing das letzte daraus fließende Blut auf. Dieses Tuch ist heute noch ein Andenken, das ich um keinen Preis aus der Hand geben würde. Dann reichte ich Halef meinen Stutzen hin und sagte:

„Hier, Hadschi, hast du dieses Gewehr. Du allein weißt außer mir, wie es gehandhabt wird. Ich will noch eine Weile bei dem Pferd bleiben. Wenn die Kurden kommen, lass keinen heran, gib jedem eine Kugel! Du weißt, ich strebe nicht nach Blut; aber das unseres Rih ist geflossen, nun ist es mir gleich, wer noch das seinige hergeben muss."

„Ja, Effendi, bleib ruhig sitzen!", antwortete er. „Es soll dir keiner dieser Hunde zu nahe kommen. Meine Augen fließen über von den Tränen des Schmerzes, aber sie werden dennoch so scharf sein, dass jede Kugel trifft, die ich versende!"

Ich bitte, nicht allzu streng mit meiner damaligen Stimmung ins Gericht zu gehen. Ein Tier lieb zu haben, ja innig lieb zu haben, ist wohl keine Schwäche, zumal wenn es ein so edles ist, wie mein Rih gewesen war. Er hatte mit mir gehungert und gedürstet, mich durch so viele Gefahren getragen und mir so oft das Leben gerettet, auch jetzt wieder, da er an der Kugel, die mir gegolten hatte, gestorben war. Mit Menschen, mit Freunden kann man sich entzweien, sich über sie ärgern oder betrüben; Rih hatte mir nicht ein einziges Mal Veranlassung zur Unzufriedenheit, zu einer Strafe, einem Schlag gegeben; er hatte jedes meiner Worte, jeden Wink verstanden und fast möchte ich sagen, mit freudigem Gehorsam ausgeführt; er war geradezu ein Teil von mir selbst geworden, den ich nun für immer verloren hatte. Ist es da ein Wunder, dass mir sein Tod so zu Herzen ging, dass ich wie ein Kind weinte und eine lange Zeit bei ihm saß, ohne mich um das, was um mich her vorging, zu kümmern?

Inzwischen hatten sich diejenigen Haddedihn, die den Bebbeh entkommen waren, bei uns eingestellt, es fehlten zwölf Mann. Wie wir dann erfuhren, waren sechs davon tot und die andern gefangen, die Bebbeh aber hatten viel schwerere Verluste gehabt.

Dann kamen die Verfolger angeritten. Als Halef ihnen einige Kugeln entgegenschickte, blieben sie halten. Diese Schüsse weckten mich aus meinem Trübsinn auf. Ich erhob mich, nahm Halef den Stutzen aus der Hand und ging den Kurden entgegen. Ich kam bis auf hundert Schritte an sie heran, ohne dass sie wagten, auf mich zu schießen.

„Steigt ab und bleibt da, wo ihr seid!", rief ich ihnen zu. „Wir haben Ahmed Asad und Nisar Hared gefangen und werden sie augenblicklich töten, wenn ihr euch nicht friedlich verhaltet. Wir werden mit ihnen verhandeln und sie freigeben, wenn sie bereit sind, Frieden mit uns zu schließen."

Ohne mich weiter um sie zu kümmern, kehrte ich wieder zu den Gefährten zurück und sagte zu Halef, sodass die beiden Gefangenen es hörten:

„Ich habe keine Lust, viel zu sprechen, denn Rih ist tot. Das erfordert das Leben dessen, der ihn erschossen hat. Verhandle du mit den beiden Kurden. Ich fordere die gefangenen Haddedihn zurück und auch die Toten, damit wir sie begraben können. Ich verlange ferner, dass die Bebbeh sofort diese Gegend verlassen und erst einen halben Tagesritt von hier anhalten. Und endlich müssen mir für meinen getöteten Rappen die beiden Perserpferde übergeben werden. Ich gebe den Söhnen Gasâl

---

[1] Kopftuch

Gabogas eine volle Viertelstunde Zeit, sind sie da noch nicht auf meine Bedingungen eingegangen, so werden sie hier an dieser Steineiche aufgehängt. Diesmal ist es mein voller Ernst, Halef!"

„Ja, Sihdi, Rih muss entweder ersetzt oder gerächt werden", antwortete er. „Ich schwöre dir zu, dass ich keine Minute über eine Viertelstunde warten werde."

Ich setzte mich wieder bei dem Rappen nieder, ohne auf das, was die Gefangenen sagten, zu achten. Dann sah ich, dass trotz meines Verbots einer der Kurden sich von den andern trennte, um zu uns zu kommen; es war der Bruder Gasâl Gabogas, mein Freund. Ich ließ ihn herbei. Er nahm an den Verhandlungen teil und seinen Vorstellungen war es zu danken, dass meine Bedingungen angenommen wurden, obgleich der Verzicht auf Rache und der Verlust ihrer edlen Pferde den beiden Brüdern außerordentlich schwer wurde. Gasâl Gabogas Bruder versprach, die Kurden als ihr einstweiliger Anführer fortzuführen. Ahmed Asad und Nisar Hared sollten bis zu unserm Aufbruch als Geiseln bei uns bleiben. Nach kurzer Zeit zogen die Bebbeh ab und nach abermals einer Weile kamen die von ihnen freigelassenen Haddedihn zu uns. Die Toten mussten einstweilen auf dem Kampfplatz liegen bleiben.

Wir hatten während unseres Flucht- und Verfolgungsritts einen Kreis beschrieben, sodass wir uns jetzt an der Südseite der Felsenhöhe befanden. Ich verlangte, dass Rih hinaufgeschafft und neben Mohammed Emin begraben werde. Keiner widersprach mir, viel mehr legten alle Hand an, den schwierigen Transport auszuführen. Dann wurden auch die sechs gefallenen Haddedihn geholt, um ebenfalls da oben der Erde übergeben zu werden.

Rih wurde mit Hilfe von Holzstützen aufrecht gestellt und, gesattelt und gezäumt, wie er war, mit Steinen umgeben, wie wir einst mit Mohammed Emin getan hatten. Seine starren, einst so feurigen und verständigen, treuen Augen taten mir bitter weh; ich drückte ihm die Lider zu. Als sich das Felsengrab über ihm geschlossen hatte, mochte ich nichts mehr von der Umgebung sehen; ich bestieg die schwarze Perserstute Ahmed Asads und ritt hinter den Kurden her, um zu erforschen, ob sie Wort halten würden.

Soll ich noch erwähnen, dass der Tod Rihs auch Halef zu Herzen ging? Der Hadschi befand sich in einem Zustand größter Aufregung. Bald schluchzte er zum Erbarmen und bald fuhr er über Amad el Ghandur und die Haddedihn mit Vorwürfen her, gegen die sie sich nicht zu verteidigen vermochten; er ist, gerade so wie ich, noch lange Zeit innerlich krank gewesen.

Die Bebbeh handelten diesmal ehrlich, sie waren wirklich fort, dennoch kehrte ich erst gegen Abend nach der Felsenhöhe zurück. Ich wollte allein sein und mochte nicht an den da oben stattfindenden mohammedanischen Trauerszenen teilnehmen. Als ich ankam, hörte ich, dass Amad el Ghandur wiederholt nach mir verlangt hatte. Er lag im Fieber. Ich untersuchte ihn, die Wunde war böse, aber nicht lebensgefährlich; die Kugel war hinten wieder herausgegangen. Ich legte einen besseren Verband an und sorgte für immer während Kühlung.

Die Nacht war eine traurige. Ich konnte nicht schlafen, Halef und Omar auch nicht, der Lord erging sich in den ehrenrührigsten Redensarten gegen die Haddedihn und ihren Anführer. Gut, dass sie ihn nicht verstanden! Dazwischen schrie Amad el Ghandur im Fieber auf, mich gegen Ahmed Asad zu Hilfe rufend. Ich war froh, als es Morgen wurde.

Hier konnten wir nicht bleiben, aber wegen des verwundeten Scheiks auch nicht nach den Weideplätzen der Haddedihn zurückreiten. Ich schlug also vor, zu

Dschibrail Mamrasch zurückzukehren, in dessen Haus Amad el Ghandur die nötige Ruhe und Pflege finden konnte. Man war einverstanden, denn ich wurde in stiller Reue wieder als Führer anerkannt.

Wir bauten aus Ästen, Zweigen und Laub für den Verwundeten eine Bahre, die von zwei Pferden getragen wurde. Beim allgemeinen Aufbruch blieb ich mit Halef und seinem Sohn noch einige Minuten beim Grab Rihs zurück.

„Sihdi, mir ist so weh, so traurig", weinte der Hadschi. „Ich werde wohl nie wieder lachen können. Mein Herz ist ganz mit Tränen angefüllt, fast so, wenn es keine Sünde ist, so etwas zu sagen, als wäre mir Hanneh, die schönste der Frauen, gestorben!"

Ich drückte ihm die Hand, sagte aber nichts, dann ritten wir den andern nach. Um Mittag gaben wir die beiden gefangenen Kurden frei und am andern Tag langten wir bei Dschibrail Mamrasch an, der uns sein Haus mit Freuden zur Verfügung stellte.

Der zweitägige Ritt hatte dem Verwundeten sehr geschadet. Er raste förmlich und schrie immer nur nach mir. Glücklicherweise hatte seine Meinung, dass er beim Sturz vom Pferde etwas gebrochen habe, auf Irrtum beruht. Ich durfte fast keinen Augenblick von seinem Lager weichen. Als ihm dann nach Tagen zum ersten Mal die Besinnung wiederkehrte und er mich erkannte, reichte er mir seine Hand und sagte mit matter Stimme:

„Allah sei Dank, dass du bei mir bist, Effendi! Ich habe mit vielen Feinden gekämpft und du hast mich errettet."

Ich sagte nichts, er versank in Nachdenken und fuhr dann fort:

„Ich habe zu dir gesagt, dass mich nie wieder ein Christ berühren solle. Verzeih mir! Deine Hand tut mir wohl wie die Hand eines Propheten. Ich wollte Blut, du wolltest Liebe; es hat mich mein eigenes Blut und dich deinen Rih gekostet, du aber sollst Liebe über Liebe ernten von mir und meinem ganzen Stamme!"

Darauf schlief er wieder ein.

Erst nach vier Wochen war seine Genesung so weit vorgeschritten, dass wir aufbrechen und in kurzen, langsamen Tagemärschen heimkehren konnten.

Unser Empfang war wenig freudig. Amad el Ghandur wurde mit Vorwürfen überhäuft. Er nahm sich das so zu Herzen, dass er seine Würde als Scheik freiwillig niederlegte; sie wurde einstimmig Malek, dem einstigen Scheik der Atejbeh, dem Großvater Hannehs, zuerkannt. Nach dessen Tod wird mein Hadschi Halef Omar Scheik der Haddedihn sein. Ich schenkte ihm die beiden Perserpferde, worüber er ganz glücklich war.

Nach drei Tagen brach der Engländer auf. Omar Ben Sadek wollte ihn mit einer Truppe Haddedihn nach Bagdad bringen. Er verabschiedete sich von mir mit den Worten:

„Möchte zu gern noch länger bei Euch bleiben, geht aber nicht, denn Ihr wollt nach Damaskus zurück und ich muss die Tour abreisen, die ich mir vorgeschrieben habe. Seid mein bester Freund, aber doch ein erzdummer Kerl! Hättet Ihr mir damals Euern Rih verkauft, so wäre er jetzt nicht erschossen worden. *Well!* Hoffe aber, dass wir uns bald wiedersehen. Wünsche, dass Ihr stets gesund bleibt und Euch jetzt bei dem Ritt nach Damaskus eine ebenso schöne Aleppobeule holt, wie ich damals hatte. *Yes!*"

Am nächsten Tag ritt auch ich fort. Die Krieger der Haddedihn gaben mir einen halben Tag lang das Ehrengeleit. Halef und sein Sohn aber ritten noch weiter mit und trennten sich erst jenseits der Dschesireh von mir.

„Sihdi, mein lieber, lieber Sihdi, mit dir geht mein halbes Leben fort; die andere Hälfte gehört Hanneh, meinem Weib, und Kara Ben Halef, meinem Sohn", sagte der Hadschi, während er sich die Augen trocknete. „Gott sei bei dir – allezeit und – ich – ich kann – nicht weiter – nicht – nicht weitersprechen!"

Laut schluchzend wandte er sein Pferd und ritt im Galopp davon. Ich reichte seinem Sohn die Hand und sagte, auch mit Tränen im Auge:

„Bleib fromm und brav und werde ein Mann wie dein Vater! Vielleicht sehen wir uns einmal wieder. Und solltest du einmal hinauf nach Kurdistan kommen, so steig auf die Felsenhöhe und grüß meinen Rih von mir!"

Seine Lippen bebten vor Wehmut und Rührung, er wollte antworten, konnte aber nicht, legte stumm beteuernd beide Hände auf das Herz und ritt dann seinem Vater nach.

Die Söhne des Upsaroka

Eine indianische Mutter

Wir hatten die uns befreundeten Schoschonen besucht und waren von ihrem Häuptling und einigen hervorragenden Kriegern bis an die Mündung des Gooseberry Creek in den Bighorn River begleitet worden. Hier mussten die Schoschonen umkehren, weil damals jenseits des Bighorn das Gebiet der Upsarokas, der Krähenindianer, begann, mit denen sie in Todfeindschaft lebten. Als sie sich von uns getrennt hatten, setzten wir unseren Ritt zwischen dem No Wood Creek und No Water Creek in östlicher Richtung fort, weil wir über die Bighorn Mountains nach dem Powder River und dann nach den Black Hills wollten.

Unsere kleine Gesellschaft bestand aus vier Personen: Winnetou, dem lustigen Dick Hammerdull, seinem wortkargen Freund Pitt Holbers und mir.

Schon infolge des schwierigen Geländes war unser Weg durchaus nicht bequem. Vor allem bot er uns wegen der Indianer noch größere Schwierigkeiten, die sich unter Umständen sogar in ernste Gefahren umwandeln konnten. Nördlich der Richtung, in der wir ritten, hatten die uns feindlich gesinnten Upsarokas ihre Jagdgebiete und bis in die südlich von uns gelegenen Rattlesnake Mountains waren die Sioux[1]-Ogellallahs vorgedrungen, unsere alten Gegner, die einen unversöhnlichen Hass gegen uns hegten, obgleich wir ihnen niemals eine unmittelbare Veranlassung dazu gegeben hatten. Wir befanden uns also zwischen zwei Völkerschaften, mit denen wir jede Begegnung möglichst zu vermeiden hatten. Das Gefährliche unserer Lage wurde noch dadurch erhöht, dass beide sich unaufhörlich in der blutigsten Weise befehdeten. Gerade dass die Sioux-Ogellallahs bis nach den Klapperschlangen-Bergen vorgerückt waren, musste uns zur äußersten Vorsicht mahnen, weil sie diese Wanderung höchstwahrscheinlich in feindlicher Absicht gegen die Upsarokas unternommen hatten. Wenn sie den Angriff während unserer Anwesenheit ausführten, konnten wir leicht zwischen die scharfen Schneiden einer Schere kommen und dabei ‚ausgelöscht' werden.

Noch hatten wir uns nicht weit vom Bighorn River entfernt, als wir an einen Bach kamen, der sein Wasser diesem Fluss zuführte.

Wir folgten ihm eine Strecke und gelangten an eine Stelle, auf der etwa fünfzig Meter im Durchmesser das Gras niedergetreten war.

„Was ist das?", fragte Dick Hammerdull. „Das sieht ja aus wie ein verlassener Lagerplatz! Meinst du nicht auch, Pitt Holbers, altes Coon[2]?"

„Wenn du denkst, dass jemand hier gelagert hat, so habe ich nichts dagegen, lieber Dick."

„Ja, das denke ich allerdings. Wir müssen absteigen, um diese Spuren genau zu betrachten. Vielleicht erfahren wir auf diese Weise, was für Leute hier gewesen sind."

Während die beiden diese Worte gewechselt hatten, waren Winnetou und ich von den Pferden herunter, um den Platz zu untersuchen. Dick und Pitt halfen uns dabei. Unsere Bemühungen waren lange Zeit vergeblich, bis Winnetou uns durch ein lautes „Uff!" darauf aufmerksam machte, dass er etwas gefunden hatte. Wir gingen hin zu ihm. Er deutete auf den Boden.

---

[1] Sprich: suh   [2] Abkürzung von Racoon = Waschbär

Es war nur ein kleines, scheinbar unbedeutendes Merkmal, das wir da sahen, nämlich ein Tropfen blaue Fettfarbe.

Aber dieser unscheinbare Tropfen sagte ihm und mir, was wir wissen wollten.

„Blaue Farbe, hm!", brummte Dick Hammerdull. „Es sind also Rote hier gewesen, die sich mit den Kriegsfarben bemalt haben. Eine Farbe allein genügt aber nicht, uns zu verraten, zu welchem Stamm sie gehören."

„Nicht?", fragte ich. „Es gibt dunkle, mittlere und helle Kriegsfarben. Dunkel sind schwarz und blau, mittel: grün und rot, hell: weiß und gelb. Als dunkel nehmen nur die Upsarokas dieses tiefe Blau. Also wissen wir, dass Krieger von diesem Stamm hier gelagert haben."

„Well! Das ist richtig. Bin doch ein dummer Kerl, dass mir das nicht eingefallen ist. Meinst du nicht auch, Pitt Holbers, altes Coon?"

„Jeder Mensch muss sich selbst am besten kennen, und wenn du dich für dumm hältst, so fällt es mir gar nicht ein, dir Unrecht zu geben, lieber Dick", antwortete der lange Pitt.

„Oho! So war es nicht gemeint! Ich habe nicht weniger Grütze im Kopf als du, das magst du dir merken. Der Mensch kann doch nicht allwissend sein, nicht wahr, Mr. Shatterhand?"

Ich erklärte:

„Allwissend freilich nicht; aber hier war es nicht schwer, den richtigen Schluss zu ziehen, und von einer guten Schlussfolgerung kann im ‚Wilden Westen' das Leben abhängen."

„Zugegeben! Wir wissen also nun, wer die Roten waren, aber weiter nichts."

„Wirklich nichts, mein alter Hammerdull?"

Er schüttelte den Kopf und sah Winnetou fragend an. Dieser liebte das Sprechen nicht und überließ es mir, fortzufahren:

„Zunächst haben wir es nicht bloß mit einigen Kundschaftern, sondern mit einer ganzen Kriegsschar zu tun, deren Zahl, wenn ich den Platz hier berechne, sich auf ungefähr zweihundert beläuft. Die Stelle, wo sie die Pferde gehabt haben, werden wir hier in der Nähe finden. Ihre Reitspur von und zu dem Lagerplatz ist nicht mehr zu sehen, weil sich da das Gras inzwischen wieder aufgerichtet hat. Hier am Ruheort selbst liegt es noch und ich schließe daraus, dass die Upsarokas nicht in der letzten, sondern in der vorigen Nacht hier gerastet haben. Weil ihre Jagdgebiete im Norden liegen, sind sie von dorther gekommen und somit südwärts geritten, natürlich, um die Ogellallahs zu überfallen. Sie sind seit gestern früh von hier fort. Wir haben sie also nicht zu fürchten, dafür müssen wir uns vor den Sioux in Acht nehmen."

„Warum vor diesen? Woher wisst Ihr das?", fragte der Dicke.

„Der Lagerplatz sagt es mir. Es gibt keine einzige Aschenstelle hier, die Upsarokas haben also kein Feuer gebrannt. Sie müssen es demnach für möglich gehalten haben, dass die Sioux hierher kommen. Diese Vermutung haben ihnen die Kundschafter gebracht, die jeder Häuptling aussendet, bevor er einen Kriegszug beginnt. Von den Rattlesnake-Bergen zu den Upsarokas gibt es zwei Wege, nämlich entweder hier am Fluss abwärts oder drüben an den Bergen hin. Hier am Fluss ist die Gegend offener, also gefährlicher; der andere Weg ist zwar beschwerlicher, aber sicherer; ich bin überzeugt, dass die Sioux den zweiten einschlagen, wenn sie überhaupt nordwärts wollen. Die Upsarokas befinden sich nicht auf dem richtigen Pfad; es steht zu erwarten, dass sie, wenn sie nach den Rattlesnake-Bergen kommen, die Sioux dort nicht mehr vorfinden, weil diese drüben entlang der Berge nordwärts geritten sind, um die unbeschützten Lager der Upsarokas zu überfallen. Wir haben von hier bis zu den Bighorn-Bergen sehr vorsichtig zu sein. Das alles schließe ich aus der Beschaffenheit dieses Lagerplatzes. Glaubt Ihr nun noch immer, dass wir nichts wissen?"

„Hm, hm! Ja, Eure Augen und meine Augen, das ist doch ein Unterschied..."

Er wurde von Winnetou unterbrochen, der ein Stück am Bach hingegangen war, jetzt wiederkam und zu ihm sagte:

„Man soll nicht allein Augen, sondern auch Gedanken haben. Mein Bruder Shatterhand hat Recht. Ich habe den Platz der Pferde gefunden, es sind wohl zweihundert Stück gewesen. Wenn die Ogellallahs klug sind, kommen sie längs der Berge herauf. Wir wollen uns beeilen, diese noch vor Abend zu erreichen."

Wir stiegen wieder auf und ritten weiter, viel schneller als vorher.

Das war am Vormittag und wir waren bis gegen Abend unterwegs, als wir auf eine von Norden kommende Spur von zwei Pferden trafen. Dies geschah in einer Gegend, in der zahlreiche einzeln stehende Büsche zwar nicht die Bewegung hemmten, uns aber die Fernsicht unmöglich machten. Die Fährte war frisch, höchstens vier oder fünf Stunden alt. Weiter gab sie uns nichts zu lesen. Wir hatten keinen Grund, uns länger mit ihr zu beschäftigen, und verzichteten darauf, ihr zu folgen. Eben wollten wir weiterreiten, als zwischen zwei Sträuchern plötzlich eine Indianerin zu Pferd erschien. Sie erschrak bei unserem Anblick, wendete um und verschwand.

Was wollte eine Squaw hier? Das mussten wir wissen! Winnetou, der Schnellentschlossene, flog auf seinem Pferd hinter ihr her. Wir konnten ruhig halten bleiben, denn es war der Frau ganz unmöglich, dem Häuptling der Apatschen zu entkommen. Schon nach zwei Minuten kam er, ihr Tier am Zügel führend, mit ihr zurück. Als er uns erreichte, forderte er mich durch einen Blick auf, mit ihr zu sprechen.

Die Squaw konnte nicht viel über dreißig Jahre alt sein. Sie saß nach Männerart stolz und aufrecht im Sattel. Sie war sauber gekleidet und verriet durch keine Miene, dass sie Angst vor uns hatte. Jedenfalls war sie allein, sonst hätte der Apatsche sich anders verhalten; darum fragte ich nicht nach ihrer Begleitung, sondern sagte:

„Es ist seltsam, dass eine Squaw sich ohne Schutz so weit von ihrem Lager entfernt. Wodurch wurde meine rote Schwester gezwungen, dies zu tun? Will sie mir ihren Namen sagen?"

Ihr Auge leuchtete stolz auf, als sie antwortete:

„Warum spricht mein weißer Bruder von Schutz? Kann es nicht auch eine Squaw geben, die sich nicht fürchtet? Ich sehe drei Bleichgesichter und nur einen roten Mann. Glauben die Bleichgesichter an den heiligen Erretter, der des großen Geistes Sohn ist?"

„Ja."

„Ihr seid Christen und in euren Augen lebt die Ehrlichkeit. Ihr gleicht nicht anderen Bleichgesichtern, die auf der Zunge die Güte, aber im Herzen den Hass und den Betrug tragen; ich traue euch. Ich bin Uinorintscha ota, die Squaw von Wamduschka sapa[1], dem Häuptling der Upsarokas."

Uinorintscha ota heißt ‚viel Frauen‘, ein Name, der darauf schließen ließ, dass sie bei ihrem Mann in ungewöhnlicher Achtung stand.

Ich fragte:

„Du vertraust uns, weil wir Christen sind, und hast den Sohn des großen Geistes unseren Erretter genannt. Hat dir vielleicht ein Puteh Wakon[2] von ihm erzählt?"

---

[1] Schwarze Schlange   [2] Missionar

„Mir nicht, aber die Mutter meiner Mutter war die Squaw eines Kriegers der Mandans und liebte die Schwester eines weißen Puteh Wakon, von der sie das Gebet erlernte; sie betete auch mit ihrer Tochter und diese, meine Mutter, erzählte mir alles, was sie von Wakantanka tschihintku[1] wusste, und betete mit mir."

„Tust du das auch jetzt noch?"

„Ich bete mit meinen beiden Knaben. Aber der Häuptling darf es nicht hören, denn er hasst die Bleichgesichter, die unter dem Vorgeben, uns das Gebet zu bringen, nur das Verderben in unsere Wigwams tragen."

„Er scheint dich sehr lieb zu haben. Darum reitest du ihm wohl nach?"

Sie stutzte, besann sich kurze Zeit und erwiderte dann:

„Wie kommt das Bleichgesicht auf den Gedanken, dass ich ihm folge, dass er sich also nicht daheim im Lager befindet?"

„Ich weiß, dass er mit einer Schar von Kriegern von dort aufgebrochen ist, um die Sioux-Ogellallahs zu überfallen. Er ist drüben am Fluss aufwärts geritten. Meine rote Schwester befindet sich also, falls sie zu ihm will, auf falschem Weg."

„Sagst du die Wahrheit?"

„Ja, wir wissen es genau. Wenn du in dieser Richtung weiterreitest, wirst du wahrscheinlich auf Ogellallahs treffen. Ich warne dich!"

Jetzt verwandelte sich der Ausdruck des Erstaunens auf ihrem Gesicht in Schrecken und sie erkundigte sich hastig:

„Haben die Sioux die Rattlesnake-Berge verlassen? Werden sie hier abwärts kommen?"

„Ich vermute es."

„Kennst du sie? Seid ihr Freunde von Ihnen?"

„Wir sind Freunde aller roten und weißen Menschen. Aber die Sioux erkennen das nicht an, sie hassen uns. Du bist erschrocken. Du betrachtest mich forschend. Hast du einen Wunsch? Ich will dir sagen, wer wir sind, dann wirst du Vertrauen zu uns haben. Dieser rote Krieger neben dir ist Winnetou, der große Häuptling der Apatschen, und ich bin..."

„Old Shatterhand?", fiel sie mir in die Rede. „Wo Winnetou ist, da befindet sich auch Old Shatterhand. Sag mir, ob du dieses Bleichgesicht bist!"

„Ich bin es."

„Uff! Ihr seid Feinde meines Stammes. Ich aber habe nichts von euch zu fürchten. Denn Winnetou und Old Shatterhand, diese beiden berühmten Krieger, sind zu stolz, sich an einer Squaw zu vergreifen."

„Du irrst. Wir sind nicht Feinde der Upsarokas, wir wünschen Frieden mit allen Menschen, auch mit euch."

„Aber unsere Krieger haben euch vor einigen Monden bis an den Schlangenfluss verfolgt, um euch zu töten."

„Das ist richtig. Und doch hatten wir ihnen nichts getan. Sie irrten sich in uns und wir verzeihen ihnen. Hoffentlich finden wir bei dir mehr Vertrauen als bei ihnen."

Ihr Auge ruhte angstvoll auf der Spur, der sie gefolgt war. Sie kämpfte einen Weile mit sich und sagte dann in entschlossenem Ton:

„Ja, ich will euch trauen, denn meine Sorge ist groß. Ich bin eine Squaw und weiß nicht, wie ich meine Knaben retten kann. Winnetou und Old Shatterhand werden sich nicht dadurch an den Kriegern der Upsarokas rächen, dass sie mich belügen und meine Söhne in den Tod reiten lassen."

---

[1] Gottes Sohn

„So bist du nicht dem Häuptling, sondern deinen Knaben nachgeritten? Befinden sie sich in Gefahr?"

„In der größten, wenn es wahr ist, dass die Sioux-Ogellallahs hier vorüberkommen werden. Uff! Uff! Mein Mund sollte das Geheimnis dieses Kriegszugs nicht erwähnen und doch muss ich davon sprechen, wenn ich meine Söhne retten will. Die Krieger der Upsarokas erfuhren, dass die Feinde gekommen seien, uns anzugreifen. Wamduschka sapa sandte Kundschafter aus und brach nach deren Rückkehr mit zweimal hundert Männern auf, um den Sioux zuvorzukommen. Ich hörte von ihm, dass er den Weg einschlagen wollte, auf dem ich mich jetzt befinde."

„So hat er unterwegs aus irgendeinem Grund seinen Plan geändert. Sind ihm etwa deine Söhne heimlich nachgeritten?"

„Mein großer weißer Bruder hat es erraten."

„Wie alt sind sie? Besitzen sie schon Namen?"

„Sie zählen erst vierzehn und fünfzehn Winter, aber in ihren Herzen wohnt der Mut und ihre Seelen sehnen sich danach, schon jetzt unter die Krieger aufgenommen zu werden. Deshalb sind sie dem Häuptling einen Tag nach seinem Aufbruch gefolgt. Als ich des Morgens erwachte, waren sie fort. Ihre Pferde fehlten. Ich suchte und fand ihre Spur, die mir ihr Vorhaben verriet."

„Warum bist du selbst ihnen gefolgt? Warum hast du keinen Mann gesandt?"

„Weil der Häuptling im Zorn die Unerbittlichkeit des grauen Bären besitzt. Vor seinem Grimm über ihren Ungehorsam kann kein Krieger, sondern nur ich sie retten. Ich habe ein Stück Fleisch zum Essen mitgenommen und mich aufs Pferd geworfen, ohne die Zeit zu verlieren, die von den Bleichgesichtern eine Minute genannt wird. Bis hierher bin ich auf ihrer Spur geblieben und habe fortwährend zum großen Manitu und zu seinem Sohn gebetet, ich möchte sie noch heute einholen. Nun treffe ich Winnetou und Old Shatterhand, um zu hören, dass meine Söhne nicht dem Vater nachgeeilt, sondern den Feinden entgegengeritten sind. Ich muss fort, ich muss ihnen folgen. Vielleicht gelingt es mir noch, sie zu warnen."

Sie ritt, von ihrer Angst getrieben, weiter. Ein Blick zwischen Winnetou und mir genügte, uns zu verständigen. Wir folgten der Squaw. Ich trieb mein Pferd an die Seite des ihrigen und sagte:

„Wenn meine Vermutung richtig ist, dass deine Söhne auf die Sioux-Ogellallahs treffen werden, so kannst du allein sie nicht retten. Eine Squaw bringt das nicht fertig. Dazu gehören Krieger. Kehre also um und reite heim! Wir werden an deiner Stelle der Spur folgen und uns der Knaben annehmen."

„Uff!", antwortete sie. „Eine Mutter sollte nichts zur Rettung ihrer Kinder tun können? Hat Old Shatterhand noch nie eine Mutter gesehen, die ihre Kinder liebt?"

„Gut! Ich will dich also nicht auffordern, umzukehren. Aber ich bitte dich, uns an deiner Stelle handeln zu lassen. Du würdest ihnen keine Hilfe bringen, sondern nur dich selbst auch dem Verderben überliefern. Ich wiederhole das, obgleich du es nicht glauben willst."

„So ist es wirklich wahr, dass Winnetou und Old Shatterhand mit mir reiten wollen?"

„Ja."

„Aber die Ogellallahs werden euch am Marterpfahl töten, wenn ihr ihnen in die Hände fallt."

„Sie haben das schon oft tun wollen, haben es aber doch nicht fertig gebracht."

„Ihr wagt dennoch euer Leben. Für zwei Knaben eines Stammes, dessen Krieger euch töten wollten! Meine Brüder mögen mich verlassen und ihren früheren Weg fortsetzen."

„Das tun wir nicht. Deine Kinder befinden sich in Gefahr und dir droht auch der Tod. Wir begleiten dich."

„Uff! Es trifft also doch zu, was die Mutter meiner Mutter stets behauptet hat: dass ein Christ, wenn er wirklich und von Herzen an den Sohn des guten Manitu glaubt, sogar sein Leben wagt, um das seines Feindes zu retten. Nicht wahr, das ist die Liebe, die dort oben wohnt, wo die Sterne stehen?"

„Es ist die Liebe, die vom Himmel kommt und im Herzen jedes guten Menschen wohnt, auch in dem deinigen. Denn du bist ja bereit, für deine Kinder in den Tod zu gehen."

„Mein weißer Bruder sagt Worte der Wahrheit, das fühle ich in meinem Innern. Wenn ich wieder bete, werde ich auch für ihn beten. Jetzt kann ich es nicht, denn meine Seele kennt nichts als nur die Angst um meine Söhne. Glaubst du, dass sie noch zu retten sind?"

„Ja. Es ist ja noch gar nicht gewiss, dass sie den Sioux in die Hände fallen; und selbst wenn dies geschieht, hoffe ich zuversichtlich, dass wir sie befreien werden."

Während ich mit der Indianerin sprach, hatte Winnetou sich an unsere Spitze gesetzt. Hammerdull und Holbers ritten hinter ihr und mir. Ich hörte, wie der Dicke zu dem Langen äußerte:

„Wer hätte an so etwas gedacht? Erst geben wir uns alle Mühe, den Sioux auszuweichen, und nun reiten wir ihnen gerade in die Zähne. Was meinst du dazu, Pitt Holbers, altes Coon?"

„Da meint man nichts, sondern man reitet mit."

„Ob man mitreitet oder nicht, das ist ganz gleich, nur ausschließen darf man sich nicht davon. Doch halt, was ist mit Winnetou?"

Der voranreitende Apatsche hielt nämlich in diesem Augenblick sein Pferd an und gab uns einen Wink, die unsrigen auch zu zügeln. Dann stieg er ab. Ich tat dasselbe und ging zu ihm hin.

Wir befanden uns an einem ausgedehnten Gebüsch, hinter dem eine kleine, offene Prärie lag. Sie war nicht ganz eine halbe englische Meile breit und stieß jenseits an einen Wald, an dessen Rand wir eine bedeutende Schar von Reitern erblickten, die soeben von ihren Pferden gestiegen waren, um Lager zu machen. Es war allerdings auch gerade Zeit dazu, denn die Sonne hatte sich schon so tief niedergesenkt, dass sie in kurzer Zeit verschwinden musste.

Das waren die Sioux-Ogellallahs. Was wir vermutet hatten, war also eingetroffen.

Die Squaw, Holbers und Hammerdull stiegen auch von ihren Tieren. Hammerdull sagte in seiner drolligen zuversichtlichen Weise:

„Da haben wir sie ja! Das sind gewiss auch zweihundert Mann. Wir werden sie erschrecken, wenn wir über sie hinwegstolpern. Wir machen uns doch an sie, Mr. Shatterhand, was?"

„Natürlich", erwiderte ich. „Wir müssen ihnen doch die beiden Knaben abnehmen."

Da fragte die Squaw rasch:

„Mein weißer Bruder glaubt also, diese Krieger haben meine Söhne wirklich ergriffen?"

„Ganz gewiss. Sie befinden sich ja auf der Spur deiner Kinder und würden wohl nicht gerade auf der Spur Lager machen, wenn sie nicht diejenigen gefangen hätten, von denen diese Fährte stammt. Sie fühlen sich vollständig sicher und es fällt ihnen nicht ein, zu denken, dass noch jemand denselben Stapfen folgen könnte. Hätten sie ihren Weg nur noch bis hierher verfolgt, so wären wir ihnen zwar noch schnell ausgewichen, aber sie hätten die Hufeindrücke unserer Pferde entdeckt."

„Und denkt Old Shatterhand, dass wir die Gefangenen befreien können?"

„Ich hoffe es! Nur Geduld! Wir können nicht eher von hier fort, als bis es dunkel geworden ist."

Wir banden die Pferde an und setzten uns nieder. Die Frau konnte nicht stillsitzen, sie rückte unruhig hin und her, was sehr begreiflich war. Aber wenn sie sich später im Augenblick der Entscheidung auch nicht besser zu beherrschen vermochte, so musste man sie unter Aufsicht nehmen.

Hammerdull freute sich auf das zu erwartende Abenteuer.

Er rieb sich vergnügt die Hände und sagte:

„Hoffentlich, Mr. Shatterhand, habt Ihr Euch nicht vorgenommen, wieder, wie gewöhnlich, den Streich allein auszuführen. Ich will auch dabei sein. Ich möchte nicht immer bloß den Zuschauer machen."

„Wie wir die Befreiung ins Werk setzen, das kommt ganz darauf an, in welcher Lage sich die Gefangenen befinden", antwortete ich.

„Die Lage geht mich gar nichts an. Ob es eine Lage gibt oder ob es keine gibt, das ist ganz gleich, wenn sie uns nur günstig ist. Frei müssen die beiden jungen Upsarokas werden. Meinst du nicht auch, Pitt Holbers, altes Coon?"

„Hm, wenn du denkst, lieber Dick, ich habe nichts dagegen", entgegnete der lange Pitt.

Winnetou lag lang ausgestreckt im Gras und hörte schweigend zu. Sein männlich schönes, bronzenes Gesicht blieb völlig unbewegt. Es war seine Art, nie ein Wort über eine Angelegenheit zu verlieren, in der nur die Tat zu sprechen hatte. Von ihm hatte im geeigneten Augenblick ein einziger kurzer Wink mehr Bedeutung als tausend Worte, die ein anderer vorher sprach.

Die Zeit verging. Es wurde dunkel und dann finstere Nacht. Der Himmel hatte sich bewölkt und nur hier und da blinkte einmal ein Stern auf, um gleich wieder zu verschwinden.

Nun war es Zeit für uns. Wir brachen auf und ritten über die Prärie, doch nicht etwa in gerader Linie hinüber zu den Sioux; wir richteten es vielmehr so ein, dass wir den Waldrand so weit abseits von ihnen erreichten, das sie uns nicht hören und noch weniger sehen konnten. Wie sicher sie sich fühlten, zeigten uns die hohen, hellen Feuer, die sie entfacht hatten. Sie hielten es nicht einmal für nötig, diese Feuer in irgendeiner Weise zu verdecken. Wir banden unsere Pferde wieder an, dann sagte ich zu Hammerdull und Holbers:

„Ich gehe jetzt mit Winnetou auf Erkundung. Wir lassen unsere Gewehre hier bei euch und ihr entfernt euch auf keinen Fall von dieser Stelle, bevor wir zurückkehren."

„Darf ich denn nicht mit?", fragte Dick missmutig.

„Ihr würdet jetzt überflüssig sein. Später werdet Ihr wahrscheinlich noch genug zu tun bekommen."

„Well, darauf will ich mich verlassen."

„Und sorgt vor allen Dingen dafür, dass die Squaw hier bleibt. Gebt ja nicht zu, dass sie uns folgt. Es könnte keine größere Dummheit geschehen."

Wir gingen. Indem wir dicht am Waldrand hinschlichen, näherten wir uns dem Lager der Ogellallahs so weit, dass wir die uns zunächst sitzenden Gestalten deutlich erkennen konnten. Dann war es Zeit, den Rest des Weges unter den Bäumen zurückzulegen. Auf diese Weise konnten wir uns unbemerkt im Saum des Gehölzes verstecken, wo wir die Ogellallahs nahe vor uns liegen hatten.

Von außen her war nicht an sie heranzukommen, weil die Roten ihre Pferde in einem Halbkreis um das Lager angepflockt hatten, und diese Tiere pflegen die Annäherung eines Weißen durch Schnauben zu verraten. Es brannten mehrere Feuer, man konnte fast jedes Gesicht deutlich erkennen. Wir waren neugierig auf den Anführer der Truppe, denn wir kannten alle hervorragenden Häuptlinge und Krieger dieser Sioux. Wir sahen aber außer lauter jungen Leuten nur einen alten Indsman, der zwar im Ruf der Klugheit stand und darum bei Beratungen hinzugezogen wurde, aber nur ein Unterhäuptling war. Er hieß Tantschan Honska[1]. Er saß an einem der Feuer allein mit einem Mann, der unsere Aufmerksamkeit besonders auf sich zog, denn er war ein Weißer.

Von untersetzter, starkknochiger Gestalt, hatte er einen wahren Stierkopf auf dem Nacken sitzen; seine breiten, roh zugehackten Gesichtszüge verrieten heimtückische List und Gewissenlosigkeit. Wer er war, das wussten wir nicht, wir hatten ihn noch nie gesehen. Neben ihm lag ein ranzenartig zusammengenähtes graues Wolfsfell, aus dessen zugebundener Öffnung einige mehr als fingerstarke Stäbe hervorragten. Dieses Fell wurde zuweilen von innen bewegt, es schien irgendein lebendiges Tier darin zu stecken. Auf der anderen Seite des Feuers lagen die beiden Upsarokaknaben, die wir suchten; sie waren so fest gebunden, dass sie kaum ein Glied regen konnten. Die Sioux aßen. Sie hatten einen Büffel geschossen, dessen Fleisch sie übers Feuer hielten, um es leicht anzubraten und dann zu verzehren.

Dass Langer Leib mit dem Weißen allein an einem Feuer saß, ließ vermuten, dass sie beide die Truppe befehligten. Wie kam dieses fremde Bleichgesicht dazu, die Sioux hierher nach dem Bighorn River zu führen? Hatte er eine Rache gegen die Upsarokas? Waren die Ogellallahs von ihm durch Versprechungen veranlasst worden, ihm bei Ausführung seiner Pläne beizustehen? Das fragte ich mich und Winnetou hatte jedenfalls dieselben Gedanken.

Wir krochen, um wo möglich etwas zu erlauschen, dem betreffenden Feuer so nahe, wie das Gelände es uns erlaubte; hinter einem Beerenstrauch liegend, konnten wir den ganzen Lagerplatz überblicken. Ich nahm an, dass die beiden Anführer mit den zwei Gefangenen noch nicht viel gesprochen hatten. Es war wohl während des Ritts hierher keine passende Gelegenheit dazu gewesen. Die Richtigkeit dieser Voraussetzung sollte sich sofort zeigen. Als nämlich der Weiße mit essen fertig war, wischte er sich das Messer an seinem Ärmel ab und sagte zu Tantschan Honska:

„Jetzt wird es Zeit, sich diese Upsarokabrut vorzunehmen. Hat mein roter Bruder etwas dagegen?"

Der Sioux knurrte etwas, war offenbar ‚nein' bedeuten sollte, und so gab der Weiße einem Indianer den Befehl, die Fesseln der Gefangenen zu lockern. Sie wurden in sitzende Stellung aufgerichtet. Dann sagte der Weiße zu ihnen:

„Also ihr seid die Söhne des Hundes, der sich Wamduschka sapa, die Schwarze Schlange, nennt. Weiter habe ich noch nichts von euch erfahren. Kennt ihr mich?"

„Ja", antwortete der ältere Knabe, indem er dem Sprecher furchtlos ins Auge blickte.

„Nun, wer bin ich?"

---

[1] Langer Leib

187

„Du bist Folder, der frühere Agent der roten Männer. Du hast sie betrogen und bist deshalb vom weißen Vater in Washington[1] bestraft worden. Dann wurdest du ein Pferdedieb und Mörder. Unser Vater, der berühmte Häuptling der Upsarokas, erwischte dich, als du ihm fünf Pferde gestohlen hattest. Darauf steht der Tod. Da aber Uinorintscha ota, unsere Mutter, Mitleid mit dir hatte und für dich bat, tötete er dich nicht, sondern ließ dich nur schlagen und jagte dich dann fort."

Das war ja ein ganzes Sündenverzeichnis, das der Knabe seinem Feind mutig vorhielt! Nun wussten wir, wer dieser Weiße war. Wir hatten gar wohl von dem berüchtigten Indianeragenten Folder gehört, von dem die Roten in einer solchen Weise betrogen und übervorteilt worden waren, dass sich die Behörde der Sache endlich einmal hatte annehmen müssen. Er wurde abgesetzt und mit mehreren Jahren Gefängnis bestraft.

Diesen Gauner sahen wir also jetzt vor uns! Nun war es uns klar, dass er die Ogellallahs zu einem Zug gegen die Upsarokas beredet hatte, um sich für die damals erhaltenen Hiebe zu rächen. Er grinste die Knaben höhnisch an:

„Wie laut so junge Hunde, die ihr seid, doch schon bellen können! Ich werde euch aber die Schnauzen verschließen. Ja, euer Vater, der räudige Kerl, hat mich jämmerlich prügeln lassen. Ich habe damals einen himmelhohen und höllentiefen Schwur getan, mich zu rächen, und jetzt bin ich gekommen, diesen Schwur wahr zu machen. Ihr sollt mir jeden Tropfen Blut, den ihr mir damals herausgeschlagen habt, bezahlen. Beim Teufel, ich hätte nicht gehofft, schon jetzt Gelegenheit zu haben, mit meiner Rache anzufangen, schon jetzt zwei Upsarokas zu fangen, und noch dazu die Söhne des Häuptlings. Das ist ein Glück, dessen ich mich würdig zeigen werde. Was habt ihr Ratten denn hier in dieser Gegend zu suchen? Warum habt ihr euch so weit von eurem Lager entfernt?"

„Wir haben noch keine Namen, deshalb zogen wir aus, um in der Einsamkeit zu fasten und den großen Geist um unsere Medizinen zu befragen."

Das war eine Antwort, wie sie klüger nicht gegeben werden konnte. Der Häuptlingssohn war trotz seiner Jugend ein kluger Bursche. Er verriet nicht, dass sein Vater auf einem Kriegszug gegen die Sioux unterwegs war. Folder war so unvorsichtig, ihm vollen Glauben zu schenken. Er feixte:

„Ihr braucht den großen Geist nicht zu fragen, eure Medizinen kenne ich schon. Ich werde sie euch zeigen."

Er knüpfte den Riemen, der seinen Fellranzen verschloss, auf und zog langsam einen der Stäbe heraus. Ich sah zu meinem Erstaunen, dass eine große Klapperschlange daran hing.

Er hielt den Stock mit der wütend züngelnden Schlange empor und lachte:

„Das werden eure Medizinen sein, sie stecken da im Wolfsfell. Als wir jetzt in den Rattlesnake Mountains waren, kam ich an einen Ort, wo diese Bestien ein Meeting abzuhalten schienen, denn sie waren da in Menge beisammen. Da euer Vater Schwarze Schlange heißt, kam mir sogleich der Gedanke, dies sei ein Fingerzeig für die Ausführung meiner Rache. Ich fing ein halbes Dutzend dieser Tierchen und nahm sie mit, um die Schwarze Schlange mit Weib und Kindern durch Schlangengift in die ewigen Jagdgründe zu befördern. Ein großartiger Gedanke, wie ihn noch kein Westmann jemals gehabt hat. Darum freut es mich, dass ihr so zuvorkommend gewesen seid, euch schon heute bei mir einzustellen. Ich werde die jungen Upsarokaschlangen

---

[1] Präsident der Vereinigten Staaten

188

mit diesen Klapperschlangen zusammenbinden und meine Augen an den Bissen weiden, gegen die ihr euch nicht wehren könnt. Das wird morgen früh geschehen, sobald es Tag geworden ist. Oder ist es euch vielleicht lieber, wenn ich es schon jetzt tue?"

Er stand auf und hielt den Knaben die züngelnde Schlage so nahe, dass der verderbliche Biss jeden Augenblick erfolgen konnte. Da raschelte es nahe bei uns im Gebüsch und eine weibliche Stimme rief im Ton des Entsetzens:

„Halt! Tu es nicht, tu es nicht! Ich beschwöre dich beim großen Geist, lass sie leben und töte lieber mich!"

Eine Indianerin sprang hinaus und auf das Feuer zu. Es war Uinorintscha ota, die Häuptlingsfrau. Die Sorge um ihre Kinder war zu mächtig in ihr gewesen. Sie hatte sich von Hammerdull und Holbers nicht halten lassen und war herbeigeschlichen. Ohne uns zu sehen und von uns bemerkt zu werden, war sie unsere Nachbarin gewesen und hatte die Drohungen Folders gehört. Jetzt lag sie draußen bei ihren Söhnen auf den Knien, liebkoste sie und rief und bat:

„Gebt sie frei, lasst sie los! Bindet mich, lieber mich mit den Schlangen zusammen! Sie dürfen nicht gebissen werden! Ich will an ihrer Stelle sterben!"

Es lässt sich denken, dass das plötzliche Erscheinen der Squaw großes Aufsehen erregte. Die Sioux sprangen auf und drängten sich herbei. Folder, der die Frau kannte, rief halb erstaunt und halb erfreut:

„*All devils!* Das ist ja Uinorintscha ota, die fromme Frau des Upsarokahäuptlings! Sag sofort, Weib, wie du hier in diese Gegend kommst!"

„Ich bin meinen Söhnen nachgeeilt, weil sie fortgeritten sind, ohne mich zu fragen", antwortete sie.

„Wer hat dich begleitet?"

„Niemand."

„Weiß dein Mann, wo du bist?"

„Nein."

„Bist du geritten? Wo hast du dein Pferd?"

„Als ich eure Feuer sah, habe ich es draußen auf der Prärie stehen lassen und mich herbeigeschlichen."

„Verteufelte Geschichte! Das kann uns den ganzen schönen Plan verderben. Erst die Knaben fort und dann die Squaw fort. Die Schwarze Schlange wird natürlich nach ihnen suchen lassen. Wenn wir von einem solchen Späher vor der Zeit entdeckt werden, ist alles verraten. Wir müssen dreifach vorsichtig sein. Bindet die Squaw!"

„Ja, bindet mich!", bat sie. „Aber lasst dafür meine Kinder frei!"

„Weib, bist du verrückt? Du kommst mir gerade recht; denn ich habe sechs Schlangen, für jede Person zwei. Ich will mich an der Freude ergötzen, die du über deine roten Bengel haben wirst, wenn sie sich mit den Rattlesnakes um die Wette winden. Also bindet sie! Dann werde ich sie noch weiter ausfragen."

Er schob den Stab mit der Schlange in den Ledersack zurück. Dabei sagte Tantschan Honska zu ihm:

„Mein weißer Bruder mag mir erlauben, Späher auszusenden!"

„Warum? Wohin?"

„Die Squaw kann uns belogen haben, als sie sagte, sie sei allein. Sie hat im Wald gesteckt und uns belauscht. Wir müssen den Wald und den ganzen Umkreis des Lagers absuchen, um zu erfahren, ob sie die Wahrheit gesprochen hat."

„Ja, das müssen wir allerdings. Es wäre verteufelt, wenn wir von hier fort müssten, denn gerade hier gibt es eine Stelle, wie ich sie gar nicht besser für mein Schauspiel finden kann. Ich kenne hier eine tiefe, weite Cache[1], die ich früher selbst mitgegraben habe; da hinein wollte ich diese drei Roten mit den Schlangen werfen. Also sucht! Ich hoffe, dass niemand zu finden ist."

Jetzt war es höchste Zeit für Winnetou und mich, uns zu entfernen. Wir huschten erst ein Stück zurück, tiefer in den Wald hinein, und eilten dann nach der Stelle, an der Hammerdull und Holbers auf uns warteten. Diese beiden empfingen uns in großer Verlegenheit, denn sie glaubten, von uns ausgescholten zu werden.

„Wir sind nicht schuld", versicherte der Dicke. „Die Squaw hat uns nicht gefragt, hat kein Wort gesprochen. Sie sprang plötzlich auf und war fort. Habt ihr sie nicht gesehen? Sie muss euch nachgelaufen sein."

„Sie ist gefangen", erwiderte ich. „Steigt schnell auf, wir müssen fort!"

Wir nahmen das Pferd der Squaw mit. Die Sioux glaubten, sie habe es auf der Prärie stehen lassen, von da konnte es sich verlaufen haben. Wohl eine halbe Meile weit entfernten wir uns und hielten erst an, als wir überzeugt waren, dass die Nachforschungen der Ogellallahs sich nicht bis zu uns ausdehnen würden. Als wir uns dem neuen Lagerplatz ausgestreckt hatten, fragte ich den Apatschen:

„Wann gehen wir wieder hin?"

„Um Mitternacht", entgegnete er.

„Das denke ich auch, eher nicht. Wir müssen warten, bis alles schläft."

Er schwieg eine Weile und stieß dann den Seufzer aus:

„Uff! Das ist nun ein Bleichgesicht, ein – Christ! Ein Indianer ist ein braver Mensch gegen diese Weißen. Mein Bruder mag nichts zu mir sagen, ich mag kein Wort darüber hören."

Wie Recht hatte er!

Ich musste Hammerdull und Holbers nun erzählen, was wir erlauscht hatten. Als ich damit zu Ende war, sagte Dick:

„Da hat man es wieder einmal: Weiber verderben doch stets den Brei! Darum habe ich nicht geheiratet und werde diesen Fehler auch nie begehen. Was meinst du dazu, Pitt Holbers, altes Coon?"

„Das machst du, wie du willst", lachte der Gefragte in seiner trockenen Weise.

„Ob ich will oder nicht, das bleibt sich gleich. Ich mache es eben nicht. Was hat sie nun davon? Hat sie ihre Kinder gerettet? Mit Klapperschlangen zusammengebunden zu werden! Es schüttelt mich! Das lassen wir nicht geschehen, und wenn es uns das Leben kosten sollte. Aber, Mr. Shatterhand, wie werden wir es anfangen, sie zu befreien?"

„Das wird sich finden, wenn wir hinkommen", antwortete ich. „Jetzt wollen wir schlafen, denn während der Nacht wird es wohl keine Ruhe geben."

In der Fellgrube

Wir versuchten zwar einzuschlafen, aber es gelang nicht und so machten wir uns um Mitternacht auf den Weg, nachdem wir die Pferde festgebunden hatten. Mit der größten Vorsicht schlichen wir uns an, mussten aber bald zu unserer Überraschung sehen, dass diese Mühe vergeblich gewesen war – die Sioux waren nicht mehr da.

---

[1] Verborgene Grube zum Verstecken erbeuteter Häute und Felle

Wo waren sie hin? Auf den verlassenen Feuerstätten lagen noch einige halbverbrannte, dürre Äste. Wir zündeten sie wieder an, um sie als Fackeln zu benutzen und mit ihrer Hilfe nach Spuren zu suchen. Da fanden wir, dass die Roten über die Prärie hinüber waren. Sie hatten also ihren Kriegszug fortgesetzt.

„Uff!", sagte Winnetou. „Die Squaw hat wahrscheinlich in ihrer Angst verraten, dass wir hier sind. Sie hat den Sioux mit uns gedroht und ihnen gesagt, wir würden sie und ihre Kinder retten. Daher sind die roten Krieger schnell fort, damit wir den Überfall auf die Upsarokas nicht vereiteln können. Wir reiten ihnen rasch nach. Wenn wir auch ihre Fährte während der Nacht nicht sehen können, so werden wir sie bei Tagesanbruch schon finden."

Ich war einverstanden. Wir bestiegen unsere Pferde, um auf demselben Weg zurückzueilen, den wir gekommen waren. Da wir die Gegend kannten, machte uns dies trotz der Dunkelheit wenig Schwierigkeiten.

Wir ritten schneller, als die Sioux reiten konnten, denen das Gelände fremd war. Sie waren wahrscheinlich erst kurz vor uns aufgebrochen. So durften wir hoffen, sie in nicht zu langer Zeit einzuholen.

Es dauerte nicht lange, so kamen wir an den Ort, wo wir mit der Squaw zusammengetroffen waren. Von da an war auch uns die Gegend nicht mehr bekannt. Aber schon nach zwei Uhr lichtete sich der Himmel und wir durften die Pferde ausgreifen lassen. Kurze Zeit später war der Erdboden zu erkennen. Das gab uns die Möglichkeit, nach der Fährte zu suchen. Hammerdull und Holbers ritten geradeaus, ich wendete mich nach rechts, Winnetou nach links. In zehn Minuten wollten wir wieder zusammentreffen. Ich fand nichts. Aber als ich wieder zu den drei anderen stieß, hatte der Apatsche die Spuren entdeckt. Vorsichtig folgten wir der Fährte, denn sie war noch keine Viertelstunde alt.

Die Gegend war bergig geworden. Wir kamen durch einen Wald, dann gelangten wir an einen ebenen Streifen, der vor uns offen, rechts mit Büschen besetzt war. Die Sioux befanden sich zurzeit auf diesem Streifen und da er eine ansteigende Lehne bildete, konnten wir jeden einzelnen Reiter unterscheiden. Sie ritten auf eine steile Höhe zu, die von lichten, breitgipfeligen Bäumen bestanden war. Über diese Höhe führte eine Art natürliche Schneise, ein baumarmer, schmaler Strich, auf den die Roten zulenkten. Indem wir sie abzählten, bemerkten wir zweierlei: etwas Willkommenes und etwas Überraschendes. Das Willkommene war, dass die beiden Anführer alleine ritten, und zwar eine bedeutende Strecke hinter den anderen her. Das Überraschende bestand darin, dass die Squaw und ihre Söhne nicht bei dem Trupp waren.

„Die Sioux haben sie nicht mitgenommen, sondern mit den Schlangen in die Cache geworfen", sagte ich. „Wir müssen schnell wieder zurück! Aber da wir nicht wissen, wo die Cache liegt, muss Folder es uns sagen. Wir nehmen ihn und Tantschan Honska gefangen. Dort auf der Höhe müssen wir ihnen zuvorkommen. Also Galopp da nach den Büschen rechts, damit sie uns nicht sehen!"

Winnetou hatte, wie gewöhnlich, dieselben Gedanken wie ich gehabt. Er flog, ohne meine Worte bis zu Ende anzuhören, voran und wir folgten ihm, so schnell unsere Pferde laufen konnten. Die Sträucher verschwanden nur so hinter uns.

Als wir den Fuß der Höhe erreichten, waren wir überzeugt, dass die Sioux auf dem offenen Gelände auch noch nicht weiter wären. Wir sprangen von den Pferden. Hammerdull und Holbers sollten die Tiere und unsere Gewehre halten, also zurückbleiben, während Winnetou und ich unter den Bäumen, von den Roten ungesehen, die Höhe zu Fuß zu ersteigen hatten.

Mit langen Schritten und Sprüngen ging es bergan, wobei wir, um ruhiges Blut zu behalten, den Atem sorgfältig einteilten. Auf halber Steilung angekommen, wendeten wir uns mehr nach links, schräg der Schneise zu. Als wir deren Rand erreichten, ritten die Sioux eben vorüber. Wir standen hinter einem mannshohen, breiten Felsenstück.

Nach einer Weile sahen wir die beiden Anführer kommen.

Als sie nahe bei uns waren, flüsterte Winnetou mir zu: „Du den Weißen, ich den Roten!"

Wir schnellten unhörbar hinter ihnen her. Ein kräftiges Ausholen, ein Sprung, und wir saßen hinter ihnen auf den Pferden. Die eine Hand fest um ihre Kehle, mit der anderen einige Hiebe an ihre Schläfen! Sie glitten, indem wir nachhalfen, bewusstlos von ihren Tieren herab, die wir mit scharfem Ruck zum Stehen brachten.

Nun wickelten wir unsere Lassos auf, banden damit die Gefangenen wie Säcke quer über ihre Pferde fest, nahmen die Tiere bei den Zügeln und führten sie den Berg wieder hinab. Das war alles so schnell und vorsichtig gegangen, dass wohl kaum eine Viertelstunde verstrichen war, als wir wieder bei unseren Gefährten eintrafen.

Nun ging es durch die Büsche zurück, nach dem Wald und dann immer weiter, bis wir sahen, dass die Entführten wieder zu sich kamen. Da hielten wir an. Sie erschraken nicht wenig, als sie bemerkten, dass sie nicht mehr bei ihren Sioux, sondern gefangen waren. Tantschan Honska erkannte uns sofort. Folder wollte mit Grobheiten um sich werfen, da hielt ich ihm den Revolver vor und herrschte ihn an:

„Still, Halunke, sonst schieße ich Euch nieder! Wir wollen die verschwundene Upsarokasquaw und ihre Kinder haben und Ihr werdet uns die alte Cache zeigen, in der sie stecken. Wenn ihnen die Schlangen nur den geringsten Schaden zugefügt haben, so ist der heutige Tag der letzte Eures Lebens; das schwöre ich, Old Shatterhand."

„Cache? – Schlangen?", fragte er, nach einer Ausrede suchend.

„Schweigt, sonst bekommt Ihr die Kugel! Ihr setzt euch jetzt auf die Pferde und werdet da fest angebunden. Dann reiten wir weiter. Wer nur einen Versuch des Widerstrebens macht, ist einen Augenblick später ein toter Mann."

Auch wenn sie diese Drohungen nicht hätten beachten wollen, wären sie durch den zwingenden Blick, mit dem das Auge des Apatschen auf ihnen haftete, zum widerstandslosen Gehorsam veranlasst worden. Wir fesselten sie auf ihre Tiere und ritten dann mit ihnen weiter, vermieden aber den bisherigen Weg, um den Sioux die Verfolgung möglichst schwer zu machen. Denn dass diese ihre Führer vermissen, sie suchen und uns dann nacheilen würden, das war zu erwarten. Ihr Ritt nach dem Jagdgebiet der Upsarokas wurde dadurch nicht nur eine Weile aufgeschoben, sondern wahrscheinlich unmöglich gemacht.

Auf dem Rückweg kamen wir rasch vorwärts. Gegen acht Uhr morgens trafen wir auf dem gestrigen Lagerplatz der Ogellallahs wieder ein. Als ich Folder nun aufforderte, uns zu zeigen, wo die Mutter mit ihren Kindern zu finden sei, sagte er mit einem rohen, höhnischen Lachen:

„Ich habe euch noch nie gesehen, aber genug von Winnetou und Old Shatterhand gehört und weiß, dass ihr nie richtet, ohne vollgültige Beweise zu haben. Von euch habe ich nichts zu fürchten, denn ich bin unschuldig. Ich weiß nichts von einer Squaw und von ihren Kindern noch viel weniger."

„Well. Ein offenes Geständnis hätte Euch genützt. Da Ihr leugnet, habt Ihr keine Gnade zu erwarten. Wir haben gestern dort im Gebüsch gesteckt und alles beobachtet und gehört. Wir werden die Gesuchten sicher finden. Will nicht wenigstens Tantschan Honska aufrichtig sein?"

Der Sioux, an den ich die Frage gerichtet hatte, schüttelte den Kopf und antwortete stolz:

„Tantschan Honska führt nicht mit Weibern und Kindern Krieg. Er wird kein Wort darüber sprechen."

„*Well*. So werden wir suchen."

Es verstand sich von selbst, dass von hier aus nach der Cache Spuren führten. Wir hatten diese Spuren in der Nacht nicht sehen können, sonst wären wir den Sioux nicht nachgeritten, ohne vorher die Grube zu suchen. Jetzt aber brauchten wir nur die Augen aufzutun, um eine Fährte zu entdecken, die erst am Rand des Waldes hin und dann ins Gebüsch hineinführte. Es waren die Spuren menschlicher Füße und zweier Pferde. Die Sioux hatten zwei Krieger mit ihren Pferden hier gelassen, um die Cache bis zur Rückkehr der Schar zu bewachen. Schon wollte ich, während wir den Stapfen folgten, wegen dieser zwei Wachen zur Vorsicht mahnen, als ich die Spitze eines Mokassins hinter einem Baum hervorragen sah.

Ich schnellte hin.

Da stand der ältere der beiden Knaben mit einem Messer in der Hand. Seine Blicke waren voller Zweifel auf mich gerichtet.

„Du bist der Sohn des Häuptlings der Upsarokas", sagte ich. „Ich bin Old Shatterhand und da ist Winnetou, der Häuptling der Apatschen. Wo ist deine Mutter und wo ist dein Bruder?"

„Uff!", rief er erleichtert aus. „Old Shatterhand und Winnetou! Mutter hat uns gesagt, dass ihr uns retten wollt. Sie wird sterben, denn die Schlangen haben sie gebissen. Ich will neues Wundkraut suchen, da die wenigen Pflanzen, die wir fanden, verbraucht sind."

Die Tränen traten ihm in die Augen.

„Führe uns!", forderte ich ihn auf. „Vielleicht ist noch Hilfe möglich."

„Nein, Mutter stirbt", klagte er fast weinend. „Sie zittert am ganzen Leib und schlägt um sich, oft liegt sie schon wie tot, dann erwacht sie wieder, um zu beten. Wo sie gebissen wurde, ist der Körper geschwollen und dunkel gefärbt. Sie wird sterben. Aber ich, ich werde sie rächen! Kommt!"

Er führte uns ungefähr zweihundert Schritte weiter, dann blieb er stehen und sagte: „Horcht! Sie spricht!"

Wir lauschten und hörten die Stimme der Frau wie aus einer Höhle heraus:

„Machpiya ekta tokedn nitawatschin etschongpi king maka akan hetschen etschongpi nongue!"[1]

Sie betete das Vaterunser. Wir gingen noch einige Schritte weiter, bogen um eine dichte Baumgruppe und standen dann vor der Cache; sie war vielleicht zweieinhalb Meter tief, eindreiviertel Meter lang und breit und mit Rundhölzern ausgekleidet, um sie vor Feuchtigkeit und Einsturz zu bewahren. Der ebenso aus Hölzern bestehende und mit Moos bekleidete Deckel war abgenommen und lag auf der Seite. Solche Gruben werden von den Jägern und Fallenstellern angelegt, um die erbeuteten Felle bis zur Abholung zu verstecken.

In der Nähe sahen wir zwei Pferde angebunden, zwei Gewehre lehnten dabei und an zwei Aststümpfen sahen wir – zwei frische, blutige Kopfhäute hängen.

---

[1] ‚Wie dein Wille im Himmel geschieht, so geschehe er auch auf Erden.'

„Von wem sind diese Skalpe?", fragte ich schnell und verwundert.

„Von den beiden Sioux, die uns bewachten. Ich werde Old Shatterhand und Winnetou alles erzählen", antwortete der Knabe, während seine Augen stolz aufleuchteten. „Jetzt bitte ich die berühmten Krieger, zuerst nach der Mutter zu sehen."

Als wir in die Grube schauten, bemerkten wir zuerst eine abgebrochene, junge Fichte, die den Knaben als Leiter diente. Unten lag die Squaw in Krämpfen und schwer mit dem Atem ringend. Bei ihr saß ihr jüngerer Sohn. Er hatte ihren Kopf in seinem Schoß und weinte. Im entgegengesetzten Winkel lagen mehrere Riemen und drei große, ausgewachsene Klapperschlangen. Die Tiere waren tot.

Ich sprang mit Winnetou hinab. Wie wir bei gleichen Veranlassungen stets auch die gleichen Gedanken hatten, so auch hier. Wir blickten zunächst nicht nach der Frau, sondern nach den Schlangen. Sie waren durch Erwürgen getötet worden. Ihre fast zwei Meter langen Körper zeigten in der Nähe des Kopfes zahlreiche kleine, wie von einer Stopfnadel herrührende Löcher in der Haut. Doch musste man sehr scharf hinschauen, um sie zu bemerken. Ich nickte dem Apatschen befriedigt zu und er antwortete mit einem frohen Lächeln. Worte brauchten wir nicht.

Nun wendeten wir uns zu der Frau. Die Krämpfe hatten plötzlich nachgelassen. Sie lag bewusstlos. Wir fanden an ihren Beinen bis zum Knie herauf, an ihren Armen und besonders an den Händen die Spuren von Bissen, deren Umgebung angeschwollen und blau gefärbt war, aber nicht dunkel, wie ihr Sohn gesagt hatte. Sie durfte nicht länger in der Grube bleiben. Wir hoben sie so hoch empor, dass Hammerdull und Holbers sie vollends hinausziehen konnten. Dann stiegen wir mit dem jüngeren Knaben nach. Ich wendete mich zu Folder, der mit Tantschan Honska gefesselt neben der Cache lag: „Siehst du, Schurke, dass wir dein Geständnis nicht gebraucht haben? Wo sind die anderen drei Schlangen?"

„Ein Sioux hat den Ledersack, in dem sie stecken, auf dem Pferd", erwiderte er.

„So hast du sie also für den Häuptling der Upsarokas mitgenommen. Aber deine Berechnung war falsch. Die Squaw hat zwar einige Bisse erhalten, wird aber doch nicht sterben, weil die Giftdrüsen der Tiere leer gewesen sind. Die in dem Ledersack eng zusammengedrückten Schlangen haben sich untereinander gebissen, wie wir an ihren Häuten festgestellt haben, sodass der Giftvorrat erschöpft wurde. Deine Lage wird dadurch freilich nicht verbessert, denn du wirst trotzdem als Mörder behandelt werden."

„Was geht denn Euch das an, was ich mit den Roten habe? Ihr wollt Euch doch nicht etwa als Richter über mich aufspielen? Das müsste ich mir verbitten! Ich verlange, von Euch freigelassen zu werden."

„Warte das ab, Bursche! Du wirst noch froh sein, wenn wir uns deiner als Richter erbarmen."

„Das bildet Euch ja nicht ein! Ich würde lieber sterben, als mich unter Euer Urteil stellen."

„Gut, merke dir das! Wir sind fertig miteinander."

Da die Mutter noch bewusstlos war, mussten die Knaben uns erzählen, was sich gestern nach unserem Rückzug vom Lauscherposten ereignet hatte. Das war Folgendes:

Man hatte nach Begleitern der Squaw gesucht, aber niemand gefunden. Die Frau hatte mit heißer Angst und unablässig um das Leben ihrer Kinder gefleht, doch vergeblich. Sie hatte mit der Rache ihres Mannes gedroht, und als dies nur ein Gelächter Folders zur Folge gehabt hatte, war sie in ihrer Verzweiflung so unvorsichtig gewesen, zu sagen, dass wir in der Nähe seien.

Die Wirkung war sofort eingetreten, aber leider anders, als sie erwartet hatte: Ihr Schicksal war dadurch nur beschleunigt worden. Man hatte sie mit ihren Kindern unter dem Schein von Feuerbränden nach der Cache gebracht, hatte die Grube geöffnet und von den Klapperschlangen drei hineingeworfen; dann waren die drei Unglücklichen, an Händen und Füßen gefesselt, hinabgelassen worden. Hierauf war Folder aus Furcht vor uns mit den Sioux aufgebrochen. Er wollte die Upsarokas ausrauben, so viele wie möglich von ihnen töten und ihren Häuptling lebendig hierherbringen, um ihm das gleiche Schicksal zu bereiten wie seinem Weib und seinen Kindern. Aus diesem Grund hatte er zur Bewachung der Grube zwei Krieger zurückgelassen. Diese hatten Angst gehabt, von uns entdeckt zu werden, und sich, sobald es Tag geworden war, entfernt, um nach uns zu forschen.

Inzwischen hatte sich in der Grube ein Beispiel selbstloseset, aufopferndster Mutterliebe ereignet, wie es bewundernswerter gar keines geben kann. Die Knaben hatten sich in einer Ecke eng zusammengedrückt und sich aus Furcht vor den Schlangen vollständig reglos verhalten. Die Mutter aber hatte, um ihre Kinder vor dem schrecklichen Tod zu bewahren, den Riemen, der ihre Hände zusammenhielt, mit den Zähnen zernagt und, als sie die Hände freibekam, im Finstern nach den Schlangen gesucht, um sie unschädlich zu machen, was nur dadurch geschehen konnte, dass sie eine nach der anderen erwürgte. Dass sie dabei selbst, und zwar mehrmals, gebissen wurde, galt ihr nichts.

Als die dritte Schlange tot war, knotete die Squaw ihren Söhnen mit großer Mühe die Fesseln los. Dann brach sie fröstelnd, schwindelnd und fiebernd zusammen. Kurze Zeit später graute der Tag. Da sich kein Wächter blicken ließ, stieg der eine rote Knabe auf die Schultern des anderen, schwang sich hinaus und brach die erwähnte junge Fichte ab, mit deren Hilfe der Bruder ihm nachfolgte.

Kaum war dies geschehen, so kam der eine Posten zurück. Sie hörten ihn und versteckten sich. Er hatte unsere Spuren entdeckt und an ihnen erkannt, dass wir fort waren. Nun fühlte er sich sicher. Er band sein Pferd an, lehnte sein Gewehr an einen Baum und ging zur Grube, um hinabzusehen. Als er nur die Squaw bemerkte, fuhr er erschrocken zurück. Mittlerweile war der ältere Bruder zu dem Baum gehuscht, hatte das Gewehr ergriffen, spannte den Hahn, zielte auf den Sioux und schoss ihn nieder. Hierauf zog er ihm das Messer aus dem Gürtel und schnitt ihm den Skalp herunter. Dann wurde der Tote fortgeschafft und versteckt.

Nun luden die Brüder das Gewehr wieder, um auch den zweiten zu erschießen. Das sollte der Jüngere tun, der auch einen Skalp haben wollte. Der Sioux kam nach einiger Zeit und wurde in den Kopf getroffen, skalpiert und zu dem anderen Toten geschleift. Jetzt waren die jungen Indianer Herren des Platzes und konnten sich um ihre Mutter kümmern. Der eine stieg hinab zu ihr, der andere ging, um das giftverzehrende Schlangenkraut zu suchen. Dass jeder der Knaben einen Skalp erbeutet hatte, das sicherte ihnen nicht nur volle Straflosigkeit vonseiten ihres Vaters, sondern machte sie auch zum Eintritt in die Reihen der jungen Krieger würdig. Sie waren sehr stolz darauf; man sah es ihnen an, wie sie vor Freude und Mut strahlten.

Als wir die Hauptsache erfahren hatten, galt es vor allen Dingen, für die Squaw zu sorgen und uns auf die Rückkehr der Sioux vorzubereiten. Wir mussten unbedingt frisches Wundkraut haben. Mir war es, als ob ich einige dieser Pflanzen vorhin draußen am Lagerplatz gesehen hätte. Ich sagte dies Winnetou und er forderte mich auf, sie ihm zu zeigen. Wir gingen hinaus. Während wir noch danach suchten, stieß der Apatsche ein lautes „Uff!" aus und sprang unter die Bäume. Ich folgte ihm schnell.

Wir sahen eine beträchtliche Reiterschar auf uns zukommen. Als sie sich uns so weit genähert hatten, dass wir die Kriegsfarben erkennen konnten, rief Winnetou:

„Das ist Wamduschka sapa mit seinen Upsarokas! Sie halten sich für unsere Feinde. Wir wollen uns den Scherz machen, uns von ihnen umzingeln zu lassen."

Wir traten also wieder hinaus ins Freie. Kaum erblickten sie uns, so ließen sie ihr Kriegsgeschrei hören, kamen herangejagt und schlossen uns ein.

„Uff, uff!", rief die Schwarze Schlange. „Old Shatterhand und Winnetou! Nehmt diese Hunde fest, damit wir den Marterpfahl mit ihnen zieren!"

Winnetou setzte sich nieder, stieß die Klinge seines Messers in den Rasen und sagte:

„Hier sitzt Winnetou, der Häuptling der Apatschen. Er gräbt das Messer des Krieges in die Erde: Es ist Friede!"

Ich setzte mich neben ihn, deutete mit der Hand nach der betreffenden Richtung und forderte die Schwarze Schlange auf:

„Der Häuptling der Upsarokas will die Sioux-Ogellallahs fangen. Er ist auf einem falschen Weg nach den Rattlesnake-Bergen geritten und wieder umgekehrt, weil er die Spuren der Sioux gefunden hat, die nach seinen Jagdgründen wollen. Er ist diesen Spuren bis hierher gefolgt. Wir wollen ihm die Anführer der Sioux als seine Gefangenen schenken. Wenn er sie haben will, mag er der Spur folgen, die dort links in den Wald hineinführt!"

„Uff!", rief er aus. „Das kann nichts anderes sein als Verrat!"

„Sind Winnetou und Old Shatterhand Verräter? Kann man uns eine einzige Lüge nachweisen? Hier sitzen wir und zweihundert Upsarokas haben uns umringt. Sie mögen uns töten, wenn es sich herausstellt, dass wir dich betrügen wollen! Du wirst nicht nur finden, was ich sagte, sondern noch viel, viel mehr."

„Uff! Ich tue, was du gesagt hast, aber wehe euch, wenn deine Worte trügerisch sind! Es werden zweimal hundert Gewehre auf euch gerichtet sein, bis ich wiederkehre."

Er stieg vom Pferd und ging. Er war zu stolz und zu mutig, Begleitung mitzunehmen. Aber seine Leute hielten ihre Gewehre so, dass wir in die Läufe blicken konnten. Wir waren ohne Sorgen, denn wir kannten den Erfolg seines Ganges.

Es vergingen zehn Minuten und nochmals zehn, da kehrte er zurück. Ein Wink von ihm, und die Gewehre wurden niedergenommen. Er trat zu uns mit den Worten:

„Meine Brüder haben Recht gehabt, es ist Friede. Wir hielten Old Shatterhand und Winnetou für unsere Feinde. Sie aber haben bewiesen, dass sie unsere Brüder sind. Denn sie haben ihr Leben für meine Squaw und meine Söhne gewagt und meine Söhne sind durch sie zu Kriegern geworden; wir werden das Kalumet des Friedens mit ihnen rauchen."

„Aber jetzt nicht, sondern später", fiel ich ein. „Die Sioux-Ogellallahs können jeden Augenblick da drüben jenseits der Prärie erscheinen. Sie dürfen euch nicht sehen. Deine Krieger mögen sich im Wald verstecken, dann wird euch der Sieg leicht werden."

„Uff! Du meinst, dass sie zurückkommen?"

„Ja. Ich sage es und so wird es geschehen. Sei klug und folge meinem Rat!"

Seine Krieger zogen sich mit ihren Pferden in den Wald zurück, sodass niemand mehr zu erblicken war. Wir aber gingen mit ihm zu seinem Weib, das er, wie wir bald bemerkten, mit überaus liebevoller Achtung behandelte.

Die Freude, ihn zu sehen und keine Vorwürfe von ihm zu erhalten, wirkte so günstig auf die Frau, dass sie jetzt keine Schmerzen fühlte. Als sie hörte, ein blutiger Kampf stehe bevor, bat sie ihn, es nicht so weit kommen zu lassen; er möge es damit genug sein lassen, dass der Überfall auf sein Lager abgewendet sei. Selbstverständlich unterstützten Winnetou und ich sie dabei kräftig. Wir legten ihm alle Gründe vor, die für unsere friedliche Absicht sprachen, und es gelang uns schließlich, ihn zu bewegen. Er wollte sich mit Folder, der allerdings dem Tod verfallen war, und mit dem für ihn sehr wichtigen Umstand begnügen, dass seine Söhne Skalpe erbeutet hatten und dadurch trotz ihrer großen Jugend Krieger geworden waren.

Als Tantschan Honska erfuhr, dass er nicht gefangen bleiben und am Marterpfahl sterben, sondern frei sein sollte, wollte er es erst gar nicht glauben. Er wusste, wie viele Upsarokas hinter den Bäumen steckten und kannte die Vortrefflichkeit meines fünfundzwanzigschüssigen Henrystutzens und die Gefährlichkeit von Winnetous Silberbüchse. Also konnte er sich sagen, was eine einzige unerwartete Salve von uns für eine furchtbare Verheerung unter den Sioux anrichten müsse. Und doch wollten wir auf alles, selbst auf sichere Beute verzichten.

Das war ihm unbegreiflich. Mit umso größerer Bereitwilligkeit ging er darauf ein, seine Schar zum Rückzug aus dieser Gegend zu bewegen.

Gerade waren wir mit ihm einig geworden, als die Sioux am jenseitigen Rand der Prärie erschienen. Wir ließen sie ziemlich nahe kommen. Dann schritt er ihnen entgegen. Sie stutzten und hielten an. Als er sie erreicht hatte, schlossen sie einen Kreis um ihn. Sie hatten wohl nicht erwartet, das zu hören, was er ihnen bekannt gab. Wir sahen, wie sie in große Aufregung kamen.

„Sie können sich nicht in die neue politische Lage finden", lachte Dick Hammerdull. „Dieser Lange Leib scheint kein gutes Mundwerk zu haben. Wir hätten dich hinüberschicken sollen, Pitt Holbers. Meinst du nicht auch, altes Coon?"

„Mach keine dummen Witze", antwortete der Lange. „Du weißt genau, dass ich kein Redner bin."

„Ob du einer bist oder nicht, das ist ganz gleich, denn bekanntlich sind stets diejenigen die besten Redner, die gar nichts sagen. Doch schau, jetzt sind sie endlich fertig. Der Lange Leib kommt wieder her."

Die Aufregung schien vorüber zu sein, denn die Sioux-Ogellallahs nahmen eine ruhige Haltung an. Ihr Anführer meldete uns:

„Meine Krieger würden den Beschluss nicht gebilligt haben, wenn die Upsarokas allein hier wären. Aber da sie das Zaubergewehr Old Shatterhands kennen, haben sie sich entschlossen, sogleich fortzureiten und nicht wiederzukommen. Darf ich mir mein Pferd nehmen?"

„Ja", nickte Wamduschka sapa. „Aber wisse, dass ich euch Kundschafter nachsenden werde, die euch beobachten. Erfahre ich von ihnen, dass ihr euer Wort nicht haltet, so rufe ich über fünfmal hundert Krieger zusammen und vernichte euch."

Der Ogellallah machte eine Bewegung, die sowohl Zustimmung wie auch Hohn bedeuten konnte, und holte sich sein Pferd. Bald darauf verschwand er mit seiner Schar hinter dem Wald. Einige Upsarokas bekamen den Befehl, ihnen nachzureiten, um sie zu beobachten.

Niemand war über diesen Ausgang der Sache so betroffen wie Folder. Er hatte die Überzeugung gehegt, es werde zum Kampf kommen und dieser werde ihm die Freiheit wiederbringen. Als er erfuhr, dass es für ihn keine Hoffnung gab und dass er für den Tod am Marterpfahl bestimmt sei, ließ er mich zu sich rufen und bat mich, ihn zu retten. Ich antwortete:

„Ihr habt erklärt, das, was Ihr mit den Roten habt, gehe mich nichts an. Ebenso habt Ihr versichert, dass Ihr lieber sterben als Euch unter mein Urteil stellen würdet. Die Ereignisse, die ich voraussah, sind eingetroffen und mögen ihren Lauf nehmen."

„Aber, Sir, Ihr könnt doch unmöglich zulassen, dass ein Weißer, ein Christ, von diesen Roten gegen alles Recht hingemordet wird."

„Christ? Nehmt dieses Wort nicht in den Mund! Habt Ihr etwa an Euer Christentum gedacht, als Ihr Tausenden von hungernden und frierenden Indianern die Nahrung und Kleidung unterschlugt? Als sie sich gegen diesen haarsträubenden Betrug auflehnten, habt Ihr sie einfach niederschießen lassen. Was war die kurze Gefängnisstrafe für solche Missetaten? Nichts! Wamduschka sapa hatte Euch, dem Pferdedieb, das Leben geschenkt, und die Hiebe, die er Euch verabreichen ließ, waren eine Gnade für Euch. Doch genug! Ihr seid ein blutgieriger, gefühlloser und gewissenloser Schuft, der auf kein Erbarmen rechnen darf."

Da donnerte er derart mit Flüchen und Verwünschungen gegen mich los, dass mich Ekel und Widerwille überschauerten. Ich überließ den Burschen seinem Schicksal.

Hatte ich mich vorher, als wir allein waren, um die Squaw sorgen dürfen, ohne dadurch meiner Kriegerehre Schaden zu tun, so war das jetzt anders. Sie stand nicht mehr unter unserem Schutz und ich konnte meine Teilnahme für sie nur dadurch beweisen, dass ich mich nach ihrem Befinden erkundigte. Der Häuptling antwortete:

„Sie liegt jetzt ruhig und schläft. Ich weiß, dass sie bald wieder gesund sein wird, denn wir kennen Pflanzensäfte, die das Schlangengift mit allen seinen Folgen aus dem Körper treiben. Mein weißer Bruder wird sie, sobald wir unsere Wigwams erreicht haben, so munter wie eine Antilope sehen."

„Meinst du, dass wir euch dorthin begleiten werden?"

„Uff! Wollt ihr das etwa nicht tun? Das würde den berühmten Namen der Upsarokas schänden. Sollen wir von uns sagen lassen, dass Old Shatterhand und Winnetou unsere Gastfreundschaft verachten?"

Er hatte Recht, und als ich den Apatschen darüber befragte, willigte er sofort ein, den Wunsch des Häuptlings zu erfüllen.

Der nun folgende Brauch des Rauchens der Friedenspfeife wurde mit großer Feierlichkeit vorgenommen, danach folgte die weniger feierliche Beerdigung der beiden Sioux. Als Grab diente die Cache, in der ihre Opfer hatten sterben und verwesen sollen.

Dann ging es an den Aufbruch. Die Rückkehr musste der Kranken wegen beschleunigt werden. Es wurde eine Tragbahre für sie hergestellt und zwischen zwei Pferden befestigt. Als wir fortritten, sagte der muntere Hammerdull zu seinem langen Freund:

„Noch gestern Mittag gaben wir uns alle Mühe, uns weder von den Upsarokas noch von den Sioux-Ogellallahs sehen zu lassen, und heute? – Die einen haben wir ohne Gewalt in den Ruhestand versetzt und mit den anderen sind wir gar in so dicke Brüderschaft geraten, dass wir mit ihnen ziehen, um ihren Küchenzettel kennenzulernen. So ändern sich die Zeiten! Was sagst du dazu, Pitt Holbers, altes Coon?"

„Ich werde gar nichts sagen, sondern nur kennenlernen", entgegnete der Gefragte.

„Reden ist Silber, Essen ist Gold!"

„Ob Silber oder Gold, das bleibt sich gleich. Ich halte es mit beiden..."

Die Upsarokas boten, als wir ihre Wigwams erreicht hatten, alles Mögliche auf, um uns zu beweisen, dass sie es mit der Pfeife des Friedens ernst und aufrichtig gemeint hatten. Das einzige Ereignis, an dem wir uns nicht beteiligten, war die Hinrichtung

Folders am Marterpfahl. Einer der größten Indianerquäler büßte da seine Schandtaten. Dennoch hätte ich Milderung zu erwirken versucht, wenn er mir nicht den Weg durch sein rohes, abstoßendes Verhalten verwehrt hätte.

Die Squaw konnte schon nach einigen Tagen das Zelt verlassen und war nach einer Woche so gesund wie je. Den drei von ihr gewürgten Klapperschlangen waren die Häute abgezogen worden. Die Frau wollte sie als Andenken an jene schreckliche Nacht behalten. Während eines späteren Besuches bei den Upsarokas sah ich, dass sie diese Häute als Schmuck in ihre lang herabfallenden Zöpfe eingeflochten hatte. Noch heute, nach so langer Zeit, denke ich, wenn von Mutterliebe gesprochen wird, an Uinorintscha ota, die Indianerin vom Stamm der Upsarokas.

Auferstehung

Christ ist erstanden!
Freude dem Sterblichen,
Den die verderblichen,
Schleichenden, erblichen
Mängel umwanden!

Christ ist erstanden!
Selig der Liebende,
Der die betrübende,
heilsam' und übende
Prüfung bestanden!

Goethe

Auf dem Rio Madeira, dem größten Nebenfluss des Amazonen-Stroms, schwamm ein kleines Boot. Vorn am schmalen Bug saß Señor Perdido, dann kamen die drei Ruderer Augustin, Manuel und Mateo, und ich lenkte hinten das Steuer. Man darf sich durch die Namen nicht verleiten lassen, die drei Ruderer für Weiße zu halten. Sie waren echte Toba-Indianer, die erst vor einigen Monaten bei der Taufe diese christlichen Namen erhalten hatten; sie hatten sich als ernste, wortkarge und durchaus zuverlässige Leute bewährt, die ihre Treue und Zuneigung zu mir mehr in Blicken und Handlungen als in Worten bekundeten. Nur ihre große Anhänglichkeit hatte sie bewogen, mit mir so weit von ihrer Heimat bis fast hinab zum Amazonas zu gehen und während der langen Bootsfahrt nicht geringe Fährlichkeiten zu bestehen. In Crato hatten wir Halt gemacht und ausgeruht, um da wieder umzukehren. Hier war Señor Perdido zu mir gekommen und hatte mich gebeten, ihn mitzunehmen, da er hinauf in die Anden wollte.

Ich muss gestehen, dass er keinen freundlichen Eindruck auf mich gemacht hatte. Der Name Perdido heißt auf Deutsch ‚der Verlorene' und dazu passte sein ganzes Verhalten. Er war ein kräftiger, junger Mann und machte sich als Ruderer nützlich; er wusste das Gewehr sehr gut zu handhaben, kannte die Tücken des tropischen Urwalds genau und ging, sooft wir an das Ufer legten, auf Jagd, um reiche Beute mitzubringen; er war des Tupi vollständig mächtig, jenes Zweigs der weit verbreiteten Guaranisprache, die unter der Bezeichnung Lingoa general do Brasil den meisten Stämmen des Innern als Mittel zur Verständigung dient. Und trotz dieser guten und für mich nützlichen Eigenschaften gefiel er mir nicht. Er war bleich, finster und unfreundlich, in sich verloren, vielleicht mit sich selbst zerfallen und besaß, was mich am meisten abstieß, weniger Glauben als ein Heide, das hatte ich trotz seiner Schweigsamkeit bald wahrgenommen. Ich unterhielt mich mit meinen Toba-Indianern oft und gern über Religion, dann lag auf seinem sonnverbrannten Gesicht stets der Ausdruck eines Spotts, eines Hohns, der sich einmal sogar in dem Ausruf Luft machte: „Chito – schweigen Sie! Es gibt keinen Gott, warum reden Sie davon!" Ich gab ihm die erforderliche ernste Antwort, er aber wendete sich unwillig von mir ab.

Auch sein Stand war mir ein Rätsel. Ich hatte aus verschiedenen Äußerungen erkannt, dass er mehr Bildung besaß als jene Weißen, die sich sonst bei den Indianern des Urwalds herumtreiben. Seine Kleidung passte gleichfalls nicht in die Gegend, in der wir uns befanden: Reithosen von Jaguarfell und an den mit Alpargatas[1] leicht beschuhten Füßen pfundschwere, großrädrige Sporen, die hier im Urwald nicht nur überflüssig, sondern sogar hinderlich waren. Die blaue, dünnstoffene Jacke wurde von einer Hüftschnur zusammengehalten, an der ein langes Messer in lederner Scheide befestigt war. Außerdem trug er einen festen, breiten Ledergurt mit zwei ledernen Leibtaschen, worin man Geld und andere Wertsachen verwahrt. An diesem Gürtel hingen zwei große amerikanische Revolver. Auf seinem Kopf saß ein schwerer, breitrandiger, aus feinem Schilfstroh geflochtener Hut. Neben dem Messer und den Revolvern war er mit einem kurzläufigen Gewehr bewaffnet.

Das war nicht das Gewand eines Waldmenschen, viel eher hätte ich ihn für einen ,Comerciante' halten mögen, für einen jener Händler, die auf den zwischen den Kordilleren und der heißen Zone liegenden einsamen Dörfern und Höfen herumziehen. Dafür sprachen auch die zwei schweren Pakete, die er sich beim Einsteigen in unser Boot hatte bringen lassen.

Es war ein wunderbarer Urwaldmorgen, aber ganz anders, als ich ihn im Westen der Vereinigten Staaten erlebt hatte. Der Urwald der Tropen ist ja unendlich verschieden von dem des Nordens. Der jungfräuliche Wald der Felsengebirge ist ernst, hehr und still. Er gleicht einem Dom. Wer ihn betritt, fühlt sich ergriffen, sodass er es kaum wagen möchte, das tiefe Schweigen durch ein laut gesprochenes Wort zu unterbrechen, zu entweihen. Im Urwald des Südens aber ist alles eine einzige Pracht der Farben und Formen. Da gibt es Leben und Bewegung selbst in der dunkelsten Nacht und Ruhe tritt eigentlich nur zur Mittagszeit ein, wenn die im Zenit stehende Sonne so glühend niederstrahlt, dass alles tierische Leben ermattet und sich in den tiefsten Schatten des Waldes zurückzieht.

Die beiden Ufer des Flusses zeigten einen üppigen, undurchdringlichen Palmenurwald, über den sich die hohen Turu- und Cucuritkronen erhoben. Dann traten stellenweise die Palmen zurück und dichtes Laubgebüsch, mit Tausenden der verschiedenfarbigsten Blüten überladen, gewann die Oberhand. Das schillerte, flimmerte, glitzerte in allen möglichen Farben und Farbmischungen und schwängerte die Morgenluft mit einem Duft, wie so schwer und zugleich süß ihn eben nur die Tropen hervorzubringen vermögen. Dann wieder waren die Ufer bedeckt mit Bombaceen, die ihr Laub verloren hatten. Millionen herrlicher Blüten waren aus den kahlen Ästen hervorgebrochen, aus denen sich lange, rotglänzende Samenkapseln entwickelten. Zwischen diesen Blüten hingen Hunderte der Japera-Beutelnester. Goldglänzende Schreivögel schossen durch die Lüfte. Funkelnden Edelsteinen gleich zuckten Kolibris hin und her. Zuweilen ertönte der entsetzliche Schrei eines Brüllaffen, in den dann die ganze Satansschar einstimmte. Auf den höchsten Zweigen der Bäume schaukelten sich Uistitis, niedliche Äffchen von Eichhorngröße. Eine große Menge von Wat- und Schwimmvögeln belebten den Strom und auf den Sandbänken sonnten sich die Krokodile. Zuweilen begegnete uns eine Schildkröte, die uns im Vorüberschwimmen dummdreist anstierte. Und die Tiefe wimmelte von Fischen, die da und dort luftschnappend in die Höhe kamen.

Die Wasservögel begrüßten unser Boot mit einem Höllengeschrei, fast noch größer aber war der Lärm, der von Zeit zu Zeit aus dem Wald drang. Das änderte sich jedoch, je näher der Mittag kam, desto stiller wurde es, und als die Sonne den Scheitelpunkt beinahe erreicht hatte, herrschte tiefste Ruhe ringsumher.

---

[1] Fußbekleidung aus Hanf- oder Binsengeflecht

Auch wir konnten die Glut nicht länger ertragen und strebten dem Ufer zu, als wir eine Stelle bemerkten, wo das Gebüsch nicht sehr dicht war, wir konnten also landen. Wir banden das Boot an und wateten durch den tiefen Schlamm, bis wir trockenen Boden unter uns hatten. Dann aber war der Pflanzenwuchs so undurchdringlich, dass wir uns mit den Messern Platz verschaffen mussten.

War das eine Pracht und Herrlichkeit! Wir befanden uns unter Timichopalmen, deren Wedel in blassrosaner Färbung prangten. Hoch darüber breitete der Riese des Urwalds, ein gewaltiger Ceiba, sein schilfartiges Laubdach aus. Baumartige Farne, wunderbar gefiedert, strebten vergeblich zu ihm empor. Und hoch oben in den Wipfeln des Ceiba kletterten Lianen, bald wie Schnüre herabhängend oder wie Seile von einem Ast zum andern gespannt, auf denen Affen, die Seiltänzer des Waldes, ihre Künste ausübten, ohne sich durch uns stören zu lassen.

Hie und da stiegen die Lianen wie Stangen senkrecht oder wie Seile umeinandergedreht in den seltsamsten Verschlingungen zur Erde herab und an ihnen rankte sich ein Dickicht von Passifloren bis zur Krone des Ceiba empor, mit Millionen und Abermillionen von roten, blauen und violetten Passionsblumen besetzt.

Ich war voll Staunen über diese geradezu unbeschreibliche Herrlichkeit. So eine unendliche Fülle von Blüten wollte mir fast unbegreiflich erscheinen. Das war ja ein förmliches Blumenfenster, eine Blütenflamme, die bis zum Himmel zu reichen schien! Ich winziger Erdenwurm stand vor und unter ihr wie Moses, als die Stimme des Herrn aus dem brennenden Busch ertönte: „Moses, zieh deine Schuhe aus, denn der Ort, auf dem du stehst, ist heiliges Land."

Es war nicht das Gigantische dieses Passiflorendickichts, nicht die wunderbare Farbenpracht allein, die diese Wirkung auf mich hervorbrachte, sondern auch der Umstand, dass wir uns jetzt in der Passionszeit befanden. Die Passiflorenblüte schließt ja die Wahrzeichen des Leidens unseres Herrn und Heilands ein.

Der Schlaf war infolge der großen Hitze ein fast unabweisbares Bedürfnis für uns, aber beim Anblick dieses blühenden Wunderwerks der Allmacht Gottes war es mir unmöglich, die Augen zu schließen. Die Gefährten warfen sich hin, hüllten Gesicht und Hände gegen die Moskitos ein und waren bald in tiefen Schlaf gefallen. Ich saß still da, ohne auf die Stechfliegen zu achten, und dachte an das ferne Zion, die Burg des Heils, an Gethsemane, an die Kreuzesstätte, an das Felsengrab und an den Osterjubelruf: „Er ist wahrhaftig auferstanden und nicht mehr hier!"

Da hatte sich ein Krokodil an das Ufer gemacht und schob sich in der Lücke, die wir durch das Gebüsch gehauen hatten, auf uns zu. Als es uns erblickte, hielt es an. Es schien, als ob es überlegte, ob es fliehen oder angreifen solle. Wahrscheinlich entschloss es sich für den Angriff, denn es setzte nach kurzer Pause seinen Weg fort. Ich ergriff den Bärentöter und gab ihm eine Kugel in das Auge. Es brüllte, warf sich herüber und hinüber, wälzte sich, bis es auf den Rücken zu liegen kam und war dann tot. Es war ein schwarzer Kaiman von nahezu vier Metern Länge.

Der Schuss hatte meine Gefährten geweckt. Perdido stand auf und entfernte sich, indem er mit Hilfe eines Messers in das Dickicht eindrang. Er verließ unser Lager oft ohne einen sichtbaren Grund. Man hörte ihn dann in der Ferne laut mit sich sprechen, und wenn er zurückkehrte, war er innerlich erregt, äußerlich aber stiller und finsterer als vorher.

Als er fort war, führte ich die Gedanken, die mich vorher bewegt hatten, im Gespräch mit den Tobas weiter und brach schließlich einige Passionsblumen ab, um ihnen die Bedeutung der einzelnen Teile zu erklären. Dabei bemerkte ich Perdido.

Er war zurückgekehrt und steckte nahe bei uns im Gesträuch, um mir heimlich zuzuhören.

Der Ausdruck seiner Augen war ein ganz sonderbarer. Es lag zwar die gewöhnliche Verachtung darin, aber auch etwas, was ich beinahe Sehnsucht hätte nennen mögen. Als er gewahrte, dass ich ihn gesehen hatte, kam er herbei, riss eine der Blüten ab und fragt: „Also diese Blume soll ein Sinnbild der Leiden Ihres sogenannten Heilands sein, Señor?"

„Ja", antwortete ich ruhig, „doch nicht des sogenannten, sondern des wirklichen!"

„Die Ranken sollen die Geißeln, die lappigen Blätter die Lanze, der Fadenkranz die Dornenkrone, die fünf Staubbeutel die Wundmale, der Fruchtknoten den Kelch und die Griffel die Nägel des Kreuzes bedeuten? Señor, das ist Blödsinn!"

Er warf die Blume zu Boden und trat darauf. Das empörte mich, darum sagte ich in scharfem Ton:

„Denken Sie, was Sie wollen, Señor, aber Sie haben jetzt nicht die Pasionaria, sondern das, was sie bedeutet, mit Füßen getreten!"

„Pasionaria!", hohnlachte er. „So wird die Blume nur von verdummten Menschen genannt. Sie wissen doch jedenfalls, dass ihr eigentlicher Name Grandilla ist. Sind Sie denn wirklich so albern, das, was Sie sagen, zu glauben? Leiden Christi? Wer war Christus? Ein Mensch wie Sie und ich! Wie kann ein Mensch die ganze Menschheit selig machen! Er ist gestorben, wie jeder sterben muss. Und dass er das Erlösungswerk durch seine Auferstehung gekrönt haben soll, das ist – das – das ist..."

Er hielt inne, wohl infolge des Blicks, den ich auf ihn warf. Ich sprang auf, stellte mich hart vor ihn hin und fragte:

„Das ist – das ist – nun, was ist es?"

„Unwahrheit. Kein Toter steht auf!"

Ich wollte ihm eine zornige Entgegnung ins Gesicht schleudern, beherrschte mich aber und sagte in gemäßigtem Ton, indem ich ihm die Hand auf den Arm legte:

„Señor, Sie können mir Leid tun! Christus ist auch für Sie gestorben und auch für Sie auferstanden, und wohl Ihnen, dass dies so ist!"

„Wohl mir? Warum?"

„Weil Sie eines Heilands wohl mehr bedürfen als tausend andere Menschen."

„Ich – ich – ich?", fragte er, indem er einige Schritte zurücktrat und mich aus seinen dunklen Augen anblitzte.

„Ja, Sie! Was für eine Last liegt auf Ihrem Herzen? Warum gehen Sie so oft von uns fort, um laut mit dem finsteren Geist zu sprechen, der in Ihnen wohnt? Sie haben ein böses Gewissen!"

„Ein böses Gewissen?", zischte er mich an, indem er nach seinem Messer griff. „Wagen Sie, das noch einmal zu sagen, so fährt Ihnen meine Klinge ins Herz, ohne dass Ihr Erlöser mich daran hindern kann!"

„Pah!", antwortete ich. „Ich wiederhole es: Sie haben ein böses Gewissen; Sie tragen eine schlimme Tat mit sich herum. Für Sie kann nur Heil von dem kommen, den Sie verleugnen. Vielleicht schreien Sie schon bald nach Erlösung, bis Ihnen die Zunge am Gaumen klebt. Es wird eine Passionszeit, eine Zeit der Qual, des tiefsten Leidens für Sie kommen, und ich will wünschen, dass das Osterwort ‚Christ ist erstanden' dann auch für Sie erklingen möge!"

Er war leichenblass geworden und starrte mich wie abwesend an. Seine blutleeren Lippen zuckten, die Hand sank ihm vom Messer nieder. Dann jedoch raffte er sich zusammen, stieß ein kurzes, heiseres Gelächter aus und sagte:

„Sie reden irre, Señor, darum will ich nicht mit Ihnen rechten. Aber sobald sich mir eine andere Gelegenheit bietet, verlasse ich Sie, denn ich habe Ihre Belehrungen satt!"

Ich hielt es nicht für nötig, hierauf ein Wort zu entgegnen. Während der folgenden Tage sprach er nicht mehr mit mir, er wendete sich an die Tobas, wenn er etwas zu sagen oder zu fragen hatte. Das war eine unerquickliche Zeit und ich freute mich, als wir nach vieler Anstrengung die Fälle des Rio Madeira überwunden hatten und dann in den Mamoré einbogen. Wir waren da in einer Gegend, wo man hoffen konnte, wieder Menschen, und zwar Weiße, zu treffen.

Diese Hoffnung erfüllte sich schon am nächsten Tag. Wir hörten an einer Stelle, wo der Fluss schmäler wurde, Axtschläge vom Ufer herübertönen und lenkten darauf zu. Es waren da mehrere Kähne angebunden, doch zunächst keine Menschen zu sehen. Wir stiegen aus und folgten einem schmalen, durch das Unterholz gehauenen Pfad. Er führte uns nach einem freien Platz, der durch das Fällen von Cinchonabäumen entstanden war. Dort befand sich das Arbeitsfeld einer Gesellschaft von Cascarilleros.

Cascarillero heißt Rindensammler. Diese Leute gehen in die Urwälder, um die China- oder Fieberrinde zu gewinnen. Das ist mit großen Schwierigkeiten verbunden und kann nur von kräftigen, erfahrenen und kühnen Menschen betrieben werden. Man fällt die Bäume dicht an der Wurzel, zieht die Rinde in Streifen ab und trocknet sie entweder an der Sonne oder über einem Feuer. In Gegenden, wo man künstliche Chinabaumpflanzungen angelegt hat, werden die Bäume nicht gefällt, sondern nur sorgfältig abgerindet, was selbstverständlich ein viel vernünftigeres Verfahren ist.

Es hausten hier gegen zwanzig Cascarilleros, die uns zunächst nicht allzu freundlich begrüßten. Als sie aber erfuhren, dass wir keine Rindensammler, also nicht Konkurrenten von ihnen seien, änderte sich ihr Verhalten sofort zum Besseren.

Es waren halb nackte, von der Sonne fast schwarz gebeizte Gestalten mit kühnen Gesichtszügen und überaus kräftigen Gliedmaßen, die für einen reichen, oben in Exaltacion wohnenden Unternehmer arbeiteten. Sie hatten bedeutende Vorräte liegen und zwei von ihnen wollten noch heute in einem Boot nach Exaltacion aufbrechen, um ihrem Arbeitgeber Bericht zu erstatten. Perdido fragte sie, ob sie ihn mitnehmen wollten. Sie waren für eine angemessene Bezahlung dazu bereit, und als er das hörte, sprach er nach langem Schweigen wieder das erste Wort zu mir:

„Gracias a Dios – Gott sei Dank, dass ich Sie nun nicht mehr zu sehen brauche! Hoffentlich kreuzen sich unsere Wege nie wieder!"

„Gracias a Dios!", antwortete ich lächelnd. „Sie glauben nicht an Gott und sagen ihm doch Dank? Fahren Sie in Frieden von hier fort! Ich wünsche Ihnen alles Gute. Aber vielleicht denken Sie noch an das, was ich Ihnen gesagt habe!"

Er schaffte seine Habseligkeiten in das andere Boot und kehrte dann nach dem Arbeitsplatz zurück, wo die Cascarilleros sich jetzt im Schatten lagerten, um auszuruhen, denn die Mittagszeit war nahe. Ich wollte das Geschäft dieser Leute gern kennenlernen und fragte darum, ob sie mir erlauben würden, einige Tage bei ihnen zu bleiben, womit sie gern einverstanden waren.

Ein Mitglied der Gesellschaft war fortgegangen, um nach Calisayabäumen zu suchen, welche die besten Fieberrinden liefern. Der Mann kam jetzt zurück. Er sah zunächst mich und die drei Indianer und gab uns die Hand. Dann fiel sein Blick auf Perdido, er machte eine Bewegung der Überraschung und rief erstaunt:

„Señor Riberto! Sie hier, hier im Cinchonawalde! Ist es denn möglich?"

Perdido zuckte zusammen und erhob sich halb. Einen Augenblick lang sah er ebenso verstört aus wie damals, als ich von seinem bösen Gewissen gesprochen hatte. Dann aber gewann er die Beherrschung zurück und fragte ruhig:

„Mit wem sprechen Sie? Sie scheinen mich mit einem anderen zu verwechseln!"

„Aber nein, Señor Riberto! Kennen Sie mich denn nicht mehr? Wir haben uns doch täglich gesehen, als ich noch Ihr Nachbar war. Ich bin Gustavo Gorra!"

„Zum Teufel!", schrie ihn da Perdido zornig an. „Ich heiße weder Riberto, noch kenne ich einen Menschen, der sich Gustavo Gorra nennt. Belästigen Sie mich nicht!"

Er wandte sich ab. Doch da fasste ihn Gorra beim Arm und erwiderte:

„Sie scheinen nicht zu wissen, wie man mit anständigen Leuten verkehrt, Señor! Selbst wenn ich Unrecht hätte, so befände ich mich infolge einer wirklich großen und ganz seltenen Ähnlichkeit in einem sehr verzeihlichen Irrtum, den Sie mir höflich widerlegen sollten. Überdies täusche ich mich nicht im Mindesten. Sie sind der junge Riberto, der..."

„Halt!", brüllte da Perdido. „Kein Wort weiter, sonst..."

„Was sonst?", fragte Gorra furchtlos. „Wollen Sie mir etwa drohen?"

„Ja, das wage ich!", schrie Perdido. „Ich dulde es nicht, dass ich mit einem Menschen verwechselt werde, der..."

Er hielt inne, denn er merkte, dass er sich beinahe verraten hätte. Gorra vollendete den unterbrochenen Satz mit einem bezeichnenden Lächeln:

„...der mit dem ganzen Vermögen seines Vaters durchgegangen ist. Nicht wahr, das wollten Sie doch sagen?"

Perdido riss sich mit einem Wutschrei von ihm los und zog seinen Revolver. Aber er kam nicht zum Schießen, denn ich hatte von hinten blitzschnell die Hand, die die Schusswaffe hielt, ergriffen und sagte:

„Hier wird nicht geschossen, Señor Perdido oder Señor Riberto! Señor Gorra hat Recht. Sie sind grob gewesen und deshalb im Unrecht."

Er drehte sich nach mir um und brüllte: „Lass mich los, Hund, sonst ist es aus mit dir!"

Da ich ihn dennoch festhielt, zog er mit der linken Hand den zweiten Revolver. Der Hahn knackte, da stürzte Perdido aber auch schon zu Boden. Ich hatte ihm meine Faust gegen die Schläfe geschlagen.

„Valgame Dios!", wurde gerufen. „Welch ein Hieb! Der Mann ist tot!"

„Nein", antwortete ich, „er ist nur betäubt und wird in einigen Minuten wieder zu sich kommen. Nehmen Sie ihm die Waffen weg, Señores, damit er dann kein Unheil anrichten kann!"

Dies geschah und die beiden Cascarilleros, die ihm versprochen hatten, ihn mitzunehmen, trugen sicherheitshalber sein Gewehr, die Revolver und auch sein Messer zu ihrem Boot, um sie dort einstweilen zu verstecken.

„Ich habe doch Recht, Señores", erklärte Gustavo Gorra. „Er heißt Riberto und ist der, den ich meine, ein früherer Nachbar von mir."

„Woher?", fragte ich.

„Buenos Aires. Mein Vater war arm, der seinige aber ziemlich reich, ein Bankier und sehr braver, frommer Mann. Desto schlimmer war sein Sohn, ein Taugenichts, der dem Vater nichts als Gram und Sorge bereitete. Der alte Riberto musste einst nach Rio de Janeiro reisen und während seiner Abwesenheit hat der Sohn leeren Tisch gemacht. Als der Bankier nach Hause kam, war hier dieser sogenannte Señor Perdido mit der Kasse fort, und bald stellte sich sogar noch heraus, dass er sich außerdem noch reichlich mit Anweisungen, Wechseln oder Schecks, oder wie diese Papiere heißen, versehen hatte, um an anderen Orten auch noch bedeutende Gelder zu erheben. Diese Summen musste sein Vater später ersetzen und machte Bankrott. Die Mutter starb vor Gram, der alte Señor Riberto verschwand und ist nicht wieder gesehen worden; auch über den jungen habe ich nichts vernommen, bis heute, wo er plötzlich vor mir stand."

„Und Sie sind fest überzeugt, dass er es wirklich ist?"

„Fest, ich könnte es beschwören."

„Dann bin ich froh, dass ich diesen Menschen losgeworden bin. Es ist am besten, Sie schaffen ihn ins Boot, damit er uns aus den Augen kommt!"

Zwei Cascarilleros machten sich daran, ihn fortzutragen. Als sie ihn anfassen wollten, kam er zu sich, sprang auf und wollte nach den Waffen greifen. Er vermisste sie und verlangte sie in drohendem Ton zurück. Da aber bedeutete ihm Gustavo Gorra:

„Seien Sie, wer Sie wollen, Señor Perdido oder Riberto, das soll uns gleich sein, aber hier ist Ihre Rolle ausgespielt. Ihre Waffen liegen im Boot und Sie selbst werden wir auch dorthin bringen. Die Kameraden, mit denen Sie fort wollen, mögen sogleich mit Ihnen abrudern. Dann sind wir Sie los!"

Perdido wollte Widerspruch erheben, wurde aber von vier kräftigen Armen gepackt und fortgeschafft. Als er nun einsehen musste, dass jeder Widerstand nutzlos sei, wandte er sich noch einmal um und drohte mir mit der geballten Faust. Die ihn ins Boot gebracht hatten, kamen nicht eher zurück, als bis das Fahrzeug die Mitte des Stroms erreicht hatte. Von ihnen erfuhr ich, dass seine letzten Worte gewesen waren:

„Sagt dem verdammten Aleman[1], dass ich, wenn er mir jemals vor die Augen kommt, mit ihm abrechnen werde!" – – –

*

Vor einigen Jahren war ich mit einer Schar von Toba-Kriegern hoch oben auf der Pampa de las Salinas gewesen, wo wir mancherlei erlebt hatten.[2] Ich wollte jetzt hinauf zu dieser Pampa, um die Stätte der damaligen Ereignisse wieder zu sehen, und meine drei Tobas waren gern bereit, mich zu begleiten. In Cochabamba versorgten wir uns mit guten Pferden, die dort sehr billig sind, und mit allem, was wir zu dem Ritt brauchten, und dann ging es hinauf in die Kordilleren.

Wenn man, an der untersten Stufe der Anden stehend, den freien Blick zurückwendet, so schweift er über hügelig durchwellte Landschaften hinunter zum Tiefland, das sich als unbegrenzte Fläche bis zum fernen Himmelsrand ausbreitet. Von da unten herauf atmet ein warmes, süß duftendes Leben. Die Ebene ist von den feurigen Strahlen der Tropensonne überflutet und streckt tausend unsichtbare Arme aus, den Wanderer wieder zu sich hinabzuziehen.

Hier oben aber atmet die Brust eine gesunde, vom Fieberhauch des Tieflands freie Lebensluft. Dunkle Waldflächen wechseln mit freiliegenden, grünen Pampas, die das Auge erquicken und den Europäer heimatlicher anmuten als die Dickichte der Tieflandsflüsse oder die hoch über ihm von den Gebirgsschultern getragenen weiten, öden Puna[3]-Flächen.

---

[1] Deutscher   [2] Siehe Karl Mays Gesammelte Werke, Band 13 „In den Kordilleren"
[3] Die raue Gegend, die den Übergang vom Waldgebiet zu den höchsten Bergspitzen der Kordilleren bildet.

Da, wo am Fuß der Kordilleren Menschen fernab von der Verkehrsstraße wohnen, bauen sie sich kleine einstöckige, mit Palmenstroh gedeckte Häuser, die regelmäßig um einen großen, freien Platz gelagert werden.

Jedes dieser Häuschen hat einen Garten, hinter dem die Felder liegen, von deren Ertrag der Montañes[1] seinen Unterhalt bestreitet. Zuweilen gibt es auch eingehegte Grasplätze mit darauf weidenden Herden, deren Besitzer dann den Ruf eines reichen Mannes genießt.

Der Montañes ist ein einfacher Mann, dabei aber sehr höflich und sehr stolz, wie jeder Spanier. Er lebt wie ein Freigraf unter seinesgleichen und hält sich für besser und glücklicher als den Bewohner der tief unter ihm liegenden Ebene. Die Händel, bei denen da unten oft mit Menschenblut bezahlt wird, gehen ihn nichts an, doch sieht er es gern, wenn hier und da jemand von dort zu ihm heraufsteigt, von dem er erfahren kann, was im Tiefland geschehen ist und wie man sich da unten schlägt und verträgt.

Gewöhnlich ist es ein Comerciante, ein Handelsmann, der den Bewohnern der Höhe die Erzeugnisse der Industrie zuträgt, die da oben zwar gebraucht, doch nicht verfertigt werden. So einen Comerciante darf man in Beziehung auf das Ansehen, in dem er steht, keineswegs mit unseren Hausierern vergleichen. O nein! Er ist ein Caballero in jeder Beziehung und wird als solcher von jedermann geachtet und geehrt. Dass er Geld verdienen will, bringt seinem Ansehen nicht den geringsten Schaden, und wenn er einer hübschen Montañesa einmal einen schlechten Schmuck als gutes Gold verkauft, wird bei seinem nächsten Besuch stillschweigend darüber hinweggegangen und die Freundschaft bleibt trotzdem dieselbe, die sie vorher gewesen ist.

Diese schöne Verträglichkeit pflegt nur dann Einbuße zu erleiden, wenn mehrere Comerciantes an einem Ort, wo sie Geschäfte abschließen wollen, zusammentreffen. Dann macht sich der gelbe Neid bemerkbar und die stolzen Caballeros verwandeln sich in gemeine Kampfhähne, die wütend übereinander herfallen.

Frutobamba war ein solches Gebirgsdorf, das wir am Vorabend des Palmsonntags erreichten. Es bestand aus vielleicht zwölf oder vierzehn Häusern, die, wie oben beschrieben, ein Viereck um den Mittelplatz bildeten. Die Gärten prangten in Blumen und hinter ihnen dehnten sich schöne Orangenhaine aus, an welche dann die Fruchtfelder stießen. Eine Schar von Kindern kam uns jubelnd entgegen, sie freuten sich darüber, dass Fremde kamen. Wir fragten sie nach der Venta, der Schenke, und hörten, dass diese hier den viel stolzeren Namen Posada[2] führte. Der Wirt wurde Don Geronimo de Maguyo genannt. Sein Haus war das größte des Dorfes, zwar auch nur einstöckig, aber sehr langgestreckt, weshalb es auch zwei Türen besaß. Don Geronimo empfing uns mit einer stolzen, selbstbewussten Liebenswürdigkeit, wie ein König seine Gäste empfängt. Als wir ihn fragten, ob wir bei ihm nächtigen könnten, stellte er uns sein ganzes Haus, sein ganzes Vermögen zur Verfügung. Ich erklärte mich mit einer Stube für uns drei und einem Corral[3] und Maisfutter für die Pferde zufrieden.

„Treten Sie herein in das Gastzimmer, Señores", sagte er, „und gedulden Sie sich zwei Augenblicke, bis man Ihre Sala vorgerichtet hat!"

Also eine ‚Sala‘, einen Saal, sollten wir bekommen! Hätte ich die hiesigen Verhältnisse nicht bereits gekannt, so wäre es mir wohl Angst um die Bezahlung geworden.

---

[1] Bergbewohner   [2] Gasthaus   [3] Stall

Das Gastzimmer bestand aus einem kahlen Raum mit gestampfter Diele, einem Tisch und einigen Stühlen. Die Fensteröffnungen waren mit geöltem Papier verklebt. Auf meine Bitte um Speise und Trank erklärte der Wirt, dass bei ihm alles Menschenmögliche zu bekommen sei, bei näherem Fragen aber stellte sich heraus, dass dies Menschenmögliche nur aus einer Tasse voll Mate[1] und einem sehr zähen Asado[2] bestand. Da galt es natürlich, sich in die Umstände zu fügen.

Ein Knecht hatte unsere Pferde in den Corral geschafft. Ich ging hinaus, um nach ihnen zu sehen. Für sie war besser gesorgt als für uns. Sie hatten Wasser, Gras und Mais in Hülle und Fülle. Dann machte ich mit meinen Tobas einen Spaziergang durch das Dorf. Die Bewohner rüsteten sich zur morgigen Palmsonntagsfeier. Selbst die kleinste Hütte war mit Palmen geschmückt, die hier allerdings billig zu haben waren. Dann kehrten wir nach der Posada zurück und erfuhren, dass unsere Sala noch nicht ganz vorgerichtet sei. Endlich, nach langem Warten, kam der Knecht, um sie uns anzuweisen. Wir mussten zur zweiten Haustür hinein und fanden ein kleines, vollständig leeres Loch, aus dem uns ein schrecklicher Geruch entgegenkam. Wer weiß, was alles hier gelegen hatte und unseretwegen fortgeräumt worden war! Ich fragte nicht danach und sagte dem Knecht, dass wir doch lieber hinter dem Haus im Freien schlafen wollten. Er machte eine sehr würdige Körperbewegung, warf den Kopf in den Nacken und meinte:

„Die Señores können tun, was sie wollen, aber diese Sala ist für sie bestellt und muss bezahlt werden."

Darüber war es dunkel geworden. Gegessen hatten wir und so schleppten wir, weil vom heutigen langen Ritt ermüdet, unsere Sättel und Decken hinter das Haus, wickelten uns in die Ponchos und schliefen ein, ohne uns durch den Lärm der festlich gestimmten Dorfbewohner beirren zu lassen. Das Lachen, Schreien, Rufen und Singen störte mich nicht. Bei solchem Lärm kann ein Präriejäger ganz gut schlafen, aber kleine charakteristische Geräusche, auf die ein anderer gar nicht achtet, können ihn aus dem tiefsten Schlaf wecken. So auch hier. Ich wachte während der Nacht plötzlich auf, ich hatte etwas gehört, ohne zu wissen, was. Ich lauschte. Das ganze Dorf lag in tiefster Ruhe, die Leute von Frutobamba waren schlafen gegangen; es war zur Zeit des Vollmonds, der hoch am Himmel stand und die Umgebung hell beleuchtete, ich konnte aber nichts sehen, was mich gestört haben könnte.

Schon wollte ich den Kopf wieder sinken lassen, da klang ein eigentümlicher Laut an mein Ohr, es war wie ein Schmerzensruf aus einer tiefen Grube. Nach kurzer Zeit hörte ich den Ton wieder, und zwar länger als vorher. Es kam von oben, nicht von unten. Wir lagen an der hinteren Mauer des Hauses und in dieser befand sich gerade über mir ein Fenster, allerdings ein vollständig offenes Mauerloch von so geringer Größe, dass man nicht einmal den Kopf hindurchstecken konnte. Ich erinnerte mich, dass unser ‚Saal' ein solches Fenster gehabt hatte, und als ich über die Örtlichkeit nachdachte, fand ich, dass wir unter dem Fenster dieser Sala lagen. Sollte diese einen anderen Besitzer bekommen haben? Wieder drangen Klagelaute aus dem Fenster. Ich stand auf und trat an das Fensterloch, doch so, dass ich von innen nicht bemerkt werden konnte. Da hörte ich sehr deutlich sporenklirrende Schritte. Es ging jemand drinnen auf und ab, doch es brannte kein Licht. Und nun vernahm ich deutliche Worte. Befanden sich mehrere Personen in der Sala? Oder sprach der Mann mit sich selber?

---

[1] Paraguaytee   [2] Braten

„O Mutter, Mutter!", seufzte es „Tot – tot – tot! Que angustia, que martirio – – welche Angst, welche Qual! Und der Vater, der Vater! Lebt er noch? Habe ich ihn auch gemordet? Warum finde ich ihn nicht? Ay, que desgracia, ay, que pena – oh, welches Unglück, oh, welcher Schmerz!"

Es lief mir eiskalt über den Rücken. Der Mann da drinnen wurde von seinem Gewissen gefoltert. Oder war er ein Wahnsinniger, der sich seine Qualen in der Einbildung schuf?

Ich horchte und hörte weiter:

„O cielos, cielos, cielos – o Himmel, Himmel, Himmel! Ein Verbrechen, ein Verbrechen! Nach – nach – nach – Erlösung schreien – – – Zunge – Zunge – am Gaumen klebt, o desdichado soy, o ich Unglücklicher!"

Was waren denn das für Worte! So hatte ich doch zu Perdido gesagt! Sollte er es sein? War sein Grimm gegen den Glauben nur eine entsetzliche Maske, unter der die Qualen der Reue sein Inneres durchwühlten?

„Kreuzestod, Kreuzestod!", erklang es wieder. „Für wen, für wen? Für mich? Wahnsinn – – Wahnsinn! Auferstehung? Christ ist erstanden? Hahahaha!"

Dieses Lachen klang so wahnwitzig und zugleich so trostlos, dass mich abermals ein Grauen überlief. Die langsamen Sporenschritte klangen fort und fort, dazwischen ächzte und stöhnte der Mann zum Herzzerbrechen. Dann kreischte er plötzlich auf, als ob eine Faust sich um sein Herz gekrallt hätte:

„Perdido! El Perdido – der Verlorene! So heiße ich, so steht es in meinem Pass! Wer wird mich Hallado nennen, Hallado, den Wiedergefundenen? Aleman maldito – verfluchter Deutscher! Dein Stachel ist's, dein Stachel, ja der deinige!"

Jetzt konnte kein Zweifel mehr sein, es war Perdido! Welch ein Zufall! Wie kam er hierher? Was wollte er hier? Für jetzt schien es mir zwecklos, seinen Gewissensbissen noch länger zu lauschen. Seinen Worten nach war zu schließen, dass er seinen wirklichen Namen Riberto wegen des Diebstahls abgelegt hatte. Die Fügung wollte es, dass er einen Pass auf den Namen Perdido von irgendeiner Seite erhalten hatte, und dieser Umstand begann ihn zu quälen und zu zermürben.

Ich legte mich wieder und hüllte mich gegen die nächtliche Kühle in meinen Poncho, aber es vergingen Stunden, bis ich den Schlaf von Neuem fand. Darum wachte ich nicht zeitig auf, sondern der Toba Manuel weckte mich. Ich erzählte den drei Gefährten, dass Perdido sich in der Posada befinde, da fragte Mateo angelegentlich:

„Werden wir weiterreiten?"

„Natürlich!", lächelte ich.

„Aber wann? Lass uns doch gleich aufbrechen, damit wir nicht von diesem Menschen gesehen werden."

„Wir werden zunächst am Gottesdienst teilnehmen und dann noch bis morgen hier rasten. Fürchtest du dich vor Perdido?"

„Nein. Aber er hasst dich und hat dir Rache geschworen. Er wagt es wohl nicht, dich offen anzugreifen, aber er wird aus dem Hinterhalt auf dich schießen."

„Pah! Ich sehe mich vor! Sei unbesorgt!"

Damit musste sich der brave Toba zufrieden geben. Wir gingen in das Gastzimmer, um den Mate dort zu trinken. Wir waren noch nicht fertig, da kam Perdido herein. Man sah es ihm an, dass er die halbe Nacht durchwacht hatte. Als er uns erblickte, fuhr er mit der Hand ans Messer und stieß einen Fluch aus, besann sich jedoch und ging wieder hinaus.

Draußen tönten Schüsse, es waren Freudenschüsse, um das Fest einzuleiten. Die Hütten des Dorfes waren leer, denn die Bewohner befanden sich im Freien. Mehrere von ihnen gingen dem Wanderpater aus Cochabamba entgegen, welcher kommen wollte, um den Gottesdienst abzuhalten. Er kam wie ein Prophet des Alten Testaments, ein ernster Mann mit härenem Gewand, mit tief liegenden, weltfremden Augen. In der Mitte des freien Platzes war ein kleiner Palmenaltar errichtet worden. Jedermann hatte eine Palme in der Hand. Der Gottesdienst war einfach, so, wie ich es mir für diese kleine Gemeinde in so abgelegener Gegend gedacht hatte, und doch ist mir die Feier dieses Domingo de ramos, dieses Palmsonntags, stets treu im Gedächtnis geblieben, treuer als manche andere, bei der die Festfreude unter der Festunruhe und Festarbeit erstickte.

Gern hätte ich mich mit dem Pater unterhalten, aber er musste schnell wieder fort, in ein anderes, mehrere Stunden entferntes Dorf. Ich konnte ihm nur die Hand drücken und mich bedanken.

Wir hatten ein Mittagsmahl bestellt und vom Wirt das Versprechen bekommen, dass es ein wahres Festmahl sein sollte. Als wir in die Gaststube traten, saß Perdido am Tisch und blickte mir hohnlächelnd entgegen. Früh, als wir diesen Platz innegehabt hatten, war er nicht hingekommen, nun glaubte er, wir würden, weil er dasaß, ebenfalls zurücktreten. Ich setzte mich aber nieder, als sei er gar nicht vorhanden. Das brachte ihn auf und er warf mir die spöttische Frage hin:

„Nun, Señor, ich sehe, dass Sie den Domingo de ramos mit diesen überaus geistreichen Dorfleuten begehen. Mir scheint, Sie sind der Esel, auf dem der Palmsonntag hier eingezogen ist. Denn ein Esel war es doch damals, nicht?"

Ich wusste, welche Gewissenskämpfe ihn während der Nacht gepeinigt hatten, und entgegnete deshalb in aller Ruhe: „Sie können mich nicht beleidigen, Señor Riberto. Sie sind ein..."

„Ich heiße nicht Riberto!", fuhr er mir zornig in die Rede.

„Und haben doch Ihren Vater, den alten Bankier Riberto, vergeblich gesucht!"

Er erschrak. „Wer – wer – wer hat Ihnen...", stammelte er.

„Das ist Nebensache, kurz und gut, ich weiß es. Sie sind jener verlorene Sohn, der seine Mutter in den Tod und seinen Vater in das Elend trieb. Die Liebe einer Mutter ist ohne Grenzen und selbst der strengste Vater kann barmherzig sein. Die beiden würden ihnen vielleicht verzeihen, aber Sie können sie nicht um Verzeihung bitten. Wenden Sie sich an den Heiland der Welt, der allein Sie retten kann! Es ist heute Domingo de ramos, der Sonntag der Palmenzweige, die das Zeichen des Friedens, der Versöhnung sind. Söhnen Sie sich mit dem himmlischen Richter aus, dann wird Ihr Gewissen Sie nicht mehr des Nachts vom Lager treiben, dass Sie nach Vergebung und Erlösung wimmern! Warten Sie nicht, bis Ihnen die Zunge am Gaumen klebt und Sie nicht mehr um Gnade bitten können!"

Sein Mund öffnete sich, seine Augen schienen aus ihren Höhlen treten zu wollen und sein Gesicht bekam infolge des Blutandrangs eine blaurote Farbe. Er erhob sich, mich immer groß anstarrend, langsam von seinem Stuhl, indem er sich mit beiden Händen schwer auf die Platte des Tisches stützte; er schien sprechen zu wollen und konnte es doch nicht. Dann endlich stieß er mit aller Anstrengung hervor: „Perro maldito – Hund, verfluchter! Das bezahlst du mir mit deinem Leben!"

Er fuhr mit beiden Händen zum Gürtel; da aber stand ich aufrecht vor ihm, fasste ihn bei den Oberarmen, drückte ihm diese so fest in die Seiten, dass er stöhnte, und sagte ihm:

„Wenn jemand etwas zu bezahlen hat, so sind Sie es, Riberto. Wenn ich wollte, so..."

Ich kam nicht weiter, ich wurde unterbrochen. Bei der Szene, die sich im Zimmer abspielte, hatten wir nicht beachtet, dass mehrere Reiter angekommen und draußen abgestiegen waren. Jetzt traten sie herein. Als sie sahen, dass ich Riberto gepackt hielt, riefen sie lachend aus:

„Ah, una riña, una pendencia – ah, eine Prügelei, eine Schlägerei!"

Sie drängten sich herbei, um zuzuschauen. Ich hatte mit dem Rücken zur Tür gestanden und wandte jetzt den Kopf. Da rief einer von ihnen:

„Hola, silencio, el rastreador de las Salinas – holla, still da, das ist der Pfadfinder von den Salinas! Der schießt hundert Kugeln aus seinem Lauf, ohne zu laden, und schlägt den stärksten Feind nur mit der bloßen Faust zu Boden."

„Sie kennen mich, wie es scheint, Señor", fragte ich. „Wo haben Sie mich gesehen?"

„In Tucuman, als Sie damals mit Señor Monteso und seinen Yerbateros[1] vom Salzsee auf der Pampa de las Salinas zurückkehrten."

„Aber ich kenne Sie nicht!"

„Nein. Ich stand entfernt und habe nicht mit Ihnen sprechen können, Señor."

Die Leute hörten achtungsvoll zu. Ich ließ jetzt die Arme Ribertos los und sagte zu ihm: „Sie dürften nun wissen, dass Sie gegen mich nicht aufkommen. Lassen Sie sich das zur Lehre dienen!"

Eine fliegende Röte ging über sein Gesicht. Er warf mir einen Blick wilden Hasses zu, wandte sich ab und wollte hinausgehen. Da trat ihm einer der Neuangekommenen in den Weg und sagte:

„Wir erfuhren soeben, dass sich ein Comerciante namens Perdido hier befindet. Sind Sie das?"

„Ja", antwortete der Gefragte.

„So verbieten wir Ihnen, hier Handel zu treiben. Auch wir sind Comerciantes und betreiben unser Geschäft gemeinsam."

„Sie haben mir nichts zu verbieten!"

„Darüber denken Sie, was Sie wollen, und wir werden tun, was wir wollen, wenn Sie uns nicht gehorchen!"

Er ging hinaus, sie folgten ihm und setzten draußen den Zank mit ihm fort. Sie hatten mir Hochachtung erwiesen, das konnte mich aber nicht hindern, sie für das zu halten, was sie waren, sie sahen ganz wie Strolche aus.

Ich hatte mich also nicht geirrt, als ich annahm, dass Perdido ein Händler sei. Er hatte das gestohlene Vermögen seines Vaters durchgebracht und musste sich nun auf diese Weise ernähren. Am heutigen Tag hätte er übrigens ohnehin nichts verkaufen können, denn die frommen Dorfbewohner hätten es für eine Entweihung des heiligen Domingo de ramos gehalten, heute Kaufgeschäfte abzuschließen. – – –

Die drei später gekommenen Händler schienen Perdido doch eingeschüchtert zu haben, denn er bot, wie ich bemerkte, seine Waren auch am folgenden Montag niemandem an, ja, er packte sie nicht einmal aus. Wie ich später hörte, bestanden sie nur in Schmucksachen, wie sie von den Bewohnern dieser Gegend gern getragen werden. Sie hatten sich in den zwei Paketen befunden, die von ihm mit in unser Boot genommen worden waren.

[1] Teesammler

211

Dagegen brachten die drei anderen Comerciantes nunmehr Leben in das Dorf. Die hausierten nicht, sondern hielten Markt vor der Posada ab, was dem Wirt Gäste, also Gewinn brachte. Die gute Laune, in die er sich dadurch versetzt fühlte, wurde an ihm zum Verräter: Er tischte Speisen und Getränke auf, die er vorher nicht zu besitzen behauptet hatte. Sogar eine Flasche guten Cayataweins bekamen wir für billigen Preis von ihm zu kaufen.

Perdido hatte sich missmutig in seine ‚Sala' zurückgezogen und ich machte am Spätnachmittag einen Spaziergang in die Umgegend des Dorfes, wie ich dies auch schon tags zuvor getan hatte. Am Abend kehrte ich zurück, es war dunkel, denn der Mond war noch nicht aufgegangen. Wie jeder Westmann pflege ich leise aufzutreten und darum waren auch diesmal meine Schritte wohl nicht leicht zu hören. Ich wollte nach den Pferden sehen und, als ich die hintere Lehmmauer des Corrals erreichte, mich einfach über diese schwingen, um nicht noch um zwei Ecken gehen zu müssen. Da hörte ich hinter dieser Mauer, also im Innern des Corrals, unterdrückte Stimmen. Das klang so heimlich, ich horchte. Weil die Betreffenden nicht laut sprachen und die Mauer sich zwischen ihnen und mir befand, konnte ich nur abgerissene Bruchstücke ihres Gesprächs verstehen:

„Müssen uns doch besprechen – – geht nicht bei den anderen – – ich dich hierher gewinkt – – noch hier bleiben?"

„Ja, dieser Rastreador muss vorher fort – – gezwungen zu warten – – den andern dann recht schön für uns."

„– – will jedenfalls dem Rastreador auflauern. Hat den Wirt gefragt, wohin dieser reitet."

„Zur Pampa de las Salinas – – gerade auch unser Weg – – den alten roten Gambusino treffen – – verteufelt stören – – könnte leicht nichts aus der Sache werden."

„Wäre höchst fatal. Der Kerl soll entsetzlich viel Geld zusammengebracht haben, und wenn es diesmal – – so dürfen wir es binnen Jahren nicht wieder versuchen."

„Richtig! Also müssen wir – – der Rastreador uns nicht in den Weg kommt – – und wenn – – wird er einfach erschossen."

Sie entfernten sich jetzt. Ich eilte um die hintere Ecke zur vorderen, blieb dort stehen und wartete. Als sie aus dem Corral traten, schlich ich hinter ihnen her und sah, dass es zwei Comerciantes waren, während der dritte, der mich als den Rastreador erkannt hatte, inzwischen bei den Waren beschäftigt gewesen war.

Ich hatte bei weitem nicht alles verstanden und konnte daher nicht wissen, ob meine Schlussfolgerung richtig war.

Ich sollte fort, weil ich den drei Comerciantes im Wege war. Perdido wollte mir auflauern, ein alter roter Gambusino[1] befand sich in Gefahr. Das war alles, was ich wusste, aber viel zu wenig. Ich war während des ganzen Abends sehr aufmerksam, konnte aber nichts weiter erfahren; ich stellte meine Tobas an, doch auch das war vergebens. Von einem roten Gambusino wusste niemand etwas. Ich musste die Sache abwarten. Die Dorfbewohner gingen spät nach Hause, die Comerciantes legten sich schlafen und wir nächtigten wie gestern hinter dem Haus. Es war nicht Ungewöhnliches zu bemerken, außer dass Perdido abermals eine Zeit lang in seiner Sala jammerte, wie dies übrigens auch gestern der Fall gewesen war.

Am anderen Morgen schafften die Comerciantes den Tisch aus der Gaststube ins Freie und setzten sich daran nieder, um zu rauchen, zu trinken und zu spielen. Perdido

---

[1] Goldsucher

drückte sich von einem Haus zum andern, um uns zu beobachten, wie ich sehr wohl bemerkte. Wir aber brachen bald auf. Als wir noch nicht weit vom Dorf waren, mussten wir leider schon wieder halten, denn mein Pferd begann zu lahmen. Ich untersuchte den Fuß und entdeckte im Hornstrahl ein Geschwür, das ich mit dem Messer öffnete. Wohl war zu hoffen, dass wir nach vielleicht zwei Tagen weiterreisen könnten, doch war der Vorfall immerhin äußerst unangenehm.

Was aber während dieser Zeit tun? Das Dorf bot uns nichts Besonderes, und da wir hier wie dort im Freien schliefen, hielt ich es für das Einfachste, gleich hier draußen zu wohnen. Was die Comerciantes vorhatten, wusste ich nicht, und wenn ich es gewusst hätte, so befand ich mich doch nicht in der Lage, es zu verhindern. Mir drohte von Perdido Gefahr, nun, mit dem wollte ich schon fertig werden!

Ich wählte als Lagerplatz eine Stelle, wo es ein kleines Wässerchen und genügend Weide gab. Da lagerten wir im Schutz einiger Felsen. Hinter diesen versteckt, konnten wir die zwischen uns und dem Dorf liegende Strecke übersehen. Ein Reiter kam geritten, als er nahe genug heran war, erkannten wir Perdido. Er sah uns nicht eher, als bis er um die Felsen bog. Sein Gesicht zeigte, dass es ihm höchst unlieb war, von uns bemerkt zu werden. Er ritt in gerader Richtung weiter, bis er nach einiger Zeit hinter dem Horizont verschwand. Ich war überzeugt, dass er ins Dorf zurückkehren werde, um sich dann bei Nacht anzuschleichen. Darum suchten wir, als es zu dunkeln begann, ein kleines Calisayawäldchen auf, das eine halbe Stunde entfernt war und uns Sicherheit bot.

Am anderen Morgen kehrten wir zu den Felsen zurück und hatten das Vergnügen, Perdido wieder kommen zu sehen. Er hatte uns während der Nacht nicht mehr gefunden und wunderte sich nun jedenfalls außerordentlich darüber, dass wir doch an derselben Stelle lagerten. Er ritt wie gestern vorüber, scheinbar ohne uns zu beachten. Am Abend suchten wir abermals das Calisayawäldchen auf. Tagsüber nährten wir uns vom Fleisch der Pampashasen, die es hier überreichlich gab.

Am Donnerstag früh konnten wir endlich aufbrechen, denn der Fuß des Pferdes war ziemlich geheilt. Wir befanden uns noch auf bolivianischem Gebiet. Es gibt dort Gegenden, in denen man im Verlauf von zwei Tagen aus der heißen Zone bis hinauf in die Region des ewigen Schnees gelangen kann. Das war nun bei uns nicht der Fall, doch die Veränderungen der Luft und Wärme, des ganzen Landschaftsbildes, waren immerhin ziemlich bedeutend. Wir stiegen aus der Region der Talstufen zur Puna empor.

Je höher wir kamen, desto kühler wurde es und die zunehmende Dünne der Luft machte besonders unseren Pferden zu schaffen. Es gab keine sanften Hügel, keine rund gezeichneten Höhenrücken mehr. Steile Felsenberge türmten sich neben uns auf, zwischendurch führten Schluchten, die oft kaum Platz für zwei Reiter boten. Dann gab es wieder gigantische Trümmerhaufen, die das Aussehen hatten, als ob mehrere Berge gegeneinander geworfen worden und in unzählige Stücke zerborsten seien. Da war schwer vorwärts zu kommen.

Wir mussten hoch hinauf zu einem Längstal. Wenn wir diesem folgten, konnten wir dann am Ostertag jenseits zur Pampa de las Salinas hinuntersteigen.

In diesem Gebiet fehlen die Bäume gänzlich, nur Gräser wie Vareta, Valeriana und Gentiana sind zu sehen und nur selten sieht man einmal einen Busch am Weg. Hingegen kann man hier schon viele wilde Kamelziegen finden.

Es war am Karfreitag gegen Abend, als wir, fast ebenso ermüdet wie unsere Pferde, uns nach einem Platz umschauten, der während der Nacht Schutz gegen den durchdringend kalten Wind gewährte. Wir ritten an einer beinahe senkrecht aufsteigenden Halde hin, da hielt ich überrascht mein Pferd an, denn über uns erklang der Ton eines Glöckchens, und dann hörte ich von einer wohltönenden Stimme die fremdartigen, aber deutlich und langsam gebeteten Worte:

„Muchaycus cayki Maria Diospa gracianhuan huntascam canki. Apunchik Diosmi camhuan huarmicunamanta collananmi canki. Uicsaikimante pacarimuk Jesu huahuaykiri collananrakmi. Oh Santa Maria virgen Diospa maman, ñocaycu huchasapa cunapak muchapuchuaycu cunan huañuy hiycu pachapipas. Amen."

Man denke, wie ich staunte. Das war die Sprache der Inkas, der altperuanischen Sonnensöhne, die Hofsprache eines großen und eigenartigen Kulturreiches, dessen Säulen längst in Trümmer liegen! Und was bedeuteten die Worte? Es war das Ave Maria, ganz genau und wörtlich! Das Gebet wurde zweimal wiederholt. Der Beter musste ein Christ, aber ein Abkömmling der Sonnenkinder sein. Als das dritte Amen verklungen war, rief ich hinauf. Es verging eine kleine Weile, bis als Antwort die Frage herunterschallte:

„Wer ist da unten?"

„Ein guter Christ, ein Fremder aus Europa, der für das Abendläuten danken möchte."

„Allein?"

„Es sind drei Toba-Indianer bei mir, wir sind zu Pferde."

„Bleiben Sie da unten halten und warten Sie!"

Die Stimme, die mir antwortete, war eine andere als diejenige, die vorher gebetet hatte. Es befanden sich also mindestens zwei Menschen auf der Felsenhöhe. Wir stiegen ab und warteten. Nach vielleicht zehn Minuten kam ein Mann um die vor uns liegende Felsenecke. Er ging barfuß und barhäuptig und trug ein langes, kaftanartiges Gewand, an dessen Leibschnur ein Rosenkranz hing. Langes, schneeweißes Haar wallte ihm bis auf den Rücken herab. Er betrachtete uns, besonders mich, mit scharfem, strengem Auge und fragte dann:

„Sie sind ein Europäer, Señor? Wie heißen Sie?"

„Mein eigentlicher Name wird Ihnen wohl nichts nützen", antwortete ich. „Hier scheint man mich den Rastreador de las Salinas zu nennen."

„Hala! So sind Sie der Aleman, der auf der Pampa de las Salinas den Sendador unschädlich machte?"

„Ja."

„Seien Sie willkommen, Señor! Treten Sie näher, damit ich Sie in unsere Klause führe!"

Er geleitete uns um die erwähnte Ecke. Dort war der Fels bis hoch empor geteilt, unten füllten diesen Riss Steintrümmer an. Es war ein Kunststück, mit Pferden darüber hinweg zu kommen. Der Alte half uns dabei. Es kam auch noch ein anderer Helfer, ebenfalls ein weißhaariger Greis, aber ein Indianer und nach der Weise der Cordilleros gekleidet.

„Das ist mein Freund und Bruder Olleo, dessen Gebet Sie hörten", sagte der Erstere. „Früher wurde er der rote Gambusino genannt."

Welch ein Zusammentreffen! So wurde es mir doch möglich, den alten Goldsucher zu warnen!

Hinter dem Geröll verbreitete sich der Riss zu einem hofartigen Raum, worin zwei zahme Lamas waren. Große Haufen Punakräuter lagen da. Das gab Platz und Futter für unsere Pferde. Als wir diese abgezäumt und versorgt hatten, wurden wir zum hintersten Winkel des Hofes geführt. Dort ging im Rücken des Felsens ein schmaler,

214

aber sicherer Pfad empor, der oben in einem höhlenartigen Loch endete, groß genug, zwanzig Menschen aufzunehmen; daneben gab es eine zweite, kleinere Abteilung. An der vorderen Mündung der Höhle, genau oberhalb der Stelle, wo wir unten am Felsen gehalten hatten, war ein hohes Kruzifix errichtet und seitwärts hing die kleine Glocke, deren Stimme wir gehört hatten.

Der alte Inka ging in den Nebenraum, um dort für unser Nachtlager zu sorgen. Der andere sagte:

„Señor, Sie müssen uns für heute entschuldigen. Ich habe zu büßen und zu beten und es ist der größte, ernsteste Tag des Jahres heute, aber morgen bin ich ganz der Ihrige. Da drin ist Ihr Schlafgemach, wo Sie auch essen werden."

„Ich danke, Ehrwürdiger", antwortete ich. „Es ist der Viernes santo, an dem Christus starb, da essen und trinken wir nicht."

Er neigte billigend den weißen Kopf und ich fuhr fort:

„Darf ich, um Sie nicht später zu stören, Ihnen etwas Wichtiges mitteilen?"

„Gewiss, Señor Rastreador."

„Es werden drei Comerciantes kommen, die ich belauscht habe. Sie scheinen es auf den alten Gambusino abgesehen zu haben, von dem sie glauben, dass er sehr viel Gold bei sich habe."

Ein trübes Lächeln ging über sein greises Angesicht, als er antwortete: „Gold und immer Gold! Das ist der Teufel, dem so viele Tausende von Seelen verfallen. Aber man wird bei uns nichts finden."

„Dennoch bitte ich, Ihre Vorbereitungen zu treffen. Es ist auf sein und wohl auch auf Ihr Leben abgesehen."

„Mein Leben ist in Gottes Hand wie ein Sonnenstäubchen, das in einem Augenblick kommt und verschwindet. Beruhigen Sie sich! Es kommt ohne unser Wollen kein Fremder so weit an uns heran, dass er uns schaden könnte! Sie sind müde, Señor?"

„Ja", sagte ich, mehr aus Rücksicht für ihn.

„So werden Sie mir leichter verzeihen, dass ich Sie bitte, zur Ruhe zu gehen. Die Gesetze dieser Felsenzelle sind streng."

Er deutete auf die Schilfmatte, die die zweite Abteilung von der ersten trennte. Wir schlugen sie zurück und traten hinein. Es gab da vier Lager, aus trockenem Gras bereitet, und eine schlichte Kürbislampe, weiter nichts. Der Gambusino, der diese Lampe schweigend angebrannt hatte, wünschte uns ‚buenas noches' und ging dann fort. Wir waren allein und legten uns nieder.

Wer waren diese beiden seltsamen Männer? Die Stimme, die Augen und die eigentümlich tief eingesenkte Nasenwurzel des Weißen kamen mir bekannt vor. Bei wem hatte ich ähnliche Gesichtszüge nur schon gesehen?

Wir hatten die Lampe ausgelöscht. Die Tobas schliefen. Ich lag schlaflos, sinnend und grübelnd auf dem Lager. Der Gambusino hatte sich, wie ich am nächsten Morgen erfuhr, hinunter zu unseren Pferden gelegt, der Alte blieb oben allein. Ich hörte seine halblaute Stimme, er betete ohne Unterlass. Oft erklang ein tiefer Seufzer. Lastete eine schwere Schuld auf ihm? War er vielleicht ein Sünder wie Perdido gewesen? Ich hörte ihn die Sieben Worte Christi am Kreuze beten. Das letzte veränderte er in: „Wann ist's vollbracht, wann ist's vollbracht?" Der Todestag des Herrn war auch für ihn ein schwerer Tag. Hätte er geahnt, dass der, für den er litt, heute einen ebenso schweren Viernes santo hatte! – – –

Ich erwachte erst durch das Geräusch, das meine guten Tobas verursachten. Ich stand auf und schlug die Matte ein wenig zurück. Die beiden Greise saßen, von der Morgensonne hell bestrahlt, vorn an der Höhle. Wir bekamen Wasser zum Waschen und zum Trinken und dann Brotfladen, aus zerstoßenen Bohnen selbst gebacken. Auf meine Frage, wie ich den Alten nennen solle, antwortete er:

„Sagen Sie Vater Desgraciado[1], Señor! Und nun erzählen Sie mir von den drei Comerciantes, die uns überfallen wollen!"

Ich tat dies, soweit es sich auf den Gambusino bezog; was ich sonst noch erlauscht hatte, ließ ich als nicht hierher gehörig aus. Als ich fertig war, meinte er mit demselben Lächeln wie gestern:

„Diese Leute mögen beabsichtigen, was sie wollen, sie sind uns ungefährlich. Ich habe während dieser ganzen Nacht an Sie gedacht, Señor. Sie sind ein Europäer, ein Deutscher und wohl weit herumgekommen. Vielleicht können Sie mir eine Frage beantworten, die mir lange und zentnerschwer auf dem Herzen gelegen hat. Ist Ihnen der Name Monaco bekannt?"

„Ja. Ich bin sogar einmal dort gewesen."

„Um zu spielen?"

„Nein, ich wollte nur diese Hölle mit ihren gefallenen Engeln und hundertfachen Teufeln studieren."

Er blickte lange still vor sich nieder, es wurde ihm sichtlich schwer, zu sprechen, dann sagte er:

„Ich habe früher oft von diesem Ort gelesen und gehört. Der Selbstmord soll dort ohne Unterbrechung wüten. Meinen Sie, dass diese Todesfälle eingetragen werden?"

„Hm, wahrscheinlich, vielleicht aber nicht alle."

„Und dass man für einen ganz bestimmten Fall dort Aufklärung erhalten kann?"

„Das ist nicht unmöglich. Man müsste aber den Namen und die Verhältnisse kennen."

„Und an wen hätte man sich zu wenden? Ein Brief hätte wohl schwerlich Erfolg?"

„Kaum. Man müsste einen zuverlässigen Mann beauftragen. Wenn ich etwa eine solche Auskunft für Sie einziehen sollte, so könnte ich wohl ganz gut über Italien nach Deutschland heimkehren und kann dann Monaco sehr leicht wieder berühren."

„Sie, Señor, wirklich, wirklich?", fragte er schnell. „Würden Sie nach Monaco gehen, um für mich nachzuforschen?"

„Ja, herzlich gern!"

Er schritt in höchster Erregung in der Höhle auf und ab. Dieser durch Gram, Fasten und Kasteien bis auf das Skelett abgemagerte Mann war mir vorher viel hinfälliger und schwächlicher erschienen. Dann blieb er wie unter einem raschen, festen Entschluss vor mir stehen.

„Wer ich bin, das sehen Sie: ein einsamer, gebrochener Greis! Wer ich war, sollen Sie erfahren: der Bankier Riberto in Buenos Aires. Mein einziger Sohn stahl mir die Kasse und noch mehr und ging hinüber nach Frankreich und Italien. In Monaco hat er alles, alles verspielt, das ist ganz sicher, und er soll sich dann getötet haben. Die Mutter starb vor Kummer und sein Vater ist ein Büßer geworden, um einen Teil der Schuld des Selbst- und Muttermörders auf sich zu nehmen..."

Er unterbrach sich und wandte sich ab, um seine Bewegung zu bemeistern. Meine Ahnung hatte mich nicht getäuscht. Das war ja die Ähnlichkeit, die Nasenwurzel,

---

[1] ‚Der Unglückliche'

die Augen, die Stimme! Ich musste den Alten, der sich Vater Desgraciado nannte, trösten, doch recht vorsichtig. Er durfte nicht alles auf einmal erfahren. Der Sohn schien noch jetzt ein Bösewicht zu sein. Aber er hatte den Vater gesucht; wenn er ihn fand, so konnte das die Veranlassung zu einer plötzlichen und gründlichen Umkehr sein.

„Wollen Sie sich das merken, Señor?", fragte der Alte. „Ich werde Ihnen auch die Zeit angeben. Ich muss wissen, ob er sich damals wirklich getötet hat."

„Ich brauche weder Zeit noch sonst etwas", erklärte ich. „Der Name genügt. Auch ist es gar nicht notwendig, dass ich nach Monaco gehe."

„Nicht? Nicht?", fragte er, indem er mich wie unter dem Aufdämmern einer Ahnung anblickte.

„Nein. Ich habe nämlich erst zufällig von diesem Fall sprechen hören, und sodann..."

„Sodann? Weiter, weiter!"

„Zunächst habe ich gehört, dass er sich nicht getötet hat!"

„Nicht, nicht, nicht?", erklang es atemlos.

„Es ist ihm wohl so viel Geld übrig geblieben, dass er der Hölle entrinnen konnte. Dann war er so klug, nach Amerika zurückzukehren."

„Zurück – – zu – rück – zu – kehren!", stammelte der Vater. „Mein Gott! Wissen Sie das ganz genau, Señor?"

„Ja. Ich habe sogar mit ihm gesprochen und – kann mich leider nicht sofort besinnen. Sie müssen mir Zeit lassen. Es mag Ihnen jetzt genügen, dass er lebt. Wahrscheinlich hatte er Sie aufsuchen und um Verzeihung bitten wollen, Sie aber nicht gefunden. Ich glaube aber kaum, dass Sie ihm dieses schwere Verbrechen vergeben hätten!"

„Nicht vergeben? Herrgott, Herrgott, nicht vergeben! Was wissen Sie von einem Vaterherzen, Señor! Ich möchte..."

Er wurde unterbrochen. Unten vom Felsen herauf tönte ein scharfer Pfiff. Der Gambusino trat hart an den Rand der Höhle und fragte hinab, wer unten sei.

„Drei Comerciantes", lautete die Antwort, „die dem Gambusino Geschenke überbringen wollen."

„Das sind die Halunken", meinte der alte Inka. „Ich weise sie ab!"

„Warten Sie noch!", antwortete ich. „Ich will sie erst sehen."

Ich schob den Kopf über die Kante der Höhle hinaus und sah hinab. Ja, die drei Comerciantes waren es, aber mit einem vierten ledigen Pferd; es war Perdidos Tier, ich erkannte es und erschrak.

Hatten sie ihn ermordet? Dann verlor der Vater den Sohn zum zweiten Mal. Hier galt es, keine Zeit zu verlieren, sondern so rasch wie möglich zu handeln.

„Lasst sie absteigen und herein in den Hof kommen", sagte ich. „Die Pferde mögen aber draußen bleiben."

„Aber...", wollte der Gambusino entgegnen.

„Still, Señor! Es handelt sich um ein kostbares Menschenleben, kostbar auch für Sie, Señores. Vater Desgraciado mag hier bleiben, der Gambusino lässt sie herein. Das Übrige tue ich mit meinen drei Tobas."

Um jede Widerrede abzuschneiden, schob ich den Gambusino fort und hinaus auf den Felsenpfad. Er stieg hinab, wir folgten ihm und blieben hinter der Ecke halten. Ich hatte meinen Henrystutzen mitgenommen. Nach kurzer Zeit kam der Gambusino mit den Comerciantes über die Trümmer hereingeklettert. Sobald sie sich im Hof befanden, sprang ich vor, an ihnen vorüber, besetzte den Eingang, sodass sie nicht zurück konnten, und legte den Stutzen auf sie an.

„Valgame Dios, el Rastreador – Gott stehe mir bei, der Rastreador!", rief der eine von ihnen.

„Ja, ich bin es", antwortete ich. „Die Hände in die Höhe, sonst schieße ich!"

Sie durften nicht zögern zu gehorchen und hielten ihre Hände hoch über ihre Köpfe empor. Die Tobas mussten ihnen nun die Waffen abnehmen und alle Taschen leeren. Sie wollten sich über dieses Verhalten beschweren; aber ich fuhr sie an:

„Ruhig! Ich habe euch belauscht, als ihr am Sonntagabend im Corral über eure Pläne spracht. Ich weiß alles, auch was ihr hier wollt. Wo ist Señor Perdido? Ich habt doch sein Pferd."

„Er ist mit uns geritten, stieg aber ab und bat uns, sein Tier mitzunehmen, er werde nachkommen."

„Sinnt euch doch bessere Lügen aus als diese! Ich habe keine Lust, meine kostbare Zeit mit euch zu verlieren! Ein offenes Geständnis hätte mich milder gegen euch stimmen können. Machen Sie sich zu einem Ritt fertig, Señor Gambusino! Sie sollen mich begleiten!"

Ich forderte ihn auf, weil er die Gegend besser kannte als meine Tobas. Die Comerciantes wurden gefesselt und auf die Erde geworfen, ihre Pferde hereingeschafft. Als Vater Desgraciado hörte, dass wir beide fort wollten, sollte ich ihm ausführlich sagen, weshalb. Ich erklärte ihm aber kurz, dass es sich um die Rettung eines Beraubten handle.

„So beeilen Sie sich", drängte er nun. „Vielleicht finden Sie ihn noch am Leben. Leider wurden wir gerade gestört, als wir von meinem Sohn sprachen. Ihre Nachricht ist mir auf den gestrigen Trauertag eine wahre Jubelbotschaft gewesen."

„Will's Gott, wird es auch hierin Ostern werden."

Wir schafften unsere Pferde hinaus und ritten auf der Spur der Comerciantes zurück. Auf dem felsigen Gelände war die Spur leicht zu verlieren, wir vermochten sie aber festzuhalten.

Es würde zu weit führen, die Einzelheiten unserer Suche zu beschreiben. Perdido war mir und die Comerciantes waren ihm gefolgt. Ich sah an den Spuren, wo sie ihn eingeholt hatten, dann ging eine Fährte nach einer Felsenwand, von der früher ein kleiner Wasserfall, den der Zufall abgeleitet hatte, herabgestürzt war. Dieser Wasserfall hatte ein brunnenähnliches, tiefes Loch ausgewirbelt und in diesem Loch steckte Perdido, über die Knie in eiskaltem Wasser stehend, ausgeplündert und an Händen und Füßen gebunden. Er war mit Hilfe eines Lassos hinabgelassen und die Öffnung mit Steinen verdeckt worden; es machte uns nicht wenig Mühe, ihn wieder herauszubringen. Ich erschrak, als er dann vor uns lag. Er war unverletzt, aber die Todesangst und der stundenlange Zwang, im eiskalten Wasser zu stehen, waren nicht ohne Wirkung geblieben. Er fantasierte und jedes dritte Wort dabei war Viernes santo, der Karfreitag. Wie ich später erfuhr, hatte er an den beiden Tagen, da wir in der Nähe des Ortes lagerten, entgegen dem Verbot seiner Konkurrenten Handel getrieben. Die drei Comerciantes waren über ihn hergefallen und hatten ihn verprügelt und dann vertrieben. Perdido aber war nochmals zurückgekehrt und hatte aus Rache einen Teil der Waren seiner Feinde in den Fluss geworfen. Daher die unerhörte Grausamkeit der Comerciantes.

Der Überfall war gestern Abend geschehen, seitdem hatte Perdido in dem Wasserloch gesteckt, ohne zu erstarren!

Aber die Karfreitagsnacht in immer währender Todesangst hatte ihn innerlich mürbe gemacht und klein gemahlen.

Nun war es freilich schwer, ihn fortzuschaffen. Ich nahm ihn vor mir aufs Pferd, musste aber alle Kraft anwenden, um ihn festzuhalten. Er glaubte noch immer, im Wasser zu stecken, und schrie und jammerte, dass es zum Erbarmen war. Er wollte fort und oft musste mir der Gambusino zu Hilfe kommen, sonst hätte der Kranke sich meinen Armen entwunden.

Endlich, endlich kamen wir an. Der Gambusino musste hinauf zu Vater Desgraciado, um ihn vorzubereiten; die Tobas waren mir behilflich, den Geretteten in den Felsenhof zu bringen, wo wir ihn niederlegten. Die Gefühle der drei Comerciantes konnte man deutlich auf ihren Gesichtern lesen: Die Angst hatte sie gepackt und sie zitterten um ihr Leben.

Da ertönte oben ein durchdringender Schrei:

„Mein Sohn, mein Sohn!"

Der Vater kam den Felsenweg herabgeeilt, riss Perdido an sein Herz, küsste ihn, nahm ihn dann hoch auf die Arme und stieg mit ihm hinauf zur Höhle. Ich folgte nicht nach. Es war besser, Vater und Sohn jetzt allein zu lassen. Nachher kam der Gambusino herab und berichtete mir mit Tränen in den Augen, mit welcher Liebe und Wonne der Vater um den verlorenen und nun wieder gefundenen Sohn, der ihm doch so viel Gram bereitet hatte, beschäftigt sei.

Der Fiebernde war in nasse Decken gehüllt worden und verfiel in wohltätigen Schweiß. Die Nähe des Vaters war von guter Wirkung auf die Fantasien des Sohns, er beruhigte sich nach und nach und fiel in einen tiefen, festen Schlaf.

Auf die Gefangenen wurde keine Rücksicht genommen. Sie lagen in sehr fest angezogenen Fesseln und bekamen weder zu essen noch zu trinken.

Gegen Abend ließ mich der Vater hinauf zu sich bitten. Er drückte mir wohl hundertmal die Hände und sprach sehr leise, um den schlafenden Sohn nicht zu wecken. Ich musste ihm erzählen, wie ich Perdido kennengelernt hatte. Ich tat dies ganz der Wahrheit gemäß und beschönigte nichts.

„O Señor, er war nicht so schlimm, wie es schien", sagte der Alte. „Das Gute hat mit dem Bösen gekämpft und bei jedem Kampf kommt bekanntlich das Schlachtfeld am allerschlechtesten weg. Er hatte sich nach Vergebung gesehnt und sie doch nicht finden können, weil ich verschwunden war. Das hat ihn verbittert. Ich hörte das aus seinen Fantasien. Und die Nacht in der Tiefe des Wasserfalls muss entsetzlich gewesen sein, seine Fieberreden sagen mir auch das. Ich denke, dass diese Nacht zu seinem Heil gewesen ist, und bitte Gott, dass ich mich da nicht irre."

„Auch ich wünsche das herzlich. Was gedenken Sie denn mit den Comerciantes zu tun?"

„Ich? Nichts. Aber Sie?"

„Mich gehen sie gar nichts an, denn sie haben mir nichts getan. Meiner Ansicht nach haben Sie und Ihr Sohn über diese Leute zu entscheiden. Strafe haben sie verdient."

„Ja, aber wer soll der Richter sein? Etwa mein Sohn, der selbst anstatt der Strafe Verzeihung finden wird? Oder ich? Señor, ich glaube, ich bin auch nicht ohne Fehl gewesen. Wem eine Menschenblume anvertraut ist, der soll sie pflegen, und wenn sie nicht gerät, so ist nicht allein die Blume schuld. Nein, diese Comerciantes mögen ihre Sachen nehmen und sich davonmachen."

„Aber wie denken Sie denn nun von Ihrer Zukunft? Werden Sie hier bleiben?"

„Oh, der rote Gambusino, der mir ein lieber Freund geworden ist, hat wirklich viel edles Metall, das hier in der Nähe sorgsam versteckt ist. Wir brauchen uns um unsere Zukunft keine Gedanken zu machen. Darüber lässt sich noch nichts bestimmen. Mag es aber kommen, wie es will, wir bleiben Ihre Schuldner, solange ein Atem in uns ist!"

Der Vater blieb auch den ganzen Abend am Lager des Sohnes. Ich saß mit dem Gambusino und den drei Tobas zusammen, bis die Müdigkeit sich meldete und wir zur Ruhe gingen. Am anderen Morgen war ich zeitig munter, als eben die junge Ostersonne den Osten mit purpurnen und goldenen Strahlen färbte. Der Gambusino und die Tobas schliefen noch. Die Comerciantes lagen mit offenen Augen und verzerrten Zügen da, sie befanden sich jedenfalls nicht in guter Osterstimmung. Ich stieg leise hinauf zur Höhle. In der großen Abteilung schlief der Kranke, der nun wohl gesund war, denn er atmete ruhig und sein Gesicht zeigte die frühere Farbe wieder. Sein Vater hatte die Nacht hindurch bei ihm gewacht und sich erst vor kurzer Zeit in die kleinere Abteilung gelegt. Die aufgehende Sonne schien zur offenen Höhle herein und warf zitternde Lichter auf deren Wände. Einige dieser Lichter verirrten sich auf das Gesicht des Schlafenden, sie gaben ihm ein eigentümlich warmes Leben. Es waren nicht mehr die Züge des Perdido vom Madeira-Strom, sondern es sprach aus ihnen eine Seele, die er damals nicht besessen hatte.

Da bewegte er sich.

Ich wollte zurücktreten, aber schon öffnete er weit die Augen.

„Señor, Sie hier?", fragte er halb erstaunt und halb erfreut. „Sie haben..."

Er besann sich und ich trat näher. Sein Auge leuchtete glücklich auf, indem er sagte:

„Ich erwachte und mein Vater saß bei mir. Ist es wahr, dass ich bei meinem Vater bin?"

„Ja, Sie sind bei ihm und werden von nun an bei ihm bleiben."

„Und wem verdanke ich das?"

„Dem guten Gott, der die Schicksale der Menschen lenkt."

„Oh, dem Gott, von dem ich nichts wissen wollte, Señor. Erinnern Sie sich Ihrer Worte, dass meine Zunge mir am Gaumen kleben würde? Es ist eingetroffen. Man senkte mich in die kalte Tiefe, dass das Wasser mir an den Leib reichte, und deckte das Loch über mir mit Steinen zu. Da habe ich um Hilfe gerufen und um Gnade gebeten, da habe ich Gott um Barmherzigkeit angefleht fort und immerfort, bis mir, wie Sie sagten, die Zunge am Gaumen klebte. Dann weiß ich nichts mehr. Später aber war es mir, als ob ich in Ihren Armen gelegen hätte."

„Das war allerdings der Fall. Wir hatten Sie aus der Tiefe geholt und wollten Sie ihrem Vater bringen."

„Ja, Señor, Sie haben mich wirklich aus der Tiefe geholt! Das war die entsetzliche Leidens- und Karfreitagsnacht. So ist jetzt Samstag früh?"

„Nein, Samstag haben wir Sie hierher gebracht und bis jetzt haben Sie geschlafen. Es ist Ostermorgen. Sehen Sie die Sonne dort! Wissen Sie, was sie verkündigen will? Christ ist erstanden!"

„Ja, er ist wahrhaftig auferstanden, Señor!"

Da kam sein Vater, welcher aufgewacht war und diese Worte gehört hatte, herbei und beugte sich mit Tränen der Freude über ihn.

Seelenverkäufer

Bei ‚Mutter Röse‘

Obgleich es noch früh am Tag war, ging es auf den Gassen, Straßen und Plätzen der Haupt- und Residenzstadt Dessau doch schon lebhaft zu. Es war heute ja Wochenmarkt, an dem die Bewohner der Umgegend herbeiströmten, entweder um die Erzeugnisse ihres Gewerbefleißes in Angebot zu bringen oder einzukaufen, was zur Befriedigung ihrer wirtschaftlichen, häuslichen und persönlichen Bedürfnisse notwendig war.

Durch die Alt-, Neu- und Vorstadt-auf-dem-Sande bewegten sich die Wagen, Karren und Fußgänger der von dem Fürsten Leopold erst neu angelegten Kavalierstraße zu, die noch heute mit ihren Rasenplätzen und dem unvergleichlichen Blick auf die Johanniskirche eine der größten Zierden der Stadt ist. Dorthin zog es die Neugierigen und gruppenweise standen sie vor den Ladenfenstern oder wagten sich scheu und einzeln in eines der ‚grausam vornehmen‘ Gasthäuser, wo es zu sehen, zu hören, zu essen und zu trinken gab, was noch keinem der biederen Landbewohner vorgekommen war.

Die meisten von ihnen aber kehrten doch schließlich nach dem engen, an der Mulde gelegenen Stadtteil zurück, in dem ‚Mutter Röse‘, die dickste und zugleich beste Wirtin des ganzen anhaltischen Landes, residierte; denn sie verstand es ganz besonders gut, ihre Gäste gegen die beiden Erbübel der Menschheit, den Hunger und den Durst, in nachdrücklichen Schutz zu nehmen.

Wie eine Königin thronte sie zwischen zahllosen Flaschen, Gläsern und Krügen hinter dem langen, schweren Schenktisch, hatte für jeden einen freundlichen Gruß, ein vertrauliches Kopfnicken oder wohl gar einen kräftigen Händedruck und ließ wie eine Sonne die Strahlen ihres vollen und stets lächelnden Gesichts bis in die entfernteste Ecke fallen. Nirgends war das Bier so frisch und erquickend, nirgends der Braten so saftig und nirgends die Bedienung so aufmerksam wie bei ‚Mutter Röse‘, und wem es gar widerfuhr, von ihr selbst bedient zu werden, der konnte sich diesen Vorzug für eine wirkliche Ehre anrechnen und wurde darüber von den anderen groß angesehen. Aber ebenso kräftig und entschieden konnte sie auch gegen den auftreten, der es wagte, sie aus ihrem Gleichgewicht zu bringen, und gar mancher Gast schon hatte ein solches Beginnen mit einem blitzschnellen ‚An-die-Luft-Setzen‘ büßen müssen.

Auch jetzt hatte sie sich mühsam zwischen den vielen anwesenden Marktgästen hindurchgedrängt, um am hinteren Tisch einen der erwähnten Bevorzugten mit ihrer Aufmerksamkeit zu beglücken, als sich die Tür öffnete und ein Mann eintrat, der sich tief bücken musste, um seinem Kopf eine unliebsame Berührung mit dem Querbalken zu ersparen. Obgleich er die Sechzig längst zurückgelegt haben musste, trug er sich noch stramm und kräftig, und das dunkle, scharfe Auge hatte in jugendlicher Lebhaftigkeit das Zimmer mit einem einzigen kurzen Blick überflogen.

Er schritt zu einem noch unbesetzten Tisch, ließ sich auf den laut krachenden Stuhl fallen, zog die bestaubten Gamaschen in die Höhe, warf den Dreispitz von dem zierlich bezopften Kopf und wartete nun augenscheinlich auf irgendeinen dienstbaren Geist, um sich mit dessen Hilfe von einem der oben genannten Erbübel zu befreien.

Zufälligerweise aber war sein Kommen nicht bemerkt worden und so zupfte er zunächst etliche Mal ungeduldig an dem blauen Leinwandsack herum, der seinen breitschultrigen Oberkörper bedeckte, wirbelte sodann mit unmutiger Miene die Spitzen seines Schnurrwichses um den Zeigefinger, und als auch dies erfolglos blieb, erhob er endlich den dicken Knotenstock, der mittels eines Lederriemens an seinem Handgelenk hing, und ließ ihn laut dröhnend auf die eichene Platte des Tisches fallen.

„Heda, alte Klatschmaschine, mach, dass du bald vorkommst, sonst werde ich dir Beine machen!"

Auf diese mit kräftiger Bassstimme hervorgedonnerten Worte trat augenblicklich tiefe Stille ein und aller Augen wandten sich nach dem Mann, der es wagte, die zwar gute, aber streng auf ihr Ansehen haltende Wirtin in dieser Weise zu beleidigen. Jedermann war überzeugt, dass der Sprecher in wenigen Sekunden draußen vor der Tür stehen werde, zumal Mutter Röse, schnell herumfahrend, die beiden Hände in die Hüften stemmte, was bei ihrer Beleibtheit allerdings ein gewagtes und höchst schwieriges Unternehmen war, und mit vor Zorn hochrotem Gesicht über die Häupter der Sitzenden hinweg rief:

„Wer ist denn der unverschämte Kerl, he, der da vorn so dick tut? Wart mal, Bürschchen, wir werden gleich sehn, wer von uns beiden dem andern Beine macht!" Und sich nach dem Schenktisch wendend, wo eben ein vierschrötiger Hausknecht ein Fass auf das Gestell hob, setzte sie befehlend hinzu: „Christian, nimm ihn doch mal bei der Perücke und zeig ihm, wo der Zimmermann das Loch gelassen hat!"

„Lass dich nicht auslachen, alte Bierliese, und halt den Schnabel. Ihr wärt mir die Rechten von wegen dem Zimmermannsloch!"

Das war der Wirtin doch zu stark, zumal nun auch der Ärger über den Hausknecht dazu kam, denn dieser machte nicht die geringste Miene, dem Befehl seiner Herrin Folge zu leisten, sondern lehnte in höchster Verlegenheit an der Küchentür. Mit raschen Schritten wand sie sich zwischen den Gästen hindurch, um den Angekommenen in Augenschein zu nehmen.

„Was wären wir? Die Rechten? Ja, das sind wir auch und das will ich Ihm sofort beweisen, Er Grobian! Glaubt Er denn, dass man eine ehrsame und tugendhafte Witwe – Herrjeh!", unterbrach sie sich, als sie ins Gesicht des Ausgescholtenen blickte. „Bitte hunderttausendmal um Verzeihung, Durchl..."

„Will Sie wohl endlich ruhig sein und mir einen Krug Zerbster Bitterbier bringen und was dazu gehört!", unterbrach er sie schnell. „Oder glaubt Sie etwa gar, dass ich hereingekommen bin, nur um Ihre schönen Redensarten anzuhören?"

„Ja, freilich, einen Krug Zerbster", wiederholte sie eilfertig, „und was dazugehört, gleich, gleich sollen Durchl..."

Das Wort blieb ihr bei dem fürchterlichen Blick, der sie traf, im Mund stecken; sprachlos vor Verlegenheit eilte sie nach dem Schenktisch, brachte den vollen Tonkrug herbei, stellte ihn auf den höchst eigenhändig mit ihrer weißen Schürze abgewischten Tisch, und bald lagen neben dem Trunk auch ein mächtiges hausbackenes Roggenbrot, ein Stück gelber Butter und ein großer, appetitlicher Landkäse.

Der Gast leerte den Krug auf einen Zug und gab ihn der Wirtin zum Füllen zurück. Sodann griff er zum Messer und beschäftigte sich eifrig und erfolgreich mit dem Imbiss, während die Anwesenden die Köpfe zusammensteckten und sich nicht genug über das eigentümliche Vorkommnis wundern konnten, bis ein Name leise von Stuhl zu Stuhl, von Tisch zu Tisch geflüstert wurde und die Fremden dann mit halb scheuen, halb ehrfurchtsvollen Blicken die hohe Gestalt des Essenden musterten.

Dieser bekümmerte sich nicht im Geringsten um die anderen und war so sehr in seine Arbeit vertieft, dass er den Eintritt eines neuen Gastes gar nicht bemerkte, der, als er ihn erblickte, ein Zeichen der Überraschung nicht unterdrücken konnte, dann aber wie infolge eines raschen Entschlusses auf ihn zuschritt und nach einem Stuhl griff.

„Ist der Stuhl erlaubt?", fragte er kurz.

„Warum nicht?", antwortete mit einem tiefen Brummen der Kauende. „Ich hab' ihn nicht gemietet!"

Der also Berichtete setzte sich und meinte:

„Wünsch' guten Appetit!"

„Danke", brummte es wieder, „aber lasst mich jetzt ungeschoren! Ich hab' mehr zu tun, als mir Eure Höflichkeiten gefallen zu lassen."

„Ist mir auch recht!", klang die Antwort unter einem belustigten Lächeln des Sprechenden. „Heda, Mutter Röse, habt Ihr nicht noch ein Messer bei der Hand? Der Mann da wird die ganze Portion wohl nicht für sich allein brauchen!"

Jetzt erst blickte der Essende auf und überflog mit einem erstaunten Blick sein Gegenüber. Das Ergebnis musste zufrieden stellend sein, denn als die Wirtin antwortete:

„Ich hab' schon noch das Nötige für Euch übrig", entgegnete er in befehlendem Ton:

„Mache Sie keine Faxen und lasse Sie ihn immer hier mit zugreifen!"

Mit einem raschen Griff schwang er dem jungen Mann das schwere Brot hinüber, schob ihm Butter und Käse zu und nahm dann die unterbrochene Beschäftigung mit erneutem Nachdruck auf. Der andere griff ebenso fleißig zu, und als die beiden Hungrigen endlich ihre Arbeit beendigten, war außer einem bescheidenen Brotrest nichts Genießbares mehr auf dem Tisch zu bemerken.

Die leeren Krüge wurden wieder gefüllt, und sich mit einem behaglichen Laut die Magengegend streichend, begann der zuerst Angekommene:

„So, das wäre abgemacht und nun kann man auch wieder sprechen. Ihr schlagt keine schlechte Klinge!"

„Hm, so was lernt sich schon, und der Käse war gut!"

„Meint Ihr? Ja, bei der Mutter Röse weiß man, was man bekommt. Ihr seid wohl kein Dessauer Kind?"

„Nein."

„So seid Ihr wohl in Geschäften hier?"

„Ja und nein, je nachdem man's nimmt."

„Ja und nein – so sprecht doch deutlicher, wie es einem vernünftigen Menschen zukommt!"

„Warum?"

„Warum, fragt Ihr noch? Na, zum Tausendsapperlot, wenn wir nicht hier sitzen und Maulaffen feilhalten wollen, so müssen wir doch etwas reden. Und auf eine gut gemeinte Frage gehört doch wohl eine ehrliche Antwort!"

„Da habt Ihr wohl Recht; nur weiß ich nicht, was es Euch und mir nützen soll, wenn wir über meine Angelegenheiten verhandeln!"

„Mir wird's freilich nicht viel nützen, aber für Euch kann's vielleicht gut sein. Ich bin hier bekannt, und wenn es auch weiter gar nichts wäre, so kann doch wenigstens ein guter Rat nie Schaden bringen."

„Ihr sprecht wahrhaftig grad wie ein Buch; aber wahr ist's trotzdem, was Ihr sagt. So sollt Ihr denn meinetwegen wissen, dass ich hier eine Stelle suchen will."

„Eine Stelle? Was denn für eine?"

„Beim Alten!"

„Beim Alten? Bei was für einem Alten denn, he, wenn's gefällig ist?"

„Na, beim Fürsten."

„Beim Fürsten? Bei dem wollt Ihr eine Stelle haben und nennt ihn doch den Alten!", fuhr er zornig auf. „Da schlag doch ein Himmelmillionenschock – ja, ich seh' da gar nicht ein, warum ich mich ärgern soll. Eure Stelle kann mir ja ganz gleichgültig sein!"

„Ich hab' nichts dagegen, aber wer neugierig ist, muss auch die Antworten nehmen, wie sie kommen."

„Hört mal, Ihr seid ein verteufelt aufrichtiger Kerl und ich glaube, das Flunkern habt Ihr nicht gelernt!"

„Das will ich wohl zugeben. Man kommt mit der Ehrlichkeit immer noch weiter als mit der Flunkerei."

„So? Da habt Ihr es wohl schon weit gebracht?"

„O ja, bis zum Reitknecht."

„Alle Wetter! Kann Er denn wirklich ein Pferd reiten?"

„Ein Pferd? Hm! Sprecht lieber, jedes Pferd!"

„Jedes? Hör Er mal, dazu gehört mehr als Brot essen! Der ‚Alte' zum Beispiel, wie Er den Fürsten nennt, hat einen Rapphengst, der noch niemanden im Sattel gelitten hat. Das ist eine Bestie, wie es in der ganzen Welt weiter keine gibt!"

„Wer, der Alte oder der Rapphengst?"

„Mohrenelement, mache Er keine schlechten Witze! Was glaubt Er denn, was ich bin?"

„Ihr? Ja na, ich hab' so einen Blick, so einen gewissen Geruch, um zu sagen, was einer ist, und ich irre mich selten. Ich glaube, Ihr – Ihr – handelt mit – mit – na, mit Zwiebeln!"

„Ich hand – le – mit – Zwie – wie – wie – beln – hahahaha – mit Zwie – Zwie – wie – wie – beln!", brach der Alte mit einem Lachen los, das fast in einen Lachkrampf ausartete und die Wände des Zimmers zu erschüttern schien. „Oh, Er ist ein weiser Salomo; aber erraten hat Er es doch: Ich handle hahaha – mit Zwie – wie – wie – beln – hahahaha – ja, und ich hab' schon manchen in eine Zwiebel beißen lassen, dass ihm die Augen übergegangen sind! Hör Er, Er ist kein unebner Kerl und ich möchte Ihm gern einen Gefallen erweisen. Will Er wirklich zum Fürsten?"

„Freilich! Ich hab' gehört, dass der Leibknecht abgegangen ist, und wollte fragen..."

„Halt da! Er versteht wohl von der Sache noch gar nichts? Leibknecht kann nicht jeder hergelaufene Fremde werden, sondern zu einem solchen Posten kommt nur einer, der erstens sein Fach aus dem Effeff versteht, und zweitens vom Stalljungen auf gedient und sich das Vertrauen des Fürsten erworben hat. Das ist ein Vertrauensposten, auf den sich ein Unbekannter nicht spitzen darf."

„Das ist mir alles gar wohl bekannt; aber man weiß doch manchmal nicht, wie der Hase läuft, und ein Fremder ist zuweilen ebenso brauchbar wie einer, der sich von Stelle zu Stelle emporgeschwenzelt hat."

„Ich will da nicht mit Ihm streiten, aber der Leibknecht des Fürsten muss, soviel ich weiß, nicht nur ein ausgezeichneter Reiter sein, sondern auch nach der Schnur fahren können, denn der ‚Alte', wie Er den Fürsten nennt, ist etwas mürbe geworden und das Fahren fällt ihm leichter als das Reiten, da er seine Achtundsechzig auf dem Rücken hat. Er steht jetzt mit seinen Buntröcken in Magdeburg und muss auch zuweilen hier in Dessau sein; da geht es denn oft herüber und hinüber und der Leibknecht ist dabei meist seine einzige Begleitung. Versteht Er nun, was ich meine?"

„Warum denn nicht? Ihr macht es einem ja so deutlich, als wenn Ihr gar auf Schulmeister gelernt hättet. Aber Ihr sollt mir doch keine Angst machen und ich werde mein Heil versuchen! Der Fürst soll jetzt in Dessau sein und ich werde mich noch heut Vormittag erkundigen, wie man es anzufangen hat, um mit ihm sprechen zu können."

„Da braucht Er gar nicht ewig herumzufragen, denn ich kann es Ihm ebenso gut berichten wie jeder andre. Ich muss nachher aufs Schloss; hab' dort mit dem Hofgärtner so einiges abzumachen und werde wegen Ihm einmal zuhorchen. Bin auch nicht ganz so ohne alle Verbindungen. Wollen doch mal sehn, ob ich Ihn nicht bis zum Kammerlakaien hinaufschieben kann; das andre ist dann Seine Sache."

„Ich hab' volles Vertrauen zu Euch. Wenn Ihr ein Wort für mich sprechen wollt, so werde ich es Euch herzlich zu danken wissen; aber wie hab' ich mich denn sonst noch zu verhalten?"

„Das ist sehr einfach. Geh Er einmal so in anderthalb Stunden aufs Schloss; da steht unter dem Tor einer, der muss jeden fragen, was er dort zu suchen hat, und dem kann Er es einmal im Vertrauen sagen, dass Er den Zwie – hahahaha – den Zwie – wie – wiebelhändler sucht. Er wird ihm sagen, wo ich stecke, und dann wird sich ja zeigen, ob ich derweil etwas für Ihn hab' tun können."

„Gut, ich werde mich pünktlich einfinden und Euch Ehre zu machen suchen!"

„Das will ich auch hoffen. Heda, Mutter Röse, hier ist Geld!"

Die Wirtin kam so eilig herbei, als ihr Körperumfang es ihr gestattete, und nahm von ihm die Bezahlung für beide Gäste in Empfang.

„Hab Seine Zeche mit abgemacht! Er hat mit mir gegessen und getrunken und war also mein Gast. Leb Er wohl und verbummle Er die richtige Zeit nicht!"

„Habt keine Sorge. Danke für das Zahlen!"

Die Wirtin begleitete den Fortgehenden bis an die Tür, während der Zurückbleibende ihm mit einem listigen und befriedigten Lächeln nachblickte.

Im Schloss zu Dessau

‚Der alte Knasterbart', wie der Feldmarschall des Heiligen Römischen Reiches Deutscher Nation und Preußens, Leopold von Anhalt-Dessau, gern von seinen Soldaten genannt wurde, saß in seinem Arbeitszimmer. Die kleinen Fältchen an den äußeren Augenwinkeln waren zusammengezogen und die tiefen Furchen der Stirn senkten sich nieder fast bis auf die Nasenwurzel – ein Zeichen, dass er sich mit unangenehmen Gedanken beschäftigte.

Früher war es seine treue Lebensgefährtin, die einstige Apothekerstochter Anna Luise Föse gewesen, die mit mildem Zuspruch so manche Wolke verscheucht, so manche Sorge mit ihm geteilt hatte, aber die lag nun im Grab, die alte, liebe, gute Anneliese[1], und er musste nun allen Ärger, alle Kränkung allein tragen und das wollte ihm doch gar nicht in den harten Trotzkopf, der die lange Reihe von Jahren bis auf den heutigen Tag kein anderes Gesetz gekannt hatte als seinen eigenen Willen.

---

[1] Gestorben 1745

Ärgerlich schob er den Stuhl zurück, riss einige Knöpfe des Uniformrocks auf und maß mit langen, raschen Schritten das Zimmer.

„Das ist doch, um bei lebendigem Leib aus der Haut zu fahren!", murmelte er. „Da hat der König am dreißigsten September[1] bei Sorr die Österreicher mit seinen achtzehntausend gegen volle vierzigtausend aufs Haupt geschlagen, ihnen zweiundzwanzig Kanonen, zwölf Fahnen und zweitausend Gefangene abgenommen und glaubt nun, dass sie sich auf eine solche Schlappe heuer nicht wieder hinauswagen werden. Die Armee kantoniert bei Schweidnitz und General du Moulin soll sie mit seinem Kordon an der Grenze schützen. Der König ist nach Berlin gegangen und spielt Flöte, seine Soldaten liegen in ihren Baracken und rauchen Tabak und keiner merkt, dass man unterdessen da hinter dem Gebirge einen Trank zusammenbraut, der ganz verteufelt nach Schwefel und Salpeter schmecken wird."

Dem alten Kriegshelden schien es wohl zu tun, sich immer weiter in seinen Grimm hineinzureden.

„Ja, ja, mich macht die österreichische Therese nicht dumm, und der Kaunitz, na, der taugt so wenig, dass ich ihn für zehntausend Taler nicht in eine Kompanie stecken möchte. Der Kerl ist ja die reine Flaumfeder und zieht zehn Röcke, zwanzig Oberröcke und dreißig Pelze an, wenn er sich in den Hundstagen einmal an die Luft fahren lässt, und so einem Ofenhocker sollte der Dessauer nicht in die Karten gucken können? Prost Mahlzeit! Aber was hilft's denn, he? Einen Brief nach dem andern schick' ich nach Berlin, warne, mahne, bitte, drohe, kurz und gut, ziehe alle möglichen Saiten auf – und was ist die Folge? Man antwortet mir nicht einmal, lacht mich vielleicht gar noch dazu aus. Da muss doch gleich ein hundsmiserables Graupelwetter dreinschlagen, mich auch noch auszulachen! Wenn ich nur ein einziges Wort davon höre, so nehm' ich meine zwölftausend Buntröcke, marschiere auf Berlin und lass' das ganze armselige Nest Spießruten laufen, vom König an bis herunter zum letzten Schusterjungen!"

Jetzt befand sich der Sprecher in voller Wut. Bei den letzten Worten war er stehen geblieben und hatte drohend den Arm erhoben. Er dachte gar nicht daran, dass er sich in der schönsten Revolution gegen seinen Feldobersten befinde, und als habe jemand einen Einspruch gegen seine Rede erhoben, fuhr er plötzlich auf den Absätzen herum und rief:

„Was, das tät ich nicht? Warum denn nicht, he? Wer will mir's denn verwehren, mir, dem Sieger in den Niederlanden, am Rhein, in Bayern, in Italien, in Schweden und so weiter? Aber was ich getan hab', das hat man vergessen, und wenn ich warne, da lacht man und – bläst Flöte dazu. I, da spielt meinetwegen Rumpelbass oder Brummeisen, aber auslachen lass' ich mich nicht und Antwort will ich haben, wenn ich schreibe! Aber ich weiß wohl, der Fritz ist mir nicht gut, weil ich bei seinem Alten, der Herrgott hab' ihn selig samt seinem Tabakskollegium, einen Stein im Brett hatte. Ja, der kannte seine Leute, und wenn er auch manchmal ein wenig unbequem werden konnte, so – – Na, was will Er denn, Er Schockschwerenöter?", unterbrach er sich, als in diesem Augenblick ein Diener unter der Tür erschien.

„Oberleutnant von Polenz. Meldung aus Halle!"

„Herrrrein!"

In der nächsten Sekunde stand der Genannte gerade und steif wie ein Ladestock vor dem Fürsten, diesem mit der Rechten ein versiegeltes Schreiben hinreichend.

---

[1] 1745 (Schlacht im Zweiten Schlesischen Krieg 1741-45)

Leopold trat damit ans Fenster, erbrach den Umschlag und begann, den Inhalt zu buchstabieren. Er war nie ein Freund und Bewunderer der edlen Schreibkunst gewesen und Meldungen lesen oder gar selbst die Feder führen, gehörte für ihn zu den größten Strapazen des Erdenlebens. Die Zeilen konnten nichts Gutes enthalten, denn seine Miene verfinsterte sich immer mehr, und als er fertig war, ballte er das Schreiben ärgerlich zusammen und trat mit Unheil verkündender Miene auf den Offizier zu.

„Weiß Er, was in dem Wisch steht?"

„Zu Befehl, Exzellenz!"

„Weiß Er auch, was draus wird, wenn das so fortgeht?"

„Zu Befehl, nein, Exzellenz!"

„So! Oberleutnant will Er sein und weiß das nicht, was sich ein jeder Tambour denken kann? Wenn das Desertieren und Ausreißen so fortgeht, steht Er zuletzt ganz allein im Standquartier und sperrt das Maul auf oder kann sich auch so nach und nach verduften wie die andern. Da schlag doch gleich das Wetter in die Disziplin! Kein Tag vergeht, wo ich nicht vom Durchbrennen höre, und allemal sind's die besten Kerls, die sich davonmachen, während die Taugenichtse kleben bleiben. Heut wieder der Korporal Nauheimer, der bravste Unteroffizier in der ganzen Armee. Auf den hätt ich Häuser gebaut! Warum hat sich der beiseite gemacht, he? Das muss doch einen Grund haben, denn ohne Grund desertiert kein Nauheimer!"

„Halten zu Gnaden, Exzellenz, ich weiß es nicht; der Korporal Nauheimer hat sich einen Urlaub von drei Tagen genommen und ist nicht wieder eingetroffen."

„So! Und da zetert Ihr gleich über Desertion? Es kann doch dem Mann sonst was zugestoßen sein. Werde die Sache untersuchen! – Aber was ist denn nun das andre, he? Da wagen sich die sächsischen Werber herüber über die Grenze und schnappen uns nicht nur die besten Bauernburschen, sondern auch die eignen Soldaten weg! Nun hört mir aber alles auf! Zwölftausend Preußen stehn da, ziehen die Nachtmützen über die Ohren und lassen sich die feindlichen Werber gradzu zwischen den Beinen hindurchkriechen – will Ihm denn da Sein bisschen Verstand nicht stillstehn, he? Na, ich werde die guten Herren beim Schopf nehmen, dass es ihnen grün und gelb vor den Augen funkeln soll! Wie weit ist Er denn mit Seiner Liebsten?"

„Exzellenz, immer noch auf demselben Fleck."

„Kann mir's denken! Tabak rauchen, Karten spielen, mit dem Säbel rasseln, den Verstand vertrinken, einem braven Bürgermädchen den Kopf verdrehen, Schulden machen, Schlägereien anzetteln, das könnt ihr alle; aber wenn es endlich einmal ernstlich einem gescheiten und anständigen Frauenzimmer gilt, da klebt ihr in der Buttermilch und wisst kein Geschick dran zu machen!"

„Exzellenz, halten zu Gnaden, das Fräulein von Naubitz hat die Marotte, nur mit einem Offizier anzuknüpfen, der eine Kompanie hat, und da..."

„Papperlapapp! Meine Anneliese hat auch nicht nach der Kompanie gefragt! Wenn man so ein Mädchen nur zu packen weiß, dann fällt sie einem ganz von selbst um den Hals; ich weiß das genau. Aber da scheint es Ihm am Besten, nämlich an der Anstelligkeit zu fehlen. Die Naubitz ist meine Pate; Sein Vater schreibt mir und bittet mich um Förderung, und ihm zuliebe, der ein alter Kriegskamerad von mir ist, tu ich auch alles Mögliche, um die Sache zu Stande zu bringen, aber wenn Er selbst den Brei immer wieder anbrennen lässt, so mag Er zusehn, wenn ein anderer kommt und sie Ihm vor der Nase wegschnappt."

„Verzeihen, Exzellenz, das glaube ich nicht befürchten zu müssen!"

„Nicht? Da weiß ich mehr als Er. Das Teufelsmädel ist schön, reich und klug, und ich glaube, sie hat bei ihrem letzten Besuch in Berlin einen gefunden, der es geschickter anzudrehen weiß als Er. Er ist ein Rittmeister bei den Zietenhusaren und die sind in allen Dingen gewohnt, frisch dreinzuschlagen. Da ihre Eltern tot sind, so hat der Mann kurz und bündig mich um das Jawort gebeten, und wahrhaftig, er hätte es mit Freuden bekommen, wenn mir nicht noch zur rechten Zeit Sein Vater eingefallen wäre."

„Gestatten, Exzellenz, die Frage nach dem Namen des Rittmeisters?"

„Meinetwegen; es ist der Herr von Platen, derselbe, von dem man sich so manches lustige Reiterstückchen erzählt. Der König scheint ihn sehr zu bevorzugen. Er kann sehn, wie Er ihn aus dem Sattel bringt!"

„Werde es versuchen und sage Exzellenz meinen schuldigen Dank für die gnädige Auskunft."

„Schon gut! Das Mädel ist grad noch hier im Schloss, geht aber schon in einigen Stunden auf ihr Gut nach Beyersdorf. Er ist noch im letzten Augenblick gekommen; geh Er zu ihr und mach Er Seine Sache besser als bisher!"

Während des letzten Teils der Unterredung hatte sich der Unmut des Fürsten etwas gelegt und einer freundlicheren Stimmung Platz gemacht, ein Umstand, aus dem sich schließen ließ, dass der Vater des vor ihm stehenden Offiziers bei ihm in gutem Andenken stehen müsse. Am Schluss der Endermahnung gab er mit der Hand das Entlassungszeichen und wandte sich zurück.

Mit militärischem Gruß trat Polenz ab und schritt so schnell durch das Vorzimmer und über den Flur, dass er fast mit einer jungen Dame zusammengerannt wäre, die sich eben anschickte, die Treppe hinabzusteigen. Erschreckt fuhr er zurück, verbeugte sich errötend und stammelte:

„Entschuldigung, Fräulein von Naubitz, ich befinde mich so sehr in Eile..."

„Dass ich den Herrn Oberleutnant keinen Augenblick aufhalten, sondern ihm gern den Vortritt lassen werde", fiel sie ihm mit stolzer Haltung und mit einem feinen, überlegenen Lächeln in die Rede, indem sie mit einer abweisenden Handbewegung zurücktrat.

„Oh, meine Gnädige – so groß ist meine Eile denn doch nicht –, dass ich nicht einige Worte..."

„Danke, danke! Der Dienst geht vor und Ihr befindet Euch im Dienst. Bitte voranzutreten!"

„Ich werde gehorchen; aber zuvor bitte ich, mir zu sagen, warum Ihr gegen meine Person eine so große Abneigung hegt!"

„Ich muss bemerken, Herr von Polenz, dass hier nicht der geeignete Ort ist, von Zu- oder Abneigung zu sprechen."

„Dann ersuche ich ganz ergebenst um die Erlaubnis, einige kurze Minuten beim Fräulein eintreten zu dürfen!"

„Ich steh' eben im Begriff, der Einladung einer Freundin Folge zu leisten. Es ist ein Abschiedsbesuch, der sich unmöglich aufschieben lässt."

Polenz wollte gerade eine Entgegnung aussprechen, als sich unten eine tiefe, wohlklingende Stimme vernehmen ließ: „Hör Er, guter Freund, ist im Lauf des Vormittags nicht ein Zwiebelhändler hier gewesen?"

Die Sonderbarkeit der Frage ebenso wie der Wohllaut der sonoren Stimme, aus der trotz der in den Worten liegenden Erkundigung doch etwas Befehlendes klang, erregte die Aufmerksamkeit der Obenstehenden so, dass sie ihre eigenen Angelegenheiten vergaßen.

„Ein Zwiebelhändler? O ja", tönte unter einem leisen Lachen die Antwort. „Er will wohl mit ihm sprechen?"

„Ja."

„Dann ist Er wohl der Fremde, der bei Mutter Röse mit ihm gegessen hat?"

„Ja."

„Gut, so geh Er diese Treppe hinauf. Hinter der Tür, die Ihm links entgegensteht, wird man Ihm Bescheid sagen."

Das war die Tür des fürstlichen Vorzimmers; es handelte sich also vielleicht um eines jener spaßhaften Vorkommnisse, die zuweilen einzutreten pflegten, wenn der Fürst die Stadt oder deren Umgegend einmal verkleidet durchstrichen hatte. Die beiden an der Treppe sahen infolgedessen dem Erscheinen des Fragers mit einer gewissen Neugier entgegen.

Jetzt kam er langsam und gemächlich die Stufen heraufgestiegen. Es war ein noch junger Mann, der vielleicht dreißig Jahre zählen mochte. Von nicht zu hoher Gestalt, war er breitschultrig gebaut, von kräftigen Formen und gewandten Bewegungen. Wie er so mit über den Rücken gelegten Armen den Fuß von Stufe zu Stufe setzte, war es fast, als sei er hier zu Haus oder finde ganz und gar nichts Besonderes in einem Besuch bei dem strengen Souverän des Deutschen Reiches.

Oben angekommen, erhob er mit einem raschen und offenen Aufschlag den bis jetzt zu Boden gerichteten Blick. Als er die Dame erkannte, leuchtete es überrascht aus dem großen, dunklen Auge, aber so schnell, so kurz, dass Polenz es gar nicht bemerkte, und dann klang es in gleichgültig fragendem Ton unter dem sorgfältig gepflegten Bärtchen hervor:

„Wo ist die Tür, die einem hier links entgegensteht?"

Fräulein von Naubitz war bei seinem Anblick bis tief in den Nacken hinab errötet und schien durch die seltsame Frage ganz außer Fassung gebracht zu werden. Desto mehr aber bewahrte der Oberleutnant seine Würde.

„Kerl", rief er, „ist Er denn wirklich so heidenmäßig dumm, dass Er nicht weiß, was links und was eine Tür ist?"

„Freilich! Ich hielt Sein großes Maul für das Loch, durch das ich kriechen soll. Er reißt es ja sperrangelweit auf."

Damit drehte sich der Fremde nach links und trat in das Vorzimmer. Polenz hob schon den Fuß, ihm nachzueilen, um ihn für die Beleidigung zu züchtigen, aber die Gegenwart der Angebeteten veranlasste ihn, seinen Zorn zu beherrschen.

„Freches Subjekt!", brummte er. „Solches Volk darf man aber gar nicht beachten! – Also das gnädige Fräulein steht im Begriff, auszugehen? Und doch lässt mich der Dienst keine spätere Stunde erwarten."

„Nun, so teil mir schnell mit, was Ihr von mir wollt!"

„Was ich will, fragt Ihr? Nichts weiter als eine endgültige Entscheidung. Ihr kennt mich und meine Verhältnisse und wisst auch, dass ich nicht ohne Vorsprache bin."

„So wisst Ihr desto weniger, dass die Vorsprache der Liebe nur schadet. Diese lässt sich nicht kommandieren, sie handelt nach eigenem Ermessen und ist nur für den Preis zu haben, den sie selbst bestimmt."

„So nennt mir diesen Preis!", bat der Offizier, indem sein Blick sich mit verlangender Glut an die Sprecherin heftete.

Mit träumerisch glücklichem Ausdruck suchte ihr Auge die Tür, hinter der vor wenigen Sekunden der Fremde verschwunden war, und leise klang es von ihren Lippen.

„Ich kann nur einem Mann gehören, der neben Körper- und Geisteskraft auch einen Sinn für die feineren Gefühle des Herzens besitzt. Das gemeine, alltägliche Leben muss mit den Strahlen der Romantik übersponnen werden, wenn die Liebe heimisch werden soll, und ich kann mir nichts Entzückenderes denken, als wenn zum Beispiel ein stolzer Ritter die Zeichen seines Standes von sich legt, um im unscheinbaren Kleid nach dem Besitz der Geliebten zu ringen."

In süßer Vergessenheit haftete ihr Auge noch immer an der Tür, als könne sie durch diese das Wesen erblicken, von dem ihre Worte redeten; dann aber richtete sie sich stolz empor, grüßte den Oberleutnant mit einem kurzen Nicken des weißgepuderten Lockenköpfchens und rauschte die Stufen hinab.

„Die Zeichen seines Standes von sich legt – also inkognito – in unscheinbarem Kleid – stolzer Ritter – Besitz der Geliebten ringen", murmelte Polenz. „Hm, hab' noch gar nicht gewusst, dass sie an solchen alten Burg- und Rittergeschichten Wohlgefallen findet. Mir soll's recht sein – da bin ich mit dabei. Nach Beyersdorf geht sie? Gut, ich komme auch nach Beyersdorf – aber natürlich inkognito. Da gibt's dann vielleicht Eduard und Kunigunde und nachher zur Abwechslung Kunigunde und Eduard."

Unter diesen Gedanken stieg auch er jetzt mit nachdenklicher Miene nach unten.

Die Reitprobe

Währenddessen war der junge Mann, den wir zuerst bei Mutter Röse trafen, in das Vorzimmer des Fürsten getreten. Dort wandte er sich an den diensttuenden Lakaien mit der Frage:

„Hat Er nicht vielleicht heut einen Zwiebelhändler hier herumlaufen sehen?"

Der Gefragte lachte über das ganze Gesicht.

„Wie kommt Er denn darauf, einen Zwiebelhändler hier zu suchen?"

„Nun, der Mann hat mich herbestellt, und da unten an der Tür stand einer, der hat mich hier heraufgewiesen."

„So, na, da geh Er nur immer da hinein! Vielleicht findet Er da Seinen guten Freund von der Mutter Röse her." –

Noch immer rollte der Ärger seine Wogen durch die Adern des Fürsten, der unter dem Einfluss der gehabten Aufregung mit langen Schritten im Zimmer auf und ab spazierte. Als er den Eintretenden bemerkte, glättete sich sein faltenreiches Gesicht zusehends, trotzdem aber klang es kurz und barsch:

„Wen sucht Er hier?"

„Den Zwiebelhändler!"

„Den Zwiebelhändler?" Und sich breitspurig vor ihn hinstellend rief er ihm lachend zu: „Will Er mich wohl einmal recht genau angucken?"

„Warum denn nicht, wenn's Euch solchen Spaß macht!"

„Gut! Was sieht er denn nun da, he?"

„Was ich seh'? Nun, was denn anders als Euch!"

„Hör Er mal, das versteht sich ja von selber! Aber ich meine, ob Er nicht so etwas bemerkt von wegen einer gewissen Ähnlichkeit."

„Ähnlichkeit?", und dabei musterte er mit der größten Aufmerksamkeit die Gestalt des Fürsten. „Nein, davon seh' ich nichts."

„Was? Er sieht gar nichts in Beziehung auf mich und den Zwiebelhändler? Ich hätte wahrhaftig nicht gedacht, dass Er so wenig Grütze im Kopf hat!"

Bei diesen Worten richtete sich der Fremde einige Zoll höher empor.

„Grütze? Hör Er, wem es von uns beiden an Grütze fehlt, das wird sich finden, aber beleidigen lass' ich mich nicht, versteht Er wohl? Dass Er ein Zwiebelhändler ist, das sieht wohl jedes Kind, und wer man selbst ist, dem kann man doch nicht ähnlich sehn. Also frag Er ein andermal gescheiter, wenn Er keine dumme Antwort haben will!"

„Alle Wetter", lachte der Fürst, dass ihm die Tränen über die Backen liefen, „ist Er denn nicht bei Trost, hier an diesem Ort so aufzutreten!"

„Ich bin den ganzen Tag bei Trost und abends und des Nachts erst recht, am allermeisten aber jetzt eben! Hat Er's verstanden? Er denkt wohl, weil Er seine Zwiebeln vielleicht in dem fürstlichen Garten bauen und also auch diese alte, speckige Livree tragen darf oder weil Er ein Glas Bier und ein Stück Käse für mich bezahlt hat, so soll ich mir's gefallen lassen, dass Er mich mit Grütze aufzieht? Da kommt Er bei mir an den Rechten, denn grad bei Grütze bin ich am allerempfindlichsten!"

Leopolds Ärger war vollständig verschwunden und hatte der besten Laune Platz gemacht. Er bemerkte nicht, dass es hier und da wie helle Belustigung über das Gesicht des Sprechers zuckte.

„Ja, lach Er nur! Ich kann meinen Käse schon noch selber bezahlen und brauch' auch Seine Fürsprache gar nicht, denn ich werde auch ohne Ihn mit dem Fürsten reden können!"

„Ohne mich? Hahahaha! Das möchte ich doch einmal sehn, wie das zuginge! – Sieht Er denn wirklich nicht, dass ich der Fürst selber bin?"

„Er? Na, Er wäre mir der Rechte!"

„So, Er glaubt es mir nicht?"

„Nein, nicht eher, als bis Er mir Sein Wort gibt, dass es wahr ist."

„Gut, hier hat Er meine Hand darauf, dass ich Leopold heiße!"

„Jaaa – Leopold heißen viele!"

„Na, und dass ich der Fürst bin!"

Der Fremde hatte bisher in bequemer und gemütlicher Haltung dagestanden, jetzt aber reckte sich seine Gestalt in stramme Haltung und selbst das Auge des strengsten Exerziermeisters hätte nicht die leiseste Veranlassung zu irgendeinem Tadel wahrgenommen. Wohlgefällig überflog Leopold den kraftvollen und dabei doch so geschmeidigen Gliederbau und meinte dann in freundlichem Ton:

„Also eine Stelle sucht Er bei den Pferden?"

„Durchlaucht, nicht bei den Pferden, sondern bei Euch!"

„Das ist hüben wie drüben; die Pferde sind mein und mein sind die Pferde; wenn Er also eine Stelle bei meinen Pferden hat, da – na, was lacht Er denn?"

„Entschuldigung, Durchlaucht – da hab' ich bei den Pferden eine Stelle!", antwortete der Gefragte rasch, der Logik des Fürsten absichtlich eine verblüffende Wendung gebend.

Verdutzt sah ihn dieser an, bis ihm endlich ein Licht darüber aufging, wie das gemeint und gedacht war; er lachte selbst darüber und rief:

„Ja, so geht's einem, wenn man sein Abc mit dem Säbel schreibt und seine Verse mit den Kanonen singt! Der Dessauer ist eben nicht zum Schulmeister geboren. Aber bleiben wir doch bei der Fahne! Also, Er getraut sich jedes Pferd zu reiten, wie er am Vormittag sagte?"

„Ja."

„Gut, ich nehme Ihn beim Wort. Leibknecht kann einer eigentlich erst nur nach langen Dienstjahren werden; so ein Mann will erprobt sein. Aber Er gefällt mir und so will ich Ihm denn ein Generalstückchen aufgeben, das ebenso viel wiegt wie eine lange Dienstzeit. Drunten steht ein Rapphengst, der hat neunundneunzig Teufel im Leib; satteln und aufzäumen lässt er sich, aber damit ist's basta; er hat bisher alle in den Sand geworfen, die sich an ihn gewagt haben, und es waren Kerle darunter, vor denen man Respekt haben muss. Will Er's versuchen?"

„Warum nicht, Durchlaucht? Den wollen wir schon kriegen."

„Das hat bisher jeder gesagt; aber sitzen geblieben ist die Hauptsache. Komm Er mal mit!"

Einen leichten Überrock umwerfend, schritt er voran hinunter zu den Stallungen.

Sämtliches Personal von dem eben anwesenden Oberstallmeister bis herab zum letzten Jungen betrachtete den Fremden mit neugierigen Blicken, als der Befehl erteilt wurde, den Rappen vorzuführen. Es war ein prachtvolles Tier, dessen Bau einen jeden Kenner und Liebhaber in Entzücken versetzen musste; aber aus den dunklen Pupillen loderte ungezähmte Wildheit.

Vier starke Reitknechte waren notwendig, es herbeizuführen, und kaum hatten sie mit ihm den Platz betreten, so zogen sich alle andern ängstlich zurück, um bei dem zu erwartenden Schauspiel nicht beschädigt zu werden. Die Hauptperson aber, der Fremde nämlich, schien für das Tier gar keine Aufmerksamkeit zu haben, sondern sein Blick war auf eine Person gerichtet, die an einem der geöffneten Fenster stand und mit unverkennbarer Angst in dem schönen Angesicht dem Vorgang zuschaute.

„Marie!", flüsterte er. „Sie hat mich erkannt. Sie schien vorhin ausgehen zu wollen und ist doch zurückgeblieben, um zu sehn, was ich bei dem Alten tue. Nur getrost, mein süßes Mädchen – werde ihm das verweigerte Jawort schon noch abzwingen!"

Er wandte sich dem Pferd zu, das abwechselnd vorn und hinten in die Höhe ging und die Knechte von sich abzuschütteln suchte.

„Aufgepasst!", kommandierte er. „Sobald ich springe, lasst ihr fahren und bringt euch in Sicherheit!"

Eben bäumte sich der Rappe auf den Hinterfüßen hoch empor – ein kühner Sprung – der Reiter saß im Sattel und die vier Leute flogen nach allen Richtungen davon.

Im ersten Augenblick schien das Tier gar nicht zu wissen, was mit ihm geschah, und stand eine Weile bewegungslos, dann aber schnellte es plötzlich mit allen vieren in die Luft und versuchte durch eine Reihe von Seitensprüngen, sich der Last zu entledigen. Als ihm das nicht gelang, warf es sich nieder, sprang wieder empor, wälzte sich, dazwischen immer wieder von Neuem aufspringend und sich zur Erde werfend, nach allen Seiten hin und her, gebrauchte Hufe und Zähne, um sich des Reiters zu erwehren, aber immer blieb dieser über ihm und schien desto größeres Vergnügen zu empfinden, je toller es die Bestie unter ihm trieb. Jetzt sauste er im rasenden Galopp dahin, riss das Pferd im halsbrecherischen Schwung auf den Hinterhufen herum, sprengte bis gegenüber der Tür, unter der der Fürst stand, und rief mit lauter Stimme:

„Aufgepasst jetzt, wer etwas lernen will!"

Mit kräftigem Stoß grub er den Daumen der geballten Hand zwischen Hals- und Rückenwirbel des Pferdes ein; dieses stieß einen Schmerzensschrei aus, der mit dem Klang des gewöhnlichen Wieherns nicht die entfernteste Ähnlichkeit hatte, und versuchte wieder in die Höhe zu steigen. Aber wie eingemauert steckte sein Leib zwischen den Schenkeln des Reiters, deren gewaltiger Druck ihm trotz der Anstrengung aller Muskeln und Fibern den Atem und die Bewegung raubte. Es war ein Anblick zum Angstwerden. Hier kämpfte nur Körperkraft gegen Körperkraft und die geistige Überlegenheit des Menschen war für den Augenblick ausgeschaltet.

Die Stirnadern des muskelstarken Mannes traten blau und angeschwollen hervor, blutrot lag die Anstrengung auf seinem Gesicht und groß und schwer fielen die Tropfen des Schweißes ihm von den Wangen herab. Bewegungslos waren seine Züge, starr richtete er die Augen auf den Kopf des Pferdes und die Zügel spannten sich zum Zerreißen. Der Atem des Rappen drang pfeifend durch die Nüstern; die Beißkette knirschte unter den vor Angst zusammengepressten Zähnen; die Hufe hoben sich unter den krampfhaft zuckenden Beinen und suchten doch sofort wieder den Boden. So hielten Ross und Reiter eine kleine Ewigkeit an derselben Stelle, bis endlich jenes lautlos zusammenbrach.

Ein allgemeines „Ah" der Bewunderung und Erleichterung entfuhr den Lippen aller, die Zeugen dieses Meisterstücks gewesen waren; über alle Rufe hinweg aber ertönte die Stimme des Fürsten:

„Mensch! Kerl! Wo hat Er nur um aller Welt willen diese heidenmäßige Stärke her? Er hat mir ja den Rappen zusammengedrückt, dass er nach Luft schnappt wie ein Karpfen? Hör Er, ist Er denn auf dem Wagen auch so zu Haus wie auf dem Pferd?"

„Ich denke, Durchlaucht."

„So! Nun, wenn Er es denkt, so wird es auch! schon wahr sein; ich hab' es Ihm gleich angesehen und auch gesagt, dass Er das Flunkern nicht gelernt hat. Er soll die Stelle haben. Dort steht der Herr Oberstallmeister, der wird Ihm Seine Anweisung geben! Über Seine früheren Verhältnisse werden wir schon noch reden!"

Langsam entfernte sich der Fürst. Die Knechte zogen das bis aufs Äußerste ermattete Pferd, das sich unterdes wieder aufgerichtet hatte, in den Stall und der Vorgesetzte, an den der Pferdebändiger gewiesen worden war, unterwies diesen in seinen Obliegenheiten, und zwar in einer Weise, die deutlich erkennen ließ, dass dabei das Wohlwollen des Fürsten bedeutend mit in Betracht gezogen werde.

Als er das Schloss verließ, um zu Mutter Röse zu gehen, wo er seit seiner gestrigen Ankunft in Dessau gewohnt und also sein Gepäck liegen hatte, hörte er das Rauschen einer seidenen Robe hinter sich und vernahm zugleich die Worte:

„Kurt, du hier? Was soll diese Maskerade?"

„Grüß dich Gott, mein Herzensschatz! Ich nahm Urlaub, um auf den leidigen abschlägigen Bescheid hin unerkannt die Verhältnisse zu untersuchen. Im Gasthaus traf ich auf den Fürsten und bin durch die Macht der Umstände in seinen Dienst geraten, obgleich das gar nicht in meiner ursprünglichen Absicht lag. Nun mag's laufen, wie es läuft."

„Ich geh' nach Beyersdorf. Sehn wir uns dort?"

„Ja, wenn es möglich zu machen ist. War das vorhin der Polenz?"

„Ja", hörte er noch, dann hatte sie ihn so weit überholt, dass keine weiteren Bemerkungen ausgetauscht werden konnten.

Bei Mutter Röse angekommen, trat er zunächst noch einmal in die allgemeine Gaststube, um sich nach der gehabten Anstrengung an einem Krug guten Bieres zu erquicken. Obgleich er anfänglich nicht daran dachte, die Anwesenden zu beobachten, wurde seine Aufmerksamkeit doch bald durch zwei Männer in Anspruch genommen, die am benachbarten Tisch saßen.

Der eine, lang und hager, aber starkknochig gebaut, trug einen schwarzen Knebelbart; seine kleinen, stechenden Augen blickten listig unter den buschigen Brauen hervor und jeder Zug seines von der Sonne verbrannten Gesichts verriet den schlau berechnenden Egoisten, dessen höchster Lebenszweck der Gewinn ist. Der andere und jüngere war, wie aus der Ähnlichkeit zwischen beiden sich schließen ließ, jedenfalls sein Sohn und schien auch in geistiger Beziehung ganz das Ebenbild seines Vaters zu sein.

„Was sagst du da, Junge? Du hättest zum Beispiel eine Gelegenheit gefunden?", fragte der Letztere.

„Ja, und was für eine!"

„Wo denn, zum Beispiel?"

„In Bitterfeld."

„In Bitterfeld? Wie bist du denn dahin gekommen? Dort gibt's ja fast nur lauter Tuchmacher, Töpfer und Schuster."

„Oho, es gibt auch ganz bedeutenden Getreidebau dort, den die Fläminger betreiben, die ihr eigenes Recht haben. Aber diese Leute sind so zäh, dass unsereiner an ein Geschäft mit ihnen gar nicht denken kann. Ich wollte es versuchen, deshalb ging ich hin, aber umsonst. Der Einzige, mit dem sich ein Wörtchen reden lässt, ist der Bäcker Wolstraaten; das ist ein Kerl, mit dem sich etwas machen lässt, aber es fehlt ihm eben auch am Besten!"

Dabei machte der Sprecher die Gebärde des Geldzählens.

„So! Was zum Beispiel lässt sich denn mit ihm machen?"

„Hm, ich denke, so ziemlich alles, wenn's nur was einbringt."

„Junge, du bist ein Schlauberger, und wenn du von jemandem so etwas sagst, so hast du auch deine Gründe dazu. Hab' ich Recht?"

„Möglich."

„Ja, ja, bist ganz nach mir geraten, ganz nach mir. Also, was ist's zum Beispiel mit dem Bäcker?"

Der Gefragte sah sich scheu um; da aber unser Lauscher in seinen Bierkrug vertieft zu sein schien und die anderen Gäste zu entfernt saßen, um Zeugen des Gespräches sein zu können, so antwortete er, wenn auch in etwas gedämpfterem Ton:

„Der fragt bei allem, was ihm vorkommt, nur, ob es ihm was einbringt, und je mehr es trägt, desto weniger bekümmert er sich darum, wie man es nennt. Er hat in einem Umkreis von mehreren Meilen die Hauptniederlage für den Elbschmuggel, steht mit allen Langfingern in leidlicher Freundschaft und weiß vielleicht auch von den Seelenverkäufern und Werbern zu reden, die dort herum die Gegend so unsicher machen."

„Das ist ja ein ganz gefährlicher Kerl! Mit dem mag ich zum Beispiel gar nichts zu tun haben."

„Ja, das wäre wohl auch meine Meinung, aber der Mann hat auch eine ganz vortreffliche Seite."

„Welche denn?"

„Die, dass er Vormund ist."

„Vormund? Von wem denn zum Beispiel?"

„Na, von der, die ich vorhin meinte!"

„Ach so! Aber mach mir die Sache doch etwas deutlicher!"

„Du weißt, die Fläminger sind eigne Leute, die so ihre altherkömmlichen Gebräuche haben und sich den Teufel um unsere Gesetze und Regeln kümmern. Bei ihnen hat ein Vormund eine ungewöhnliche Macht über sein Mündel und darf mit dessen Person und Habe schalten und walten fast nach Belieben. Und da wäre denn mit dem Wolstraaten ein Geschäft zu machen."

„Wieso?"

„Sein Mündel, ein blitzsaubres Mädel, soll eine Erbschaft gemacht haben in Haarlem oder so da herum; die wird jetzt ausgezahlt und..."

„Da hast du dich an das Mädel gemacht?"

„Ja, noch mehr aber an den Vormund."

„Höre, du bist ein ganzer Junge! Bei den schweren Kriegsläuften zum Beispiel haben wir im Geschäft mehr zugesetzt als verdient und da könnte man so eine Zubuße schon gebrauchen. Wie ist's denn gegangen mit der Sache?"

„Gut und schlecht, je nachdem man es nimmt. Das Sofje, wie die Flamländer statt Sophie sagen, hat einen Liebsten und ich hab' also nicht viel ausrichten können; den Bäcker aber hab' ich auf meiner Seite und das ist doch immer die Hauptsache."

„Wie hast denn das zu Wege gebracht?"

„Das ist doch so einfach wie nur was: Ich lass' ihn mit erben!"

„Das war gescheit! Politisch muss man sein und du bist bei mir zum Beispiel in eine gute Schule gegangen. Ihr seid also einig geworden?"

„Ja, es fehlt nichts weiter, als dass Ihr nach Bitterfeld fahrt und die Sache mit ihm vollends in Ordnung bringt. Das schöne Geld sticht einem in die Augen, und wenn man erst das Mädel sieht, da möchte man gleich mit beiden Beinen dreinspringen."

„Ich glaube, du bist gar verliebt! Da wird man ja selbst ordentlich neugierig. Weißt du was? Ich werde gleich morgen oder übermorgen hinauffahren. Da darf man keine Zeit verlieren. Also einen Liebsten hat sie? Was ist es denn für ein Mensch?"

„Er heißt Nauheimer und ist Korporal."

„Also ein Buntrock ist er? Da ist es mir gar nicht angst, denn diese Sorte darf zum Beispiel gar nicht so leicht ans Heiraten denken, und das Mädel wird, wenn es etwas auf sich hält, sich bedanken, einen solchen Bruder Leichtfuß zu nehmen."

„Verrechnet Euch nur nicht! Ein bildschöner Kerl ist er, das muss ich sagen, und das Sofje ist auch ganz vernarrt in ihn. Außerdem soll der Alte Dessauer große Stücke auf ihn halten, und wo sein Herr dahinter steckt, da weiß man nicht, wie es werden kann."

„Dieser Punkt darf dir keine große Sorge machen! Du bist ja auch ein Kerl, der sich sehn lassen kann, und wenn der Nauheimer sich etwa gar zu breit macht, so hast du ja ein Paar gute und gesunde Fäuste, mit denen sich zum Beispiel schon etwas machen lässt. So ein Korporal hat seinen Rücken auch nicht von ungefähr und fühlt eine Tracht Prügel ebenso gut wie jeder andre. Als ich zu deiner Mutter auf die Freite ging, hab' ich gar manchen herzhaften Puff austeilen müssen, eh ich sie den andern wegschnappte, aber das sag ich dir, Püffe, die tun manchmal Wunder, besonders wenn sie nicht gar zu zart sind!"

„Hört, Vater, Euer Wort in Ehren, da kommt Ihr bei dem Nauheimer an den Unrechten. Ich hab's auch ohne Euch gewusst, was eine derbe Faust zu Stand bringt, aber bei dem mag ich's mein Lebtag nicht wieder versuchen."

„Was? Du bist wohl schon mit ihm zusammengeraten?"

„Na, das versteht sich, und wie! Ich hab' meine Prügel eingesteckt und das Nachsehn gehabt!"

„Mohrenelement! Du hast dich so ruhig abwalken lassen und bist dann fortgeschlichen? Da muss ich mich als dein Vater wirklich schämen. Das hätte zum Beispiel mir geschehn sollen. Aber so ist's jetzt bei euch Dämlingen: Ein saubres und reiches Mädchen sticht euch wohl schon in die Augen, aber wenn es gilt, für sie einmal dreinzuschlagen, da schleicht ihr beiseite und reibt euch den Buckel!"

„Oho, da seid Ihr allerdings auf dem Holzweg! Ich bin auch kein Hasenfuß und weiß mich meiner Haut schon zu wehren, aber der Korporal steht für zehn; so einen Goliath hab' ich noch gar nicht gesehn. Deshalb hält ja eben der Alte Dessauer so große Stücke auf ihn, denn der Nauheimer und der Rittmeister Platen von den Zietenhusaren, das sind zurzeit die beiden stärksten Kerle in der ganzen preußischen Armee, das ist ja bekannt. Ich glaube, wenn die zwei mal zusammenkämen, die hauten eine ganze Kompanie kurz und klein!"

„So schlimm ist's doch wohl nicht! Von dem Platen hab' ich auch gehört; der soll ein ganz verteufelter Satan sein. Was aber deinen Korporal betrifft, so ist er mir noch mit keinem einzigen Wort vor die Ohren gekommen, und ich glaube, es lässt sich mit ihm schon fertigwerden! Wie ist es denn zum Beispiel eigentlich mit eurer Balgerei gewesen?"

„Das war so: Das Sofje wollte am Sonntagabend auf den Tanz gehn; das erfuhr ich von dem alten Wolstraaten. Das Mädel ist eine flotte Tänzerin und der Bäcker gab mir da einen Wink, mich an sie zu machen, denn, sagte er, ein guter Tänzer und eine flotte Tänzerin geben einen tüchtigen Hopser und zwei Hopser ein Liebespaar. Ich machte mich also auch auf den Saal und suchte sie auf; aber das Ding war gar nicht so leicht. Um das Mädel war ein Gezerr und Gereiß, als ob es auf der ganzen Welt weiter gar keine gäbe. Einer nahm sie dem andern nur immer so vor der Nase weg und ich kam nicht einmal dazu, nur ein Wörtchen mit ihr zu reden. So musste ich die ganze Zeit nur immer so von Weitem stehn, und Ihr könnt Euch wohl denken, dass es mir darüber ganz kollerig und grimmig zu Mut wurde. Am liebsten hätte ich ja eigentlich noch gar niemand etwas getan und so musste ich meinen Ärger im Stillen hinterkauen. – Da auf einmal geht die Tür auf und es tritt ein Kerl herein, so lang und breitschultrig, dass er oben, hüben und drüben fast anstößt, und dabei quirlt er sich den Schnurrbart und reißt ein Gesicht wie ein General."

„Du, das war wohl zum Beispiel der Nauheimer?"

„Freilich, war er's, aber ich wusste es noch nicht und hatte auch noch gar nichts von ihm gehört. Als ihn die Sophie sieht, lässt sie ihren Tänzer grad mitten auf dem Saal stehn, lacht vor Freude bis hinter die Ohren und drängt sich durch das Gewühl bis hin zum Korporal. Und der packt sie auch ganz ungeniert unter den Armen, hebt sie in die Höhe und klebt vor allen Leuten seinen Schnurrbart unter ihr Näschen, als ob er dort vierzehn Tage hängen bleiben sollte. Als er sie wieder freigibt, gucken sie sich einander in die Augen, als hätten sie sich seit Abrahams Zeiten nicht gesehn, und dann packt er sie plötzlich um den Leib und – heidi, geht's los, rundherum, dass die andern Paare auseinanderfliegen und es einem ganz wirblig wird. Und die Burschen hatten solchen Respekt vor ihm, dass sich keiner von jetzt an mehr an das Mädchen wagte. Das war gradso, als wär er ganz allein Hahn im Korb, und auch die Musikanten spielten bloß die Tänze auf, die er bestellte."

„Aha, da schwant mir schon, und jetzt zum Beispiel geht der Teufel los!"

„Ihr habt's erraten! Die Geschichte wurmte mich natürlich ungemein, und da ich mich nun von den andern nicht mehr zurückgedrängt sah, so wartete ich erst noch ein Weilchen und steuerte dann auf sie zu, um sie zum Tanz wegzunehmen. Das Mädel lachte mich an und meinte:

‚Warum denn nicht, wenn mein Liebster es erlaubt!'

Jetzt musste ich ihn fragen, aber er antwortete mir gar nicht, sondern drehte sich ihr zu:

‚Du weißt ja, wie ich es gehalten haben will: Wenn ich nicht da bin, so kannst du meinetwegen mit jedem anständigen Burschen tanzen, wenn ich aber komme, so hat's damit ein Ende. Wer ist denn der?'

‚Das ist ein Getreidehändlerssohn aus Dessau, der mit dem Vater Geschäfte macht.'

‚So, dagegen kann ich nichts haben, aber mit dir soll er keine Geschäfte machen!' Und darauf wandte er sich herum und sagte: ‚Hat Er's gehört? Marsch ab!'"

„Alle Hagel, grad als hätte er einen Rekruten vor sich. Was zum Beispiel hast du denn dazu gesagt?"

„Das Kommandieren fuhr mir in die Nase. Der soll sich verrechnet haben, dachte ich, und deshalb antwortete ich grad in demselben Ton wie seiner gewesen war:

‚Hör Er mal, hier ist ein öffentlicher Ort, und ein Mädchen, das hierher kommt, muss mit jedem tanzen, der sie wegnimmt, wenn sie noch nicht versprochen ist. Mein Geld ist auch kein Blech, und wenn ich bezahle, so tanze ich, mit wem ich will!'"

„Da hast du es ihm aber zum Beispiel tüchtig gesteckt! Und was sagte er dazu?"

„Erst gar nichts; er blinzelte mich nur so verdächtig vom Kopf bis zum Fuß an; nachher stand er auf, stellte sich groß und breit vor mich hin und meinte ganz freundlich: ‚So ist's recht, mein Junge, so gefällst du mir! Aber mach, dass du fortkommst, sonst könnte ich dir nicht gefallen!'"

„Da bist du doch nicht etwa fortgelaufen?"

„Freilich bin ich gegangen! Ich weiß selber nicht, wie das gewesen ist, das war so eine sonderbare Freundlichkeit, dass es mir ordentlich in die Beine gefahren ist, und eh ich zur rechten Überlegung gekommen bin, hab' ich wieder in meiner Ecke gestanden. Die dabei gewesen sind, haben mich ausgelacht, und da ist eine wirkliche Wut über mich gekommen. Als der nächste Tanz losging, bin ich wieder auf die beiden zugetreten und hab' den Korporal gefragt:

‚Ist Seine Liebste jetzt versprochen?'

‚Nein', antwortete er.

‚Und Er tanzt auch nicht mit ihr?'

‚Nein, diesmal nicht.'

‚So werde ich's einmal mit ihr versuchen.'

‚Das lass Er ja bleiben. Es könnte Ihm am Ende einen Schnupfen eintragen!'

‚Oho, glaubt Er etwa, die Mädels seien alle nur für Ihn gewachsen?' Dabei hab' ich sie beim Arm ergriffen; aber eh ich's mir versehn konnte, bin ich durch das Gedränge hindurch bis grad vor die Tür geflogen, sodass ich rechts und links ein halbes Dutzend von den im Weg Stehenden mit niedergerissen hab', und da ist er auch schon wieder bei mir gewesen, hat mich angefasst, sodass ich mich gar nicht rühren konnte, und mich die Treppe hinunter bis vor das Haus getragen. Da ist drüben über der Straße ein langer, hölzerner Wassertrog gestanden, in den hat er mich der Länge nach hineingelegt, sodass mir das Wasser aus dem Rohr grad über die Nase gelaufen ist."

„Und du hast dir das so ruhig gefallen lassen? Das hätte er zum Beispiel einmal mit mir probieren sollen!"

„Ihr hättet auch nichts machen können! Der Mensch ist ja so stark, dass mir nicht nur der Atem, sondern auch Hören und Sehen vergangen ist. Und so hab' ich mich denn aus dem kalten Bottich herausgekrabbelt und bin meiner Wege gegangen. Als ich so pudelnass zum Bäcker kam, ist er fuchsteufelswild über das Mädchen gewesen, und ich hätte die Predigt nicht anhören mögen, die sie später jedenfalls bekommen hat. Ich bin in andre Kleider gefahren, hab' einen warmen Schluck zu mir genommen und dann sind wir noch lange beisammen gesessen, um unsre Heiratsgeschichte in Ordnung zu bringen. Als ich am frühen Morgen fortging, hat er mir noch einen schönen Gruß an Euch aufgetragen, und Ihr solltet nur recht bald kommen, um Euch die Gelegenheit einmal anzusehn."

„Na, das ist ja ein ganz abscheuliches Abenteuer gewesen und hier ist zum Beispiel gar nicht viel Zeit zu verlieren! Ich werde, wie gesagt, schon morgen fahren, und es müsste nicht mit rechten Dingen zugehn, wenn ich den Handel nicht zu Stande brächte. Ich bin schon noch der Mann, so einem nichtsnutzigen Korporal den Braten zu verderben! Komm, trink aus; wir müssen das Geschirr putzen, dass morgen alles recht hübsch sauber ist." –

Bei der Erwähnung des Rittmeisters Platen hatte sich unser schweigsamer Zuhörer vorhin eines leisen Lächelns nicht erwehren können; jetzt blickte er den beiden sich entfernenden Männern mit ironischem Ausdruck nach und winkte dann die Wirtin herbei.

„Kennt Ihr die zwei, die hier an diesem Tisch saßen, Mutter Röse?"

„Ei freilich werde ich sie kennen. Es war der Getreidehändler Habermann mit seinem Sohn."

„Habermann? So so! Das sind wohl reiche Leute?"

„Steinreich, wie die Leute sagen. Der Alte ist ein Pfiffikus, aber auch ein sonderbarer Kauz. Bei jedem Satz sagt er ,zum Beispiel'. Wollt Ihr Geschäfte mit ihm machen?"

„Nein. Ein fürstlicher Bediensteter darf keine Geschäfte in Getreide oder Mehl unternehmen."

„Ach so, Ihr seid in die Dienste der Durchlaucht getreten! Deshalb wart Ihr wohl auf dem Schloss?"

„Ja."

„Und nun wisst Ihr auch, mit wem Ihr heut Vormittag gesprochen habt?"

„Es war der Fürst selber."

„Ja, der macht sich gern den Spaß, einmal in einem alten Rock nachzuschauen, wie es unter den Bürgern zugeht. Morgen fährt er wieder nach Halle. Da müsst Ihr wohl auch mit?"

Der Gefragte nickte bejahend und erhob sich dann, um nach seinen Reisehabseligkeiten zu sehen, die noch oben im Zimmer lagen.

Der Kleidertausch

In den frühen Morgenstunden des nächsten Tages hielt ein leichter Jagdwagen, an den zwei feurige Braune gespannt waren, die ungeduldig mit den Hufen scharrten und an den Zügeln zerrten, vor dem Schloss zu Dessau. Auf dem Bock saß der neue Leibknecht, der heute seinen Herrn zum ersten Mal fahren sollte.

Endlich erschien dieser unter dem Torgang und trat zu den Pferden.

„Das sind zwei heillose Kanaillen, hör Er. Die Probe, die Er heut im Fahren ablegen soll, wird Ihm nicht leicht werden."

„Durchlaucht sollen zufrieden sein!"

„Hoff' es auch!", antwortete der Fürst, zum Wagenschlag tretend, den ein Diener öffnete. „In Radegast wird Mittag gemacht und abgefüttert. Weiß Er den Weg?"

„Werde ihn schon finden, Durchlaucht."

„Na, dann vorwärts!"

Ohne eine Bedienung aufzunehmen, rollte das Gefährt davon, zum Leipziger Tor hinaus und schlug dann die Straße ein, die über Hinsdorf, Radegast und Zörbig nach Halle führte. Am zweitgenannten Orte wurde, wie der Befehl gelautet hatte, ein längerer Aufenthalt genommen und dann ging es wieder in scharfem Trab weiter.

Der Fürst schien mit der vorzüglichen Führung seines mutigen Gespanns sehr zufrieden zu sein. Er hatte sich in den weiten Überrock gehüllt und lag behaglich in einer Ecke des Wagens, mit munterem Auge die Umgebung musternd, obgleich er diese infolge des öftern Hin- und Herfahrens genau kannte. Längst schon war man über Zörbig hinausgekommen und näherte sich eben der Stelle, an der das Geschirr in die von Brehna kommende Straße einbiegen musste, als sich der Fürst plötzlich mit dem Oberkörper aus dem Wagen beugte, um einen Mann zu beobachten, der mit langen und eiligen Schritten vor ihnen her wanderte.

Es war eine hoch gewachsene, breite Gestalt, durch deren Haltung und Bewegung sich der Mann als Militär gekennzeichnet hätte, auch wenn seine Kleidung nicht eine soldatische gewesen wäre.

„Alle Teufel, wenn das nicht der Korporal Nauheimer ist, der desertiert sein soll, so ist meinen Augen nicht mehr zu trauen. He, fahr Er mal zu, dass wir an den Kerl kommen, der da vorn läuft!"

Bei dem Namen Nauheimer hatte der Kutscher rasch aufgeblickt und brachte die Pferde in raschere Bewegung, ehe noch der Befehl dazu vollständig ausgesprochen war. Den Mann erwartungsvoll im Auge behaltend, murmelte er vor sich hin:

„Da wird man ja den Riesen kennenlernen, mit dem man mich zusammenstellt. Und desertiert soll er sein? Bin doch neugierig!"

Der Voranschreitende vernahm jetzt das Rollen des Wagens und drehte sich um. Kaum hatte er dessen Insassen erblickt, so machte er Front und streckte sich in die zum Gruß vorgeschriebene Stellung. Der Kutscher zügelte die Pferde, der Fürst legte sein Gesicht in die grimmigste Miene und fragte barsch und kurz:

„Korporal Nauheimer, wie kommt Er hierher?"

„Zurück vom Urlaub, Exzellenz."

„Wie lange hat man ihm Urlaub gegeben?"

„Drei Tage, Exzellenz."

„Und wie lange ist Er fort?"

„Sechs Tage, Exzellenz."

„Er ist somit Deserteur!"

„Zu Befehl, Exzellenz", ertönte die Antwort, während das Gesicht des Soldaten nicht die mindeste Spur von Angst oder Bestürzung zeigte.

„Er ist also mein Gefangner und wird in Halle Seine Strafe bekommen. Will Ihn, der als Unteroffizier ein gutes Beispiel geben sollte, lehren, so ganz nach Belieben vom Regiment wegzubleiben. Setz Er sich neben den Kutscher, und dann vorwärts!"

„Mit Erlaubnis, Exzellenz, habe, bevor ich aufsteige, erst meinen Rapport abzustatten!"

„Seinen Rapport? Alle Teufel, ist Er etwa in dienstlichen Angelegenheiten desertiert? Wenn Er vielleicht meint, mir etwas vorfaseln zu können, so lass' ich Ihm das Fell noch extra gerben!"

„Exzellenz, allerdings waren es dienstliche Angelegenheiten, die mich verhinderten, zur rechten Zeit beim Regiment einzutreffen."

„Will Er wohl sein Maul halten, Er Erzflunkerer! Steig Er auf, sonst werde ich ihm eigenhändig auf den Bock helfen!"

„Zu Befehl, Exzellenz", und dabei machte er Miene, dem Gebot Folge zu leisten. „Aber dann werden wir sie auch nicht fangen!"

„Fangen? Wen denn?"

„Na, die Sachsen!"

„Die Sachsen? Halt! Stehngeblieben und Rede und Antwort gegeben! Was für Sachsen sollen wir fangen?"

„Die Werber, die Exzellenz so gern haben wollen und die uns doch immer wieder entgangen sind."

„Die Werber?" Bei dieser Frage blitzten die Augen des Fürsten auf. „Hat Er vielleicht einen ihrer Schlupfwinkel entdeckt?"

„Zu Befehl, ja!"

„Wo denn?"

„In Bitterfeld."

„Da? Diese Himmelhunde wagen sich sogar nach Bitterfeld! Na, ich werde ihnen die Suppe so versalzen, dass sie die Mäuler von Leipzig bis Merseburg verziehen sollen! Wo ist denn das Loch, in dem Er sie getroffen hat?"

„Bei dem Bäcker Wolstraaten."

„Hat der Schwerenöter eine Trinkwirtschaft?"

„Ja, und sein Mündel ist meine Geliebte."

Der Fürst blickte ihn überrascht an.

„So? Da geht es aber doch einem Mann an den Kragen, den Er sich warm halten sollte!"

„Der Dienst geht vor, Exzellenz!"

„Er ist ein braver Kerl, Nauheimer, und Seinen Schaden soll Er bei der Geschichte nicht haben. Wie viele sind es denn?"

„Es sind zehn Mann, die im Verborgenen die Gegend absuchen und ihren Fang zum Bäcker bringen. Dort werden die Angeworbenen in den Keller gebracht, wo sie bis zu einer passenden Gelegenheit versteckt bleiben."

„Gut, den Keller wollen wir einmal leer machen. Wie lange Zeit hat es noch?"

„Bloß bis heut Abend."

„Alle Hagel, das ist verteufelt wenig. Bevor man nach Halle oder wenigstens bis in das nächste Quartier kommt, vergeht ja schon eine ganze Ewigkeit, und eine von dort abgesandte Abteilung kann dann unmöglich noch zur rechten Zeit in Bitterfeld eintreffen. Und etwas andres gibt's ja nicht. Hm, hm! Wie sollen die Leute denn fortgeschafft werden?"

„Jedenfalls geht ein kleines Kommando Bedeckungsmannschaften einzeln und verkleidet über die Grenze. Bei Wolstraaten treffen sie sich und dann werden die Rekruten bei Nacht und Nebel auf Schleichwegen hinübergeschafft."

„Hm! Wie viele sitzen denn auf dem Leim?"

„Sechzehn Mann; ich hab's von meinem Mädchen. Die soll zwar von der Sache nichts wissen, aber Weiberaugen sehn durch die dickste Mauer. Ich hab' meinen Urlaub nur überschritten, Exzellenz, um durch die Sophie der Geschichte richtig auf die Spur zu kommen!"

„Na, da will ich einmal Sein Beichtvater sein, Korporal Nauheimer, und Ihm

Absolution erteilen. Jetzt aber wollen wir die Zeit nicht mit vergeblichem Grübeln verschwenden. Also aufgestiegen und dann fort, was die Pferde laufen können! Es wird unterwegs schon noch der richtige Gedanke kommen. – Nein", fügte er hinzu, als der Korporal sich anschickte, neben dem Kutscher Platz zu nehmen, „setz Er sich herein zu mir! Er soll mir einen ausführlichen Bericht erstatten!"

Diesem letzten Gebot wurde, während die Pferde trotz des schlechten Weges im raschesten Lauf dahinflogen, Folge geleistet und bald war der Fürst nicht nur mit den letzten Erlebnissen, sondern auch mit allen Verhältnissen und Wünschen des Unteroffiziers bekannt. Da das Gespräch in lautem Ton geführt wurde, so vernahm auch der Wagenlenker jedes Wort, obwohl er seit einiger Zeit ein Fuhrwerk, dem sie sich näherten, scharf in die Augen genommen hatte, und als jetzt Leopold nachdenklich brummte: „So, also der junge Habermann aus Dessau will Ihm das Mädel wegfischen? Das wird Er sich doch nicht gefallen lassen!", wandte er sich zu dem Sprecher zurück und bemerkte nach vorwärts deutend:

„Durchlaucht, da vorn fährt er, der Habermann!"

„Was? Hat den der Teufel auch schon hier? Wohin mag der nur wollen?"

„Nach Bitterfeld, zum Bäcker Wolstraaten, Durchlaucht."

„Wie kommt Er auf diesen Gedanken? Der wird wohl nicht acht Stunden umfahren; der gerade Weg geht doch über Raguhn und Jeßnitz, und überdies hätte er da unten links einbiegen müssen!"

„Vielleicht hat er hier herum ein Geschäft abzumachen und richtet es so ein, dass er des Nachts bei dem Bäcker bleibt. Ich weiß ganz genau, dass er zu ihm will."

„Woher denn?"

„Er sprach gestern bei Mutter Röse mit seinem Sohn davon, dass er heut die Heiratsgeschichte in Ordnung bringen will."

„So, so, hm, hm! Alle Wetter, da kommt mir ein Gedanke. Lass Er die Pferde ausgreifen, dass wir den Kerl schnell einholen!"

Das Gespann sauste im gestreckten Galopp dahin, fuhr an dem Getreidehändler vorüber und hielt dann mitten auf der Straße, sich quer über den Weg stellend, so-dass Habermann nicht vorbei konnte. Dieser ließ auch halten, zog ehrfurchtsvoll die Mütze und grüßte, indem er sich erhob.

„Hör Er, Habermann, was hat er denn hier in der Welt herumzufahren? Wo will Er hin?"

„Nach Landsberg, Durchlaucht."

„Was hat Er da zu tun?"

„Eine Partie Roggen kaufen. Soll ein gutes Geschäft sein zum Beispiel; hab's unterwegs erst gehört!"

„Unterwegs? So hat Er also gar nicht nach Landsberg gewollt und wird wohl auch über die Nacht nicht dort bleiben?"

„Nein, Durchlaucht."

„Wo soll's denn hingehn?"

„Nach Bitterfeld."

„Da hat Er noch verteufelt weit. Was hat Er denn dort zu suchen? Gibt's auch Roggen zu kaufen?"

„Familienangelegenheiten, Durchlaucht."

„So, da hat Er also keine Verluste, wenn Er heut nicht hinkommt. Hör Er mal, Habermann, will Er mir wohl 'nen Gefallen tun?"

„Wenn ich zum Beispiel kann, mit tausend Freuden!"

„Das ist schön von Ihm. Viel Hudelei wird's Ihm nicht machen; wollen bloß unsre Wagen umtauschen."

„Die Wagen? Umtauschen? Wie käme ich denn zum Beispiel..."

„Halt Er das Maul mit Seinem Beispiel und gehorche Er! Also ausgestiegen!"

Während der Getreidehändler vom Wagen sprang, verließ auch der Fürst seinen.

„So! Komm Er mal näher! Ich glaube, wir haben eine Länge miteinander, und über allzu großes Fett kann Er sich ebenso wenig beklagen wie ich."

„Durchlaucht...", ertönte die verlegene Antwort, da der Sprecher nicht wusste, wo das alles hinaus sollte.

„Da wird mir also Sein Rock nicht ganz schlecht sitzen und in dem meinen braucht Er sich auch nicht zu schämen."

„Durchlaucht, wenn ich fragen dürfte, warum zum Beispiel..."

„Will Er wohl auf der Stelle Sein albernes Beispiel weglassen! Werde Ihm schon sagen, was Er zu tun hat! – Muss heut noch einen kleinen Abstecher machen, aber ohne dass mich jemand kennt. Weil nun mein Wappen an dem Wagen ist, so soll Er mir den Seinen geben; Seine Mähren kann Er aber behalten. Und mit dem Anzug machen wir es ebenso. Da in den Sträuchern können wir umwechseln, ohne dass wir einander anzugaffen brauchen!"

Habermann stand vor Erstaunen da wie vom Blitz getroffen und zog dabei ein so verdutztes Gesicht, dass der Fürst laut auflachen musste, während er sich an den Kutscher wandte:

„Und Er gibt hier dem da Seine Livree! Der Nauheimer wird derweil bei den Pferden bleiben. Verstanden?"

„Sehr wohl, Durchlaucht!", antwortete der neue Leibknecht mit einer Miene, in der sich das Vergnügen widerspiegelte, das er an dem ungewöhnlichen Abenteuer empfand.

Er zog, während der Korporal zurückblieb, den Knecht Habermanns mit sich fort, und bald war nur noch die scheltende Stimme Leopolds zu hören, der sich in der unbequemen Arbeit nur schwer zurechtfinden konnte.

Die beiden Rosselenker waren am ersten mit der Umänderung ihres äußeren Adams fertig; schon hatten sie die Pferde umgeschirrt und saßen wartend auf ihrem Platz, als endlich die beiden anderen erschienen. Es war wirklich auffallend, welche Ähnlichkeit Habermann jetzt mit dem Fürsten hatte, und der Fürst sah in der Kleidung des Händlers ganz wie ein alter, ehrsamer Spießbürger aus.

„So, das wär gemacht! Denk Er nicht etwa, dass ich nur aus reinem Übermut in Seine alten Hosen gefahren bin. Es geht diesmal nicht anders, weil mir keine Zeit übrig bleibt. Und dass Er Seinen Schnabel hält über die ganze Geschichte, das sag' ich Ihm, sonst hat Er's mit mir zu tun!"

Er zog seine Brieftasche hervor, riss ein Blatt heraus und kritzelte einige Augenblicke darauf herum.

„Nun pass Er auf, was ich Ihm jetzt befehlen werde. Er fährt jetzt, so sehr Seine Ziegenböcke laufen können, nach Halle; dem Wachkommandanten am Tor gibt Er diesen Zettel und das Übrige wird sich finden. Hat Er's kapiert, he?"

„Ja."

„Na, so steig Er auf! Morgen sehn wir uns wieder. Korporal Nauheimer, Er kann sich wieder zu mir in den Wagen setzen! Vorwärts jetzt!"

Der Leibkutscher lenkte um und in fliegender Eile ging es erst zurück und dann auf der Straße nach Brehna weiter.

Als sie das Städtchen erreichten, war es bereits dunkel und die engen Gassen wurden nur von einigen Laternen erleuchtet, die hier und da vor der Tür eines Gast- oder Wirtshauses brannten. Eben fuhren sie an einer Schänke vorüber, als sich der Korporal zurückbog, um einen Mann schärfer anzusehen, der unter dem Tor gestanden hatte; aber die Entfernung war schon zu bedeutend, um dessen Gesichtszüge zu erkennen.

„Wer war's denn, Nauheimer?"

„Es war mir grad so, Exzellenz, als ob der Wolstraaten dort gestanden hätte."

„Da hat Er sich sicher geirrt. Der wird sich hüten, heut Abend aus dem Haus zu gehn, wo solcher Besuch zu erwarten ist."

„Er weiß doch nicht..."

„Papperlapapp, ich meine die Sachsen. Wollen sie aber schon kriegen, die Schurken! Ich bin der Getreidehändler Habermann – na, das geht ja jetzt so toll bei mir her, dass ich zuletzt selbst nicht mehr weiß, wer oder was ich bin! Gestern war ich ein Zwiebelhändler, heut spiele ich den Getreidewurm – hahahaha – und wer weiß, was alles noch bis morgen aus mir werden kann. Also ich bin der Getreidehändler Habermann und komme, um die Heiratsgeschichte in Ordnung zu bringen; der Leibkutscher ist mein Knecht – hört Er's?", fragte er, sich zu dem Erwähnten vorbeugend. „Und Er, na Er hat keine Rolle, sondern Er soll uns nur führen und dann Seine Augen offen halten." –

Der Jagdwagen mit dem fürstlichen Wappen und den beiden Kleppern bewegte sich zögernd nach Halle zu. Hans, dem Knecht ging das jüngste Erlebnis wie mit Windmühlenflügeln im Kopf herum, sodass es ihm ganz gleichgültig war, ob die Pferde überhaupt liefen oder sich in den Straßengraben legten, und Habermann konnte ebenso wenig aus dem Ereignis klug werden. Er grübelte und grübelte, was dies alles wohl zu bedeuten habe, aber es wollte ihm lange nicht das rechte Licht kommen, bis ihm endlich ein einziges Wort den Verstand zurückbrachte.

„‚Korporal Nauheimer, Er kann sich wieder zu mir in den Wagen setzen!', hat der Alte gesagt, und so hieß ja zum Beispiel der infame Bengel, der meinen Jungen in den Wassertrog gelegt hat! Hier steckt etwas dahinter. Ob die nicht vielleicht nach Bitterfeld fahren? Der Kerl soll gut beim Fürsten stehn und da weiß man nicht, was es geben kann. Ich muss mir nur einmal den Zettel ansehn, den ich am Tor abgeben soll!"

Er zog ihn aus der Tasche und versuchte, seinen Inhalt kennenzulernen; aber das war ein Unternehmen, das seine hier ohnehin schwachen Kräfte überstieg, und so steckte er ihn denn unbefriedigt wieder zu sich.

„Hm, das ist ja eine ganz verwickelte Geschichte! Da soll ich zum Beispiel nach Halle fahren, versäume dabei aber meinen Handel in Landsberg, und in Bitterfeld wird mir unterdessen vielleicht gar der Braten vor der Nase weggefischt. Den Handel möchte immerhin der Kuckuck holen, aber die Heirat zum Beispiel, die Heirat, die darf ich mir nicht entgehn lassen. Die Erbschaft aus Haarlem oder so da herum, das ist die Hauptsache; aus dem Fürsten brauche ich mir nichts zu machen und den Zettel kann ich ja bei Gelegenheit nach Halle besorgen! – Hans, kehr um! Wir fahren nach Bitterfeld!"

Der Angerufene schrak aus seinem tiefen Sinnen auf, nahm die zwei Gedanken, die ihm noch geblieben waren, zusammen und zog die müden Tiere herum.

„Nach Bitterfeld? Ohne erst noch mal einzukehren? Ja, beim Schimmel ginge es wohl, aber es geht nicht, weil's der Fuchs nicht mehr aushält; dem liegt's schon seit langem in den Gliedern!"

„Fahr nur zu! Zum Ausruhen ist's zum Beispiel in Brehna oder weiter unten noch Zeit!"

Es wurde dunkel. Kurz vor Brehna begegnete ihnen ein einzelner Fußgänger.

„He, guter Freund, wo soll denn der Weg hingehn?", fragte Habermann.

„Nach Halle will ich; aber die Tore werden wohl schon geschlossen sein, wenn ich hinkomme."

„Na, da will ich Euch durch die Tore helfen. Gebt zum Beispiel einmal diesen Zettel an den Wachtkommandanten ab! Es steht eine Nachricht für ihn darauf, und bei dieser Gelegenheit kommt Ihr ungehindert in die Stadt."

Der Fremde trat an den Wagen, um das Papier in Empfang zu nehmen In dieser unmittelbaren Nähe war es ihm möglich, die Uniform zu erkennen, und achtungsvoll zog er die Mütze.

„Schönen Dank, Herr Offizier, das soll gut besorgt werden!"

„Das will ich hoffen! Es wird auch Euer Schaden nicht sein, denn Ihr werdet zum Beispiel ein schönes Trinkgeld bekommen!"

Mit diesem Versprechen beabsichtigte Habermann, den Diensteifer des Mannes anzuspornen; dieser grüßte noch einmal und schritt dann eilig davon.

„Das passt gut!", flüsterte er vor sich hin. „Wenn die Sachsen kommen, mache ich mich allemal aus dem Staub, damit es mir nicht an den Kragen geht, wenn sie einmal erwischt werden. Das Geld hab' ich voraus und sie kennen die Schliche im Haus so gut, dass sie ihre Leute auch ohne mich finden. Und übrigens ist ja die Rosine da; auf die kann ich mich verlassen. Die Hauptsache ist ein – ein – ein Alibi, wie's die Juristen nennen, der Beweis, dass ich nicht zu Haus, sondern anderswo gewesen bin, und in Halle hol' ich mir diesen Beweis am sichersten, denn was einer vom Militär sagt und bezeugt, das gilt in solchen Dingen mehr, als was ein gewöhnlicher Mann behauptet, der keine bunten Fetzen trägt."

Er verbarg das Papier gut in seinem Rock, ohne dessen Inhalt zu ahnen, der also lautete:

„Riettmeißter von Gallwitz soforhrt mit Seyner Eskadron nach Bitterfeld. Ist eylig! Mich beym Bäcker Wollstraden trehffen. Ueberbrynger ist der Getreydehändler Hawermann aus Dessau. Ihm feßthalden und mietbryngen.

Leopold."

Während der Bote vertrauensvoll seinen Weg fortsetzte, näherte sich der Wagen Habermanns dem Städtchen und durchfuhr es, ohne anzuhalten. Die Pferde wollten, von der zurückgelegten weiten Tour ungewöhnlich angestrengt, nicht mehr recht weiter, die Finsternis wurde immer dichter und es fröstelte die beiden Männer, die so unerwartet zu Ehren und Würden gekommen waren.

„Wir könnten doch unsre armen Tiere eine halbe Stunde verschnaufen lassen!", schimpfte Hans.

„Das geht nicht! Das muss doch zum Beispiel ein jedes Kind einsehn, dass wir uns in unsern Kleidern hier nicht sehn lassen dürfen. Bei mir hätte es zwar keine Not, aber du zum Beispiel, du..."

„Was denn ich?", fiel ihm der Knecht ärgerlich in die Rede. „Denkt Ihr denn etwa, dass ich den Kammerjäger oder den Leibhusar, oder was ich jetzt vorstellen soll, nicht spielen kann? Das ist mir Wurst wie Schale, warum also nicht einkehren? Es ginge schon, aber es geht nicht, weil Euch der Offizier zu schwer fällt!"

244

„Was? Der Offizier? Mir schwer fallen? Wenn du das noch einmal sagst, so jag' ich dich auf der Stelle fort und dann kannst du zum Beispiel leibjägern oder kammerhusaren, wo und wie es dir beliebt; aber jetzt bist du mein Husarenjäger und da hast du vor allen Dingen Respekt zu haben. Versteht du mich?"

„Na, warum denn nicht? Da mögen die Pferde meinetwegen hungern, dass die Schwarte knackt, aber warum ich als Stallmeister auch mithungern soll, das möchte ich wissen, Herr Generalrittmeister!"

„Hunger hast du?", erwiderte Habermann, durch diesen unmöglichen Titel geschmeichelt. „Ja, das ist ein miserables Gefühl und so wollen wir zum Beispiel bei der nächsten Gelegenheit mal einkehren und sehn, ob etwas zu beißen zu bekommen ist. Aber da werde ich dir dann auch beweisen, dass ich aufzutreten verstehe wie ein Feldmarschall."

Er fuhr sich mit den beiden Händen ins Gesicht, versuchte seinem Schnurrbart eine kriegerische Biegung nach oben zu geben und zog die Stirn in so bedrohliche Falten, dass die Augenbrauen fast auf die Nase zu liegen kamen.

„So, das ist die richtige und wahrhafte Generalstabsmiene. Fahr zu Hans, wir werden schon noch an ein Wirtshaus kommen, wo du dich zum Beispiel über mich wundern sollst!"

„Na, ich hab' heut schon mein blaues Wunder vor Augen gehabt. Wenn ich's nur auch begreifen könnte, was der Fürst eigentlich vor hat. Es ginge wohl, denn ich bin all mein Lebtag nicht dumm gewesen, aber es geht nicht, weil mir das Nachdenken noch niemals nicht etwas geholfen hat! Ahü, Schimmel, ahü, Fuchs, sonst sollt ihr sehn, dass ich Stallhusar geworden bin!"

Unter Werbern

Es klingelte am Tor. Die Glocke wurde von einem schlank gewachsenen jungen Mann gezogen, der die Kleidung gewöhnlicher Landleute trug, zu der aber ein gewisses Etwas in seiner Haltung nicht recht passen wollte.

Bald ließen sich langsame, schlürfende Schritte vernehmen, die sich dem Eingang näherten.

„Nunununuhhh!", machte eine tiefe Bassstimme hinter der Mauer. „Wo brennt's denn hier in Beyersdorf? Soll ich etwa löschen helfen?"

„Macht keine dummen Witze und zieht lieber den Riegel weg, damit man eintreten kann!", schimpfte der Außenstehende.

„Dumme Witze? Könnt Ihr sie vielleicht besser machen? Riegel wegziehen? Der ist bloß bei Nacht vorgeschoben; das Schloss ist schuld, dass Ihr draußen steht und ich drinnen. Eintreten kann? Damit hat's noch gute Weile! Wer seid Ihr denn?"

„Das kann Euch gleich sein. Macht nur auf!"

„Auch gut. Da mag Er also draußen stehnbleiben!"

Die Schritte entfernten sich wieder. Das war dem Harrenden zu viel; er schnellte sich an der Mauer empor, griff deren obere Kante, zog sich mit einem kräftigen Schwung hinauf und machte Anstalt, auf der anderen Seite hinunterzuspringen, als ein lauter Pfiff ertönte.

„Hektor, allons: Da fällt es einem ein, auf unsere Festung Sturm zu laufen. Zeig ihm deine Zähne!"

Der große, zottige Wolfshund, der auf den Ruf herbeigesprungen war, nahm unter dem Obensitzenden Platz und fletschte grimmig knurrend das scharfe, elfenbeinweiße Gebiss.

„So! Wenn die Leute jetzt anfangen, über die Mauern hereinzuspazieren, da brauchen wir das Tor gar nicht mehr zu verschließen!"

Bei diesen Worten steckte er den Schlüssel in das Schloss und zog dann die Torflügel auseinander.

„Jetzt, Hektor, kannst du hinaus und herein. So ein Tier will auch mal sein Vergnügen haben!"

Mit breitem Lachen wandte er sich ab und schritt langsam der Scheune zu, aus der eine Anzahl von Knechten und Mägden den Mauerreiter unter schallendem Gelächter beobachteten. Da das Tor jetzt von vom schlauen Alten geöffnet worden war, so konnte der Fremde weder hüben noch drüben herunter, denn nach welcher Seite er sich auch wandte, immer stand der Hund unten, der mit einigen raschen Sätzen durch das Tor dem Gefangenen zuvorkam. Er erkannte das Missliche seiner Lage und die Notwendigkeit, sich aufs Bitten zu verlegen.

„So ruf Er doch nur Seinen Köter zurück! Er soll ja erfahren, wer ich bin!"

Der Angeredete drehte sich um und kam wieder näher. Sein dickes, rotes Gesicht grinste von einem Ohr bis zum anderen vor Vergnügen.

„Das ist ganz gescheit von Ihm, denn ich hätte ihn sonst meinetwegen bis zum Jüngsten Tag da oben sitzen lassen. Also zum zweiten Mal: Wer ist Er denn?"

„Ich bin ein guter Freund von Seiner Herrin, mit der ich etwas zu besprechen hab'", antwortete der unglückliche Turner, indem er seinen besorgten Blick über die zwei Fensterreihen des Wohngebäudes gleiten ließ. Welch ungeheure Blamage, wenn sie ihn in seiner gegenwärtigen Lage bemerkte!

„Ein Freund von meiner Herrin? – Von Fräulein von Naubitz? Das mach Er nur getrost einem andern weis, aber mir nicht! Ein Freund von unserm gnädigen Fräulein hat nicht nötig, über die Mauern zu springen und sich dabei die Hosen aufzuschlitzen!"

Erst auf diese Äußerung hin bemerkte der junge Mann mit Schrecken, dass seine Beinkleider weniger glücklich nach oben gekommen waren als ihr Besitzer. Mit einer raschen Bewegung zog er die Ränder des weit klaffenden Risses übereinander und fuhr dann kleinlaut fort:

„Weiß Er vielleicht, was inkognito ist?"

„Natürlich weiß ich das. Wenn ich dort der Karoline ihren Wattrock anziehe und ihre Bänderhaube aufsetze, so bin ich inkognito."

„Richtig, und ich bin auch inkognito. Versteht Er mich?"

„Ja. Er ist irgendein vornehmer Herr und reist zu Seiner Unterhaltung jetzt als Mauerläufer. Viel Vorteil scheint Er aber dabei nicht zu haben!"

„Daran ist niemand weiter schuld als Er. Ruf Er den Hund zurück, dass ich herunter kann!"

„Nicht eher, als bis Er seinen Namen nennt!"

„Den wird Er schon noch zur rechten Zeit erfahren und dann wird Er wohl einsehn, was für ein Esel Er gewesen ist!"

„Ganz wie Er will! Wenn ich der Esel bin, so mag Er als Affe droben hocken bleiben, bis das gnädige Fräulein zurückkehrt. Dann wird sich's wohl finden, was für ein guter Freund Er von ihr ist!"

„Fräulein von Naubitz ist verreist? – Wohin?"

„Nach Bitterfeld."

„Wann kommt sie zurück?"

„Spät abends oder gar erst morgen."

„Erst gestern in der Nacht hier angekommen und heut schon wieder fort? Das muss ja etwas ganz Notwendiges sein."

„Woher weiß Er denn, dass sie gestern hier eingetroffen ist?"

„Weil ich gestern früh noch mit ihr in Dessau gesprochen hab'."

„So so, da scheint doch etwas Wahres dran zu sein, dass Ihr sie kennt. Aber warum sagt Ihr auch nicht, wer Ihr seid und was Ihr wollt? Hektor, kusch dich! Da springt meinetwegen jetzt herunter. Die Karoline mag Euch den Riss zuflicken und dann könnt Ihr warten, bis das Fräulein kommt."

Der aus seiner Drangsal Erlöste wagte den nicht ganz leichten Sprung und antwortete dann, tief aufatmend:

„Das Warten ist eine langweilige Sache; ich werde ihr lieber entgegengehn und sie also unterwegs oder in Bitterfeld treffen. Wo ist sie dort zu finden?"

„Ja, das weiß ich nicht! Ich glaube, es handelt sich um einen Prozess und da könnt Ihr einmal, wenn Ihr ihr nicht begegnet, bei ihrem Sachwalter nachfragen. Er heißt Uhlmann und wohnt beim Bäcker Wolstraaten. Sie kennt die Familie gut und ist schon früher mehrmals dort geblieben, wenn's zur Heimfahrt zu spät wurde."

Die Karoline wurde gerufen und folgte den beiden Männern in die Stube. Während hier ein Imbiss genommen wurde, heilte sie mit kräftigen Nadelstichen den Hosenriss zusammen und dann nahm der Held der verunglückten Mauerattacke, der niemand anders als der Oberleutnant von Polenz war, Abschied.

Es war doch nicht mehr so früh am Tag, wie er gemeint hatte, und da er den Weg noch nicht gegangen war, so musste er ihn mit der Beschreibung, die er sich hatte geben lassen, so oft vergleichen, dass er nicht mit der erwünschten Schnelligkeit vorwärts kam. Dazu verursachte ihm das genossene Vesperbrot einen Durst, der sich mit jedem Schritt steigerte, und deshalb beschloss er, obgleich es schon zu dunkeln begann, in ein Wirtshaus einzutreten, das er jetzt einsam an der Straße liegend erblickte.

An einem der eichenen Tische, die in der niedrigen Gaststube standen, saßen drei Männer, die sich durch den Neuangekommenen nicht im Geringsten stören ließen, sondern ihr Gespräch über Krieg und Frieden, Handel und Wandel unbekümmert fortsetzten. Doch glitten ihre Blicke beobachtend über seine schlanke, biegsame Gestalt, und als er sich einen Krug Bier bestellte und der Wirt ihnen einen fragenden Blick zuwarf, neigte der eine von ihnen bejahend und mit pfiffigem Augenblinzeln seinen Kopf.

Der Wirt holte den Trunk aus dem Keller, brachte ihn aber nicht sofort in die Stube, sondern ging erst in die Küche, wo er ein Fläschchen aus dem Schrank nahm, um einige Tropfen daraus in das Bier zu gießen.

„Möchte doch nur wissen, was das für ein Teufelszeug ist! Wer's bekommt, der verliert den Verstand und die Besinnung so vollständig, dass man alles Mögliche mit ihm machen könnte. Na, mich geht's nichts an; ich bekomme mein Geld für jeden Vogel, den sie fangen, und damit holla!"

Er trug den Krug in das Zimmer und stellte ihn vor Polenz hin. Dieser, durstig wie er war, leerte ihn bis auf die Nagelprobe und ließ sich einen zweiten kommen. Das Getränk schien ihm Kühlung zu bringen, aber der Durst wollte nicht weichen, wurde vielmehr immer heftiger. Er trank und trank; das Blut pulsierte ihm heiß durch die

Adern; es war, als müsse er aufspringen und hinauseilen in die feuchte Abendluft, aber ihm fehlte nicht nur die Kraft, sondern auch der Wille dazu.

Und trotz alledem bemächtigte sich seiner eine Heiterkeit, die ihn bewog, auf das Anerbieten der drei Männer, sich zu ihnen zu setzen, willig einzugehen.

Bald war eine launige Unterhaltung im Gang; die Rede kam auf das Soldatenwesen und die Schlachten und Gefechte der letzten Feldzüge, auf die Vorzüge der verschiedenen Armeen und endlich auch auf die Anwerbung. Der eine von ihnen war kürzlich erst den sächsischen Werbern mitsamt dem Draufgeld durchgebrannt und erzählte unter Scherz und Lachen, wie es dabei zugegangen sei. Polenz fand Gefallen an den munteren Burschen und gab nach besten Kräften seinen Teil zum Gespräch, obgleich ihm die Zunge immer schwerer wurde und seine Sinne sich zu umnebeln begannen.

„Also so war's", fuhr der Erzähler fort, sich an Polenz wendend: „Ich saß so, wie Ihr hier sitzt, und hier, hier und hier saßen die vier Kerls, die mich haben wollten. Mir war's bloß um das Handgeld zu tun, denn mein Beutel hatte das Bauchgrimmen, und so tat ich, als ob ich nichts merkte. Hab sie auch schön geleimt, die Halunken; da liegt er noch, der kurfürstlich sächsische Soldatenhut, den ich mir zum Andenken mitnahm, als ich ihnen durchging. Hab' ich's etwa nicht klug gemacht?"

„Doch, doch!", nickte Polenz.

„Gut! Nun denkt Euch einmal, Ihr wärt an meiner Stelle! Mit dem Zutrinken ging's natürlich los und der Wein wurde nicht geschont. Prosit, Kamerad!"

„Prosit!", antwortete Polenz, das Glas leerend. Wenn ihn jetzt jemand nach seinem Namen gefragt hätte, so wäre er kaum im Stand gewesen, sich auf ihn zu besinnen.

„Der Soldatenrock soll leben, Kamerad. Prosit!"

„Prosit!", klang es von Neuem und wieder war das Glas leer.

„Da hält er mir drei goldne Füchse hin, so ungefähr, wie ich sie jetzt Euch hinhalte, und dabei fragt er mich: ‚Willst du's immer so lustig haben wie heut? Greif zu!' Was hättet Ihr an meiner Stelle getan, wenn es bei Euch im Beutel so ausgesehn hätte wie bei mir?"

„Greif zu!", antwortete Polenz, das Geld einsteckend, ohne zu wissen, was er tat. Er kannte alle Kunstkniffe dieser Leute, aber er war seiner nicht im Geringsten mehr mächtig und wäre am liebsten unter den Tisch gesunken, um sich gründlich auszuschlafen.

„So ist's recht! Darauf hat er den Hut genommen, ihn mir auf den Kopf gesetzt, so wie ich es jetzt mit Euch tue, und gesagt: ‚Basta, abgemacht, jetzt bist du des Kurfürsten Soldat und hast von nun an Order zu parieren. Komm mit in deine Kammer und träume, was dein Herz begehrt! Morgen wird's von selber anders. Hahahaha!'"

Die drei Männer erhoben sich und trugen den vollständig Besinnungslosen hinaus. Als sie zurückkehrten, meinte der Wirt: „Hab' euch heut die Arbeit leicht gemacht; er hat in jeden Krug sein Teil bekommen."

„Kerl, bist du verrückt? Das kann ihn ja um den Verstand bringen! Einmal ist schon leidlich; zweimal ist's genug. Aber gewöhnlicher Leute Kind ist der nicht, das hat man ihm angesehn. Wenn er nur nicht etwa eine Frau Liebste hat und was noch Kleines drum und dran zu hängen pflegt, sonst heult er uns die Ohren voll und – na, mit heut ist ohnehin alles vorüber!"

Der Sprecher suchte sein schmutziges Spiel Karten hervor und bald saßen die drei Kumpane beim Spiel, das erst eine Störung erlitt, als draußen Pferdegetrappel und das Rollen eines Wagens hörbar wurden.

Der Wirt zündete eine Laterne an, um nachzusehen, was es gäbe. Die Zurückbleibenden horchten gespannt.

„Hierher leuchten", tönte eine barsche Stimme, „damit man weiß, wohin man tritt! Gibt's bei Ihm zum Beispiel was zu essen und zu trinken?"

„Jawohl, Herr Leutnant!"

„Und Futter für die Pferde?"

„Jawohl, Herr Hauptmann!"

„Und Tabak? Meine Pfeife ist mir zum Beispiel ausgegangen."

„Jawohl, Herr Major!"

„So führt mich hinein in die Budike!"

„Jawohl, Herr Oberst!"

Der Wirt sah, dass er einen Offizier vor sich hatte, doch konnte er sich in der Dunkelheit über seinen Rang nicht klar werden. Je näher er ihm aber mit der Laterne kam, desto höher wuchs sein Respekt vor der mächtigen Gestalt, die vor ihm stand; mit kriechender Höflichkeit öffnete er die Stubentür, und als er nun beim hellen Schein der Lampe den Gast genauer in das Auge fassen konnte, sprang er schnell zu einem Stuhl, wischte diesen eilig ab und rief, denselben herbeirückend: „Wollt Ihr nicht Platz nehmen, Herr General?"

Habermann – denn dieser war es – warf sich mit seiner hochmütigsten Miene in den Sessel, richtete den herabgesunkenen Bart wieder in die Höhe, streckte die langen Beine würdevoll von sich und ließ sein Auge so funkelnd wie möglich im Raum umherschweifen.

Von den Gästen waren zwei verschwunden und der dritte lehnte schnarchend in der Ecke hinter dem Ofen.

„Weck Er mal dort den Menschen auf. Ich bin zum Beispiel nicht gewohnt, mich anschnarchen zu lassen! So! Und nun bring Er zunächst einen Krug Bier. Den für meinen Leibhusaren setz Er dort an die Ecke bei der Tür!"

Währenddessen schlüpfte einer von den zwei Verschwundenen auf die Straße und trat zum Kutscher.

„Schöne Pferde das!"

„Hm, ja! Mit dem Schimmel ginge es wohl, aber es geht nicht, denn dem Fuchs liegt es schon lange in den Gliedern."

„Und ein sauberer Wagen. Sapperlot, da muss man wie ein Prinz drinsitzen!"

„Hm, ja! Vielleicht gar wie ein Fürst."

„Da habt Ihr ja ein Wappen dran! Lasst mich's doch mal sehn!"

Hans leuchtete gutmütig hin.

„Donnerwetter, das ist ja – – unsereiner", setzte er, sich rasch unterbrechend, hinzu, „kennt sich mit solchen vornehmen Bildern nicht aus. Wer ist denn eigentlich der Herr, der da drinnen sitzt?"

„Das ist – das ist – ja, das darf ich nicht sagen. Es ginge wohl, denn ich weiß ganz genau, wer er ist, aber es geht nicht, weil ich's sonst verrate!"

„Aber wer Ihr seid, das dürft Ihr wohl sagen?"

„Ich bin der Stalloberhusar vom Alten Dessauer!"

„Und wer der da drin ist, das wollt Ihr mir nicht sagen?"

„Bewahre. Ich werde doch meinen eigenen Herrn nicht etwa verraten!"

„Wo soll denn die Reise so spät noch hingehn?"

„Nach Trippstrille", antwortete Hans ärgerlich über das viele Fragen. „Pack Er sich fort, sonst komm' ich vor Weihnachten nicht zu meinem Bier!"

Nachdem er mit Hilfe des Wirtes die Pferde versorgt hatte, trat er in die Stube. Habermann saß jetzt ganz allein darin und kaute an dem Abendbrot, das er sich hatte geben lassen. Verwundert guckte der Knecht auf die Ecke, wo sein Teil stand.

„Wo ist denn mein Bier?"

„Dort."

„Grad wie die Leichenfrau! Die muss sich auch an die Ecke bei der Tür setzen. Das ginge wohl, denn ich hab' Hunger, aber es geht nicht, denn ich bin keine Leichenfrau, sondern fürstlicher Kammermeister!"

„Maul gehalten – hingesetzt – eingehauen!", donnerte ihn da Habermann an. „Wart, ich werde dir zeigen, dass ich den Offizier spielen kann! Kammermeister! Da bist du zum Beispiel gar nichts gegen mich!"

„Na ja", antwortete Hans kleinlaut und vollständig eingeschüchtert. „Der Fürst konnte auch meinen Rock anziehn und Ihr dem Kutscher seinen; da wär's grad umgedreht gewesen: Ich wär Regimentsmarschall und Ihr wärt Stalllakai und da könnte ich Euch auch in die Wicken donnern!"

„Will Er nun wohl dort zum Beispiel anbeißen oder soll ich Ihm räsonieren helfen, Er Schwerenöter?"

„Ich esse ja schon!", ertönte die Antwort zwischen den kauenden Zähnen hervor. „Es geht so leidlich, denn ich hab' Hunger!" –

Drüben auf der anderen Seite des Flusses saßen in einer kleinen, modrigen Hauskammer die drei, die sich aus dem Staub gemacht hatten, und steckten, leise flüsternd, die Köpfe zusammen. Im hinteren Winkel des Raums lag Polenz auf der Erde und merkte nicht das Mindeste von dem, was um ihn vorging.

„Ja, das wär ein Fang, wie er uns im ganzen Leben nicht wieder vorkommt!"

„Und was der uns einbringen würde, wenn's der Alte Dessauer wirklich ist!"

„Freilich ist er's; darüber gibt's ja gar keinen Zweifel!"

„Aber wie wollen wir ihn denn so kriegen, dass wir sicher mit ihm durchkommen?"

„Das ist allerdings das Schwierige. Betrunken machen können wir so einen nicht, und selbst wenn wir ihn schon fest hätten, so will ein Fürst und Feldmarschall doch anders behandelt sein als so ein Grünschnabel, wie sie uns zu Dutzenden ins Garn laufen."

„Ich denke, wenn wir ihn nur erst in Bitterfeld hätten, so wäre das weiter nicht schwer. Bei solcher Bedeckung, wie sie heut Nacht zu uns stößt, ist nichts mehr zu befürchten."

„Der Kutscher scheint ein noch sonderbarerer Kauz zu sein als sein Alter. Vor dem brauchen wir keine Angst zu haben! Der spricht: ,Es ginge wohl, aber es geht nicht!', und dabei knicken wir ihn zusammen und schnallen ihn über das Schmutzleder."

„Wenn sie keine Waffen haben, so ist die Sache ja doch nicht schwer! Mit dem Kutscher wird gar kein Kram gemacht und der Alte muss uns sein Ehrenwort geben, dass er sich ruhig fügen will."

„Aber wenn er es nun nicht gibt?"

„Nicht gibt? Ein Pistolenlauf ist eine kitzlige Sache. Versuchen können wir es wenigstens."

„Aber der da? Den können wir doch nicht im Stich lassen!"

„Das wird sich schon machen; der wird einfach hinten aufgebunden. Zuerst müssen wir den Kutscher nehmen, um in den Besitz des Wagens zu kommen. Das ist eure Sache; den Fürsten nehm' ich auf mich allein."

Während in der dunklen Kammer über das Schicksal des Feldmarschalls des Heiligen Römischen Reichs Deutscher Nation und des Königreichs Preußen solche außergewöhnlichen Bestimmungen getroffen wurden, schob Seine Durchlaucht Habermann den leer gewordenen Teller von sich, schnalzte mit der Zunge und meinte:

„Das war nicht schlecht gegessen in diesem alten Nest. Wie steht es zum Beispiel mit den Pferden, Wirt?"

„Die sind wieder frisch und munter."

„Da bring Er noch ein Bier und dann mag's weitergehn!"

Hans erhob sich, während der Wirt nach dem Keller schritt.

„'s ist nicht so prächtig mit dem Essen! Im Käse waren Maden und das Brot..."

„Mach, dass du raus kommst zu den Pferden, sonst will ich dich bemaden!"

„Herr Brigadewebel, ich lass mich nicht ‚du' schimpfen, solange ich Kammerhusarenjäger bin!"

„Pack Er sich fort, sonst werfe ich Ihm zum Beispiel dort den Bierkrug an den Kopf!"

„Gut, so 'ne Rede lass ich mir eher gefallen; das ‚Er' und ‚Ihm' macht sich doch gleich ansehnlicher!"

Mit dieser Belobigung trollte er sich von dannen.

Nachdem er das Riemenzeug der Pferde einer kurzen Besichtigung unterworfen hatte, nahm er auf dem Bock Platz und gewahrte also nicht, dass auf dem am Hinterteil des Wagens angebrachten Bediententritt ein Mann saß, der durch Stricke in seiner sitzenden Lage festgehalten wurde. Ebenso wenig hörte er die leise geflüsterten Worte: „Gut, der macht's uns leicht! Da können wir den Alten ruhig einsteigen lassen, dann aber heißt's rasch drauf – ich den Fürsten, du den Kutscher, und du greifst da zu, wo es zuerst notwendig wird. Aufgepasst, jetzt kommt er!" – –

„So, da leucht Er nur wieder; das ist ja eine Finsternis, dass man zum Beispiel die Hand nicht vor den Augen sehn kann – na, da löscht Ihm noch dazu der Luftzug Seine alte Funzel aus – nun ist's rabenschwarz! 's ist gut; Er braucht nicht erst wieder anzubrennen. Finde mich schon zurecht. So jetzt vorwärts. Hans!"

„Hü", wollte dieser den Pferden zurufen, aber die Laute blieben ihm vor heller Verwunderung im Hals stecken, denn in diesem Augenblick saß neben ihm ein Mann, der ihm die Zügel und die Peitsche aus der Hand nahm und drauflos kutschierte, als ob das Fuhrwerk ihm gehöre. Das war dem Hans noch nicht passiert, solange er lebte, und deshalb wusste er auch gar nicht, wie er sich zu verhalten habe. Das Ereignis ging ihm so über alle Begriffe, dass er schluckte und schluckte und doch kein Wort hervorbrachte, obwohl ihm das Erstaunen den Mund sperrangelweit aufgerissen hatte.

Und dazu kam, dass auch hinter ihm etwas Ungewöhnliches vorging, denn gerade als ihm sein „Hü" stecken geblieben war, hatte auch Habermann gerufen „Donnerwet..." und das Wort nicht ganz herausgebracht. Wäre es Tag gewesen, so hätte der gute Hans sehen können, dass sein Herr mit noch viel weiter geöffnetem Mund ebenso vergeblich nach Worten schnappte wie er selbst. Da ertönte eine halblaute, befehlende Stimme:

„Kein Wort, Durchlaucht, außer wenn ich frage! Es soll Euch nichts geschehn; aber wenn Ihr Lärm macht, so haben wir scharf geladen!"

Hans drehte sich nach dem Sprecher um und sah trotz der Dunkelheit drei Männer im Wagen sitzen statt einen, und in den Händen von zweien blitzten Pistolenläufe. Das gab ihm die verlorene Sprache wieder.

„Lärm machen? Bewahre, wir sind ja die zwei ruhigsten Leute in der ganzen Umgegend!"

Dieses angstvolle Geständnis löste auch die Zunge des Getreidehändlers, der zwar weniger Furcht besaß, aber den Waffen gegenüber sich doch eingeschüchtert fühlte. „Alle Wetter, was wollt ihr Strolche hier in meinem Wagen?", rief er mit halber Stimme. „Hans, willst du wohl gleich anhalten!"

„Ja, das ginge wohl, wenn ich allein wäre, aber es geht nicht, weil bei mir auch einer sitzt!"

„So wirf ihn zum Beispiel hinunter auf die Straße!"

„Oder er mich! Fangt nur Ihr erst mit Euren beiden an! Ich als Leibstalljäger muss warten, bis der Herr Divisionskorporal..."

Die Fahrt ging jetzt über steiniges Gelände und die ferneren Worte des Sprechers wurden von dem lauten Rollen des Wagens verschlungen.

Im Keller

Mamsell Rosine saß in der Laube. Das war nun jedenfalls kein großes weltgeschichtliches Ereignis, doch wer Mamsell Rosine gekannt und gewusst hätte, was für eine außerordentliche Wirtschaftslast auf ihren spitzen Schultern ruhte und dass sie selbst in den schönsten Tagen den Garten fast nie betrat, den hätte es doch wohl wundergenommen, sie in der Dämmerstunde dieses unfreundlichen Novembertags in der Laube sitzen zu sehen.

Aber sie hatte gar wohl einen Grund, heute hier zu sein, nur dass dieser nicht im Wetter lag, sondern viel tiefer, nämlich in ihrem pietätvollen, jungfräulichen Herzen. Heute war ihr Geburtstag und heute war es auch grade neununddreißig Jahr, dass er – ach er – nämlich ihr Erster und leider auch Ihr Letzter – hier in dieser Laube vor ihr auf den Knien – auf allen beiden Knien gelegen und ausgerufen hatte:

„Röse – Röschen – Rosa – Rosina – ich liebe dich – küsse mich oder ich sterbe!"

Das war ihr weithin in die Seele gedrungen: Sterben nein, sterben sollte, durfte er nicht; sie musste ihn retten! Und so hatte sie sich denn freundlich zu ihm herabgeneigt, den Geliebten zärtlich umfangen, und dann – ach ja, ja, das war in dieser Laube gewesen, grade in derselben hier, nur dass sie damals drüben in der anderen Ecke gestanden hatte und dann später vollständig neu hierher gesetzt worden war – die halb verfaulten Bretter und Latten von der alten hatte man verbrannt.

War es also etwa ein Wunder zu nennen, dass Mamsell Rosine wie alljährlich, so auch am heutigen Datum die traute Stätte aufsuchte, die den ersten Kuss ihrer einzigen Liebe gehört hatte? – Ihrer einzigen, weil er Schneider gewesen und ihr nur vierzehn Tage treu geblieben war. Sie aber hatte ihm die Treue bewahrt die ganze Zeit ihres Lebens hindurch, denn so oft die Versuchung an sie herangetreten war, keiner hatte sie gewollt, keiner hatte sie gemocht – und so hasste sie alle, alle, außer diesem einzigen, der doch wenigstens zwei Wochen bei ihr ausgehalten hatte.

Die Liebe, verschmäht und gekränkt, war aus ihrem Herzen gewichen und die Rache dafür eingezogen. Sie hatte sich gerächt an dieser verhassten Männerbrut – und wie oft! Wie viele waren da unten in den Kellern eingeschlossen worden, die das Handgeld von Vater und Mutter – von der Braut hinweggelockt hatte und die, wenn der Rauch verflogen war, alle Qualen der Reue zu kosten bekamen! An dieser Reue, an ihren Klagen und Tränen hatte sie sich erquickt und bei jedem neuen Opfer neue Freude empfunden.

Nur der heutige Tag hatte sie stets versöhnlich gestimmt. – Wenn das Herz das ganze Jahr hindurch nur Rache kocht, einen Tag muss es doch haben für die Liebe, und wenn kein Fisch mehr anbeißen will, so geht man in die Vergangenheit zurück zu dem einzigen, der angebissen hatte.

Sie senkte das Gesicht tief auf den Strickstrumpf und blies einen Seufzer nach dem anderen in die Maschen, dabei ihres einsamen Lebens gedenkend und des trüben Schicksals, es nicht weiter bringen zu können als bis zur – Haushälterin.

Ach, Haushälterin! Sie war's gewesen, wie lange, wie lange, und war's geblieben – auch bei dem vorigen Besitzer des vor der Stadt gelegenen Hauses. Dann hatte Wolstraaten es gekauft und seine Bäckerei an den Nagel gehängt, aber obgleich er Witwer war und sie glaubte, einige Hoffnungen hegen zu dürfen – sie war Haushälterin geblieben.

Und dieses dumme, unerfahrene Ding, das Sofchen, um die war das Gereiße, und seit nun gar die Haarlemer Erbschaft spukte, war's erst recht nicht mehr zum Aushalten! Wenn sie doch nur recht bald fort wäre aus dem Haus! Vielleicht hat der Dessauer Getreidehändler ein Einsehen und kommt bald zur Brautschau. Sobald ein Mädchen ein nur einigermaßen hübsches Lärvchen hat, bildet es sich gleich wer weiß was für Wunderdinge ein – gradeso wie die Fremde, die heute wieder einmal bei Anwalts auf Besuch ist und die immer an einem vorüberrauscht, als wäre sie von Seide und andere aus Papier. Und dort – ja, ja, man darf nur den Teufel an die Wand malen, da kommt er sicher gleich – das ist sie; ich möchte nur wissen, was die im Garten hier zu suchen hat, jetzt im November! Mit der mag ich gar nicht zusammentreffen. Ich gehe!

Mamsell Rosine konnte nicht begreifen, was die jugendliche Spaziergängerin in den Garten trieb, und doch war es dieselbe Gewalt, von der sie selbst hergeführt worden war: die Liebe. Der Liebende, sei seine Liebe nun glücklich oder unglücklich, er sucht die Einsamkeit, er liebt die abendliche Stille, in der er denken, sinnen und träumen kann.

Und was gab es für Maria von Naubitz nicht alles zu denken! Der Geliebte hatte Urlaub genommen und war trotz der abschlägigen Antwort des Fürsten nach Dessau gekommen, war gegen seine ursprüngliche Absicht in dessen Dienst geraten – was sollte daraus werden! Der Sachwalter war verreist, seine Frau liebte es nicht, ihrem Besuch mit zudringlichen Aufmerksamkeiten beschwerlich zu fallen; so konnte sie, ohne die Gastfreundin zu beleidigen, sich in den Garten zurückziehen, um den Regungen ihres Inneren Gehör zu schenken. Längst war es dunkler Abend und noch immer saß sie, das Köpfchen nachdenklich in die Hand gestützt, in der Laube, an die sich die süßen Erinnerungen der Mamsell Rosine knüpften.

Diese befand sich jetzt in der Stube und gab sich ihrer Lieblingsbeschäftigung hin, ihrer intimen Feindin, dem Sofchen, das Leben sauer zu machen. Das Zanken, Keifen und Sticheln wollte kein Ende nehmen und es war zu verwundern, mit welcher Geduld und Selbstbeherrschung das hübsche und zugleich verständige Mädchen dieses Krakeelen ertrug.

Da näherte sich das Rollen eines Wagens, der dann vor dem Haus halten blieb. Das kräftige Klatschen einer Peitsche forderte die Bewohner zur Aufmerksamkeit auf.

„Na, wird's denn bald, du alte Schlenderliese", rief Mamsell Rosine dem Mädchen zu, „oder soll ich etwa selbst hinausgehn."

Ohne ein Wort der Erwiderung verließ die Gescholtene das Zimmer.

„Wohnt hier der Bäcker Wolstraaten?", fragte eine tiefe Männerstimme vom Wagen herab.

„Ja!"

„Kann man hier die Pferde unterstellen?"

„Im Stall nicht mehr; da stehn schon zwei. Aber dort in dem Schuppen ist noch Platz."

„Schön. Da mögen die zwei aus dem Stall in den Schuppen gebracht werden. Meine sind gewohnt, auf Flaumfedern zu schlafen!"

„Das wird das Fräulein von Naubitz nicht zugeben!"

„Von Naubitz? Was hat denn das Wettermädel hier zu suchen, he?"

„Sie ist beim Sachwalter, der hier im Haus wohnt."

„Das hätte ich wissen sollen, da hätte der Polenz mit gemusst."

Es war so finster, dass der Fürst die Aufmerksamkeit, die sein Kutscher diesem Gespräch schenkte, nicht bemerken konnte.

„Na, gegen das Weibsvolk muss man galant sein; da mögen die Braunen also in die Budike kommen. Aber hör Er, reib Er sie erst tüchtig ab, lass sie gehörig verschnaufen und wickle sie dann gut in Decken ein, damit sie mir nicht etwa verschlagen! Wer ist Sie denn, Sie kleines Geschöpf?"

„Ich heiße Sophie und bin das Mündel vom Wirt."

„So! Da ist also Sie die Wetterhexe, das Sofchen, wegen der die Leute in den Wasserbottichen herumkrabbeln müssen? Ich werde Sie mir einmal gehörig angucken!"

Damit sprang er aus dem Wagen und trat in das Haus.

Sophie wollte ihm folgen, wurde aber noch vor der Tür von zwei starken Armen umschlungen und fühlte einen langen, herzhaften Kuss auf den Lippen. Die besondere Art und Weise dieser Liebkosung schien ihr sehr bekannt vorzukommen, denn, sich rasch von ihrem augenblicklichen Schreck erholend, rief sie, ohne den Mann erst genau betrachtet zu haben:

„Fritz, du? Ich denke, du bist längst über alle Berge!"

„Ich dachte auch nicht, dass ich so rasch wiederkäme; aber die Umstände haben's notwendig gemacht."

„Wer ist denn das, mit dem du gekommen bist?"

„Das – das ist der Getreidehändler Habermann aus Dessau mit seinem Knecht."

„Der Getreidehändler! Der kommt wohl schon meinetwegen?"

„Freilich."

„Und du – wie kommst du denn mit ihm zusammen?"

„Unterwegs. Aber geh jetzt hinein; ich muss nun verschwinden. Sobald du Zeit hast, kommst du hinüber an den Holunderbusch; ich werde auf dich warten."

Er schob sie durch die Tür, obgleich sie noch hundert Fragen auf der Zunge hatte. Als sie in die Stube trat, fand sie den Fremden in voller Verhandlung mit Mamsell Rosine.

„Und der Wolstraaten, wo steckt er denn?"

„Der ist nach Halle."

„Nach Halle – heut? So so – hm, da hat der Teufelskerl doch Recht gehabt, der Nau – ja so, hm, hm. Und Sie, wer ist Sie denn?"

„Ich heiße Mamsell Rosine Fransenhuberin und halte hier die Wirtschaft in Ordnung."

„Das ist ja recht schön von Ihr! Also, Mamsell Rosine Fransenhuberin, ich hab' einen verteufelten Durst; hat Sie vielleicht einen guten Schluck, der dagegen hilft? Auch für etwas zu essen kann Sie sorgen, denn ich werde hier bleiben, bis der Wolstraaten wiederkommmt!"

Das gebieterische Wesen dieses Mannes machte auf sie großen Eindruck; sie versuchte einen Knicks zu Stande zu bringen und eilte dann zur Küche, wo sie mit Sophie zusammentraf, die sich in der Stube gar nicht verweilt hatte.

„Schnell einen Krug Bier hinein! Das kann kein gewöhnlicher Mann sein!"

„Ich bleibe da. Sie kann ihm das Bier auch hineintragen!"

„Ich? Warum denn ich?"

„Weil ich nicht mag. Mit dem Habermann hab' ich nichts zu tun!"

„Der Habermann ist's? Woher weißt du denn das?"

„Hab's draußen gehört."

„So so – das ist ja ein recht ansehnlicher Herr – zwar nicht mehr der Jüngste, aber er hat so eine Art und Weise – war er nicht Witwer?"

„Ja."

„Wenn du nicht anders willst, so kann ich ihm das Bier schon selbst hineintragen!"

Sie füllte den Krug und eilte in die Stube, wo sie ihn mit dem gewinnendsten Lächeln vor den Gast hinsetzte.

„So, ich danke Euch! Hättet Ihr denn wohl ein Bett, wenn man die Nacht hier bleiben müsste?"

„Wir sind nicht auf Nachtgäste eingerichtet; aber ich würde Euch – ja", fuhr sie errötend fort, „ich würde Euch – wenn Ihr..."

„Na, heraus damit! Was würdet Ihr?"

„Ich würde Euch – – meine Kammer abtreten!", brachte sie endlich, züchtig und verschämt die Blicke senkend, heraus. Und in ihrem Innern jubelte es: „Erst sagte er ‚Sie', jetzt spricht er schon ‚Ihr'; oh ich weiß, was das zu bedeuten hat!"

„Und wo wollt Ihr denn schlafen, he?"

„Für mich wird sich schon ein andres Plätzchen finden. Ich tu es Euch gern zu Gefallen!"

„Zu Gefallen?", fragte er, während seine Augen sie ganz eigentümlich anblitzten. „Höre Sie mal, Mamsell Rosine Fransenhuberin, Sie ist doch ein ganz heilloses Weibsen! Erstens sagt ein Frauenzimmer so etwas gar nicht und zweitens kann es mir in meinem ganzen Leben nicht einfallen, mich auf so einer alten Schachtel ihre Schnarchmaschine zu legen. Es war übrigens auch nur so eine Frage für den Notfall."

Wenn eine Bombe in das Zimmer gefahren wäre, sie hätte kein größeres Unheil in dem Innern von Mamsell Rosine anrichten können als die Worte. Zuerst stand sie unbeweglich wie eine Bildsäule da; es schien ihr die Luft vollständig ausgegangen zu sein. Dann aber fuhren ihre Arme topfhenkelartig in die Seiten, die Augen öffneten sich groß und drohend, ihr weit geöffneter Mund ließ anderthalb Paar lange, gelbe Wolfszähne erblicken und nun brach die Sturmflut los:

„Was? Was wäre ich? Eine alte Schachtel? Und mein Bett, mein Bett eine Schnarchmaschine? Weiß Er denn, Er unverschämter..."

Weiter freilich kam sie nicht; denn ihr Gegner fuhr mit donnernder Stimme dazwischen:

„Rrrraus, sag' ich!"

„Er..."

Jetzt konnte sie beim besten Willen nicht weiter; denn er hatte den Bierkrug ergriffen und schleuderte ihr dessen Inhalt ins Gesicht. So einen Mordanfall hatte man noch niemals auf sie versucht; alle ihre Nerven waren, als hätte sie der Schlag getroffen, vom Schreck gelähmt, und wie angeleimt lagen die schützenden Hände vor dem triefenden Gesicht. Da endlich ging ein krampfhaftes Zittern durch ihren Körper; der in die Nase gedrungene Gerstensaft begann seine Tätigkeit: Die Züge legten sich in jene unausbleibliche Stellung, die bei Nichtschnupfern die unausbleibliche Folge einer guten Prise ist, und nun entrang sich dem jungfräulichen Busen von Mamsell Rosine Fransenhuberin ein markerschütterndes:

„A-a-a-a--azzz-i-i-iiiihhh!"

„Wohl bekomm es Ihr, Sie alte Regimentskneifzange, Sie!", lachte höflich der Bierkrugschütze und schob, während sie immer wieder von Neuem zum Niesen ausholte, die alles Widerstreben Vergessende über die Stube hinüber und in die Küche hinaus. Sophie hatte alles vernommen und konnte sich beim Anblick der Mamsell des Lachens nicht enthalten.

„Komme Sie doch einmal herein zu mir!", befahl der Fürst.

Sie folgte ihm.

„So! Hierher muss Sie treten, dass ich sie bei der Lampe deutlich sehn kann. Hm, hm, der Korporal scheint keinen so ganz schlechten Geschmack zu haben! Höre Sie mal, Sie mag wohl den Namen Habermann gar nicht gern leiden!"

Sie vermochte vor Verlegenheit nicht zu antworten.

„Na, ich meine es ja ebenso gut mit Ihr wie der Nauheimer, und Sie wird schon noch einsehn, dass ich auf Ihr Glück bedacht bin! Jetzt sorge Sie aber zunächst für ein Abendbrot und dann wollen wir einmal weiter miteinander reden!"

Da trat der Kutscher ein und machte Anstalt, an einem der Tische Platz zu nehmen.

„Hör Er, aus dem Hersetzen wird jetzt nichts. Er wird bei der Sache Sein Teil jedenfalls auch mit zu tun bekommen, und da ist es ganz besonders notwendig, dass Er die gehörige Ortskenntnis besitzt. Geh Er also einmal kundschaften, damit Er sich später zurechtfinden kann, wenn's nötig ist."

Der Angeredete entfernte sich, obgleich er ganz aus eigenem Antrieb die Umgebung des Hauses schon abgesucht hatte. Nur allein im Garten war er noch nicht gewesen und daher richtete er jetzt seine Schritte nach diesem. Ganz sicher hatte das Haus gewisse Schlupfwinkel und wohl auch verborgene Gelegenheiten zum Ein- und Ausgehen, die bei dem heutigen Rekrutentransport jedenfalls benutzt wurden. Leicht konnte man mit einer der eingeweihten Personen zusammentreffen und Verdacht erregen, und so schlich der Kutscher geräuschlos und mit einer Umsicht weiter, die ihm nicht das Geringste entgehen ließ, ihn selbst aber gegen jede Entdeckung schützte.

So kam er auch an die Laube. Er lauschte mit angestrengten Sinnen, ob sie leer oder besetzt sei. Leise Atemzüge ließen sich vernehmen – es war jemand drin. Wer war es? Er musste Gewissheit haben und machte schon Anstalt, sich niederzulegen, um näher zu kriechen, als ein leichtes Räuspern ertönte, das Rauschen eines weiblichen Gewandes sich vernehmen ließ und eine dunkle Gestalt hervortrat.

Sie blieb einige Augenblicke vor dem Eingang stehen und wollte sodann sich nach dem Haus wenden, als sie dicht neben sich den leisen Ruf vernahm:

„Marie!"

„Wer ist da?", fragte sie mit halblauter Stimme.

„Wahrhaftig, du bist's und ich hab' mich nicht geirrt!", ertönte es mit gewaltsam unterdrückter Freude; zwei Arme legten sich um sie und zogen sie an eine breite Männerbrust.

„Kurt! Welche Überraschung! Wie kommst du, den ich in Halle glaubte, hierher?"

„Das sollst du erfahren. Komm, setz dich!"

Er trat mit ihr in die Laube, zog sie auf seinen Schoß, und bald waren sie in lebhafter, wenn auch fast unhörbarer Unterhaltung begriffen. – –

Währenddessen setzte Sophie das Essen auf den Tisch und schlüpfte dann auf ein kurzes Weilchen hinüber zu dem Holunderbusch. – –

Der Fürst ließ sich das Mahl wohlschmecken und war damit grade fertig geworden, als der Kutscher wieder eintrat.

„Hat Er etwas Verdächtiges gespürt?"

„Nein."

„So esse Er! Ich werde mir den Ort jetzt auch einmal besehn!"

Er erhob sich und schritt hinaus. Als er um die Ecke des Hauses bog, sah er die zurückkehrende Sophie auf sich zukommen. Da er sie in der Dunkelheit nicht sofort erkannte, so hielt er sie beim Arm:

„Halt, was trippelt denn da im Gras herum?"

„Ich bin's..."

„Ach, das kleine Jungferchen! Kann mir's denken, was Sie hier herumzusuchen hat."

„Durchlaucht!"

„Durchlaucht? Aha, so hat also der Schwerenöter, der Nauheimer, das ganze Geheimnis ausgeplaudert! Na, den werd' ich bei der Parabel nehmen!"

„O nein, Durchlaucht, verzeiht ihm! Er hat's ja gut gemeint und ich will Euch dafür auch in allem gern behilflich sein."

„So, will Sie das? Na, da steh Sie mir erst mal aufrichtig Red und Antwort! Ist's wahr, dass da unten in den Kellern...?"

„Ja."

„Darf Sie in die Keller?"

„Nein; ich soll gar nichts davon wissen."

„Und heut soll es fortgehn?"

„Ja."

„Woher weiß Sie das?"

„Ich hörte den Vormund mit der Mamsell davon sprechen."

„Ach so! Da ist die alte verliebte Kachel auch mit bei der Verschwörung!"

„Die führt eigentlich das ganze Geschäft. Der Vormund entfernt sich allemal, wenn ein Transport kommt oder geht."

„Weshalb?"

„Aus Klugheit, damit er sich herausreden kann, wenn einmal was passiert."

„Sind die Keller groß?"

„Groß und klein. Es sind mehrere, wie man sie eben braucht."

„Sie war trotz des Verbots doch wohl schon unten!"

„Zuweilen...", klang die zögernde Antwort.

„Ja, euch Weibsbilder kennt man schon! Könnte Sie mich nicht vielleicht mal runterführen?"

„Das wird schwer halten. Die Mamsell hat die Schlüssel."

„Kann Sie die nicht auf einen Augenblick fortstibitzen?"

„Ich will's versuchen, Durchlaucht! Aber wenn Ihr weiter nichts wollt, als Euch bloß die Leute ansehn, die da unten sind, so brauche ich gar keinen Schlüssel. Wir steigen in den Bierkeller; der steht auf und da hab' ich ein Loch entdeckt, durch das man die Gesellschaft gut belauschen kann."

„So führe Sie mich hinunter."

„Soll ich nicht den Korporal holen? Es ist besser, man ist bei solchen Dingen vorsichtig."

„Nicht notwendig. Der mag auf seinem Posten bleiben, um zu sehn, was außer dem Haus passiert. Komme Sie nur!"

Sie schritten miteinander um die zweite Ecke des Hauses und kamen in den Hofraum. Sophie schob den Riegel von einer schmalen Tür, hinter der eine Stufenreihe abwärts führte.

„Wartet einen Augenblick, Durchlaucht, ich will Licht machen."

Sie griff in eine kleine Nische, zog Stahl, Stein und Zunder hervor, und bald brannte das Licht der Laterne, die hier aufgestellt war, damit man beim Holen des Bieres eine Lampe nicht über den ganzen Hof zu tragen habe. Nachdem sie noch einmal nachgesehen hatte, dass die Tür völlig herangezogen sei, stieg sie, ihm voran, die Stufen hinab. – –

„Heda, ist denn alles ausgerissen?", rief der Kutscher, vom Essen aufblickend, und klopfte mit dem leeren Krug auf den Tisch.

Die Küchentür öffnete sich und ließ die spitze Nase der Mamsell Rosine erscheinen.

„Was hat Er denn zu spektakeln? Bei Ihm heißt's wohl auch: wie der Herr, so der Diener."

„Nein, sondern: Wie die Liebe, so die Hiebe! Kommt Sie mit Grobheiten, so kann Sie was erleben! Hier, noch einen Krug!"

Der Gebrannte scheut das Feuer, darum hütete sich Rosine auch, ihrem Zorn freien Lauf zu lassen. Sie nahm den Krug, um ihn aus der in der Küche befindlichen Blechkanne zu füllen; aber diese enthielt nicht mehr die nötige Menge des braunen Getränks. Nun musste sie wegen dieser groben Menschen auch noch in den Keller steigen; das erhöhte ihren Ärger um ein Bedeutendes.

Sie eilte über den Hof, fand die Kellertür nur angelehnt und wohl das Feuerzeug, nicht aber die Laterne an ihrem Platz.

Sie stutzte. Es musste jemand im Keller sein, und zwar in einer geheimen Absicht. Leise schlich sie die Stufen hinab und bemerkte, unten angekommen, im Hintergrund einen schmalen Lichtstreifen.

Er fiel aus einem der Nebenräume, die durch eine starke, eisenbeschlagene Tür vom Bierkeller getrennt wurde. Mit lautlosen, katzenartigen Schritten näherte sie sich der Tür und erkannte nun deutlich den Fremden, der auf einem herbeigerollten leeren Fass stand und durch ein in der Mauer angebrachtes Luftloch in das nebenan liegende Gewölbe blickte, aus dem sich verschiedene Stimmen vernehmen ließen. Sophie stand mit der Laterne in seiner Nähe.

Es flimmerte vor den Augen der Lauscherin. Das war ja Verrat und diese Heuchlerin steckte mit dem unverschämten Grobsack unter einer Decke! Welch ein Glück, dass sie zur rechten Zeit gekommen war!

Hier musste rasch gehandelt und das lauschende Paar unschädlich gemacht werden. Aber die Genugtuung musste sie dabei haben, die beiden wissen zu lassen, von wem ihnen der Streich gespielt wurde. Sie trat deshalb unter den Eingang.

„Was hat Er denn hier in meinem Keller zu suchen, Er alter, neugieriger Zyperkater, Er? Ich werde euch zweien das Horchen anstreichen, dass ihr wer weiß wie lange an die ‚alte Schachtel' denken sollt!"

Ehe er noch vom Fass steigen oder die erschrockene Sophie herbeieilen konnte, hatte sie die Tür zugeschlagen und schob die Riegel vor.

„Will Sie wohl gleich aufmachen, Sie verwünschte Wetterhexe, Sie?", donnerte der Fürst und trat mit kräftigem Fußstoß gegen die Tür. Aber es war weder eine Antwort zu hören noch gab die Tür nach. Sie waren gefangen.

Allerdings tobte der alte ‚Knasterbart‘, wie ein angeschossener Eber in einem engen Raum herum. Er, der Sieger in so vielen Schlachten, der – na – er sollte sich von so einer – na – übertölpeln und in solch schandbaren ‚Prison‘ nehmen lassen! Und was würde die Welt dazu sagen, wenn es hieß, dass er, der Fürst – Tod und Teufel, nein – lieber wollte er die Mauer mit seinem Kopf einrennen und – horch, was ist das denn da drüben für ein schallendes Gelächter?

Er stieg auf das Fass und lugte durch die Öffnung.

Drüben hatte man einen Kreis geschlossen, inmitten dessen einer stand, der mit lauter Stimme erzählte. Eben schien er mit dem Bericht fertig zu sein, denn es erhob sich ein rauschender Beifallssturm, aus dem der Ruf zu unterscheiden war: „Hurra, der Alte Dessauer gefangen – Bier her, Wein her, das muss angefeuchtet werden!"

Zitternd vor Grimm sprang er von seinem hölzernen Sockel.

„Da sollen doch gleich fünfunddreißigtausend Bomben und Granaten dreinschlagen – diese Hundsfötter wissen wahrhaftig, wer ich bin! Na, lasst mich nur hinüberkommen – ich werde euch den ‚Alten Dessauer‘ um die Ohren schlagen, dass ihr den Himmel für einen Osterfladen halten sollt!"

„Jetzt bringen sie ihn!", schallte es gedämpft durch die Wand.

„Bringen – wen denn?", knurrte er zornig, stieg wieder auf das Fass und steckte die Nase in das Mauerloch. Kaum aber hatte er einen Blick hinübergeworfen, so fuhr er zurück, dass er fast das Gleichgewicht verloren hätte.

„Das ist ja der Habermann, der Schwerenöter! Der Kerl ist ja gar nicht nach Halle gefahren und ich kann jetzt bis zum jüngsten Tag auf meine Dragoner warten. Und dazu hat er meinen Rock an und blamiert ihn jetzt und in alle Ewigkeit, Amen. Na, komm’ ich nur hinüber, ich werde ihm eine Salbe einreiben, nach der es ihn am ganzen Leib jucken soll!"

„Aber ich bin ja nicht der Fürst, für den ihr mich zum Beispiel haltet!", wurde drüben eine ängstliche Stimme laut.

„Nicht? Wer seid Ihr denn, wenn man fragen darf?"

„Ich bin der Getreidehändler Habermann aus Dessau und..."

„Schon gut, Durchlaucht, wir kennen das! Ihr sollt das beste Plätzchen, was wir haben, als Gewahrsam bekommen und auch einen guten Schluck zu trinken. Das Übrige mag nachher der Hauptmann bestimmen, sobald er eingetroffen ist!"

„Aber ich sag’ euch zum Beispiel..."

„Wissen alles, wissen alles! Der Getreidehändler Habermann hat sicher weder einen Jagdwagen noch ein fürstliches Wappen daran, und Eure Uniform..."

„Ich hab’ ja mit dem Fürsten tauschen müssen!"

„Allen Respekt vor Euch, Durchlaucht, aber Ihr werdet uns auf diese Weise nur zum Lachen zwingen. Tretet hier herein!"

„Und Er", ertönte eine andere Stimme, „kann sich einstweilen dort, in jene Ecke setzen."

„Wohin? Soll ich mich etwa immer nur von einer Ecke auf die andre drücken – erst beim Bataillonsmarschall und nun auch hier? Ich bin Oberstallbereiter und setz’ mich hin, wo mir’s beliebt. Gebt mir was zu trinken!"

„Heut ist die ganze Welt nicht recht bei Sinnen", murmelte der Fürst; „doch der Mensch von einem Pferdeknecht ist ganz und gar verrückt geworden. Aber da bringen sie wahrhaftig noch einen geschleppt, und da kommt auch die gute Mamsell Schachtelmeierin oder Kachelhuberin, oder wie sie heißt, dahinter hergestiegen. Die wird wohl melden wollen, dass sie hier zwei Vögel eingesperrt hat."

„So!", klang es drüben. „Stecken die denn fest?"

„Ja, ich hab' sie eingeriegelt."

„Da macht's uns keinen Schaden; wir marschieren ja heut ab. Tut nachher mit ihnen, was Ihr wollt!"

„Das ist gut!", bemerkte der Fürst. „Sie fragen nicht, wer ich bin, sonst hätten sie mich wahrhaftig mit dem Habermann zusammengeführt. Aber wer ist denn das, den sie dahin gelehnt haben? Seh' ich verkehrt oder ist es doch der Polenz? Wie kommt denn der von Halle her nach Bitterfeld – und in dieses Loch? Der Tausendelementer macht doch nichts als dumme Streiche und einen immer schlimmer als den andern. Betrunken ist er zum Erbarmen und – Schwerebrett, einen sächsischen Dreispitz hat er auf dem Kopf. Ich glaube gar, den haben sie um den Verstand gebracht und angeworben! Na, komm' ich nur hinüber, mein guter Polenz, ich werde ihn in die Wäsche nehmen, dass ihm die Lust zum Heiraten vergehn soll."

Mamsell Rosine

Nach Beendigung des Abendbrotes begab sich der Kutscher wieder hinaus in den Garten. Er glaubte den Fürsten auf Erkundung; vor Eintreffen der Dragoner war jedenfalls nichts zu tun und so hatte er mit der Geliebten Verabredung getroffen, sich noch auf ein Viertelstündchen in der Laube zu sprechen.

Als er das stille Plätzchen betrat, fand er sie schon seiner wartend und nahm dicht an ihrer Seite Platz. Schon vorhin hatte er über den Grund seiner und des Fürsten Anwesenheit einige kurze Mitteilungen gemacht; jetzt vervollständigte er diese und war gerade bei der Bemerkung, dass Leopold auch um ihr Hiersein wisse, als er unter seinen Füßen ein Geräusch wahrzunehmen glaubte. Auch Marie hatte es gehört und beide lauschten mit angehaltenem Atem, ob es vielleicht wiederkehren werde.

Da plötzlich bewegte sich ihr Sitz, und zwar nicht allein dieser, sondern mit ihm die ganze Laube. Der Darinsitzende ergriff das Mädchen und stand mit einem raschen Sprung auf festem Boden. Nur die kurzen Worte: „Schnell hinter jenen Baum!", raunte er ihr zu und lag dann auch schon platt auf der Erde, von der er bei der Dunkelheit nicht zu unterscheiden war.

Ein leiser Lichtschein schimmerte aus der Tiefe und ließ die Mündung eines Ganges erkennen, die von dem hölzernen Boden der Laube verdeckt gewesen war. Ein einziger Blick genügte, um die einfache Vorrichtung zu begreifen. Im Balkenfuß des kleinen Bauwerks steckte ein senkrechter Riegel, der die Laube festhielt; zog man ihn aber heraus, was sowohl von oben als auch von unten geschehen konnte, so ließ sie sich drehen und gab den Eingang frei.

Leise, vorsichtige Schritte stiegen empor; ein Kopf tauchte aus der Tiefe hervor und spähte in die schwarze Nacht hinaus, ob er unbeobachtet sei. Dann stieg der Mann vollends herauf und schob, während das Licht unten fortbrannte, die Laube wieder in ihre vorige Stellung und den Riegel in seine ursprüngliche Lage.

Voller Angst harrte Marie des nun Kommenden; aber es blieb alles ruhig, bis nach einigen Augenblicken eine leise Stimme rief: „Marie, komm!"

Voll Freude eilte sie herbei. Er kniete auf einem menschlichen Körper.

„Hier, mein Messer! Schneide die Waschleine von diesen zwei Bäumen ab; ich muss ihn binden, eh ihm die Besinnung wiederkehrt."

Sie folgte der Weisung und bald lag der Betäubte geknebelt und gebunden in einem Winkel des Gartens.

„Ich muss hier bleiben, um den neuentdeckten Eingang zu bewachen. Willst du nicht einmal auf die Straße spähen, ob du den Korporal entdeckst? Er soll herkommen; ich muss mit dem Fürsten sprechen."

Sie eilte von dannen. Leichten Schritts flog sie durch den Hausflur, sodass ihr Kommen von einem Mann, der auf der Straße lauschend am Fenster stand, gar nicht gehört wurde. Seine hohe, breite Gestalt ließ sie in ihm den Gesuchten ahnen.

„Seid Ihr der Korporal Nauheimer?"

„Ja, der bin ich."

„Ihr sollt schnell zum Kutscher des Fürsten in den Garten kommen; er hat eine wichtige Entdeckung gemacht."

Er folgte ihr und erfuhr, bei der Laube angekommen, das Vorgefallene und die Absicht des Kutschers, zum Fürsten zu gehen.

„Ja, das weiß der Kuckuck, wo der sich jetzt herumtreibt, und auch die Sophie ist nicht zu finden; ich hab' schon eine ganze Zeit vergebens nach ihnen gesucht. Drin in der Stube sitzt die alte Mamsell allein und fängt Grillen und – weiß Er was Neues? Der Habermann ist da! Vorhin brachten sie ihn im fürstlichen Jagdwagen; jedenfalls denken sie, sie haben die Durchlaucht gefangen. Es waren sechs Personen: der Habermann, sein Knecht und einer, den ich nicht wegbekommen konnte, war hintenauf geschnallt."

„Und wo sind sie jetzt?"

„Jedenfalls im Keller."

„Weiß es der Fürst?"

„Wohl nicht; er wird doch nicht etwa zu weit fortgegangen und den Werbern in die Hände gefallen sein? Die können jeden Augenblick kommen!"

„Das wär 'ne schöne Geschichte! Muss mal suchen. Zunächst aber wollen wir doch einmal nachsehn, wo der Gang hinführt, der hier unter der Laube mündet. Jetzt sind wir zu zweien und können eher etwas wagen."

Der Korporal war bereit, obgleich Marie bat, von dem gefährlichen Unternehmen abzustehen. Der Riegel wurde entfernt, die Laube gedreht; dann stiegen beide in die noch immer erleuchtete Öffnung, die sie nicht verschlossen, um sich für alle Fälle einen schnellen Rückzug zu sichern. Der Gang war sehr einfach und schleusenartig ausgeführt, erstreckte sich immer in gerader Richtung vorwärts und endete vor einer Tür, die nur angelehnt war.

Vorsichtig öffneten sie diese und betraten einen kleinen, leeren Kellerraum; hier aber tönten ihnen aus einem Nebengewölbe laute Stimmen und schallendes Gelächter entgegen. Sie befanden sich, ohne dass sie es wussten, unmittelbar neben dem Keller, in dem der Fürst mit Sophie eingeschlossen war, nur dass dessen Tür auf der entgegengesetzten Seite angebracht war.

Der Kutscher blies das Licht aus und huschte an die ihnen gegenüberliegende Tür; auch sie war nur angelehnt, sodass er fast das ganze Gewölbe überblicken konnte. Nach wenigen Augenblicken kehrte er zurück.

„Kommt! Wir wollen uns nicht unnötigerweise in Gefahr begeben, aber von den paar Leuten wäre mir auch nicht bange."

Wieder im Garten angekommen, wurde die Öffnung verschlossen, und während der Korporal nun Wache hielt, ging der andere den Fürsten suchen. Er fand ihn weder in der Nähe des Hauses noch in der Gaststube, die vollständig leer war. Auch in der Küche war weder Sophie noch die Wirtschafterin zu erblicken. Schon wollte er durch den Hausflur in den Garten zurückkehren, als ein dumpfes Geräusch wie von unterdrückten menschlichen Stimmen an sein Ohr schlug.

Er blieb lauschend stehen; die Töne drangen durch die Seitenwand und schienen von unten zu kommen. Er näherte sich der Wand, deren eine Hälfte ein großer, breiter Schrank einnahm, dessen Tür nur angelehnt war. Sein Inhalt bestand in Kleidern, die den Raum von oben bis herab zum Boden ausfüllten. Das dumpfe Gemurmel war hier vernehmlicher als vorher. Die alten Röcke und Hosen auseinander ziehend, erblickte er hinter ihnen eine dunkle Öffnung, die jedenfalls mittels einer Treppe nach abwärts führte. Der Schrank hatte keine Hinterwand.

Er zog die Pistole und kroch in die Öffnung, fühlte Stufen unter seinen Füßen und stieg leise und vorsichtig hinunter. Nach einer Weile berührte er mit der tastenden Hand eine Tür. Diese war jetzt nur durch eine einfache Klinkvorrichtung geschlossen. Behutsam öffnete er und gewahrte, dass er außerhalb desselben Gewölbes stehe, das er vorhin von der entgegengesetzten Seite überblickt hatte und in dem sich eine zahlreiche Gesellschaft von Männern befand. Soeben setzte, wie er durch die schmale Spalte bemerken konnte, die Mamsell einen Krug vor den Knecht des Getreidehändlers.

„Wohl bekomm's Ihm!", sagte sie dabei in höflichem Ton. „Er kann von Glück reden, dass man Ihn mit dem Fürsten aufgegriffen hat. Herrendienst ist ein schlimmer Dienst, und so ein schmucker Gesell wie Er wird bei den Soldaten sicher sein Glück machen. Da gibt's ein lustigeres Leben als in Dessau, wo Er nur böse Tage hat, wenn Er nicht zu scharwenzeln versteht!"

„Soldat? Ich geh' nicht unter die Soldaten!"

„Nicht? Da wird er wohl gar nicht viel gefragt werden. Mitgegangen, mitgefangen, mitgehangen!"

„Fällt mir gar nicht ein, den bunten Rock anzuziehen! Ja, es ginge wohl, wenn ich wollte, aber es geht nicht, weil ich mich nicht gern totschießen lassen mag!"

Der Lauscher wusste genug. Leise schlich er wieder zurück und begab sich nun eiligen Schritts zur Laube zurück.

„Der Fürst ist nirgends zu sehen, auch das Mädchen nicht. Entweder sind beide in eine Falle geraten oder es droht der Durchlaucht von außen her eine Gefahr. Wir müssen uns in den Besitz des Nestes setzen und die Kerls da unten unschädlich machen. Ich hab' soeben noch einen Eingang zu den Kellern entdeckt; er geht von der Küche aus hinunter. Nun könnten wir zwar die Leute von beiden Seiten einschließen, aber es wäre ihnen doch möglich, auszubrechen; es sind ihrer viele, und so eine Tür ist bald zertrümmert; dann wäre uns das ganze Spiel verdorben. Und was am meisten zählt, sie blieben alle im Besitz ihrer Waffen. Diese muss man ihnen nehmen und sodann entweder sie in ganz sicheren Gewahrsam bringen oder nach Befinden ihnen mit noch energischeren Maßregeln auf den Leib rücken."

„Hör Er, Seine Ansichten sind nicht schlecht! Aber wie soll das alles angefangen werden?"

„Nun, Ihr schleicht Euch durch den Laubengang bis an die zweite Tür; ich gehe durch die Küche, und sobald Ihr merkt, dass ich Euch brauche, tretet Ihr in das Gewölbe."

„Gut. Hat Er denn Waffen?"

„Ja, Ihr doch wohl auch?"

„Zur Genüge."

„Und welchen Platz weist du mir an?", fragte Marie.

„Einen sehr wichtigen. Die Transportmannschaft wird bald eintreffen, denn jedenfalls war der, den ich vorhin überrumpelte, abgeschickt, um ihnen den Weg zu zeigen. Ich glaube annehmen zu können, dass sie schon jetzt da drüben in dem Hölzchen auf diesen Boten warten, da sich in der Nähe keine andre Deckung für sie befindet. Da sollst du nun hier Wache stehn. Sobald du etwas Verdächtiges bemerkst, eilst du zur Küche, steigst durch den Kleiderschrank, hinter dem eine Treppe in den Keller führt, und gibst mir Nachricht. Doch denke ich, dass wir fertig sein werden, ehe du Veranlassung zu einer solchen Warnung bekommst."

„Aber sag Er mir doch einmal", platzte da endlich Nauheimer los, „wie kommt Er denn zu dieser Bekanntschaft mit..."

„Lasst das jetzt gut sein", fiel ihm der andre schnell ins Wort, „Ihr werdet schon noch das Nötige erfahren. Jetzt macht, dass Ihr in den Gang kommt! Ich muss ihn von außen verschließen, damit Ihr nicht vielleicht von hinten überfallen werdet; man muss sich hier alles überlegen."

„Hör Er, ich bekomme nach und nach einen ganz gehörigen Respekt vor Ihm!"

„So? Na, da tut dazu, dass ich auch vor Euch Respekt bekomme!"

Als der Korporal in dem Gang verschwunden und die Laube wieder vorgerückt worden war, sah der Kutscher noch einmal nach dem in der Gartenecke Liegenden und überzeugte sich, dass von diesem nichts zu befürchten sei. Dann empfahl er der Geliebten die nötige Vorsicht und begab sich zunächst in den Stall. Hier versah er sich mit einer beträchtlichen Anzahl von Schnüren und Stricken, die an den alten, verwitterten Wänden herumhingen.

„So, die werden wir vielleicht gebrauchen können. Wenn der Korporal wirklich so ein Kerl ist, wie der junge Habermann gestern sagte, so wird alles gut gehn, trotzdem es ein verteufeltes Wagestück ist!"

Jetzt schritt er nach der Gaststube, in der er Mamsell Rosine traf.

„Will Sie mir wohl einen Gefallen tun, Jungfer Rosine?"

„Er ist eigentlich zu unmanierlich, als dass man Ihm viel Gefallen erweisen möchte; aber was will Er denn und wozu sind die Stricke da?"

„Das soll Sie gleich sehn", antwortete er, indem er die Tür verriegelte und die Pistole hervorzog. „Setz Sie sich einmal hier auf diesen Stuhl!"

„Herrjemine, was soll...", wollte sie beim Anblick der Waffe aufkreischen; er aber fiel ihr schnell in das Wort:

„Kein Wort weiter! Wenn Sie nur im Geringsten muckst, so schlag' ich Ihr mit dem Ding da die Schmachtlocken auseinander, denn einen Schuss Pulver ist so eine alte Trine wie Sie doch nicht wert!"

Sie zitterte an allen Gliedern und konnte vor Angst kein Wort mehr hervorbringen.

„Was für eine saubere Wirtschaft da unten in den Kellern herrscht, das weiß ich, und wir werden das Nest auch nachher ausnehmen; jetzt aber frag' ich Sie nur, wo mein Herr, der Habermann aus Dessau, steckt!"

„Sau – be – re Wirt – schaft?", stammelte sie. „Habermann? – Ich weiß von alledem nichts, gar nichts!"

„So, na, da hat eben Ihre letzte Stunde geschlagen!"

Er fasste sie beim Hals und holte aus, als wolle er ihr mit dem Griff der Pistole einen Schlag versetzen.

„Halt", röchelte sie in Todesangst, „ich will's gestehn!"

„Nun, wo ist er?"

„Unten eingeschlossen."

„Und die Sophie?"

„Auch mit eingeschlossen."

„Wer hat es getan?"

„Die Sachsen", antwortete sie aus Angst, dass es ihr ans Leben gehen könne, wenn sie die Wahrheit sagte.

„Gut, jetzt weiß ich genug! Jetzt lege Sie Ihre Hände hinter die Lehne und die Füße hier an die Stuhlbeine! Ich werde Sie anknüpfen. Wenn Sie sich ruhig verhält, geschieht Ihr nichts, wenn Sie aber einen Versuch macht loszukommen, so ist's um Sie geschehn!"

Widerstandslos ließ sie sich fesseln; dann band er ihr die Schürze vor den Mund und trat in die Küche.

Helles Gelächter tönte ihm entgegen, als er die Stufen hinunterschritt. Ihm war allerdings nicht sehr lächerlich zu Mute. Von dem Gelingen des Streiches hing vieles ab; besonders da der Fürst sich selbst unter den Gefangenen befand. Geräuschlos öffnete er die Tür ein wenig und horchte.

„Ich kann nicht begreifen", klang eine Stimme, „warum Müller nicht zurückkommt. Um bloß zu sehn, ob sie da sind, braucht es doch nicht eine so lange Zeit. Ich muss einmal nachschauen, was er draußen treibt!"

Das galt jedenfalls dem gefesselt im Garten Liegenden. Hier war keine Zeit zu verlieren, und der Sprecher hatte kaum den Fuß erhoben, um sich zu entfernen, so ertönte von der Tür her ein kraftvolles „Halt" in seine Ohren.

Er fuhr herum und erblickte den am Eingang Stehenden, der in jeder Hand eine gespannte Pistole hielt.

„Verrat! Zu den Waffen!", rief der Überrumpelte und eilte zum Ecktisch, wo er und seine Kameraden ihre Waffen abgelegt hatten. Aber mit einigen raschen Schritten hatte ihn der Eindringling vom Tisch abgeschnitten.

„Keinen Schritt weiter. Wer sich von seiner Stelle rührt, ist verloren!", erscholl es ihm entgegen.

Da riss er ein Messer hervor und wollte sich mit erhobener Faust auf den Fremden stürzen. Ein Schuss krachte und der Arm sank zerschmettert herab. Zu gleicher Zeit öffnete sich die andere Tür; Nauheimer trat ein und warf sich mit seiner mächtigen Gestalt den Werbern entgegen, die aufgesprungen waren, ihren Kameraden zu rächen. –

Währenddessen stand Marie von Naubitz draußen in der finsteren Nacht auf ihrem Posten, um Wache zu halten. Sie war eine würdige Patin des alten Knasterbarts und kannte weder Furcht noch Unentschlossenheit. Es schien ihr ratsam, sich einmal nach dem Gehölz zu schleichen, und schon legte sie die Hand an die kleine Gartenpforte, die ins Freie führte, als sie einen Schritt zurücktrat und sich schnell niederbeugte.

Zwei dunkle Gestalten kamen längs des Zaunes herbeigeschlichen und blieben jenseits gerade vor ihr stehen.

„Das muss das Haus sein, Hauptmann!", flüsterte eine leise Stimme.

„Natürlich! Und hier steht auch die Laube, in die der Gang münden soll."

„Warum nur keiner von den Kerls sich beim Treffpunkt einfindet! Sie müssen doch wissen, dass wir nicht ewig warten können, weil wir die Nacht zum Transport benutzen wollen."

„Wer weiß, was sie noch zu verrichten haben. Eintreten können wir nicht, so bleibt uns also nichts übrig, als uns in Geduld zu fügen."

Die beiden Männer entfernten sich langsamen Schritts und auch Marie erhob sich wieder, um das Gehörte zu melden. Als sie an die Kellertür kam, glaubte sie ein polterndes Geräusch zu vernehmen, das die Stufen heraufdrang.

Sie öffnete und lauschte hinunter. Jetzt hörte sie ganz deutlich ein lautes Krachen und dazwischen den unterdrückten Schall einer tiefen Bassstimme.

„Himmelmohrenelement, ob wohl das alte Ding nachgeben wird, dass man aus der Bude herauskommt!"

Das war der Fürst; sie kannte diese Stimme zu deutlich und hörte aus den vernommenen Worten, dass er eingeschlossen sei. Ohne sich lange zu besinnen, eilte sie, so schnell es ihr die Dunkelheit gestattete, die Treppe hinab, und je weiter sie hinunter kam, desto deutlicher bemerkte sie, dass man eine Tür mit mächtigen Fußtritten bearbeitete. Sie tappte sich dem Schall nach, bis sie die Tür erreicht hatte, und zog mit Anstrengung aller ihrer Kräfte die Riegel zurück. Der Schein des Lichtes fiel auf ihre Gestalt.

„Alle Wetter! Mädel, wie kommst denn du in dieses vermaledeite Loch? Na, davon später; jetzt muss ich machen, dass ich den beiden Teufelskerlen da drüben zu Hilfe komme, denn da scheint es bunt herzugehn!"

Er eilte nach oben und stand in kurzer Zeit vor dem Kleiderschrank.

„Dahinein soll ich kriechen? Na, jetzt komm' ich endlich, ihr Schwerenöter, und nun sollt ihr alle euern Zahlaus haben!"

So rasch wie möglich stieg er nach unten, stieß die angelehnte Tür auf und – blieb erstaunt stehen.

Im Hintergrund des Gewölbes lagen sämtliche Werber gebunden auf der Erde; der Korporal war eben beschäftigt, dem letzten eine Schlinge um die Beine zu legen, während der Kutscher mit drohenden Pistolen immer noch an dem Tisch stand, auf dem die Waffen der Gefangenen lagen. Es war augenscheinlich, dass die Angeworbenen bei deren Überwältigung geholfen hatten, und auch Hans schien nicht ganz müßig gewesen zu sein, denn er stand vor einem der Gefesselten und hielt ihm eben die erbauliche Rede:

„Sieht Er's nun ein, he? Wie du mir, so ich dir! Wir wollen Ihn schon lehren, bei nächtlicher Weile ehrlichen Leuten auf den Wagen zu springen, um sie unters Militär zu stecken! Das ginge wohl, wenn's bloß hieße: wie du mir, aber es geht nicht, weil's auch heißt: so ich dir!"

Die Arbeit war also hier vollständig getan und Leopold konnte sich nicht enthalten, in die anerkennenden Worte auszubrechen:

„Kerls, habt ihr denn den leibhaftigen Satan im Leib, dass ihr zu zweien euch in diese Räuberhöhle wagt? Das ist doch ein Stück, wie's nur so im Buch steht. Na, es soll euch auch angerechnet werden! Nauheimer, Er mag einmal hier zu Wache zurückbleiben; Er aber..." – damit wandte er sich an den Kutscher – „Er aber bringe mir einmal den Habermann herauf in die Stube und auch den – den – na, den Menschen, der dort an der Wand lehnt. Muss einmal ein Wörtchen mit ihnen reden, und die andern werden schon auch noch an die Reihe kommen!"

Als er in die Küche trat, fand er die beiden Mädchen vor, die mit Spannung auf den Ausgang des Abenteuers gewartet hatten. Marie trat zu ihm heran.

„Verzeihung, Durchlaucht, dass ich vorhin keine Zeit fand, zu melden, dass sächsisches Militär das Wäldchen unweit des Dorfes besetzt hält."

„Woher weißt du das?"

„Ich stand Wache und hörte dem Gespräch zweier Offiziere zu."

„Wache gestanden? Blitzmädel, an dir ist ein Grenadier verdorben, und der Herrgott mag's einmal bei mir verantworten, wenn ich hinaufkomme, dass er dich in den Unterrock gesteckt hat. Und zwei Offiziere waren es, sagst du? Da ist die Mannschaft zahlreich und wir müssen die Ohren spitzen. Was sprachen sie?"

Sie teilte die belauschte Unterredung mit.

„Da wären wir wenigstens einen Augenblick vor der Überrumpelung sicher und..."

Er hielt mitten im Satz inne und eilte in die Stube, denn draußen vor dem Haus hatte sich Pferdegetrappel hören lassen. Noch hatte er die in den Flur führende Tür nicht erreicht, als diese hastig geöffnet wurde und ein Dragoneroffizier eintrat, hinter dem noch mehrere Uniformen zu erblicken waren. Den Fürst erkennend, grüßte er:

„Eingetroffen nach Befehl, Exzellenz!"

„Gut, gut, schön, schön! Aber wo ist denn der Gallwitz?"

„Ist mit der Eskadron noch etwas zurück; schickte mich nur vor, um zu rekognoszieren; musste vorsichtig sein, wusste nicht, um was es sich handle."

„Ja, der Gallwitz ist ein verständiger und umsichtiger Soldat. Mach Er sich's einstweilen bequem hier, schick aber vorher einen Seiner Leute zurück, den Gallwitz zu führen. Alles Geräusch vermeiden; fünfhundert Schritt entfernt vom Haus halten!"

Schon seit einigen Minuten war der Kutscher mit Habermann und Polenz aus dem Keller gestiegen. Marie hatte ihm sofort die dem Fürsten gemachte Mitteilung wiederholt, und als er jetzt dessen letzte Worte vernahm, trat er vor.

„Erlaubt, Durchlaucht, dass ich gehe; kenne mich hier besser aus als diese Leute, die soeben erst hier angekommen sind!"

„Da hat Er Recht. Melde Er mir's sofort, wenn die Blauen eingetroffen sind!"

Der Kutscher ging; aber anstatt sich geradewegs nach der Straße zu wenden, trat er zu dem fürstlichen Jagdwagen, auf dem der Getreidehändler gekommen war, hob den Sitz in die Höhe und entnahm dem darunter befindlichen Kasten ein Paket.

„Es war doch gut, dass ich für alle Fälle meine Uniform einpackte. Jetzt mag vorerst der Kutscher in den Kasten gehen und dann – ja dann wollen wir den Sachsen auf den Hals, ohne dass wir den Alten erst lange um guten Rat fragen!", murmelte er leise. – – –

Erst als die Tür sich hinter dem Fortgehenden geschlossen hatte, bemerkte Leopold die Mamsell, die noch immer gefesselt und geknebelt auf ihrem Stuhl saß.

„Alle guten Geister", rief er, „das ist ja die alte Meerkatze, die mich – na, das ist nicht für jedermanns Ohren! Nehmt ihr doch mal die Schürze von der Nase und bindet den Drachen los!"

Als diesem Befehl Folge geleistet war, fragte er:

„Jetzt sage Sie mal, wer Sie hier so vortrefflich festgenagelt hat; aber mache Sie's kurz!"

„Wer denn anders als Euer Kutscher!", antwortete sie, ihren Ingrimm bemeisternd, da sie sehr wohl bemerkte, dass hinter dem Getreidehändler doch wohl etwas anderes stecke. Zudem fühlte sie sich nur gar zu wohl schuldig, und dieses Gefühl machte sie gefügiger, als sie es sonst gewesen wäre.

„Das ist doch ein ganz verteufelter Himmelhund!", rief er wohlgefällig. „Jetzt bleibe Sie ruhig sitzen; wir werden nachher schon sehn, was für Fett sich noch aus Ihrem Körper braten lässt. Ah, da ist ja auch der Habermann! Komm Er doch mal näher, mein Lieber!"

Diese Worte waren mit jener eigentümlichen Freundlichkeit gesprochen, hinter der sich immer ein Gewitter verbarg.

Der Handelsmann trat zögernd herbei.

„Warum ist Er niederträchtiger Millienenschwede – ach, alle Wetter!", unterbrach er sich hier, indem ihm erst jetzt das Eintreffen der Dragoner wunderbar vorkam, da Habermann doch jedenfalls nicht nach Halle gekommen war. Mit Spannung fuhr er deshalb fort: „Wie kommt Er denn hierher nach Bitterfeld?"

„Weil mich die Werber gefangen nahmen, Durchlaucht."

„So. Schämt Er sich denn nicht bis über die Waden hinunter, dass Er sich von solchem Gelichter hat übertölpeln lassen – und noch dazu in meinem Rock, Er Halunke? Eigentlich sollte ich Ihn ganz gewaltig durchfuchteln lassen, versteht Er mich, he? Aber Er wird Seine Strafe auch so schon haben. Und was hat Er denn mit meinem Zettel angefangen?"

„Den hab' ich einem Mann gegeben, der mir unterwegs begegnete. Er ging nach Halle."

„Was? Einem Mann? Hat Er ihn denn gekannt?"

„Nein."

„Nicht? Also dem ersten Besten übergibt Er so mir nichts, dir nichts eine Order von mir...!"

Da kam ihm plötzlich ein Gedanke. Konnte das wohl vielleicht gar der Wolstraaten gewesen sein? Wahrscheinlich war er es und bei dieser Vorstellung lachte er ingrimmig in sich hinein; dann meinte er:

„Wenn der Zettel nicht abgegeben worden ist, so hat Er's mit mir zu tun und wird sehen, was es Ihm einbringt! Was hat Er denn eigentlich in Bitterfeld zu suchen gehabt?"

Der Gefragte schwieg, an allen Gliedern zitternd.

„Er mag immer schweigen! Weiß doch, dass Er dort das Goldfischchen hat wegangeln wollen für seinen albernen Burschen, aber da wird ihm der Henker was braten. Das Mädchen ist versehen und der Nauheimer ist ein Kerl, der Verdienste hat und mein Wohlwollen obendrein. Setz Er sich! Die Angst ist Ihm ja in die Beine gefahren wie einem alten Kettenhund das Zipperlein!"

Polenz lehnte während dieser Szene auf einem Stuhl.

Die Besinnung war ihm wenigstens so weit zurückgekehrt, dass er das um ihn Vorgehende wie im Traum sah und hörte. Die Stimme des Fürsten klang ihm wie die Posaune des Jüngsten Gerichts in die Ohren, und als dieser befahl: „Jetzt bringt mir nun den Menschen dort einmal her!", war es ihm grade, als sei er an eine Kanone gebunden und erwarte in furchtbarer Todesangst den vernichtenden Schuss. Je näher er wankenden Schritts herbeitaumelte, desto grimmiger wurde das Gesicht Leopolds. Dieser schien den Angeklagten mit dem Auge durchbohren zu wollen und vor Zorn nach Worten ringen zu müssen, bis er endlich, ganz gegen seine Gewohnheit, kurz und kalt befahl:

„Schafft mir das Jammerbild aus den Augen! Aber den Hut mag Er auf dem Hirnkasten behalten, bis man ihm das Standrecht hält!"

Eine ganze Weile schritt er, mit seiner Aufregung kämpfend, in der Stube auf und ab. Endlich wurden seine Züge milder und milder und mit einer kurzen Schwenkung blieb er vor Marie von Naubitz stehen.

„Höre, Mädel, da hätte ich alter Isegrim bald einen dummen Streich gemacht und dich an einen Mann gehängt, der – na, ich will mich nicht wieder ärgern! Wir wollen uns die Sache mit dem Platen noch einmal überlegen. Hab' viel von ihm gehört, sehr viel Gutes und Schönes – soll ein ganz wahrhaftiger Ausbund von allen Offizierstugenden sein! Und du selbst bist ja heut auf dem Damm gewesen trotz eines Pulverfressers und hast mich aus der Teufelshöhle herausgeholt, in die mich dort das alte Schüreisen – na, warte nur", unterbrach er sich, wieder zornig werdend, „nennt mich dieses traurige Weibsbild einen alten Zyperkater! Ich werde Sie, Mamsell Rosine Kachelmüllerin oder Schachtelbergerin, bezypern, dass Sie bis an Ihr seliges Ende an dem Kater herumkauen soll!"

Vielleicht hätte er der alten Jungfer eine etwas längere Rede gehalten, wäre jetzt nicht zum zweiten Mal draußen das Stampfen von zahlreichen Rosshufen laut geworden.

Wütend eilte der Fürst nach der Tür.

„Wahrhaftig, da bringt mir der Kerl die ganze Truppe bis an die Nase hergeschleppt, und dabei machen die Leute einen Skandal, dass die Kurfürstlichen taub sein müssten, wenn sie es nicht hörten. Das wird uns den ganzen Streich verderben!"

Er befand sich wieder in vollem Zorn und herrschte, als jetzt der Eingang sich öffnete, dem einen der beiden Eintretenden zu:

„Alle Tod und Teufel, Rittmeister, was fällt Euch denn ein, mir mit solchem Spektakel ins Haus zu fallen, wenn ich befohlen hab', dass Ihr fünfhundert Schritt von hier Posto fassen sollt? Nun sind uns die Sachsen futsch, die ich haben wollte!"

„Exzellenz erlauben zunächst, diesen Mann abzuliefern!", erwiderte der Angeredete, indem er seinen Begleiter vorschob. Es war ein Mann in Zivil, in dessen Minen die Angst mit größter Deutlichkeit zu lesen war.

„Wer ist's?"

„Der Bäcker Wolstraaten."

„Aha, ist er von seinem Spaziergang nach Halle zurück? Hab' jetzt aber keine Zeit, mich mit dem Landesverräter zu befassen. Setzt ihn dorthin neben seine alte Mamsell Schatulle!"

„Sodann hab' ich Exzellenz diese Allerhöchste Zuschrift zu überreichen. Kam aus Berlin und ist so dringlich, dass sie mir sogar für den gegenwärtigen Ritt anvertraut wurde, um baldigst in Eure Hände zu gelangen."

„Na, da gebt mal Licht her!"

Er trat zum Tisch, brach das königliche Siegel auf, entfaltete das Schreiben und versuchte, sich dessen Inhalt anzueignen. Lange wollte es ihm nicht gelingen; endlich aber legte er es mit einer Miene des Triumphs wieder zusammen.

„So, da ist der Alte Dessauer wieder mal gescheiter gewesen als all die hochgelehrten Herren Federfuchser. Kinder, morgen marschieren wir; der Teufel geht wieder los. Mein guter Freund, der liebe Brühl, hat wieder mal 'nen Affen in die Welt gesetzt, der ihn in die eignen Augen kratzen wird. Der alte Blutsauger kann das Schlabbermaul nicht halten und hat sich selbst verraten. Also morgen geht's auf Leipzig los und der Herrgott mag seine Englein trommeln und pfeifen lassen, dass es uns nicht am Sieg fehlt! Es wird ja doch wohl die letzte Kampagne sein, die euer alter Leopold mit euch unternimmt", setzte er in milder werdendem Ton hinzu, „und da wollen wir denn noch einmal zeigen, dass wir noch Mark in den Knochen haben! Was nun das Neueste dabei ist, der Ritter Kurt von Platen wird mir als Adjutant beigegeben. Der Fritz in Berlin will's so und mir kann's auch recht und lieb sein! Aber nun hinaus zu den Sachsen, wenn sie uns, wie gesagt, nicht futsch sein sollen!"

„Exzellenz, die Sachsen sind uns nicht futsch; wir haben sie schon!"

„Ihr habt sie? – – Wo denn, he?"

„Draußen vor dem Haus."

„Vor dem Haus? Gefangen? Alle Hagel, wie ist denn das zugegangen?"

„Der Rittmeister von Platen, den uns Exzellenz entgegenschickten..."

„Platen? – Entgegenschickten? Bei Euch rappelt's wohl?"

Der Gefragte wurde der Antwort überhoben, denn es öffnete sich wieder die Tür und ein Offizier in der kleidsamen Tracht der Zietenhusaren trat ein, nahm drei Schritt vor dem Fürsten Stellung und meldete:

„Fertig mit den Kurfürstlichen, Durchlaucht. Alle gefangen!"

„Potz Schwe..."

Das Kraftwort blieb dem alten Helden im Mund stecken. Aufs Höchste erstaunt trat er einige Schritte zurück und beguckte sich mit aufgerissenen Augen den Mann, der sich so vorzustellen wusste.

„Ist denn die ganze Welt aus Rand und Band gefahren, dass Er Himmelsackermenter es wagen darf, als Leibkutscher sich..."

Wieder hielt er vor erneutem Erstaunen mitten in seiner Strafpredigt inne, denn Marie von Naubitz trat zu dem Husaren, legte ihre Hand auf seinen Arm und sprach:

„Der Herr Rittmeister von Platen, Exzellenz!"

„Wa – wa – wa – was? Das ist ja heut eine förmliche Revolution gegen mich! Also Er ist der Tausendschwerebretter, der so viele schöne dumme Streiche gemacht hat und nun jetzt gar dieses Mädel da zur Frau nehmen will? Und da hat Er sich gestern wohl nur deshalb bei Mutter Röse eingeschlichen, um mir so hintenherum zu kommen und mich auf Seine Seite zu kriegen? Und den Kutscherrock hat Er angezogen, Er ein Offizier, der doch Ehre im Leib haben sollte! Da schlag doch der Teufel drein! Daraus wird nichts, rein gar nichts. Na, wartet nur, ihr Heidenvolk, ihr sollt mir alle samt und sonders, wie ihr dasteht – und auch die da unten in den Kellerlöchern – mit nach Halle, und da wird ein jeder das bekommen, was er verdient hat, nämlich..."

„Der Nauheimer seine Sophie!", ertönte es herzhaft aus dem Hintergrund, wo der Korporal auf einen kurzen Augenblick erschienen war, um sein Mädchen beim Hals zu nehmen. Er hatte es unten bei den Gefangenen doch nicht länger aushalten können und war nach oben gestiegen, wo es ihm vielleicht möglich war, ein kleines Wörtchen für sein Glück einzulegen.

„Maul gehalten, Er vorwitziger – ja so, Er war's wohl selber, Korporal? Da will ich nichts dagegen haben; also, der Nauheimer seine Sophie, und – und..."

„Der Platen...", lachte mutig der Husarenrittmeister.

„Seine Marie!", ergänzte die Patin des Fürsten, bittend zu dem Alten aufblickend.

„Ja ja, da darf man nur sagen: und – und..."

„Der Habermann seinen Hans!", machte sich eine halblaute Stimme bemerklich.

„Das ginge wohl, denn Habermann bleibt Habermann, und das geht auch, denn der Hans bleibt auch der Hans!"

„Will Er dahinten wohl gleich Seinen Schnabel zumachen! Glaubt Er wohl, Er dummer Hans, dass ich mich nur wegen Ihm herstelle und dreimal ‚und – und –

269

und' schreie? Na...", wandte er sich wieder an die beiden jungen Leute, die erwartungsvoll vor ihm standen, „...da greift meinetwegen zu! Aber zur Beichte sollt ihr mir noch sitzen, und zwar ganz gehörig, denn ich muss alles wissen, was ich jetzt noch nicht erfahren hab', und wenn ich dann zufrieden bin mit dem Herrn Rittmeister, so wird er sich auch nicht zu beklagen haben über – hahahah – über den Zwie – wie – hahahaha – wie – wie – wiebelhändler von gestern!"

Der „Samiel"

1.

Der Blößenförster befand sich in einer fürchterlichen Aufregung. Gestern Abend mit der Büchse ausgegangen, war er erst jetzt am Spätnachmittag ohne dieselbe nach Hause gekommen, hatte das bereitstehende Mahl nicht angerührt und ging mit raschen, energischen Schritten, zornig gestikulierend und in kräftigen Ausdrücken seinem Grimm Luft machend, im Zimmer auf und ab.

„Nein, so etwas ist wahrhaftig unerhört, ist noch nimmer dagewesen, ist eigentlich reinweg unmöglich! Hier ist ja kein Mensch, kein Wild und keine Fliege mehr sicher; alles putzt er weg, der verwünschte Wilderer, der ‚Samiel', wie sie ihn überall nennen, und ich kann mir die Füße ablaufen, mich Tag und Nacht auf die Lauer legen – ich erwische ihn doch nicht, ja, ich bekomme ihn gar nicht einmal zu sehen!"

Die beiden Frauen, welche in der Fensternische saßen, beobachteten ein sorgfältiges Schweigen; sie wussten, dass jeder Versuch, ihn zu beruhigen, seinen Ärger nur steigern werde.

„Und was das Schlimmste ist", fuhr der Zornige fort, „ganz allein mein Revier wird von ihm heimgesucht; die Nachbarn verschont er ganz und gar, sie stehen an der Grenze, stecken die Hände in die Hosen und lachen mich aus über die Vorwürfe, welche ich fast Tag für Tag zu hören bekomme. Erst gestern war der Oberförster hier und meinte endlich, wenn das nicht anders werde, so müsse ein Mann her, der sich besser auf die Forstpolizei verstehe als ich. Ist das nicht gleich zum närrisch werden? Schießt mir dieser Kerl noch so einen der seltenen Zwölfender weg wie heute Nacht, so fahre ich aus der Haut!"

Er zog das blauleinene Sacktuch aus der Tasche und wischte sich die glühende Stirn.

„Da höre ich heut Nacht, während ich draußen umherspüre, einen Schuss; ich stürme so schnell durch die Büsche, dass mir die Äste das Gesicht wund schlagen, und sehe auf der freien Stelle am Waldwasser den schönsten Zwölfer liegen. Der Mond scheint hell vom Himmel, damit ich ja alles deutlich sehen und mich gehörig ärgern soll, aber den, der geschossen hat, den erblicke ich nicht. Plötzlich erhalte ich einen Schlag über den Kopf, dass mir die Sinne vergehen, und als ich wieder aufwache, bin ich an den Baum gebunden, der Zwölfer liegt noch an seinem Platz, aber meine Büchse ist fort. So eine Schande! Ich hätte mich selbst ohrfeigen können, wenn die Hände dazu frei gewesen wären. Rufen durfte ich nicht, sonst wäre ich ja blamiert für alle Zeit und Ewigkeit, und so blieb ich den ganzen Tag am Baum, bis es mir vorhin endlich gelang, mich loszureißen. Und als ich nachher in die Tasche greife, steckt ein Zettel darin mit der Quittung für die Büchse und der Bemerkung, dass mein Nachfolger sie zum Angebinde erhalten solle, sobald ich von der Stelle gejagt worden sei. Das muss man erleben, ohne vor Wut gleich zu zerplatzen! Ich habe stets meine Pflicht getan, jetzt tue ich fast noch mehr, fast über Gebühr, und doch muss ich von der Stelle, wenn ich den Samiel nicht erwische, der mir den Wildbestand freventlich zu Grunde richtet und wie ein Geist niemals zu treffen und zu greifen ist!"

Er riss ein altes, sichtlich wenig in Gebrauch gewesenes Gewehr von der Wand und stieß es mit dem Kolben auf den Boden, dass die Diele krachte.

„Meine Büchse ist fort, nun nehme ich diese hier. Sie stammt vom vorigen Förster, dem Vater der Wiesenbäuerin, der auch aus dem Dienst gemusst hat, aber wegen Unterschlagung und derartiger Dinge. Die Bäuerin hat gar oft daraus geschossen, als sie noch ledig war, und sie aus Impertinenz hier hängen lassen, ‚damit ich möchte das Schießen lernen', wie sie sagte. Jetzt werde ich laden und die Kugel, die ich hineintue, die trifft entweder den ‚Samiel' oder ich jage sie mir selbst durch den Kopf. Dann ist die Schande zu Ende und der Ärger auch!"

Er warf das Gewehr über die Schulter und schickte sich an, wieder fortzugehen.

„Du willst doch nicht etwa schon wieder in den Wald hinaus!", suchte ihn die ältere der Frauen mit sanfter Mahnung zurückzuhalten. „Du bist ja soeben erst herein!"

„Freilich will ich wieder gehen! Es lässt mir weder Ruhe noch Rast, bis ich ihn fest habe und in das Gefängnis liefern kann. Habe ich nur erst das kleinste Zeichen, nur die geringste Spur von ihm, so wird er mein, und wenn er zehnmal kugelfest ist und tausendmal blauschießt, wie die Leute erzählen! Aber das ist es ja: Man bekommt ihn nimmer vor das Auge und auch nichts von ihm jemals in die Hände. Alleweil, nun gehe ich; lebt wohl!"

„Aber so iss doch erst oder tu' dir wenigstens was in die Tasche. Du hast seit gestern nichts genossen; wer soll das aushalten bei den Strapazen im tiefen Forst!"

„Nein, lasst mich gehn! Ich werde weder essen noch trinken, bis ich ihn habe, das will ich gleich hoch und teuer schwören und geloben. Ob mich der Hunger umbringt oder die Angst und Bangigkeit um meine Stelle, das kommt am Ende doch nur auf eins heraus!"

Er ging. Mutter und Tochter blickten ihm besorgt nach, bis er über die Blöße, auf welcher das Forsthaus lag, gegangen und sodann im Schatten der Bäume verschwunden war.

Ihr jetzt so unruhiges und schwer gewordenes Leben war früher ein durchaus glückliches gewesen und die Bewohner der Försterei lebten still und mit aller Welt in Frieden. Nur die Wiesenbäurin hatte es nie verschmerzen können, dass ihr Vater einst gezwungen gewesen war, dem jetzigen Förster Raum zu geben, und aus diesem Grunde jede Gelegenheit ergriffen, dem Letzteren ihre feindselige Gesinnung an den Tag zu legen. Aber außer diesem einen Fall besaßen die braven Bewohner des Blößenhauses trotz der schwierigen Lage, in welche ein gewissenhafter Forstbeamter sich den durch ihre Armut auf die Holzlese angewiesenen Bewohnern des Gebirges gegenüber so oft versetzt sieht, das allgemeine Wohlwollen der ganzen Umwohnerschaft. Auch in ihrem häuslichen Kreis hatten stets Liebe und Eintracht gewaltet, wenn auch der verstohlene Wunsch eines jugendlichen Herzens es zuweilen wagte, sich leise gegen den Willen des strengen Vaters aufzulehnen. Aber das hatte seit länger als nun Jahresfrist eine Änderung erlitten.

Pauline wusste noch ganz genau den Tag, welcher der letzte frohe und glückliche gewesen war. Der Hermann war wieder einmal im Dorf gewesen; es hatte grad ‚Jungferntanz' gegeben, wobei nicht die Burschen und Männer, sondern die Mädchen und Frauen zum Tanz aufforderten. Mit keiner hatte er getanzt, allen hatte er es abgeschlagen, sogar der Wiesenbäuerin, der reichen, schönen Witwe, die, wie man wohl wusste, früher einmal ein Liebesverhältnis mit dem schmucken Burschen gehabt hatte, und darum wagte sie es auch nicht, ihn aufzufordern. Da war er plötzlich hin zu Pauline gekommen und hatte mit so tiefem, freundlichem Auge gefragt:

„Warum bist du denn so einsam hier, Paule? Willst du nicht auch einmal den Tanz versuchen?"

„Mit wem denn? Sie haben fast alle ihren Mann oder ihren Schatz, ich aber wohne draußen im Wald, bin gar selten hier im Ort und habe keinen, zu dem ich mich halten kann."

„So nimm mich als Schatz und tanze mit mir! Willst du, Paule?"

Sie hatte nicht geantwortet. Es war die Erinnerung an vergangene Zeiten, in denen sie, das kaum erblühende Mädchen, vor der wilden und schönen Tochter des vorigen Försters hatte zurücktreten müssen, mit aller Bitterkeit in ihr aufgestiegen, aber ihren Arm – den hatte sie ihm doch gereicht. Und nun war es gewesen, als dürfe sie gar nicht zur Ruhe kommen. Bei jeder neuen Tour hatte er vor ihr gestanden und sie, ohne nach der heutigen Ordnung zu fragen, zum Reigen geführt. Auch der Wiesenbäuerin hatte das auffallen müssen. Sie war während einer Pause ganz in der Nähe gewesen und hatte gefragt:

„Der Herr Lakai hat wohl in der Fremde verlernt, wie es hier auf dem Jungferntanz Sitte und Regel ist? Das arme Ding da kann ja gar nicht mehr von ihm loskommen!"

„Weil das arme Ding dem ‚Lakai‘ viel lieber ist als die falsche Schlange, die zu nichts taugt als zum Zertreten!", hatte er geantwortet und ihr dann den Rücken zugekehrt. Darauf waren sie miteinander fortgegangen und er hatte so lieb und gut zu ihr gesprochen und dabei den Arm um sie gehabt, grad als ob es mit dem „Schatz" sein Ernst gewesen sei. Sie musste noch heut an diesen schönen Heimgang denken, aber auch an das, was darauf folgte. Grad als sie die Blöße erreicht hatten, war ihr Vater von einem späten Gang aus dem Wald zurückgekommen und an der Tür mit ihnen zusammengetroffen.

„Was?", hatte er gerufen. „Den bringst du mir mit? Willst du ihn wohl sofort von dannen lassen und gleich hineingehen in das Haus, du unverständiges Kind!"

Sie hatte vor Bestürzung nichts erwidern können und dem Befehl ohne Zögern Gehorsam geleistet. Doch im Flur war sie noch einen Augenblick lang stehengeblieben und hatte die Frage vernommen:

„Bitte, Herr Förster, wollt Ihr mir vielleicht sagen, warum Ihr mich in dieser Weise empfangt? Ich habe die Pauline in allen Ehren begleitet und darf mich darum wohl über Eure Rede wundern."

„Ich dächte doch, hier gäb's nichts zu verwundern! Als dein Vater noch lebte – ich war damals erst Heger hier –, da hielten wir gute Freundschaft und es galt für ausgemacht, dass ihr beide, du und die Pauline, ein Paar werden solltet. Sie hat dich lieb gehabt und ist dir vielleicht auch heut noch gut, du aber hast ihr junges, treues Herz verachtet und bist einer andern nachgelaufen, die dir besser in die Augen stach. Aber der Försterswildfang hat dich ausgezahlt und statt deiner den reichen Wiesenbauer geheiratet, der dann vor Ärger über sein schlimmes Weib gestorben ist. Jetzt nun wäre die Pauline wohl gut genug? Geh fort, wir sind geschiedene Leute; du bekommst sie nimmer!"

„Ich habe noch gar nicht gesagt, dass ich sie will, Förster. Ich brauche mir meine Frau nicht grad hier vom Dorf zu holen, denn es gibt der Mädchen schon auch anderwärts noch genug, und ich bin nicht der Mann, der um ein Weib zu betteln braucht; aber wenn ich sie möchte, so wäre die Jugendverirrung, welche Ihr mir vorwerft, mir doch vielleicht noch zu verzeihen. Überlegt Euch das und habt nun gute Nacht!"

So hatte der letzte glückliche Tag geendet. Am andern Morgen war Hermann wieder fort und der Vater fand den ersten Bock, den eine fremde Kugel niedergestreckt hatte, draußen im Wald liegen. Von nun an trieb der „Samiel", dem fast in jeder Nacht irgendein Wild zum Opfer fiel, sein unheimliches Wesen im Revier und das Leid zog ein in das Blößenhaus und auch in Paulines Herz, größer und mächtiger noch als früher, wo es ein nur kleines und heimliches Plätzchen in dem verschmähten Mädchenherzen gefunden hatte. –

„Hast du die großmächtige Beule gesehen, die der Vater am Kopf hat?", fragte jetzt die Mutter.

„Ja. Es muss doch ein fürchterlicher Schlag gewesen sein, den er bekommen hat. Du hättest ihm doch eine Salbe auflegen sollen!"

„Da wäre ich schön angekommen! Gar nicht erinnern durfte ich ihn daran, sonst wäre er gewiss gleich wieder in Zorn geraten. Was ich für Angst ausgestanden habe, als er diese Nacht und auch am Morgen nicht nach Hause kam, das ist gar nicht zu beschreiben, und was soll jetzt erst daraus werden? – Wenn die beiden zusammengeraten, er und der ‚Samiel‘, so geschieht ein Unglück, wie es bei uns noch keines gegeben hat. Wenn man nur wüsste, wer der heimliche Wilderer eigentlich ist! Man könnte dann doch vielleicht etwas tun, um das Unheil abzuwenden."

Die Tochter blickte vor sich nieder. Ein schwerer Tropfen fiel von ihrer Wimper.

„Du weinst, Paule! Du weißt, wer es ist?!"

„Nein, Mutter, ich weiß es nicht, aber der Vater denkt, wer's ist, und darüber könnt ich sehr viel weinen."

„Er denkt sich wen? Davon hat er mir noch nichts gesagt. Sprich, wen meint er?"

„Gesagt hat er auch mir noch nichts, aber ich höre es aus seinen Reden. Er glaubt nicht, dass der Hermann damals wirklich fortgegangen ist zu dem Grafen, der sein Hauptmann war und bei dem er nun Leibdiener ist, sondern er meint, dass er hier geblieben sei und ihm nun aus Rachsucht das Wild wegputze, um ihn aus der Stelle zu vertreiben. Der Hermann kennt jeden Schritt und Tritt im Wald und ist von den Soldaten her ein ebenso guter Schütze als wie der Vater. Darum soll er der ‚Samiel‘ sein."

Sie erhob sich und verließ die Stube, um der Mutter ihre Tränen zu verbergen. Unter dem verblühten Flieder hinter dem Haus stand eine Moosbank; auf ihr saß sie lange, lange Zeit. Sollten all die Hoffnungen, die sie still im Herzen trug, verwelken und verblühen wie die duftigen Traubendolden, deren ausgefallene Kelche rings den Boden bedeckten? Schon einmal war ein tödlicher Hauch darüber hinweggegangen. –

„Sag, Paule, worin bist du so sinnvertieft?"

Sie schrak aus ihrem Grübeln empor und blickte in dieselben Augen, die sie seit jenem Tag nicht hatte vergessen können, die ihr im Wachen und im Traum immer von Neuem erschienen waren und an die sie auch jetzt wieder gedacht hatte. Sie war zuerst erschrocken, als er sie so plötzlich anredete und gleich darauf neben ihr saß; sie konnte nicht antworten, grad wie damals im Saal; aber wie sie ihm ihre Hand dort dennoch gereicht hatte, so hob es auch jetzt ihre Arme empor – sie schlangen sich um seinen Hals und mit unterdrücktem Schluchzen lehnte sich das kleine Köpfchen gegen seine Brust. Er war wieder da nach so langer, schwerer Zeit und nun wurde gewiss alles gut – einen anderen Gedanken hatte sie nicht mehr.

Überglücklich zog er sie an sich. Er hatte ja in seinem Dienst gelernt, auf das Fühlen und Denken anderer Acht zu haben, und so erkannte er leicht, dass der unerwartete Empfang eine innere Vorbereitung gefunden haben müsse.

„Bist du mir denn noch gut, Paule?", flüsterte er.

Sie nickte.

„Auch noch wie früher, ehe ich zu – zu der Wiesenbäuerin geriet?"

„Ja."

„Und willst du mir das verzeihen?"

„Gern, wenn du nicht wieder zu ihr gehst!"

„Ich schaue sie nimmer an!"

„Aber sie ist gar schön, fast schöner noch als früher! Und ich – ich darf mich da ja gar nicht zu ihr hinstellen."

Er hob ihr rosiges, gutes Gesichtchen zu sich empor und erwiderte lächelnd:

„Du bist lieb und brav, und das ist tausendmal besser als schön! Darum habe ich auch immer nur an dich gedacht, seit ich dich zum letzten Mal sah, und nun mein Herr gestorben ist und ich aus meiner Stelle frei geworden bin, habe ich herbei gemusst, um dich zu sehen und auch zu erfahren, ob du mich vergessen hast oder nicht. Ist dein Vater daheim?"

„Nein, er ist im Wald." Sie hatte auf die kurzen Augenblicke das Leid der letzten Zeit vergessen gehabt, jetzt kam ihr dasselbe wieder in den Sinn. „Ach, Hermann, wenn du wüsstest, wie es bei uns steht! So traurig ist es noch nie gewesen, und wenn es so fortgeht, weine ich mich noch zu Tode!"

Sie teilte ihm alles mit, was auf ihrem Herzen lag. Er hörte ihrem Bericht aufmerksam zu und fragte, als sie geendet hatte, mit nachdenklich gedehnter Stimme:

„‚Samiel'– – ? Wer hat ihm denn diesen Namen gegeben?"

„Ich weiß es nicht. Es kennt ihn ja niemand und so hat man den Namen des ‚Bösen' für ihn ausgesucht, der vielleicht besser passt als ein anderer."

„Und es hat sich wirklich niemals eine Spur von ihm entdecken lassen?"

„Nicht die geringste! Er muss den Wald fast noch besser kennen als der Vater."

„Habt ihr nicht vielleicht auf die Gastwirte und Wildbrethändler ein Augenmerk gehabt? Wenn er so grausam viel darniederschießt, muss er doch Hehler haben, die ihm seine Ware abnehmen!"

„Er verkauft ja seine Beute gar nicht, sondern lässt sie stets liegen, wo er sie getroffen hat. Er geht also nicht des Gewinns wegen, sondern nur aus Passion in den Forst, das sieht man ja ganz deutlich, und dazu ist er ein Schütze, vor dem man eigentlich Respekt haben muss, denn auch beim schwersten Schuss sitzt die Kugel immer nur da, wo sie kunstgerecht aufzutreffen hat!"

Er sprang empor, seine Augen funkelten.

„Paule, jetzt weiß ich es bald, wer's ist, und ich kann mir auch denken, warum er es tut! Es ist die Passion, die ihn hinaustreibt, die Leidenschaft, ja, aber eine ganz andere, als ihr meint. Es gibt nur zwei Menschen, die das Revier so genau kennen, wie es für den ‚Samiel' notwendig ist: ich und – und – und noch jemand. Und es gibt nur drei, die mit der Büchse so umzugehen verstehen wie er: dein Vater, ich und – und – und wieder dieser Jemand. Er hat es tun können, bloß weil ich nicht dagewesen bin, jetzt aber ist es aus mit ihm, jetzt werde ich ihn aufsuchen, und ich muss ihn finden! Habt ihr wirklich gar kein Zeichen, nicht irgendeinen Gegenstand von ihm, eine Fußspur, einen Pfropfenrest, ein Stückchen Papier oder sonst etwas Geringes, aus dem man weiter schließen kann?"

„Nein, er ist gewaltig vorsichtig und hat nie etwas hinterlassen, denn – – aber warte, Hermann, jetzt fällt mir ein: Heut in der Nacht hat er doch dem Vater ein Papier in die Tasche gesteckt, wo seine Schrift darauf zu lesen sein muss! Ich weiß zwar nicht, welche Tasche der Vater meint, aber seine Joppe hängt noch in der Stube; sie war von den Dornen zerrissen und darum hat er die andere angezogen als er ging. Soll ich einmal nachschaun?"

„Ja, geh gleich, Paule! Aber lass die Mutter nicht erfahren, dass ich hier bin; sie hat der Sorgen schon so genug!"

Sie trat in das Haus. Nach einigen Minuten kam sie zurück und hielt ihm ein zusammengeknittertes Papier entgegen.

„Das ist alles, was zu finden ist; ich habe selber noch nicht darauf gesehen."

Er öffnete es mit sichtbarer Hast, strich die Falten aus und las dann die wenigen Bleistiftzeichen, denen man ansah, dass sie mit unsicherer Hand und bei Mondschein geschrieben worden seien. Dann legte er mit triumphierender Miene das Papier wieder zusammen und steckte es zu sich.

„Ist es das rechte, Hermann?", fragte das Mädchen. „Ja, ich sehe dir es an!"

„Freilich ist es das richtige und ich glaube, der ,Samiel' hat sich damit gefangen. Oh, er ist ein gar kluger und durchtriebener Bursche! Ich habe ihn mehr kennengelernt als mir lieb gewesen ist! Aber es ist kein Kopf so schlau und fein, dass er nicht auch einmal eine Unvorsichtigkeit begeht. Das Papier, das nehme ich mit!"

Sie blickte halb freudig, halb besorgt zu ihm empor.

„Ist es wahr, dass du ihn fassen kannst?"

„Fast ganz gewiss!"

„Aber die Gefahr, welche dabei ist! Willst du das Wagnis allein unternehmen?"

„Das ist noch unbestimmt und muss sich erst zeigen. Aber schau mich doch an, Paule! Denkst du wirklich, dass ich mich vor jemandem zu fürchten brauche?" Er stellte sich vor sie hin und reckte seine kräftige Gestalt mit zuversichtlichem Lächeln empor. „Oder hast du jemals vernommen, dass mich irgendjemand bezwungen und geworfen hat?"

Sie schüttelte ebenfalls lächelnd den Kopf.

„O nein, du warst ja stets bekannt als der Schnellste und auch Stärkste hier im Dorf; aber der ,Samiel' ist doch jedenfalls kein gewöhnlicher Gegner. Sag', wer ist es, Hermann?"

„Das kann ich nicht, Paule! Bis jetzt vermute ich es nur; sobald ich es gewiss weiß, bist du die Erste, die es erfährt. Jetzt gehe ich, aber ich glaube, du wirst bald wieder von mir hören. Leb wohl!"

„Leb wohl, Hermann! Ich danke dir gar sehr für den Trost, welchen du mir gegeben hast; aber bitte, nimm dich ja recht gut in Acht, damit du nicht zu Schaden kommst. Sag lieber dem Vater, was du tun willst, der wird dir ja beistehen müssen!"

„Ich will es mir überlegen!"

Er schritt eilends über die Waldblöße und schlug dann den Weg ein, der vom Forsthaus nach dem Dorf führte. Allmählich aber wurden seine Schritte langsamer, das Nachdenken minderte ihre Schnelligkeit. Auch in der Ferne schon hatte er von dem ,Samiel' gehört, doch war das, was man sich erzählte, mehr ein Märchen als ein wahrheitstreuer Bericht gewesen. Was er jetzt von Pauline vernommen hatte, war dagegen nur zu sehr geeignet, sein lebhaftes Interesse zu erregen. Die Vermutungen, welche die ungewöhnliche Ortskenntnis und Schusssicherheit des Wilderers in ihm erregt hatten, waren durch die Schriftzüge vollständig bestätigt worden. Er kannte diese verzogenen, wirren Buchstabenreihen; sie waren ein deutliches Charakterbild des Schreibers. Wie oft hatte er ähnliche Zeilen in der Hand gehabt, aufs Papier geworfen in Feld oder Wald; wie oft hatten sie ihn mit Seligkeit erfüllt, wie oft ihn in das tiefste Leid geschleudert; wie oft hatten sie seine festesten Vorsätze wankend gemacht und ihn immer wieder hinausgezogen in den Forst!

An einem der letzten Bäume lehnte eine weibliche Gestalt, welche bei seinem Nahen sich vom Stamm löste und auf ihn zutrat. Es war die schöne Wiesenbäuerin, die hier offenbar auf ihn gewartet hatte.

„Da bist du ja endlich wieder! Hast du meinen Brief erhalten, Hermann?"

„Erhalten habe ich ihn, ja, aber aufgemacht und gelesen nicht. Ich wollte die Annahme nicht verweigern, weil er sonst erbrochen worden wäre, und das mochte ich dir doch nicht antun. Lieber bringe ich ihn selber zurück. Hier hast du ihn!"

Ihr großes, dunkles Auge flammte zornig auf; mit einer kurzen Bewegung des Kopfes warf sie die reichen rabenschwarzen Locken nach hinten und trat ihm rasch um einen Schritt näher.

„Was? Empfangen hast du ihn, aber gelesen nicht – den Brief von mir, von der Wiesenbäuerin nicht gelesen? Und warum denn nicht, wenn ich fragen darf? Wohl wegen der Dirne dort, mit der du schön und zärtlich getan hast fast eine ganze Stunde lang? Ich habe es gar wohl gesehen, ich stand am Busch und sah dich zu ihr schleichen!"

„Das ist mir recht, denn da hast du gleich die Antwort gesehen auf das, was hier in deinem Brief jedenfalls zu lesen steht. Aber nimm ihn endlich hin, sonst muss ich dir ihn zuschicken."

„So willst du wirklich gar nichts von mir wissen?"

„Nichts, gar nichts, selbst nicht das Geringste von dem, was man vom Nagel herunterschabt. Ich brauche es dir gar nicht mehr zu sagen, du hast es schon hundertmal gehört."

„So gib her!", rief sie mit dem Fuß stampfend. Und das Papier ihm aus der Hand nehmend und in Stücke reißend, fuhr sie fort: „Aber dabei merke: So wie ich hier mein Schriftwerk vernichte, so zerreiße ich auch meine Liebe zu dir, und ebenso werde ich dich und die Paule vernichten, wenn ich euch wieder so zu sehen bekomme wie vorhin!"

„Tu es, wenn du's vermagst!", antwortete er kalt.

Sie hatte sich umgedreht und ging. Schon einige Schritte von ihm entfernt, blieb sie wie unter einem Entschluss stehen, wandte sich dann wieder zurück und trat rasch auf ihn zu. Seine beiden Hände erfassend, schaute sie ihm mit glühenden Blicken in das ruhige Auge:

„Hermann, lass mich nicht so von dir gehen, es ist dein Unglück und auch das meinige! Du kennst mich, du weißt, dass meine Liebe nicht ist wie anderer Liebe und dass ich den Wiesenbauer nur aus Eigennutz genommen habe. Du hattest nichts und ich noch weniger, der Vater war aus dem Amt gejagt und die reiche Heirat half uns aus der Not. Ich will es dir zuschwören, dass ich mit dem Bauer ärger noch gelebt habe als wie im Zuchthaus. Ich konnte nicht von dir lassen, ich habe es gefühlt in meiner Ehe und dich deshalb aufgesucht, so oft es nur möglich war. Wenn du mich von dir stößt, so gehe ich zu Grunde, aber nicht allein, das sage ich dir; du musst auch mit!"

Die Versicherung ihrer Liebe war keine Lüge, man sah es dem verführerisch schönen Weib an. Hundert andere hätten in ihrer Entschlossenheit gewankt, er aber entzog ihr seine Hände.

„Tu, was du willst! Ich muss dich verachten und mich schämen, dass du einst mein Schatz gewesen bist. Dein Leben ist nichts gewesen als ein Aufruhr gegen das, was anderen Frauen heilig und wert ist, und von diesem Sinn kannst du nimmer lassen. Vor deiner Rache habe ich keine Bangigkeit und darum sage ich dir ganz offen, dass ich die Pauline heiraten werde. Ich habe mir so viel gespart, dass ich den Haushalt beginnen kann, und ich denke, auf dem ‚Lakai' seinem Eigentum wird wohl Glück und Segen ruhen, da er es nicht durch Untreue und Wortbrüchigkeit erworben hat."

„Hermann, ich bitte dich tausendmal, sag', dass dies nicht dein Ernst ist!"
Sie ergriff seine Hände abermals.

„Grad so habe ich auch gesagt damals, als du mir den Abschied gabst! ‚Es kann nicht dein Ernst sein, Lisbeth – ich bitte dich tausendmal!' Und was gabst du mir zur Antwort? Du lachtest und sprachst: ‚Bitte, so viel du willst; ich mag dich nicht mehr sehen!' Schau, es kommt für jede Schuld die Strafe, und der liebe Gott ist der gerechteste unter allen Richtern. Er nimmt den Lohn aus der Tat heraus und vergilt grad immer nur mit dem, womit man fehlt und sündigt. Dasselbe Wort, mit dem du mich damals fast getötet hast, musst du jetzt von mir vernehmen, und dieselben Qualen, die ich sodann erduldet habe, die wirst nun auch du erleiden. Ich will dir wünschen, dass du sie so überwindest, wie ich sie überstanden habe!"

„Nein, ich erdulde sie nicht und ich überwinde sie nicht!", rief sie voll Leidenschaft, indem sie die Arme stürmisch um ihn schlang. „Du bist mein Leben und meine Seligkeit; meine erste und einzige Liebe hat nur dir gegolten, dir allein; ich will dich haben, ich muss dich haben, und wenn das nicht sein soll, so gilt mir alles gleich, ob ich tot bin oder lebendig, ob du stirbst oder lebst! Hermann, du weißt, wie bitter die Armut ist; lass von der Pauline und du sollst Wiesenbauer werden. Ich will dir gehorchen; jedes Wort, was ich spreche und alles, was ich tue, soll dir beweisen, dass ich nichts sein will als nur deine Magd, die glücklich ist, wenn du mit ihr zufrieden bist und sie einmal freundlich anschaust. Willst du?"

Es gelang ihm nur mit Anwendung von Gewalt, sich aus ihrer Umarmung zu befreien.

„Lass los; mich verlangt gar nimmer, Wiesenbauer zu werden. Was du mir heute versprichst, das hast du mir früher schon versprochen, aber du kannst es gar nicht halten. Es treibt dich zum Bösen, auch wenn du grad das Gute willst, und das Feuer, welches in dir brennt, kennt weder Ziel noch Schranke; es wird dich selbst vernichten!"

„Ist das dein fester Wille und Vorsatz, Hermann? Überlege es wohl vorher!"

„Mein fester! Du dauerst mich, aber ich kann nicht anders."

„So fahre hin, du elender Wicht! Fahr hin und geh zu Grunde mit deiner sauberen Liebsten!"

Sie stieß ihm die Faust in die Brust, dass er zurücktaumelte, und verschwand dann zwischen den Bäumen.

Er stand eine Weile auf demselben Platz und sprach vor sich hin: „Was wäre das für ein Weib, wenn sie so sein könnte, wie sie zur guten Stunde sein will! Wie oft bin ich fast wahnwitzig über sie geworden, nun aber ist es mit ihrer Macht vorbei und die Pflicht gebietet mir, der Schlange das verderbliche Gift zu nehmen, so schwer es mir auch wird!"

2.

Der Mond schien heute so hell wie gestern. Der Förster hatte sich ermüdet in die duftende Heide gestreckt und unterwarf in Gedanken die Bewohner der vor ihm liegenden Häuserreihe des Dorfes einer sorgfältigen Musterung. Der ‚Samiel' konnte unmöglich in einem fremden Ort zu Hause sein. Und doch wollte alles Sinnen und Grübeln zu keinem Resultat führen; es gab eben unter den Nachbarn keinen einzigen, auf den ein begründeter Verdacht geleitet werden konnte.

„Es bleibt dabei", meinte er endlich, sich erhebend, „ich kann forschen und vergleichen so viel ich will: Der Hermann ist's! Er hat weder Vater noch Mutter mehr oder sonst ein Anverwandtes, braucht nur für sich zu schaffen und kann also tun und lassen, was er will. Bei ihm ist es gleich, ob er irgendwo dient oder sich im Forst herumtreibt, und den kennt er ja fast besser noch als ich. Er und die Lisbeth sind Tag für Tag und oft bis in die tiefe Nacht hinein darin herumgestrichen, als sie noch Kinder waren, und später ist es wohl auch nicht viel anders gewesen. Schießen kann er auch wie keiner, und wenn ich die Rache für meine Abweisung hinzufüge, so bin ich mit mir einig. Aber ich werde ihn ganz sicher noch bekommen, vielleicht gar noch heute! Gestern ist er diesseits vom Dorf gewesen, heute wird er also wohl nach jenseits hinübergehen, und ich kann ganz gut vermuten, bei welchem Wechsel er sich dort niederlegt. Am besten ist's, ich komme eher als er, darum muss ich fort von hier!"

Er schritt auf das Dorf zu, um es quer zu durchschneiden. Sein Weg führte ihn hart am Wirtshaus vorüber, vor welchem innerhalb der Umzäunung an einigen zusammengerückten Tischen die gewohnten abendlichen Stammgäste Platz genommen hatten. Auch er saß zuweilen ein Stündchen in ihrer Reihe und würde sich wohl auch jetzt für eine kurze Zeit zu ihnen gesellt haben, wenn ihn nicht sein heutiger Vorsatz daran verhindert hätte. Schon stand er im Begriff, unbemerkt vorüberzugehen, als er ein Wort vernahm, welches ihn zum Stehenbleiben veranlasste.

„Und nun kommt das Funkelnagelneueste, was heute in der Nacht passiert ist. Habt ihr es schon vernommen?"

Es war die Wiesenbäuerin, welche sprach. Sie saß häufig dort mitten unter den Männern und trank ihr Glas Bier. So hatte sie es gehalten, seitdem sie Bäuerin war, und es fiel auch nicht besonders auf, da man dergleichen Ungewöhnlichkeiten bei ihr längst gewohnt war.

„Der ‚Samiel' hat wieder einen Zwölfer geschossen", fuhr sie fort, „und dabei den Förster an den Baum gebunden. Ich vernahm es von dem Beihüter, der das Tier hat holen müssen."

Die Neuigkeit wurde unter allgemeiner Teilnahme für den Förster aufgenommen. Man bedauerte ihn auf das Lebhafteste und wünschte ihm Glück bei dem Bestreben, den rätselhaften Wilderer endlich festzunehmen.

„Ja, ein guter Kerl mag er sein", meinte die Erzählerin, „das will ich euch gar nicht bestreiten, aber an Klugheit mangelt es ihm gewaltig. Er hat den ‚Samiel' bei der Treffschau überrascht, ihn mit dem Kolben niedergeschlagen und ihm sodann die Arme verschnürt. Der aber ist bald wieder bei Besinnung gewesen, und während nun der Förster ausweidet, zerreißt er die Schnur und macht sich über ihn her, sodass er ihn wirklich an den Baum festbringt. Ist das nicht eine Schande für euern Blößenjäger?"

„Nein", antwortete eine Stimme, bei deren Klang der Förster überrascht aufhorchte, „eine Schande für ihn ist es nicht, wohl aber eine Lüge von dir, Wiesenbäuerin! Er hat den Schuss von fern gehört und ist herbeigeeilt; während er nun vorsichtig durch die Büsche schaut und niemanden bei dem Zwölfer erblickt, erhält er von hinten den heimtückischen Schlag, der ihn betäubt, und als er später aufwacht, ist er angebunden. So ist es gewesen, und so unehrlich und hinterlistig wie der Schlag war, ist auch deine Lüge!"

„Menge dich nicht ein, Lakai, sonst muss man denken, du bist der ‚Samiel', weil du alles so sehr genau zu erzählen vermagst! Es ist so, wie ich sagte, und wer es nicht glauben will, der kann es ja bleiben lassen. Dein Schwiegervater ist nun einmal nicht der Mann, der dem ‚Samiel' gewachsen wäre. Ich kenne den Förster besser als ihr alle miteinander, er war ja der Heger bei meinem Vater, und als er den um das Brot brachte und selber Förster wurde, besaß er nicht einmal ein gescheites Gewehr, weshalb ich ihm aus Gnade und Barmherzigkeit meine Büchse zurückgelassen habe, damit er könnt' das Schießen lernen. Er kann es heute noch nicht!"

„Kannst du es vielleicht besser, Wiesen-liese?", klang es über den Zaun herüber.

„Besser als du doch immer! Ich ging noch in die Schule, da schoss ich die Eichel vom Baum herab, du aber hast kaum den Stamm getroffen. Komm herein und bring deine Hollunderflinte mit, wenn du dich mit mir messen willst!"

„Da bin ich schon!", gab er, herzutretend, zur Antwort. Es trieb ihn teils der Zorn, teils auch die unerwartete Anwesenheit Hermanns herbei; er wurde durch den Umstand, dass dieser den nächtlichen Vorgang so genau zu erzählen wusste, in seiner bereits ausgesprochenen Vermutung bestärkt und dachte, hier vielleicht irgendeinen Anhaltspunkt zu finden. „Doch mit dem Messen ist es heute nichts. Die Büchse ist zwar geladen, aber die Kugel, welche darinnen steckt, bekommt nur der ‚Samiel'!"

„Das ist nur eine Ausrede, du kannst ja wieder laden!"

„Nein, ich habe es geschworen und sie bleibt also drin für ihn. Ich stehe dir schon noch ein andermal zu Diensten und da wird es sich ja finden, wer den Stamm und wer die Eichel trifft, du oder der, von dem du erst gelernt hast, das Gewehr richtig anzufassen. – Und du", wandte er sich an Hermann, „woher weißt du denn so perfekt, wie es heute Nacht zwischen mir und dem ‚Samiel' gegangen ist?"

„Ich habe es gehört."

„Von wem?"

„Das werde ich Euch vielleicht später einmal sagen."

„So ist kein gutes Gewissen dabei. Hast du gerechte Sache, so sage es gleich!"

„Wenn Ihr in dieser Weise kommt, so muss ich schon reden! Die Pauline hat es mir erzählt."

„Die Pauline? So hast du mit ihr gesprochen! Wo bist du bei ihr gewesen?"

„Am Forsthaus, heute gegen Abend."

„Das lass mir fernerhin nur bleiben! Du kennst einmal meinen Willen – das Mädchen ist nicht für dich, und wenn du zehnmal den Leuten weismachst, dass du ein herrschaftlicher Leibdiener bist, du bekommst sie nicht!"

„Und doch bekomme ich sie!", entgegnete Hermann, zornig darüber, dass der Sprecher diese Angelegenheit so öffentlich und vor den Ohren der Wiesenbäuerin zur Verhandlung brachte.

„Nicht um die Welt, sage ich!"

„Das mag sein, den die Welt vermag ja keiner zu bieten, und ich erst recht nicht."

„Und sonst um keinen Preis!"

„Um keinen?"

„Um keinen, er kann so hoch sein, wie er will!"

„Oho! Auch um den ‚Samiel' nicht?"

Der Förster trat erstaunt zurück. Wollte der junge Mann ihn etwa verhöhnen oder war die so sorgsam gehegte Vermutung doch vielleicht falsch?

Um den ‚Samiel'? Wie kommst du auf diesen?", fragte der Förster.

„Weil er der einzige Preis ist, den Ihr gelten lasst. Oder nicht?"

„Ja, den ‚Samiel', den lass' ich als Preis gelten, um den kannst du sie bekommen!"

„Gut!", rief Hermann triumphierend. „So werde ich Euer Schwiegersohn, denn ich weiß, Ihr werdet Wort halten, und hier sind ja auch der Zeugen mehr als genug. Wann wollt Ihr ihn haben?"

Die Verwunderung des Forstbeamten steigerte sich bis zum höchsten Grad und auch die anderen saßen mit geöffnetem Mund dabei und konnten sich das selbstbewusste Auftreten Hermanns unmöglich erklären. Seine Frage klang ganz so, als handle es sich nur um die Lieferung irgendeines alltäglichen und ganz gewöhnlichen Gegenstandes.

„Ich habe heute gelobt, weder zu essen noch zu trinken, bis er in meiner Hand ist. Und die Kugel hier in der Büchse soll entweder ihn treffen oder mich. Mach also schnell!"

„So sollt Ihr ihn heute noch bekommen!"

„Heute noch?", fragte der Förster, und „Heute noch?", klang es auch außer einem einzigen Mund von aller Lippen.

„Ja, heute noch! Ich kenne ihn ganz genau, ihn und seinen Schlupfwinkel; ich weiß sogar, wo er sich grad jetzt in diesem Augenblick befindet."

„Wo denn? Sage es schnell!", wurde er stürmisch aufgefordert.

„Da bist du es wohl selber, wie ich schon vorhin gesagt habe?", fragte die Wiesenbäuerin höhnisch, aber sie war bei seinem Wort zusammengezuckt und bleich geworden.

„Soll ich ihn dir zeigen?"

„Ich sehne mich nicht nach deiner Komödie. Das Zeigen hilft dir nichts, ich glaube ja doch nicht daran. Ein Wildschütz muss mit der Waffe in der Hand und auf der Tat ergriffen werden!"

„Auch das kannst du haben! Kommt mit mir, Förster, ich gebe Euch mein Wort, schon in der nächsten Stunde steht er vor Eurer ‚Hollunderflinte' und dann könnt Ihr ihm zeigen, was Ihr gelernt habt. Er muss hinaus, es geht nicht anders!"

„So gehe ich mit! Aber ich glaube dir erst dann, wenn ich ihn gebunden und gefesselt in meiner Stube liegen sehe. Hast du ein Gewehr?"

„Ich brauche keins. Der Lakai fasst den ‚Samiel' bloß mit der Hand! Und wenn Ihr ihn lieber in Eurer Stube als draußen im Wald schnüren wollt, so werde ich auch das möglich machen. Ich stimme Euch gern bei, es ist bequemer!"

Er leerte sein Glas und schritt davon, der Förster folgte ihm. Die Übrigen sahen sich mit zweifelnden Mienen an und schüttelten die Köpfe. Der Wirt nahm zuerst das Wort:

„Es wäre doch wirklich ganz absonderlich", meinte er, „wenn der Hermann die Wahrheit gesagt hätte und sein Versprechen hielte! Ein Lügner und Windbeutel ist er nicht, das wissen wir alle, und ein mutiger Streich ist ihm auch wohl eher zuzutrauen als gar manchem anderen. Ich denke, ihr bleibt hier, bis die Frist vorbei ist, die er sich selbst gesetzt hat – vielleicht erfahren wir dann, was es draußen gegeben hat!"

Der Vorschlag wurde, eine einzige Stimme abgerechnet, von allen angenommen.

„So ist es recht, so machte ich es auch, wenn ich der Wirt hier wäre!", lachte die Wiesenbäuerin. „Ich ließe die Gäste gar nimmer fort; das bringt Zechgeld und auch Vergnügen, denn wenn wir wegen des Märchens, welches euch der Lakai aufgebunden hat, bis zum Morgen sitzenbleiben, so gibt es in der Früh ein Gelächter im Dorf, von dem der Kirchturm wackelt. Ich bin nicht so dumm wie ihr und werde schlafen gehn. Gute Nacht!"

„Gute Nacht, Wiesenbäuerin," antwortete der Wirt, „Ihr wollt dem Hermann nicht zutrauen, dass er sein Versprechen einlöst, wir aber denken besser von ihm, und es muss sich ja bald zeigen, wer Recht behält!"

Sie lachte nur höhnisch und schritt hierauf rasch von dannen. –

Vielleicht eine halbe Stunde darauf, während die Gäste noch immer im Wirtshaus saßen, sich die Zeit durch allerhand Erzählungen verkürzend, kam ein Mann von einem nahegelegenen großen Gehöft, horchte vorsichtig in die Nacht hinaus und eilte dann mit hastigen Schritten querfeldein der Höhe zu, von welcher der Rand des Forstes dunkel herniederblickte. Den hellen Mondschein vermeidend, suchte er soviel wie möglich den Schatten der zerstreut umherstehenden Büsche zu benutzen; musste er aber notgedrungen einmal eine der lichteren Flächen durchlaufen, so waren Gestalt und Kleidung deutlich zu erkennen. Von mittlerer, untersetzter Statur, zeigte er einen vollen, kräftigen Gliederbau; ein dichter, schwarzer Bart verdeckte die untere Hälfte des Gesichts, doch ließ die Gewandtheit, mit der er das schwierige Terrain überwand, auf ein noch jugendliches Alter schließen. Er trug eine kurze, bequeme Joppe, hatte die Hosen in die niedrigen Stiefelschäfte gesteckt und den Hut so tief über die Stirn hereingezogen, dass die breite, heruntergeschlagene Krempe noch zu einem anderen Schutz als dem gegen die unschädlichen Strahlen bestimmt zu sein schien.

Als die steile Strecke überwunden war, blieb er Atem holend stehen.

„Er hat Recht", murmelte er vor sich hin, „ich muss hinaus; ich habe ja meine Gewänder draußen im Loch und die Gewehre und noch vieles andere, was mich verraten muss. Heut ist der schlimmste Tag in meinem Leben; aber mir gilt nun auch alles gleich: Ich schieß' sie beide nieder! Oder denkt der Hermann etwa, ich habe kein Gewehr außer dem in meinem Versteck? Wart', gleich werde ich eins holen und dann wehe ihnen!"

Ohne auf die dichten Zweige zu achten, drang er in das Dunkel des Waldes ein und hielt nach kurzem Lauf vor einem Baum, dessen Stamm von dichtem Unterholz umgeben war.

„Der ist hohl, das weiß nur ich, und drin steckt dem Förster seine Doppelbüchse, die ich ihm gestern abgenommen habe. Sie ist geladen, das gibt für jeden einen Schuss. Nun aber wieder fort!"

Die sichere Schnelligkeit, mit welcher er sich fortbewegte, war bewundernswert; er schien trotz des Dunkels jeden Baum, jeden einzelnen Strauch zu kennen. Es dauerte eine lange Zeit, ehe seine Schritte langsamer und vorsichtiger wurden. Er bewegte sich jetzt im Bett eines ausgetrockneten Bachs, dessen Quelle wohl schon seit langer Zeit versiegt war; je weiter er kam, desto größer wurde seine Vorsicht, und fast zitternd erhob er die Hand, um endlich einen Steinhaufen, der den Weg versperrte, zu betasten.

„Der Faden ist noch da, den ich darübergespannt habe; sie sind noch nicht dagewesen!", jubelte er innerlich. „Rasch hinein und schnell alles verbrannt, was mir gefährlich ist!"

Mit der bisher beachteten Vorsicht war es vorbei. Rechts und links flogen die Steine zur Seite und es wurde eine Öffnung frei, in welche er hineinkroch. Bald leuchtete ein greller Lichtschein auf und die angezündete Talgkerze erhellte einen Raum, dessen hintere Wand eine zweite Öffnung zeigte. Der Mann ließ entsetzt das Licht fallen.

„Es ist leer. Sie sind von der anderen Seite hereingekommen und haben alles mitgenommen! Das konnte ich mir gleich zuvor denken, der Hermann hat ja selbst das Loch gebaut unter der alten eingestürzten Brücke und weiß grad so gut Bescheid wie ich. Nun bin ich verloren, denn nun haben sie die Beweise! Doch nein, noch ist es Zeit, noch ist Rettung möglich! Sie sind ganz sicher mit den Sachen nach dem Forsthaus. Ich springe nach, ich muss alles wiederhaben, was hier gewesen ist. Ich entreiße es ihnen, und sollte ich dabei etwas tun, vor dem sich andere grauen!"

Er verließ das Versteck, nahm das zurückgelassene Gewehr wieder auf und eilte nun den Weg zurück, den er gekommen war. In kurzer Zeit lag jetzt das Dorf vor ihm, er ließ es seitwärts liegen und bog nach dem Blößenhaus ein. Bei der Stelle angekommen, wo heute Hermann auf die Wiesenbäuerin gestoßen war, verweilte er einen Augenblick und stieß drohend das Gewehr auf den Boden.

„Ja, mir gilt es gleich, ob ich schießen muss oder nicht; es ist nicht schade um ihn. Ich tue es, wenn's nötig ist!"

Am Rande der Blöße legte er sich nieder und kroch vollständig geräuschlos bis an die hintere Seite des Hauses, welche im Schatten lag. Hier blieb er einige Augenblicke ruhig und bewegungslos.

„Nun gilt es, zehnfach Achtung geben! Der Hermann will mich in der Stube fangen und kann mir darum wohl gar hier eine Falle bereitet haben. Wir wollen sehen, wer der Schlauere von uns beiden ist!"

Niemand hatte ihn bemerkt. Er erhob sich an einem der Fenster und legte das Auge an eine Ladenspalte, durch welche ein schmaler Lichtstreifen schimmerte. Hierbei bemerkte er, dass der Laden nicht geschlossen, sondern nur angelehnt war.

„Das sind mir die Rechten; nehmen es mit dem ‚Samiel' auf und vergessen, die Fenster zu schließen! Ja, da sitzen sie, der Hermann und der Förster, und meine Sachen liegen daneben auf der Erde. Die Unvorsichtigen haben gar ihren Rücken gegen das Fenster gekehrt, sodass sie mich überhaupt nicht bemerken können. Jetzt gilt es! – – Soll ich schießen ? – – Ja, ich schieße – ich muss ja, wenn ich nicht ins Zuchthaus will!"

Er nahm langsam und noch zögernd das Gewehr empor.

„Jetzt stehe ich zwischen Tod und Leben, zwischen Himmel und Hölle! Ist mir's wirklich gleich, was ich tue? Erst wollte ich nur den Förster von der Stelle treiben, des Vaters halber und auch von wegen dem Hermann und der Pauline. Kann ich dafür, dass es weiter geht? Was sagte er denn heut? Ich hätte den Teufel in der Seele, der mich zum Bösen treibt? Nein, Lakai, nicht den Teufel, sondern dich habe ich in der Seele, du bist an allem schuld, du allein treibst mich immer tiefer in das Böse hinein und hast es auch jetzt nicht anders gewollt! Fahrt hin, du und der Alte dort – – ich schieß!"

Er zog den Laden so weit als nötig herüber und, ohne in seiner Aufregung die im Zimmer Sitzenden nochmals genauer anzusehen, legte er schnell an. Im selben Augenblick krachte auch ein Schuss durch die lautlose Nacht, noch einer – – – ein schallendes Gelächter ertönte hinter ihm.

„Seit wann schießt der gewaltige ‚Samiel' denn auf Puppen statt auf Zwölfer? Diese Art von Wild treffe ich mit meiner Hollunderflinte wohl auch!"

Der Schütze stand da, das Gewehr noch im Anschlag, und starrte mit weit aufgerissenem Auge den Förster an. Ein Zweiter trat hinzu und zog ihm den tief hereingedrückten Hut vom Kopf. Hermann war es.

„Der ‚Samiel' trägt ja Locken grad wie die Wiesenbäuerin! Nimm den Bart weg, Lisbeth!"

Ein Schrei, so furchtbar und entsetzlich, als stoße ihn ein wildes Tier in der größten Todesnot aus, entrang sich der Brust des entlarvten Weibes, dann ließ sie die Büchse fallen und brach lautlos zusammen.

„Die hat genug!", meinte der Förster. „Greif zu, Hermann, damit wir sie in die Stube bringen!"

Beide trugen die Unselige hinein, dann rief der Förster die beiden Frauen herbei, welche eingeweiht gewesen waren und in einem der oberen Räume mit ängstlicher Spannung auf das Ergebnis der Kriegslist gewartet hatten.

„Kommt her, wir haben sie! Der Hermann hat sein Wort gehalten und den Preis gezahlt. Geh hin zu ihm, Pauline, und danke ihm, dass er uns befreit hat von dem Feind, der unser Unglück wollte!"

Trotz des ernsten Augenblicks strahlte ein wonniges Lächeln auf dem Angesicht des Mädchens, als es zum Geliebten trat und ihm nun vor den Augen der Eltern die Hand bot.

„Der Dank bleibt mir gewiss", meinte Herrmann. „Nimm dich jetzt mit der Mutter der Bäuerin an, damit ihr das Bewusstsein wiederkommt!"

Noch waren die beiden Frauen mit der Ohnmächtigen beschäftigt, die schon Zeichen des zurückkehrenden Lebens von sich gab, als es draußen an der Tür klopfte und auf die Frage des Försters sich die Stimme des Wirts vernehmen ließ.

„Wie ist es gegangen, Blößenförster? Wir haben die Schüsse gehört und uns gleich aufgemacht, um nachzuschauen, wie es steht."

„Kommt herein, wenn ihr es sehen wollt!"

Er ging hinaus, um zu öffnen. Es fehlte keiner der Gäste und unbeschreiblich war ihre Verwunderung, als sie vernahmen und sahen, wer der gefürchtete Wilddieb gewesen war. Alles drängte sich herbei, um die Bäuerin in Augenschein zu nehmen, und bei der außerordentlichen Bewegung, welche rings im Kreis herrschte, bemerkte keiner, dass die Gefangene zuweilen einen verstohlenen Blick unter den gesenkten Wimpern hervorwarf, um ihre Umgebung zu durchmustern.

Die Besinnung war ihr vollständig zurückgekehrt, sie erkannte, dass Rettung unmöglich sei und keine Macht der Erde ihr mehr helfen könne. Dort an der Wand hing die „Hollunderflinte", die sie einst dem Förster zurückgelassen hatte. Sie war geladen, die Kugel sollte ihn oder den ‚Samiel' treffen, wie er geschworen hatte. Noch lange lag sie unter finstern Gedanken regungslos und ließ die Schmähungen der Umstehenden über sich ergehen. Plötzlich aber tönte ein allgemeiner Schrei durch das Zimmer. Sie war emporgesprungen, hatte die im Weg Stehenden, die einen solchen Angriff nicht erwarteten, beiseite gestoßen, das Gewehr herabgerissen und war durch die noch offen stehenden Türen davongesprungen.

„Ihr nach, ihr nach!", rief der Förster, indem er zugleich das Beispiel gab und ohne Verzug in die mondhelle Nacht eilte.

Die anderen folgten. Sie kamen eben noch rechtzeitig, um die Fliehende am Rand der Blöße verschwinden zu sehen. Sie hatte den Weg nach dem Dorf eingeschlagen. Wollte sie nach Hause? Die Antwort sollte den Verfolgenden bald werden. Ein Schuss krachte, Hermann hatte den Förster überholt; als er an die Stelle kam, wo er in der Abenddämmerung mit ihr gerungen hatte, stieß sein eilender Fuß an einen im Weg liegenden Körper. Er hielt den Schritt zurück und bückte sich ahnungsvoll zur Erde. Sie war es!

Bald standen die Übrigen bei ihm. Der Förster untersuchte die Tote, die Kugel war ihr grad in das Herz gedrungen.

„Der ‚Samiel‘ hat ausgespielt“, meinte er, nicht weniger ergriffen als die andern.

„Gott sei der armen Seele gnädig! Lasst uns ein Vaterunser beten!“

Die Männer entblößten ihre Häupter und falteten die Hände. Auch Hermann folgte der Aufforderung des alten, rauen Mannes. Er fühlte sich im tiefsten Herzen gepackt von dem Schicksal, welches die einst von ihm Geliebte ereilt hatte. „Fahr hin und geh zu Grunde!“, hatte sie ihm vorhin in besinnungslosem Grimm zugerufen – das Schicksal hatte es anders gewendet und dieser Fluch war der Abschluss ihres eigenen Lebens geworden.

Der Falkenmeister

Das Mädchen vom Güntersberg

Wer Stargard verlässt, um nach Reetz zu gelangen, der kommt, nachdem er Hansfelde, Suckow und Zachan hinter sich gebracht hat, nach dem Kirchdorf Güntersberg. Dieser Flecken gehörte einst dem Simon von Güntersberg, der durch seine vielen hartnäckigen Fehden mit denen von Wedel bekannt geworden ist.

Die Wedels waren eine weit verzweigte und berühmte Sippe, deren Macht so bedeutend war, dass einmal siebzehn ihres Namens auf lange Jahre in den Dienst des Deutschen Ordens traten und sich anheischig machten, hundert gewappnete Ritter und Knechte nebst hundert Schützen, bewaffnet mit Panzer, Eisenhut, Hundskegeln und Armbrüsten, zu stellen und diesen streitbaren Leuten noch vierhundert Pferde beizugeben.

„Als der Deutsche Ritterorden am 15. Juli 1410 die große Schlacht bei Tannenberg verlor, betrachtete der König Wladislaus Jagello von Polen das Ländchen Schivelbein als erobertes Gebiet und überließ es im August desselben Jahres dem Herzog Bogislav von Pommern, der es in Besitz nahm. Das aber hatte zur Folge, dass die Wedel vertrieben wurden und das Land verließen, das somit an Pommern gefallen war. Sie zogen sich auf ihre Besitzungen außerhalb der Grenzen Schivelbeins zurück und hausten besonders auf Falkenburg an der Drage, welche Stadt noch heute im Kreis Dramburg des preußischen Regierungsbezirks Köslin liegt. Durch den Ersten Frieden von Thorn im Jahre 1411 erhielt der Orden jene Besitzungen wieder zurück. Allein nun waren die Wedel mit dem Orden gespannt und blieben außen. Der Waldmeister von Schivelbein gab sich viel Mühe, sie zur Rückkehr zu bewegen, sie aber verweigerten sie und versprachen sie nur unter der Bedingung, dass ein neuer Hochmeister gewählt werde, dem sie dann huldigen wollten, damit sie wüssten, an wen sie sich halten könnten. Aus der Ängstlichkeit, womit der Waldmeister den Komtur und Statthalter zu Elbing bittet, doch ja, sobald ein neuer Hochmeister gewählt werde, an alle Wedel zu Falkenburg, Altenwedel, Neuwedel usw. zu schreiben und sie herzlich zur Huldigung zu ermahnen, sieht man, wie viel dem Orden daran gelegen war, mit dieser Familie auf gutem Fuß zu leben. Unterdessen blieben die Wedel, wo sie waren, und es gelang nicht, sie gegen den Orden freundlicher zu stimmen. Nur Erasmus von Wedel, der die Hälfte der Stadt Reetz besaß und daselbst auch wohnte, betrachtete sich als Vasall des Ordens und wurde deshalb von seinen Vettern vielfach angefeindet. Die andere Hälfte der Stadt gehörte Janeke von Stegelitz."

So erzählt eine alte Chronik der Gegenden, in die uns die Ereignisse unserer geschichtlichen Erzählung führen. –

Es war an einem hellen, kalten Wintermorgen, als ein Reiter Altenwedel verließ und auf der Straße nach Güntersberg lustig dahintrabte – ein junger Mann, der die Zwanzig noch nicht viel überschritten haben mochte. Auf seinen Wangen glänzte die Röte der Gesundheit und über seinem ganzen Wesen lag jene anziehende Frische, die die kräftigen Jahre der Jugend zu begleiten pflegt. Er war ohne alle Begleitung und sah auch nicht so aus, als ob er dergleichen brauche, um gelegentlich ein Abenteuer zu bestehen. Vielmehr blickten die hellen, offenen Augen wie suchend im Kreis umher, als wünsche er sich irgendeine Gelegenheit, seinen ritterlichen Mut zu erproben.

Da, wo sich die Straße zur Linken der Ihna zuneigt, lagen rechts einige kleine, langgestreckte Seen, die mit dichtem Schilf bestanden waren und zur schöneren Jahreszeit allerlei Federwild beherbergten. Umgrenzt waren sie zur damaligen Zeit von gefährlichem Sumpf- und Moorboden, der erst in einiger Entfernung vom Wasser in einen dichten, kräftigen Baumwuchs überging. In dem hohen Schilf und Riedgras verbargen sich zahlreiche Hasen und anderes jagdbares Getier, und manch fetter, saftiger Braten wurde von dem unfruchtbaren Boden geholt, der sonst wenig Nutzen brachte. Weiterhin zog sich die Straße durch dunkle, eintönige Kiefernwälder, die den Wanderer die Einsamkeit der Gegend besonders empfinden ließen. Und wer von dem Besitzer dieser Waldungen, dem Ritter Simon von Güntersberg, gehört hatte, der betrat sie erst recht mit einem Gefühl der Unsicherheit, denn Simon von Güntersberg gehörte zwar nicht zu den Buschkleppern und Wegelagerern, war aber doch ein strenger und wilder Gesell, der sich durch die Rauheit und Rücksichtslosigkeit seines Wesens in Verruf gebracht hatte. Er pflegte die Fremden, die ihm auf seinem Gebiet begegneten, scharf anzusprechen, um sich an ihrer Angst und Beklemmung zu weiden, und dabei musste man den grimmen Herrn ruhig gewähren lassen, wenn man Schlimmeres vermeiden wollte. Er saß als unumschränkter Herrscher auf seinem Grund und Boden und kannte kein anderes Gesetz als seinen Willen; wer sich dagegen auflehnte, der durfte froh sein, mit heiler Haut und einigen derben Püffen davonzukommen.

Soviel Scheu man nun vor dem Alten hatte, so beliebt war sein schönes Töchterlein Brunhilde. Sie war ein freundliches Menschenkind und der Abgott ihres Vaters, der manchen seiner Streiche unterließ oder in Güte sühnte, weil er dem Blick ihres Auges und dem mahnenden Klang ihrer Stimme nicht zu widerstehen vermochte. Obwohl sie ein Muster echter Weiblichkeit war, besaß sie doch einen festen Willen. Was sie sich einmal vorgenommen hatte, das führte sie auch durch, und es gab sogar Fälle, wo sie mit dem Vater in offenen Streit geriet, um einen Geängsteten oder Bedrohten gegen ihn liebreich in Schutz zu nehmen. Eine ihrer Lieblingsbeschäftigungen war die Jagd, der sie sich mit Eifer widmete, und wenn es ihrem weichen Gemüt auch weh tat, die Beute leblos vor sich liegen zu sehen, so bereitete es ihr doch ein hohes Vergnügen, im kühnen Ritt scharf hinter dem Wild herzujagen. –

Der jugendliche Reiter hatte den ersten der kleinen Seen erreicht. Er ließ den Blick über die Ufer schweifen und gewahrte da eine Anzahl von Schlagwänden, wie sie zum Fangen wilder Enten angelegt werden. Da auch er ein Freund der Jagd war, lockte es ihn, die Vorrichtungen zu besichtigen. Er lenkte das Pferd bis an das hohe Schilf, stieg ab, befestigte das Tier mit dem Zügel an einem entlaubten Busch und schritt dann auf die Wände zu, um sie näher in Augenschein zu nehmen.

Noch war er damit beschäftigt, als er von fern her das Nahen einiger Pferde hörte, deren Hufe den festgefrorenen Erdboden stampften. In jenen Zeiten war in solcher Lage Vorsicht geboten. Deshalb trat der Jüngling hinter eine der Wände, um zu warten, bis die Reiter vorüber waren.

So erblickte er, ohne selber bemerkt zu werden, einen Reiteraufzug von mehreren Personen. Voran kamen zwei Falkner, jeder mit einer Falknertasche, die an einem ausgefransten rotledernen Schulterriemen hing. Sie hielten auf starken, hirschledernen Handschuhen je einen Jagdfalken. Hinter ihnen wurde ein Rahmen mit Ersatzfalken getragen, dann folgte auf weißem Ross eine weibliche Gestalt. Den Zug schlossen auf starken Kleppern zwei Knappen, denen offenbar die Aufgabe zufiel, die Beute an sich zu nehmen.

Zuerst fesselten die Vögel die Aufmerksamkeit des jungen Mannes. Vollständig ruhig saßen sie auf den Fäusten ihrer Träger, die Köpfe verhüllt von einer ledernen Steckhaube, die mit farbigen Tuchlappen und einem Trosch[1] von schillernden Federn verziert war. Die Federn hatte man in Form einer Nelke zierlich zusammengebunden.

„Lauter Wildfänge", stellte der Jüngling mit Kennermiene fest. „Drei Schlachtfalken und ein Schmerlfalke, kein einziges edles Tier! Der Besitzer muss an der edlen Beize wenig Wohlgefallen finden. Wem mögen sie wohl gehören?"

Bei diesem Gedanken erst richtete er den Blick auf das Mädchen, wobei er vor Überraschung fast aus seinem Versteck hervorgetreten wäre.

„Welch ein liebreizendes Wesen!", schoss es ihm durch den Sinn. „Wie sie sitzt, wie sie reitet! Und wie schön sie geworden ist seit ihren Kindertagen, seit jener Zeit, da ich sie zum letzten Mal sah!"

Gefolgt von einigen Knechten kam jetzt eine Koppel von entfesselten Beizhunden seitwärts über das Moor geflogen, vor sich zwei Hasen, die den Weg nach der spiegelglatten Eisfläche des Sees einschlugen. Sofort hielt der Trupp; die beiden vorderen Falken wurden abgehäubt und gegen den Wind in die Luft geworfen. Sie stiegen zunächst in die Höhe, zogen oben einige Kreise, um das Gelände abzuspähen und folgten schnellen Fluges dem Wild. Jetzt wurde auch einer der Ersatzfalken losgelassen, der sogleich dieselbe Richtung nahm. Die drei Vögel stießen wiederholt auf die Hasen, schlugen sie mit den Ballen und versuchten, sie zu greifen, aber die wohlgenährten Tiere waren zu stark. Sie warfen sich auf den Rücken und streiften so ihre geflügelten Feinde ab, oder sie duckten sich und schossen, sobald der Angreifer auf sie niederfuhr, eiligen Laufes davon, sodass der Vogel in Gefahr war, beim harten Aufschlagen auf dem Eis Schaden zu nehmen.

„Das war vorauszusehen bei dieser Art von Schlachtzeug!", murmelte der heimliche Beobachter vor sich hin. „Zur Hasenjagd gehören die größten Edelfalken, isländische Beizer, Geiertiere oder meinetwegen auch ausländische Blaufüße. Doch die kosten schweres Geld, und wer nicht gern tief in die Truhe greift, der wird vergebens nach einem Hasenbraten lüstern sein."

Hier stutzte der Jüngling betroffen. Was war das? Wahrhaftig, die zwei Falkner wagten sich auf das Eis und er bezweifelte sehr, dass es stark genug war, um Reiter zu tragen. Die Falken hatten nämlich die vergebliche Jagd aufgegeben und suchten das Weite, ohne auf die wiederholten Zurufe „Hilo, Hilo!" zu achten. Die beiden Männer griffen in ihre Taschen und luderten ihnen einige mit Fleischstücken besteckte Federspiele nach, aber nur der eine Vogel kehrte auf diese Lockung hin zurück. Die anderen waren bald den Blicken entschwunden.

„Das ist eine schlecht geschulte Jagd, der ich mich schämen würde!", dachte der Jüngling. Und abermals stutzte er. „Welch eine Unvorsichtigkeit! Der Mann bleibt auf dem dünnen Eis halten, um sein liederliches Tier zu ergreifen. Er wird einbrechen!"

Kaum war's gedacht, so geschah es auch schon. Die schwache Decke hatte bisher die flüchtig Darüberhineilenden getragen; jetzt, wo eine schwere Last länger auf ihr ruhte, splitterte sie unter lautem Knirschen zusammen. Zum Glück war die Stelle nicht weit vom jenseitigen Ufer entfernt. Der Reiter trieb sein bis an den Sattel eingesunkenes Tier mit kräftigen Stößen und Schlägen an und es arbeitete sich auch wirklich mit Anstrengung aller Kräfte glücklich bis hinüber. Offenbar war es von den

---

[1] Busch auf der Haube der Beizvögel

scharfen Kanten des Eises verwundet worden, denn es zitterte an allen Gliedern und war erst nach längerer Zeit zum Weitergehen zu bewegen.

Das Mädchen hatte, als der Falkner versank, einen lauten Schreckensruf ausgestoßen und eilte ihm jetzt besorgt entgegen. Sie sah, dass er keine Verletzungen davongetragen hatte. Danach aber schien ihr die Lust zur Fortsetzung der Jagd vergangen zu sein; sie gab den Befehl zur Umkehr.

Gedankenvoll blickte ihnen der Jüngling nach.

Da ritt sie hin nach Güntersberg, die Tochter des Erbfeindes seiner Sippe, des Mannes, der unter dem Einfluss des Herrn Janeke von Stegelitz jeden Wedel mit Hass und Rachsucht verfolgte! Und doch war sie so schön und begehrenswert und er hätte ihr so gern alles Erdenkliche zuliebe getan, wenn sie es nur aus seinen Händen annehmen würde.

War es denn wirklich nicht möglich, dass er ihr anders denn als Feind unter die Augen trat?

Er sann und sann und da kam ihm plötzlich ein Gedanke. Er wollte sie wiedersehen, ohne dass sich die Feindschaft trennend zwischen sie stellte. Und was er wollte, das würde er auch erreichen, nötigenfalls durch List. Er würde sich ihr so nähern, dass sie den Gespielen ihrer Kindheit, der nun einmal ein Wedel war, nicht wiedererkannte.

Er schritt der Stelle zu, wo er sein Pferd zurückgelassen hatte, band es los, setzte sich auf und ritt auf der Straße zurück, der er bisher gefolgt war. Es war die entgegengesetzte Richtung des Weges, den die schöne Jägerin eingeschlagen hatte. –

Das Mädchen mit ihrem Gefolge trabte indessen weiter bis an das Tor von Güntersberg, das geöffnet ihrer harrte, weil man ihr Kommen bemerkt hatte. Eben als sie abstieg, trat aus dem Stall ein Ritter, der sogleich mit einem freudigen Ausdruck im bartbewaldeten Gesicht auf sie zueilte.

„Gott zum Gruß, schöne Jungfrau!", rief er schon von Weitem. „Soeben bin ich hier eingetroffen und vernahm zu meinem Leidwesen, dass Ihr Euch auf der Jagd befändet. Daher freue ich mich über Euer frühzeitiges Erscheinen. Wenn Ihr gestattet, werde ich Euch zu Eurem Vater begleiten, damit wir ein Stündlein der Erholung pflegen und die Sache miteinander besprechen, die mich schon am frühen Morgen zu Euch geführt hat."

Das war eine so lange und wohlgesetzte Rede, wie sie Herr Janeke von Stegelitz wohl seit Jahren nicht gehalten hatte. Er war ein alter, schweigsamer Gesell, der mit dem Schwert besser umzugehen verstand als mit dem geschliffenen Wort und mit dem vollen Weinhumpen besser als mit dem Gebetbuch. Dazu hatte er jetzt von einer Sache gesprochen, die er vorbringen wolle, und sich dabei all jener Kraftausdrücke enthalten, mit denen sonst seine Sätze gespickt waren. Deshalb musste diese Sache wohl absonderlich sein und es war daher kein Wunder, dass Brunhilde sich beeilte, zum Vater hinaufzukommen, während für gewöhnlich die Unterhaltung der beiden wackeren Degen wenig Anziehendes für das Mädchen hatte.

Der alte Simon erwartete die beiden schon unter der geöffneten Tür.

„Es will mich bedünken", meinte er scherzend, „dass Küche und Keller auf Güntersberg nicht schlecht sein können, da so ein Feinschmecker wie Ihr, Herr Janeke, sich schon des Morgens bei mir einfindet. Aber das soll mich nicht verdrießen und ich werde Euch, wie schon so oft, in allem tüchtig Bescheid tun."

„Ihr irrt Euch, Herr Simon", widersprach der von Stegelitz, „wenn Ihr meint, dass Euer Wein und Euer Braten der Anlass zu meinem frühen Kommen sind. Vielmehr habe ich mich so bald aufgemacht, weil ich dachte, dass sich der Morgen besser zu einer wichtigen Unterredung schickt als der Abend; denn gemeinhin bringen uns schon des Mittags die Geister der Flasche auf allerhand dummen Schnickschnack, der uns dann nicht eher Ruhe lässt, als bis wir ihn gehörig ausgeschlafen haben."

„Wichtige Unterredung? Dummer Schnickschnack? Was ist denn auf einmal in Euch gefahren? Und dabei tut Ihr so feierlich! Tretet ein, nehmt einen Schluck und wärmt Euch, denn ich glaube, dass die Kälte unterwegs Eurem Kopf geschadet hat."

„Was das betrifft, so irrt Ihr abermals, Vetter, denn noch niemals hat mein Kopf einen so klugen Einfall gehabt wie den, von dem ich Euch berichten werde."

„So nehmt Euch Euren altgewohnten Sessel und erzählt! Brunhilde mag uns inzwischen einen Imbiss bereiten!"

„Mitnichten!", wehrte der Gast ab. „Ich meine vielmehr, dass es besser ist, wenn sie hierbleibt. Ich habe die Jungfrau deshalb gleich mit zu Euch gebracht, da meine Worte nicht bloß Euch, sondern auch ihr gelten werden."

„Zum Henker, Vetter, Ihr wollt sie doch nicht etwa gar zur Frau begehren?"

„Hört, lasst doch die Leute ausreden und nehmt ihnen nicht die Worte vorn Mund weg! Ich habe mir vom Pater Albinus einen Aufsatz machen lassen, der Euch wundergenommen hätte, und ihn mit vieler Mühe auswendig gelernt. Und nun ich eben beginnen will, Euch die wohlgelungene Rede vorzutragen, fallt Ihr mir ins Wort mit Eurer Frage, ob ich Jungfrau Brunhilde zum Weib begehre. Das ist doch bei allen Teufeln geradezu zum Dreinschlagen, und wenn Ihr nicht der Vater meines Weibes werden solltet und noch dazu obendrein mein Mitgesell und werter Vetter wäret, so wollte ich Euch wohl lehren, den Mund zu halten, wenn ein anderer zu reden begehrt. Ob ich Eure Tochter zur Frau begehre, fragt Ihr? Freilich, und ich sehe nicht ein, warum ich diesen Wunsch nicht haben soll! Bin ich doch ein Kerl, der sich überall in Ehren sehen lassen darf. Und was dem jungen Weiblein an mir etwa nicht behagen sollte, das kann ich ja ablegen, denn in Liebe und Freundlichkeit lässt sich noch manches aus mir machen."

Brunhilde hatte sich errötend abgewendet und war ans Fenster getreten, um ihre Verlegenheit und Ratlosigkeit zu verbergen. Herr Janeke von Stegelitz stand, wie schon seine grauen Haare bewiesen, nicht mehr in den Jahren, in denen man vorzugsweise der süßen Minne obzuliegen pflegt. Auch war er ein barscher und ungelenker Bär, der es wohl schwerlich verstand, mit einer zarten Gemahlin in der rechten Weise umzugehen. Aber er war des Vaters bewährter Bundesgenosse, der Schonung und Rücksicht verdiente, und wenn ihr sein Antrag auch keineswegs willkommen sein konnte, so ehrte er sie doch immerhin. Irgendein Bangen darum, wie sie seiner Werbung zu begegnen hatte, fühlte sie nicht. Sie konnte die Antwort ruhig dem Vater überlassen, der, wie sie wusste, ganz andere Absichten mit ihr hegte. Er würde jetzt bestimmt keinen Entschluss fassen, der ihren Wünschen zuwiderlief. Und in diesem Sinn nahm Herr Simon denn auch das Wort.

„Lasst es gut sein, Vetter! Ich will Euch gewiss nicht kränken, indem ich Euch abweise. Aber ich will Euch rundheraus die Wahrheit sagen: Ihr seid zu spät gekommen."

„Zu spät?", rief Janeke, wobei er funkelnden Auges einige Schritte vortrat. „Ich hoffe, dass Ihr damit nicht etwa andeuten wollt, ich müsse mit einem Korb davonreiten! Sonst soll Euch und Euer eingebildetes Jungfräulein auf der Stelle das Donnerwetter treffen! Ich bin in ehrlicher Absicht gekommen, und wenn Ihr mich damit von Euch weist, werde ich Euch samt Eurem alten Güntersberg zu Brei machen!"

Die ungewohnte Höflichkeit war auf einmal von dem ehrenfesten Kämpen gewichen und hatte seinem stets bereiten Zornesmut Platz gemacht. Simon kannte ihn und ließ sich deshalb durch die harten Worte nicht aus der Fassung bringen.

„Wäret Ihr nicht mein Freund und Waffenbruder, so würde ich Euch auf Eure Grobheit mit dem Schwert antworten", erklärte er ruhig. „Da ich aber Eurer Treue und Freundschaft sicher bin, so hege ich die Hoffnung, dass Ihr Euch beruhigen werdet, sobald ich Euch sage, weshalb Ihr zu spät gekommen seid."

„Bleibt mir mit Eurem Weshalb vom Leibe! Es mag sein, was es will, für mich ist es doch der Grund zu einer schnöden Abfuhr. Es wird sich wohl irgendein glattes lockeres Jünglein eingefunden und Eurer Tochter das Köpfchen verdreht haben. Da muss freilich der alte, hässliche Stegelitz zurücktreten und sich von dem Lotterbuben ausstechen lassen. Aber ich gebe Euch den guten Rat, ihn nicht in meine Nähe zu bringen, sonst würde ich ihm den Fuchsbalg walken, bis er so dick ist wie die Ringmauern von Stargard oder Reetz!"

„Das werdet Ihr wohl bleiben lassen", meinte Herr Simon, „denn der junge Herr auf Reetz weiß sich zu wehren und sein Vater, der alte Erasmus von Wedel, hat stets als Freund zu Euch gehalten, obwohl sich sein ganzer Anhang, die Wedels zu Falkenburg, Draheim, Friedland und Tütz, deshalb mit ihm entzweit hat."

„Der? Mein Mitkumpan auf Reetz? Dessen Sohn soll die Brunhilde haben? Ein scheinheiliger, heimtückischer Bursche, der Alte, der es nicht einmal der Mühe für wert hielt, mir ein Wörtlein davon zu berichten! Und dem Jungen werde ich die Minne versalzen, dass er den Mund aufreißen soll von Nordosten nach Südwesten!"

„Ihr werdet ihn wohl in Frieden lassen, Vetter, denn er ist vollständig unschuldig und hat von unserem Plan noch nicht das Mindeste erfahren."

„Unserem Plan? Ein Plan ist es also? Und wer hat den mit Euch ausgesonnen?"

„Der Erasmus selbst, und wenn Ihr die Gründe kennt, die mich bewegen, mich seinem Sohn als Schwäher[1] anzubieten, so werdet Ihr mir nicht länger zürnen. Brunhilde selbst hat bis auf diese Stunde nichts von der Sache geahnt und sie sollte ihr auch verborgen bleiben bis späterhin. Da Ihr aber das Mädchen mit hereingebracht habt, so mag sie hiermit meinen Willen kennenlernen. Die von Bork und Wedel mit ihrem ganzen Anhang sinnen auf ein Unheil gegen mich und es wird bald zur offenen Fehde kommen. Auch Euch sind sie spinnefeind und daher gebot mir die Klugheit, mir aus ihrer eigenen Mitte einen Bundesgenossen zu suchen, der mir gegen ihre Anschläge hilft, nicht nur als Freund wie bisher, sondern als Verwandter. Ich bin nicht wenig stolz auf diesen Streich, den ich ihnen spiele, denn es ist eine große Lücke, die ich damit in ihre Reihen reiße, und so ein Bundesmann mag mir, wie gesagt, mehr Nutzen bringen als einer, der nicht zu ihrer Sippe gehört."

„Den Erasmus habt Ihr angeworben für Euch und mich, Vetter? Das ist ein Meisterstück, auf dessen Lösung ich bisher vergebens gesonnen habe. Wenn es so ist, mag die Brunhilde meinetwegen draufgegeben werden. Ich schere mich den Kuckuck darum, wenn ich den alten Erasmus dafür bekomme!"

„Gut, so sind wir einig und der Hader zwischen uns mag damit beigelegt sein! Jetzt aber lasst uns schauen, ob in Küche und Keller noch etwas für uns zu haben ist!"

Brunhilde, die bisher am Fenster gestanden und zu allem geschwiegen hatte, gehorchte diesem Wink und entfernte sich. Sie hatte in der Tat keine Ahnung vom Plan des Vaters gehabt, und obgleich er nicht nach ihrem Sinn war, vermied sie doch

---

[1] Schwiegervater

jedes Wort darüber, da sie wohl wusste, dass sich der Vater jetzt nicht erweichen lassen werde und dass von ihm nur später etwas erreicht werden konnte. –

Die beiden Ritter saßen nun beieinander und sprachen von ihren früheren Abenteuern und von der Fehde, die zu erwarten war. Darüber war bald der Nachmittag vergangen und die Ritter unterbrachen ihr Gespräch nur höchst ungern, um das Nachtmahl einzunehmen. Schließlich saßen sie wieder allein und führten die anregende Unterhaltung bei prasselndem Kaminfeuer weiter. Es war schon sehr spät geworden, als sie sich zur Ruhe legten.

Ein Falkenhandel und ein Waffengang

Am anderen Morgen wurde ein Falkenhändler gemeldet, der mit seiner Ware hier zu übernachten wünsche und dabei hoffe, einen Handel zu machen.

Der Mann war den Rittern willkommen. Obgleich Simon sein Geld für andere Dinge brauchte als zum Ankauf von Stoßvögeln, so waren die Falkenhändler doch gewöhnlich weitgereiste Leute, die viel erfahren hatten. Sie kamen meist aus Norwegen und Schweden, oft sogar von Island, und wussten so fesselnd zu erzählen, dass sie überall gern gesehene Gäste waren. Darum ließ Simon den Mann nicht in der Gesindestube unterbringen, sondern befahl, ihm ein besonderes Gemach anzuweisen, wo er sich erholen und der Ruhe pflegen sollte.

Nach einiger Zeit trat der Falkenhändler mit seiner ‚Cage‘ in den Saal. Das war ein viereckiger, mit Füßen versehener Rahmen, worauf die Tiere angekettet waren. Wer heute am Morgen den jungen Rittersmann gesehen hatte, der hinter der Entenwand der Hasenjagd zuschaute, der musste sich über dessen Ähnlichkeit mit dem Vogelhändler wundern. Der junge Mann machte den Herren eine wohlanständige Verbeugung, stellte seinen Rahmen vor sie hin und begann:

„Ich komme aus fernen Landen, Ihr Herren und Ritter, habe schon viele meiner seltenen und wohlabgerichteten Vögel an den Mann gebracht und bin in Güntersberg eingezogen, weil ich hörte, dass Herr Simon der hohen und niederen Beize pflegt und mir vielleicht die letzten meiner Falken abkaufen wird. Nicht die schlechtesten sind mir zurückgeblieben, denn wisst, Ihr edlen Leute: Ein vorsichtiger Handelsmann sucht erst die weniger gute Ware zu verkaufen, damit er nicht zuletzt eine Not mit dem Rest hat."

„Wenn deine Vögel so gut sind wie deine Rede", antwortete der von Güntersberg, „so wirst du wohl bald einen Käufer finden. Was mich betrifft, so magst du bei mir Herberge und Pflege finden, aber zum Kauf ist mir schon seit langem die Lust vergangen. Ich bin kein Meister in der Kunst der Falkenbeize und habe von den Tieren nichts als Missbehagen und Ärger gehabt. Wohl gibt sich meine Tochter der Jagd mit Liebe und Eifer hin, aber es fehlt mir an einem Mann, der geschickt ist in allen Dingen der Jagd, sodass er meine Tochter unterweisen könnte. Solange ich einen solchen Mann nicht finde, wäre es schade um die guten Stößer, die ich kaufte."

„So lasst Euch einen Vorschlag machen, Herr Ritter! Ich habe auf der fernen Insel Island manchen wackeren Nestling von den hohen Felsen herabgeholt und in den Bergen Norwegens viel glücklichen Fang getan. Sodann war ich zu Falkenwerth bei Maastricht, wo die Kunst der Falkenzähmung nach Zunft und Regel betrieben wird, wie Ihr wisst, habe später in Holstein, dann im Bremenschen und endlich bei Meiningen, also an lauter berühmten Falknerorten, meinem Beruf obgelegen und sehne mich nun nach einem Platz, wo ich bleiben und das Gelernte verwerten kann. Wolltet Ihr einen Versuch mit mir machen und mich auf Güntersberg behalten, so würde ich Euch keinen Preis für meine letzten Tiere anrechnen und Ihr würdet gar wohl mit mir zufrieden sein in allem, was ein Falkner und Kriegsmann zu leisten hat."

„Darüber ließe sich reden!", meinte Herr Simon. „Ich habe manchen ritterlichen Strauß auszufechten und bedarf also stets solcher Leute, auf deren Arm ich mich verlassen kann. Aber verstehst du denn auch ebenso gut mit den Waffen umzugehen wie mit Köller und Rauschhaube?"

„Ich kann Euch hierauf nicht anders antworten, als dass ich mich jeder Probe gern unterwerfe."

„Das ist ein stolzes Wort, das ich wohl auf die Probe stellen möchte. Ich lerne meine Leute gern genau kennen und werde dem Wachtmeister Befehl geben, dich in allen Waffen scharf zu prüfen."

„Mit diesem Befehl werdet Ihr nicht viel erreichen. Ein Falkenmeister verschmäht es, sich von einem oberen Kriegsknecht auf die Probe stellen zu lassen. Ich würde den Mann beim ersten Stoß niederwerfen. Möchte es daher nicht Euch selbst belieben, Herr Ritter, Schwerthieb und Lanzenstoß mit mir zu wechseln?"

„Bei allen Heiligen, die es im Kalender gibt", brach hier Janeke von Stegelitz los, der sich bisher ruhig verhalten hatte. „Du bist ein verwegener Gesell, der offenbar gar nicht weiß, was er spricht! Glaubst du wirklich, dass ein Rittersmann seine Kraft mit der eines Handelsmannes misst? Allerdings hätte ich selber trotz allem fast Lust, dir das große Maul zu stopfen, das du aufzureißen verstehst, wie nur irgendeiner. Wollt Ihr mir den Spaß gönnen, Vetter Simon?"

„Ich will Euerm Beginnen kein Hindernis in den Weg legen. Zwar ist es nicht ganz am Platze, aber in solchem Fall mag wohl eine Ausnahme gerechtfertigt sein. Ich werde den Hof in Bereitschaft setzen lassen, und bis dahin" – das galt dem Falkenhändler – „magst du uns deine Vögel zeigen."

Herr Simon trat an das hohe Bogenfenster und rief die nötigen Befehle hinab, dann wandte er sich zu dem Falkenrahmen.

„Was für Vögel sind das?"

„Hier sind zwei Falken vom Hekla, grimme und treue Jagdgefährten, die sich sogar an das Reh wagen und niemals davonfliegen. Diese beiden sind Würger von den Orkaden. Sie gehen besonders gut auf Trappen, Reiher und Hasen und versagen nie. Nun kommen drei Blaufüße, die aus dem Land der Tataren stammen und über Ungarn in meine Hände gelangt sind. Sie stoßen auf alles Lebendige, zu dessen Bewältigung ihre Kräfte ausreichen. Und hier seht Ihr noch einen Wander- und zwei Baumfalken, die sich vorzüglich für die niedere Jagd eignen. Zusammen ein Rahmen voll, zehn Stück, wie es hierzulande zu sein pflegt. Mit diesen Tieren geht mir kein Wild davon und sie sollen fortan Euer sein, wenn Ihr sie unter meiner Obhut lassen wollt."

„Das kann ich dir fest versprechen, vorausgesetzt, dass du die Probe bestehst, zu der du selbst uns aufgefordert hast. Trage die Vögel in den Falkenhof und sorge, dass es ihnen an nichts fehlt! Wir werden hinabkommen und unten auf dich warten."

Der Falkenhändler wandte sich zum Gehen. In seinen Zügen war helle Befriedigung zu lesen, und das unternehmende Lächeln, das um seinen Mund spielte, ließ vermuten, dass ihm vor der bevorstehenden Prüfung nicht im Geringsten bange war.

„Halb ist mir mein Unternehmen schon geglückt", murmelte er vor sich hin, „und das Übrige wird sich wohl auch noch überstehen lassen. Vor dem alten Stegelitz brauche ich keine Angst zu haben. Er ist groß im Schelten, aber klein im Fechten, und selbst wenn Herr Simon zur Waffe griffe, würde ich nicht erschrecken. Wenn die beiden Ritter wüssten, wer der fremde Falkenhändler ist – wenn sie ahnten, dass sich der Sohn ihres Todfeindes Henning von Wedel auf Friedland in ihre Mauern gewagt hat, um nach dem größten Schatz zu trachten, den Güntersberg umschließt! Ich muss vorsichtig sein, denn gar leicht kann mich jemand erkennen und verraten. Dann wären Kerker und Gefangenschaft mein Los, und die Summe, gegen die ich die Meinen wiedersehen dürfte, würde gewiss nicht klein sein."

Unten fragte er dann nach dem Falkenhof und wurde nach einem eingezäunten Winkel gewiesen, wo die Beiztiere unter Dach und Fach gebracht wurden.

Indessen führten mehrere Knechte einige Pferde auf den Platz vor dem Hauptgebäude und trugen auch die zum Kampfspiel notwendigen Waffen herbei. Simon von Güntersberg und Janeke von Stegelitz kamen die breite Freitreppe herab und nach kurzer Zeit stellte sich auch der Händler ein. Sein Auge überflog mutig den Kreis der Knechte, die auf die Kunde von dem bevorstehenden Schauspiel herbeigeeilt waren.

Den größten Eifer, dem Waffengang beizuwohnen, zeigte der Wachtmeister Elias Siebenhaut. Er hatte erfahren, dass der Fremde sich geweigert hatte, mit ihm zu fechten, und erging sich über diese Beleidigung in den zornigsten Ausdrücken.

„Was will er sein?", rief er. „Falkenmeister will er sein, wie ich höre? Und nicht fechten will er mit mir, wie ich höre? Dem hochmütigen Menschen soll doch gleich der Teufel mitsamt allen seinen Gevattern und Basen in die Hosen fahren! Er hat wohl geahnt, was für ein Willkommen er bei mir gefunden hätte, denn sonst begreife ich nicht, weshalb nicht ich es sein soll, der ihn zusammenhaut! Seht, da legt er Panzer, Handschuh und Haube an, ja, sogar die Arm- und Beinschienen! Der Mensch darf kämpfen im Herrenkleid und mit ritterlicher Wehr, was unerhört ist seit dem Tag, da meine Frau Mutter mich zum ersten Mal erblickte, wie ich höre! Seht, jetzt sitzen sie auf; Wind und Sonne sind gestellt und nun wird der Tanz losgehen."

Die anderen Knechte hätten dem Kampfspiel gar nicht zuzuschauen brauchen, denn der Wachtmeister Elias Siebenhaut hatte die Eigentümlichkeit, nicht schweigen zu können, und folgte mit seiner lauten Schilderung dem Vorgang bis in alle Einzelheiten.

„Jetzt rennen sie aufeinander los. Himmel und Hellebarde, sitzt der Kerl prachtvoll zu Pferde! Weiter rechts die Lanze, Herr Janeke, weiter rechts, rechts, re – – – da, ich dachte mir es doch, da liegt er im Sand und streckt alle viere gen Himmel, wie ich höre! Das war ein Meisterstoß, den ich auch nicht besser fertiggebracht hätte! Herr Janeke steht wieder auf und lässt sich eine zweite Lanze geben. Es ist kein Spaß für einen Ritter, sich von einem gemeinen Mann vor aller Augen vom Pferd stoßen zu lassen. Jetzt beginnt es von Neuem. Tiefer, tiefer die Lanze, Stegelitz, sonst fährt sie in die Luft, wie ich höre! Den Körper vor! So bläst man einen ja gleich vom Pferde! Da – habe ich es nicht gesagt, wie ich höre? Da liegt er wieder im Sande! Es ist eine Schande! Ja, was soll das Fluchen und Wettern helfen? Durch Schimpfen und Hadern ist es nicht wiedergutzumachen. Schafft die Gäule in den Stall! So, und nehmt einmal die Schwerter in die Hand! Wir wollen doch sehen, ob er damit auch umzugehen versteht, wie ich höre."

Janeke von Stegelitz hatte sich wieder aufgerafft. Er sah ein, dass er sich eine große Blöße gegeben hatte. Statt aber die Schuld allein sich zuzuschreiben, warf er sie auf den Gegner. Er schäumte vor Wut und drang jetzt mit gezücktem Schwert und in einer Weise auf ihn ein, als geschähe der Gang auf Tod und Leben.

„Ruhig, ruhig, Alter", fuhr Elias Siebenhaut in seinem Selbstgespräch fort, „sonst geht es mit der Klinge nicht besser als mit der Lanze! Er möchte die Scharte gern wieder auswetzen und ist doch viel zu hitzig, wie ich höre. Da schau dagegen einmal den Vogelhändler an! Der steht wie eine Tanne und wehrt die Hiebe ab, so kaltblütig wie ein Eisbär. Er tut, als könne er gar nicht dreinschlagen, aber ich wette, dass er den Stegelitz mürbe klopfen wird, wenn er einmal anfängt, wie ich höre. Da, da habt ihr's! Seht ihr's? Hört ihr's, was für Hiebe das sind? Der Fremde schlägt den Ritter vom Platz weg, er treibt ihn in der Runde vor sich her! Da – da fliegt Herrn Janekes Schwert durch die Luft! Das war ein Kunststück, wie ich es selbst kaum besser machen könnte! Der Kerl hat zwar nicht mit mir fechten wollen, aber er taugt dennoch etwas. Den müssen wir behalten, wie ich höre, denn solche Leute können wir brauchen. Schaut, Herr Janeke zieht sich langsam zurück und Herr Simon klopft dem braven Streiter auf die Schulter! Das hat er selbst bei mir noch nicht getan, obgleich ich wohl manchmal schon so einen Klopfer verdient hätte, wie ich höre. – Und nun will ich euch eins sagen, ihr Mannen alle, nehmt euch vor dem Burschen in Acht, wenn er euch zugesellt wird. Ihr treibt mit den Neuen immer allerlei Kurzweil und Schabernack; der aber könnte das leicht falsch verstehen. Haltet ihn in Ehren, denn er sieht mir ganz danach aus, als ob er sich Ruhe zu verschaffen wüsste, wenn ihr ihn nicht in Frieden lasst! Das Kampfspiel ist zu Ende und ihr könnt nun wieder zum Krug gehen. Das Dünnbier wird sonst sauer, wie ich höre."

Herr Simon von Güntersberg war mit der Probe, die der neue Dienstmann abgelegt hatte, mehr als zufrieden, obgleich es ihm auf der anderen Seite auch nicht gleichgültig war, dass er einen Kämpen, der einst öffentlich den Ritterschlag empfangen, so gut und kraftvoll bedient hatte. Er freute sich insgeheim, dass ihm nicht der Gedanke gekommen war, selbst gegen den Fremden zur Waffe zu greifen, denn in diesem Fall wäre es ihm ebenso ergangen wie seinem Waffengefährten, dem seine unzeitige Hitze nur Demütigung eingetragen hatte.

„Du hast das Deinige gelernt", sagte er zu dem Falkenhändler, „und kannst auf Güntersberg bleiben, solange es dir gefällt. Vorerst aber lass mich deinen Namen wissen!"

„Ich nenne mich Henning Friedländer und werde Euch in allen Stücken ehrlich dienen, so gut ich kann."

„Es wird dein Schaden nicht sein; doch wirst du vom Kriegsdienst wohl befreit bleiben. Meine Tochter Brunhilde wird dich ausgiebig für die Jagd in Anspruch nehmen und auch sonst sollst du ihr Schutz sein. Es kann bald geschehen, dass ich von hier fort muss, und dann will ich sie deinen Händen anvertrauen, damit sie vor aller Fährlichkeit behütet bleibt. Jetzt magst du zu ihr gehen und ihr sagen, dass ich dich für sie in Pflicht genommen habe!"

Henning Friedländer dankte seinem neuen Herrn und begab sich nach dem Flügel der Burg, wo die Gemächer Brunhildes lagen. Die Magd des Fräuleins öffnete ihm und nun stand er vor ihr, die seit dem Wiedersehen alle seine Gedanken gefangen hielt.

Vom Fenster aus hatte sie dem Kampf zugeschaut und mit klopfendem Herzen den jungen, stattlichen Helden bewundert, der dem Gegner leicht wie im Spiel mit kunstvollem Streich die Waffe aus den Händen schlug. Sie kannte ihn nicht und doch schien sein Wesen ihr in irgendwelcher Beziehung vertraut zu sein. Wer war er?

Ein gewöhnlicher Knecht, der froh sein musste, einen Dienst zu finden? Es widerstrebte ihrem Innern, das anzunehmen, und doch konnte es nicht anders sein. Aber als er jetzt vor ihr stand, so hoch, so stolz, trotz aller Demut vor der Herrin, deren Befehle er erfüllen sollte, da wollte es ihr nicht gelingen, das gewöhnliche ‚du' auszusprechen, und ihre Stimme klang ungewiss und zaghaft.

„Ihr seid vom Vater zu mir gesandt, wie mir die Gesindin sagte. Welche Botschaft habt Ihr mir auszurichten?"

„Eine Botschaft, die mir lieb und wert ist. Ich bin von Herrn Simon in Dienst genommen, um Euch in allem treulich zur Seite zu stehen. Verzeiht, Jungfrau, dass ich diesen Dienst angenommen habe, ohne erst Euer Wort zu hören!"

„Ihr konntet ja nicht anders und des Vaters Wille ist mir Gebot. Ihr seid mir also willkommen. Aber noch weiß ich nicht, woher Ihr kommt und wie Euer Name klingt."

„Ich komme aus weiter Ferne und mein Name lautet Henning Friedländer. Ich habe in fremden Ländern edle Falken gefangen und gezähmt und mit ihnen der Beize sorgfältig obgelegen. Dabei habe ich vieles erfahren und gelernt, was man hier bei der Jagd nicht kennt. Die Vögel, die ich mitgebracht, sind meisterlich abgerichtet und ich denke, dass sie Euch manch trefflichen Fang bereiten werden."

„Ich hoffe es. Erst gestern früh war ich mit meinen Falken aus. Aber ich habe keine Beute gemacht und einer der Stößer ist mir sogar davongegangen. Da erregen nun Eure Worte das Verlangen in mir, die neuen Tiere so bald wie möglich zu erproben, und ich möchte Euch fragen, ob Ihr bereit seid, morgen früh mit mir auf die Jagd zu gehen."

„Ich werde bereit sein und gehorche gern Euerm Befehl. Wollt mir nur Nachricht geben, wann Ihr zum Ritt fertig seid!" –

Auf der Jagd

Am anderen Morgen öffnete sich das Tor und eine ansehnliche Gesellschaft ritt den Burgweg hinab. Herr Simon von Güntersberg wollte die Kunst des neuen Falkenmeisters auch auf diesem Gebiet kennenlernen und hatte sich deshalb entschlossen, an der Jagd teilzunehmen. Janeke von Stegelitz hatte sich ihm wohl oder übel angeschlossen und zur besonderen Bedienung der beiden Ritter war auch der Wachtmeister Elias Siebenhaut auf seinen Gaul gestiegen. An der Spitze ritten die Herren, die Brunhilde in ihre Mitte genommen hatten; ihnen folgte Henning Friedländer, an dessen Seite sich Siebenhaut hielt. Trotz der kränkenden Zurücksetzung war er nun nach dem Sieg im Kampfspiel dem Falkenmeister wohlgewogen und versuchte daher jetzt, Bekanntschaft mit ihm zu machen. Ihnen schloss sich ein Diener mit dem Vogelrahmen an, da Friedländer ganz gegen den gewöhnlichen Brauch keinen der Vögel auf der Faust trug. Den Schluss bildeten berittene Knechte, die die nötigen Geräte trugen.

„Wisst Ihr eine Neuigkeit, Vetter", fragte Simon seinen Gefährten Janeke, „eine Neuigkeit, die schier ans Unglaubliche grenzt?"

„Mir ist nichts Neues bekannt, was so unglaublich wäre, außer dass ich mit Eurem Falkenmeister heute einen so ungeheuerlichen Bock geschossen habe, dass ich geradezu aus dem Fell fahren möchte. Dass ich ein Esel bin, habe ich schon öfters gemerkt, aber dass ich ein so elefantenartiger Esel bin, das ist mir erst heute klar geworden. Ich wollte nur, ich hätte jemanden, der meinem Dummkopf so recht aus Herzensgrund ein Dutzend Maulschellen beibringen möchte! Verdient habe ich sie."

„Wenn Euch das so schwere Sorge bereitet, so braucht Ihr Euch nicht länger zu grämen. Kommt nur getrost herüber an meine Seite und haltet Euern Klepper an, dann sollt Ihr haben, was Ihr begehrt!"

„Wollt Ihr mich auch noch verspotten?", knurrte Janeke. „Das sollte Euch übel bekommen! Wenn ich auch mit dem Falkner nicht fertig werden konnte, weil mich mein altes Reißen gar so verteufelt in den Gelenken zwickte, so ist es doch nicht arg genug, als dass ich Euch nicht aus dem Sattel heben könnte. Erst einen Korb, dann zweimal in den Sand geworfen und endlich gar noch das Schwert aus der Hand geschlagen wie einem zehnjährigen Buben, der noch mit dem Steckenpferd über die Dielen kriecht – das ist zu arg. Macht, dass ich Eure Neuigkeit zu hören bekomme! Vielleicht bringt sie mich auf tröstlichere Gedanken."

„Ihr kennt doch die Quitzows, die so lange Zeit Herren in den Marken waren?"

„Ob ich die kenne? Seltsame Frage! Glaubt Ihr denn, ich sei eine alte Betschwester, die sich mehr um ihr sanftseliges Ende bekümmert, als um das, was in der Welt und unter Männern vorgeht? Wer die Quitzows nicht kennt, der hat entweder seine ganze Zeit verschlafen oder er ist hinter dem Spinnrocken aufgewachsen. Was ist es denn mit ihnen?"

„Sie haben den Markgrafen nicht anerkennen wollen und sind deshalb in eine erbitterte Fehde mit ihm geraten."

„Das braucht Ihr mir nicht erst zu sagen, denn das weiß ich längst."

„Hört mich nur weiter an! Nun ist der Markgraf vor ihre Burgen gezogen und hat eine nach der anderen erobert. Selbst Plaue und Friesack, die beiden mächtigen Schlösser, sind gefallen und Herr Johann von Quitzow sitzt in Gefangenschaft, während sein Bruder Dietrich geächtet im Land herumirrt, von den Leuten des Markgrafen verfolgt und gehetzt wie ein Wild."

„Ist das wahr?", fuhr Janeke auf. „Ich kann es fast nicht glauben. Die Quitzows waren doch so mächtig und hatten einen Anhang, wie ihn manches fürstliche Geschlecht nicht besitzt. Wie kann da das kleine Burggräflein von Nürnberg einen so gewaltigen Sieg über sie erringen?"

„Es ist so, wie ich Euch sage, und ich gestehe, dass es auch mir schwerfiel, an das Gerücht zu glauben."

„Woher habt Ihr es?"

„Der Falkenmeister hat mir davon erzählt. Er ist vom Süden her durch die Marken gekommen und hat die Ereignisse alle selbst mit angesehen. Er meint, Dietrich werde wohl den Weg nach Stettin einschlagen, weil unsere Herzöge ihm gewogen sind und stets seine Verbündeten waren."

„Wenn die Kunde überhaupt wahr ist, so zweifle ich nicht daran, dass er nach Pommern kommt. Und dann, Vetter, wollen wir uns Mühe geben, ihn auf unsere Seite zu bringen! Er ist ein gewaltiger Kriegsheld und allein mehr wert als ein ganzer Haufen reisigen Volkes. Die Wedels werden sich sofort an ihn machen, um ihn zu gewinnen, und wer ihn bekommt, der hat schon halb den Sieg errungen, noch ehe der Kampf überhaupt begonnen hat."

„In dieser Sache, Vetter, habt Ihr Recht, obwohl der Quitzow zur Zeit ein geächteter Flüchtling ohne Heer ist. Ich werde nicht säumen, ihn für uns zu werben; nur müssen wir warten, bis er in Stettin eingetroffen ist. Fast möchte ich wünschen, dass es bald geschehe; die Borks und Wedels werden immer unleidlicher, und sobald ich dazu gerüstet bin, werde ich ihnen die Freundschaft aufkündigen. – Aber sagt, was kommen dort für Reiter? Meine Augen sind nicht mehr so scharf wie früher und wollen mir in der Ferne den Dienst versagen. Könnt Ihr vielleicht ihre Farben erkennen?"

„Ich glaube", antwortete Brunhilde an Stelle des Gefragten, der sich ebenfalls vergebens anstrengte, die Leute zu erkennen, „dass es Mannen des Herrn Henning von Kremzow sind. Ich habe auf der Jagd schon öfters Leute von ihm getroffen."

„Der Kremzow ist mit den Wedels verbündet. Sie wollen nach Güntersberg. Lasst uns sehen, was sie von uns wollen!"

Simon gab seinem Pferd die Sporen und trabte den beiden Reitern entgegen. Als sie ihn erkannten, hielten sie an und warteten, bis er in ihre Nähe gelangte.

„Wer seid Ihr und wohin wollt Ihr?", fragte er sie.

„Wir sind Dienstleute des tapferen Ritters Henning von Kremzow", antwortete der eine von ihnen, wobei er ein versiegeltes Pergament hervorbrachte, „und wollen zu Herrn Simon von Güntersberg, dem wir dieses Schriftwerk zu überbringen haben."

„Ich selbst bin der Gesuchte. Gebt es her!"

Er nahm die Rolle in Empfang und betrachtete sie von allen Seiten, bevor er das große Siegel löste.

„Mein Name steht darauf, den kann ich lesen. Aber wie es mir weiter drinnen gehen wird, darauf bin ich begierig." Er öffnete und faltete das Schreiben auseinander. „Da steht ja eine ganze Predigt, soviel Krähenfüße sind da zu buchstabieren. Ich vermag das nicht. Könnt Ihr es vielleicht, Vetter?"

„Wenn Ihr mich noch einmal fragt, so gebe ich Euch einen Klaps mit meinem guten Schwert, dass Ihr in Ewigkeit an Eure Buchstaben denken sollt. Gebt doch den Wisch Eurer Tochter! Die Jungfer wird ihn schon zu lesen wissen."

Da drängte der Falkner sein Pferd herbei.

„Erlaubt, dass ich Euch die Schrift vortrage!"

„Bist du denn auch geschickt in so gelehrten Dingen?"

„Ein kluger Einsiedler hat mich darin unterrichtet."

„So nimm und sieh zu, wie weit du kommst!"

Friedländer ergriff das Schreiben und las:

„Den Rittern und Herren Simon von Güntersberg, Mannen und Leuten des Ordens der deutschen Ritter Erasmus von Wedel und Janeke von Stegelitz, verzeichnet und geschrieben für sie und alle ihre Gesellen.

Nachdem wir vernommen haben, dass die Herren, gegen uns begehren und uns mit Krieg und Plage heimsuchen wollen, indem wir ihnen weder Böses noch Unritterliches getan haben, so erfahren wir, dass die Herren Simon, Erasmus und Janeke von Güntersberg, Wedel und Stegelitz sich unterwinden, dem Orden gegen unser Hab und Gut als auch Leib und Leben beizuspringen, dahero wir in Anbetracht gestellt haben, dass uns damit ein großer Schade geschehe.

Also erfordert es die schuldige Pflicht und Ehre, uns der Unbilden kräftiglich zu wehren, zumal wir nicht gesonnen sind, zu warten, bis man über uns herfalle, dieweil dies eine Torheit wäre. Darum tun wir Euch hiermit zu wissen, dass wir von jetziger Stunde an Euch feindlich ansehen werden und all Eurem Beginnen begegnen mit der Schärfe des Schwertes und Euch absagen alle Liebe und Freundschaft so lange, bis Ihr daran genug erfahren habt.

Gegeben zu Kremzow und unterschrieben mit Kraft und Vorbedacht.
Henning von Wedel-Friedland
Friedrich von Wedel
Heinrich von Bork
Henning von Kremzow
Auch zu Gedenken aller anderen von Wedel, Bork, Kremzow
und vieler aus dem Land Stolpe. "

Noch hatte der Vorleser nicht vollständig geendet, so erhob Janeke den Arm und schlug einem der Botschafter mit der geballten Faust ins Gesicht.

„Hier hast du unsere Antwort! Bring sie nach Kremzow und vergiss nicht, sie gehörig auszurichten! Und nun macht, dass ihr von hinnen kommt! Es juckt mir in den Armen."

Er griff nach dem Schwert. Sie aber waren klug genug, nicht auf das Folgende zu warten, sondern wandten ihre Pferde und ritten schneller davon, als sie gekommen waren. Trotz dieser unerwarteten und unliebsamen Unterbrechung wurde der Jagdzug fortgesetzt, denn es war nicht anzunehmen, dass die Fehde sogleich losbrechen würde. Der Reiterzug setzte sich in der vorigen Ordnung wieder in Bewegung. Die Ritter an der Spitze besprachen die notwendigen Maßregeln, die Knechte gaben ihre Freude darüber kund, dass ein fröhlicher Strauß in Aussicht stand, und der Wachtmeister Elias Siebenhaut konnte das gegen Friedländer beobachtete Schweigen nicht länger bewahren, zumal sich ihm soeben ein trefflicher Anknüpfungspunkt geboten hatte.

„Du kannst sogar lesen, wie ich höre?", fragte er den sinnend neben ihm hinreitenden Falkenmeister. „Und von einem Einsiedler hast du es gelernt, wie ich höre?"

Leider bekam er keine Antwort.

„Du bist ein geschickter Kriegsmann und dazu fast gelehrter als der Bischof von Stettin!"

Vergebliche Mühe. Friedländer war zu sehr mit seinen Gedanken beschäftigt, als dass er auf das Geschwätz des Wachtmeisters geachtet hätte.

„Wenn du nicht antworten willst, lässt du es bleiben, wie ich höre. Aber ich sollte meinen, dass auf so höfliche Worte, wie ich sie gesagt habe, auch eine Gegenrede folgen müsse. Wenn du zu stolz bist auf deine Gelehrsamkeit, um mit mir zu sprechen, so habe ich nichts dagegen; aber es wäre doch wohl besser gewesen, wenn wir gute Freunde geworden wären, wie ich höre."

Diese Strafpredigt erreichte ihren Zweck. Friedländer fuhr sich mit der Hand über die Stirn.

„Es war nicht böse gemeint, Elias. Nur hatte ich allerlei zu sinnen, womit ich erst fertig werden musste."

„So, dann will ich meine Worte zurücknehmen. Hier hast du meine Hand! Mir ist es ganz so, als ob ich dich liebgewinnen könnte, und darum wollen wir gute Kameradschaft halten! Das ist jetzt noch notwendiger als sonst, da wir nun gegen die Wedels und ihre Sippe zusammenzuhalten haben. Was mich betrifft, so fürchte ich mich nicht vor ihnen, wie ich höre, denn wir verstehen mit dem Schwert umzugehen und unter ihnen gibt es nur einen, vor dem mir bange sein könnte. Das ist der alte Henning von Wedel auf Friedland."

„Kennst du ihn?"

„Habe ihn oft gesehen, wie ich höre. Er hat den Teufel im Leib und bringt es fertig, sich ganz allein durch einen feindlichen Heereshaufen hindurchzuschlagen. Er hat schon oft mit dem Deutschen Orden angebunden und stets den Sieg davongetragen. Nur vor kurzer Zeit ist er einmal in Unglück geraten und gefangen worden, wie ich höre. Freilich ist es dabei bös hergegangen, ehe sie ihn bekamen, und lange haben sie ihn auch nicht behalten, sondern gegen das Versprechen, ein Lösegeld zu zahlen, freigelassen. Hätten sie das nicht getan, so wäre er ihnen eines schönen Tages doch davongegangen und sie hätten den Ärger und das Nachsehen gehabt, wie ich höre."

„Davon habe ich auch vernommen. Er ist also jetzt wieder in Friedland?"

„Ja, heute aber in Kremzow, wie du ja selber vorgelesen hast. Er hat doch den Fehdebrief mit unterschrieben, wie ich höre. Der Henning ist ein kluger und unternehmender Gesell. Erst hat er ein Lösegeld versprochen und nun sagt er die Fehde an. Er holt sich das Geld also vorher bei denen, denen er es nachher bezahlt. Ein gescheiter Einfall, wie ich höre!"

„Das gebe ich zu", antwortete der Falkenmeister mit einem eigentümlichen Lächeln.

„Eigentlich ist es sonderbar", fuhr der Wachtmeister in seinem Geplauder fort, „dass du nach Güntersberg geraten bist und nicht nach Altenwedel, wo dich der Weg durchgeführt hat. Dein Name würde zu den Wedels passen. Sie haben zwei Hennings, den jungen und den alten, und du heißt auch so. Diese beiden Hennings wohnen auf Friedland und dein Name ist Friedländer. Ist das nicht merkwürdig?"

„Allerdings. Der Zufall spielt oft wunderbar. Im Übrigen bin ich in Altenwedel nicht eingekehrt, weil ich vernahm, man sei dort schon genugsam mit trefflichen Falken versehen. Kennst du den jungen Henning?"

„Nein. Man hat ihn hier in dieser Gegend nicht viel zu sehen bekommen, aber was man über ihn vernimmt, das ist nur lob- und tugendsam. – Was gibt es? Soll die Jagd beginnen?"

„Meine Vögel werden unruhig. Trotz der Kappe wittern sie, dass sie sich bald auf dem Jagdgebiet befinden. – Halte dich jetzt an meiner Seite!", ermahnte er den Knecht, der den Rahmen trug.

Soeben zügelte Brunhilde ihren Zelter und blickte zurück.

„Macht Euch bereit!", rief sie dem jungen Falkenmeister zu. „Hier beginnt die Gegend, wo wir jagen werden!"

„Wollt Ihr eins der Tiere an Euch nehmen, Jungfrau?", fragte er zurück.

„Gebt her! Ich will es versuchen."

Er löste einen schlanken Blaufuß vom Ständer und setzte ihn ihr auf die kleine, mit einem starken Handschuh geschützte Hand.

„Lasst ihn nicht eher fliegen, als bis ich Euch das Zeichen gebe!"

Henning Friedländer setzte sich jetzt mit dem Falkenträger an die Spitze des Zugs und richtete sein helles, scharfes Auge forschend auf die Umgebung. Dann griff er plötzlich, ohne dass einer der Übrigen ein Wild bemerkt hatte, in den Rahmen, riemte einen starken Isländer los, zog ihm die Haube vom Kopf und warf ihn mit kräftigem Schwung gegen den Wind in die Luft.

Das Tier stieg in die Höhe und zog einen weiten Kreis, der sich schraubenförmig immer mehr verengte. Der Falke hatte einen Hasen erspäht, der durch die Moorgräser brach. Die Angst vor dem Raubvogel, der über ihm schwebte, ließ den Hasen die Jagdgesellschaft gar nicht beachten, sodass er grad auf sie zurannte und sich soeben anschickte, über die Straße zu springen, als der Falke herabstieß, ihn mit seinen Fängen packte und ihn mit einigen Schnabelhieben auf den Kopf tötete.

„Sagt, Jungfrau", fragte Friedländer, „soll der Vogel den Hasen haben oder das Falkenrecht?"

„Er hat ihn verdient, aber ich mag das hässliche Zerreißen nicht mit ansehen. Gebt ihm sein Recht!"

Friedländer rief den Falken mit einem kurzen „Hilo!" wieder zu sich und gab ihm anstatt der Beute ein Stück Fleisch, das einer der Knechte in einer Büchse bei sich führte. Man nannte diese Belohnung für den gelungenen Fang das ‚Falkenrecht'.

Nachdem der Hase aufgenommen war, setzte sich der Zug von Neuem in Bewegung und jedermann hielt fleißig Umschau, ob irgendwo ein weiteres Wild zu erblicken sei. Keinem wollte das gelingen, und doch rief der Falkenmeister, zu Brunhilde gewandt:

„Jetzt ist es Zeit, Euren Vogel zu werfen! Es gibt nun eine edlere Jagd!"

„Ich sehe doch gar kein Wild!"

„Werft ihn nur! Das kleine dunkle Fleckchen dort grad über uns ist ein roter Milan, auch Gabelweihe genannt, ein trefflicher Flieger, den Euer Blaufuß herunterholen soll."

Sie warf den Vogel empor, nachdem sie ihn abgehäubt hatte, und das schöne, schlanke Tier stieg in einer raschen Schneckenlinie zur Höhe. Der Milan erkannte den gefährlichen Feind und schoss in gerader Richtung davon. Das sah aus, als sollte dem Falken die Beute entgehen, denn als sich beide in gleicher Höhe befanden, war der rote Milan schon so weit von seinem Verfolger entfernt, dass er gar nicht mehr zu erkennen war. Der Blaufuß stieg immer noch und schwebte dann wie bewegungslos hoch oben in der Luft. Jetzt aber musste er seinen Feind erspäht haben, denn er flog plötzlich mit solcher Schnelligkeit in der Richtung von dannen, die der Milan genommen hatte, dass auch von ihm bald nichts mehr zu sehen war.

„Sie sind fort!", rief die schöne Jägerin. „Und zwar alle beide! Wir müssen ihnen nach!"

„Bleibt nur immer hier!", widersprach Friedländer. „Der Blaufuß hält seine Jagd so, dass wir Zeugen sein können."

Wirklich sollte dieses Wort auch sofort in Erfüllung gehen, denn es erschien am Himmel ein Punkt, dem ein anderer, seitwärts über ihm stehender, folgte. Sooft der eine eine weichende Richtung einschlagen wollte, verlegte ihm der andere den Weg und zwang ihn, sich nach der Jagdgesellschaft hinzubewegen. Es war die Gabelweihe, getrieben und gehetzt von dem Blaufuß. Als beide sich so ziemlich über dem Jagdtrupp befanden, stieg der Blaufuß ein wenig höher und stieß dann mit solcher Kraft auf den geängsteten Flüchtling nieder, dass er, die Beute in den Fängen, fast bis zur Erde herabschoss. In ganz geringer Höhe nur machte er ihm den Garaus und kehrte sodann auf die ausgestreckte Hand des Mädchens zurück. Auch er erhielt sein wohlverdientes Falkenrecht. –

Vom Regen in die Traufe

Durch diese beiden glücklichen Erfolge wurde die Leidenschaft der Jäger lebhaft angeregt. Die Gegend war reich an Wild und so kam es, dass man eine Beute machte wie fast nie zuvor. Man vergaß dabei ganz, auf Weg und Steg zu achten, und sah sich zuletzt auf einer Waldblöße, die keiner kannte. Man hatte sich verirrt, vielleicht gar auf fremdes Gebiet. Das war eine unangenehme Sache. Der Grund und Boden, auf dem man sich befand, konnte leicht einem der Männer gehören, die den Fehdebrief geschrieben hatten, und wurde man hier mit all den Jagdvorrichtungen angetroffen, die man bei sich führte, so konnte man vermutlich Schlimmeres erwarten als eine bloße Zurechtweisung.

„Darüber macht euch keine Sorge", meinte Herr Janeke von Stegelitz. „Wir stellen die Beize ein und kehren nunmehr nach Güntersberg zurück. Da links steht die Sonne, rechts geht es also heimwärts. Wir werden wohl bald wieder in eine Gegend gelangen, wo uns der Weg bekannt ist. Und werden wir dennoch behelligt, so sind wir Manns genug, uns unserer Haut zu wehren."

„Ja, wenn wir zu einem ernsten Kampf ausgerüstet wären und nicht zu einem leichten Jagdritt, wie ich höre", brummte der Wachtmeister Elias Siebenhaut in den Bart. „Wenn ich nicht ganz und gar irre, so befinden wir uns hier auf Suckower oder gar auf Kremzower Gebiet, denn wir sind sehr weit nach Abend zugeritten, wie ich höre. Ich fürchte mich vor niemandem, wollte aber doch, wir säßen auf Güntersberg bei unserm Dünnbier. Greift in die Zügel, ihr Leute, damit wir von hier fortkommen! Ihr seht, die beiden Ritter sind schon voran. Auch sie scheinen besondere Eile zu haben, wie ich höre!"

Er trabte mit seinen Knechten den Herren nach, die Brunhilde wieder in ihre Mitte genommen hatten. Der Falkenmeister folgte als Letzter ganz allein. So ritten sie, ohne es zu wissen, zwischen dem Flüsschen Ihna und der Stargard-Zachaner Straße dahin und kamen eben über ein offenes Bruchland, als eine Schar Reiter aus dem jenseitigen Waldrand hervorsprengen wollte, sich aber beim Anblick der Jagdgesellschaft sofort wieder hinter die Bäume zurückzog. Bald darauf entfernte sich auf Befehl des Anführers ein Teil der Reiterschar in seitlicher Richtung, um den Nichtsahnenden in den Rücken zu kommen.

Die von Güntersberg hatten jetzt den Bruch überschritten und schickten sich an, in einen Waldweg einzubiegen, als sie einen Reiter erblickten, der ihnen langsam entgegenkam. Die beiden Ritter stutzten und Elias Siebenhaut murmelte überrascht:

„Das ist wahrhaftig Herr Friedrich von Wedel, wie ich höre, der den Fehdebrief mit unterschrieben hat!" Dann setzte er halblaut hinzu: „Macht die Klingen blank, ihr Leute! Es ist jetzt Krieg und wir werden den Mann fangen, der uns so glücklich in den Weg läuft."

Friedrich von Wedel aber schien dergleichen nicht zu befürchten. Mit der ruhigsten Miene der Welt hielt er sein Pferd an und rief den Nahenden entgegen:

„Gott zum Gruß, ihr Herren von Güntersberg und Stegelitz! Wenn ich nicht mit meinen eigenen Ohren vernommen hätte, wie schön Ihr dem Boten unser Schreiben mit der Faust vergolten habt, so würde ich glauben, unsere Absage sei noch gar nicht zu Euch gelangt. Es will mich verwundern, dass Ihr unter diesen Umständen auf dem Grund und Boden meines Freundes und Verbündeten, des Edlen von Kremzow, der Beize pflegt und ihm das Wild wegnehmt, das ihm allein gehört. Darum muss ich Euch bitten, mit nach Kremzow zu kommen, wo Ihr Euer Tun verantworten sollt!"

„Nach Kremzow, Ritter? Ihr seid wohl nicht recht bei Sinnen?", lachte Janeke von Stegelitz. „Ihr habt Euch wohl nur versprochen und meint, dass Ihr mit nach Güntersberg wollt, um an dem Mahl teilzunehmen, das wir noch ungebraten bei uns führen?"

„Meint Ihr?", lächelte Friedrich von Wedel. „Ich denke anders. Ihr habt eine Jägerin in eurer Mitte und es ist seit langen Jahren kein so schmuckes Jüngferlein auf Kremzow eingekehrt. Darum will ich meinem alten Henning die Freude machen, sie ihm zuzuführen."

„Wagt es, sie anzutasten!", rief jetzt Simon von Güntersberg, während er das Schwert entblößte und gegen Friedrich von Wedel anritt.

Herr Friedrich war ein schlauer Kopf. Er wollte die Feinde gern in die Mitte des Bruchs zurückhaben, um sie besser umzingeln zu können, und tat daher jetzt, als wolle er vor Simon die Flucht ergreifen. Der von Güntersberg folgte ihm mit Janeke und den Knechten. Aber noch waren sie kaum einige Pferdelängen geritten, so brachen rings umher die Reisigen Friedrichs aus den Büschen und schlossen hinter den Gegnern den Waldpfad ab, während vom Bruch her der andere Teil der Leute Friedrichs ansprengte. Sofort entspann sich ein Kampf, der mit der Überwindung und Gefangennahme der Güntersberger geendet hätte, wenn ihnen nicht ein eigentümliches Ereignis zu Hilfe gekommen wäre.

Der Falkenmeister nämlich war ein wenig zurückgeblieben und aus diesem Grunde von den Angreifern übersehen und nicht mit eingeschlossen worden. Sobald er die feindlichen Reiter bemerkte, verdüsterten sich seine Mienen und die Stirn zog sich in zornige Falten.

„Das ist ein unglückseliges Ereignis, das mich verraten kann!", murmelte er vor sich hin, während sein Blick Brunhilde suchte, die am Waldrand zitternd auf dem Pferd hielt und nicht wusste, ob sie fliehen oder bleiben solle. „Sie ist ungefährdet", stellte er fest, „und soll auch den Vater behalten!"

Dabei zog er den Degen, stürmte auf die Kämpfenden zu und drängte sein Pferd zwischen Simon von Güntersberg und Friedrich von Wedel, deren Klingen sich klirrend kreuzten. Mit einigen kräftigen, aber vorsichtigen Hieben schlug er Friedrich zurück, trennte ihn von dem Knäuel, den die anderen bildeten, und raunte ihm dann hastig zu:

„Kennst du mich noch, Oheim?"

„Bei allen Heiligen, bist du es, Henning?"

„Schlag zu, schlag nur immer drauf los, als ob wir Feinde wären!"

„Warum denn? Was machst du bei den Güntersbergern?"

„Das werde ich dir später erzählen. Sag dem Vater noch nicht, dass ich zurückgekehrt bin! Ich war nur erst auf Altenwedel, und der Ohm weiß, weshalb ich beim Simon bin. Du darfst heute niemand gefangen nehmen. Begnüg dich mit dem Gelöbnis eines Lösegeldes!"

„Wenn du es willst, so mag es sein! Du wirst wohl gute und ehrbare Gründe haben."

„Bei Gott, die habe ich!"

„Nun wohl. – Lass ab von mir!"

Dieses kurze, abgerissene Gespräch wurde während eines heftigen Scheinkampfes geführt. Als die beiden sich den anderen wieder zuwandten, stieg Herr Simon soeben vom Pferd. Er hatte sich der Übermacht nicht länger erwehren können und beabsichtigte, dem Anführer sein Schwert zu übergeben. Der aber wies das Ansinnen mit einem Wink der Hand zurück.

„Ihr habt Euch tapfer verteidigt, Ritter, und darum sollt Ihr Euren Degen behalten. Ich sehe, dass Ihr nicht in feindseliger Absicht hierhergekommen seid, und so will ich Euch nicht Eurer Freiheit berauben, obwohl es mir und den Meinen großen Schaden bringen wird, wenn ich Euch ungehindert von hinnen reiten lasse. Die einzige Sühne, die Euch für die Wunden auferlegt wird, die Ihr meinen Knechten geschlagen habt, ist die, dass Ihr bis zum Tag des heiligen Evangelisten Johannes fünfzig Schock böhmischer Groschen zahlt. Versprecht Ihr mir das, so könnt Ihr mit den Euren gehen, wohin es Euch beliebt."

„Das will ich gern versprechen!", rief Simon von Güntersberg, erstaunt über die billige Bedingung, die ihm ganz wider Erwarten gemacht wurde. „Aber sagt, wie es kommt, dass Ihr Euren Sieg um einen solchen Preis verkauft?"

„Das sollt Ihr erfahren! Dieser Mann, der Euer Falkenmeister ist, wie ich aus seiner Kleidung sehe, ist mir einst im Welschland begegnet und hat mir einen großen Dienst geleistet. Noch bin ich ihm den Dank schuldig und das soll nun auch Euch zugutekommen."

„Was für ein Dienst war das?"

„Lasst es Euch von ihm selber erzählen! Aber haltet ihn in Ehren, denn Ihr bekommt keinen wieder, der sich in allen ritterlichen Künsten mit ihm messen könnte; und ihm allein habt Ihr es zu verdanken, dass Ihr so glimpflich aus dem heutigen Treffen davonkommt. – Doch das betrifft bloß Euch und die Eurigen", fügte er hinzu, wobei er sich nun mit finsterer Miene zu Janeke von Stegelitz wandte. „Ihr, Herr Janeke, habt unseren Boten mit Schimpf und Schande behandelt, ihm die Faust ins Gesicht geschlagen und ihm anbefohlen, diese Antwort uns heimzubringen. Das eine schwere Beleidigung für uns und zugleich ein Tun, wie es sich für einen Ritter nicht ziemt, sondern nur bei gemeinen Knechten in Gebrauch ist. Dennoch will ich auch Euch schonen, um des Mannes willen, in dessen Begleitung ich Euch getroffen habe. Ihr versprecht mir dagegen, bis zu demselben Tag Johannes des Evangelisten zweihundert Schock böhmischer Groschen ohne Einwand, Abzug und sonstige Verminderungen zu zahlen. Dann könnt Ihr meinetwegen Eures Weges ziehen. Weigert Ihr Euch aber, so nehme ich Euch mit mir und meine Verbündeten mögen dann bestimmen, gegen welche Buße Ihr freigelassen werdet."

Das klang schärfer als vorhin. Und doch musste Janeke froh sein, überhaupt Bedingungen zur sofortigen Freilassung gemacht zu bekommen; denn eigentlich war mit seiner und mit der Gefangennahme Simons die Fehde schon vor ihrem rechten Austrag beendet. Der Dienst, den der Falkenmeister Herrn Friedrich geleistet hatte, musste sehr bedeutend gewesen sein, wenn ihm solche Vorteile geopfert wurden; so milde Vorschläge durften nicht zurückgewiesen werden. Janeke nahm also die Bedingungen an und gelobte ehrliche und anstandslose Zahlung des Geldes.

Nun wandte sich der nachsichtige Sieger zu Brunhilde, die es während der letzten Verhandlung gewagt hatte, näherzukommen.

„Gern hätte ich Euch, edle Jungfrau, mit nach Kremzow genommen, in dessen finsteren Räumen Eure Gegenwart Licht und Freude verbreitet hätte. Euer Falkenmeister aber hat mich gebeten, Euch und die Euren nicht von der Heimat zu trennen, und ich habe seinem Wunsch Raum gegeben. Vergesst diesen Dienst nicht, schöne Dame, und vertraut Euch seiner Obhut immer an! Ihr werdet dabei wohlberaten sein."

Dabei verneigte er sich ritterlich, winkte seinen Knechten und ritt davon. Der Jagdtrupp hielt noch eine Weile auf der Stelle. Man musste über das Geschehene erst richtig zur Besinnung kommen. Fragen und Antworten gingen hin und her, und besonders war es Henning Friedländer, der Rede stehen sollte. Er aber wies die Neugierigen mit den Worten ab:

„Lasst die Sache jetzt ruhen, ihr Herren! Später werdet ihr alles erfahren, wogegen hier nicht der Ort zu langen Erzählungen ist. Noch sind wir nicht auf Güntersberger Flur und müssen vor allen Dingen danach trachten, uns in Sicherheit zu bringen."

Die Dringlichkeit dieser Mahnung war nicht in Abrede zu stellen, darum wurde sie auch befolgt und man ritt davon. Der Weg führte in vielen Windungen durch den Wald und mündete endlich auf die Straße, wo nun kein Verirren mehr zu befürchten war. Sie standen eben im Begriff, den Forst zu verlassen, als um eine Krümmung der Straße herum zwei Ritter kamen, deren Panzer, Helm und Schild in den Strahlen der untergehenden Sonne glänzten. Der eine war von hoher, breiter und gebieterischer Gestalt, ein wahrer Riese, für den jede einzelne Panzerschiene jedenfalls besonders zugeschmiedet werden musste; der andere hatte eine untersetzte, gedrungene Figur, die jedoch nicht minder geeignet war, Achtung einzuflößen. Sie waren in ein lebhaftes Gespräch vertieft und hatten die Güntersberger nicht bemerkt.

„Das ist der Henning von Wedel auf Friedland", meinte Stegelitz. „Jetzt können wir uns unser Lösegeld verdienen, geradeso, wie er es zu machen gedenkt! Wer mag der andere sein, Vetter?"

„Kenne ihn nicht. Scheint auch nicht viel Spaß zu verstehen!"

„Nein, Spaß versteht der nicht, Herr Ritter", berichtete der Wachtmeister Elias Siebenhaut. „Es ist nämlich der Heinrich von Bork auf Labes, dem ich früher einige Jahre gedient habe, wie ich höre; ein gar strenger und unbeugsamer Mann, der einen Ochsen bei den Hörnern packt und auf die Seite wirft wie eine alte, lebenssatte Milchziege. Die beiden haben sicher einen Spazierritt gemacht und kehren nach Kremzow zurück, wenn nicht etwas Schlimmeres dahintersteckt, wie ich höre. Denn im vollen Harnisch reitet man bloß dann aus, wenn man einen fröhlichen Tanz im Sinn hat."

„Auch noch der Bork?", rief Stegelitz. „Die beiden kommen uns wie gerufen! Wenn wir sie fangen, haben wir den ganzen Kriegszug gewonnen. Drauf, ihr Leute, wir sind unser genug, sie niederzuschlagen!"

„Herr Ritter", bat jetzt der Falkenmeister, „wenn es wirklich Herr Henning von Friedland ist, so sind unser nicht zur Hälfte genug, ihn müde zu machen. Begebt Euch nicht in neue Gefahr, sondern lasst die Herren ruhig vorüberziehen! Ihr könntet es sonst bitter bereuen."

„Was sagst du? Wie kannst du als ein Knecht es wagen, mir gute Lehren zu geben! Wenn du dein Maul noch einmal öffnest, so schlage ich dich nieder! Und wenn niemand mitgeht, werde ich mich ihnen allein entgegenstellen."

Die Augen Friedländers sprühten einen Blitz auf den Sprecher, der Herrn Janeke wohl stutzig gemacht hätte, wenn er weniger zornig gewesen wäre.

„Ob Ihr mich zu Boden schlagt, Herr Janeke, das würde sich zeigen", erklärte der Jüngling mit erzwungener Ruhe. „Ich sage Euch, zwanzig Männer wie Ihr würden bei mir keine Schiene brechen, und der Henning allein nimmt ihrer dreißig auf sich. Wenn Ihr wollt, so versucht Euer Heil, aber auf mich dürft Ihr Euch nicht zum zweiten Mal verlassen! Ich bin nicht für den offenen Kampf, sondern nur zu Diensten für unsere Jungfrau gedungen und kann diesen Dienst nicht besser leisten, als dass ich Euch warne; denn Ihr bringt das edle Fräulein in eine Gefahr, aus der Ihr sie dann nicht zu retten vermögt."

Simon von Güntersberg sah die Wahrheit dieser Worte wohl ein, konnte aber unmöglich zugeben, dass sein Knecht in dieser Weise mit seinem Freund und Waffenbruder redete.

„Du wirst wohl schweigen", gebot er deshalb, „und erst dann sprechen, wenn ich es von dir fordere!" Und sich zu Janeke von Stegelitz wendend, fügte er hinzu: „Es will mir allerdings scheinen, dass es besser sei, wenn wir sie unbehelligt vorüberziehen lassen. Wir tragen nur unsere Wämser, sie aber ihre Panzer, und dabei ist obendrein zu befürchten, dass die beiden noch Helfer hinter sich haben, die uns ein schlimmes Salz in die Suppe streuen könnten."

„Tut, was Ihr wollt, Vetter! Ich aber sage Euch, wir können hier zu viel gewinnen, als dass wir nicht auch etwas wagen sollten. Wenn Ihr diese treffliche Gelegenheit unbenutzt vorüberlasst, so möget Ihr Euch nur immerhin nach einem anderen Bundesgenossen umsehen. Kann ich die Fehde mit einem Schlag beenden, so werde ich sie nicht weiterführen, wenn Ihr mich an diesem Streich hindert."

„Aber meine Tochter!"

„Nun, es ist Euch ja genugsam gesagt worden, dass sie unter vorzüglichem Schutz steht. Lasst sie doch bei Euerm Knecht zurück, der sich weigert, für Euch das Schwert zu ziehen! Und im Übrigen entschließt Euch! Sie sind schon ganz nahe."

„Nun wohl, so mag es sein", entschied Herr Simon. „Ich will es mit Euch wagen. Legt das Jagdzeug weg und nehmt die Schwerter zur Hand! – Dir aber", wandte er sich an Friedländer, „übergebe ich meine Tochter. Sorge dafür, dass sie auf alle Fälle sicher ist!"

„Ich wollte, er übergäbe mich dir auch", meinte Elias leise zum Falkenmeister. „Die Risse und Schmarren sind gar nicht zu zählen, die wir da bekommen werden, wie ich höre. Wir haben sie gewarnt und ich werde das Meinige tun, solange ich es erträglich finde, dann aber – na, wir werden es ja sehen, wie ich höre."

Der junge Friedländer antwortete nicht. Er half, das Jagdzeug schnell im Dickicht zu verbergen, und ließ sich hierauf, abseits von den anderen, am Waldesrand nieder, wo er zwischen einigen eng verwachsenen Stämmen hindurchlugte.

Die beiden Ritter wurden vorübergelassen und dann mit stürmischer Hast von hinten angefallen. Bei dem ersten Geräusch, das die Huftritte der Pferde hervorbrachten, drehten sie sich um.

„Das sind Güntersberger!", rief Henning von Wedel. „Wie kommen die hierher? Schlag fein sanft zu, Bruder Heinrich, sonst zerspringen sie in Scherben! Nur immer leise, leise!"

Dabei richtete er seine stolze Gestalt im Sattel auf, ballte die gewappnete Faust und schlug damit den Wachtmeister, der mit einigen Knechten von links herandrängte, während Simon von rechts kam, so aufs Haupt, dass er vom Pferd sank. Die Knechte wurden auf dieselbe Weise abgetan, ehe sie sich zur Flucht wenden konnten, und dann erst griff Herr Henning zum Schwert. Die fruchtlosen Hiebe des Simon von Güntersberg hatte er bisher gleichgültig hingenommen, nun aber rief er ihm zu:

„So macht man es mit den Knechten! Der Ritter dagegen soll ritterlich bedient werden!"

Gleich mit dem ersten Streich schlug er dem Güntersberger den Degen in Stücke, dann fasste er ihn beim Wams, riss ihn mit der Linken zu sich herüber, sodass der Überraschte nur noch mit einem Fuß im Bügel hing, und hob die Waffe zum tödlichen Hieb. „Gnade oder nicht!?", fragte er kurz und gebieterisch.

„Gnade!", bat der so hart Bedrängte.

„Sie soll Euch werden gegen die schuldige Sühne!"

„Auch schon fertig?", lachte in diesem Augenblick Heinrich von Bork, wobei er auf Janeke von Stegelitz deutete, der abgestiegen war und blutend an seinem Pferd lehnte.

„Bei solchen Streitern ist des Vergnügens zu wenig und des Jammerns zu viel. Ein einziger Schwerthieb bringt einen gefangenen Ritter ein und streckt drei Knechte zu Boden. Und dazu kommt dort noch der Kremzow mit seiner Schar hinter uns her. Sie können nur immer umkehren, denn nun, da wir die Herren haben, brauchen wir den Dörfern nichts zu tun."

Wirklich nahte ein Haufen Reisiger, an deren Spitze Henning von Kremzow ritt. Sie hatten einen Streifzug ins Güntersbergische Gebiet geplant und wunderten sich nicht wenig, die beiden vornehmsten ihrer Gegner hier so unerwartet gefangen zu sehen. Die Besiegten wurden ihrer Waffen beraubt und in die Mitte genommen. „Ihr befandet Euch auf der Jagd, wie ich aus Eurer Ausrüstung sehe. Wo habt Ihr Euer Gerät und die Leute, die es bewachen sollen?", fragte Henning von Wedel. Aber er erhielt keine Antwort. Erst nach langem Drängen rief Simon von Güntersberg erbost:

„Sucht selber! Ich mache Euern Fanghund nicht!"

„Gut. Vielleicht waren die Herren auf der Beize und dann führten sie wohl auch das ‚Röslein von Güntersberg' mit, wie Eure Tochter im Volk genannt wird. Ich sah sie noch nie und hätte sie schon längst gern kennengelernt."

Die Unruhe, die sich bei diesen Worten in den Zügen Simons spiegelte, bestätigte Herrn Hennings Vermutung und so gab er den Befehl, die Gegend nach dem Mädchen abzusuchen. Er selbst werde dabei helfen, erklärte er.

„Ihr wisst, Herr Simon, dass wir einst gute Freunde waren, ehe der von Stegelitz Euch den Kopf verdrehte", fügte er hinzu. „Damals hat Euer Töchterlein oft mit meinem Buben gespielt und ich habe die Kleine auf meinen Knien geschaukelt. Der Bube ist in der Fremde, aber er kehrt bald wieder und da wäre es doch schön, wenn er die Gespielin wiederfände. Ich werde sie für ihn aufspüren."

Diese scharf betonten Worte, die nur scheinbar eine Freundlichkeit enthielten, erfüllten den Vater mit bangen Befürchtungen. Er musste den Knechten folgen, die ihn fortführten, und ihm blieb nur die Hoffnung auf die Umsicht und Treue des Falkenmeisters, dem er sein Kind anvertraut hatte. Mit stillem Grimm dachte er daran, wie unklug er gehandelt hatte, die Warnung des jungen Mannes zu missachten und dem Willen Janekes von Stegelitz nachzugeben, zumal sie doch erst kurz vorher durch Friedrich von Wedel einen ernsten Denkzettel erhalten hatten. Er selbst konnte sich möglicherweise, wenn ihm das Glück hold war, seiner schlimmen Lage immer noch entziehen. Wurde aber auch Brunhilde gefangen, so war die Lösung schwieriger und mit größeren Opfern verbunden. Darum gelobte er sich, Friedländer fortan stets in Ehren zu halten, wenn es dem Jüngling gelänge, das Mädchen sicher nach Güntersberg zu geleiten. –

Die Brautwerbung

Simons Befürchtung für die Sicherheit seiner Tochter ging zum Glück nicht in Erfüllung und es zeigte sich, dass er sich nicht umsonst auf die Umsicht seines neuen Falkenmeisters verlassen hatte. Als der Jüngling nämlich erkannte, dass der Kampf für die Güntersberger zweifellos ungünstig enden werde, ritt er mit Brunhilde in gestrecktem Galopp in Richtung auf Güntersberg davon.

Dafür fanden die Sieger im Gebüsch das Waidgerät und die gesamte Jagdbeute. Der leckere Braten wurde mit Freude begrüßt; der Rahmen mit den Falken hingegen erregte das besondere Erstaunen des Herrn Henning.

„Was sehe ich!", rief er. „Wenn diese Stößer nicht vor ganz kurzer Zeit noch im Besitz meines Bruders von Altenwedel waren, so will ich nicht Henning Wedel heißen."

„Du wirst dich täuschen", meinte Bork. „Wie sollten die Vögel nach Güntersberg kommen?"

„Ich täusche mich nicht. Sogar der Ständer ist derselbe, wie ich aus verschiedenen Einzelheiten erkenne."

„Vielleicht hat ihn der Güntersberger samt den Falken dem von Altenwedel abgekauft."

„Das kann ich nicht glauben. Die Vögel sind erstklassig und von Herrn Simon weiß man genau, dass er für derlei Dinge nicht viel Geld übrig hat. Außerdem ist mein Bruder auf ihn genauso schlecht zu sprechen wie ich. Wie sollte – aber wart! Wir können der Sache ja sofort auf den Grund gehen; wir brauchen ja nur Herrn Simon zu fragen. – Ritter", wandte er sich an seinen Gefangenen, „könnt Ihr mir wohl sagen, wie Ihr zu den Stößern gekommen seid?"

„Was geht das Euch an?", trotzte der Gefragte.

„Ich will Euch nur sagen, dass die Vögel noch vor wenigen Tagen Eigentum meines Bruders von Altenwedel waren. Und solche Tiere verkauft man nicht."

„Ihr wollt doch nicht behaupten, dass ich sie gestohlen habe?", brauste Herr Simon auf, bequemte sich aber doch zu einer näheren Auskunft. „Ich habe sie erst heute auf redliche Weise erstanden."

„Das habe ich auch nicht anders erwartet. Ich habe Euch immer für einen Ehrenmann gehalten trotz Eurer sonstigen Raubeinigkeit."

Dieses Lob schmeichelte dem Alten sichtlich, sodass er sich zu der weiteren Erklärung herbeiließ:

„Ich habe die Vögel von meinem neuen Falkner, den ich heute in Dienst genommen habe."

„Woher hat er die Tiere? Es sind die besten Jagdstösser in weitem Umkreis."

„Aus seiner Rede war zu schließen, dass er sie selber gefangen hat. Aber wenn das Federvieh gestohlen sein sollte, so verzichte ich natürlich darauf. Wie ein Dieb sieht der Mann übrigens nicht aus."

„So! Hm! Nun, wir werden ja sehen. Ich werde morgen zu meinem Bruder hinüberreiten und dann wird sich die Sache ja aufklären."

Jetzt wurde aufgebrochen. Die Gefangenen wurden wieder in die Mitte genommen und so ging es in scharfem Trab auf Kremzow zu, das man kurz nach Einbruch der Dunkelheit erreichte.

Herr Henning von Wedel konnte am nächsten Morgen seinen Vorsatz, nach Altenwedel zu reiten, nicht ausführen. Mit der Gefangennahme derer von Güntersberg und Stegelitz war die Fehde so gut wie beendet und solch ein Sieg musste gefeiert und nochmals gefeiert und abermals gefeiert werden. So saßen sie denn den ganzen folgenden Tag im großen Saal von Kremzow hinter dem Humpen, der Kremzower und die mit ihm den Fehdebrief unterschrieben hatten, nämlich die beiden Wedel und Heinrich von Bork, und das große Ereignis von gestern wurde immer wieder von allen Seiten durchgesprochen und erörtert.

Dabei drückte es dem edlen Ritter Friedrich beinahe das Herz ab, dass er seinem Vetter Henning auf Friedland nicht verraten durfte, wem er gestern bei der Jagdgesellschaft begegnet war. Aus der Erzählung der Übrigen ging hervor, dass der junge Wedel beim zweiten Zusammenstoß nicht mehr dabeigewesen war. Wo war er geblieben? Und was wollte er beim Güntersberger? Warum war er so nachdrücklich für Herrn Simon eingetreten? Und warum durfte der eigene Vater nicht wissen, dass der Sohn nach langer Abwesenheit in die Heimat zurückgekehrt war?

Über diese Fragen zerbrach sich Herr Friedrich den Kopf, allerdings ganz unnötigerweise; denn am Nachmittag kam die Antwort von selber in Gestalt des Falkenmeisters Henning Friedländer angetrabt, der in Kremzow einritt und den Ritter Henning von Friedland zu sprechen begehrte.

Der Vater war freudig überrascht, als er sich plötzlich seinem heimgekehrten Sohn gegenübersah. Strahlenden Blicks maß er die jugendlich kraftvolle Gestalt seines Sprösslings. Der Junge hatte sich ja prächtig herausgemacht in den Jahren der Trennung! Er konnte wahrlich stolz sein auf seinen Sohn.

Nachdem sich die beiden einige Zeit der Freude des Wiedersehens hingegeben hatten, kam die Rede schließlich auf Näherliegendes.

„Wie kommst du nach Kremzow?", fragte der alte Wedel. „Bloß um mich zu sehen? Oder führt dich noch ein anderer Grund hierher?"

Ein schalkhaftes Lächeln flog über die Züge des Sohnes.

„Du hast es erraten, Vater. Ich habe etwas Besonderes auf dem Herzen. Unter den Dingen, die gestern in eure Hände gefallen sind, befindet sich etwas, worauf euch kein Recht zusteht."

„Was weißt du von gestern?", wunderte sich der Vater. „Und welchen Gegenstand meinst du?"

„Ich weiß so ziemlich alles von gestern. Und welchen Gegenstand ich meine? Die erbeutete Falkenbeize!"

„Blitz und Donner! Wie kommst du auf diese?"

„Ganz einfach. Ich habe mir die Falken beim Ohm in Altenwedel geliehen und muss sie ihm natürlich wieder zurückbringen."

„Du hast...? Henning, rede keine Dummheiten! Zu welchem Zweck hättest du...? Und wie kämen die Stößer dann ausgerechnet nach Güntersberg?"

„Das ist doch nicht schwer zu erraten, Vater. Ich selbst habe sie nach Güntersberg gebracht, denn ich bin der neue Falkenmeister des Herrn Simon."

Dem wackeren Alten verschlug diese Nachricht beinahe die Sprache.

„Du – bist – der neue...? Henning, willst du dir mit mir einen Scherz machen? Was für ein Dummerjungenstreich ist das nun wieder?"

„Ich spreche im Ernst, Vater. Und ich glaube, dass dieser ‚Dummerjungenstreich' der klügste Einfall meines Lebens ist. Aber du kannst ja nicht wissen, worum es sich handelt. Also höre!"

Und Henning erzählte, wie er auf dem Heimweg aus der Fremde der ehemaligen Jugendgespielin begegnet war, welch mächtigen Eindruck sie auf ihn gemacht und wie er sich vorgenommen hatte, sich dem Mädchen zu nähern.

„Doch wie sollte das geschehen?", fuhr er fort. „Unter meinem wahren, dem Güntersberger verhassten Namen wäre eine Annäherung, wie ich sie wünschte, ausgeschlossen gewesen. Einem Henning von Wedel hätte sich das Tor von Güntersberg nie geöffnet, seit Janeke von Stegelitz dort Hass gegen uns gesät hat. So kam ich auf den Einfall, als Falkenhändler vorzusprechen. Und dieser Einfall hat mir Einlass und zugleich die Stellung als Falkenmeister verschafft."

Der Alte war noch immer fassungslos.

„Ein Wedel und Dienstmann auf Güntersberg! Wohin soll denn das führen?"

„Wohin anders als zu einer lustigen Hochzeit!", lachte Henning.

„Du scheinst deiner Sache schon ziemlich sicher zu sein!"

„Bin ich auch! Brunhilde ist mir von Herzen zugetan. Soviel habe ich in der kurzen Zeit der letzten Tage erkannt."

„Blitzjunge! So hast du dich ihr zu erkennen gegeben?"

„Wo denkst du hin! Nein, sie sieht in mir nur den einfachen Knecht. Und gerade das macht mich so unendlich glücklich."

Der Alte schüttelte den Kopf.

„Ihr habt miteinander schon von Liebe gesprochen?"

„Ausgeschlossen! So etwas durfte sich doch der Knecht der Herrin gegenüber nicht erlauben. Aber ich habe aus so manchen Anzeichen gemerkt, wie es mit ihr steht."

„Vielleicht hat sie dich erkannt."

„Ich bin vom Gegenteil überzeugt."

„Oh, die Weiber sind schlau! Du kennst sie noch zu wenig."

„Vater, nimm mir meinen Glauben an Brunhilde nicht! Hältst du sie wirklich einer Heuchelei für fähig?"

„Du hast Recht. Was man von der Tochter Simons redet, spricht nur für sie."

„Siehst du? Oh, ich weiß, dass ich eine vortreffliche Wahl getroffen habe."

„Was aber soll nun werden? Selbstverständlich muss der Mummenschanz jetzt ein Ende haben."

„Ja, leider!", nickte der Sohn. „Daran ist euer unglückseliger Fehdebrief schuld, der gerade zur unrichtigen Zeit angeflogen kam. Ich hatte mir die Sache so schön ausgedacht. Brunhilde und ich, wir hätten Gelegenheit gehabt, uns täglich zu begegnen und einander nahe zu sein. Am Schluss hätte ich ihr gesagt, wer ich in Wirklichkeit bin, und sie wäre mir weinend und jubelnd um den Hals gefallen, wie ich es in den Komödienspielen in Italien gesehen habe."

„Bleib mir mit deinen Komödien vom Leibe, sondern sag mir lieber, was du nun zu tun gedenkst!"

„Gern. Ich werde dich bitten, Herrn Simon heute noch aus der Haft zu entlassen."

„Oho!"

„Du kannst doch den zukünftigen Schwäher deines Sohnes nicht in Haft behalten."

„Schwäher? Hör auf damit! Ich habe gegen das Mädchen nichts einzuwenden, aber wenn ich bedenke, dass ich dabei auch den Vater mit in Kauf nehmen soll, möchte mir die gute Laune vergehen."

„Ich bin noch nicht fertig. Natürlich musst du auf das Lösegeld bei Herrn Simon verzichten. Du wirst doch deine zukünftige Schwiegertochter nicht schädigen wollen."

„Auch das noch! Das würde heißen, auf alle Vorteile zu verzichten, die wir in Händen haben. Du vergisst übrigens, dass nicht ich allein es bin, der über Herrn Simon zu entscheiden hat."

„Wer denn sonst als du allein, wenn man es recht bedenkt? Du warst es doch, der Herrn Simon gefangen nahm. Ich habe es genau gesehen, denn ich stand in der Nähe hinter einem Busch verborgen und habe alles beobachtet."

„Schlingel! Warum hast du dich denn nicht gezeigt und gleich an Ort und Stelle ein gutes Wort für deinen zukünftigen Schwiegervater eingelegt?"

„Weil ich dachte, dem Alten könne ein Denkzettel nicht schaden. Er hat ihn verdient. Und außerdem wird ihn die Haft meiner Werbung geneigt machen."

„Nicht übel! Aber, wie gesagt, ich habe Pflichten gegen meine Verbündeten und kann eben doch nicht allein entscheiden. Komm jetzt mit zu den anderen!"

Der junge Henning wurde von den Zechern stürmisch begrüßt und seine Erzählung erregte staunenden Beifall bei ihnen. Als er dann die Bitte aussprach, sie möchten Herrn Simon ohne Lösegeld aus der Haft entlassen, falls er auf die Werbung eingehe, zeigte es sich, dass sie kein Herz von Stein besaßen. Sie willigten ein, freilich unter der Bedingung, dass Herr Simon Urfehde[1] schwöre. Was jedoch Herrn Janeke betraf, so sollte gegen ihn, der der geistige Urheber der ewigen Zänkereien zwischen den beiden Parteien war, mit aller Schärfe vorgegangen werden.

*

Unterdessen konnte sich Herr Simon der ritterlichen Haft erfreuen, die ihm zuteil geworden war, einer Haft bei Wasser und Brot übrigens, damit er, wie der Kremzower meinte, die Annehmlichkeit seines Gewahrsams nicht allzu fröhlich empfinde. Es waren trübe Gedanken, denen er sich hingab. Er hätte sich ohrfeigen mögen, dass er nicht auf die Warnungen seines Falkenmeisters gehört, sondern im bloßen Vertrauen auf seine Übermacht den Angriff gewagt hatte. Außerdem machte er sich Sorgen um Brunhilde. Zwar wusste er sie in der Obhut seines Falkenmeisters, aber gerade dieser junge Mann erschien ihm auf einmal in einem zweifelhaften Licht. Wer war er? Wie kam er zu den Falken, die dem Herrn von Altenwedel gehören sollten? Für einen Dieb hielt ihn Herr Simon nicht; das glaubte er auf Grund seiner Menschenkenntnis sagen zu dürfen. Aber der Falkenmeister war sicherlich auch nicht der, für den er sich ausgab. Der Zwischenfall gestern mit Friedrich von Wedel gab zu denken. Der Sieger hatte den Besiegten und dessen Leute freigelassen, und zwar auf die Vorstellungen Friedländers hin. Welcher Art waren die Beziehungen zwischen dem Wedel und dem einfachen Dienstmann? Je länger Herr Simon darüber nachdachte, desto mehr kam er zu der Überzeugung, dass sein Falkenmeister etwas vor ihm verbarg. Aber was?

Herr Simon grübelte weiter. Was hatte man schließlich mit ihm selber vor? Würde man ihn gegen ein angemessenes Lösegeld entlassen? Er zweifelte daran. Er selber hätte jedenfalls, wenn das Glück auf seiner Seite gewesen wäre, seinen Vorteil bis zur letzten Möglichkeit ausgenutzt. Würden seine Feinde nicht ebenso auf ihren Vorteil bedacht sein? Oder würden sie ihm mehr Entgegenkommen zeigen als umgekehrt? Er wagte es kaum zu hoffen.

Da kreischte ein Schlüssel im Schloss. Die Tür ging auf und der junge Falkenmeister stand auf der Schwelle.

„Friedländer!" Der Ritter war aufgesprungen und starrte erstaunt auf seinen Besuch. „Wie kommst du hierher? Und hat man dich nicht festgehalten?"

„Wie Ihr seht, war das nicht der Fall", lächelte der Jüngling. „Eure Tochter, die sich sehr um Euch ängstigt, schickt mich her. Ich soll Euch von ihr grüßen und Euch sagen, dass sie wohlauf und bei guter Gesundheit ist. Sie hofft, dass sie Euch bald in die Arme schließen darf."

„Tod und Teufel, das wäre auch mein Wunsch! Aber ich fürchte, meine Bezwinger haben mich so ins Herz geschlossen, dass sie nicht so schnell auf meine Gesellschaft verzichten wollen."

„Ihr hättet auf meine Warnung hören sollen. Ich habe es gut mit Euch gemeint..."

„Weiß schon, weiß schon! Dasselbe habe ich mir seit gestern bereits hundertmal gesagt. Ich war ein Narr, dass ich nicht dir Gehör schenkte, sondern dem Schwachkopf, dem Janeke. Aber das ist nun nicht mehr zu ändern."

„Vielleicht doch!"

---

[1] ,Aus der Fehde', also Frieden

Henning sagte diese Worte mit einer gewissen Betonung, die dem anderen nicht entging. Aufhorchend fragte er:

„Wie meinst du das?"

„Ich war natürlich zuerst bei den Herren und da machte mir Herr Henning von Friedland einen Vorschlag, den ich Euch unterbreiten soll."

„Warum kommt er nicht selbst?"

„Weil er meinte, mit einem solchen Grobian, wie Ihr seid, wolle er nicht persönlich verhandeln. Ihr wäret das gar nicht wert."

Herr Simon war zuerst sprachlos. Dann aber fuhr er auf.

„Der Teufel soll ihn holen! Und wie kannst du es wagen, mir solche Höflichkeiten zu sagen?"

„Ich wiederhole nur, was mir aufgetragen wurde."

Herr Simon zwang sich gewaltsam zur Ruhe.

„Was hat mir Herr Henning zu melden?"

„Er will Euch aus der Haft entlassen."

„Das lässt sich hören. Wie hoch soll das Lösegeld bemessen sein?"

„Er will Euch ohne Lösegeld freilassen, wenn Ihr Urfehde schwört."

Das war eine Nachricht, wie sie Herr Simon in seiner Lage nicht im Traum erwartet hätte. Die unbegreifliche Milde seines Feindes brachte ihn so aus der Fassung, dass er keines Wortes fähig war.

„Nun, seid Ihr einverstanden?", mahnte der Falkenmeister.

„Der Teufel soll mich holen, wenn ich es nicht bin!", rief, nein, brüllte Simon von Güntersberg im Übereifer heraus.

„Herr Henning hat nur eine kleine Bedingung dabei."

„Heraus damit! Sie ist im Voraus bewilligt!"

„Wartet noch ein wenig mit Eurer Zusage!", sagte Friedländer, der über die hastige Bereitwilligkeit des anderen lächeln musste. „Herr Henning verlangt nämlich von Euch für seinen Sohn Henning die Hand Eurer Tochter Brunhilde."

Herr Simon war fassungslos. Dem Sohn seines Todfeindes sollte er seine Tochter geben? Solch eine Unverfrorenheit! Darauf wusste er nur eine Antwort.

„Nichts da!", knurrte er. „Daraus kann nichts werden, und wenn ich mein Leben lang nicht aus diesem Loch herauskommen sollte!"

„Ist das Euer letztes Wort?"

„Mein letztes!"

„Nun, dann kann ich wieder gehen. Lebt wohl, Herr Simon!"

Er wandte sich zur Tür.

Der schnelle Abschied war indes nicht nach dem Geschmack des Ritters.

„Halt, halt!", rief er. „Nicht so schnell! Was soll denn geschehen, wenn ich nicht auf die Bedingung eingehe?"

„Dann bleibt eben alles beim Alten. Dann fällt Herrn Henning nicht ein, Euch freizugeben, und die Fehde geht eben weiter."

„Aber das ist gegen allen ritterlichen Brauch. Ich will ja Lösegeld zahlen."

„Damit ist Herr Henning nicht zufrieden. Er will mehr. Er will Burg und Dorf Güntersberg haben."

Diese Worte wirkten wie ein Keulenschlag.

„Burg – und Dorf – Güntersberg?", wiederholte Herr Simon. Dann brach er in ein krampfhaftes Lachen aus. „Er soll es nehmen, wenn er kann! Aber er wird sich dabei seinen harten Schädel einrennen."

„Glaubt das nicht!", meinte der jugendliche Unterhändler. „Bedenkt, die Burg ist gegenwärtig herrenlos. Es fehlt der Gebieter und Ihr wisst, wie es bei einer Bestürmung zugeht, wenn keine zielbewusste Leitung da ist."

Das war richtig. Diesem Gedanken konnte sich auch Herr Simon in seinem Zorn nicht verschließen.

„Und wenn die Burg erstürmt wird", bohrte Friedländer unbarmherzig weiter, „fällt auch Eure Tochter in die Hände des Siegers. Was habt Ihr dann von Eurem Eigensinn?"

„Der Sieger wird es nicht wagen, Zwang gegen meine Tochter auszuüben."

„Wie aber, wenn Eure Tochter gar nicht gezwungen zu werden braucht? Wenn sie gern und freiwillig dem jungen Henning ihre Hand reicht?"

„Das ist nicht möglich! Sie weiß, dass sie dem Sohn des Erasmus von Wedel versprochen ist, und wird nicht gegen den Willen ihres Vaters handeln."

„Wenn sich aber die beiden lieben?"

„Mach dich nicht lächerlich! Sie haben sich seit ihrer Kindheit nicht mehr gesehen und gesprochen."

„Das weiß ich besser als Ihr. Die beiden lieben sich und sie haben sich gesehen und gesprochen."

Herr Simon blickte den Sprecher zweifelnd an.

„Sie haben sich gesehen und gesprochen? Ohne dass ich etwas davon weiß? Unmöglich! Du erzählst Märchen!"

„Wer behauptet denn, dass Ihr nichts davon wisst? Sie haben sich unter Euren Augen gesehen und gesprochen."

„Hahaha! Unter meinen Augen soll es auch noch geschehen sein! Und du glaubst, dass ich das geduldet hätte? Wie willst denn du Dinge wissen, von denen nicht einmal ich Kenntnis habe! Du stehst doch erst seit drei Tagen in meinen Diensten."

„Stimmt! Und vorgestern haben sich die beiden zum ersten Mal gesehen und gesprochen."

Herr Simon fuhr sich über die kahle Stirn. Ihm wurde ganz wirr im Kopf. Es war zu viel, was auf ihn einstürmte.

„Herr Simon, Ihr seid ein Narr, ein vollendeter Narr, wenn Ihr auch jetzt noch nicht wisst, wie Ihr dran seid."

So etwas war dem Ritter noch nicht vorgekommen. Sein eigener Dienstmann wagte es, ihn zu beschimpfen! Stellte sich denn heute die ganze Welt auf den Kopf? Er war so verblüfft, dass er nicht wusste, was er sagen sollte.

„Schaut nicht so begriffsstutzig drein, sondern setzt Euch lieber und lasst Euch eine kleine Geschichte erzählen."

Damit fasste der Falkenmeister Herrn Simon am Arm und zog ihn in einen Lehnstuhl.

Er selber nahm ihm gegenüber auf der Fensterbank Platz und begann:

„Es war einmal ein junger Mann, der lange Jahre von der Heimat fortgewesen war. Eines Tages kehrte er zurück. Nahe der Heimat sah er auf der Straße ein Mädchen, das im Augenblick alle seine Sinne gefangen nahm. Er erkannte die Jungfrau sofort, denn er hatte mit ihr als Kind gespielt. – Was habt Ihr denn, Ritter? So bleibt doch ruhig sitzen! – Gern hätte er sich dem Mädchen und ihrem Vater genähert, aber er wagte es nicht, weil er fürchtete, dass ihm die Tür gewiesen würde, wenn er seinen Namen nannte. Da kam er auf einen schlauen Gedanken. Er ging zu einem Verwandten und lieh sich von ihm einen Rahmen Edelfalken aus. Mit den Vögeln ging er auf die Burg, wo das Mädchen wohnte. – Ritter, wenn Ihr so mit den Armen herumfuchtelt, kann ich meine Erzählung nicht zum Schluss bringen. – Sein Vorhaben gelang ihm vorzüglich, denn er verstand es, sich beim Vater des Mädchens einzuschmeicheln. Er erhielt eine Stellung, die es ihm erlaubte, ständig in der Nähe des Mädchens zu sein. Auch sein Herzenswunsch ging in Erfüllung. So wie der verkappte Junker auf den ersten Blick eine tiefe Liebe zu dem schönen Mädchen empfunden hatte, so fühlte auch sie bald eine warme Zuneigung zu dem armen Dienstmann, dessen Tapferkeit, Unerschrockenheit und Klugheit sie schon am ersten Tage kennenlernte. – Aber was habt Ihr denn eigentlich, Ritter? Was findet Ihr denn Aufregendes an dieser Geschichte? So etwas kommt im Leben öfter vor. Haltet Euch doch endlich ruhig! – Natürlich nannte die Jungfrau ihre Liebe aussichtslos, denn sie hielt den Mann für einen Knecht, und der verkappte Henning von – ich wollte sagen, der verkappte Junker gab sich nicht zu erkennen. Dennoch genossen die beiden eine Art heimliches Glück, das nur leider bald gestört wurde. Es brach eine Fehde aus und der Knecht musste Abschied nehmen. Aber er gelobte, nicht zu ruhen und zu rasten, bis er sich das Glück seines Lebens erkämpft – um Gotteswillen, Ritter, beruhigt Euch! Ihr tut ja geradezu, als ob die Geschichte Euch selbst anginge!"

„Henning...", keuchte Simon von Güntersberg atemlos, „du bist – Ihr seid Junker Henning von Friedland! Ihr habt mich schändlich betrogen!"

„Darf ich fragen, inwiefern?"

„Ihr habt Euch in mein Haus eingeschlichen!"

„Von Einschleichen kann keine Rede sein. Ich bin offen und am Tage zu Euch gekommen. Und habe ich vielleicht meinen Dienst schlecht versehen? Bin ich nicht, obgleich ich der Sohn Eures Feindes war, für Euch eingetreten? Und wenn Ihr schließlich doch zu Schaden gekommen seid, bin ich daran schuld oder seid Ihr es?"

„Ihr habt mir das Herz meiner Tochter geraubt!", umging Simon eine Antwort, die er nicht geben mochte.

„Geraubt? Wir haben kein Wort von Liebe miteinander gesprochen. Wie hätte ich das wagen dürfen, ich der niedrige Knecht? Was habt Ihr übrigens an mir auszusetzen, Herr Simon?"

„An Euch nichts", gab Herr Simon aufrichtig zu, „aber an Eurem Vater alles!"

„Gott sei Dank! Dann sind wir einig!"

„Einig? Wieso?"

„Gewiss! Ist es denn mein Vater, der Eure Tochter heiraten will? Nein, ich bin es und Ihr habt soeben zugestanden, dass ich Euch recht bin."

„Aber nicht als Schwiegersohn! Der Sohn meines Feindes kann nicht mein Eidam werden."

„Nicht? Also doch noch Kampf auf Leben und Tod? Mir auch recht! So trete ich denn mit diesem Augenblick aus meiner Stellung. Ich bin nicht mehr Euer Dienstmann, sondern sage Euch auch meinerseits Fehde an. An der Spitze meiner Mannen werde ich mir auf Eurer Burg das Jawort Eurer Tochter holen. Ihr habt es dann nur Euch selber zuzuschreiben, wenn Ihr die Beschämung erlebt, mit ansehen zu müssen, dass Eure Tochter ihrem Herzen folgt – auch gegen den Vater. Lebt wohl, Herr Simon! Mögt Ihr Euren Entschluss niemals bereuen!"

Aber dieser Abschied sollte nicht endgültig sein. Simon von Güntersberg war mürbe geworden. Was keine Drohung erreichte, das vermochte die Liebe zu seiner Tochter und die Furcht, es könne zu einem Zerwürfnis zwischen ihr und ihm kommen. Tief aufseufzend gab er nach.

314

„So nehmt sie denn in Dreiteufelsnamen! Nehmt sie und seid glücklich. Vorausgesetzt natürlich, dass sie Euch will, worüber ich noch nicht ganz sicher bin."

Henning, der bereits unter der Türe stand, kehrte noch einmal um und sagte lächelnd:

„Das lasst nur getrost meine Sorge sein! Jedenfalls verspreche ich Euch und gebe Euch mein ritterliches Ehrenwort, dass Eure Tochter ganz frei sein soll in ihrer Wahl. Sie hat den einfachen Knecht geliebt. Wenn sie aber dem Junker Henning von Friedland, dem Gespielen ihrer Kindheit, nicht gut sein kann, so soll weder ihr noch Euch ein Schaden daraus erwachsen. Ich habe Euer Wort, dass Ihr Eure Einwilligung zu unserer Verbindung gebt, und Ihr seid frei, sobald Ihr Urfehde geschworen habt. Ich hoffe, Haus Güntersberg und Friedland werden sich doch noch einmal von Herzen vertragen." –

*

Am selben Tag ritt eine kleine Reiterschar in langsamem Trab in der Richtung gegen Güntersberg. Es war Herr Simon mit seiner Mannschaft, die auf freien Fuß gesetzt worden waren, nachdem der Ritter in aller Form Urfehde gelobt hatte.

Am nächsten Sonntag holte sich Junker Henning von Wedel auf Friedland das Jawort der ‚Rose vom Güntersberg‘, das freudig gegeben wurde. In der Mannschaftsstube aber sprach der Wachtmeister Elias Siebenhaut zu den Knechten:

„Habe ich euch nicht gemahnt, dass ihr den neuen Falkenmeister in Ehren halten solltet? Ich habe gleich geahnt, dass in ihm etwas ganz Absonderliches steckt, wie ich höre. Jetzt hat sich obendrein herausgestellt, dass der Falkenmeister gar kein Knecht, sondern der junge Henning von Friedland ist, und er hat sich die Herrin von Güntersberg geholt. Leute, ich sage euch: Wenn ich sie jemand gönne, dann diesem Junker Henning von Friedland, so wahr ich Elias Siebenhaut heiße, wie ich höre!" –

Die Rache des Ehri

Ungefähr auf dem 16. Grad südlicher Breite und dem 226. Grad östlicher Länge von Ferro oder dem 216. von Paris liegt jene Inselgruppe, die im Jahre 1606 von Quiros entdeckt und von dem berühmten Cook, der sie 1769 zuerst gründlich erforschte, zu Ehren der königlichen Gesellschaft der Wissenschaft zu London, ‚Gesellschaftsinseln‘ genannt wurde.

Sie zerfallen in zwei Abteilungen: die Windwards- und die Leewardsgruppe[1], die durch eine breite Straße getrennt werden. Zu der Ersteren gehören Tahiti oder Otaheiti, das die bedeutendste Insel des Archipels ist, Maitea, auch Mehetia genannt, und Eimeo oder Morea. Die Leewardsinseln sind Huahine, Raiatea, Taha, Borabora und Maurua oder Maupiti.

Diese ganze Inselgruppe ist vulkanischen Ursprungs; doch arbeiten die kleinen, fast mikroskopisch winzigen ‚Baumeister des Meeres‘, die Pflanzentiere der Korallen, unausgesetzt an der Vergrößerung, umgeben jede einzelne Insel mit scharfen, spitzen Korallenringen und machen dadurch die Schifffahrt auf den Wasserstraßen, die die Eilande trennen, sehr gefährlich.

Der Gesamtflächenraum der Gesellschaftsinseln beträgt ungefähr vierunddreißig Quadratmeilen. Das Land hat viele schöne Häfen, die aber wegen der Korallenbänke und der dadurch entstehenden Brandung nur schwer zugänglich sind. Der Boden der Inseln ist durchgehend reich und fruchtbar. Die Gebirge sind mit dichten Waldungen bedeckt und die Küstenebenen durch Bäche wohl bewässert, sodass der üppige Pflanzenwuchs eine Fülle von Zucker- und Bambusrohr, Brotfruchtbäumen, Palmen, Bananen, Pisang, Platanen, Bataten, Getreide, Yams- und Arumswurzeln und andere südländischen Gewächsen umfasst.

Die Bewohner sind malaiisch-polynesischen Ursprungs, dunkelkupferfarbig (die Frauen meist etwas heller), gut und kräftig gebaut, gesellig, gastfrei und gutmütig. Sie leben in Einehe, halten ihre Weiber in häuslicher Zurückgezogenheit und lieben Musik, Tanz, Fechten und Wettfahrten auf ihren schnellen Booten.

Ursprünglich hingen sie einer polytheistischen Religionsform an, bei deren Ausübung selbst Menschenopfer nichts Ungewöhnliches waren. Ihre Priester, zugleich ihre Ärzte und Wahrsager, übten einen ungemeinen Einfluss auf sie aus, dem allerdings schon zu Ende des achtzehnten Jahrhunderts die von den Engländern hier gegründeten Missionen entgegenarbeiteten. Später sandte das katholische Frankreich seine Sendboten herüber, die unter Mühen und Beschwerden mit den Vorurteilen rangen, die der Götzendienst dem sonst hoch begabten Menschenschlag eingeimpft hatte.

Die äußere Mission wird allerdings oft angeklagt, und ihre Sendboten haben tatsächlich nicht immer ihren Auftrag richtig verstanden. Die Gesittung hat ihre Barbarei, das Licht seinen Schatten, die Liebe ihre Selbstsucht, und von dem Ort der ewigen Seligkeit aus kann man, wie das Gleichnis von dem reichen Mann und dem armen Lazarus lehrt, hinunter in die Hölle blicken, um die Qualen der Verdammten zu beobachten. Christi Lehre der Liebe, Milde und Erbarmung ist, vom unduldsamen Eifertum auf den Schild gehoben und von einer schlau berechnenden Eroberungslust in Dienst genommen, über den größten Teil des weiten Erdenkreises gegangen. Ganze Rassen und Völker sind verschwunden oder liegen noch jetzt in den

[1] Inseln über und unter dem Winde

letzten, wilden Todeszuckungen. Die Geschichte hat dadurch für ihre zukünftige Entwicklung eine Reihe wichtiger kulturgeschichtlicher Kräfte und Werte verloren, und der Seelenhirt, der in die wilde Fremde geht, um die sogenannten Heiden zu bekehren, beachtet nicht, dass die ‚Wilden' ihren Bedürfnissen angemessen glücklicher sind als wir und dass unter den entarteten Schichten der heimatlichen Bevölkerung sein Wirken notwendiger wäre als unter den Andersgläubigen, die oft in paradiesischen Verhältnissen leben.

Es ist in diesem Zusammenhang viel über die Gesellschaftsinseln geschrieben worden. Als diese Gruppe entdeckt wurde, fand man in ihren Bewohnern ein kindlichharmloses und beinahe wunschloses Volk, dem eine reiche Natur alle zu einem zufriedenen und sorgenfreien Leben notwendigen Erfordernisse in verschwenderischer Weise schenkte. Die Fremdlinge wurden mit freudiger Gastlichkeit aufgenommen, fast als Götter verehrt und erhielten alles, was ihr Herz begehrte. Sie brachten die Kunde davon in die Heimat, wo unter den Abenteurern der Wunsch nach dem Paradies der Südsee und seinen mühelos erreichbaren Genüssen rege wurde. Es wurden Schiffe ausgerüstet, die Handelspolitik begann ihre Pläne zu spinnen – – die Tahiter erhielten für ihre Gastfreundlichkeit die Laster und Krankheiten des Abendlandes zugeschickt und haben mehr die schlechten als die guten Eigenschaften derer angenommen, die nun zu ihnen kamen und sich Christen nannten, ohne es ihrer Herzensgesinnung nach zu sein. Dieser Umstand ist sehr beklagenswert. Allerdings muss die betrübende Tatsache zugestanden werden, dass die Tugenden der Tahiter seit ihrer Bekanntschaft mit den Europäern schwer gelitten haben; aber das Christentum der Schuld daran zu zeihen, heißt eine der ärgsten Ungerechtigkeiten begehen. Es ist nicht richtig, die Kirche mit denen gleichzustellen, die sich Christen nennen; die Christenheit zählt ihre größten Feinde in ihrer eigenen Mitte, und es ist tief zu beklagen, dass die Mission neben ihrer eigentlichen Aufgabe noch die traurige Arbeit übernehmen muss, dem unlauteren Einfluss entgegenzuwirken, der sich im Auftreten der bloßen Namenchristen äußert. –

Tahiti, die ‚Perle der Südsee', lag unter einem herrlichen, tiefblauen Himmel. Die Sonne glühte auf die blitzenden Wogen des Meeres und die bewaldeten Spitzen des Orohenaberges nieder oder funkelte in den Bächen und schmalen Wasserfällen, die von den malerisch aufstrebenden Klippen herabsprangen. Aber ihre Glut erreichte nicht die freundlichen Ansiedlungen, die im Schatten der Palmen und zahllosen Fruchtbäume lagen und von der frischen Seebrise angenehme Kühlung zugefächelt erhielten.

In dem linden, milden Luftzug rauschten die langgefiederten Wedel der Kokospalmen und raschelten die breiten, vom Wind ausgerissenen Blätter der Bananen zur Erde nieder. Die verwelkten Blüten der Orangen, deren Zweige schon mit goldgelben Früchten bedeckt waren, tropften, wonnige Düfte verbreitend, von dem sich wiegenden Geäst herab. Es war einer jener zauberisch schönen, wunderbaren Tage, wie sie in so reicher Pracht und Herrlichkeit nur in den heißen Ländern zu finden sind.

Und während das Land in all seiner paradiesischen Schönheit so jung und frisch, als sei es eben erst aus der Hand des Schöpfers hervorgegangen, dalag, donnerte draußen an den Korallenriffen die Brandung ihr tiefes, nicht endendes und nicht wechselndes Lied. Die Zeiten sind anders geworden und mit ihnen die Menschen; die unendliche See ist noch dieselbe und schleudert noch heute, wie vor Jahrtausenden, ihre bald kristallenen, bald dunkel drohenden und mit weißem Gischt gekrönten

Wogenmassen gegen die scharfen Dämme. Die von blitzenden Lichtern durchschossenen Fluten hoben und senkten sich, als blickten Tausende von Wasserjungfrauen hinüber, dahin, wo über dem Schaum der Wellen immergrüne, wehende Wipfel sich erheben, unter denen ein dem Untergang geweihtes Völkchen die letzten Pulsschläge seines eigenpersönlichen Leben zu zählen vermag, ohne dabei die Widerstandskraft zu äußern, die etwa die Todeszuckungen der amerikanischen Rasse dem weißen Mann so furchtbar macht.

Dort am Strand lag Papetee, die Hauptstadt Tahitis, und eine bunt bewegte Schar von Menschen wogte in weißen, roten, blauen, gestreiften, gewürfelten oder geblümten langen Gewändern hin und her. Wie prachtvoll hatten sich die jungen, bildhübschen Mädchen das schwarze, lockige und seidenweiche Haar mit Blumen und dem künstlich geflochtenen, schneeweiß wehenden Bast des Arrowroot geschmückt; wie gewandt und stolz waren die Bewegungen der eingeborenen Stutzer, die den bunten Parau oder die faltige Marra geckenhaft um die Lenden geschlungen und die Tebuta, das Schultertuch, malerisch über die Achsel geworfen hatten und so zwischen den Schönen umherstolzierten! Sie hatten die langen, fettglänzenden Locken mit Streifen ineinandergeflochtener weißer Tapa und roten Flanells umwunden, was ihnen zu ihren bronzefarbenen Gesichtern gar nicht so übel stand.

Da auf einmal drängte sich alles zum Ufer hin. Der Insel näherte sich ein Kanu, in dessen weißes Segel sich die Brise voll gelegt hatte, sodass die beiden Darinsitzenden des Ruders nur bedurften, um das Fahrzeug im richtigen Kurs zu halten.

Die beiden Männer im Boot waren Potomba und ich.

Der Ehri hatte wirklich Wort gehalten, denn wir langten nach zwei Tagen in Tahiti an, obgleich wir zu einem unbedeutenden Umweg gezwungen gewesen waren. Der stetig wehende starke Passat hatte uns trefflichen Vorschub geleistet; Potomba verstand es, jede einzelne Woge zu benutzen, und da wir nicht ermüdeten, weil wir uns im Rudern ablösen konnten, so war unsere Fahrt ungewöhnlich rasch vonstatten gegangen.

Jetzt nun lag die herrliche Insel vor uns, über die ich so viel Wahres und so viel Unverständiges gelesen hatte; Papetee hob sich immer mehr hervor, und endlich erkannten wir deutlich jeden Einzelnen unter der Menge des Volkes, das sich an den Strand drängte, um unser Fahrzeug zu beobachten.

Es fiel mir auf, dass sich eine solche Aufmerksamkeit auf unseren kleinen, unbedeutenden Kahn richtete, während es in dem Hafen doch noch ganz andere Gegenstände für die Neugier gab. Ich ließ das Segel fliegen, um von der Brise nicht an die Korallen getrieben zu werden, denen wir uns näherten, und fragte:

„Siehst du die Leute, Potomba?"

„Ja, Sahib", nickte er.

„Wie kommt es, dass man gerade uns so beobachtet, während es doch viele Boote gibt, die die Aufmerksamkeit auf sich ziehen könnten?"

„Die Männer und Frauen kennen mein Boot und Potomba ist ein Ehri, berühmt unter den Leuten seines Volkes. Sitz still und halte dich fest, Sahib, denn wir stoßen jetzt in die Brandung!"

Wir näherten uns einer Seitenlücke des Korallenrings, durch die nur so schmale Fahrzeuge wie das unsrige Eingang finden konnten. Ein Ruderschlag brachte uns in die Brandung; ihr kochender Wall riss uns empor, hielt uns einen Augenblick lang fest, sodass es schien, als schwebten wir in freier Luft, und schnellte uns dann in das ruhige Binnenwasser hinab.

Rechts von uns lag eine Reihe von Seeschiffen, die durch die breitere Einfahrt Zugang gefunden hatten. Der Bau des einen kam mir bekannt vor, obgleich der Rumpf allein zu sehen und alles Segelwerk beschlagen war. Droben in den Wanten hing ein Mann, der diesen hohen Punkt gewählt zu haben schien, um besser nach der Stadt lugen zu können. Er trug einen mexikanischen Sombrero auf dem Kopf, und dieser Rohrfaserhut hatte eine Krempe von so außerordentlicher Breite, als ob eine ganze Familie wimmelnder Pekaris darunter Schutz suchen sollte. Eine so ungeheure Krempe wurde sicherlich nur auf besondere Bestellung hergestellt, und zu einer solchen Bestellung war nur ein Einziger fähig, nämlich der sehr wackere und ehrenwerte Kapitän Frick Turnerstick, mit dessen Barke ich vor einiger Zeit von Galveston nach Buenos Aires gefahren war.

„Halte hinüber nach diesem Schiff, Potomba!"

„Warum, Sahib?"

„Sein Kapitän muss ein Bekannter von mir sein."

„So willst du mich schon jetzt verlassen und zu ihm gehen?"

„Ja, wenn ich den Mann dort nicht etwa verkenne."

„Sahib, das Schiff gehört den Yanki, die ich nicht liebe. Suche dir lieber ein Schiff der Franki oder der Germani aus."

„Der Mann ist mein Freund."

„Aber ich werde dich dennoch nicht zu ihm bringen."

„Warum?"

„Du hast zu Potomba gesagt: ‚Ich habe dich lieb.' Hast du die Wahrheit gesprochen?"

„Ich sage dir keine Lüge."

„So bitte ich dich, mit nach Papetee in mein Haus zu gehen, um bis morgen auszuruhen. Du müsstest eigentlich lange bei mir bleiben, viele Tage, viele Wochen, aber du hast den Deinen versprochen, schnell zurückzukehren, und darum darf ich dich nur bis morgen früh aufhalten."

„Ich würde bei dir bleiben, solange es mir meine Zeit erlaubt, Potomba; aber wenn sich der Kapitän dort bereit finden lässt, die Meinen zu holen, und gleich absegeln kann, so muss ich mit ihm fahren."

„Er kann nicht eher fort als morgen. Die Flut hat jetzt begonnen; er muss die Ebbe abwarten, die erst am Abend kommt, dann aber ist es so dunkel, dass er sich nicht durch die Klippen wagen darf."

„Das ist wahr; er müsste also die zweite Ebbe erwarten, könnte sich aber auch während der Flut von einem Dampfer hinausbringen lassen."

„Du vergisst, dass ein so großes Schiff vieler Zeit und Arbeit bedarf, um für die See fertig zu werden."

„Und du weißt nicht, wie flink die Yanki sind, diese Arbeit zu vollbringen."

„Und doch wird Zeit übrig sein, dass du wenigstens nur eine Stunde mit mir kommen kannst."

„Das ist allerdings wahrscheinlich."

„So versprich mir, mich nicht allein nach Papetee zu lassen!"

„Ich verspreche es."

„Ich danke dir, Sahib! Potai, mein Bruder, wird sich freuen, dass ich einen Freund gefunden habe, der ein Germani ist."

Wir hielten seitwärts nach dem Stern der Barke zu, und als wir näher kamen, bemerkte ich, dass ich mich nicht geirrt hatte. Ich erkannte die dort in großen, deutlichen

Buchstaben angebrachte Inschrift ‚The wind'. Der Mann in den Wanten kehrte uns den Rücken zu und bemerkte also unser Nahen nicht. Als wir das Steuerbord des Schiffes beinahe erreicht hatten, legte ich die Hände an den Mund:

„Schiff ahoi – ich!"

Er drehte sich herum und betrachtete uns.

„Ahoi – ich – – ! Was – wo – – Huzza! Wer ist denn das? Legt an, legt an das Tau!"

Er kletterte zum Deck mit einer Geschwindigkeit nieder, die mich überzeugte, dass er mich erkannt hatte. Wir befestigten das Boot an dem Tau, das an der Seite des Schiffes niederhing. Ich ergriff es und schwang mich empor. Kaum war ich über die Reling[1], so warf der Kapitän seine beiden Arme um mich und drückte mich mit einer Gewalt an seine teerduftende Jacke, dass mir der Atem schwinden wollte.

„Charley, old friend, Ihr hier zwischen diesen Inselklecksen? Wie kommt Ihr nach Australien? Wie kommt Ihr nach Tahiti und Papetee? Ich denke, Ihr seid noch immer drüben in Amerika."

„Zu Schiff, zu Schiff komme ich her", lachte ich, „anders ist es ja nicht gut möglich, mein lieber Master Turnerstick. Aber bitte, nehmt doch einmal Eure Pranken von meinem Leib, wenn Ihr es nicht geradezu darauf abgesehen habt, mir die Seele aus der Haut zu drücken!"

„Well, ganz wie Ihr wollt, Charley! Der Passat würde sie mit fortnehmen und nach China oder Japan treiben, wo man gar nicht wüsste, was man mit ihr machen sollte. Behaltet sie also lieber und sagt mir nun endlich, was Ihr eigentlich in diesen Breiten wollt!"

„Land und Leute kennenlernen, wie gewöhnlich."

„Wie gewöhnlich? Hm, mir scheint das doch mehr ungewöhnlich. Da dampft, fährt, reitet, läuft, hetzt und springt dieser Mensch in der Welt herum, weil er Land und Leute kennenlernen will! Land und Leute! Eine freie, offene See ist mir lieber als alles Land, was Ihr zu sehen bekommt, und die Leute, na, meine paar Jungens hier sind mehr wert als alle die Schlingels, die Ihr ‚Leute' zu nennen beliebt. Bleibt bei mir an Bord und fahrt mit meinem guten ‚Wind' hinüber nach Hongkong und Kanton!"

„Nach Hongkong geht Ihr? Das ist prächtig! Ich fahre mit."

„Wirklich? Hier meine Hand; schlagt ein!"

„Topp! Doch ich mache eine Bedingung!"

„Oho! Bei mir an Bord gibt es keine Bedingungen; das wisst Ihr wohl."

„So steig ich wieder in mein Boot, Käpt'n."

„Das wäre der albernste Streich, den Ihr in Euerm Leben begangen hättet, und vor dem ich Euch bewahren muss. Sagt also Eure Bedingung! Ich hoffe, dass ich sie erfüllen kann."

„Ihr müsst meine Kameraden mitnehmen."

„Welche Kameraden?"

„Den Kapitän Roberts vom ‚Poseidon' mit seinen Leuten."

„Roberts? Poseidon? Ist das Schiff und der Mann nicht von New York?"

„Ja. Wir wollten von Valparaiso nach Hongkong, litten aber auf einer der ‚gefährlichen Inseln' Schiffbruch. Roberts hat mich nach Tahiti geschickt, um einen Kapitän zu suchen, der bereit ist, uns an Bord zu nehmen."

„Das wird jeder brave Kapitän tun, Charley, und ich freue mich, dass Ihr zuerst zu mir gekommen seid. Ich kenne diesen Roberts; er ist kein unrechter Mann,

[1] Schiffsgeländer

doch scheint er mir in diesen schwierigen Gewässern nicht sehr befahren zu sein. Ein Sturm hier hat schon etwas mehr zu bedeuten als anderswo, aber wenn er das Steuer mit einem guten Tross[1] fest angesorrt hätte, so wäre es ihm möglich gewesen, etwas weiter nach Nord über die Nukahiwa-Inseln zu halten, und von einem Schiffbruch wäre keine Rede gewesen. Wo seid ihr denn gestrandet?"

„Die Insel ist uns unbekannt. Sie liegt auf dem zweihundertneununddreißigsten Grad im Osten von Ferro und auf dem zweihundertzwanzigsten Grad südlicher Breite."

„Schön, wird wohl zu finden sein! Ist das Schiff sehr wrack?"

„Es ist nicht von den Klippen zu bringen. Wenn Ihr hinkommt, hat die Brandung es vielleicht bereits verschlungen."

„Hattet ihr viele Seegasten[2]?"

„Ich war der einzige."

„Wie viele Marsgasten[3] sind gerettet?"

„Alle."

„Hm, dann wird es notwendig sein, mehr Lebensmittel einzunehmen. Wurde etwas von der Ladung geborgen?"

„Der größte Teil. Es sind meist wollene und baumwollene Zeuge und ein reichliches Lager von Stahl- und Eisenwaren."

„Dann ist es ein Glück, dass ich hier löschte, ohne bis jetzt etwas Neues einzunehmen. Kapitän Roberts wird es natürlich sehr eilig haben, aber vor der Morgenebbe können wir unmöglich fort. Wer ist der Bursche hier?"

Er deutete auf Potomba, der mir bis an Deck gefolgt war und aus der Entfernung unsere Unterredung beobachtete.

„Ein Ehri von Tahiti. Er wohnt in Papetee und heißt Potomba."

„Alle Wetter, ein Fürst! Wie kommt Ihr zu dem Mann?"

„Er geriet, verfolgt von einer ganzen feindlichen Flotte, nach unserer Insel und gab mir einen Platz in seinem Boot."

„Also ein regelrechtes Abenteuer! Wer waren seine Feinde?"

„Ihr Anführer ist ein heidnischer Priester auf Eimeo. Potomba heiratete dessen Tochter und ließ sich von einem katholischen Missionar taufen."

„Ah! Ihr habt doch den Schlingeln tüchtig heimgeleuchtet? Das versteht Ihr ja aus dem Grund, Charley!"

„Sie sind uns alle entkommen. Mein Feldzugsplan scheiterte an dem Ungeschick des Steuermanns. Also Ihr seid bereit, uns Euern ‚Wind' zur Verfügung zu stellen?"

„Natürlich! Morgen früh mit der Ebbe stechen wir in See. Jetzt aber kommt zur Kajüte; wir müssen doch einmal sehen, wie sich meine Flaschen unter der Linie gehalten haben!"

„Einen Trunk zum Willkommen darf ich Euch nicht abschlagen, aber festtauen kann ich mich noch nicht. Ich habe Potomba versprochen, mit ihm an Land zu gehen, und er wird ungeduldig sein, sein Weib und seinen Bruder zu begrüßen."

„Dann trinkt er mit und Ihr erlaubt mir, Euch zu begleiten. Ich habe an Land Geschäfte."

Potomba musste mit zur Kajüte, wo uns der gute Master Frick Turnerstick mit seiner besten Sorte bewirtete. Dann stiegen wir zu dritt in ein Boot der Barke, das das Kanu des Ehri ins Schlepptau nahm, und ruderten an Land.

---

[1] Ein dickes Tau   [2] Fahrgäste   [3] Matrosen

Je näher wir ihm kamen, desto aufmerksamer wurden die Züge Potombas. Er schien etwas zu bemerken, was seine Achtsamkeit im höchsten Grad in Anspruch nahm. Er sah meinen fragenden Blick und streckte den Arm aus.

„Siehst du die Kähne dort, Sahib?"

Gerade vor uns lag eine große Anzahl geschmückter Boote, eines neben dem anderen am Ufer. Das mittelste zeichnete sich durch buntes Wimpelwerk und allerlei Blumen und Blätterzierde vor den übrigen aus.

„Ja", antwortete ich. „Was ist mit ihnen?"

„Siehst du auch das Boot mit den Fahnen und Laubgewinden?"

„Allerdings. Warum fragst du?"

„Zu beiden Seiten seiner scharfen Brust sind die Worte ‚Mata ori'[1] eingeschrieben. So nannte ich Pareyma, als ich sie lieben lernte, und so nannte ich auch das Boot, das ich ihr zu Tamai auf Eimeo bauen ließ, damit mich Anoui mit ihm abholen könne an dem Tag, an dem ich sie zum Weib nahm, um sie in mein Palmenhaus zu führen. Ich kenne das Boot genau; sein Ausleger ist nicht mit Bast, sondern mit eisernen Stocknägeln befestigt, und heute ist es geschmückt gerade wie damals, als ich es als Bräutigam betrat. Es muss auf Eimeo eine Hochzeit sein und Anoui hat es dem Vater des Mädchens geliehen, um den Bräutigam darin abzuholen."

Es spiegelte sich in seinen offenen Zügen eine Unruhe, für die ich kein Verständnis hatte. Die Erinnerung hätte ihn beglücken, nicht aber beunruhigen sollen.

„Und siehst du den Mann im Boot?", fuhr er fort. „Es ist Ombi."

„Wer ist Ombi?"

„Der Diener des Priesters; doch er liebt mich mehr als ihn. Er hat Pareyma auf den Armen getragen, als sie noch ein Kind war, und sie behütet, seit ihre Mutter gestorben ist."

Der Diener, der uns beobachtete, schien Potomba zu erkennen, denn er erhob sich mit freudiger Miene, setzte sich aber sofort wieder nieder und legte die Hände vors Gesicht.

Der Sand des Ufers knirschte unter dem Kiel unseres Bootes und wir sprangen an Land. Potomba trat zu der ‚Mata ori'.

„Ombi!", redete er den Diener an.

Der Diener regte sich nicht.

„Ombi!"

Als auch jetzt noch keine Antwort erfolgt, sprang er ins Boot und ergriff den greisen Polynesier bei der Schulter.

„Ombi, warum antwortest du nicht?"

Der Diener nahm die Hände vom Gesicht und blickte ihn an. In seinen Augen glänzten zwei Tränen.

„Hat der Schmerz Worte, Potomba?", fragte er.

„Welcher Schmerz?"

„Dass du abgefallen bist von Atua, dem Gott alles Guten, und hingegangen zu dem Mitonare."

„Das schmerzt dich jetzt? Hast du mir nicht oft gestanden, wenn ich dir heimlich von dem Messia erzählte, der das Lamm Gottes ist, dass dir der höchste Sahib Jesu lieber sei als Atua, der Gott von Tahiti, der niemals gekommen ist, um Kranke zu heilen, Tote zu erwecken und für unsere Sünden zu sterben?"

---

[1] Zu Deutsch: ‚Auge des Tags' (die Sonne)

„Das habe ich gesagt, Potomba, und das sage ich auch jetzt noch. Aber ich bin der Diener eines Priesters, dem ich gehorchen muss, und darf nicht sagen, was ich denke."

„Du darfst sagen, was du denkst und glaubst. Verlass den Priester des falschen Gottes und komm zu mir! Du liebst Jesu, den Nazzari; du liebst auch mich und Pareyma. Warum willst du nicht bei uns sein? Warum weinst du, wenn du mich erblickst? Das hast du doch bisher noch nie getan."

„Ich weine, weil ich gern bei dir sein möchte und es doch nicht kann."

„Warum kannst du es nicht?"

„Weil ich Pareyma nicht verlassen mag, die meiner bedarf."

„Pareyma? Wenn du zu mir kommst, bist du ja bei ihr."

„Nein."

Ich sah den Schreck, der die dunklen Züge Potombas jäh erbleichte. Er stocke und ließ seinen angstvollen Blick über die Umgebung gleiten. Die am Strand Spazierenden waren herbeigekommen und beobachteten ihn mit teilnahmsvollen Augen aus der Ferne. Er musste das bemerken und noch mehr als ich ahnen, dass ihn während seiner Abwesenheit etwas Schweres betroffen habe. Unwillkürlich fuhr seine Hand nach dem scharfen Kris[1], der in seiner Schärpe steckte, und zwischen den zusammengepressten Zähnen hervor fragte er zischend:

„Wo ist Pareyma?"

„Geh heim und frage! Ich darf es dir nicht sagen."

Potomba trat einen Schritt zurück. Seine Augen funkelten und seine Lippen zuckten.

„Ombi, wo ist Pareyma? Hörst du, ich frage dich!"

Der Diener senkte traurig das Haupt und wiederholte:

„Geh nach Haus und frage!"

„Ombi, du schweigst noch immer? Gut, ich werde gehen, aber wer Pareyma ein Leid getan hat, der ist verloren."

Er schritt davon. Wir beide folgten ihm. Die versammelte Menge machte ihm ehrerbietig und teilnahmsvoll Platz. Er sprach kein Wort und blickte nur ein einziges Mal zurück, um zu sehen, ob wir noch bei ihm wären. Der Weg führte eine Strecke um Papetee herum, bis wir ein Gebäude erreichten, das sich durch seine Größe und den Umfang der zu ihm gehörigen Brotfruchtbaumpflanzungen auszeichnete.

„Kommt!", sagte er kurz und trat ein.

In dem vorderen Raum des Hauses saß auf einer Matte ein junger Mann, den wir infolge seiner Ähnlichkeit mit Potomba sofort als dessen Bruder erkannten.

„Potai!"

„Potomba!"

Der Sitzende sprang auf und streckte die Arme aus, als wollte er den Kommenden umfangen, trat aber wieder zurück und ließ die Arme sinken.

„Was ist mit dir, Potai? Bin ich nicht dein Bruder?"

Der Gefragte deutete nieder, wo neben der Matte in der Erde ein Dolch stak.

„Ich habe den Kris in die Erde versenkt, bis du kommst, Potomba. Ich habe geschworen, dich nicht zu berühren, bis der Tod der Mutter gerächt ist."

„Der Tod der Mutter? Sprich, Potai, sprich schnell, schnell! Wo ist Pareyma?"

„Fort."

„Fort! Wohin?"

---

[1] Dolch

„Nach Eimeo zu ihrem Vater, dem Priester der Heiden."

„Freiwillig?"

„Freiwillig! Ich fuhr hinüber nach Maitea, und als ich zurückkehrte, war sie fort. Die Mutter hat sie halten wollen und mit ihr gekämpft. Potomba, dein Weib ist zu den Göttern zurückgekehrt und hat deine Mutter getötet."

„Womit?"

„Mit ihrem Kris. Ich zog ihn aus dem Herzen der Mutter; er war noch blutig; hier steckt er in der Erde."

Der Ehri bückte sich nieder und zog den Dolch heraus.

„Das ist nicht Pareymas Messer, das ist der Dolch des Priesters Anoui!", stieß er hervor.

„So hat er sie geholt und er ist der Mörder."

„Und wirklich freiwillig ist sie mit ihm gegangen?"

„Ich habe keine Spur eines Kampfes zwischen ihr und ihrem Vater bemerkt. Sahst du die Kähne und dein Mata ori?"

„Ja. Was hat die Flotte zu bedeuten?"

„Und kennst du auch Matemba, deinen Todfeind?"

„Du fragst, als wäre ich ein kleiner Knabe."

„Du kehrst zur rechten Zeit zurück. Anoui, der Priester und Vater dieses untreuen Weibes, ist gekommen, um Matemba abzuholen. Es ist Hochzeit in Tamai und Matemba wird heute der Mann deiner Frau."

Potomba trat an die Öffnung, die als Fenster diente. Er musste Luft haben, wenn er nicht ersticken sollte. Die beiden Brüder hatten sich bisher nicht um uns gekümmert. Der Kapitän flüsterte mir zu:

„Ihr scheint die Sprache dieser Leute zu verstehen. Was geht hier vor?"

„Es ist fürchterlich!", antwortete ich. „Man hat die Mutter des Ehri getötet und sein Weib wird heute mit einem Heiden getraut."

„Zum Henker! Das gibt Mord und Totschlag!"

„Diese beiden Männer sind Christen."

„Pshaw! Auch unter den christlichen Polynesiern erbt sich die Blutrache fort. Ihr werdet es erfahren."

Jetzt wandte sich Potomba wieder zurück. Seine Züge waren wie versteint und in seinen Augen glühte ein düsteres Feuer.

„Potai, was hast du bisher getan?"

„Ich habe alles verkauft."

Der Ehri nickte zustimmend; er schien den Plan seines Bruders sofort zu erraten.

„Auch die Boote, die ich dir von den Tubuai-Inseln sandte, als mich Anoui verfolgte?"

„Ja. Wir gehen nach den Ländern Samoa."

„Du hast recht getan. Bist du bereit?"

„Ich wartete nur auf dich."

Potomba wandte sich zu mir:

„Das Schiff dieses Sahib holt deine Freunde?"

„Ja."

„Wohin fährt es dann?"

„Nach dem Land der Chinesi."

„So geht euer Weg an den Ländern Samoa vorüber, die ihr die Schifferinseln nennt. Dorthin wollen wir. Dürfen wir mit euch fahren?"

Ich verdolmetschte diese Frage dem Kapitän.

„Ich bin bereit, sie mitzunehmen. Also verkauft haben sie alles?", fragte er. „Es scheint doch, dass Ihr Recht habt, Charley; das Christentum hat aus den Tigern Lämmer gemacht, die die Flucht ergreifen, statt sich zu rächen."

„Oh, Käpt'n, blickt diese Leute an! Sehen sie aus wie Lämmer?" – Ich gab Potomba die erwünschte Auskunft: „Ihr könnt mitfahren."

„Wann geht das Schiff aus dem Hafen?"

„Bei Beginn der Ebbe, nächste Nacht."

„Darf mein Bruder hingehen, um unsere Habe hinzubringen?"

Auch hierzu gab der Kapitän seine Erlaubnis.

„Potai, du bist der Jüngere; du wirst mir gehorchen?", fragte der Ehri.

Der Gefragte nickte.

„Du wirst alles, was unser ist, auf das Schiff bringen, das ich dir zeige?"

„Drei Matten voll besitzen wir."

„Du bleibst gleich dort, bis ich zurückkehre!"

„Nein, Potomba. Habe ich nicht auch einen Kris?"

„Erst kommt mein Kris, und erst dann, wenn ich sterben sollte, der deinige. Du kannst mich dann rächen, anstatt mit mir zu sterben."

„Ich gehorche dir."

„So komm, Sahib! Ich wollte euch Gastfreundschaft erweisen, aber ich bin jetzt ohne Heim."

Wir kehrten an den Strand zurück. Potomba zeigte seinem Bruder die Barke und dieser entfernte sich, ohne ein Wort zu sprechen.

„Was willst du tun, Potomba?", fragte ich.

„Glaubst du, dass Pareyma mir untreu ist?"

„Ich weiß es nicht, denn ich habe sie nicht gekannt."

„Aber ich kenne sie. Sie hat ihren Dolch; sie ist mutig und tapfer; sie wird sterben, aber nicht mit Matemba gehen. Ich werde sie von ihm und vom Tod erretten."

„Du willst Anoui töten?"

„Ja."

„Er ist der Vater deines Weibes!"

„Er ist der Mörder meiner Mutter!"

„Weißt du, was der höchste Sahib Christus befiehlt? Vergebt, auf dass euch vergeben werde!"

„Ich gehorche ihm, denn ich werde Anoui vergeben, nachdem ich ihn getötet habe."

„Das ist nicht der rechte Gehorsam, Potomba. Ich meine, dass..."

Er unterbrach mich mit einer ungestümen Handbewegung.

„Du bist Christ, seit du lebst, Sahib, ich aber bin es erst seit kurzer Zeit. Später werde ich auch sein wie du. Wolltest du nicht meine Verfolger töten, wenn sie nicht entflohen wären, sondern mich angegriffen hätten?"

„Ich hätte sie getötet, weil du keine andere Hilfe hattest."

„Nun wohl! Sie haben den Tod verdient und ich habe auch hier in Papetee keine Hilfe. Oder soll ein Ehri um Gerechtigkeit bei den Ingli und Franki bitten? Gehe mit deinem Freund; ich komme auf das Schiff, wenn es den Hafen verlässt. Und wenn ich dann noch nicht zurück bin, so mag mein Bruder an Land zurückkehren und mich rächen."

„Willst du nicht das Grab deiner Mutter besuchen, ehe du gehst?", fragte ich, um Zeit zu gewinnen, vielleicht auch aus Teilnahme für sein Geschick.

„Weiß du nicht, dass das Grab eines Menschen tabu[1] ist? Darf ich ihr Grab sehen, ohne ihrem Geist sagen zu können, dass ihr Mörder zu seinem Oro, den wir Christen Teufel nennen, gegangen ist? Pareyma ist mein Weib; sie wollte sich nicht noch einmal von dem Mitonare mit mir trauen lassen, um ihren Vater nicht zu erzürnen; sie ist seinetwegen eine Heidin geblieben, obgleich sie im Herzen an den guten Bapa im Himmel glaubt. Darum hat Anoui noch Macht über sie. Er ist zu ihr gekommen und sie hat ihm folgen müssen, ich aber werde sie mir wieder holen. Joranna[2], Sahib, Joranna!"

„Ich sage nicht Joranna, sondern ich gehe mit dir."

„Du willst mich hindern?"

„Nein, ich will deine Gefahr teilen."

„So hast du mich wirklich lieb, Sahib! Komm!"

Ich gab dem Kapitän die nötige Aufklärung. Der in allen Abenteuern zu Land vorsichtige Master Frick Turnerstick riet mir ernstlich ab, mir aber war es unmöglich, Potomba zu verlassen; meine Nähe konnte ihm doch vielleicht von Nutzen sein. Der Seemann ging zur Stadt und ich schritt mit dem Ehri am Strand hin. Sein Auge suchte unter den hier befindlichen Booten, bis er eins gefunden hatte, das größer war als das seinige. Es vermochte wohl vier Personen zu fassen.

Draußen am westlichen Himmel erglänzten die weißen Segel der Hochzeitsflotte, die seinen Todfeind nach Eimeo trug. Als sie verschwunden waren, stieg er ein, nachdem er im Sand ein Zeichen gemacht hatte, das wohl dem Besitzer des Bootes gelten sollte. Ich sprang ihm nach, legte die Gewehre weg und griff zum Ruder. Er hisste das Segel; die Brise legte sich sofort kräftig ein und wir flogen über das ruhige Wasser des Hafens hin, verfolgt von den Blicken derer, die am Ufer standen.

Wir folgten der Flotte nicht unmittelbar, sondern fuhren, als wir über die Korallen hinaus waren, erst an der Küste von Tahiti hin und nahmen dann Kurs auf Eimeo. Ich musste Potomba die Leitung des Bootes überlassen. Er landete an einer einsamen Stelle, wo sich ein wildes Pisanggestrüpp bis hart ans Wasser erstreckte. Hier legten wir die Segelstange um und zogen das Boot mit nicht geringer Anstrengung unter ein Blätterversteck. Dann drang Potomba durch das Gestrüpp vorwärts und ich folgte ihm.

Wir erreichten eine Brotfruchtpflanzung, die uns gute Deckung gewährte, und bald gelangten wir zu einer Anhöhe, von der aus wir das nahe gelegene Tamai überblicken konnten. Wir bemerkten sogleich, dass sich der Ort in außergewöhnlicher Bewegung befand. Am Strand des Meeres lagen die Boote der vor uns angekommenen Flotte. Vor einem durch seine Größe auffallenden Haus, bis an dessen Rückwand sich ein Bambusfeld zog, bewegte sich eine große Menge Menschen, und nicht weit von uns, gerade unter der Berglehne, an der wir lagen, stand ein mit Palmenblättern und Blumen geschmückter Altar, dessen Hintergrund zwei Götzenbilder einnahmen, jedenfalls den Atua und den Oro bedeutend, und an dem vermutlich die Trauungsfeierlichkeit vor sich gehen sollte.

„Was wirst du tun, Potomba?", fragte ich den Ehri.

„Ich werde warten, bis sie am Altar stehen, und mir dann Pareyma holen."

„Das wird dir nicht gelingen."

„So hole ich sie vom Boot, wenn Matemba mit ihr nach Haus fährt."

„Wann wird das geschehen?"

---

[1] Heilig, gefeit, unberührbar   [2] Lebewohl

„Heute gerade um Mitternacht; so gebietet es die Lehre der Götzendiener."

„Wem gehört das große Haus da drüben?"

„Es ist das Eigentum des Priesters."

„Welche Gemächer bewohnen die Frauen?"

„Pareyma hauste stets hinten nach der See zu."

„Hat sie noch eine Mutter oder Schwestern?"

„Nein. Ihre Mutter ist längst tot; sie ist das einzige Kind des Priesters."

„Man wird sie zur Hochzeit schmücken?"

„Ja, und dann lässt man die Braut allein, damit sie mit den Göttern sprechen soll."

„Der Priester weiß, dass du heute zurückgekehrt bist!"

„Wer sagte es dir?"

„Niemand. Siehst du nicht den Mann, der zwischen dem Haus und dem Bambus auf und ab geht? Er hat eine Keule in der Hand und soll dein Weib bewachen. Das ist ein Zeichen, dass sie nur gezwungen nach Eimeo ging."

„Ich wußte es. Der Ehri von Tahiti fürchtet die Leute von Eimeo nicht; er wird sein Weib öffentlich zurückverlangen."

Ich kannte die hiesigen Verhältnisse nicht und hielt es also für das Beste, ihn seinen eigenen Entschlüssen folgen zu lassen, doch nahm ich mir vor, ein wenig Umschau zu halten. Der Präriejäger regte sich in mir; ich legte meine Gewehre neben Potomba hin, benachrichtigte ihn von meinem Vorhaben und schlich mich an der Seite des Berges hinab bis an das Bambusfeld. Hunde oder andere Vierfüßler hatten schmale Bahnen hindurchgetreten. An der Erde fortkriechend, bewegte ich mich auf einem solchen Pfad vorwärts und gelangte so unbemerkt in die nächste Nähe des Hauses. Da ertönte ein halblaute, liebliche Frauenstimme:

> „Te uwa to te malema,
> te uwa to hinarro..."[1]

Es war jene rührende Liebensklage, die ich früher von den Frauen und Mädchen der Pelew-Inseln hatte singen hören, und es ahnte mir, dass die Sängerin keine andere sei als Pareyma. Sofort regte sich das Verlangen in mir, mit ihr zu sprechen. Dieses Wagnis konnte zwar unangenehm für mich ausfallen, aber ich hatte mein Messer und die Revolver bei mir, und für den braven Ehri konnte man sich schon einer Gefahr aussetzen.

Ich schob mich also vollends bis an den Rand des Feldes. Der Posten kam herbei und ging, obgleich es heller Tag war, ohne mich zu bemerken, an mir vorüber. Im Nu stand ich hinter ihm und schlug ihm die Faust so auf den unbedeckten Schädel, dass er besinnungslos zur Erde sank. Jetzt trat ich an die Bambuswand des Hauses, hinter der die Stimme erscholl. Ich musste einige Minuten lang suchen, ehe ich eine kleine schadhafte Stelle bemerkte, durch die ich in das Gemach schauen konnte.

Wenn das junge Weib, das ich da erblickte, wirklich Pareyma war, so konnte ich die Liebe begreifen, die Potomba für sie hegte. Sie stand jetzt nach beendetem Gesang mitten in dem Raum und ein unaufhaltsamer Tränenstrom floss ihr über die Wangen. Sie war eine schlanke, edle Gestalt, noch voll Jugendfrische, wie man trotz dem Herzeleid sah, das ihren Körper erbeben machte. Ihre schönen, dunklen Augen waren umflort, ihre scharf geschnittenen Brauen fest zusammengezogen und ihre feinen Lippen geschlossen. Keine einzige Blume war in ihren Haaren zu bemerken, ja sie schien sogar die Kleidung und die Stoffe verschmäht zu haben, die man nach Sitte

---

[1] „Das Wölkchen in dem Monde, das Wölkchen liebe ich..."

der Europäer anlegt, um die äußere Erscheinung vermeintlich zu verschönern. Ein Parau von weicher, gelbbrauner Tapa, der ihr nur wenig über die Knie herabreichte, umschloss ihre Hüften, und ein Tehei von demselben Stoff verhüllte als Überwurf ihre Schultern samt dem Oberkörper. Ihr rabenschwarzes Haar hing ihr voll, lang und lockig am Nacken hernieder, mit keiner Blüte besteckt und von keiner wehenden Faser Arrowroot gehalten. Sie war ja selber eine Blume, die man hinweggerissen hatte von dem Ort, an dem sie am schönsten blühte.

Ich bemerkte, dass sie den Eingang durch einen Baststreifen fest verschlossen hatte, trat zwei Schritte von der Wand zurück und rief halblaut:

„Pareyma!"

Das Schluchzen verstummte; sie hatte mich gehört.

„Mata ori, erschrick nicht; Potomba ist in der Nähe!"

Ein halb unterdrückter Jubellaut ertönte von innen.

„Wer bist du?", hörte ich dann fragen.

„Ein Freund des Ehri. Willst du Matembas Weib werden?"

„Nein. Ich habe meinen Dolch und werde mich töten, wenn ich keine Rettung finde."

„So bist du Potomba treu geblieben?"

„Ja. Der Vater kam und zwang mich, mit ihm zu gehen."

„Wer hat die Mutter des Ehri erstochen?"

„Der Vater; sie wehrte sich gegen ihn."

„Liebst du ihn?"

„Jetzt liebe ich ihn nicht mehr."

„Du wirst gerettet werden. Tu alles, was dein Vater von dir verlangt. Wenn es uns nicht eher gelingt, so retten wir dich auf der Heimfahrt nach Tahiti."

Da erscholl auf der anderen Seite des Hauses ein Tamtam; ich trat zu dem Bewusstlosen und legte einen Stein neben seinen Kopf. Steine von ähnlicher Größe waren auf dem Dach, um es gegen Wind zu sichern; es konnte einer herabgerollt sein und den Wächter getroffen haben. Dann kehrte ich auf dem angegebenen Weg wieder zu Potomba zurück.

Er hatte von der Anhöhe aus jede meiner Bewegungen beobachten können und erwartete mich mit sichtlichem Verlangen. Ich erstattete ihm ausführlichen Bericht und wurde beinahe selber hingerissen von dem Entzücken, das meine Mitteilung in ihm hervorrief.

Jetzt mischten sich in den Klang der Trommel die Töne zahlreicher Flöten. Jedenfalls sollte die Trauung beginnen. Pareyma wurde aus dem Haus gebracht und hinter ihr setzte sich ein langer Zug in Bewegung.

„Siehst du Matemba an ihrer Seite, Sahib?", fragte Potomba.

„Ich sehe ihn."

„Er war mit unter meinen Verfolgern. Oro wird ihn heute Nacht verschlingen. Ich werde hier niemand ein Leid tun. Während du mit meinem Weib sprachst, habe ich hier überlegt, wie ich Pareyma wieder gewinne. Ich bin ein Christ, du hast Recht, und dieser Kris soll von keinem anderen Blut gerötet sein als von dem meiner Mutter. Dennoch sollen die Schänder meiner Ehre, die Räuber meines Glücks sterben, aber nicht von meiner Hand!"

Der Zug kam bei dem Altar an, den Anoui, der Priester, bestieg, um seine Rede zu beginnen; da verließ mich Potomba und verschwand seitwärts in den Sträuchern. Ich schob mich nun durch das Gezweig so weit wie möglich vor, um den unter mir liegenden Hang bequem überblicken zu können. Vor dem Priester standen Matemba und Pareyma; die Tamtams und Pfeifen machten einen ohrenzerreißenden Lärm, der auf ein Zeichen des Priesters schwieg. Seine Rede bestand in Schmähungen gegen das Christentum, für die ich ihn am liebsten gezüchtigt hätte; dann kamen Verwünschungen des abtrünnig gewordenen Ehri, und endlich griff er hinter sich und nahm von dem Altar einige Schädelknochen, die er Matemba entgegenhielt.

„Leg deine Hand auf diese Schädel, die den Köpfen deiner Voreltern angehörten, und schwöre: Eita anei oeafaarue i ta oe vatrina?"[1]

Noch hatte Matemba nicht sein „Eita!" gesprochen, als sich Potomba durch die Menge der Zuhörer drängte und vor dem Altar erschien.

„Sei gegrüßt, Anoui, du Vater meines Weibes!", begann er. „Sie ist, als ich nicht daheim war, zu dir gekommen und ich folge ihr nach, um sie wieder zu holen."

Es entstand eine lautlose Stille. Der Priester streckte abwehrend beide Arme aus.

„Diese Stätte ist heilig. Weiche von ihr und uns, Verräter!"

Potomba blieb ruhig. Er legte die Hand auf die Schulter Pareymas.

„Ja, diese Stätte ist heilig, weil ich, ein Christ, auf ihr erscheine. Ich werde gehen, doch gib mir vorerst mein Weib!"

„Entweiche, sonst fasst dich der Tod!"

„Der Tod?", erwiderte Potomba lächelnd. „Hat er mich gefasst, als du mich verfolgtest, um mir mein Eigentum zu rauben? Ihr Hunderte von Heiden seid nicht stark genug, mir, einem einzigen Christen, den Tod zu geben. Ihr könnt nur Frauen töten. Hier an diesem Dolch klebt das Blut meiner Mutter. Du hast sie getötet, Anoui, und ich fordere noch heute ihr Leben oder das deinige von dir."

„So stirbst du selber!", trotzte Anoui und griff nach ihm.

Potomba wich einen Schritt zurück und rief so laut, dass man es weithin hörte:

„Ich sterbe, ich, der Ehri von Papetee? Ich stehe unter dem Schutz meines Gottes; ihr aber werdet untergehen, wie ich jetzt eure Götter vernichte."

Mit einem raschen Sprung stand er auf dem Altar. Er erfasste erst das eine und dann das andere der beiden aus Ton gebrannten Götzenbilder und schleuderte sie zur Erde herab, dass sie in Stücke zerbarsten. Dann schwang er den Kris hoch in die Luft.

„Und noch heute werde ich mein Weib von euch holen!"

Ein einziger, fürchterlicher Schrei der Wut erscholl aus allen Kehlen. Alle stürzten zum Altar, um den Mutigen zu fassen; er aber war schon nach hinten herabgesprungen und klimmte so schnell wie möglich zu mir empor. Es war ein Glück, dass kein einziger der Anwesenden eine Waffe zu der friedlichen Handlung mitgebracht hatte, sonst wäre er verloren gewesen. Kein einziger? Stand nicht hart am Altar einer, der soeben seinen Bogen spannte, und da drüber unter der Banane ein zweiter? Sie wollten auf Potomba schießen, und es war vorauszusehen, dass sie ihn treffen würden. Das musste ich verhüten. Ich legte schnell meinen Stutzen an, zielte und drückte zweimal nacheinander ab, die beiden stürzten zu Boden.

Jetzt hatte mich Potomba erreicht. Seine Verfolger kamen schreiend teils den Hang heran, teils suchten sie in eiligem Lauf die Höhe an beiden Seiten zu umgehen.

„Ich danke dir, Sahib, dass du mir halfst; die Pfeile hätten mich getroffen. Nun schnell nach dem Boot! Kannst du gut laufen?", fragte er eilig.

---

[1] „Willst du niemals dein Weib verlassen?" Das ist die heidnische Formel, auf die der Bräutigam mit „Eita!" (Nein!) zu antworten hat. Ist das geschehen, so gilt die Ehe für geschlossen.

Ich antwortete nicht, denn dazu war keine Zeit. Eigentlich passte es mir nicht, vor diesen Menschen davonzulaufen, aber ich wusste, dass unsere Rettung nur von unserer Schnelligkeit abhing. Trotz meinen schweren Stiefel hielt ich gleichen Schritt mit dem Ehri, der eine gute Lunge und prachtvolle Sehnen haben musste, denn unsere Feinde blieben weit hinter uns zurück. Als wir das Boot erreichten, blieb uns gerade genug Zeit, es ins Wasser zu reißen, hineinzuspringen und einen leidlichen Vorsprung zu gewinnen, sodass uns kein Pfeil erreichen konnte.

Jetzt erst durchbrachen die Polynesier das Dickicht des Strandes, reckten, als sie uns in Sicherheit sahen, die Arme in die Luft und schnitten uns boshafte Gesichter.

Wir griffen zu den Doppelrudern und arbeiteten uns gegen den Passat nach Tahiti hinüber. Wir ließen uns dann, ohne dort zu landen, von der Strömung und dem Wind wieder nach Eimeo zurücktreiben und landeten in Alfareaita, einem kleinen Ort, der Papetee gerade gegenüber liegt.

Hier blieben wir bis zu der bald hereinbrechenden Dunkelheit. Potomba teilte mir nichts mit über das, was er vorhatte, und da diese Schweigsamkeit ihre guten Gründe haben musste, so unterbrach ich sie mit keiner Frage.

Es war wohl gegen elf Uhr nachts, als wir wieder aufbrachen. Der Ehri hatte sich vorher eine beträchtliche Menge großer und kleiner Fische gekauft und sie mit ins Boot gebracht. Was er mit ihnen bezweckte, konnte ich nicht ersehen. Wir ruderten uns bis zur Mitte der Straße, die die beiden Inseln trennte, und blieben hier.

Es wurde dunkler über dem Wasser, aber vom Himmel leuchteten Tausende von Sternen, und die Wogen lagen um das Kanu wie durchsichtiger Kristall. Da griff der Ehri nach einem der Fische, band ihn an einen Streifen Bast und hängte ihn ins Wasser. Schon nach kurzer Zeit erfolgte ein scharfer Ruck. Ein Haifisch hatte sich die Lockspeise geholt. Nach einiger Zeit warf Potomba einen zweiten, dann einen dritten Fisch aus und fuhr so fort, bis sich mehr als ein halbes Dutzend Haie um unser Boot tummelte.

Ich hatte eine leise Ahnung von dem, was er bezweckte. Jedenfalls versammelte er die Hyänen des Meeres um sein Boot, um sich ihrer gegen seine Feinde zu bedienen, aber in welcher Weise das geschehen sollte, war mir noch unklar. Auf alle Fälle jedoch war mir die Nachbarschaft dieser liebenswürdigen Geschöpfe ziemlich unangenehm. Er hatte sich zwar auf unserer Insel den ‚Herrn des Hais‘ genannt, ich jedoch fühlte keineswegs eine besondere Zuneigung für seine menschenhungrigen Untertanen, und ich will offen gestehen, dass ich mich auf dem ‚Wind‘ meines guten Master Frick Turnerstick behaglicher gefühlt hätte als in dem schmalen Boot, von dessen niederem Bord aus man die Haie mit der Hand zu berühren vermochte.

Ein Schauspiel, aber ein grausiges, hatte ich allerdings dabei. Das Wasser schien trotz der nächtlichen Dunkelheit weißflüssiges Gold zu sein und stieg in immer tieferen, dunkleren Tinten in den Grund hinab. Jede Bewegung darin war zu erkennen, und wenn der Ehri einen neuen Fisch auswarf, so nahten sich sechs bis acht fürchterliche Rachen dem Stern des Bootes und es begann ein Kampf, bei dem sich einem die Haare sträuben konnte, denn es war nur eine dünne Schicht Holz zwischen den gierigen Ungeheuern und uns Menschen.

Der Ehri schien sich um mein Gefühlsleben nicht zu kümmern. Er warf von Zeit zu Zeit einen Fisch aus und forschte dann immer nach der Richtung, aus der die Hochzeitsflotte mit dem Brautpaar kommen musste. Mir war es nicht ganz wahrscheinlich, dass die Trauung nach dem durch uns verursachten Auftritt noch vollzogen worden sei. Er jedoch schien seiner Sache sicher zu sein und stand, als sich am

Himmel ein nebliger Lichtschein bemerken ließ, im Boot auf, um besser Ausguck halten zu können.

Der Schein wurde mit jeder Sekunde heller. Bald erkannte ich, dass er wirklich von der Flotte herrührte, da jeder Kahn an seinem Bug mit einer Fackel ausgerüstet war.

„Sie kommen", bemerkte Potomba kaltblütig, „und jetzt wird Pareyma wieder mein."

Er warf die rot und weiß gestreifte Tebuta von den Schultern und griff mit der Rechten nach dem Kris, während er mit der Linken wieder einen Fisch auswarf.

„Diene mir nur zwei Minuten, Sahib, so will ich dir gehorchen, solange du willst!" Ich griff zum Ruder.

Er tat dasselbe und auf seine Anweisung hin beschrirben wir einen Bogen, den Kommenden entgegen, lenkten dann auf sie zu und schossen zuletzt, nun mit ihnen in gleicher Höhe, auf das erste Boot der Flotte zu. Darin saßen drei Personen, die ich deutlich erkennen konnte: Matemba, Anoui und Pareyma. Mit gewaltigem Ruderdruck an der rechten Seite des Zugs hinstreichend, erreichten wir das Boot, sodass unser linker Bord hart mit seinem Ausleger zusammentraf. Die Haie waren uns bis hierher gefolgt. Ich saß an den Rudern und Potomba stand jetzt wieder aufrecht im Boot, den Kris in der Faust.

„Pareyma, herüber!", rief er.

Die Gerufene erhob sich und schnellte über den Ausleger zu uns ins Boot. Der Ehri empfing sie mit dem linken Arm und ließ sie niedergleiten, dann bog er sich über Bord und zerschnitt mit zwei raschen Zügen die Baststricke, die den Ausleger des Hochzeitsbootes mit den Querstangen verbanden.

Ein fürchterlicher Doppelschrei erscholl. Das Boot kenterte, Matemba und der Priester stürzten ins Wasser und wurden augenblicklich von den Haien verschlungen. Pareyma schlug die Hände vors Gesicht, Potomba aber ergriff das andere Ruderpaar und legte sich ein. Wir flogen wie vom Bogen geschnellt davon, während die Flotte einen wirren Knäuel bildete, aus dem sich nur ein einziges Boot löste, um uns zu folgen. Ich griff zur Büchse und sagte:

„Ich werde dem Mann eine Kugel geben."

„Halt, Sahib! Es ist kein Feind, der uns folgt, sondern ein Freund. So rudert nur Ombi, der Diener meines Weibes. Ihm und Potomba, dem Ehri, kommt keiner gleich. Lass ihn herbei; er wird mit uns gehen!"

Hinter uns heulten jetzt die wütenden Insassen der Prauen und versuchten uns einzuholen. Es gelang ihnen nicht. In fünf Minuten hatten wir den ‚Wind' erreicht, der sein Fallreep niederließ.

Jetzt erst nahm Pareyma die Hände vom Angesicht.

„Potomba, du hast den Vater getötet!", stöhnte sie.

Ombi, der alte Graukopf, sprang aus seinem Boot in das unsrige herüber.

„Sag deinem Herzen, dass es ruhig sei, Pareyma", bat er. „Dein Leid ist mein Leid, und dein Glück auch mein Glück! Die Götzen sind heute gefallen und nun wird bei uns sein der gute Bapa des Himmels mit seinem Sohn, der auf die Erde kam, um alles Unglück in Freude zu verkehren."

Wir stiegen hinauf.

„Schnell, Charley!", rief der Kapitän. „Dort kommen die Kerls mit ihren Fackelbooten, um euch zu suchen. Herauf, herauf! Löscht die Lichter aus, Jungens!", gebot er seinen Leuten, „und holt rasch die beiden Boote an Deck, dass die Schlingels dort nichts merken! Sie müssen denken, dass auf unserem guten ‚Wind' alles im Schlaf liegt. So, so, die Taue nieder! Zieht, Jungens, zieht! Stopp! Herein mit den Nuss schalen! Prachtig, so ist's gut! Nun nehmt die Handspeichen, und wenn es jemand wagen sollte, die Nase heraufzustecken, dem gebt einen tüchtigen Klaps!"

Eine solche Maßregel war nicht notwendig. Die Verfolger schienen anzunehmen, dass wir auf das Land zugehalten hätten, und ruderten der Küste entgegen, wo noch lange Zeit der Schein ihrer Fackeln zu bemerken war.

Potai empfing seinen Bruder und die Schwägerin mit Jubel. Dem Kapitän musste, als wir in der Kajüte versammelt waren, alles ausführlich erzählt werden. Als ich damit zu Ende war, reichte mir Pareyma ihr zartes, braunes Händchen entgegen.

„Ich danke dir, Sahib! Du hast mich vom Tod errettet, denn ich wäre an meinem Messer gestorben, bevor ich mit Matemba das Boot verlassen hätte." – –

Am Morgen stachen wir in See. Fünf Tage später befand sich Kapitän Roberts mit seinen Marsgasten und allem geretteten Gut bei uns an Bord, dann segelte der ‚Wind‘ nach Nord bei West, um die Samoa-Inseln zu erreichen.

Dort, auf der Insel Upolu, und zwar in Saluafata, wohnt noch heute ein reicher, polynesischer Handelsmann, der sich Potomba nennt.

Zuweilen, wenn die Sonne ihr glühendes Gewand in die Fluten senkt, um zur Ruhe zu gehen, rudert der Greis Ombi ein Ausleger-Kanu hinaus auf die Höhe. Darin sitzt Potomba mit Pareyma, und wenn Ombi lauschen möchte, so würde er hören, wie der dunkelfarbige Mann seinem Weib zuflüstert: „Mata ori, du Auge des Tages, du Licht meines Lebens!"

Vielleicht, dass in solchen einsamen Stunden das schöne Paar auch der Vergangenheit gedenkt, des Glücks und der darauf folgenden Trübsal auf Tahiti, des Hochzeitstags auf Eimeo, der Fahrt nach den Pomatu- und Samoa-Inseln, des alten, braven Master Frick Turnerstick und – vielleicht auch des Germani mit den großen Seemannsstiefeln, dem heute, da er dieses niederschreibt, noch die klagenden Worte im Ohr nachtönen:

> „Te uwa to te malema,
> te uwa to hinarro…"

Der Talisman

Ein eigentümliches, röchelndes Grunzen weckte mich aus dem Schlaf. Oder war es nur das Schnarchen eines meiner Schlafgefährten gewesen? Es herrschte in der hermetisch verschlossenen Winterhütte eine Luft, die ganz zum Verzweifeln war. In dem engen Raum hatten acht Menschen und fünf Hunde Platz gefunden, aber man frage mich nur nicht, wie! Diese dreizehn Geschöpfe lagen mit ihren zweiundfünfzig Vorder- und Hinterbeinen so neben-, über-, unter- und durcheinander, dass die Entschlingung so zahlreicher und verworrener Gliedmaßen eine absolute Unmöglichkeit zu sein schien.

In der Mitte der aus Rentierfellen erbauten Zelthütte kohlten die Überreste eines riesigen Feuers, dessen stechender Rauch eine einzige undurchdringliche Wolke bildete, da die Abzugsöffnung zugedeckt worden war. Ich lag mit dem Kopf auf der fischtranduftenden Hüfte der guten Mutter Snjära, welcher Name zu deutsch ‚Maus' bedeutet; mein rechtes Bein steckte unter dem Leib des alten Onkel Sätte, welches Wort mit ‚Pfeil' übersetzt werden muss, und mein linker Fuß diente einem der Hunde als Kopfkissen. Vater Pent, d. i. Benedikt, der Gesegnete, hatte sich meinen Pelzrock aufgeknöpft, um sein teures Haupt auf die Gegend meines Magens zu betten, sodass der Schwanz des Hundes, dem er selber als Matratze diente, mir lieblich krabbelnd um die Nase strich. Zu diesen unschätzbaren Bequemlichkeiten kam die Hitze, die sich innerhalb meiner luftdichten Fell- und Pelzbekleidung entwickelte, und der aromatisch-diabolische Duft einer dreizehnfachen Trans- und Respiration nebst der Lebhaftigkeit jener kleinen, ritterlichen Geschöpfe, die in solcher Hundenähe unvermeidlich sind und von denen der alte, lustige Fischart gesungen hat: „Mich beizt neizwaz, waz mag daz seyn?" Zieht man dazu alle diatonischen und chromatischen Herzensergießungen in Betracht, deren schnarchendes Fortissimo das Zelt erfüllte, so wird man es nicht unbegreiflich finden, dass ich mich für einen Augenblick dem weichen Arm des Schlafs entwand.

Doch nein, es war kein Schnarchen gewesen, das mich aufweckte, denn ich vernahm jetzt, da ich munter war, jenes grunzende Röcheln zum zweiten Mal. Es ertönte draußen in einiger Entfernung von der Hütte. Gleich darauf krachte ein Schuss und eine laute Stimme rief:

„Attje, tassne le tarfok – Vater, der Bär ist da!"

Im Nu waren alle zweiundfünfzig Extremitäten in schleunigster Bewegung und jene scheinbar unmögliche Entwirrung hatte sich in zwei Sekunden glücklich vollzogen. Die acht Menschen schrien und brüllten; die fünf Hunde bellten und heulten; das Feuer wurde vollends zertreten, während ein jeder nach seinen Waffen suchte und diejenigen eines anderen erwischte. Und doch befanden wir uns nach kaum einer Minute vor der Hütte und eilten nach der Gegend, in der noch immer Neete[1], der Sohn des alten Pent, um Hilfe rief. Er hatte mit Kakke Keira[2] die Wache, kam uns in höchster Aufregung entgegengesprungen und schrie aus Leibeskräften:

„Tarfok, tarfok le mesam – der Bär, der Bär hat mein Rentierkalb!"

„Wo ist er?", fragte der Alte.

„Tuos, tuos, kwouto pluewai – dort, dort, auf dem Sumpf!"

„Nehmt eure Ski", kommandierte Vater Pent, „eure Flinten, Messer und Spieße. Nehmt auch Stricke mit. Wir eilen ihm nach!"

---

[1] Marder   [2] Diener Erich

Die Schneeschuhe lehnten alle am Zelt. Wir legten sie an und fort ging es, dem Sumpf zu, der sich in geringer Entfernung von der Lappenwohnung in die Ebene zog. Kakke Keira blieb bei der Frau und den drei Töchtern zurück. Wir anderen zählten fünf Personen: Pent, Onkel Sätte, Neete ich und ein zweiter Knecht, der Anda, d. i. Andreas, hieß.

Es war vielleicht eine Stunde nach Mitternacht, aber wir konnten dennoch recht gut sehen, denn am Himmel stand ein Nordlicht, wie ich es in dieser Pracht und Herrlichkeit noch niemals beobachtet hatte. Es war nicht jenes sich leise ausbreitende und wieder zusammenfallende, milde Farbenspiel, auch nicht jene groß und ruhig am Firmament stehende Erscheinung, sondern es war ein ununterbrochenes, gewaltiges Emporschleudern strahlender Farbenbüschel, die in die Unendlichkeit hinauszusprühen schienen, ein Wirbeln von tausend hintereinander mit immer größeren Radien sich drehenden Feuerrädern, ein ununterbrochenes Kämpfen, Ringen, Jagen und Haschen von allen möglichen Gluten, Lichtern, Farben und Nuancen, ein Schauspiel, das wahrhaft überwältigend auf mich gewirkt hätte, wenn nicht der Jäger in mir erwacht wäre.

Die Spur des Bären war in dem tiefen Schnee ganz deutlich zu erkennen, und nach kurzer Zeit sahen wir ihn selbst als dunklen, sich rasch fortbewegenden Punkt auf der weißen Fläche des Sumpfes erscheinen. Es musste ein gewaltiges Tier sein, da es im Stande war, bei einem so raschen Lauf das Rentierkalb mit sich fortzuschleppen. Dennoch brauchten wir uns vor ihm nicht zu fürchten. Der lappländische Bär ist noch weniger gefürchtet als der Wolf; er besitzt nicht im Entferntesten die Furchtbarkeit, die z. B. den nordamerikanischen Grizzly so gefährlich macht, und wagt sich nur dann an den Menschen, wenn ihn die Notwehr dazu treibt. Die Lappen waren alle sehr gewandte Schneeschuhläufer. Wir flogen mit der Schnelligkeit eines Eilzugs über die Fläche dahin, aber dies schien dem alten Pent noch immer nicht genug zu sein.

„Schneller", rief er, „sonst erreicht er den Hügel und versteckt sich hinter den Felsen, wo wir ihm nur schwer folgen können!"

Wir griffen weiter aus, aber es war, als habe der Bär die Worte des Anführers vernommen. Er bog plötzlich nach links ab. Das Tier musste seine Verfolger bemerkt haben und trottete nun dem Hügel zu, der den Vorläufer des Fjälls bildete, der mit seinem vom Schnee bedachten Tannendunkel auf das Sumpfland niederblickte. Wir suchten dem Flüchtling den Weg abzuschneiden, aber es gelang uns nicht; er war aus unserem Auge entschwunden, noch ehe wir den Hügel erreichten.

„Hier ist die Spur", meinte Onkel Sätte, „sie führt gerade an den bösesten Stellen empor. Legt die Ski ab! Sie taugen hier nichts mehr."

Wir hängten die Schneeschuhe über und stiegen die steile Lehne in die Höhe. Der Schnee lag mehrere Fuß tief, was den Aufstieg sehr beschwerlich machte. Wir gaben uns alle mögliche Mühe, sodass wir unter unserer schweren Kleidung in Schweiß gerieten, kamen aber doch nur langsam vorwärts. Endlich erreichten wir die Kuppe des Hügels, mussten uns aber mit der Spur des Bären begnügen; er selbst hatte einen bedeutenden Vorsprung gewonnen.

Das Gelände war hier außerordentlich zerrissen. Wir mussten uns zwischen scharfen, halb verschneiten Felstrümmern hindurchwinden, bald rechts, bald links, bald vorwärts, bald wieder zurück. Es war, als habe sich der Bär einen besonderen Spaß daraus gemacht, uns recht in die Irre zu führen. Und dabei durften wir die Vorsicht keinen Augenblick außer Acht lassen, da es hinter jedem Stein möglich war, auf ihn zu stoßen.

Endlich erreichten wir eine kleine Erhöhung, wo er sich eine kurze Rast gegönnt hatte. Wir hatten es wirklich mit einem ganz ungewöhnlichen Schlaukopf zu tun. Er hatte sich für diesen erhöhten Standpunkt entschieden, weil er von hier aus unser Nahen bereits von Weitem bemerken konnte, und war zugleich so klug gewesen, die ihm gewordene Frist zu einem schnellen Imbiss zu benutzen. Er hatte im allerhöchsten Fall zehn Minuten dazu übrig gehabt, aber während dieser kurzen Zeit war doch das Kalb beinahe ganz verschwunden.

„Wuoike – o weh!", rief Vater Pent. „Dieser Partne pahakase[1] hat uns nur die Haut und die Füße übriggelassen. Hautesn so mon kalkap lapmet — ich werde ihn zu Tode prügeln!"

Er schwang das Schaufelende seines Spießes drohend über dem Kopf und nahm die Spur von Neuem auf. Sie führte in einer steilen Schlucht zum Fjäll empor. Der hohe Schnee war uns außerordentlich hinderlich; wir glitten fast bei jedem Schritt wieder abwärts und es dauerte lange Zeit, bis wir die Höhe des Waldes erreichten. Es war von Vorteil, dass die Tannen hier sehr licht standen; zahlreiche Felsen lagen zerstreut zwischen den Stämmen, die Spur war deutlich zu sehen.

Immer einer hinter dem andern, schritten wir lautlos vorwärts. Da, eben als wir auf eine Lichtung treten wollten, blieb Pent, der an der Spitze ging, hinter dem letzten Baum stehen.

„Was siehst du?", fragte Onkel Sätte laut.

Ich ging hinter Pent und hatte gerade wie er einen Mann gesehen, der links von uns in schnellem Lauf zwischen den Bäumen hervorkam. Als er aber die Stimme des Onkels hörte, eilte er schnell wieder in das Halbdunkel des Waldes zurück.

„Wer war das?", fragte ich leise.

„Ich habe ihn nicht erkannt, Herr", antwortete der Alte. „Was hat ein Mann zu dieser Zeit hier zu suchen!"

„Du bist ja wohl der Einzige, der in dieser Gegend wohnt?"

„Ja. Sollte es ein Mann sein, der auf dem Aito[2] geht?"

„Das glaube ich nicht. Er würde uns den Gruß nicht verweigert haben. Er ist geflohen, sein Weg muss also ein Weg des Unrechts sein."

„Herr, meinst du dies wirklich?"

„Ja."

„So muss man ihm folgen!"

Diese Worte waren in einem hastigen, sorgenvollen Ton gesprochen, den ich mir nicht gleich erklären konnte. Darum fragte ich:

„Denkst du, dass es ein Rentiermörder ist?"

„Nein, ich denke etwas anderes, Wäljam[3]. Ich muss sehen, wer es ist. Folgt ihr unterdessen dem Bären!"

„Du darfst nicht allein gehen!", warnte sein Sohn Neete.

„Was weißt du, Knabe! Geht! Ich brauche keinen Menschen, der bei mir bleibt!"

Diese Worte waren in einem so befehlenden Ton gesprochen, dass wir ihnen ohne Widerrede gehorchten. Es war sicher nicht ohne Gefahr, sich hier im Wald und bei diesem Schnee mit einem Fremden zu befassen, der sich so verdächtig benommen hatte. Er musste einen ganz besonderen Grund haben, allein zu bleiben, wo eine Begleitung doch so notwendig erschien. Wir ließen ihn gehen und verfolgten die Fährte

[1] Sohn des Teufels [2] Ein Weg, den man geht, um seine Wohnung zu verändern
[3] Mein Bruder

des Bären weiter. Unsere Anstrengung sollte sehr bald belohnt werden. Die Spur führte uns bereits nach kurzer Zeit zu einem freien Plätzchen, das von Steingewirr bedeckt war. Hier lag das Tier versteckt, denn als wir den Ort umgingen, fanden wir, dass die Fährte nicht wieder herausführte.

Die Hunde waren bis jetzt bei uns gewesen, jeder mit einer Schnur an seinen Herrn gebunden. Nun aber, als wir den Platz umstellt hatten, wurden sie losgelassen. Sie schossen zwischen die Steine hinein und bald vernahm ich neben ihrem wütenden Gebell ein tiefes und unmutiges Brummen. Der Lärm stand eine Zeitlang still und bewegte sich dann nach der mir entgegengesetzten Seite. Der Hund des Lappen benimmt sich, während er dem Wolf sofort an die Kehle geht, dem Bären gegenüber vorsichtig; er lockt ihn aus dem Lager, ohne sich selbst in Gefahr zu begeben, und so war auch heute nicht zu hören, dass einer unserer Hunde einen Schlag erhielt. Dagegen aber fiel sehr bald darauf ein Schuss und gleich darauf ein zweiter. Dann erhob sich von Seiten der Meute ein triumphierendes Geheul, dem man sofort anmerkte, dass der Bär erlegt worden war.

„Neete, ist er tot?", rief Anda, der rechts von mir stand, über die Lichtung hinüber. „Mije lepe winsam – wir haben gesiegt!", antwortete der Gefragte herüber. „Wieso-dake le tarfok – der Bär ist tot. Kommt zu uns, Kratnatjeh[1]!"

Wir eilten dem Rufenden zu; der Bär lag leblos am Boden. Der junge Neete hatte ihn bis auf zwei Schritte an sich herankommen lassen, ihm dann den Lauf seines Doppelgewehres in den geöffneten Rachen gesteckt und zweimal losgedrückt.

„Er hat es gewusst, dass das Kalb mir gehört, das er gefressen hat", meinte er sehr gleichmütig, „und darum ist er zu mir gekommen, um sich von mir töten zu lassen."

Bei den Lappen hat nämlich jedes Familienmitglied seine eigenen Tiere bei der Herde und für diese auch sein eigenes, bestimmtes Zeichen. Bereits bei der Geburt schenkt der Vater dem Kind ein Rentier; bei der Taufe erhält es ein zweites; wer den ersten Zahn bei ihm entdeckt, muss ihm ein drittes schenken. Auch das Gesinde erhält seinen Lohn und seine Extrageschenke in Rentieren, weshalb ein Knecht, der eine Magd heiratet und seine Tiere mit den ihrigen vereinigt, sehr leicht eine Herde zusammenbringt, die ihn zum selbständigen Mann macht. Daher gibt es eine eigentliche Armut bei den Lappen nicht, außer wenn einer durch die Seuche oder einen schneelosen Frost seine Herde verliert. In diesem Falle können die Tiere das Moos, das ihre Winternahrung bildet, nicht von dem harten Eis befreien und müssen vor Hunger und Elend zu Grunde gehen.

„Sotn le änak – es ist ein Männchen", sagte der Onkel. „Zieht ihm das Fell ab und schneidet ihn in Stücke, damit wir ihn leichter tragen können. Der Leib gehört uns, die Tatzen geben..."

Er hielt mitten im Satz inne; meine Anwesenheit schien ihn an der Vollendung seiner Rede zu verhindern. Ich ahnte den Grund davon. Die Lappen sind zum großen Teil Christen, haben aber aus ihrer heidnischen Vorzeit noch viele Gebräuche mit herübergenommen, an denen sie zäh festhalten, obgleich sie dies den Fremden nur höchst ungern merken lassen. Vielleicht sollten die Bärentatzen dem Thiermes, einer ihrer früheren Gottheiten, geweiht werden, dessen Bild, einem roh zugehauenen Holzklotz, noch viele Lappen im stillen Hain ein verborgenes Heiligtum errichten. Sie wurden auch wirklich von den Pranken getrennt und gesondert zusammengebunden.

---

[1] Kameraden

336

„Seht, wie mager sie schon sind!", sagte Neete, der Sohn Pents. „Dieser Bär hat bereits in der Erde gesteckt und ist in seinem Winterschlaf gestört worden. Da suchte er sich einen anderen Ort und hat dabei Hunger bekommen. Er kam so still, dass ich ihn erst gewahrte, als ich das arme Wesen zum letzten Mal grunzen hörte. Möge seine Seele als Gespenst ewig im Metse[1] spazieren gehen müssen!"

Die einzelnen Stücke des getöteten Tiers, das eine Länge von sicher sechs Fuß gehabt hatte, wurden aufgenommen und wir traten den Rückweg an. Als wir den Ort erreichten, an dem Vater Pent sich von uns getrennt hatte, blieb ich halten.

„Er ist noch nicht wieder zurück", sagte ich. „Wird es nicht besser sein, wenn wir nach ihm sehen?"

„Wir dürfen es nicht", antwortete Onkel Sätte. „Er ist der Gebieter und hat befohlen, dass ihm keiner folgen solle. Wir müssen ihm gehorchen."

„Aber wenn ihm ein Unglück geschehen ist!"

„Das glaube ich nicht. Er kennt jeden Schrittbreit dieser Gegend, jeden Baum des Waldes und jedes Tier, das hier lebt. Wir können ganz ruhig sein. Er wird bereits wieder nach der Hütte zurückgekehrt sein."

„Das ist sehr zweifelhaft. Er als Jäger würde sich ganz sicher wieder angeschlossen haben, um uns zu helfen, den Bären zu erlegen."

„Dazu waren wir ja Männer genug; das hat er gewusst. Lasst uns also ruhig weitergehen!"

Wir legten die Strecke Waldes zurück, stiegen den felsigen Hügel hinab und befanden uns dann wieder auf der sumpfigen Ebene, wo wir die Schneeschuhe anlegen und schneller vorwärts kommen konnten. Das Nordlicht war im Verglühen, als wir die Hütte erreichten.

Die Grundlage dieser Hütte bildete eine Anzahl von Stangen, die rund in den Boden gesteckt waren, sodass ihre Spitzen oben zusammenstießen. Sie waren, da Vater Pent zu den wohlhabendsten Lappen zählte, mit einer doppelten Lage von Rentierhäuten bekleidet, und oben hatte man ein Loch gelassen, damit der Rauch abziehen konnte; das wurde jedoch zur Schlafenszeit verschlossen, um die Wärme nicht entfliehen zu lassen. Dieser Hautüberzug ging rund um die Hütte noch eine Strecke über den Boden hin, damit man Vorräte darunter aufbewahren konnte. Jetzt im Winter war diese Wohnung von einer dichten Lage gefrorenen Schnees bedeckt, der keine Kälte in das Innere dringen ließ. In der Mitte des Wohnraums befand sich, wie bereits gesagt, der Feuerherd, über dem ein kupferner Kessel hing, der mit einer Kette oben an einer der Stangen befestigt war. Rundum hatte man über eine Lage von Heu weichgegerbte Felle ausgebreitet, um Lager und Sitze für die Glieder der Familie und die Hunde zu bilden. Das Geschirr hing an den schrägen Wänden, und oben, in der Nähe des Rauchabzugs, hatte man die Rentierkeulen nebst den Rentiermägen befestigt, die den Käse und die gefrorene Milch, vielleicht auch das als Allheilmittel dienende Rentierblut enthielten.

Als wir anlangten, empfing uns Kakke Keira mit lautem Jubel, der seinen Grund wohl in dem Bärenschinken hatte, der den Lappen stets ein willkommener Leckerbissen ist. Auf seine lauten Rufe traten die Frauen aus der Hütte.

„Kussne le attje – wo ist der Vater?", fragte Mutter Snjära, als sie sah, dass der alte Pent fehlte.

„Ist er noch nicht angekommen?", erkundigte sich Onkel Sätte.

[1] Wüstwald

„Nein. Etnatjam[1], wo ist er geblieben?"

„Draußen im Wald."

„Im Wald? Im Wuorai[2]? Wenn nun ein Bär, ein Wolf oder gar ein Wuoikenes[3] ihn überfällt! Weshalb ist er im Wald geblieben?"

„Er sah einen Mann, dem er gefolgt ist. Es war ein Ammats[4], der sich vor uns verbergen wollte."

„Tije lepet takkam jermetipme – ihr habt unverständig gehandelt. Dieser Fremde ist vielleicht ein Rentiertöter, der viele Waffen bei sich hat. Warum habt ihr den Vater allein gelassen?"

„Sotn le trawam nau – er hat es befohlen."

„Dann habt ihr ihm gehorchen müssen", beruhigte sie sich. „Was er befiehlt, das muss geschehen, denn er weiß, was er tut."

Vater Pent war also wohl ein echter Patriarch, der unumschränkt regierte und seinem Willen stets die richtige Geltung zu verschaffen wusste. Bei der Erklärung, dass er selbst gewünscht hatte, allein zu sein, war sofort alle Sorge bei den Frauen verschwunden und man beschäftigte sich nur noch mit der Jagdbeute, die wir mitgebracht hatten. Die Tatzen verschwanden, ohne dass ich wusste, wohin; die Eingeweide wurden in den Kessel geworfen, um sogleich gekocht und gegessen zu werden, während man das Fleisch zum Gefrieren in die Kälte hängte.

Menschen und Hunde saßen wieder traulich beim Feuer zusammen, den Schlaf hatte man vergessen. Da hörten wir es vor der Tür scharren und das Fell, das den Eingang bedeckte, wurde in die Höhe gehoben.

Repe[5]!", rief Mutter Snjära erschrocken.

So hieß nämlich der Lieblingshund des Alten, der ihn in den Wald begleitet hatte. Er kam unter dem Fell durchgekrochen und blieb mit eingezogenem Schwanz stehen, um ein klagendes Geheul auszustoßen.

„Repe, kusne le attje – Repe, wo ist der Vater?", fragte der Onkel und sprang vom Lager hoch.

Der Hund merkte, dass er verstanden worden war. Er sprang winselnd an dem Frager empor und dann gegen die Tür zurück.

„Er will Hilfe holen", sagte ich, nach meiner Büchse greifend. „Es ist seinem Herrn ein Unglück widerfahren. Wir müssen ihm schnell folgen!"

„Oder ist er dem Attje nur vorangesprungen", meinte Kakke Keira, der Knecht, der von Anda abgelöst worden war.

„Nein. Das ist ganz das Gebaren eines Hundes, der Hilfe sucht."

Wir traten vor die Tür und schrien den Namen des Alten in die nordische, helldunkle Nacht hinaus. Die Kälte ließ den Ruf in weite Entfernung klingen, aber so scharf wir auch lauschten, wir konnten keine Antwort hören.

„Härra[6], du hast Recht", entschied der Onkel, „es ist ihm etwas geschehen. Nehmt Ski und Gewehre und lasst uns dem Hund folgen!"

„Das ist nicht genug", antwortete ich. „Nehmt auch Riemen, Stricke und Stangen mit. Er könnte in eine Sala[7] gefallen sein."

Die Frauen klagten und jammerten; wir aber nahmen schweigend alles Nötige mit uns, fuhren mit den Füßen in die Schneeschuhe und überließen uns nun der Führung des klugen Hundes, den der Onkel, als der Vorderste in unserer Reihe, an einer Leine führte.

---

[1] Diminutiv von Etnoi = Onkel, also Onkelchen, mein lieber Onkel   [2] Hohen Schnee   [3] Geist
[4] Fremder   [5] Fuchs   [6] Herr   [7] Höhle, Eisspalte

Wir verließen die Hütte in der entgegengesetzten Richtung wie vorher. Bei Anfang unserer Bärenjagd hatten wir die Berge zur Linken gehabt, jetzt aber lagen sie zur Rechten. Ihr Fuß stand auf dem Rand einer weiten Ebene, die mit tiefem Schnee bedeckt war, und dort entlang stürmte der Hund im raschesten Lauf. Ohne die Schneeschuhe hätten wir ihm gar nicht zu folgen vermocht. So hatten wir vielleicht vier englische Meilen zurückgelegt, als er nach rechts einbog und sich nach einer Höhe wandte, die keine große Steile zeigte, sodass wir uns also der Schneeschuhe nicht zu entledigen brauchten. Fast in derselben Schnelligkeit wie bisher ging es bergan, bis wir eine unbewaldete Fläche erreichten, die auf der anderen Seite außerordentlich schnell wieder zur Tiefe stieg.

„Ipmel", rief der Onkel erschrocken, „sotn watsa salajägnai – o Gott, es geht in das Spalteis hinein! Orrop wahrok – lasst uns vorsichtig sein!"

Er zog die Leine an, zwang auf diese Weise den Hund, langsam zu laufen, und prüfte mit seinem Spieß jeden Schrittbreit des Bodens, ehe er ihn betrat.

„Ist dieser Boden gefährlich?", fragte ich ihn.

„Herr, wir gehen über Rutaimo[1], wo die bösen Geister wohnen. Jeder von ihnen hat sich eine Spalte gebohrt, die er mit Schnee bedeckt, um die Samelatjeh[2] zu betrügen. Tritt einer darauf, so stürzt er hinab in die Hölle, wenn nicht der Saiwaolmak[3] seine Hand ausstreckt, um ihn festzuhalten. Zuweilen kommt auch ein heiliger Engel und zieht ihn wieder heraus."

So vermischten sich in der Vorstellung des alten Lappländers christliche Bilder mit den heidnischen. Ihm war es schließlich sehr gleich, ob er von einem Engel oder einem Götzen Hilfe zu erwarten hatte; vielleicht glaubte er, der eine sei so mächtig wie der andere.

Wir glitten also langsamer über die Ebene dahin und erreichten wirklich mehrere Spalten, über die der Schnee eine zusammenhängende Kruste gebildet hatte, die kaum im Stande war, einen Hund zu tragen. Wir erkannten diese Stellen an Formation und Farbe ihrer weichen Decke, über die wir uns mit unseren Spießen hinüberschwangen. Dann ging es abwärts. Hier mussten wir die Spieße fest einstemmen, um unsere vorsichtige Bewegungsart beibehalten zu können, da sich die Spalten zahlreicher zeigten als vorher. Der Hund zerrte ganz gewaltig an der Leine und bei einem unvermuteten Ruck gelang es ihm, sie zu zerreißen. Er stürzte sich in weiten Sprüngen den Berg hinab, doch nicht weit, so blieb er halten, um ein lautes Geheul zu erheben.

„Dort ist es!", rief Onkel Sätte, „möge es noch Zeit zur Hilfe sein!"

Wir bemühten uns, die kurze Strecke so schnell wie möglich zurückzulegen, und standen bald vor einer engen, tief in den Boden gerissenen Kluft, durch deren Schneedecke ein Loch gebrochen war. Der Hund suchte es durch Scharren zu erweitern, hütete sich dabei aber doch vor der Gefahr hinabzustürzen. Eine Skispur führte von rechts her zu der Stelle, aber nicht darüber hinaus.

Neete, der Sohn, legte sich platt nieder und rief hinab:

„Attje totn lep tanne – Vater, bist du hier?"

Keine Antwort erscholl, aber der Hund war ganz außer sich; er setzte wiederholt an hinabzuspringen, wurde aber immer wieder von der Furcht zurückgehalten.

„Er ist unten", sagte ich. „Lassen wir alles Fragen, denn wir haben keine Zeit zu verlieren. Gebt die Stricke her, es muss einer hinab!"

---

[1] Die Hölle   [2] Lappländer   [3] Schutzgeist

„Ich gehe hinab", antwortete Neete, „ich bin der Leichteste. Härra, du bist der Größte und Stärkste von uns allen, du wirst die Kartsait[1] halten!"

„Gut, bindet die Halkoit[2] zusammen und legt sie quer über die Spalte, damit sie uns als Stütze dienen. Aber schnell!"

Nur eine Minute später schwebte der junge Mann in die Öffnung hinein, in der eine fürchterliche Kälte herrschen musste. Er war noch gar nicht weit hinab, so gab er das Zeichen.

„Mon lep sot – ich habe ihn", rief er. „Gebt noch ein Seil herab!"

Diese Seile waren zwar dünn, aber aus unzerreißbaren Rentierhautriemen geflochten; man konnte ihnen den schwersten Menschen anvertrauen. Während ich den Sohn hielt, wurde ihm ein zweites Seil hinabgelassen, an das er den Vater binden sollte. Dies geschah in kurzer Zeit und dann wurden beide heraufgezogen.

Vater Pent fiel steif auf den Schnee.

„Er ist tot!", jammerte Neete. „Die bösen Geister haben ihm das Leben geraubt."

Ich untersuchte den alten Lappmann. Sein Herz schlug, und keins seiner Glieder schien verletzt zu sein. Darum tröstete ich die anderen:

„Sotn ela – er lebt! Es fehlt ihm nichts als nur die Besinnung. Welche Stellung hatte er in der Spalte, Neete? Sie scheint nicht tief zu sein."

O Härra, sie ist tief, sehr tief, und ganz mit Eis belegt", antwortete er. „Aber sie ist schmal und da hat sich sein Spieß eingeklemmt, der ihn gehalten hat."

„Wekkes auto – welch ein Wunder!"

„Ja, der heilige Jesots[3] hat ihn bewacht. Aber sage, ob es möglich ist, dass er dennoch sterben kann?"

„Es ist möglich, dass er mit dem Kopf an das Eis geschlagen ist. Er ist trotz der dichten Kleidung steif vor Kälte und muss sich also sehr lange in der Kluft befunden haben; das lässt mich vermuten, dass er betäubt worden ist, denn von einer Ohnmacht wäre er längst wieder erwacht. Nehmt die Stangen und macht eine Bahre. Wir wollen ihn zur Hütte tragen! Einer mag voraneilen und den Rentierschlitten holen, damit wir schneller vorwärts kommen."

„Ich werde es tun!", erbot sich der wackere Kakke Keira. „Ich werde so eilen, dass es mich nicht friert, und lasse euch meinen Pelz zurück, denn sonst könnt ihr keine richtige Trage machen."

Er warf den weiten Pelz ab, ergriff Spieß und Gewehr und glitt auf seinen Schneeschuhen denselben Weg zurück, den wir gekommen waren. Mit Hilfe des Pelzes, der Stangen und der Seile wurde eine ganz brauchbare Bahre zusammengesetzt; wir banden den Geretteten darauf fest und traten den Rückweg an. Er wurde uns natürlich schwer, denn es war keine Kleinigkeit, die Last wohlbehalten über die Spalten zu bringen. Dies nahm so viel Vorsicht und Zeit in Anspruch, dass der Schlitten bereits unten am Berg hielt, als wir die Ebene erreichten. Kakke Keira hatte sich einstweilen den Pelz Andas geborgt.

Der Besinnungslose wurde auf dem Schlitten befestigt und dann ging es im sausenden Lauf über die nun glatte und sichere Fläche auf die Hütte zu. Natürlich kam der von dem windesschnellen Rentier gezogene Schlitten mit Onkel Sätte, der ihn führte, eher an als wir, und als wir die Schuhe abgelegt hatten und eintraten, fanden wir Vater Pent bereits am Feuer liegen. Er war noch immer besinnungslos; dennoch aber beschäftigte sich Mutter Snjära mit ihren Töchtern sehr eifrig damit, ihm

---

[1] Riemen [2] Stangen [3] Jesus

jammernd und wehklagend den gewaltsam aufgebrochenen Mund mit großen Stücken gefrorenen Rentierblutes vollzustopfen.

„Wollt ihr ihn töten?", rief ich ihnen zu.

„Das Blut hilft für alles, Härra!", beteuerten sie mir.

„Hier schadet es nur! Nehmt es wieder heraus und öffnet ihm die Kleider. Ich habe eine bessere Medizin!"

Ich hatte in meinem sehr zusammengeschrumpften Reisesack allerdings von Medikamenten weiter nichts als noch ein halbes Fläschchen Arnikatinktur, doch war dies gegen die Verletzung durch einen Fall ja ein ganz gutes Mittel, wenn nicht auch innere Teile gelitten hatten. Die Kleider wurden ihm geöffnet, um die Respiration zu erleichtern, und da Naphtha und Salmiakgeist oder Ähnliches nicht vorhanden waren, so bat ich um Schnupftabak. Alle erstaunten weidlich darüber, dass ein fast Toter noch schnupfen sollte, dennoch aber wurden mir sofort viele aus Rentierhaut gefertigte Dosen entgegengestreckt. Der Lappe liebt den Tabak außerordentlich, fast ebenso wie den Branntwein; aber da er diesen meist entbehren muss, so raucht und schnupft er viel; daher gab es hier Dosen genug in der Hütte.

Ich applizierte dem Betäubten eine ziemliche Prise in denjenigen Teil seines Gesichtes, den die Lappen Njuonne[1] nennen, und hatte auch wirklich gar nicht lange auf die beabsichtigte Wirkung zu warten; seine spitze Stirn legte sich in Falten, die geschlossenen Augenlider begannen zu zittern, der Mund öffnete sich, zwar langsam, aber so weit wie möglich; die gegen Kälte und allerlei kleines Getier mit Pechsalbe beschmierten Wangen dehnten sich aus und dann erfolgte jene bekannte Explosion, für die die Sprachen aller Völker nur eine und dieselbe Bezeichnung haben –: app – zieh!

„Aeitnan – zur Gesundheit!", ertönte es jubelnd aus aller Munde.

Der Bann war gebrochen; die Augen öffneten sich, bewegten sich einige Augenblicke staunend im Kreis, und dann erklang auch bereits, und zwar in sehr bestimmtem Ton, das erste hörbare Lebenszeichen:

„Muaji, wattopte malep – gebt mir Blut!"

Mutter Snjära blickte mich fragend an. Ich nickte ihr zu, denn diesem imperativen Verlangen eines gerade erst vom Tode Erwachten vermochte mein fühlendes Herz nicht zu widerstehen. Da der Inhalt des alten vielleicht nicht reichen würde, so wurde augenblicklich ein neuer Rentiermagen geöffnet und das darin aufbewahrte Blut herausgeschlagen. Dann warf sich die Mutter mit ihren drei Assistentinnen über den Patienten und er erhielt von vier Seiten den Mund so energisch voll gestopft, dass er fünfmal schlingen musste, ehe er Zeit fand, einmal Atem zu holen. Die großen Stücke zu Eis gefrorenen Blutes verschwanden so schnell und massenhaft in der Speiseöffnung des armen Kranken und er verriet eine so ausdauernde Begeisterung für diese Art, dem Tode zu entgehen, dass es mir angst und bange wurde und ich endlich Einhalt tat. Kaum aber waren seine wiedererwachten Lebensgeister nicht mehr in dieser Richtung beschäftigt, so fuhr er sich mit der Hand an den Kopf und klagte:

„Mon lep luokatest, mon lep hawetetowum – ich habe Schmerzen, ich bin verwundet worden!"

Ich untersuchte die Stelle, die seine Hand bezeichnet hatte, und entdeckte unter der dicken Pelzhaube, die er trug, eine ziemliche Anschwellung. Er war also doch mit dem Kopf aufgestoßen.

---

[1] Nase

„Tunji mon kalkap wekketet – ich weide dir helfen!", tröstete ich ihn und griff zu meiner Tinktur.

„Tote lep päsker – du bist ein Doktor?", fragte er erstaunt.

„Ja", antwortete ich, um ihm Vertrauen zu machen.

„Was hast du hier?"

„Das ist eine Arznei, die dir die Schmerzen stillen wird."

„Schmeckt sie gut?"

„Du wirst sie nicht trinken, sondern ich werde sie dir auf den Kopf legen."

„Lass sie mich einmal riechen!"

Ich hielt ihm das geöffnete Fläschchen unvorsichtigerweise bereitwillig an die Nase. Er sog den Duft des kräftigen Spiritus mit wachsendem Wohlbehagen ein und bat dann mit verklärtem Gesicht:

„Gib mir diese Arznei lieber zu trinken, Härra! Ich werde dann schneller gesund werden, als wenn du sie mir auf den Kopf legst."

Ich schlug es ihm ab und ließ mir Fetzen von einem alten Sommerkleid geben. Diese befeuchtete ich und band sie auf die Anschwellung. Da ich das Befeuchten nach einiger Zeit wiederholen wollte, so gab ich das Fläschchen nicht wieder in den Reisesack zurück, sondern schob es, mir leicht zur Hand, neben mich in das Heu meines Lagersitzes.

„Attje, wie bist du in die Spalte gekommen?", fragte jetzt der junge Neete, der mit dieser Frage der Neugier aller zu Hilfe kam. Der Alte schwieg eine Weile, dann antwortete er:

„Fragt mich nicht. Später werdet ihr es erfahren!"

Diesem Befehl musste Gehorsam geleistet werden, obgleich ich nicht begreifen konnte, warum er die erbetene Auskunft verweigerte, zu der wir uns durch seine Rettung doch wohl eine hinreichende Berechtigung erworben hatten. Er seinerseits begehrte nun zu wissen, wie die Bärenjagd abgelaufen sei und welcher Umstand uns zu seiner Hilfe herbeigerufen habe. Er vernahm unseren Bericht und kaum erfuhr er, dass der Aufbruch des Bären sich noch immer im heißen Wasser des Kessels befinde, so gebot er, die Nipeh[1] herzunehmen und das leckere Mahl sogleich zu beginnen.

Mutter Snjära stach die Eingeweidestücke aus dem Kessel und legte sie in ihren Lederschoß, dessen matter Glanz erraten ließ, was alles darin bereits ab-, auf- und ausgewischt worden war. Dort wurden sie zerteilt und männlich, weiblich und – hündlich hatte nun die Erlaubnis, sich wegzunehmen, was ihnen beliebte.

Was mich betraf, so hatte ich das Glück, von der schönen Marja[2] bedient zu werden. Sie war die älteste Tochter Pents, zählte vielleicht dreiundzwanzig Jahre und schien mich während meines vierzehntägigen Aufenthalts in ihrer Hütte bereits sehr freundlich in ihr Herz geschlossen zu haben. Sie reichte mir gerade bis unter die Arme, hatte zwei Pfund Fett in ihren Zöpfen und dreißig Quadratzoll Pechsalbe auf ihren Wangen; ihre Lippen lächelten zwölf Zentimeter breit, ihr Näschen glich einer Haselnuss und ihre Äuglein hatten sich infolge des immer währenden Schneeblendens ein Spitzmausblinzeln angewöhnt, das auf mein unbewachtes Herz einen durch Logarithmen nicht ganz genau zu berechnenden Eindruck machte.

Sie zerzupfte die besten Stückchen, die sie für mich aus den Zähnen der Hunde erwischen konnte, mit ihren dicken Teer-Rosen-Fingerchen und steckte sich mir in den sich vergeblich ,nach rückwärts konzentrierenden' Mund. Die Eltern sahen

---

[1] Messer   [2] Maria

dieser gastfreundlichen Schelmerei mit Wohlbehagen zu und ich konnte mich diesem zutraulichen Ausgestopftwerden nur dadurch entziehen, dass ich mich erhob und für kurze Zeit vor die Hütte ging, um meiner Verdauungsorgane wieder Herr zu werden.

Als ich wieder eintrat, fiel mir ein himmlisches Lächeln auf, das mit einer Wärme von siebzig Grad Réaumur auf den Gesichtern thronte. Sofort ward ich mir meiner Unvorsichtigkeit bewusst, langte nach meiner Flasche und hielt sie gegen die Flamme – sie war leer, ‚bom bosch‘ würde der Türke sagen – ‚ganz leer‘; die braven Lappen und Lappinnen hatten sich mit meiner Tinktur die Mägen von innen eingerieben!

Ich verspürte große Lust, sie tüchtig auszuzanken, musste aber dennoch lachen, als der alte Pent seine Entschuldigung vorbrachte:

„Härra, du wirst doch nicht schelten? Wir haben von dem Bären gegessen und schmeckten es, dass er krank gewesen ist; darum haben wir ein wenig von deiner Medizin genommen, die alle Krankheiten heilt. Für meinen Kopf ist sie nicht mehr nötig, denn der Schmerz ist fort und ich bin gesund!“

Ich hielt ihm die leere Flasche hin.

„Hast du die Medizin genommen, so nimm auch die Flasche. Ich schenke sie dir!“

Mit diesem Geschenk richtete ich eine große Freude an, denn ein Glas oder eine Flasche ist in der Haushaltung eines Lappen eine Seltenheit. Darum meinte er sehr fröhlich:

„Härratjam[1], du bist ein sehr berühmter und gütiger Doktor, und mit dir ist ein großer Segen in meine Hütte gekommen. Du hast uns, als du kamst, drei Flaschen Spanska win[2] mitgebracht, der unser Herz erleichterte, aber deine Medizin schmeckt noch besser. Hättest du doch mehr von ihr! Nun aber bin ich müde. Willst du dich wieder mit mir schlafen legen? Wenn wir erwachen, sollst du mich auf den Fjäll begleiten, denn ich habe etwas Wichtiges mit dir zu sprechen.“

Die letzten Stunden hatten uns alle mehr oder weniger ermüdet und so wurde seinem Vorschlag Beifall gespendet. Man verschloss den Rauchfang, der wieder geöffnet worden war, von Neuem und bald war die beneidenswerte Situation, aus der uns der Bär gerissen hatte, wiederhergestellt.

Der Mensch, und besonders der Reisende, gewöhnt sich bald an alles, und so schlief ich ganz glücklich ein und erwachte nicht eher wieder, als bis die holde Marja beim Wiederanfachen des Feuers meine langen Pelzstiefel näher zog, um sich ihrer als Schemel zu bedienen, obgleich zufälligerweise meine beiden Beine darin steckten.

Ich hielt den Druck ihrer kleinen Person geduldig aus, bis sie fertig war und mir in anerkennenswerter Aufmerksamkeit meine ausgestreckten Knie wieder an den Leib geschoben hatte. Dann erhob ich mich behaglich in sitzende Stellung, um zuzusehen, wie die Morgensuppe zubereitet wurde.

Als erste Zutat diente natürlich der Absud, der vom Kochen des Bäreneingeweides im Kessel zurückgeblieben war. Dazu kamen Stücke geronnenen Blutes, zerbrockter Rentierkäse, der ungefähr so schmeckt, wie ein altes, hörnernes Spieldosengehäuse schmecken würde, wenn man es kauen wollte, sodann eine Portion Sick[3], die ihre Anwesenheit durch einen mehr als zudringlichen Geruch zu erkennen gab, einige Hände voll Bläbär[4], etwas Salz, das es nur darum geben konnte, weil Vater Pent ein reicher Mann war, eine kleine Gabe Mehl, das aber trockenen Sägespänen ähnlich

---

[1] ‚Mein liebstes Herrchen‘, schmeichelnder Diminutiv von Härra   [2] ‚Spanischer Wein‘; er meinte aber Rum.
[3] Eine Art Lachs: Salmo lavaretus   [4] Vaccinium myrtillus

sah, und zuletzt noch das, ich weiß nicht auf welche Weise gereinigte Gedärm des Bären, natürlich in Stücke zerschnitten und zerrissen, deren Reinlichkeit von sehr zweifelhafter Natur zu sein schien.

Anstatt mich an diesem Mahl zu beteiligen, zog ich es vor, mir ein Stück Rentier-fleisch auszubitten, welcher Wunsch auch herzlich gern befriedigt wurde, da man froh zu sein schien, meinen Suppenanteil mit verzehren zu können.

Nach diesem Frühstück, das eigentlich kein Frühstück genannt werden konnte, da wir jetzt die monatelange Winternacht des Nordens hatten, ersuchte mich Vater Pent, ihm ins Freie zu folgen. Wir nahmen unsere Spieße und Flinten zu uns und fuhren mit den Füßen in die Schneeschuhe. Er führte mich ganz denselben Weg, auf dem wir gestern dem Bären gefolgt waren. Dies ließ mich vermuten, dass die ange-deutete Unterredung sich auf sein letztes, unglückliches Abenteuer beziehen werde, doch glitt er schweigend voran und sprach nicht eher ein Wort, als bis er droben im Wald den Punkt erreichte, an dem er sich von uns getrennt hatte.

„Piejo, Härra – setze dich, Herr!", sagte er, indem er sich selbst in den weichen Schnee niederließ. „Ich werde mit dir über eine Sache reden, von der niemand etwas wissen darf."

Ich nahm an seiner Seite Platz und die Hunde, ohne die kein Lappe seine Hütte verlässt, legten sich vor uns nieder. Selbst der Gast bekommt, wenn er längere Zeit bei ihnen bleibt, einen dieser treuen, immerwährenden Begleiter zugeteilt. Der Alte blickte eine Weile vor sich nieder; er schien nach dem rechten Anfang zu suchen und ich hütete mich, sein Nachdenken durch ein Wort zu unterbrechen. Endlich begann er:

„Härra, kannst du schweigen?"

„Ja", antwortete ich einfach.

„Und wirst du auch schweigen?"

„Ja."

„Ich glaube es dir, denn ich habe dich beobachtet und kann dir vertrauen. Willst du mir einen Dieb fangen?"

„Einen Dieb? – Ich?", fragte ich verwundert.

„Ja, du! Wenn bei uns eine böse Tat geschehen ist, so sendet der Konoks[1] seine Soldaten her, die den Täter suchen müssen; aber es vergeht eine sehr lange Zeit, ehe sie die weite Reise beenden, und dann ist er bereits längst nach Norje[2] verschwunden, wohin sie ihm nicht folgen dürfen. Auch sind diese Männer selten klug genug, um einen Samelats[3] zu fangen, der die Gegend besser kennt als sie."

„Bist du bestohlen worden?", fragte ich.

Sein sonst so freundliches Gesicht nahm einen ganz grimmigen Ausdruck an.

„Ja", antwortete er mit einem wilden Blick seiner kleinen, zwinkernden Äuglein.

„Von wem?"

„Ich weiß es nicht."

„Hast du Verdacht?"

„Nein."

„Es ist keiner deiner Dienstboten?"

„Nein."

„Was ist es, was dir gestohlen worden ist? Ein Rentier?"

---

[1] König   [2] Norwegen

[3] So nennt sich der Lappländer, während er das Wort ‚Lappe' beinahe als einen Schimpf betrachtet.

„O Härra, wie könnte ich wissen, ob mir ein Ren gestohlen worden sei! Ich habe über tausend Stück, von denen sich oft eins verläuft. Und ein Ren, wenn es mir genommen worden ist, verursacht mir keinen solchen Schmerz. O nein, der Diebstahl ist viel schlimmer, denn mir fehlt Geld, viel Geld!"

Bei diesen Worten brach er in bittere Tränen aus. Das kindliche Gemüt des Lappen vermochte den Verlust nicht mit männlicher Gelassenheit zu ertragen.

Jetzt ahnte ich den Zusammenhang. War der Mann, der vor uns flüchtete, der Dieb gewesen? Hatte er vielleicht eins der verborgenen Verstecke Pents entdeckt? Vater Pent war sehr reich; er besaß über tausend Rene, wie er mir soeben gesagt hatte; er hatte sicherlich viel Geld vergraben.

Wenn der Lappe einen Markt oder eine der wenigen Städte besucht, so lässt er sich den Preis seiner Felle und anderen Waren in harten Silbertalern bezahlen. Alljährlich wandern auf diese Weise bedeutende Mengen Silber nach den unwirtlichen Gegenden des hohen Nordens, wo sie verschwinden, denn der Bewohner der Lappmarken gibt selten oder nie einen Taler wieder heraus, den er einmal eingenommen hat. Ist der Beutel voll geworden, so sucht er sich eine einsame Stelle im Wald, im Sumpf oder zwischen Felsen, wo er die harten ,Riksdaler' versteckt; er beobachtet darüber das tiefste Schweigen und enthüllt sein Geheimnis erst dann seinen Erben, wenn er den unvermeidlichen Tod nahen fühlt. Um bei der zufälligen Entdeckung eines solchen Ortes nicht seine ganze Barschaft zu verlieren, verteilt er sie in mehrere Verstecke, die er von Zeit zu Zeit im Geheimen aufsucht, um sich an dem Anblick seiner Reichtümer zu laben. Nicht selten kommt es vor, dass ein Lappe unerwartet stirbt, ohne seine Verstecke verraten zu können, oder dass diese so ungenau beschrieben wurden, dass sie von seinen Verwandten nicht aufgefunden werden konnten. Zuweilen treten auch Naturereignisse ein, die ein solches Versteck vernichten oder unzugänglich machen, und so kommt es, dass bedeutende Summen verloren gehen, von denen man nicht hoffen kann, dass sie jemals wieder aufgefunden werden. Die wilden Einöden Lapplands bilden eine riesige Sparbüchse, die ganz bedeutende Kapitalien verschlingt.

„Darf ich erfahren, wie viel Geld es ist?", fragte ich den Alten.

„Kwekte wuossah – zwei Beutel", antwortete er.

„Du hattest sie versteckt?"

„Ja, Härra, du weißt, dass kein Mensch wissen darf, wo die Taler liegen, der Bruder nicht, das Weib nicht und die Kinder nicht. Du weißt auch, dass ich auf dem Markt in Enontekis gewesen bin. Dort habe ich viele Felle, viel Käse und auch viele Handschuhe verkauft, die meine Töchter gestrickt hatten. Ich tauschte mir ein, was ich brauchte, und hatte dann noch zwei Beutel mit blankem Silber übrig. Gestern nun, als die Rene gemolken wurden und also meine Leute verhindert waren, mir zu folgen, nahm ich meine Schuhe und ging hinauf zum Fjäll, um das Silber zu verstecken. Bei der Rückkehr erblickte ich einen Fremden, der durch die Felsen glitt. Ich verfolgte ihn, aber er entwich. Nun kehrte ich zu dem Versteck zurück, nahm das Geld wieder heraus und verbarg es an einem anderen Ort. Aber dann nach Mitternacht, als wir den Bären verfolgten, sah ich den Fremden wieder. Ich dachte sogleich, dass er nach meinem Silber gesucht hätte, und verfolgte ihn. Er verschwand. Nun suchte ich mein Versteck auf, das Silber war noch da; aber während ich es noch betrachtete, erhielt ich einen Schlag. Es wurde mir sehr finster vor den Augen und ich stürzte nieder, doch schon nach einer Minute raffte ich mich wieder auf. Das Geld war mir

345

entrissen und den Dieb sah ich bereits fern von mir sehr schnell über den Lopme[1] fliegen. Ich verfolgte ihn. Er versuchte, die andere Seite des Kärr[2] zu erreichen, und darum wandte ich mich nach dem Klufteis, um ihm den Weg abzuschneiden. Ich kenne dieses Eis, aber der Zorn trübte meine Augen; ich übersah eine Spalte und stürzte hinein – als ich wieder erwachte, lag ich in meiner Hütte und hatte Schnupftabak in der Nase. Der Dieb aber ist entkommen."

„Du hast ihn nicht erkannt?"

„Nein. Er hatte sich hinter mich geschlichen, ohne dass ich ihn bemerkte. Er trug eine Wintermaske wie wir alle, damit das Gesicht nicht erfriert."

„Hast du dir nicht wenigstens seine Gestalt gemerkt?"

„Härra, die Nacht Samelands währt drei Monate lang und sie täuscht das Auge. Das Nordlicht war unruhig und seine Flammen zuckten über den Schnee. Wer kann da genau sehen! Der Mann war gekleidet wie andere Männer; ein Samelats sieht wie der andere aus, wenn er nicht in seinem Zelt sitzt. Ich würde ihn nicht wieder erkennen. Wenn du mir nicht hilfst, Härra, so kann ich den Dieb niemals entdecken und mein glänzendes Silber ist verloren."

„Ich? Wie soll ich dir helfen können, da dir sogar die Soldaten des Königs nicht nützen! Ich kenne dieses Land ebenso wenig wie sie und habe ja nicht einmal die Macht, die sie dem Dieb gegenüber besitzen."

„Härra, du irrst! Dein Kopf ragt über alle Samelatjeh[3] hinweg, und nie hat man hier solche Waffen gesehen, wie die deinigen sind. Ein jeder Dieb wird sich vor dir fürchten. Auch bist du in fernen, wilden Ländern gewesen, wo du gelernt hast, die Spur eines Flüchtlings so zu lesen, wie wir es nicht vermögen. Du selbst hast uns ja erzählt von den bösen Indatjit[4], denen ihr gefolgt seid über Berg und Tal, um ihnen die Felle wieder abzunehmen, die sie euch gestohlen hatten. Ich werde dich auf die Spur des Diebes führen und ich weiß, wenn du sie betrachtest, so kann er uns nicht entgehen."

Hm! Ein solches Vertrauen hatte ich nicht erwartet. Ich war blamiert, wenn ich auf seinen Wunsch einging, ohne es rechtfertigen zu können; darum antwortete ich:

„Attjats[5], ich bin noch zu kurze Zeit im Samelanda; ich glaube wirklich nicht, dass ich dir helfen kann."

Da blinzelte er mich mit seinem schlauesten Lächeln an und sagte:

„Härra, du kannst, denn du hast ja gesagt, dass du ein Doktor bist!"

„Meinst du etwa, dass ein Doktor auch gelernt haben muss, Diebe zu fangen?"

„Willst du mit mir scherzen? Ein Doktor hat alles gelernt; ein Doktor kann alles, wenn er nur will!"

„Wer hat dir dies gesagt?"

„Das braucht mir niemand zu sagen, weil wir es ja alle wissen. Einem Doktor muss alles gelingen, denn er hat gelernt, sich ein Saiwa tjalem[6] zu machen, und wer ein gutes Saiwa tjalem bei sich trägt, dem kann nichts missglücken, solange er dafür sorgt, dass es unverletzt bleibt."

„Du irrst", sagte ich unter missbilligendem Kopfschütteln. „Es gibt kein Amulett und kein Saiwa tjalem, das einesolche Kraft besitzt."

„Härra, du willst es nur nicht zugeben! Ich selbst habe ja eine solche Schrift gehabt."

„Von wem?"

„Von einem Doktor, den ich in Luleå am Meer traf. Er war ein sehr kluger Mann;

---

[1] Schnee [2] Bergrücken [3] Plural von Samelats, der Lappe [4] Indianer
[5] Väterchen [6] Wörtlich ‚heiliges Schriftstück' = Talisman, Amulett

346

er gab mir Arznei für meine kranken Augen, und als ich ihn dann um ein Amulett bat, schrieb er es mir sogleich, ohne Geld dafür zu nehmen. Ich habe es viele Jahre lang auf der Brust getragen und in dieser Zeit niemals ein Unglück gehabt. Nun aber hat es der Schweiß zerfressen und darum ist seine Wirkung fast ganz verloren gegangen. Wäre es nicht so zerrissen, wäre ich sicher nicht in die Spalte geraten. Ich werde dich bitten, mir ein neues zu schreiben."

„Wo hast du es?"

„Hier", antwortete er, auf die Brust deutend.

„Darfst du es mir zeigen?"

„Der Doktor hat mir dies nicht verboten. Willst du es sehen?"

„Ja."

Er langte unter seine Kleider und zog ein zusammengelegtes Stück Leder hervor, das an einer Schnur hing und ein vielfach zusammengefaltetes Papier enthielt, das er mir entgegenreichte.

„Hier", meinte er. „Kennst du die Zeichen, die darauf stehen?"

Die mit Bleistift geschriebenen Züge waren sehr verwischt, aber dennoch erkannte ich auf den ersten Blick, dass es deutsche Worte waren. Meine nicht geringe Überraschung ging bald in ein lustiges Lachen über, als ich folgende Worte enträtselte:

> „Am Ganges duftet's und leuchtet's
> Und Riesenbäume blühn,
> Und schöne, stille Menschen
> Vor Lotosblumen knien.
> In Lappland sind schmutzige Leute,
> Plattköpfig, breitmäulig und klein;
> Sie kauern ums Feuer und backen
> Sich Fische und quäken und schrein.
> Ein Spaßvogel."

Also diese bekannten Verse von Heinrich Heine hatte der gute Vater Pent jahrelang auf seinem Herzen getragen und ihnen wunderbare Kräfte zugetraut! Der neckische Kobold des Dichters hatte also sogar bis hinauf in die Lappmarken seinen Spuk getrieben. Wer aber war der Schreiber dieser Zeilen gewesen? Wirklich ein Arzt? Sollte sich ein gebildeter Mann wirklich so weit vergessen können, einen abergläubischen Lappen in seinen Vorurteilen zu bestärken? Trotz meiner anfänglichen Belustigung ärgerte ich mich doch darüber, darum sagte ich:

„Atte Pent, das ist kein Saiwa tjalem, sondern ein Kaiwes tjalok[1], und der, der es geschrieben hat, ist kein Doktor gewesen."

„Härra, es hat ja geholfen!"

„Ich werde dir diese Schrift vorlesen und dann magst du sehen, was du von ihr zu denken hast."

Ich übersetzte ihm, so gut es ging, die Worte in das Lappländische; er aber sprang bei den letzten Worten zornig auf und rief:

„Willst du mich verhöhnen? Diese Worte stehen nicht hier!"

„Sie stehen hier!"

„Das ist nicht wahr, Härra!"

„Willst du mich einen Lügner nennen?"

[1] Eine dumme Schrift

Er besann sich.

„Härra, du bist stets ernst und gut mit uns gewesen, jetzt aber scherzest du. Dieses Saiwa tjalem hat mich aus mancher Not errettet; die Worte aber, die du mir jetzt sagtest, sind böse; sie beleidigen mich, sie können keinen Menschen erretten, sie können mir auch mein Silber nicht wiederbringen!"

„Da hast du sehr richtig gesprochen. Ich habe dir ganz genau vorgelesen, was auf dem Papier steht; ich habe kein Wort weggelassen und auch keins dazugetan! Wirf das Papier fort, es nützt dir nichts!"

„Sagtest du mir wirklich die Wahrheit?", fragte er zweifelnd.

„Ja."

„Härra, ich werde dieses Papier prüfen."

„Wie willst du dies anfangen?"

„Ich werde es wieder einstecken. Wenn wir den Dieb fangen, so ist es gut, fangen wir ihn aber nicht, so taugt es nichts."

„Diese Probe ist nicht zuverlässig, denn du willst den Dieb ja durch mich fangen, nicht aber durch dieses Papier. Wenn du diese Probe wirklich machen willst, so musst du allein gehen."

Er besann sich und dann sagte er:

„Du hast Recht und darum werden wir die Probe anders machen: Der Dieb wird das Geld bereits versteckt haben, wenn wir ihn finden, und er wird auch nichts eingestehen. Dann werde ich ihm diese Schrift geben. Beschützt sie ihn, so ist sie gut, finden wir aber das Geld, so ist das wahr, was du mir vorgelesen hast."

Das war nun allerdings eine echt lappländische Rechnung, aber gerade weil die Sache so abenteuerlich klang, ging ich darauf ein.

„Gut, du sollst deinen Willen haben. Zeige mir die Spur des Diebes!"

Wir brachen auf und drangen tiefer in den lichten Wald ein. Nach vielleicht einer Viertelstunde erreichten wir eine von verkrüppeltem Ginster bestandene und jetzt überschneite Felsenhalde. Hier sah ich die Schneespuren zweier Männer.

„Soll ich den Ort sagen, an dem du das Silber versteckt hattest?", fragte ich Pent.

„Wirst du ihn finden?", fragte er verwundert.

„Sicher!"

Ich untersuchte die beiden Fährten, glitt dann der einen nach und hielt vor einem schmalen Riss im Felsen.

„Hier war es!"

„Härra, du hast es wirklich erraten!", rief er. „In diesen Riss hatte ich die Beutel versteckt und ihn dann mit Schnee angefüllt."

„Schau her! Hier hast du gekauert, als du das Geld betrachtetest, und hier hielt der Dieb, als er dir den Schlag versetzte."

„Woran siehst du dies?"

„Das werde ich dir später erklären."

Während der Fremde einige Augenblicke lang hinter Pent gehalten hatte, waren seine langen Schneeschuhe tiefer in den Schnee eingedrungen und hatten also sehr deutliche Eindrücke hinterlassen. Da sah ich denn, dass der eine Schuh an seiner Sohle eine recht bemerkbare Narbe zeigte, die von einem kräftigen Stoß an einen spitzen Stein herzurühren schien. Doch hielt ich es für besser, Pent von diesem wertvollen Erkennungszeichen jetzt noch nichts zu sagen.

„Wollen wir ihm folgen?", fragte er.

„Ja."

Wir glitten weiter, aus dem Wald heraus wieder auf die freie Anhöhe und dann jenseits des Höhenzugs hinab in ein breites Quertal, bis wir wieder heraus auf die freie Ebene gelangten. Hier war die Spur dem Schnee so leicht aufgedrückt, dass der Verfolgte im raschesten Lauf dahingeschossen sein musste. Wir machten es ebenso und glitten mit der Schnelligkeit eines Bahnzugs über die mattschimmernde Fläche fort.

In dieser Weise und in dieser Richtung mussten wir in zwei Stunden den nächsten Nachbarn Pents erreichen, den ich bereits zweimal mit besucht hatte. Auch er war wohlhabend, doch bestand seine Haushaltung nur aus ihm, seinem Weib, einer Tochter und einem Teutnar[1], der mir nicht sehr vertrauenswürdig vorgekommen war. Sein Herr hatte mir erzählt, dass der Mann aus Norwegen herübergekommen sei und fast ein Jahr bei ihm im Dienst stehe. Wer sich so ganz allein über die wilden Berge wagt, hat gewöhnlich keinen lobenswerten Grund gehabt, sein Vaterland zu verlassen. Daher dachte ich jetzt unwillkürlich, dass er der Dieb gewesen sein könne. War diese Vermutung richtig, so stand zu erwarten, dass er, bevor er die Hütte seines Herrn erreichte, zur Seite gebogen sein würde, um sein Geld zu verbergen. Dies traf aber nicht ein, sondern die Spur führte in unveränderter Richtung weiter. Entweder war der Dieb sehr unvorsichtig oder sehr frech, da er es gar nicht der Mühe wert erachtete, auf seine Sicherheit bedacht zu sein.

So setzten wir unseren Weg schweigend fort, bis wir die Hütte des Nachbarn erreichten. Seine Tochter befand sich außerhalb und hatte ihn auf unser Kommen aufmerksam gemacht, daher kam er uns entgegen.

„Tuina litja atna – Friede sei mit dir!", grüßte ihn Pent.

„Tuina aj aj – mit dir ebenso!", antwortete er.

Sodann fassten sie sich beim Leib, schoben die Wintermasken beiseite und rieben sehr freundschaftlich die Nasen aneinander. Ich als Fremder aber kam mit einem Händedruck davon. Die beiden Frauen wurden auf gleiche Weise begrüßt und dann fragte Pent:

„Wo ist Teutnar Pawek[2]? Ich sehe ihn nicht."

„Dort bei den Tieren kannst du ihn sehen."

Wirklich sahen wir die Gestalt des Betreffenden bei den Rentieren, die beschäftigt waren, Flechten unter dem Schnee hervorzuscharren.

„Hat er seine Ski an?", erkundigte ich mich.

„Nein, hier an der Hütte lehnen sie."

Ich trat näher, um die Schuhe zu betrachten, und bemerkte an einem von ihnen sofort das angedeutete Zeichen.

„Rufe ihn herbei. Wir haben mit ihm zu sprechen", sagte ich.

Auf einen grellen Pfiff und einen Wink mit der Hand kam der Knecht langsam herbei.

„Puorest – guten Tag!", grüßte er mit der unschuldigsten Miene von der Welt.

„Sind diese Ski dein Eigentum?", fragte ich ihn.

„Ja, Härra", antwortete er.

„Kommt in die Hütte! Ich habe mit diesem Mann zu reden."

Der Knecht kroch ohne alles Widerstreben sogleich zuerst durch den Eingang und seine Herrschaft folgte ihm neugierig. Der Besitzer der Hütte hieß Stalo, zu deutsch ‚Riese', obgleich er mir nur bis an die Achseln reichte.

---

[1] Knecht   [2] Dein Knecht Paul

„Attje Stalo", sagte ich zu ihm, „dein Knecht wird sehr bald von dir gehen."

„Wohin?", fragte er erstaunt.

„In das Kittek[1]."

Er richtete sich erschrocken in die Höhe:

„Was sagst du, Härra?"

„Dass er in das Gefängnis gehen wird."

„Warum?"

„Weil er ein Dieb ist."

„Härra, willst du mich und mein Haus beschimpfen?"

„Nein. Warum sollte ich dich beleidigen wollen? Du bist ja unser Kweime[2]! Ich habe mit dir gegessen und getrunken, ich habe dich und die Deinigen liebgewonnen, ich bin nur auf dein Glück und deinen Frieden bedacht und darum sage ich dir, dass dein Knecht ein Dieb ist."

Der Knecht antwortete nicht und bewegte sich nicht, auch die beiden Frauen waren wortlos, Stalo aber rief:

„Härra, beweise es!"

„Sogleich! Dieser Mann war gestern entfernt von deiner Hütte?"

„Ja. Ich sandte ihn vorgestern über den Fjäll zu Arpen Rauna[3], die ein Partnekuts[4] erhalten hat, dem er als Zahngeschenk ein Ren hinüberschaffen musste."

„Wann kehrte er zurück?"

„Sehr spät, es war heute zur Zeit des Melkens."

„Attje Pent mag dir erzählen, weshalb der Knecht so viel Zeit verloren hat."

Pent erzählte sein unglückliches Abenteuer. Der Knecht hörte es sehr ruhig an, ohne mit der Wimper zu zucken; die anderen aber gerieten in die höchste Aufregung. Als der Erzähler geendet hatte, fragte Stalo den Knecht:

„Was sagst du dazu?"

„Ich tat es nicht", antwortete er sehr ruhig.

„Du leugnest!"

„Ich schwöre, dass es ein anderer war. Ich bin gar nicht nach dem Spalteis gekommen."

„Aber sie haben deine Spur verfolgt!"

„Sie irren! Sucht, ob ihr das Silber bei mir findet!"

„Das werden wir tun", sagte sein Herr.

Seine Kleidung und dann auch die Hütte wurden aufs Genaueste untersucht, aber es war nichts zu finden.

„Wo ist er gewesen, seit er zurückkehrte?", erkundigte ich mich.

„Nur bei der Herde", antwortete Stalo.

„Nicht weiter?"

„Nein. Willst du nicht die Hütte auf eine kurze Zeit verlassen?"

„Warum?", fragte ich.

„Ich will mit der Kunnus[5] reden."

Er wusste, dass Vater Pent mich zu seinen wirklichen Freunden zählte, und darum sagte er mir so aufrichtig, was er zu tun beabsichtigte. Sehr viele Lappen hängen noch mehr oder weniger an ihren alten heidnischen Gebräuchen, zu denen auch das Befragen der Zaubertrommel gehört. Ich hätte dieser Manipulation sehr gern mit beigewohnt, musste mich aber natürlich in den Willen des Hausherrn fügen. Auch

---

[1] Gefängnis   [2] Nachbar, Nächster   [3] Schwester Ragnilda   [4] Knäbchen   [5] Zaubertrommel

die Frauen durften nicht zugegen sein, sie verließen die Hütte und begaben sich zur Herde. Sie hätten gern ein Gespräch mit mir angeknüpft, aber ich zog es vor, meine Schneeschuhe anzulegen, um die Umgebung des Lagers genau abzusuchen, denn es verstand sich von selbst, dass der Knecht hier irgendwo das Geld versteckt hatte.

Spuren gab es genug, sowohl von Stiefeln als auch von Schneeschuhen, und ich musste sehr aufmerksam sein. Ich beschrieb zunächst einen engeren und dann einen weiteren Kreis um die Hütte und die Herde, wobei die Frauen mich kopfschüttelnd beobachteten – ich bemerkte nichts. Erst bei einem dritten, noch weiteren Kreise stieß ich auf eine Einzelspur, an deren einer Seite ich das bewusste Zeichen erblickte. Sofort folgte ich ihr. Sie führte nach einer schmalen, aus dem Wald tretenden Rinne, in der ein eisüberdecktes Wasser floss. Nach noch nicht fünf Minuten blieb ich überrascht halten, denn ich hatte das größte Geheimnis eines Lappen entdeckt, nämlich sein Tiorfwigardi[1], eine kleine, aus Rentierhörnern errichtete Umzäunung, die einen heidnischen Opferplatz umschloss. Den Mittelpunkt bildete ein sogenannter Sait, ein im Wasser gefundener Stein von sonderbarer Gestalt. Obwohl diese Steine jetzt wohl nicht mehr wirklich verehrt werden, ist doch noch immer ein jeder Tiorfwigardi ein heiliger Ort, den eigentlich nur der Hausherr betreten darf. Aber gerade hierher führten die Spuren des Knechts. Ich ahnte, dass ich sein Versteck vor mir hatte. Wer konnte wohl vermuten, dass ein Lappe gestohlenes Gut an einem so heiligen Ort verbergen werde!

Die Fährte ging bis zur zweiten Ecke des Hörnerzauns, wo sie aufhörte, um später wieder umzubiegen. Ich brachte meine Schneeschuhe genau in dieselbe Lage und befand mich also nun gerade in der Stellung, die der Knecht eingenommen hatte, als er das Geld versteckte. Nun betrachtete ich zunächst den Schnee, soweit er im Bereich, meiner Hände lag: Er war unversehrt – doch nein, da unten lagen einige Schneesternchen, als seien sie nicht herabgeweht, sondern durch eine mechanische Berührung herabgestreift worden. Ich bückte mich und schaute durch die Geweihe – richtig, da hing das Gesuchte, aber so gut versteckt zwischen den dicht ineinander stoßenden Geweihzacken, dass es durch den bloßen Zufall gar nicht entdeckt werden konnte. Es war ein großer Tabaksbeutel, und als ich ihn berührte, fühlte ich deutlich die zwei Geldbeutel, die er enthielt.

Ich ließ ihn hängen und kehrte schleunigst zurück. Als ich die beiden Frauen erreichte, fragte ich sie nach dem Knecht und erfuhr, dass er sich noch immer in der Hütte befinde. Doch brauchten wir nicht lange mehr zu warten, bis wir wieder eintreten durften.

Der Knecht Pawek blickte mir höhnisch entgegen.

„Härra, ich habe ihm mein Saiwa tjalem gegeben und es hat ihn beschützt", erklärte mir Vater Pent. „Dieses Saiwa tjalem ist gut!"

„So!", sagte ich ernsthaft. „Wo hat er es denn?"

„Hier am Hals hängt es ihm, aber er wird es mir wiedergeben, nachdem es ihn beschützt hat."

„Und was hat die Zaubertrommel gesagt?", fragte ich Nachbar Stalo.

„Er ist unschuldig", antwortete er. „Der Dieb ist aus dem Osten gekommen, sagt die Trommel; er ist ein Kainolats-piätnak[2], der sogleich mit dem Silber entflohen ist."

„Ist dies gewiss?"

---

[1] Hörnerzaun   [2] ‚Schwedenhund'

„Die Trommel irrt sich nie. Sie ist sicherer als das Wort eines Storfar[1], der aus der Bibel redet!"

„Lästere nicht, Attje Stalo!", warnte ich ihn. „Die Rede eurer Trommel ist nicht so viel wert wie das Wort eines gewöhnlichen Schneeschuhs!"

„Du scherzt, Härra, denn ein Ski kann niemals reden."

„Er redet sicherer und wahrer als deine Trommel und er beschützt die beiden Wuossah[2] des Vaters Pent viel besser als sein schlechtes Saiwa tjalem tun konnte!"

„Mein Saiwa tjalem ist gut", behauptete Pent. „Lass doch einmal einen Schneeschuh reden, Härra!"

„Gut, du sollst ihn reden hören und dann dein Papier in das Feuer werfen."

Ich ging hinaus und holte den betreffenden Ski herein.

„Ist dieser Ski dein Eigentum?", fragte ich den Knecht nochmals.

„Ja", lachte er höhnisch.

„Seht ihr diese Narbe an der Sohle? Sie ist der Mund, durch den er redet. Sie hat sich in den Schnee abgedrückt dort, wo Pawek den Vater Pent bestahl, und sie hat sich abgedrückt auf dem ganzen Wege bis hierher. Sie hat mir gesagt, dass kein anderer der Dieb ist als er, und sie sagt mir auch, an welchem Ort er das Silber versteckt hat."

„Lass dir doch einmal den Ort von ihr sagen!", grinste der Knecht.

„Das wird sie sofort tun", antwortete ich. „Zunächst sagt sie mir, dass du die beiden Wuossah mit dem Silber in deinen Tabaksbeutel gesteckt hast. Zeige mir den Beutel!"

Jetzt wurde er plötzlich außerordentlich verlegen.

„Ich habe ihn verloren", antwortete er zögernd.

„Das ist eine Lüge, denn dieser Schneeschuh sagt mir, dass du ihn hier in der Nähe versteckt hast. Folgt mir! In der Zeit, in welcher man drei ‚Attje mijen, jukko leh almesne‘[3] betet, sollt ihr an dem Ort sein, wo er seinen Tabaksbeutel mit dem Silber versteckt hat!"

„Härra, ist dies wahr?", rief Pent.

„Ja!"

„Wirklich? Dann gelobe ich dir, das Saiwa tjalem in das Feuer zu werfen und niemals wieder auf die Zaubertrommel zu hören!"

„Ich nehme dich beim Wort! Kommt, aber passt auf, dass uns der Bursche nicht entflieht!"

Ich schritt voran und die anderen folgten. Als ich die Stelle erreichte, wo sich die Spur des Knechts deutlich erkennen ließ, deutete ich in den Schnee.

„Bückt euch nieder und seht, wie deutlich dieser Schuh redet. Seine Sprache ist sicherer als diejenige der Zaubertrommel; aber ihr verschließt eure Augen und Ohren, um nicht zu sehen und nicht zu hören!"

Ich ging voran; Pent und Stalo folgten, den Knecht zwischen sich, und die beiden Frauen bildeten den Beschluss. So erreichten wir den Hörnerzaun, wo Stalo in einige Aufregung geriet.

„Hierher führst du uns, Härra?", rief er. „Weißt du nicht, dass dieser Ort verboten ist?"

„Ein ehrlicher Mann soll diesen Ort nicht betreten, aber ein Dieb darf den Raub hier verbergen? Oh, Nachbar Stalo, du bist wirklich kein guter Christ, du bist ein

---

[1] Pastor   [2] Beutel   [3] ‚Vater unser, der du bist im Himmel‘

arger Heide! Sieh, hier hört die Spur des Schuhs auf und hier – hier hängt der Beutel. Sieh, ob es derjenige deines Knechts ist!"

Die Wirkung dieser Worte und der damit verbundenen Bewegungen lässt sich gar nicht beschreiben. Ich hatte mich gebückt, um den Beutel wegzunehmen, und hielt ihn nun empor.

„Er ist es, es ist sein Beutel!", rief Stalo.

Seine Frauen stimmten bei und Vater Pent bat mit sehnsüchtig ausgestreckten Armen:

„Härra, öffne ihn, ob meine beiden Wuossah darinnen sind!"

„Sie sind darin. Hier öffne selbst!"

Er griff gierig zu, entfernte die Schnur und zog wirklich seine beiden Geldbeutel heraus.

„Ich muss zählen!", rief er, sich niederkauernd.

Sofort kauerte auch Nachbar Stalo mit den beiden Frauenzimmern an seiner Seite. Sie waren natürlich ungeheuer neugierig, zu wissen, wie viel der alte Pent versteckt gehabt hatte. Kein Mensch beobachtete den Knecht, der sich heimlich von dannen schlich. Ich ließ ihn gewähren, er mochte immer entkommen; seine Strafe hätte ja ohnehin nur darin bestanden, dass er fortgejagt wurde. Aber ich folgte ihm langsam nach, um darüber zu wachen, dass er keinen weiteren Schaden anrichtete. Er beeilte sich, ein Ren zu erwischen, legte ein Pakke[1] über, spannte es an einen alten Schlitten und setzte sich auf, nachdem er noch schnell einigen Proviant zu sich genommen hatte. Es waren seit der Entdeckung des Beutels kaum drei Minuten vergangen, so sauste er davon.

Ich war nur bis an den Rand des Gehölzes gegangen, von wo aus ich ihn beobachten konnte. Jetzt hörte ich hinter mir Vater Pents jubelnden Ruf:

„Tjuote-kwektelokke nala – hundertundzwölf! Es ist richtig! Es ist mein ganzes Silber! Härra! Wo ist der Härra?"

„Hier!", rief ich.

Sie kamen herbeigelaufen.

„Härra, du hast Recht!", rief er. „Ich werde mein Saiwa tjalem in das Feuer werfen!"

„Und auch die Zaubertrommel nicht mehr fragen?"

„Niemals! Hier, Härra, hast du zwei Stück von diesen hundertzwölf! Ich bin sehr dankbar und du hast sie verdient!"

Ich schob lachend seine Hand mit den zwei Talern zurück.

„Behalte sie! Ich nehme sie nicht."

„O Härra, wie gütig bist du! Lass uns nach Hause eilen! Ich muss Mutter Snjära erzählen, wie glücklich ich bin! Aber wo ist der Knecht?"

„Dort!"

Ich deutete nach dem Schlitten, der nur noch einen Punkt auf dem fernen Schnee bildete.

„Entflohen!", riefen sie alle.

„Lasst ihn!", bat ich. „Er mag sich in der Ferne einen anderen Herrn suchen. Aber du hast Recht; wir müssen eilen, denn Mutter Snjära weiß gar nicht, wo wir uns befinden."

Aber der Abschied ging denn doch nicht so schnell vonstatten, da wir noch

[1] Halfter und Zugleinen

einen kleinen Imbiss und einen Juckastaka[1] nehmen mussten. Erst als dies geschehen und das Abenteuer noch ausführlich besprochen worden war, traten wir mit unseren Schneeschuhen den Rückweg wieder an.

Wer fest in den Knien ist, dem fällt der Schneeschuhlauf nicht schwer, und Vater Pent flog jetzt bedeutend leichter dahin. In zwei Stunden erreichten wir die Hütte, deren Bewohner bereits begonnen hatten, sich um uns zu sorgen.

Als wir beim Bärenfleisch um das Feuer saßen, erzählte er das ganze Ereignis. Die Folge seiner Darstellung war ein stürmisches Lob, das mir von allen Seiten entgegengebracht wurde. Onkel Sätte und der junge Neete reichten mir dankbar die Hand; Kakke Keira und Anda nickten mir freundlich-demütig zu; die schöne Marja aber lächelte so zauberisch fett, dass ihr Gesicht einem geschälten Schinken glich, der aus der Sauce kommt. Und die alte gute Mutter Snjära? – O weh! Sie wandte sich an ihren Eheherrn in süßem Ton:

„Attje, to mon etsap – Vater, ich liebe ihn!" Und dann wandte sie sich zu mir: „Tjalmit tappo, to mon kalkap tjulestet – mach die Augen zu, ich werde dich küssen!"

Sie warf sich mit einer Geschwindigkeit auf mich, als wollte sie mich ‚karket'[2] anstatt ‚tjulest'[3], und dieser einzige ‚Tjulastak'[4], den ich aus Lappland mit nach Hause gebracht habe, hatte ganz genau denselben Tonfall und dieselbe hydrodynamische Mächtigkeit, als wenn man Wasser aus einer Wärmeflasche laufen lässt. Ich gestehe, dass ich noch anderes zumachte als nur die Augen.

Vater Pent sah schmunzelnd zu und langte dann in eine seiner großen Taschen, aus der er den ‚Talisman' hervorzog, den er in der Hütte des Nachbarn dem Knecht abgenommen hatte, ehe wir uns nach dem Hörnerzaun begaben. Er warf ihn wirklich ins Feuer und beteuerte dabei:

„Härra, hier tue ich, was ich dir gelobt habe. Du hast mir bewiesen, dass dieses Saiwa tjalem kein heiliges Schreiben ist; das Feuer mag es fressen. Du aber bleibe bei uns, solange es dir gefällt, denn wir haben dich lieb und du bist so klug und freundlich, als ob du unser Sohn und Bruder seist. – Mon kalkap wuortnot – ich werde es beschwören!"

Das Feuer verzehrte die Zeilen des unbekannten ‚Spaßvogels'. Die Manen Heines aber werden es verzeihen, dass Vater Pent diese Verse nicht länger als ‚Saiwa tjalem' auf dem Herzen trug.

---

[1] Schluck Branntwein   [2] erwürgen, erdrosseln   [3] küssen   [4] Kuss

Der Bär, der Skunk und die Senfindianer

Das ist eine bunt gemischte Gesellschaft, die da eines schönen Abends in einer wilden Landschaft im Felsengebirge Wyomings am Lagerfeuer beieinandersitzt: Old Shatterhand befindet sich dort, der berühmte Jäger, zusammen mit seinem roten Blutsbruder Winnetou, dem Häuptling der Apatschen, und dem jungen indianischen Krieger Wohkadeh; dazu eine Schar Indianer vom Stamm der Schoschonen. Außerdem erkennen wir das Westmannspaar Jemmy und Davy, den Dicken und den Langen, sodann den „Hobble-Frank" und den jungen Martin Baumann, den „Sohn des Bärenjägers", sowie den drolligen schwarzen Bob. Martin und Bob haben soeben erst ein gefährliches Abenteuer überstanden. Der herkulische und stets hungrige Schwarze hat sich in die Idee verrannt, einen besonders delikaten Braten zu fangen: ein Opossum; doch bei dieser Jagd steht er plötzlich einem riesigen Grizzlybären gegenüber, und nur die Geistesgegenwart und der Mut des jungen Martin retten ihm das Leben. Während der furchtsame Bob in Todesangst einen Baum zu erklettern versucht, behält Martin die kühle Besinnung und erlegt die gefährliche Bestie mit zwei meisterhaften Schüssen. Nun ist der Schrecken überstanden, und alle sitzen beieinander. Das große Wort führt natürlich jener, der seit Anbeginn zu der Schar gehört, eine der lustigsten Gestalten, die Karl May gezeichnet hat: der Hobble-Frank. Ein waschechter Sachse ist er, und er hat sich nicht nur in seiner Sprache und Ausdrucksweise manche Eigentümlichkeit bewahrt, auch seine Kleidung ist einigermaßen auffällig. „Er trug indianische Schuhe und Lederhosen", schreibt Karl May, „und dazu einen dunkelblauen Frack, der mit hohen Achselpuffen, Patten und blankgeputzten Messingknöpfen versehen war. Auf dem Kopf hatte er einen riesigen Amazonenhut, den eine große, gelb gefärbte, unechte Straußenfeder schmückte..." Seine Erlebnisse im Wilden Westen sind nicht weniger ungewöhnlich als sein äußeres Erscheinungsbild, und wenn er gar selber davon erzählt, so wissen alle, dass ihnen ein Hochgenuss an Komik bevorsteht.

Wie zu erwarten stand, kam die Rede auf die heutige Heldentat Martin Baumanns. Man ließ ihm alle Ehre widerfahren und auch der Hobble-Frank sagte: „Das is wahr; Martin hat seine Sache sehr gut gemacht. Aber er is nich der Einzige, der sich rühmen kann, so ein Abenteuer überlebt zu haben. Mein Bär damals war ooch nich von Pappe."

„Was?", staunte Jemmy. „Sie haben auch schon mit einem Bären zu tun gehabt?"

„Und wie! Ich mit ihm und er mit mir."

„Das müssen Sie erzählen!"

„Warum nich?" Frank räusperte sich verheißungsvoll und begann: „Ich befand mich damals noch keine Ewigkeit hier in den Vereinigten Staaten, das heißt, ich war noch ziemlich unerfahren in den hiesigen Angelegenheiten. Damit soll freilich nicht gesagt sein, dass ich ungebildet gewesen wäre. Im Gegenteil, ich brachte eine gute Portion körperlicher und geistiger Vorzüge mit. Aber es will dennoch alles gelernt sein, und was man noch nich gesehen und betrieben hat, das kann man ooch nich kennen. Ein Bankier zum Beispiel, und wäre er noch so gescheit, kann nich so mir nischt dir nischt gleich die Oboe blasen, und ein gelehrter Professor der Experimentalastronomie kann nich ohne Unterweisung in den nötigen Kunstgriffen sofort Weichensteller werden. Das schicke ich zu meiner Entschuldigung und Verteidigung voraus. – Die Geschichte begab sich unten in Colorado in der Nähe des Arkansas. Ich hatte erscht in verschiedenen Städten allerlei getrieben und mir ein kleines Sümm-chen gespart. Damit wollte ich einen Handel nach dem Westen anfangen und so trat ich denn mit einem hübschen Warenvorrat meine Reise als sogenannter Pedlar an. Ich machte so gute Geschäfte, dass ich, als ich in der Gegend von Fort Lyon an den Arkansas kam, alles losgeworden war. Sogar das Wägelchen hatte ich mit Gewinn verkauft. Nun saß ich zu Pferd, die Büchse in der Hand und die Tasche voller Geld und beschloss, mal zum Vergnügen weiter ins Land hinein zu reiten. Ich hatte schon damals große Lust, ein berühmter Westmann zu werden.“

„Der Sie ja auch geworden sind!“, bemerkte Jemmy.

„Na, noch nich ganz. Aber ich denke, wenn wir jetzt off die Sioux losschlagen, werde ich wohl nich hinter der Front stehen bleiben wie Hannibal bei Waterloo, und dann is es ja möglich, dass ich einen berühmten Namen bekomme. Aber weiter! Colorado war damals erscht vor kurzer Zeit bekannt geworden. Man hatte ergiebige Goldfelder entdeckt und nun kamen die Prospekters und Diggers in Menge aus dem Osten. Wirkliche Ansiedler aber gab es nur wenige. Deshalb war ich einigermaßen erstaunt, als ich auf meinem Ritt plötzlich eine regelrechte Farm vor mir liegen sah. Sie bestand aus einem kleinen Blockhaus, mehreren Feldern und ziemlich großen Weideplätzen. Das Settlement lag an den Ufern des Purgatorio und diesem Um-stand war es zuzuschreiben, dass sich Waldung in der Nähe befand. Besonders viele Ahornbäume standen da und ich wunderte mich darüber, dass in jedem Baumstamm unten eine Röhre steckte, woraus der Saft in untergestellte Gefäße tropfte. Es war im Frühjahr, der besten Zeit zur Bereitung des Ahornzuckers. In der Nähe des Block-hauses erblickte ich lange, breite, aber sehr flache hölzerne Bottiche, gefüllt mit dem Saft, der da verdampfen sollte. Das muss ich bemerken, weil einer davon bei meinem Abenteuer eine besondere Rolle spielt. Ebenso erwähnen muss ich, dass seitwärts von dem Haus ein hoher Hickory stand. Er war bis hoch hinauf zu den ersten Ästen sei-ner Rinde beraubt worden. Nun war der Stamm sehr glatt und es gehörte eine große Geschicklichkeit dazu, hinaufzuklettern.“

„Das wird wohl auch niemand verlangt haben“, meinte Davy.

„Nee, verlangt hat's niemand, aber es können sich ungeahnte Begebenheiten er-eignen, durch die sogar der edelste Mensch off so einen Baum getrieben wird. Sie werden dieses Naturgesetz bereits in wenigen Minuten bestätigen. Also, um auf die Hauptsache zu sprechen zu kommen: Ich befand mich ganz allein auf der Farm und dachte darüber nach, mit welcher Beschäftigung ich mir die langen Stunden der Einsamkeit versüßen könne. Richtig! Drin im Blockhaus war die Lehmdiele schad-haft geworden und zwischen den Holzstämmen der Wände war die Füllung heraus gebröckelt. Das musste ausgebessert werden und deshalb hatte sich der Norweger gleich neben der Hausecke eine Lehmgrube angelegt. Sie war ungefähr vier Ellen lang und drei breit und bis an den Rand gefüllt. Ganz begeistert von meinem Vorhaben, wollte ich gerade um die Ecke und stand – vor wem oder was?“

„Wohl gar vor einem Bären?“, fragte Jemmy.

„Ja, vor einem Bären, der wahrscheinlich seine Höhle oben in den Ratonbergen verlassen hatte, um sich einmal Land und Leute anzusehen. Das war aber ganz gegen meinen geläuterten Geschmack. Der Kerl machte mir ein so verdächtiges Gesicht, dass ich mit einem Satz, wie ich ihn wohl nie wieder zu Stande bringen werde, zur Seite sprang. Aber ebenso rasch fuhr er off mich los. Das gab meinen Gliedern eine ungeahnte Gelenkigkeit und das Ausreißen erschien mir als eine wahre Wonne. Ich schnellte mich wie ein hinterindischer Königstiger nach dem Hickory hin, fasste an und fuhr wie eine Rakete an dem Stamm hinauf. Man glaubt gar nich, was der Mensch in so einer unsympathischen Lage zu leisten vermag."

„Jedenfalls waren Sie ein guter Kletterer?", meinte Jemmy.

„Das weniger, viel weniger sogar. Aber wenn ein Bär dahinter is, dann fragt man nich lange, ob sich das Klettern mit der Gesundheit verträgt, sondern man klettert eben, und zwar mit wahrer Leidenschaft. Unglücklicherweise war, wie bereits erwähnt, der Stamm zu glatt. Ich kam nich ganz bis zu den Ästen und mit dem Festhalten schien es auch seine Schwierigkeiten zu haben."

„O weh! Das kann gefährlich werden. Sie waren ohne Waffen. Was tat denn der Bär?"

„Etwas, was er mit gutem Gewissen hätte unterlassen können – er kam nämlich nachgeklettert."

„Ah, so war es glücklicherweise kein Grizzly!"

„Das berührte mich nich, denn damals war Bär für mich Bär. Ich klammerte mich krampfhaft fest und schaute herab. Richtig, der Kerl hatte sich unten am Stamm offgerichtet, umarmte ihn und kam langsam und gemütlich nachgeklettert. Die Sache schien ihm ungeheuren Spaß zu machen, denn er brummte höchst vergnügt vor sich hin, ungefähr wie eine schnurrende Katze, nur stärker. Bei mir aber brummte nich nur der Kopp, sondern der ganze Körper von der Anstrengung, mich festzuhalten. Der Bär kam immer näher. Ich konnte unmöglich länger an meiner Stelle bleiben, ich musste weiter hinauf. Kaum aber hatte ich die eine Hand gelöst, um weiterzugreifen, da verlor ich den Halt. Zwar griff ich schnell wieder zu, doch die Anziehungskraft der mütterlichen Erde ließ ihr Opfer nich wieder los. Noch einen kurzen angstvollen Stoßseufzer konnte ich mir gestatten, dann aber fuhr ich am Stamm herunter, so heftig wie ein zwanzigzentriger Stahlhammer und mit solcher Wucht off den Bären, dass er ooch mit hinunter musste. Er schoss zu Boden und ich off ihn druff."

Der kleine Mann erzählte so lebhaft und drastisch, dass seine Zuhörer ganz Ohr waren und bei der Art und Weise, wie er seinen Unfall schilderte, in ein laut schallendes Gelächter ausbrachen.

„Ja, lacht nur", brummte Frank. „Mir war es ganz und gar nich wie Lachen. Ich hatte das Gefühl, als seien alle Teile meines Körpers durcheinander gestoßen worden. Mir war ganz taub und dumm zu Mute, sodass ich für einige Sekunden gar nich ans Aufstehen dachte."

„Und der Bär?", fragte Jemmy.

„Der lag erscht ebenso still unter mir, wie ich sprachlos off ihm saß. Dann aber raffte er sich plötzlich off und das brachte mich zur Erkenntnis meiner persönlichen Verpflichtungen. Ich sprang ooch off und rannte fort – er hinter mir her, ob aus Angst wie ich oder in dem heißen Wunsch, die einmal angeknüpfte Bekanntschaft mit mir fortzusetzen, das weiß ich nich. Eigentlich wollte ich hin nach der Tür und ins Haus hinein. Dazu war aber die Zeit zu kurz und der Bär zu nahe. Die Angst verlieh mir die Schnelligkeit einer Schwalbe. Es war, als hätte sie mir die Länge meiner Beine verdoppelt und vervierfacht. Ich schoss vorwärts wie eine Flintenkugel, um die Hausecke herum und – in die Lehmgrube hinein, grad bis unter die Arme. Alles hatte ich vergessen, Himmel und Erde, Europa und Amerika, alle meine Kenntnisse und den ganzen Lehm. Ich steckte drin wie die Schabe im Bäckerteig und – da tat es neben mir einen gewaltigen ‚slap', wie der Amerikaner sich ausdrückt. Gleich darauf erhielt ich einen Stoß wie vom Puffer eines Bahnwagens und der Lehm schlug mir über dem Kopp zusammen. Das Gesicht war gänzlich davon überzogen, nur das rechte Auge war freigeblieben. Ich drehte mich um und – schielte den Bären an, der infolge seines leichtsinnigen Gemüts vergessen hatte, off die Gegend zu achten, und mir also nachgesprungen war. Nur sein Kopp war zu sehen, aber der sah ooch schauderhaft aus. Wir blickten einander drei Sekunden lang lieblich an. Dann wendete er sich nach links und ich mich nach rechts, jeder in der lobenswerten Absicht, in eine freundlichere Umgebung zu gelangen. Natürlich ging bei ihm das Heraufklettern schneller als bei mir. Schon hatte ich Angst, dass er, der Grube entsprungen, stehen bleiben werde, um mich zu belagern. Aber kaum hatte er festen Fuß gefasst, so sauste er von dannen in der Richtung, aus der wir gekommen waren, und schwenkte um die Ecke, ohne mich nur eines einziges Blickes zu würdigen. *Farewell, big muddy beast!"*

Hobble-Frank war im Eifer des Erzählens aufgestanden und hatte seinen Bericht mit so entsprechenden Gebärden begleitet, dass seine Zuhörer lachten, wie diese einsame Gegend wohl noch nie ein Lachen vernommen hatte. Ob einer auch aufhörte, er musste immer wieder von neuem anfangen, es war zu drollig.

„Das ist allerdings ein recht lustiges Abenteuer", meinte endlich Old Shatterhand, „und das Beste daran ist, dass es so ungefährlich für Sie ablief, freilich für den Bären leider auch!"

„Für ihn ebenso?", fragte Frank. „Oho! Ich bin ja noch gar nich fertig. Als mein Bär um die Ecke verschwunden war, hörte ich ein Geräusch, wie wenn ein Möbelstück umgeworfen wird. Ich beachtete es aber nich, sondern war nur bemüht, mich aus der Grube herauszuarbeiten. Das kostete mich bedeutende Anstrengungen, denn der Lehm war gewaltig zäh und ich kam nur dadurch frei, dass ich ihn im Besitz meiner Stiefel ließ. Jetzt musste ich vor allen Dingen das Gesicht reinigen. Ich ging also hinter das Haus, wo ein Wässerchen vorüberfloss, dem ich alles freundlich anvertraute, was als überflüssig an meiner äußeren Menschlichkeit haftete. Dann eilte ich nach vorn, um an der Fährte zu sehen, in welcher Richtung sich der Bär entfernt habe. Aber der Kerl war gar nich fort. Er saß dort unter dem Hickorybaum und – leckte sich eifrig ab."

„Den Lehm? Pah!", meinte Jemmy kopfschüttelnd. „So weit ich die Eigenschaft dieser Tiere kenne, ist er sofort ins Wasser gegangen."

„Das fiel ihm gar nicht ein, denn er war gescheiter als Sie, Herr Jemmy. Der Bär liebt bekanntlich Süßigkeiten, und ich habe doch die hölzernen Bottiche erwähnt, worin der Zuckersaft verdunsten sollte. Der Bär war von dem Abenteuer so wenig erbaut gewesen, dass er nur daran gedacht hatte, in höchster Eile davonzukommen. Einer der Bottiche hatte ihm im Weg gestanden und er hatte in der Eile darüber hinwegspringen wollen. Dabei war er aber hineingesprungen und hatte den Bottich von den Unterlagen, off denen er stand, heruntergerissen. Da der Saft bereits sehr dickflüssig war, verbreitete er einen starken Zuckergeruch, über den das leichtsinnige Tier den Sturz vom Baum, den Sprung in die Grube und mich vergessen hatte. Anstatt mein ‚farewell' und die darin liegende Warnung zu beherzigen, hatte sich der Bär unter dem Baum häuslich niedergelassen, um mit größtem Behagen die Süßigkeit vom Lehm wegzulecken. Er war so sehr in diese angenehme Beschäftigung vertieft, dass er gar nich bemerkte, dass ich mich längs der Wand nach der Tür schlich und dann ins Haus schlüpfte. Jetzt war ich in Sicherheit und nahm meine Büchse vom Nagel. Da der Bär off den Hinterpranken saß und ich so lange zielen konnte, wie es mir beliebte, konnte ich gar keinen Fehlschuss tun. Die Kugel traf das Tier genau an der Stelle, wo nach Ansicht der Dichter die zarten Gefühle stecken sollen, nämlich gerade ins Herz. Der Bär zuckte zusammen, richtete sich weiter off, machte mit den

Vorderpranken einige Erklärungen und sank dann tot zu Boden. Er hatte infolge seines Leichtsinns und seiner Genusssucht aufgehört, als lebendes Wesen zu bestehen."

„Hm", machte Old Shatterhand. „Was für eine Farbe hatte denn Ihr Bär?"

„Sein Fell war schwarz und seine Schnauze gelb."

„Ah, so war es nur ein Baribal, vor dem Sie keine Angst zu haben brauchten."

„Oho! Es war ihm anzusehen, dass er Appetit nach Menschenfleisch hatte – halt! Was läuft da?"

Frank war, wie bereits erwähnt, während des Erzählens von seinem Platz aufgestanden. Dabei war er auf einige Steintrümmer getreten, die nahe hinter ihm lagen, und hatte so ein Tierchen aufgescheucht, das sich unter den Steinen aufgehalten hatte. Es huschte blitzschnell über den Platz hinweg und fuhr in die Öffnung eines hohlen Baumstumpfes. Die Bewegungen des Tieres waren so flink gewesen, dass man nicht hatte sehen können, zu welcher Art es gehörte.

Einer war wie elektrisiert von dem kleinen Vorkommnis, nämlich Bob. Er sprang auf, rannte zu dem Baumstumpf und rief: „Ein Vieh, ein Vieh haben hier laufen, haben sich verstecken in Loch! Masser Bob wird holen Vieh aus Baum heraus."

„Vorsicht!", warnte Old Shatterhand. „Du weißt ja gar nicht, was für ein Tier es war!"

„Ein Opossum sein nicht gefährlich."

„Hast du denn gesehen, dass es ein Opossum war?"

„Ja, ja. Masser Bob haben sehen Opossum ganz deutlich. Es sein fett, sehr fett und geben einen Braten sehr schmackhaft, oh, viel schmackhaft!" Er schnalzte mit der Zunge und leckte die Lippen, als habe er den Braten bereits vor sich.

„Und ich denke, du irrst dich. Ein Opossum ist nicht so behände, wie dieses Tierchen war."

„Opossum auch schnell laufen, ganz schnell. Warum Massa Shatterhand nicht gönnen Masser Bob den guten Braten?"

„Nun, wenn du gar so überzeugt bist, dich nicht geirrt zu haben, so tu, was du willst! Uns aber bleibe mit dem Gericht vom Leibe!"

„Sehr gern vom Leibe bleiben! Masser Bob geben keinem Menschen vom Opossum. Er essen den Braten ganz allein. Jetzt aufpassen! Er ziehen Opossum aus Loch heraus!"

Bob streifte den linken Ärmel auf, nahm das Messer in die rechte Hand und griff dann in das Loch hinein, erst vorsichtig und zögernd, bis er, als er nichts fühlte, den Arm weiter hinter schob. Dann aber ließ er plötzlich das Messer fallen, stieß einen lauten Schrei aus, zog heftige Grimassen und fuchtelte mit dem freien rechten Arm in der Luft herum.

„Heigh-ho, heigh-ho", jammerte er. „Das tun weh, sehr weh!"

„Was denn? Hast du das Tier?"

„Ob Masser Bob es haben? Nein, Tier haben Masser Bob."

„O weh! Hat es sich in deine Hand verbissen?"

„Sehr, ganz sehr verbissen!"

„So zieh, zieh nur!"

„Nein, denn das tun furchtbar weh!"

„Aber drin lassen kannst du die Hand doch auch nicht. Wenn sich so ein Tier einmal verbissen hat, lässt es nicht wieder los. Also zieh! Und wenn du es herausbringst, greifst du schnell mit der anderen Hand zu, um es festzuhalten, während ich ihm den Gnadenstoß versetze."

Old Shatterhand nahm sein langes Messer aus dem Gürtel und trat zu Bob an den Baum. Der Schwarze zog jetzt den Arm zurück, freilich nur sehr langsam und unter Zähnefletschen und schmerzlichem Wimmern. Das Tier ließ wirklich nicht los und wurde bis an die Öffnung des Loches gezerrt. Jetzt tat Bob noch einen raschen Ruck. Das Tier kam heraus und hing mit dem Gebiss an seiner linken Hand. Er fasste es mit der Rechten flink am hinteren Körperteil, in der Erwartung, dass Old Shatterhand nun das Messer gebrauchen werde. Stattdessen aber sprang der Westmann schleunigst zurück und rief: „Ein Skunk! Fort, fort, ihr Leute!"

Mit diesem Namen wird das amerikanische Stinktier bezeichnet. Es ist ein etwa 40 Zentimeter langes, zu den Mardern gehöriges Säugetier, hat einen fast ebenso langen, zweizeilig behaarten Schwanz und eine klumpige Nase am spitzen Kopf. Das Fell ist schwarz und mit zwei schneeweißen, an den Seiten getrennt fortlaufenden und auf der Schulter zusammenfließenden Längsstreifen versehen. Es lebt von Eiern, kleinen Tieren, wird aber auch den Hasen gefährlich, geht nur des Nachts auf Raub aus und verbringt die übrige Zeit in Erdlöchern und hohlen Bäumen. Dieses Tier verdient seinen lateinischen Namen Mephitis mit vollem Recht. Es hat nämlich unter dem Schwanz eine Drüse, aus der es, sobald es angegriffen wird, zu seiner Verteidigung eine übel riechende, scharfe, ölige Flüssigkeit ausspritzt. Der Gestank dieser gelben Flüssigkeit ist wahrhaft furchtbar und haftet mehrere Monate lang an den Kleidern, die davon benetzt wurden. Da der Skunk den Feind aus beträchtlicher Entfernung mit diesem stinkenden Saft zu treffen vermag, hält sich jeder, der das Tier kennt, möglichst entfernt von ihm. Denn wer angespritzt wird, kann sehr leicht in die Lage kommen, wochenlang von aller menschlichen Gesellschaft ausgeschlossen zu werden.

Anstatt eines Opossums hatte Bob also ein solches Stinktier gefangen. Die anderen Männer waren von ihren Plätzen aufgesprungen und eilten davon. „Wirf es weg! Schnell, schnell!", riet der Dicke Jemmy dem Schwarzen.

„Masser Bob nicht kann wegwerfen", jammerte der. „Es haben sich einbeißen in seine Hand und oh, au – au, oh! *Faugh, it's a beastly shame*, pfui Teufel! Jetzt haben es Masser Bob anspritzen. O Tod, o Hölle, o Teufel! Wie stinken Masser Bob! Kein Mensch kann aushalten. Masser Bob müssen ersticken. Fort, fort mit Tier, mit schreckliches Viehzeug!" Er wollte es von der Hand abschütteln, aber alle seine Mühe war vergeblich.

„Wart! Masser Bob dich schon herunterbekommen, du *dirty pig*, du *foul rascal!*" Er holte mit der rechten Faust aus und versetzte dem Tier einen gewaltigen Hieb auf den Kopf. Dieser Hieb betäubte den Skunk, trieb aber dessen Zähne noch tiefer in die Hand des Schwarzen. Vor Schmerz aufbrüllend, riss Bob sein Messer vom Boden und schnitt dem Skunk die Gurgel durch.

„So!", rief er. „Jetzt haben Masser Bob gesiegt. Oh, Masser Bob sich nicht fürchten, vor keinem Bären und vor keinem *smelling beast!* Alle Massers herkommen und sehen, wie Masser Bob haben totgemacht ein reißend Tier!"

„Kerl, bist du toll?", entrüstete sich der Dicke Jemmy. „Wer kann dir zu nahe kommen! Du duftest ja noch viel schlimmer als die Pest!"

„Ja, Masser Bob riechen sehr schlecht. Masser Bob es selber auch schon merken! Oh, oh, wer kann aushalten diesen Duft!" Er machte ein schreckliches Gesicht.

„Wirf doch das Vieh weg!", riet Old Shatterhand.

Bob versuchte dieser Weisung nachzukommen, es gelang ihm nicht. „Zähne sind zu tief in Masser Bobs Hand. Masser Bob können nicht aufmachen Maul von Vieh!"

Er zog und zerrte unter Ach und Oh an dem Kopf des Skunks, aber vergeblich. „*The devil!*", schrie er zornig. „Skunk können doch nicht ewig hängen bleiben an Hand von Masser Bob! Sein denn niemand da, der wollen helfen arm Masser Bob?" Das erbarmte den Hobble-Frank. Sein mitleidiges Herz trieb ihn zu dem Wagnis, Bob von seinem toten Feind zu erlösen. Er näherte sich ihm, allerdings nur sehr langsam, und sagte: „Höre, Bob, ich will's mal versuchen. Du duftest mir zwar sehr nach Geruch, aber meine Menschlichkeit wird's wohl überwinden. Doch mache ich die Bedingung, dass du mich nicht etwa berührst!"

„Masser Bob nicht kommen an Massa Frank!", beteuerte er.

„Nun gut! Aber ooch deine Kleider dürfen nich die meinigen streifen, sonst duften wir zu zweit, und ich will dir dieses ehrenvolle Recht doch lieber allein überlassen."

„Massa Frank nur kommen! Masser Bob sich ganz sehr in Acht nehmen!"

Es war wirklich eine Art von Heldentum, dass der kleine Sachse jetzt zu dem Schwarzen trat. Berührte er nur leise eine Stelle an Bobs Gewand, das von der Flüssigkeit getroffen war, so verfiel er dem Schicksal eines Ausgestoßenen, wenn er es nicht vorzog, sich für immer seiner Kleidung zu entäußern.

Der widerliche Gestank nahm dem Hobble-Frank bei seiner Rettungstat fast den Atem. Aber er hielt tapfer aus. „Nun streck mir mal den Arm entgegen, Schwarzer!", gebot er. „Gar zu nahe an dich heran will ich mich doch nich wagen."

Bob gehorchte diesem Befehl und der Sachse fasste mit der einen Hand die obere und mit der anderen die untere Kinnlade des Tieres, um ihn zu befreien. Es gelang ihm nur durch Aufbietung aller seiner Kräfte. Er musste das Maul des Skunks geradezu aufbrechen und sprang dann eilig wieder zurück. Es war ihm beinahe schwindlig geworden, so scheußlich roch der Schwarze.

Bob war recht froh, nun befreit zu sein. Seine Hand blutete zwar, aber er achtete nicht darauf, sondern kam zufrieden auf die anderen zu. Da aber hob Old Shatterhand sein Gewehr, richtete es auf Bobs Brust und befahl: „Bleib stehen, sonst erschieße ich dich!"

„O Himmel! Warum wollen totschießen arm gut Masser Bob?"

„Weil du uns ansteckst, wenn du uns berührst. Lauf schnell fort, am Wasser abwärts, möglichst weit, und wirf alle deine Kleider von dir."

„Kleider abwerfen? Masser Bob soll hergeben sein schön Kalikorock und Hosen und Weste?"

„Alles! Dann kommst du zurück und setzt dich da in den Teich, sodass dir das Wasser bis an den Hals geht. Also schnell! Je länger du zögerst, desto länger behältst du den Gestank an dir."

„Welch ein Unglück! Mein schön Anzug! Masser Bob ihn waschen und dann nicht mehr riechen!"

„Nein, Masser Bob wird mir gehorchen, sonst schieße ich ihn mausetot: Also: eins – zwei – und – drr...!" Der Jäger schritt mit erhobenem Gewehr auf den Schwarzen zu.

„Nein, nein!", schrie Bob. „Nicht totschießen! Masser Bob laufen fort, schnell, sehr schnell!"

Er verschwand im Dunkel der Nacht. Natürlich war die Drohung Old Shatterhands nicht ernst gemeint gewesen. Sie bildete aber das beste Mittel, Bob zum raschen Gehorsam zu bringen. Der kehrte bald zurück und musste sich in den Teich setzen, um sich unaufhörlich abzuwaschen. Als Seife erhielt er dazu ein dickes Gemengsel von Bärenfett und Holzasche, die ja bei den Feuern genügend vorhanden war.

„Wie schade um schön Fett vom Bären!", klagte er. „Masser Bob konnte damit einreiben sein Haar und sich machen viele schöne Löckchen. Masser Bob sein ein fein *ringlet-man*, kein gewöhnlicher Nigger, denn er können Löckchen flechten, so lang!"

„Wasch dich nur!", lachte Jemmy. „Denke jetzt nicht an deine Schönheiten, sondern an unsere Nasen!" Der Schwarze verbreitete nämlich, obwohl er sich seines Anzugs entledigt hatte, und obgleich er im Wasser saß, noch immer einen entsetzlichen Geruch.

„Aber", fragte er, „wie lange müssen Masser Bob hier sitzen und waschen?"

„Solange wir hier bleiben, also bis morgen früh."

„Das können Masser Bob nicht aushalten!"

„Du wirst gezwungen werden, es auszuhalten. Eine andere Frage ist, ob es die übrig gebliebenen Forellen aushalten. Ich weiß nicht, ob die Fische Geruchsnerven besitzen, aber wenn es der Fall ist, so werden sie über den Besuch, den du ihnen jetzt machst, nicht sehr erfreut sein."

„Und wann darf Masser Bob seinen Anzug holen, um auch ihn zu waschen?"

„Gar nicht. Der bleibt liegen, wo er liegt, denn er ist unbrauchbar geworden."

„Aber was wird da arm Masser Bob anziehen?"

„Ja, das ist freilich eine schlimme Angelegenheit. Es gibt keinen Ersatz für dein Gewand. Du wirst dich also wohl in das Grizzlyfell wickeln müssen, das Martin heute erbeutet hat. Vielleicht finden wir droben im Felsengebirge das verlassene Lager eines urweltlichen Schneidermeisters, woraus du dich mit Strümpfen und einem Überzieher versehen kannst. Bis dahin aber wirst du in unserem Zug die Nachhut bilden, denn wenigstens während der nächsten Tage darfst du uns nicht sehr nahe kommen. Also wasch nur fleißig, wasch! Denn je mehr du reibst, desto eher verliert sich der Geruch."

Und Bob rieb aus Leibeskräften. Nur sein Kopf ragte aus dem Wasser hervor und es war wirklich lustig anzusehen, was für Grimassen er schnitt.

Der Hobble-Frank aber machte eine wegwerfende Bewegung und meinte: „Der hat sich gradeso benommen wie ein Senfindianer!"

„Senfindianer?", fragte Jemmy erstaunt. „Was ist denn das?"

„Wieso? Sie wissen nich, wer die Senfindianer sind? Da hört sich doch alles off! Und dabei gibt's nich bloß eenen, sondern sogar zwee Senfindianer. Und da kennen Sie wirklich keenen davon – weder den alten noch den jungen? Naja. Wo die leben, das tut gar nischt zur Sache. Es genügt, wenn Sie wissen, dass sie in Washington beim ‚großen weißen Vater' gewesen sind. – Sie wissen vielleicht, dass von den Indianern mit diesen Worten der Präsident der Vereinigten Staaten genannt zu werden pflegt. – Ach, das wissen Sie? – Dann sind Sie doch nich ohne alle Anlage zur Wissenschaft.

„Also, diese beeden Indianer waren von ihrem Schtamm nach Washington gesandt worden, um dem großen, weißen Vater eenige Wünsche des Schtammes vorzutragen. Als Gesandtschaft mussten sie nobel und rücksichtsvoll behandelt werden, und darum wurden sie zum Abendessen beim Präsidenten eingeladen. Sie saßen da nebeneenander ganz unten an der Tafel, die fast zusammenbrach vor Flaschen, Schüsseln und Tellern, die darauf schtanden. Es gab Speisen, die sie im Leben noch nich gesehen, noch viel weniger aber gegessen hatten. Dabei lagen die Messer, Gabeln und Löffel und sie mussten Acht geben, wie sie sich dabei zu benehmen hatten.

Da raunte der Alte dem Jungen listig zu: ‚Mein junger Bruder mag mit mir offpassen, wovon die weißen Gäste am wenigsten nehmen. Das ist die teuerste und köstlichste Schpeise. Da langen wir tüchtig zu.'

Sie gaben also Acht und bemerkten, dass am allerwenigsten genommen wurde von einer braunen Schpeise, die auf silbernen Untersetzern in kleenen, feinen Gläsern schteckte. In jedem Gläschen gab es eenen kleenen Löffel aus Schildkrötenschale. Da meente der Alte wieder zu dem Jungen: ‚In diesen Gläsern befindet sich das teuerste und köstlichste Gericht. Mein junger Bruder kann een solches Glas mit seiner Hand erreichen. Er mag sich zuerst von der Schpeise nehmen.‘

Der junge Indianer zog sich das Glas heran, nahm eenen gehäuften Löffel voll und rasch darauf noch eenen zweeten. Dabei blickte er sich um, ob man wohl bemerkt habe, dass er gleich zwee Löffel voll genommen hatte. Keen Mensch guckte her. Erscht nun begann er, die köstliche Schpeise mit der Zunge zu zerdrücken, und der Alte sah ihm dabei voller Spannung in das Gesicht. Dieses Gesicht wurde nach und nach gelb, rot und blau, sogar grün, aber es blieb schtarr und unbewegt, denn een Indianer darf selbst bei den ärgsten Schmerzen nich mit der Wimper zucken. Die Oogen wurden schtarr und immer schtarrer und fingen an zu tränen, bis das Wasser schtromweise über die Backen runterlief. Da machte der junge Indsman eenen fürchterlichen, todesmutigen Schluck und – hinunter war der Senf und es wurde ihm wieder besser, nur dass das Wasser noch immer in Schtrömen aus den Oogen lief. Darum fragte der alte Indsman neugierig: ‚Warum weint mein junger roter Bruder?‘

Dieser hätte um alles in der Welt nicht eingestanden, dass ihm die köstliche Schpeise so off die Nerven und an das Leben gegangen sei, und darum antwortete er: ‚Ich dachte eben daran, dass mein Vater vor fünf Jahren im Mississippi ertrunken is. Darum weine ich.‘

Bei diesen Worten schob er dem Alten das Glas hin.

Dieser hatte gesehen, wie schlau sein junger Bruder gewesen war, und machte es ebenso: Er schob schnell hintereenander zwee volle Löffel in den Mund und klappte ihn dann rasch zu. Aber dann gingen mit eenem Male die Lippen wieder auseenander und klappten auf und zu wie bei eenem Karpfen, der keene Luft bekommen kann, oder wie wenn man eenen brennend heeßen Bissen in den Mund gesteckt hat und doch nicht wieder herausnehmen kann. Dann zog es dem Alten die Schtirnhaut in die Höhe und in der Gurgel quirlte es höchst verdächtig. Die Farbe seines Gesichtes veränderte sich wie bei einem Chamäleon. Der Schweiß sickerte aus allen Poren. Die Oogen wurden rot und füllten sich mit eenem See von Tränen, der bald überlief und seine Fluten über die Backen herniedergoss. Das sah der Junge und fragte ihn mitleidig: ‚Warum weint mein alter roter Bruder?‘ – Da schluckte dieser mit Aufbietung seiner ganzen Willenskraft den Senf hinunter, holte tief und stöhnend Atem und antwortete: ‚Ich weine darüber, dass du damals vor fünf Jahren nich ooch gleich mit ersoffen bist!‘

So, das war die berühmte Geschichte von den zwee Senfindianern!"

Halef im Taubenschlag

Kara Ben Nemsi und sein Begleiter Hadschi Halef Omar sind auf der Jagd nach dem geheimnisvollen Oberhaupt einer weitverzweigten Verbrecherbande. Zum ersten Mal hören sie den seltsam unheimlichen Namen: der ‚Schut‘. Unerschrocken nehmen die beiden zusammen mit ihren Freunden Osko und Omar die Spur dieses düsteren Phantoms in den Schluchten des Balkans auf, die sie zunächst nach Melnik führt. Kaum dass sie dort ein Quartier gefunden haben, befinden sie sich bereits wieder in Gefahr, denn sie werden schon erwartet.

Ich kroch in den Stall zurück. Dort stieß ich auf Halef, der sich nicht entfernt hatte.

„Sihdi, ich habe alles gehört“, sagte er.

„Gut, so brauche ich dir keine Erklärung zu machen. Sind Osko und Omar noch nicht da?“

„Nein.“

„Ich habe sie nach Mundvorrat geschickt. Ich weiß nicht, wie das Abenteuer abläuft. Halte die Pferde gesattelt, ganz so, als ob wir sofort aufbrechen wollten, doch muss es möglichst unbemerkt bleiben.“

„Ahnst du Gefahr?“

„Nein, aber man muss auf alles vorbereitet sein.“

„So gehe ich mit hinauf!“

„Das ist unmöglich.“

„Sihdi, es gibt Gefahr und ich bin dein Beschützer!“

„Du beschützt mich am besten, wenn du meine Aufträge erfüllst.“

„So nimm wenigstens deine Gewehre mit!“

„Gewehre in einem Taubenschlag? Unsinn!“

„Ich sehe, dass du zu Grunde gehen willst. Aber ich werde über dir wachen.“

„Tu das, doch entferne dich nicht von den Pferden. Ich habe das Messer und zwei Revolver; das ist genug.“

Jetzt kroch ich wieder in den Hof hinaus. Die Dienerin nahm mich bei der Hand und führte mich zur Leiter. Ohne ein Wort zu sagen, stieg sie mir voran und ich folgte ihr. Oben angekommen, fühlte ich aufgeschichtetes Stroh. Sie zog mich einige Schritte weiter bis zu einer zweiten Leiter, die aber weniger hoch war. Als wir diese erstiegen hatten, befanden wir uns auf – wie es daheim genannt würde – auf dem Hahnebalkenboden des Nebengebäudes. Dort nahm sie mich abermals bei der Hand und zog mich weiter, immer unter dem Dachfirst hin. Wir warteten im Heu. Ich war länger als sie und stieß mehrmals mit dem Kopf an die Sparren und Balken. Sie sagte zwar immer: „Hier war ein Balken!“ Aber sie sagte es stets erst dann, wenn ich seine Bekanntschaft bereits gemacht hatte.

Endlich – brr, ging es plötzlich so jäh abwärts, dass wir beide den Halt verloren und miteinander einen Meter tief abwärts rutschten. Das hatte nichts zu sagen. Die Schlittenbahn bestand aus Heu.

Meine Führerin hatte einen Schreckensruf ausgestoßen. Wir lauschten, ob dies gehört worden sei. Als aber alles ruhig blieb, sagte sie leise zu mir:

„Hier gerade vor uns ist der Taubenschlag und links die Stiege. Ich gehe aber nicht hinab, sondern kehre auf demselben Weg zurück, auf dem ich gekommen bin.“

„Werden die Männer schon da sein?"

„Nein, sonst würden wir sie hören."

„Das ist gut, sonst hätten sie deinen Schrei vernommen."

„Hier habe ich die Tür geöffnet. Ich gehe, nimm dich in Acht, damit dir kein Leid geschieht!"

Ich hörte sie im Heu zurückklettern; dann war es still um mich her, still und schauerlich finster.

In einem amerikanischen Urwald, des Nachts, hätte ich mich gewiss nicht so beklommen gefühlt wie hier in diesem dunklen, unbekannten und engen Raum. Rechts war Wand, links die Stiege; hinter mir der Heuboden und vor mir eine dünne Holzwand mit einem offenen Türchen, gerade so groß, dass ich mich mühsam hindurchzwängen konnte.

Diese Umgebung war außerordentlich feuergefährlich, aber es war andererseits notwendig, zu sehen, wo ich mich befand. Darum zog ich ein Wachshölzchen hervor und brannte es an. Ich blickte mich schnell außerhalb des Taubenschlags um und leuchtete sodann hinein. Ah, die Alte hatte sehr Recht! Schmutz gab es da in Masse, aber das musste ertragen werden. Glücklicherweise war das Staatskabinett doch so geräumig, dass ich gut Platz fand. Da, rechts, schien ein Stück des Bodens zu fehlen; doch hatte die linke Hälfte ein ganz sicheres Aussehen. Ich kroch also hinein und zog die Tür hinter mir zu. Ich hatte es mir aber noch nicht ganz bequem gemacht, so begann der hier herrschende Geruch seine Wirkung. Ich merkte, dass kein Mensch hier zwei Minuten bleiben konnte, ohne eine ganz Bachsche Fuge herunterzuniesen. Das war höchst gefährlich. Ich suchte mit der Hand umher und fand eine Schnur. Ich zog daran – und wirklich, da öffneten sich zwei Fluglöcher und es drang wenigstens so viel Luft herein, wie ich unbedingt zum Atmen brauchte.

Dieser Luxus machte mich anspruchsvoller. Ich kroch wieder hinaus und holte mir ein Quantum Heu herein, um wenigstens für die Ellbogen eine weichere Unterlage zu haben. Nun hatte ich es so gemütlich, wie ich es hier überhaupt nur haben konnte.

Jetzt wäre es mir lieb gewesen, wenn die Erwarteten gekommen wären, aber meine Geduld wurde leider auf eine harte Probe gestellt. Ich merkte dabei, dass es ohne gewisse Vorkehrungen hier auf die Dauer doch nicht auszuhalten war. Die frische Luft reichte nicht aus. Ich schob die Tür wieder auf. Der Duft des Heus war doch noch besser als das scharfe Aroma des Taubenmistes, in dem ich lag. Um das Niesen zu verhüten, nahm ich mein Taschentuch hervor und band es zusammengelegt über die Nase und hielt dann den Mund möglichst nah an die beiden Fluglöcher.

Hier waren die Vögel des Ölzweiges aus und ein geschlüpft. Ein Blick hinaus belehrte mich, dass ich mich unter dem Giebeldach befand. Der Lärm und die Lichter des Jahrmarkts drangen zu mir herauf. Dabei kamen und gingen allerlei Gedanken. Meines kleinen Halef berühmter Kara Ben Nemsi Effendi im Taubenschlag! Ein Weltläufer in der Fremde hier im Taubenschlag? Ja, das war ja ganz wie in jenem berühmten Gedicht vom Schneider, der in die Fremde wandern soll, sich aber vor dieser so fürchtet, dass er unmöglich fortzubringen ist und seine Mutter ihn im Taubenschlag versteckt.

An diese romantische Heldenballade musste ich denken. Ich lachte dabei fröhlich vor mich hin, das verursachte eine zitternde Bewegung meines Körpers, die sich auch dem Boden mitteilte – er krachte.

Eigentlich hätte mich dies misstrauisch machen sollen; aber die Hölzer hatten vorher meine viel kräftigere Bewegung ausgehalten und so war also gar kein Grund zur

Besorgnis vorhanden. Selbst wenn die Festigkeit des Taubenschlags nicht auf Jahrtausende berechnet sein sollte – ich lag ja still, es konnte nichts geschehen.

So hielt ich es fast bewegungslos wohl eine Stunde aus und meine Lage wurde immer unbehaglicher. Da ich die Nase zugebunden hatte, holte ich durch den Mund Atem. Der scharfe, ätzende Staub drang mir in die Kehle und reizte zum Husten. Ich konnte mir doch nicht auch noch den Mund verbinden!

Da – endlich – erschallten unter mir Schritte und Stimmen. Man öffnete die Tür, es wurde Licht und es traten zwei, vier, fünf, sechs Männer ein, die sich auf die auf dem Boden ausgebreiteten Strohdecken niederließen.

Jetzt, da das Licht von unten herauf durch meine Knüppelunterlage leuchtete, erschien mir diese gar nicht mehr so recht zuverlässig. Es gab da ganz bedeutende und beängstigende Lücken. „Sehr fest", hatte die Alte gesagt. Ich fand dies ganz und gar nicht.

Der Regen war durch das arg beschädigte Dach gedrungen, hatte den Mist durchnässt und ihn zu einer ziemlich zusammenhängenden Kruste gemacht. Das mochte der Grund sein, dass er überhaupt noch vorhanden und nicht längst hinunter in die Kammer gefallen war.

Nun aber hatte ich mich auf der Kruste bewegt, die Wirkung konnte verhängnisvoll für mich werden. Ich erblickte zu meinem Schrecken den weißgrauen, stellenweise fingerhohen Überzug, den die Gegenstände da unten erhalten hatten, und dazu siebte ununterbrochen ein feiner Staubregen nach. Das wurde dann erst deutlich bemerkt, als sich die Männer niedergesetzt hatten.

Derjenige, welcher das Licht in der Hand gehabt hatte, ein langer, spindeldürrer Mensch, jedenfalls der Wirt, blickte zornig nach oben und sagte:

„Verdammnis über die Katze! Ich schlage sie tot."

Man kann sich denken, dass ich mich nicht rührte; ich wagte kaum, zu atmen.

Neben dem Wirt saß mein liebenswürdiger Gastfreund, der Fuhrmann, dann folgten Saban, der Bettler, und der Bruder Deselims aus Ismilan. Der Bettler hatte den einen Arm verbunden und eine tüchtige Beule an der Stirn. Es schien, dass er dem wackeren Schmied nur nach einem Kampf entkommen war. Die beiden anderen Männer hatte ich noch nicht gesehen. Sie trugen die Koptscha, waren also auch Eingeweihte und hatten Physiognomien, die man am besten mit dem Wort ‚Ohrfeigengesichter' bezeichnet. Der eine hatte außer den gewöhnlichen Waffen noch etwas an dem zerfetzten Gürtel hängen, was ich für eine Schleuder zu halten geneigt war. Ich wusste damals nicht, dass diese Waffe in jenen Gegenden noch heute in Gebrauch ist.

Diese beiden Männer verhielten sich schweigend, nur die anderen sprachen.

Der Bettler erzählte das Ereignis in der Waldhütte und berichtete dann von unserem nächtlichen Zusammentreffen und wie er in meine und des Schmiedes Hände geraten war. Als an das Pferd gefesselter Gefangener hatte er widerstandslos folgen müssen, bis sie am frühen Morgen ein Dorf erreicht hatten und da bei einem Bekannten des Schmieds eingekehrt waren. Dort aber hatte sich ein Freund des Bettlers auf Besuch befunden und ihn von seinen Fesseln frei gemacht, sodass es ihm geglückt war, auf dem Pferd davon zu reiten. Der Schmied hatte ihn dann verfolgt und auch erreicht. Es war zu einem Handgemenge gekommen, bei dem der Bettler zwar einige derbe Jagdhiebe erhalten hatte, aber doch noch entwischt war. Natürlich hatte er nun in höchster Eile seinen unterbrochenen Ritt nach Ismilan fortgesetzt und dort im Einkehrhaus vernommen, ich sei da gewesen, aber bereits wieder aufgebrochen.

Als der Bruder Deselims erfahren hatte, ich trüge die Schuld, dass sein Bruder den

Hals gebrochen hatte, war er mit dem Bettler sofort zu Pferd gestiegen, um mir zu folgen. Er wusste ja, dass ich in Melnik bei dem Fruchthändler einkehren würde und da ganz sicher zu finden wäre.

Unterwegs waren sie dem abgelohnten Führer Albanis begegnet, der ihnen alles Weitere erzählt hatte. Sie erfuhren, dass wir einen Umweg eingeschlagen hatten, und beeilten sich, vor uns in Melnik anzukommen, was ihnen auch gelungen war, da sie das Pferd des Bettlers gegen ein besseres vertauscht hatten.

Sie hatten Barud el Amasat, Manach el Barscha und den mit diesen beiden davongelaufenen Gefangenenwärter in Melnik bei dem Fruchthändler angetroffen und von allem unterrichtet. Die drei waren sofort aufgebrochen, um von uns nicht erwischt zu werden, hatten sich aber vorher das feste Versprechen geben lassen, dass man uns an einer weiteren Verfolgung hindern würde.

Man hatte an den beiden östlichen Ausgängen der Stadt auf uns gewartet, um uns bei dem Fuhrmann einzuquartieren. Das Weitere sollte nun besprochen werden.

„Es versteht sich", sagte der Fruchthändler, „dass diese Hunde unsere Freunde nicht erreichen dürfen."

„Nicht erreichen?", meinte der Ismilaner. „Nur das willst du verhindern? Weiter soll nichts geschehen? Hat dieser Fremde nicht meinen Bruder getötet? Hat er mich nicht betrogen und mir unsere Geheimnisse entlockt? Hat er sich nicht in den Besitz der Koptscha gesetzt, sodass ich ihn nicht nur für einen der Unseren, sondern sogar für einen der Anführer gehalten habe? Er wird unserem Bund den größten Schaden bereiten, wenn wir ihn fortreiten lassen. Er muss bleiben!"

„Wie willst du ihn dazu bewegen?"

„Wie? Das fragst du noch?"

„Ja, ich frage es."

„Nun – durch schöne Worte und freundliche Vorspielungen bringen wir ihn nicht so weit. Wir müssen Zwang anwenden. Das können wir auf zweierlei Weise tun. Entweder klagen wir ihn an, sodass er hier gefangen genommen wird, oder wir selbst halten ihn fest."

„Wessen willst du ihn anklagen?"

„Gibt es nicht der Gründe genug?"

„Es wird kein Grund etwas nützen. Du hast mir ja gesagt, dass er drei Papiere besitzt: eine Teskere, ein Bujrultu und auch einen Ferman. Er steht nicht nur unter dem Schutz der Behörde, sondern ist sogar ein Empfohlener des Großherrn. Wenn man ihn festnehmen will, so wird er seine Pässe vorzeigen und man wird ihm eine Verbeugung machen und ihn nach seinen Befehlen fragen. Ich kenne das. Und selbst wenn er arretiert würde, so könnte er darüber lachen. Er ist ein Franke und wird sich auf seinen Konsul berufen. Und fürchtet sich auch der Vizekonsul vor uns, so gibt es einen Generalkonsul, dem es gar nicht einfallen wird, auf uns zu hören."

„Du hast Recht. Wir werden also handeln."

„Aber wie?"

Da machte der Bettler eine energische Handbewegung und sagte:

„Was verliert ihr so viele Worte? Er ist ein Verräter und ein Mörder. Gebt ihm eine Messerklinge in den Leib, da wird er schweigen und kann nichts ausplaudern."

„Du hast Recht", stimmte der Ismilaner bei. „Mein Bruder ist tot. Blut um Blut! Ihr habt sein Pferd gelähmt, damit wir ihn schnell einholen. Warum soll er überhaupt von hier fort? Mein Messer ist scharf. Während er schläft, schleiche ich mich zu ihm und stoße ihm die Klinge ins Herz. Dann ist unsere Rechnung ausgeglichen."

Da entgegnete der Fuhrmann hastig:

„Das geht nicht! Ich bin euer Freund und Helfer; ich bin bereit gewesen, ihn bei mir aufzunehmen, damit wir ihn genau beobachten können; ich will auch weiter das Meine tun. Aber bei mir darf er nicht sterben. Ich will nicht vor dem Richter erscheinen, weil ein Schützling des Großherrn bei mir ermordet wurde."

„Feigling!", brummte der Ismilaner.

„Schweig! Du weißt, dass ich nicht feig bin. Ich habe bereits genug Schaden, da mein Knecht schwer verletzt ist. Ich glaube sogar, dieser Fremdling ahnt, was wir getan haben."

„Wie kann er es ahnen?"

„Er sprach von Stecknadeln. Vielleicht hat er gar die Nadel im Fuß des Pferdes entdeckt. Diese ungläubigen Frankenhunde haben die Augen des Teufels. Sie sehen alles, was sie nicht sehen sollen."

Da legte der eine der beiden Männer, die mir unbekannt waren, den Tschibuk[1] weg.

„Macht es kurz! Worte sind für Kinder und Weiber; wir aber sind Männer und wollen Taten verrichten. Manach el Barscha will in der Ruine von Ostromdscha auf uns warten, damit wir ihm sagen, wie wir diese Hunde unschädlich gemacht haben. Ich muss ihm mit meinem Bruder hier die Botschaft bringen und habe nicht Lust, eine Ewigkeit zu warten."

Diese Worte waren mir natürlich von größter Wichtigkeit, da sie mir sagten, wo ich die Flüchtlinge suchen musste. Nun harrte ich in höchster Spannung des Entschlusses, der gefasst werden sollte. Es verursacht ein gar eigentümliches Gefühl, zu hören, dass es einem an den Kragen gehen soll.

Natürlich war ich bemüht, mir kein Wort entgehen zu lassen. Umso ärgerlicher war es, dass ich gerade jetzt draußen ein Rascheln im Heu vernahm. Ich hob den Kopf empor. War das vielleicht die Katze, von der der Hausherr gesprochen hatte? Das Tier spazierte zu einer Zeit hier oben herum, die mir gar nicht ungelegener sein konnte. Unten erhoben sich laute Stimmen. Fast noch lauter aber wurde es in diesem Augenblick vor dem Taubenschlag. Es gab einen sehr geräuschvollen Rutsch – plumps – ein ärgerliches „Ah!", und dann war es draußen still, unter mir aber auch.

Ein Blick, den ich hinunterwarf, zeigte mir, dass alle horchten. Auch sie hatten das Geräusch vernommen. Es war ein Glück, dass sie eben jetzt lauter als vorher gesprochen hatten.

„Was war das?", fragte der Bettler.

„Wohl die Katze", antwortete der Fruchthändler.

„Hast du so viele Mäuse da oben?"

„Mäuse und Ratten."

„Aber wenn es ein Mensch gewesen ist, der uns belauscht!"

„Wer sollte das wagen?"

„Sieh doch lieber einmal nach!"

„Es wird nicht nötig sein, ich will es aber tun."

Er stand auf und verließ die Kammer. Jetzt befand ich mich in Gefahr. Ich zog die Beine möglichst an mich. Er hatte zwar kein Licht bei sich; aber wenn er fühlte, dass die Tür zum Taubenschlag offen war, schöpfte er wohl Verdacht und griff hinein. Ich hörte die Stiege knarren. Er kam wirklich herauf – zum Glück aber nicht ganz.

---

[1] Langstielige türkische Tabakspfeife

„Ist jemand da?", fragte er.

Niemand antwortete, aber es raschelte leise im Heu, sodass auch er es sicher hörte.

„Wer ist da?", wiederholte er.

„Miau!", antwortete es jetzt.

Und darauf erfolgte ein zorniges Fauchen. Es war wirklich die Katze, der er vorhin die Verdammnis angewünscht hatte. Er brummte unmutig einige Worte in den Bart und kehrte dann in die Kammer zurück.

„Habt ihr es gehört?", fragte er. „Es war das Vieh."

Jetzt fühlte ich mich beruhigt – aber nicht für lange Zeit, denn als das Gespräch wieder begann, hörte ich ein leises, streichendes Geräusch hinter mir, als ob jemand mit der tastenden Hand die Räumlichkeit untersuchte. Ich horchte auf. Ah, da fühlte eine Hand an meinem Fuß.

„Sihdi!", flüsterte es.

Jetzt kannte ich diese Katze.

„Halef?", antwortete ich so leise wie möglich.

„Ja. Habe ich die Stimme der Katze nicht prächtig nachgeahmt?"

„Mensch, was fällt dir ein! Du bringst dich und mich in die allergrößte Gefahr!"

„Musste ich nicht? Du bliebst so lange fort! Ich hatte Sorge um dich. Wie leicht konnte man dich erwischen!"

„Das hättest du abwarten sollen!"

„So! Soll ich warten, bis man dich getötet hat? Nein, ich bin dein Freund und Beschützer."

„Der mich aber in Verlegenheit bringt. Verhalte dich jetzt ganz ruhig!"

„Siehst du sie?"

„Ja."

„Und hörst du sie?"

„Ja, doch!", antwortete ich ungeduldig. „Aber ich werde sie nicht hören, wenn du weiter plauderst."

„Gut, ich schweige. Aber zwei hören mehr als einer. Ich lausche auch – ich komme hinein."

Ich hörte, dass er Anstalt machte, in den Taubenschlag zu kriechen.

„Mensch, bist du des Teufels?", raunte ich ihm zu. „Ich kann dich nicht brauchen. Bleib draußen!"

Leider aber hatte eben jetzt der Ismilaner seine Stimme so erhoben, dass Halef meine Worte gar nicht verstehen konnte. Er kam zu mir hereingekrochen – wahrhaftig, er kam! Ich gab ihm zwar einen tüchtigen Tritt mit dem Fuß, aber der kleine Kerl meinte es gut – zu gut für die Verhältnisse. Er war ganz erpicht darauf, den Lauscher zu machen, und mochte glauben, dass der Fußtritt nur eine ganz zufällige Bewegung von mir gewesen sei.

Jetzt war er da. Ich drückte mich so weit nach links, wie es mir möglich war.

„O Allah! Wie stinkt es hier!", flüsterte er.

„Her zu mir! Hierher, hierher, ganz zu mir!", gebot ich ihm. „Dort rechts brichst du durch!"

Er machte eine hastige Bewegung zu mir herüber und hatte dabei ganz sicher eine Menge Taubenmist aufgewühlt, denn unten fluchte der Fruchthändler:

„Zur Hölle mit dieser Katze! Da ist sie jetzt über uns und wirft allen Kot herab!"

„Puh! Ah – oh – uh!", pustete Halef, dem der scharfe Staub in die Nase und Lunge geraten war.

Er hatte sich infolge meiner Aufforderung ganz nahe an mich geschmiegt; darum fühlte ich, dass sein Körper eine krampfhafte, wurmartige Bewegung machte.

„Nimm dich in Acht!", mahnte ich, denn trotz der verbundenen Nase empfand ich einen heftigen Niesreiz.

„Ja, Sihdi! Niemand soll hören – oh – ich – bchch – gchchch – dchchchch – hilf mir, Allah!"

Er kämpfte vergebens gegen den unüberwindlichen Reiz. Ich hörte ein ganz unbeschreibliches, vergebens nach innen gedrängtes Pusten und Keuchen und griff unwillkürlich hinüber, um ihm den Mund zuzuhalten.

„O Allah – Al – ill – ell ah – ha – ha – ha – hab – babziiih, habzuäuuuh!"

Da krachte es los, und zwar so kräftig, so nachhaltig, dass sein ganzer Körper bebte. Aber es krachte auch unter uns. Ich fühlte, dass der ganze Taubenschlag wackelte und bebte.

„Si – Sih – Sihdi, o Mohammed, ich breche durch!"

Der Kleine wollte diese Worte leise sagen, aber da er bereits den Boden unter sich verlor, so stieß er sie in seinem Schreck laut wie einen Hilferuf aus. Er fasste mich am Arm. Ich erkannte, dass er auch mich mit hinunterreißen würde, und riss mich los. Im nächsten Augenblick prasselte es um mich her, als ob das ganze Gebäude zusammenstürze: Ein entsetzliches Gepolter, eine noch entsetzlichere, dicke Dreckwolke – unter mir lautes Schreien, Fluchen, Husten und Niesen – der gute Hadschi war mit der Hälfte des Taubenschlags hinabgestürzt.

Auch ich hing halb in der Schwebe. Ein rascher Schwung brachte mich mit den Beinen zu dem Loch hinaus; nach einer zweiten, krampfhaften Anstrengung stand ich mit dem ganzen Körper draußen. Ich riss das Tuch von der Nase und hustete und nieste, als ob ich es bezahlt bekäme. Jetzt war es ganz gleich, wenn man mich auch hörte.

Unten entstand ein Höllenlärm. Halef befand sich jedenfalls in Gefahr. Das Licht war nicht erloschen. Hatte man ihn ergriffen oder war er so geistesgegenwärtig gewesen, hurtig zu entspringen? Ich rannte, so rasch es die Dunkelheit gestattete, die Stiege hinab. Der Heidenspektakel war mein Führer. Ich fühlte die Kammertür – ich tastete mit der Hand, dass sie von außen verriegelt werden konnte; man brauchte nur einen an einer Schnur hängenden Holzpflock vorzuschieben. Von innen war sie nicht verschlossen. Ich öffnete. Ein dicker Staub, durch den das Licht der Lampe kaum zu dringen vermochte, wallte mir entgegen.

Ich erblickte, so weit ich die Augen zu öffnen vermochte, ein Chaos von Armen, Beinen und herabgefallenen Holzknüppeln, alle in Bewegung – ein unbeschreiblicher Lärm von hustenden, niesenden, fluchenden Menschen, dazu klatschendes Geräusch, als ob jemand eine Peitsche aus Leibeskräften in Bewegung setzte. Ich merkte, dass diese Leute sich untereinander gepackt hielten, in der Meinung, den unerwarteten Eindringling ergriffen zu haben. Jetzt erschallte Halefs Stimme:

„Sihdi, wo bist du? Bist du auch herunter?"

„Ja, hier!"

„Hilf, hilf! Jetzt haben sie mich!"

Ich sprang nun – ohne weiteres Besinnen – sprang mitten in den Knäuel hinein. Ja, sie hatten ihn. Ich packte ihn mit der Linken, entriss ihn ihren Händen und schleuderte ihn zur offenen Tür hinaus. Einige Faustschläge mit der Rechten – und sie wichen zurück. Sofort war auch ich draußen, warf die Tür zu und steckte den Pflock vor.

„Halef!"

„Hier!"

„Bist du verletzt?"

„Nein. Komm fort!"

„Ja, hier die Treppe hinab!"

Ich erfasste seine Hand und zog ihn nach der Gegend, in der ich die Treppe vermutete. Hierbei leiteten mich Stimmen, die unten erschallten. Man hatte da den Lärm vernommen und kam, um nachzusehen, was es zu bedeuten hatte.

Wir rutschen mehr die Treppe hinab, als dass wir liefen, rissen dabei einige Personen um, kamen glücklich unten an und sprangen über den Hof hinüber, nach der Stelle, wo ich die Bretter locker gemacht hatte. Als wir hindurchgeschlüpft waren und stehen blieben, um auszuschnaufen, sagte der kleine Hadschi:

„Allah sei Dank! Mich bringt kein Mensch wieder in einen Taubenschlag!"

„Es hatte dir niemand befohlen, hinaufzugehen!"

„Du hast Recht. Ich bin an allem schuld. Aber schön war es doch, denn ich habe meiner Peitsche Arbeit gegeben, an die diese Leute noch lange denken werden. Hörst du sie rufen? – Horch!"

„Ja. Man sucht uns. Wo ist Osko? Wo ist Omar?"

„Hier", antworteten die beiden Genannten in der Nähe.

„Sind die Pferde zum Aufbruch bereit?"

„Ja. Wir warten schon lange."

„Hinaus aus dem Stall und fort aus der Stadt!"

Jeder ergriff sein Pferd. Meine Gewehre hingen am Sattel, wie ich tastete. Im Hof stiegen wir auf. Das Tor des Hauses war offen, wir gelangten unangefochten auf die Gasse.

Halef ritt neben mir. Er fragte: „Wohin geht es? Kennst du den Weg? Wollen wir denn nicht jemand fragen?"

„Nein. Es braucht niemand zu erfahren, welche Richtung wir einschlagen. Wir reiten nach Westen. Nur erst zur Stadt hinaus! Dann werden wir wohl einen Weg finden."

„Aber müssen wir denn fliehen? Ist das notwendig?"

„Wir reiten fort, das ist auf alle Fälle gut. Willst du das eine Flucht nennen, so tue es. Ich weiß, wo Barud el Amasat steckt. Er ist nicht hier und wir werden ihn und seine Begleiter aufsuchen."

Bald lag Melnik hinter uns. Als wir heute von der entgegengesetzten Seite in die Stadt geritten waren, hatte ich nicht geahnt, dass wir sie so schnell wieder verlassen würden.

Das versteinerte Gebet

Kara Ben Nemsi, Hadschi Halef Omar und dessen Sohn Kara Ben Halef befinden sich in Persien, im ,Reich des silbernen Löwen'. Sie sind Gäste der Dschamikun, eines kleinen christlichen Volksstamms, der vom ,Pedehr' und vom ,Ustad' – einem weltlichen und einem geistigen Oberhaupt – regiert wird. In unmittelbarer Nähe ragt das ,Hohe Haus' auf, eine jahrhunderte-, wenn nicht jahrtausendealte Tempelanlage, deren Ruinen sich in Schichten übereinander türmen und den Wechsel der Religionen, aber auch ihren fruchtlosen Streit untereinander seit der frühesten Anfängen der Menschheitsgeschichte veranschaulichen. Im Felsmassiv unter den zyklopischen Ruinen erstreckt sich zudem ein geheimnisvolles Labyrinth von Wasserwegen, das Kara Ben Nemsis Interesse geweckt hat...

Es waren schon viele Fackeln angefertigt worden, darunter sehr lange und starke von Palmenfaser, die mehrere Stunden lang brennen und nur schwer zu verlöschen sind. Ich ließ mir von Schakara heimlich ein halbes Dutzend von diesen geben und nahm sie nach dem Essen mit hinauf zu mir. Schakara wurde überhaupt mit ins Geheimnis gezogen, denn ich brauchte jemand, der für mich und Kara das Tor offen zu halten hatte. Was ich tun wollte, war nicht ungefährlich. Darum teilte ich ihr mit, dass ich die Absicht hatte, vom See aus in den versteckten Kanal einzudringen, und forderte sie auf, nur höchstens drei Stunden auf uns zu warten und, falls wir da noch nicht zurückgekehrt seien, uns schleunigst Hilfe zu senden.

Als man zur Ruhe gegangen war, nach zehn Uhr, begab ich mich in den Hof. Kara stand bereit; Schakara war bei ihm. Ich wiederholte ihr, wie ich mir ihre etwaige Hilfe dachte. Er nahm die mitgebrachten Fackeln, dann gingen wir. Im Duar gab es kein Licht. Man schlief auch hier bereits. Am Landeplatz fanden wir das Boot. Es war nur angebunden. Die beiden Ruder hingen in den Dollen. Wir stiegen ein und paddelten uns leise nach der Stelle, die ich untersucht hatte. Es war nicht schwer, die Maueröffnung hinter dem Gestrüpp aufzufinden. Wir stellten das Boot rechtwinkelig dagegen an und gaben hinten einige kräftige Ruderschläge. Es drang mit seiner ganzen vorderen Hälfte ein. Wir nahmen die Ruder in das Boot, bückten uns nieder und krochen unter dem nun auseinandergeteilten Rankengewirr bis an die Spitze des Kahns vor. Nun war der Sternenhimmel über uns verschwunden. Wir befanden uns in dichtester Finsternis. Die Ruder an uns nehmend, tasteten wir mit ihnen rechts und links aus dem Kahn heraus. Wir fühlten harte Wände und stießen uns an diesen so weit hinein, dass auch das Hinterteil des Fahrzeuges durch das Gestrüpp kam. Hierauf zog ich das Schibhata[1] aus der Tasche, um eine der Fackeln anzubrennen. Bei ihrem Schein sah ich ein ganz vorn im Schnabel des Bootes befindliches Loch, in das ich sie steckte. Später hörte ich, dass dieses Loch genau zu diesem Zweck angebracht worden sei, weil die Dschamikun des Abends gern rund um den See zum Nur-y-Saratin[2] ruderten.

Der Kanal war hier, am Anfang, sehr schmal. Aber als wir uns eine Strecke weit fortgegriffen hatten, traten die Wände doppelt weit zurück, und auch die Höhe nahm in demselben Verhältnis zu. Die Luft war kalt und feucht, doch gut und leicht zu atmen. Die Wände und die Decke bestanden aus den schon oft erwähnten Rie-

---

[1] Zündhölzer   [2] Krebsleuchten

senquadern. Nun schoben wir uns statt mit den Händen mit den Rudern fort. Der Kanal ging stetig geradeaus. Das Wasser war tief und schwarz, dabei aber durchsichtig wie Kristall. Das Bild unserer ruhig brennenden Flamme schaute wie aus unergründlicher Tiefe zu uns herauf.

Ich war so vorsichtig gewesen, die Länge des Kanals abzuschätzen, natürlich nur so ungefähr, bloß mit dem Auge. Die Zahl der Quader gab mir den Anhalt hierzu. Vierzig, sechzig, achtzig Meter! Ein solcher Aufwand von Material und Arbeitskraft konnte nicht bloß den Zweck einer einfachen Zu- oder Ableitung des See- oder Bergwassers haben. Es musste noch ganz andere Gründe gegeben haben, diesen Zu- oder Abfluss nicht oben vor aller Augen, sondern hier unten in der Verborgenheit geschehen zu lassen. Wenn ich mich in die ferne Zeit zurückdachte, in der diese Bauten entstanden waren, so drängte mir die von unserer Fackel kaum einige Bootslängen weit durchbrochene Finsternis die Frage auf, ob dieses Wasser wohl als Leben spendendes Element oder aber als verschwiegener, düsterer Helfer des Todes betrachtet worden sei. Bereits über achtzig Meter waren wir vorgedrungen. Der Duar lag droben hinter uns. Wir mussten uns ungefähr an der Stelle befinden, wo draußen, auf fester Felsenunterlage, die Zyklopenmauer begann. Da hörten hier unten die behauenen Quader auf; der Kanal wurde noch breiter und höher, sodass wir die Ruder bequem ausstrecken und rühren konnten, und die Wände bestanden aus dem mühsam durchbrochenen Gestein des Berges. Die Decke war gewölbt.

Hierauf kamen wir an einen Seitenkanal, der rechtsab führte, und lenkten in ihn ein. Er war genau so breit und so hoch wie der Hauptkanal, aber nicht lang. Auch hatte man sich bei der Herstellung weniger Mühe gegeben. Die rechte Seite war Naturgestein, die linke aber Mauer, aus Riesenblöcken aufgeführt, doch nichts weniger als glatt behauen. Es gab hüben wie drüben hervorragende Ecken, Kanten und Spitzen, die nicht beseitigt worden waren. Da, wo dieser Seitenkanal aufhörte, wich die Decke plötzlich zurück. Wir sahen in eine dunkle Öffnung hinauf, deren Höhe nicht abzumessen war, weil unser Licht sich hierzu als unzulänglich erwies.

„Was mag da oben sein, Effendi?", fragte Kara. „Ich sinne darüber nach, wo wir uns jetzt wohl befinden. Unter den Ruinen jedenfalls, aber an welcher Stelle?"

„Ich habe soeben auch im Stillen gerechnet", antwortete ich. „Wenn ich morgen am Tage in den Ruinen nachrechne, werde ich es wissen. Auf dem Rückweg nachher werde ich die Steine, die alle von gleicher Länge und Höhe sind, genauer zählen. Jetzt schätze ich nur so ungefähr, dass grad über uns der unterste Urbau liegt, in dessen Vordermauer die kleinen Öffnungen sind, die wahrscheinlich Fenster bilden sollen. Ich schließe das auch aus dem Umstand, dass dieser Bau auf derselben Gesteinsart liegt, aus der hier die rechte Seite des Kanals besteht. Die Steine der linken Seite habe ich gezählt. Ich werde es mir notieren."

Ich nahm mein Buch aus der Tasche, um mir diese Anmerkung zu machen. Da sagte Kara, während er nach oben wies:

„Dort hängt etwas an einer Spitze im Gestein. Es sieht genauso aus, als ob jemand von da oben, wo hinauf wir nicht sehen können, heruntergestürzt sei, wobei ein Fetzen seines Gewandes dort losgerissen und festgehalten worden ist."

Ich schaute hinauf. Es war so. Der hängen gebliebene Fetzen war mit Kalksinter überzogen und nicht vermodert.

„Mich schaudert, Effendi!", fuhr Kara fort. „Wenn dieses finstre Loch da oben in der Decke erzählen könnte, wie viele hier in diesem dunkeln, eiseskalten Wasser sterben mussten – – – Lass uns umkehren! Mich friert!"

Wir griffen zu den Rudern und brachten uns in den Hauptkanal zurück, der nur noch eine kurze Strecke weiterführte und dann in ein großes unterirdisches Wasserbecken mündete, an dessen südlichem Ende wir uns befanden. Die Decke war so hoch, dass wir sie bei unserem schwachen Licht nicht sehen konnten. Links von uns verlor sich die natürliche Felswand dieses Bassins in tiefer Dunkelheit. Rechts lag die unbewegte und scheinbar ununterbrochene Flut in drohender Finsternis. Die Luft war feuchter als vorher, beinahe nässend und von einer moderigen Schärfe, als ob sich hier Fäulnisprozesse abgespielt hätten, die nun zwar vorüber waren, doch ohne dass der stechende Duft der Verwesung sich vollständig niedergeschlagen hatte. Das war nicht gut zu atmen, doch auszuhalten immerhin. Dabei brannte die Fackel ziemlich hell. Es musste eine Stelle geben, durch die der unheimliche Raum mit der äußeren Atmosphäre in Verbindung stand.

„Das stinkt wie alte, nasse Gräber!", sagte Kara, während er sich schüttelte, „Mich friert jetzt noch mehr als dort. Ich habe das Gefühl, als müssten in dem Wasser unter uns nur lauter Leichen liegen! Was tun wir jetzt, Effendi?"

„Wir untersuchen dieses Wasserbecken."

„Meinst du, dass wir uns zurückfinden werden?"

„Ja."

„Du hattest aber doch Sorge! Das zeigt die Weisung, die du Schakara erteiltest."

„Ich dachte dabei an ein Unglück durch schlechte, erstickende Luft. Wir können aber doch atmen, und diese natürliche Höhlung ist doch wohl nicht so groß, dass man sich trotz aller Aufmerksamkeit in ihr verirren müsste. Wenn wir bedächtig vorgehen, kann uns nichts geschehen. Bleiben wir zunächst am Rand des Wassers! Hier links ist es alle. Wenn wir nach rechts hinüber diesem Rande folgen, bis wir zur jetzigen Stelle zurückkehren, haben wir seine Ausdehnung kennengelernt und wissen, was es uns hierauf noch bietet. Komm!"

Wir lenkten vom Kanal rechts ab und fuhren längs der überstark erscheinenden Mauer hin, an deren anderer Seite wir uns im Nebenkanal befunden hatten. Ich zählte ihre Quadern. Sie war hier etwas länger als drüben und schloss einen zweiten Seitenkanal mit ein, der zu unserer anderen Hand nicht durch eine feste, kompakte Wand, sondern durch natürliche Pfeiler eingefasst wurde, deren Höhe so beträchtlich war, dass wir die Decke selbst dann, als ich noch eine Fackel anbrannte, nur undeutlich sehen konnten. Diese Decke reichte auch hier nicht bis ganz an das Ende des Kanals. Es gab auch hier eine dunkel gähnende Öffnung oben, die irgendeinen Zweck gehabt haben musste. Während ich prüfend emporschaute, äußerte sich Kara:

„Wahrscheinlich stürzte man auch hier diejenigen Personen herunter in den Tod, die man verschwinden lassen wollte! Es gibt zwar kein bestimmtes Zeichen hierfür, aber – – – Allah w' Allah! Sieh dorthin! Was liegt da auf dem Stein?"

Er deutete nach dem letzten der erwähnten Pfeiler. Dieser ragte in einem Durchmesser von wenigstens sechs Metern aus dem Wasser, verjüngte sich aber sofort in einer Weise, dass dieser Durchmesser kaum noch zwei Meter betrug. Hierdurch entstand eine ebene Platte von vier Metern Breite, und auf dieser lag das, was Kara veranlasst hatte, seinem Satze ein so erschrockenes Ende zu geben. Wir paddelten das Boot hin und sahen, dass der betreffende Gegenstand ein menschliches Gerippe war, ganz zusammengekrümmt, die Knie bis an den Leib herangezogen, die eine Hand geöffnet, um nach Hilfe auszufassen, die andere aber geballt, wie in fluchender Drohung ausgestreckt.

„Das ist einer der Unglücklichen, von denen ich sprach!", rief Kara aus. „Er hat schwimmen können und sich über Wasser gehalten, bis er in der Finsternis zufälligerweise an den Pfeiler stieß. Er fühlte die ebene Stelle und kroch hinauf. Da ist er dann elend verschmachtet, verhungert, zu Grunde gegangen. Wie mag er gebetet, geflucht, geschrien, gewimmert haben in dieser schrecklichen, nassen, erbarmungslosen Unterwelt! Geächzt, gestöhnt, gebrüllt, gezetert in fürchterlichster Qual und Todesangst, bis ihm die Heiserkeit die Stimme raubte, sodass er nur noch innerlich zu fluchen vermochte und mit dem letzten Fluch zu Allah ging, der ihn erhören musste!"

Ich sagte nichts. Die Untersuchung des Skelettes war mir wichtiger als alle Reflexionen. Es war feucht, aber hart wie Stein, von Kalk ganz durch- und überzogen. Ein ausgewachsener Mann in den kräftigsten Jahren. Eine hohe, breite Stirn. Im Leben wohl ein schöner, kluger Denkerkopf. Der erste Gedanke seines Lebens ein Segen für die Mutter, der letzte eine Verwünschung seiner Geburt! Wie lange lag das versteinerte Gerippe hier an dieser Stelle. Jahrhunderte? Jahrtausende? Welchem Volke, welchem Stande, welcher Religion gehörten die Grässlichen an, die ihn in einen derartigen Tod geschleudert hatten? Ich vermutete gerade über uns den zweiten Werkstückbau mit den beiden Hochreliefs. Also Heiden!

„Fort von hier!", sagte ich. „Ich habe mich absichtlich warm angezogen, weil ich mir sagte, dass es hier unten kalt sein werde. Aber ich glaube, hier friert auch mich!"

Das Bassin bog sich von hier nach links, um erst einen dritten und dann noch einen vierten Seitenkanal zu bilden. Und sonderbar: Erstens lagen diese Kanäle meiner Vermutung nach genau unter der dritten und vierten Etage der Ruinen. Und zweitens endete jeder mit einer ähnlichen Deckenöffnung, wie wir bei den beiden ersten beobachtet hatten. Wozu diese schauerliche Verbindung der sonnigen Oberwelt mit dem lichtlosen, unterirdischen Becken? Wasser war da oben doch stets und für alle Bedürfnisse mehr als genug vorhanden gewesen! Waren die Gründe vielleicht ebenso finster und unerbittlich wie die eiskalte Flut, die unser Boot jetzt trug?

Als wir wenden wollten und darum die Ruder tief in das Wasser tauchten, brachten wir dieses in lebhaftere Bewegung als bisher. Dieser Wellenschlag vervielfältigte in der Tiefe die Bilder unserer Fackelflammen. Die Brechung des Lichtes bewirkte ein scheinbares Emporsteigen alles dessen, was sich da unten befand, und so erhob sich vor unseren Augen eine Menge menschlicher Gestalten, die sich zu bewegen und drohend auf uns zuzuschwimmen schien. Kara stieß einen gellenden Ruf des Schreckens aus, und auch auf mich wirkte dieser Anblick so, dass mir fast das Ruder entfallen wäre.

„Leichen, nichts als Leichen, über denen wir uns befinden!", presste der junge Haddedihn hervor. „Effendi, leben wir noch oder sind wir gestorben und müssen selbst auch da hinunter?"

„Fasse dich, Kara!", ermutigte ich ihn. „Wir leben, und auch unter uns ist nicht der Tod, sondern etwas ganz anderes. Was das Verbrechen früherer Zeiten zu verbergen und zu vernichten suchte, das wurde durch das schwer kalkhaltige Wasser in Stein verwandelt, damit man später wisse, was der, der wirklich Mensch ist, von dem zu erwarten hat, der sich mit seinem Menschentum nur brüstet. Was du jetzt sahst, war Kalk, war Gips, war aufgelöster, weißer Ruchamstein. Denk dir, es seien bloß nur Marmorbilder, die man hier tief versteckte, damit sie nicht in falsche Hände kommen möchten! Rudern wir ruhig weiter!"

„Ja. Aber brenn noch eine Fackel an, damit es lichter um uns werde! Mir ist, als schaute rings der Tod aus tausend leeren Augenhöhlen zu uns her, und das ist eine Vorstellung, die mich peinigt!"

Ich tat es. Dann setzten wir die Untersuchung fort.

Diese ergab, dass wir es nicht mit einem, sondern mit zwei Wasserbecken zu tun hatten, einem vorderen, in dem wir uns befanden, und einem hinteren, das wir einstweilen noch unbeachtet ließen, um das erste vollständig kennenzulernen. Wir vermuteten über uns eine hohe Wölbung. Sehen konnten wir sie nicht. Sie wurde von natürlichen, regellos stehenden Pfeilern getragen, Überreste der Steinwände, deren weiche, erdige Zwischenfüllung das Wasser weg- und in den See gespült hatte. Auch diese Wände waren nach und nach aufgelöst und zerfressen worden, und was von ihnen noch übrig war und von mir als ‚Säulen‘ bezeichnet wurde, sah so zerrissen, zerklüftet und durchlöchert aus, als ob es jeden Augenblick zusammenbrechen müsse. Diese Deckenträger hatten alle, ohne Ausnahme, das Aussehen, als ob sie aus weißem Pfefferkuchen bestünden, der im Wasser gelegen habe und nur notdürftig getrocknet worden sei, um wenigstens einen Anschein von Festigkeit zu bekommen. Es gab in diesen ausgelaugten Gebilden Stellen, bei deren Anblick es mir war, als ob ich sie laut krachen und prasseln hörte und als ob sie sich schon bewegten, um zusammenzubrechen. Wenn ich an die ungeheuren Mauerlasten dachte, die auf diesem höchst unzuverlässigen Gewölbe ruhten, unter dem ich mich befand, so wollte mich eine Gänsehaut überlaufen, und es prickelte mir ängstlich in allen Fingerspitzen. Kara schien ganz dieselbe Empfindung zu haben, denn er sagte:

„Wer hier auf den Gedanken käme, eine Pistole abzufeuern, der wäre unrettbar verloren, denn der ganze Berg würde von dieser kleinen Erschütterung über ihm zusammenbrechen und ihn unter sich begraben! Wir wollen uns beeilen, fortzukommen, Effendi! Mir will fast bange werden!"

„Nur noch das hintere Becken!", sagte ich. „Vermutlich ist es nicht so groß wie dieses, und wir werden also schneller mit ihm fertig."

„Aber, um Allahs willen, nur leise, leise; das bitte ich dich! Ich sehe alles um und über uns wackeln!"

Dass dieses Gefühl ihn nicht trog, das sollte sich uns später mehr als deutlich zeigen! Jetzt aber ruderten wir nach dem Hintergrund, wo wir sonderbarerweise wieder auf Menschenarbeit trafen. Es gab eine breite Mauer von gewaltigen, unbehauenen Blöcken, die auf kompaktem Fels errichtet worden war. Es schien, als ob man durch diese Mauer das hintere Bassin habe vollständig verschließen und verbergen wollen. Warum wohl das? Doch bestand dieser Fels aus Kalk. Das Wasser hatte auch hier so auflösend und zerstörend gewirkt, dass nur noch die allerhärtesten Teile von ihm vorhanden waren. Und auf diesen wenigen, leichten Überresten lag die ganze Wucht der Riesenmauer! Wie war es doch nur möglich, dass nicht schon längst hier alles, alles zusammengebrochen war! Ein Halt war hier nicht mehr zu suchen und zu finden. Er musste anderswo liegen, seitwärts oder oben, in irgendeinem an sich geringfügigen Gegendruck. Hörte dieser auf, so stand die Katastrophe zu erwarten! Ein Gewitter, ein kleiner Erdrutsch oder etwas Ähnliches konnte die letzte, wenn auch unbedeutende Veranlassung zu dem gewaltigen Zusammenbruch sein, der längst schon vorbereitet war. Einen längst entwurzelten Baum wirft, sei er noch so groß und stark, schließlich doch ein kleiner Druck schon um.

Wir schlüpften an einer der Stellen, wo die Mauer frei in der Luft schwebte, unter ihr weg und befanden uns dann im hinteren Becken. Es war, wie ich vermutet hatte, nicht so groß wie das vordere. Säulen schien es nicht zu geben. Wir umruderten es in kurzer Zeit. Es bildete einen Halbkreis, dessen schnurgerade gebauter Durchmesser die Mauer war. Der Bogen bestand aus lückenlosem Fels, der sich hoch oben nischenförmig zusammenzuneigen schien. Als ich dies bemerkte, fiel mir die Sage von ‚Chodeh, dem Eingemauerten' ein, die Schakara mir erzählt hatte. Fast unbegreiflicherweise war dieser Fels fast glänzend schwarz, so ungefähr wie recht dunkler, polierter Serpentin. Wie das wohl kam?

Nachdem wir nun den Umfang dieses Innenbeckens kennengelernt hatten, beschlossen wir, es auch einmal zu durchqueren. Da stießen wir schon nach wenigen Ruderschlägen auf einen aus dem Wasser ragenden Riesenblock von genau rechteckiger Gestalt. Er war feucht, schlüpfrig, unten weiß überkalkt, je höher hinauf aber umso trockener und dunkler. Seine Kanten waren so geradlinig und scharf, dass ich diese Regelmäßigkeit für Menschenarbeit halten musste. Seine oberen Linien lagen im Bereich unserer Flammen. Auch sie waren genau wie nach Schnur oder Wasserwaage gebildet. Das Ganze hatte so sehr das Aussehen eines allerdings gewaltigen Sockels oder Postaments, dass ich eine der Fackeln nahm, mich aufrichtete und in die Höhe leuchtete, um zu sehen, ob sich etwas darauf befinde, was seinen ganz ungewöhnlichen Dimensionen entsprach. Und richtig! Fast glich meine Überraschung einem frohen Schreck! Das Licht fiel auf etwas wunderbar rein weiß Glitzerndes, etwas so schneeig Zartes und Unbeflecktes, dass ich zunächst meinen Augen gar nicht trauen wollte. Dieses lautere, keusche, unschuldige Weiß, auf dem Millionen Flammenkörnchen brillierten, kam mir nach allem, was wir hier unten bisher gesehen hatten, so heilig, so unbegreiflich vor, als ob mein Blick auf etwas Überirdisches, vollendet Seelisches gefallen sei!

„Siehst du etwas, Effendi?", fragte Kara unter mir.

„Ja", antwortete ich, noch immer staunend.

„Was?"

„Etwas wie aus dem Paradies! Wir haben die Dschehenna[1] hinter uns, den Ort des steingewordenen Erdenfluches. Hier aber ist es mir, als sei der Fluch in Segen umgewandelt, und was dort Kalk im Todeswasser war, das knie hier erlöst im alabasternen Gebete!"

„Ich höre dich, aber ich verstehe dich nicht!"

„Das glaube ich! Auch ich kann nicht verstehen, wie das, was ich jetzt sehe, hierher gekommen ist. Es kniet hier jemand, den ich bloß nur ahne. Ein betender Gigant! Mir leuchtet nur das Glied, das er vor Gott, dem Allerhöchsten beugt; das andre steigt empor in Nacht und Grauen. Hebt er die Hände fordernd auf zum Himmel? Hält er sie still gefaltet in Ergebung? Hebt kühn er seine Stirn? Ist sie gesenkt zur Erde? Wirft er den Blick vertrauensvoll ins Weite? Bedeckt er zaghaft ihn mit demutsvollen Lidern? Was frage ich? Es sei genug, dass ich hier beten sehe!"

Ich ließ die Fackel sinken, steckte sie an ihren Ort und setzte mich wieder nieder. Es war mir, als müsse ich hier bleiben, bis irgendein Ereignis nahte, diese ‚Anbetung in der Verborgenheit' nach Matthäus 6 Vers 6 zu beantworten. Aber ich nahm mir vor, recht bald zurückzukehren und diesen Ort so genügend zu beleuchten, dass ich die ganze Figur, die hoffentlich kein Torso war, vollständig und deutlich vor mir stehen hatte. Für heute war unser Werk vollbracht.

Wir verließen das zweite Bassin, nachdem ich mir einige Notizen gemacht hatte. Das vordere nahm ich noch sorgfältiger auf. Und als wir wieder in den Hauptkanal

---

[1] Hölle

einfuhren, maß ich mit Hilfe einer Leine, die wir im Boote fanden, einen der Steine bis auf den Zentimeter genau, und da diese Quader alle die ganz gleiche Länge und Höhe hatten, so war es später leicht, eine Zeichnung anzufertigen, die es mir ermöglichte, die unterirdischen Linien zu Tage festzulegen. Wir passierten das verschließende Gestrüpp ganz in derselben Weise wie bei unserem Kommen, und als wir dann den Sternenhimmel wieder über uns hatten und die Zeit bestimmen konnten, sahen wir, dass während unseres Aufenthalts in der Unterwelt doch mehr als zwei Stunden vergangen waren. Die Fackeln hatten wir natürlich verlöscht, bevor wir wieder ins Freie gelangten. Am Landeplatz angekommen, banden wir das Boot fest. Kara nahm die Fackeln, ich die Maßleine und dann traten wir den Heimweg an.

„Effendi, glaubst du, dass ich froh bin, wieder festen Boden unter den Füßen und den Himmel über mir zu haben?", fragte er. „Dieses fürchterliche, tief verschwiegene Wasser! Diese lügnerischen Säulen! Und dieser unermessliche Druck von oben, den sie zu halten vorgeben und doch unmöglich halten können! Ich habe fast gezittert, und es ist mir, als ob ich einem beinahe unvermeidlichen und grässlich heimtückischen Tode entronnen sei!"

Er hatte ganz meine eigenen Gefühle ausgesprochen. Bei mir kam ja noch dazu, dass ich schwer krank gewesen war und für solche Eindrücke also empfänglicher sein musste als er. Es war eigentlich höchst unvorsichtig von mir gewesen, diese Untersuchung des Erdinnern schon jetzt vorzunehmen; aber die Zeit und die Ereignisse drängten, und glücklicherweise hatte ich mich weder erkältet, noch fühlte ich mich sonst wie körperlich geschädigt. Es hatte ganz im Gegenteil den Anschein, als ob durch dieses Unternehmen die Energie sowohl des Leibes wie auch der Seele gehoben worden sei. Ich fühlte mich eher gekräftigt als ermüdet oder gar abgespannt.

Schakara freute sich, als wir kamen. Sie sagte, dass sie bereits begonnen habe, um uns besorgt zu werden. Als Kara mich fragte, ob er ihr alles erzählen dürfe, sagte ich, dass dies ganz selbstverständlich sei, forderte ihn aber auf, gegen jedermann sonst zu schweigen. Dann ging ich hinauf zu mir, brannte die Lampe an und setzte mich an den Tisch, um die Zeichnung der beiden Bassins jetzt sofort anzufertigen. Die Eindrücke waren jetzt so frisch, dass ich fast jede Einzelheit in größter Deutlichkeit vor mir sah, und als ich fertig war, konnte ich überzeugt sein, mich um keinen einzigen Meter geirrt zu haben. Es galt nur noch morgen am Tage diese Grundebene mit der Neigung des äußeren Terrains in Einklang zu bringen.

Ganz von selbst versteht es sich, dass die unverlöschlich tiefen Bilder, die ich mit nach Hause gebracht hatte, mich noch auf das Lebhafteste beschäftigten, als ich mich hierauf zur Ruhe legte. Der Schlaf wollte nicht kommen, und als er sich endlich doch einstellte, nahm er sie mit in jenes seelische Gebiet hinein, das für uns noch im Geheimen liegt und mit dem Verlegenheitsnamen Traumwelt bezeichnet wird.

Ich träumte, und zwar mit einer Lebhaftigkeit und Deutlichkeit, als ob ich nicht schlafe, sondern wache. Und ich träumte sonderbarerweise, dass ich nicht ich, sondern der Ustad sei. Ich war völlig identisch mit ihm und kannte jede verflossene Minute seines Lebens und jedes Wort, das er geschrieben hatte. Und das verwischte sich nicht; das blieb auch nach dem Traume. Sein Inhalt war folgender:

Ich kam als Ustad in das Land der Dschamikun und sah die Bauten hier am Berge liegen. Ich nahm ihr Äußeres in Augenschein, und was ich dabei sah, das ließ den Wunsch in mir erwachen, auch mit dem Inneren genau bekannt zu werden. Ich fragte jemand, wo der Eingang sei. Da sah er mich mit kalten Augen an und sprach:

„Ich bin kein Dschamiki. Ich bin der Geist, der jeden Nahenden vor der Versuchung warnt, den kühnen Schritt in diesen Bau zu lenken. Wer ihn betritt, der hat für alle Ewigkeit auf sich, auf Leib und Geist und Seele zu verzichten. Wer das nicht tut, verlässt ihn niemals wieder, nicht lebend und nicht tot. Die Schatten dulden nicht, dass sie verraten werden."

„Die Schatten?", lachte ich. „Wo ist der wesenlose, impotente Sill, der eine wirkliche Persönlichkeit wohl fürchten machen könnte!"

„Frag anders! Frage so: Wo ist die mächtige Persönlichkeit, die jeden, der ihr dunkles Reich betritt, zum Schatten macht, verzaubert oder tötet? Sie wohnt und herrscht in diesem Riesenbau. Willst du hinein, so halte ich dich nicht; ich habe nur zu warnen, nicht zu zwingen. Unzählige schon hörten nicht auf mich. Die Starken sah ich niemals wiederkehren; die andern aber waren ihm, dem Zauberer, in andrer Art verfallen. Sie kamen zwar zurück, doch nur als seine Schatten, die geist- und körperlos an mir vorüberschlichen, um vampirgleich der Menschen Blut zu saugen."

„Und fand sich keiner, der ihm widerstand?"

„Nicht einer!"

„Das schreckt mich nicht. Was Zauber heißt, ist Lüge. Nur wer die Lüge glaubt, ist ihr verfallen. Ich handle so, wie alle, die nicht hörten: Ich will hinein, ja nun erst recht hinein! Gib mir den Mächtigen zu sehen, von dem du sagst, dass jedermann dem Tode oder ihm verfallen sei! Ich glaube nicht an seine Macht und auch nicht an den Tod!"

„Du glaubst nicht an den Tod?", fragte er, während er mich ganz eigen ansah. „Kannst du beten?"

„Ja,"

„Richtig?"

„Ich hoffe es."

„So geh hinein! Wenn du nicht anders willst! Du bist der Erste, der Einzige, bei dem ich's wage, einen Wink zu geben. Er heißt: Such dir den Rückweg selbst; lass ihn dir ja nicht zeigen!"

Nach diesen Worten winkte er unter sich. Da öffnete sich die Erde, und ich sah die Stufen einer Treppe.

„Ich danke dir! Mich siehst du nicht als Schatten wieder!", sagte ich und stieg hinab.

Da kam ich denn zunächst in jenen Urzeitbau, der auf dem festen Felsengrunde steht. Der Tag gab durch die Maueröffnungen ein fahles Dämmerlicht. Ich wanderte im Innern auf und ab, sah aber nichts; der Raum war völlig leer. Es schien, man habe ihn vollständig ausgeraubt, wie man zum Beispiel hier und da mit gottesdienstlichen und philosophischen Systemen tat. Da werden die Gedanken fortgeschleppt wie Möbelgegenstände, die man, gehörig ausgeklopft und wieder neu poliert, in eine neue Wohnung stellt und auch als neu bezeichnet! Das Ende dieses Baues gegen Süden war zugeschüttet worden. Ich wusste wohl, warum: Das war der Ort des Sturzes in das Wasser.

Auf Binnenstufen ging's hinauf zum zweiten Bau, der mich an Altiranisches, an Zarathustra mahnte. Auch er war leer, vollständig leer. Kein Mensch, kein andres Wesen ließ sich sehen. Auch ausgeraubt und alles fortgeschafft! Man sollte doch Vergangnes heilig halten! Nicht es dem eignen Zwecke dienstbar machen und dann die Zeit verdammen, die es schuf! Der Schluss nach Süden war vermauert worden.

Nun ging es wieder stufenauf ins doppelte Geschoss mit den zersprungenen Tafeln.

Da lag wohl hier und da ein alter Gegenstand, den man des Raubes nicht für wert gehalten hatte, auch gab es Spuren, die mich schließen ließen, dass Menschen hier zuweilen noch verkehrten, doch jetzt war ich allein. Wirklich? Ganz allein? Wurde ich nicht beobachtet? Der letzte Raum nach Süden war verschüttet, doch nicht bis an die Decke. Man konnte sich da oben wohl verstecken, und in dem losen Schutt sah ich die Spuren, dass man noch kürzlich hier hinaufgestiegen war. Das war ganz ungefährlich für Vertraute, doch nicht für Fremde, die vielleicht hier einen Ausgang suchten; denn jenseits ging der Sturz jäh ins Bassin hinab. Und als ich so von Weitem stand und nach der Decke schaute, schob sich ein Kopf da oben leise vor, um mich in scharfen Augenschein zu nehmen. Das Haar war weiß wie Schnee, der Blick spitz wie die Klinge eines Dolches. Ein Mensch, der solche Augen hat, weiß, was er will, und kennt die Schonung nicht. Er hat sogar den Mut, sich dicht am Abgrund lauschend zu verbergen, wenn es nur Hoffnung gibt, dass dann ein andrer stürzt. Ich tat natürlich so, als ob er von mir ungesehen sei, und ging zur nächsten Treppe, um nach dem obersten Geschoss, dem vielgestaltigen, emporzusteigen.

Sie führte nicht direkt zu ihm empor. Sie mündete auf eine offene Tür, an welcher eine dunkle Schattenhaftigkeit sich tief vor mir verbeugte und mit gedämpfter, hohler Stimme sprach:

„Wir kennen deinen Wunsch und haben dich erwartet. Du glaubtest gleich hinauf zum Oberbau zu kommen, musst aber erst durch die Gewölbe hier, als deren Resultat er stein- und ziegelweise entstand. Hier sind die Schätze alle aufgespeichert, die sich der Mensch seit Anbeginn erdacht. Wir trugen sie zusammen, woher, wozu, warum, das wirst du dann erst hören, wenn dich die Gnade unsres Herrn erleuchtet. Er ist bereit, mit dir zu sprechen. Er ist sogar gewillt, dich seinem Dienst zu weihen. Damit du siehst, wie reich er lohnen kann, wie übervoll er spendet, soll ich dich vorher erst durch diese Räume führen. Doch hast du mir dein Wort zu geben, nie zu verraten, was ich dir hier zeige. Von andern fordere ich den heiligsten der Schwüre, doch von dir weiß ich, dass dein Wort genügt. Willst du es geben?"

„Ja", antwortete ich, obgleich ein Etwas in mir sagte: „Gib es ihm nicht und berühre ihn nicht, sonst bist du ihm verfallen!"

„So reiche mir die Rechte!"

Ich tat es. Seine Hand fühlte sich so gegenstandslos weich, so leichenkühl, so gallertglatt und schlangenschlüpfrig an! Es war, als ob er durch diese meine Berührung nun erst Leben und Energie bekäme.

„Komm, folge mir!", forderte er mich in plötzlich befehlendem Tone auf. „Und sprich mit niemand als mit mir allein! Denn durch die Hand, die du als Schwur mir gabst, bist du mein Eigentum in Gott, dem Herrn geworden. Du hast kein Recht, an andre dich zu wenden, als nur an mich den für dich Sorgenden!"

Er fasste meine Hand kräftiger, und darum bemerkte ich deutlicher, dass er mir die Kraft entzog, die von mir auf ihn überging. Dann richtete sich die Gestalt, die sich soeben noch so tief vor mir verneigt hatte, so hoch auf, dass sie mich weit überragte, und fuhr in höchst bestimmter, gebieterischer Weise fort:

„Mein ist dein Geist; mein ist auch deine Seele, und nur der Leib noch bleibt einstweilen dein, bis ich bestimme, wie und wo er uns zu dienen habe. Aus meiner Hand strömt dir das höchste Glück, das es für Menschen gibt in Zeit und Ewigkeit: Du bist vollständig willenlos und folglich frei von jeder Schuld und Sühne! Tu alles, was ich sage, ob Gutes oder Böses, der Rechenschaft bist du fortan enthoben, denn ich bin es, der sie zu leisten hat. Auch ich gehorche nur, um frei zu sein. Das tut ein jeder, bis hinauf zum Höchsten! Im Auftrag meines Herrn belohne ich dir schleunigst jede Tat, durch welche du uns nützest. Und in derselben Machtvollkommenheit verzeihe ich dir alles, wodurch du andern schadest, nur nicht uns! Drum sei getrost, mag kommen, was da will! An unsrer Macht geht jeder Feind zu Grunde!"

Hierauf zog sich die, wie es schien, ganz beliebig dehnbare Gestalt in ihre vorherige Bescheidenheit zusammen und begann mit mir den Gang durch die Gewölbe, meine Hand nicht einen Augenblick aus der ihrigen lassend. Es war mir, als ob ich mit ihr durch ein unsichtbares Röhrchen verbunden sei, durch das der Abfluss meiner Lebensenergie zu diesem Schatten hinüber stattfand. Es konnte nicht sehr lange Zeit dauern, so war mein Mut dahin und mit ihm auch die Kraft zum Widerstand. Ein Vampir geistiger Natur! Ein schwammiges Gespenst von unersättlicher Porosität! Durfte ich mir zumuten, ihm die Hand so lange zu lassen, bis ich gesehen hatte, was ich sehen wollte? War ich dann nicht wahrscheinlich schon so willenlos, dass ich sie ihm nicht mehr entziehen konnte? Ich wagte es, denn ich glaubte, mich genau zu kennen! Wer Vampire entlarven will, der muss es wagen, sie an sich saugen zu lassen, bis sie so voll sind, dass sie ihm nicht entfliehen können!

Es waren viele Räume, durch die wir kamen, weit mehr, als ich für möglich gehalten hätte. Lange, niedrige Gewölbe mit schmalen Mauernischen, in denen düsterrot die wenigen Fackeln brannten. Alles Wertvolle, was sich einst in den unteren Etagen befunden hatte, war hier aufgestapelt. Dazu die köstlichsten Schmuggelwaren aus allen Ländern, Zonen und Gedankenreichen. Ich dachte an unseren Fund im Innern des Birs Nimrud. Aber was wir dort gesehen hatten, war Bettelarmut gegen diesen Reichtum hier! Und dort gab es kein Leben in der Tiefe. Hier aber huschten zwischen diesen Schätzen geschäftige Dämonen hin und her, die alle Hände voller Arbeit hatten. Unhörbar waren alle ihre Schritte, und alles, was sie taten, erzeugte nicht das mindeste Geräusch. Die Gieresblicke, die sie auf mich warfen, verrieten mir, wie heiß sie mich begehrten. Doch wenn sich einer nahte, die Hand nach mir zu strecken, so schwoll mein Führer zum Giganten auf und schleuderte den Schwachen auf die Seite. Das war die Kraft, die er von mir zu sich hinüberzog. Da er mich hatte und sie aber keinen, von dessen Übermacht sie zehren konnten, war er für sie der große Held des Tages, von dem sie sich für heut beherrschen ließen.

Ich wollte wissen, was sie alle taten, und blieb zuweilen stehn, um zuzusehen. Mein Führer glaubte, mich für immer in seiner Hand zu haben, und zeigte mir ganz offen, was man trieb. Es wurde hier gefälscht, gefälscht und nur gefälscht! Das Echte hatte man der Außenwelt entzogen, das Wahre, Reine, Edle hier versteckt. Die Täuschung und den Schein, die Falschheit und Entstellung verfertigte man hier und trug sie dann hinaus als ehrliche, rechtschaffne, gute Ware! Und diese Arbeit ging sehr flott vonstatten. Ich sah, es war ein glänzendes Geschäft! Ein einziger Verrat, dem es gelang, ans Tageslicht zu kommen, bedeutete für dieses Fälschertum sofortigen Ruin! Daher die einz'ge Wahl: Mitmachen oder Tod! Wozu von beidem würde ich, wenn man mich zwingen sollte, mich entschließen?

Bei diesem Gedanken entriss ich dem Schatten meine Hand mit einem so unerwarteten, kräftigen Ruck, dass er überaus schnell und klein zusammenfuhr. Er dehnte sich aber hierauf sofort zur riesenhaften Größe aus und donnerte mich an:

„Was fällt dir ein! Diese Hand gehört mir, denn du bist mein Eigentum! Gib sie augenblicklich wieder her!"

Ich wusste, dass jetzt der Kampf zwischen mir und ihm beginnen werde. Und die anwesenden Sillan ahnten das wohl auch. Sie drängten sich herbei. Ich schob sie auseinander, um zur nächsten Nische zu gelangen, ergriff die dort brennende Fackel und drehte mich dann mit ihr nach ihnen um. Was geschah? Sie verschwanden. Sie versteckten sich hinter ihren aufgehäuften Waren; sie waren eben Schatten, die, bei Licht betrachtet, hinter ihre Gegenstände gehören. Nur der eine blieb. Er allein hatte Mut, nämlich meinen Mut, von mir in seine wesenlose Schwammigkeit hinübergesaugt. Wir standen, beide hoch aufgerichtet, voreinander. Er schaute mir mit einem vernichtend sein sollenden Blick in die Augen; ich ihm ebenso! Jetzt galt es, Wahrheit gegen Lüge, Person gegen Schatten, Individualität gegen Scheinmenschlichkeit, Licht gegen Finsternis!

Ich sprach kein Wort, er auch nicht. Ich wollte nicht, und er konnte nicht. Ich sah ihn fest und unverwandt an und zuckte mit keiner Wimper. Er wollte diesem Blick standhalten, musste aber bald die Augen senken. Ich stand still, fest, unbewegt; er begann zu wanken, zu zittern, endlich gar zu flackern wie die Flamme meiner Fackel. Dann wurde er kleiner, immer kleiner, sank nieder, bis er auf den Boden lag, und kroch da langsam an mir vorüber, um nach hinten zu kommen. Und als er da so vor mir bebte und sich so ängstlich vor mir wand, da fühlte ich, dass die mir gestohlene Kraft und Energie zurückkehrte, bis er nicht mehr eine Spur von ihr besaß und in seiner ganzen Ohnmacht hinter mir am Boden lag. Da drehte ich mich zu ihm um, die Fackel in der Rechten. Er floh zur linken Seite, nach der Wand, und versuchte, sich an dieser aufzurichten. Als ich hinüberschaute, wandte auch er das Gesicht. Denn ein wahrhaftiger und ehrlicher Mensch hat es noch nie erlebt, dass so ein entlarvter Lügner und Betrüger es wagte, ihn offen anzusehen. Diesen Mut besitzt er nur dann, wenn es ihm gelungen ist, sich durch den Diebstahl fremder Charakterhaftigkeit das Ansehen zu geben, dass er auch eine Art von Person und nicht bloß nur ein nichtiger, bedeutungsloser Schatten sei!

Das war der Sieg, in aller Stille, ohne jeden Zorn und ohne alle Worte! Und nun auch dieser Schatten überwunden war, begann ich den Rundgang durch die Gewölbe von Neuem, um besser und tiefer zu sehen, als ich vorher gesehen hatte. Ich war allein. Es getraute sich nichts mehr an mich heran. Wo ich mit meiner Leuchte erschien, verkroch sich jeder Schatten augenblicklich. Der meinige schlich zwar beständig hinter mir her, wagte aber nicht, sich wieder zu erheben.

Bei diesem meinem zweiten Rundgang bemerkte ich, wenn nicht zu meinem Schrecken, so doch zu meiner Überraschung, dass die Tür, in welche die Treppe eingemündet hatte, nicht mehr vorhanden war. Ich wusste die betreffende Stelle ganz genau. Die Gegenstände, die ich bei meinem Eintritt zuerst gesehen hatte, standen und lagen alle noch an ihrem Ort. Aber an Stelle der Tür gab es jetzt nur Mauer, starke, dicke, undurchdringliche Mauer! Ich suchte darum mit allem Fleiß nach einem zweiten Ausgang, fand aber keinen anderen als nur den am Südende dieses Baues. Auch dieser führte zum jähen Sturz hinunter in das Bassin. Er war weder vermauert noch verschüttet, sondern bestand aus einer hölzernen, unverschlossenen und unverriegelten Tür, die durch einen leisen Druck geöffnet werden konnte. Das sah so unschuldig aus, ganz genauso, als ob sie in ein weiteres Gemach oder Gewölbe führe; aber wehe dem, der diesem Betrug traute! Ich öffnete sie und leuchtete hinaus. Gleich hinter der Schwelle hörte der Fußboden auf. Der Abgrund gähnte aus dem tiefen Wasser herauf, und eine kalte, feuchte Luft roch nach Verwesungsgasen.

Ich machte wieder zu und wandte mich zurück. Wie hatte der Warnende draußen vor dem Bau gesagt? „Die Starken sah ich niemals wiederkehren!" Ja, sie hatten zwar widerstanden, waren aber nicht auf den Gedanken gekommen, nach einer Fackel zu greifen, um die Schatten von sich abzuweisen. Nach einem Ausgang suchend, waren sie von ihnen zu dieser Tür gewiesen worden und hierauf ahnungslos hinabgestürzt. Ich dachte an die verkalkten Leichen auf dem Grunde des Bassins, die gerade unter dieser Tür im tiefen Wasser lagen, da hörte ich Schritte, die vom anderen Ende des Gewölbes kamen, und als der Betreffende in den Scheinkreis meiner schon fast ganz herabgebrannten Fackel trat, erkannte ich ihn sofort. Er war der Lauscher mit dem weißen Haar und den Dolchaugen, der mich in der vorigen Etage von dem Schutthaufen aus beobachtet hatte. Hinter ihm eine so große und so dicht zusammengedrängte Menge von Schatten, dass sie gar nicht einzeln unterschieden werden konnten, sondern zusammen eine kompakte Finsternis bildeten. In meine Nähe gekommen, blieb er stehen und rief mich an:

„Was will der Ustad hier in meinem Reiche? Der größte Feind, den ich auf dieser Erde habe! Du suchst nach einer Tür, mir wieder zu entschlüpfen! Für dich, der mich vernichten will, gibt's keine!"

Er trat noch mehrere Schritte auf mich zu. Indem er dies tat, wurde er höher und immer höher. Nun überragte er mich um Kopfeslänge und auch um eine ganze Schulterbreite. Seine Stimme klang fest, stark, keinen Widerspruch erwartend. Ich sah ihm ruhig in die stechenden Augen, denn es galt hier einen zweiten, aber anderen Kampf, und wer siegen will, muss ruhig bleiben können.

„Es wurde dir gesagt, dass ich dich sprechen wolle", fuhr er fort. „Es sei dir hier die Audienz gestattet. Nun sag, um welche Gunst du mich zu bitten hast!"

„Ich höre, dass ich mich im Schattenreich befinde", antwortete ich. „Es sei die Wahrheit noch so sonnenklar, der Schatten wendet sie gewiss zur Lüge! Mir fiel es nicht im tiefsten Traume ein, mit dir auch nur das kleinste Wort zu sprechen. Du aber ließest mir durch eines deiner Nichtse sagen, dass du den Wunsch besäßest, mich zu sprechen. Wer ist es nun, der Audienz erteilt? Wer ist der Wünschende, und wer ist der Gewährende? Und eine Gunst? Von dir? Für mich? Du bist verrückt! Doch wird es mir vielleicht ergötzlich sein, zu hören, was die Narrheit von mir fordert. Drum sprich!"

Täuschte ich mich, oder war es wirklich so? Seine Höhe nahm wieder ab, auch seine Breite. Und seine Stimme klang nicht so voll und gebieterisch wie vorher, als er jetzt erwiderte:

„Du sprichst ja ungeheuer stolz, Ustad! Doch werde ich dich schnell zur Demut bringen. Du bist der Erste nicht und sicherlich auch nicht der Letzte! Ich weiß es, was geschah, als du den Berg betratest, das Reich des Zauberers, des Schwachheitshassenden zu sehen. Man warnte dich. Man sagte dir, dass du nur zwischen Schatten oder Tod zu wählen habest. Du kamst trotz alledem. Nun bist du mir verfallen. Nun wähle!"

„Wählen?", fragte ich. „Wer kann es wagen, mich vor eine Wahl zu stellen, die mir von dem, was mir beliebt, nichts bietet! Gibt es hier eine Wahl, so lautet sie: du oder ich; nichts weiter. Natürlich wähl' ich mich!"

Da trat er mir wieder einen Schritt näher und fragte mich in giftig zischendem Tone: „Nicht Schatten willst du sein? Der Schatten von mir, der ich Herr und Meister bin, dem keiner widersteht?"

„Versuch es doch, ob ich nicht widerstehe!"

„So bleibt dir nur der Tod!"

„Der eine deiner größten Lügen ist!", lachte ich. „Mit diesem Tode konntest du nur jene schwachen Köpfe schrecken, die nicht erkannten, dass er nur ein Hirngespinst zu ihrer Knechtung war. Indem sie ihren Leib vor dieser Vogelscheuche retten wollten, verfielen sie dem Geist- und Seelenmorde. Zeig mir doch diesen Tod, den lächerlichen Schatten, den nur das Leben der Betrogenen wirft, weil ihm das falsche Licht der Lüge leuchtet!"

„Du hast ihn schon gesehen!", rief er aus. „Ich stand von Weitem, als du öffnetest und ihm ins kalte, feuchte Antlitz schautest. Wagst du vielleicht, es noch einmal zu tun?"

Da riss ich die Tür auf, zeigte hinaus und sagte:

„Geh doch voran, zu zeigen, wo er steht! Hast du den Mut? Ich lass' nicht auf mich warten!"

Es stieg bei diesen Worten in mir ein Entschluss auf. Woher er kam? Ich weiß es nicht. Wohin er führte? Hier durch diese Tür. Ich fühlte, dass seine Kühnheit mir die Wangen rötete und meine Augen leuchten ließ. Und während ich dies empfand, kam mir im Traum das Bewusstsein, dass ich träume und dass ich ‚ich' und nicht der Ustad sei. Sonderbar! Auch in den Zügen meines Gegners ging eine sichtbare Veränderung vor. Er sah mich starren Blickes an, erst überrascht, dann verwundert, staunend, endlich gar betroffen. War es ein Wehe- oder ein Jubelruf, den ich hierauf von seinen Lippen hörte:

„Ustad, Ustad – – – was ist mit dir?! – – – Dein Gesicht wird so ganz anders! – – – Du bist nicht mehr der Ustad, nein, nein – – – nein! – – – Wer aber bist du denn? Etwa der fremde Effendi, der jetzt bei ihm im ‚Hohen Hause' wohnt und unten im Birs Nimrud verwegen in die Tiefe stieg, um ihr Geheimnis an das Licht zu bringen?"

„Ja, der bin ich", antwortete ich. „Doch träumte ich bisher, dass ich der Ustad sei."

Da sprang er auf mich zu, fasste mich am Arm, schüttelte mich und schrie:

„Du träumst, du träumst und bist ein anderer! Was soll geschehn; was habe ich zu tun! Ich weiß es nicht; ich weiß es wahrlich nicht! Wach auf; wach auf! Ich öffne dir sofort des Berges Tore! Du sollst nicht Schatten sein und auch nicht sterben! Nur eile fort von hier! Ich selbst will dich hinaus ins Freie lassen, damit dein Traum ein frohes Ende nimmt und du zu deinem Körper wiederkehrst, damit er jetzt erwache!"

Da schob ich ihn von mir, sah ihm ruhig in das erregte Angesicht und entgegnete:

„Dieser Körper ruht in Frieden. Er mag weiterschlafen! Warum soll ich nicht vollenden, was ich begonnen habe? Ich bleibe hier! Grad deine Angst zeigt mir, dass ich es bin, der hier Audienz erteilt! Ich fordere jetzt von dir, dass du erfüllst, was du mir drohtest: Mach mich zum Schatten oder töte mich! Tu das, was du von beidem fertig bringst!"

Da zog sich seine Gestalt noch weiter zusammen. Doch versuchte er, seiner Stimme die alte Kraft zu geben, als er mir versicherte:

„Wenn du hierauf bestehst, so bist du verloren, denn ich habe die Macht, beides wahr zu machen! Als ich dir folgte, ließ ich sämtliche Fackeln hinter dir auslöschen und verbergen. Du hast die einzige in deiner Hand, und sie ist nur noch ein kleiner Stumpf, der kaum noch einige Minuten brennen wird. Dann kannst du meine Schatten nicht mehr scheuchen. Sie drängen sich an dich und nehmen dir den Willen und die Kraft, bis du das bist, was du nicht werden willst: mein Sill!"

„Wer kann mich zwingen! Verlöscht das Licht, so steht die Tür hier offen!"

„Doch draußen auch der Tod!"

„Deine Scheuche! Mich aber schreckt er nicht!"

Was war denn das? Es ging jetzt wie ein frohes, verklärtes Staunen über sein Gesicht. Und doch klang es wie Angst, als er mich aufforderte:

„Du bist also entschlossen, zu sterben, Effendi! So fordere ich dich auf, dich vorzubereiten. Du stehst vor deinem letzten Augenblick und hast dich dem Gebete zuzuwenden. Falte also deine Hände und sprich nach, was ich dir vorzubeten habe!"

Er legte die seinigen zusammen und sah mich an, als ob er ganz bestimmt erwarte, dass ich diesem seinem Beispiel folgen werde. Ich aber sprach:

„Meinst du, dass ich dich brauche, dich, dich, wenn ich zu beten habe? Für mich ist das Gebet von göttlicher Natur, und darum ist das rechte, wahre Beten wenn nicht die allergrößte, so doch die schwerste und die heiligste der Künste. Hier aber sah ich nichts als Trug und Fälschung, und darum glaube ich, dass du sogar betrügst, indem du betest!"

Da ballte er die Fäuste wie zum Kampf und schrie mich an:

„So stirb in deinen Sünden und fahre hin zur Hölle!"

Er holte aus und schnellte sich mit aller Kraft auf mich, um mich hinabzustürzen, der ich in fast unmittelbarer Nähe der Tür stand. Ich aber wich blitzschnell zur Seite. Die Gewalt des Sprunges trieb ihn also, anstatt mich zu treffen, in die Türöffnung hinein. Er brüllte vor Schreck laut auf und fasste hüben und drüben an, um sich zu halten.

„Voran mit dir, damit ich Wort zu halten habe!", rief ich. „Ich lass' nicht auf mich warten!"

Ein Stoß von meiner Faust, und er flog hinaus ins Bodenlose. Die Fackel in meiner anderen Hand stand im letzten Flackern. Ich schleuderte sie ihm nach. Von unten klang ein Schrei und dann ein dumpfer Schlag. Vor mir die tiefste Finsternis und hinter mir das Grausen aller Schatten! Ich trat auf die Schwelle. Ein einziges Wort, ein allereinziges, klang betend in mir auf. Dann schnellte ich mich, um nicht am Gemäuer anzuschlagen, mit weitem Sprung hinaus in das, was mir als ‚Tod' bezeichnet worden war. Die Beine zusammenhaltend, die Arme angezogen und die Augen geschlossen, fuhr ich in eine Eiseskälte, die mich sofort erstarren machen wollte. Aber sie hatte auch noch eine zweite Wirkung: Es war mir, als ob ich in eine Flut der Kraft, des Lebens tauche, die nur im ersten Augenblick erschrecke, dann aber gerade das Gegenteil von der Erstarrung bewirke. Der Sprung war hoch gewesen, so hoch, dass ich bis auf den Boden des Wassers niederkam, zu den Verkalkten, die da unten lagen. Dann breitete ich die Arme aus, tat den bekannten Schlag, um wieder hochzukommen, und legte mich hierauf, leicht paddelnd, auf die Flut.

Nun horchte ich. Hier um mich her war alles still. Jedoch in einiger Entfernung klang das Wasser. Es war, als schwimme jemand dort und hole ängstlich Atem. Ich kannte wohl die Stelle, an der ich mich befand, jedoch noch nicht die Richtung. Ich war mit dem Gesicht nach Süd herabgesprungen. Hatte ich das beibehalten, so musste die Mauer hinter mir liegen. Dort schwamm ich hin und fühlte schon nach einigen Stößen den Stein. Das konnte auch ein Pfeiler sein. Darum griff ich mich an ihm hin. Es war die Mauer. Ich hatte sie rechter Hand und lag also mit dem Kopf nach dem inneren Bassin hin auf dem Wasser.

Von dorther klang Geräusch. Es rauschte und es stöhnte. War das der ‚Zauberer'? Hatte er sich gerettet? Kannte er die Örtlichkeit? Wusste er etwas von dem Kanal? Wenn nicht, so war er verloren, wenn ich ihn im Stich ließ. Ich schwamm also hin, leise, leise, um ihn nicht durch Zurufe vor der Zeit in Angst zu bringen. Wenn er mich hörte, musste er denken, dass ich ihn verfolge, und das konnte ihn verwirren, solange er noch auf offenem Wasser war. Ich berechnete hierbei jeden Stoß und jeden Schlag, den ich tat, um zu wissen, wo ich immer sei.

Als ich nach meiner Schätzung unter der in der Luft hängenden Mauer hindurchgekommen war, hörte ich ein lautes, schweres Atmen, als ob sich jemand anstrenge, an irgendetwas emporzukommen. Das war dort beim Riesenpostament. Ich näherte mich ihm. Nun hörte ich nichts mehr. Dann aber klang eine halblaute, doch hier in diesem akustischen Raume sehr vernehmliche Stimme:

„Ist er tot? Ich höre nichts! Mein Gott und Herr, lass ihn doch leben! Erhalte ihn, den ersten, den allerersten und den einzigen, der über unsre ‚Vogelscheuche' lachte!"

Das war ja ein Gebet! Und zwar für mich! Kein angelerntes, sondern ein eingegebenes! Da durfte und musste ich allerdings antworten.

„Ich lebe, denn es gibt ja keinen Tod!", sagte ich in gewöhnlichem Ton, und doch dröhnte es, als ob es mit aller Kraft der Stimme hinausgerufen worden sei. Die Schallwellen fluteten unter der hängenden Mauer hinaus in das vordere Bassin, und da hörte ich es von Säule zu Säule durch die Finsternis weiter und weiter klingen: „Keinen Tod – keinen Tod – – keinen Tod – – keinen Tod – – Tod – – Tod – – Tod!"

„Du bist es, Effendi, du?", fragte er.

„Ja."

„Komm, rette mich!"

„Sogleich! Wo befindest du dich?"

„Da, wo du mich – – mich – – mich – – ich darf es dir nicht sagen. Das muss von selbst geschehen!"

„Was?"

„Komm herauf!", wiederholte er, ohne auf dieses mein „Was?" einzugehen.

Ich erreichte den Sockel. Im Wachen war er mir ganz unersteigbar vorgekommen; jetzt aber, im Traum, gelang es mir fast leicht, mich hinaufzuschwingen. Er hockte auf der einen Seite der Figur; ich setzte mich auf die andere.

„Sei still!", bat er.

„Warum?", fragte ich doch.

„Warte! Es wird kommen. Wir werden auch noch sehen!"

Ich schwieg also.

Wie kam es doch, dass ich nicht fror, obgleich ich mich in dem eiskalten Wasser befunden hatte und nun so still auf dem ebenso kalten Steine saß? Wohl, weil ich doch nur träumte! Es herrschte die tiefste Stille um uns her, und nur von Weitem war es, als ob es draußen im vorderen Bassin ein leises, leises Flüstern gebe, wie Gedanken, die aus dem Wasser steigen und lebendig zu werden beginnen. Und aber dieses Wasser! Und die auf ihm liegende, dichte Finsternis! Wie war es doch mit diesen beiden?! Man spricht von Wärme und Kälte. Je größer die Kälte wird, umso deutlicher fühlt man sie als Wärme. Man sagt dann ‚meine Ohren brennen'. Ist es mit Licht und Finsternis vielleicht so ähnlich? Kann die Finsternis verdichtet werden, so verdichtet, dass sie die Wirkung des Lichtes bekommt? Das schien jetzt hier von unserem Sitz aus der Fall zu sein.

Das war hier nur so im ganz, ganz Kleinen. Aber so wie hier konnte es, freilich im unendlich Großen, gewesen sein, als sich einst am Aufgang das Licht von der Finsternis zu scheiden begann. Das Licht wurde aus seiner Gefangenschaft errettet, aus seiner Latenz befreit, aus seiner Verzauberung erlöst und schwamm zunächst als Phosphoreszenz, so fast wie Wasserleuchten, auf dem Dunkel. Dann zog es Fäden, erst feine, doch immer deutlicher werdende Fäden, die nach und nach Maschen bildeten, in denen es wie von geschliffenen Perlen strahlte. Und in gewisser Höhe darüber erzitterte es von märchenzarten, orangebunten Wölkchen, in denen es von Liliputelektrizitäten beständig wetterleuchtete, bis sich die Luft von aller Finsternis gereinigt hatte und eine Schicht entstanden war, in der man endlich, endlich das, was sich in ihr bewegte, sehen konnte.

Und diese Schicht war es, die uns nach einiger Zeit erlaubte, zu bemerken, dass draußen im vorderen Bassin Wellenkreise geworfen wurden, die unter der schwebenden Mauer hereinkamen und bis zu unserem Postament fluteten, an dem sie sich leicht kräuselnd brachen.

„Es beginnt!", flüsterte der ‚Zauberer'.

Das klang so ängstlich, und ich hörte, dass er sich wie nach innen schüttelte. War das nur die Folge seines Sturzes? Oder gab es außerdem noch andere, wohl innerliche Ursachen?

Die erwähnten Wellenlinien wurden enger und bewegter. Es kam etwas geschwommen. Wer oder was? Menschen auf keinen Fall! Gab es Tiere hier, größere Tiere? Denn nach dem Radius der geworfenen Kreise konnte es kein kleines sein! Da kam es – – unter der Mauer hindurch – – ein Totenkopf – zwei Schlüsselbeine – zwei halb im Wasser verschwindende Schulterblätter – zwei Knochenarme, die nach beiden Seiten ausgriffen, um zu schwimmen. – – – Ich kannte das: Es war das Gerippe von dem Säulenstein am zweiten Seitenkanal. Es kam bis fast an das Postament herangeschwommen, hielt da an, schaute zu uns herauf und sagte:

„Nicht bloß einer – – – sondern zwei?! Ihr armen, armen Menschen! Den Leib gerettet, wie ich einst den meinen – – – auf einen Stein, der kein Erbarmen kennt – – – ! Doch nur für kurze Zeit, bis ihr verschmachtet, verfluchend niedersinkt und zum Skelette werdet, so wie ich!"

„Wer bist du?", fragte ich ihn.

„Ich bin der erste Fluch, der hier erschallte. Und du?"

„Ich bin vielleicht, vielleicht der erste Segen."

Da tat das Gerippe mit den entfleischten Armen einen Schlag auf das Wasser, dass es bis an die Lendenwirbel emportauchte, und rief aus:

„Verstehe ich dich recht? Du willst nicht fluchen, sondern segnen, segnen?"

Seine Stimme drang in das vordere Bassin hinaus. „Segnen – segnen – – segnen – – – segnen!", ertönte es dort von Säule zu Säule, wie ein Befehl für die Toten, zu erwachen.

„Das wird sie wecken", sagte es, „sie alle, alle, alle. Denn solches Wort ist hier noch nicht erklungen!"

Und sie kamen, viele, viele, viele! Unhörbar, vollständig unhörbar! Kopf an Kopf versammelten sie sich hinter ihm! Kopf an Kopf zog ihre Menge sich unter der Hängemauer in die Unsichtbarkeit hinaus. Wie mich das packte! So ungefähr muss es den letzten Menschen sein, wenn der Hammer aushebt, um die Stunde des Gerichts zu schlagen. Segen oder Fluch? Seligkeit oder Verdammnis! Still war es, still. Keiner der Köpfe regte sich und keines der Wasser bewegte sich mehr. Nur der ‚Zauberer' hier oben bei mir bebte; denn alle, all die leeren Augenhöhlen waren starr herauf nach uns gerichtet. Und das Gerippe sprach:

„Heut ist der erste Tag des neuen Mondes, der Tag, an dem wir stets aus unserm Schlaf erwachen, um zu vollenden, was wir einst beschlossen. Der Tag der Arbeit an dem Werk der Rache!"

Es gab dem letzten Wort einen solchen Nachdruck, dass der Schall im vorderen Becken wie eine Brandung wirkte. „Rache – Rache – – Rache – – – Rache!", wiederholte dort das Echo brüllend. Es folgte ihm ein lautes Knarren, Knattern, Knirschen, als ob der Fels vor dem Zerbersten stehe, und dann klang jener lang gezogene, fauchend scharfe Ton, der warnend übers Eis erklingt, wenn Risse sich erzeugen.

„Habt ihr's gehört, wie mächtig schon das Wort an Säulen rüttelt?", fragte es zu uns empor. „Wie müssen sie dann erst vor unsrer Kraft erzittern! Wir wuschen seit Jahrtausenden sie aus, zernagten ihre Stärke und kratzten an dem alten Gleichgewicht, bis von ihm nur so viel noch übrig war, dass es verschwinden wird, sobald wir wollen! Das ist die Hälfte unseres Werks: Zerstörung!"

„Zerstörung – Zerstörung – – Zerstörung – – – Zerstörung!", donnerte draußen der Widerhall, und das gefährliche Fauchen ging von Neuem durch das zerbröckelnde Gestein der Decke. Denn dass sie bröckelte, hörten wir am Klange des Wassers, in das die Bruchstücke fielen. Das Gerippe lauschte auf diese Geräusche, bis nichts mehr zu hören war, und sprach dann weiter:

„Doch wir zerstören nur, um zu erzeugen. Vernichten wir da draußen allen Trug, so fördern wir in diesem Raum die Wahrheit. Sinkt dort der Fels zertrümmert in den Tod, so geben wir ihm hier Gestalt und Leben. Und an demselben Tag, da drüben alles stürzt, wird hier das Wunder neu geboren werden, dass Steine schreien, wenn man Gott nicht hört! Ihr wisst es nicht, bei wem ihr Rettung suchtet. Es ist der Fluch, an dessen Fuß ihr hockt! Der Fluch, der Fluch, der hier so oft erklungen, dass er des Steines Seele werden musste! Wir wuschen diesen Stein mit unsern Tränen aus. Wir meißelten mit unsern Fingernägeln. Und von dem Blute derer, die bei dem Sturz zerschmetterten, bekam der Hintergrund die dunkle Farbe. Nun ist es bald vollbracht. Nur noch zwei Mondestage, den heut und dann noch einen, so sinkt der falsche Segen in die Nacht, und unser Fluch, die Wahrheit tritt zu Tage! Doch fehlt uns noch das Wort für seinen Sockel, die Zeilen, welche droben sagen sollen, was wir dann nicht mehr selber sagen können, weil wir da draußen mit zerschmettert werden. Und diese Zeilen fordre ich von euch."

„Von uns? Warum?"

„Es wurde so beschlossen. Der Letzte, der vor der Vollendung kommt, hat auch das Letzte für das Werk zu geben. Das ist die Schrift. Wer ist es von euch beiden?"

„Hier mein Gefährte ging voran; ich folgte hinterher."

„So, also du! Was du bestimmst, wird auf den Sockel kommen. Doch höchstens nur vier Zeilen, keine mehr!"

„Und wenn euch nicht gefällt, was ich bestimme?"

„Es hat uns zu gefallen und muss genommen werden."

„Muss?"

„Ja, muss! Jedoch bedenke eins: Die Seele dieses Bildes ist der Fluch; die Unterschrift wird ihm den Geist verleihen. Gibst du ihm einen Geist, der ihm die Seele stört, so wird das Werk ein Bild des Wahnsinns sein und du zwingst uns, von Neuem zu beginnen. Hast du gehört? Und hast du auch verstanden?"

„Beides."

„So sprich nun du!"

Ich folgte dieser Aufforderung sehr gern, stand auf, lehnte mich, um nicht hinabzuschlüpfen, an die Figur des Beters und begann:

„Heut ist der erste Tag des neuen Mondes, der Tag, an dem er aus dem dunkeln Schatten der Erde tritt, um wieder ihr zu leuchten. Und dieser Tag, so hoffe ich, soll auch für euch das wiederbringen, was euch der Schatten dieser Erde nahm – – der Sonne goldnes Licht!"

Ich hatte so laut gesprochen wie er, und darum wurde das letzte meiner Worte auch hinausgetragen zu den morschen Säulen, an denen es auch ganz dieselbe Wirkung hervorbrachte, nur dass die glucksenden und klatschenden Geräusche der fallenden Steine dieses Mal viel, viel länger anhielten als vorher. Und hierauf ging statt jenes fauchenden Geklinges ein tiefes Rollen am Gewölbe hin, wie wenn am Horizont ein fernes Donnergrollen das Nahen schwerer Wetter uns verkündet.

„Habt ihr's gehört?", so fragte ich hinunter. „Wenn schon mein Wort umso viel stärker wirkt, um wie viel mehr wird erst die Kraft euch überlegen sein! Ihr selbst gestandet ein, dass euer Wort euch mit zerschmettern werde. Glaubt an das meinige, so werdet ihr von ihm hinaus zur Sonne und an das goldne Tageslicht geführt!"

„An die Sonne? An das Tageslicht?", fragte das Gerippe. „Niemals, niemals werden wir sie beide wieder sehen! Auch du nicht! In keiner Ewigkeit!"

Es hauchte das verzweifelt vor sich hin.

„In keiner Ewigkeit – – – in keiner Ewigkeit!", so seufzte es ihm nach von Kopf zu Kopf.

„Was höre ich? Ihr gebt ja mir schon Licht!", fuhr ich fort. „Um wie viel mehr kann ich nun euch es bringen! Nur die Verzweiflung war's, die euch zur Rache trieb. Das liegt in Sonnenklarheit hier vor meinen Augen! Die Hoffnungslosigkeit ließ euch den Fluch ersinnen! Du nanntest uns: ‚Ihr armen, armen Menschen'; ich aber sag: Ihr armen, armen Geister! Ihr kamt zu diesem Berg, mit Schatten euch zu streiten. Ihr nanntet Wahn, was ihr vernichten wolltet. Und doch war es ein noch viel größerer Wahn, der es für möglich hielt, dass es auf Erden Strahlung ohne Schatten und Wahrheit ohne Täuschung geben könne! Ihr hattet alle Wesen töten und jedes Licht im All verlöschen müssen, und damit nur erreicht, dass dieses All in Finsternis versank. Dann freilich gab es keine Schatten mehr; an ihre Stelle war der eine, einzige, der ewige getreten! Und nicht bloß Wahn, nein, Wahnsinn ist's gewesen, und Wahnsinn ist es noch in diesem Augenblick, dass ihr den Schemen flucht, anstatt der eignen Torheit! Wer zwang euch denn, hinauszutreten in den Schlund, wo jeder Menschengeist den festen Halt verliert?"

„Gab es denn einen andern Weg ins Freie?", fragte es. „Der Eingang war verschwunden!"

„Auch ich sah ihn nicht mehr. Doch wusste ich, dass er sich dem Gebete zeigen werde, auf das mich ja der Warnende verwies. Hat er nicht auch zu euch davon gesprochen?"

„Er sagte es, doch beteten wir nicht."

„Warum nicht?"

„Ist das Gebet für so erhabne Geister, die wir waren?"

„Für so erhabne Geister! Ach so! Entschuldigt mich! Verzeiht, dass ich, der arme, kleine Mensch, es wage, zu euch zu sprechen, die ihr so erhaben seid, dass ihr nicht einmal mehr mit Gott, dem Höchsten, redet! Wie sehe ich euch doch so groß und herrlich hier in den Fluten eures Irrsinns liegen! Ihr kamt mit Überhebung zu dem Berge, gingt stolz erhobnen Hauptes durch die Schatten und hobt in selbstbewundernder Vermessenheit den Fuß, auch noch die letzte Türe zu durchschreiten. Und nach dem Sturz in dieses Geistesdunkel, was tatet ihr? Was habt ihr unternommen? Ihr wurdet von dem Warnenden auf das Gebet verwiesen. Es hätte euch sofort das Licht gebracht. Habt ihr gebetet? Nein, geflucht, geflucht! Und wem habt ihr geflucht? Etwa dem eignen Wahnsinn, der euch stürzte? Nein, sondern denen, die sich wehren mussten, weil ihr es ihnen nicht einmal erlaubt, zu bleiben, was sie waren – – – arme Schatten! Ist einer unter euch, der etwa glaubt, sich gegen mich verteidigen zu können?"

Es blieb eine Weile still; dann sagte das Geripppe:

„Du wirfst uns vor, dass wir nicht beteten, damit der Eingang sich uns wieder öffne. Sag, betetest denn du?"

„Nein."

„Hast also ganz dasselbe unterlassen und darum nicht das Recht, uns anzuklagen!"

„Ich unterließ es nicht; ich kam nur nicht dazu. Mich führten überhaupt ganz andre Gründe als euch in dieses drohende Gemäuer. Ich kam nicht, zu verderben, nein, sondern zu erretten! Auch hatte ich das Ende wohl bedacht und war nicht so verrückt, die Bodenlosigkeit für festen Grund zu halten. Ich habe alles, was ich sah, studiert, kalt und gemessen, wohl bedacht und ruhig. Und eben als ich damit fertig war, erschien der Zauberer und..."

„Du erschrakst und sprangst herab zu uns!", fiel das Geripppe schnell ein.

„Nein. Ich blieb stehen, ließ ihn ganz heran und sprach mit ihm."

„Du bliebest – – – stehen? Sprachst – – – du sprachst mit ihm? Das hat kein einziger von uns gewagt! Hast du denn nicht gewusst, dass dieser Zauberer der Wahnsinn ist? Auf wen sein fürchterliches Auge fällt, der wird verrückt, verrückt – – – sofort verrückt! Wir alle, alle flohen, als er von fern erschien, und das Entsetzen trieb uns hier herunter. Und du bliebst stehn! Hast gar mit ihm gesprochen! Mensch, solche Kühnheit ward noch nicht gesehen!"

„Da wiederhole ich: Ihr armen, armen Geister! Wo bleibt da die Erhabenheit, wenn jeder Unsinn sie in Wahnsinn stürzt!"

„Du kamst doch auch herab!"

„Jawohl, ich kam. Doch aber nicht vor Schreck! Ich sprang aus freiem Willen, ganz ohne Zwang herunter, damit er sehen möge, dass ich nicht ihn und auch den Tod nicht fürchte."

„Selbst – selbst – – selbst heruntergesprungen!", stieß das Geripppe hervor, und das Wasser, in dem es lag, zitterte, als ob an und in dem Skelett alles in Erschütterung sei.

„Selbst – selbst – – selbst heruntergesprungen!", so klang es von Kopf zu Kopf bis weit hinaus ins vordere Gewölbe.

„Er fürchtet nicht den Tod!", sagte das Geripppe.

„Nicht den Tod – – nicht den Tod – – – nicht den Tod!", ertönte es hinter ihm weiter und weiter.

„Warte, warte, warte! Wir kehren bald zurück!"

Diese Worte galten mir. Dann setzte sich die ganze Schar in unerwartet schnelle Bewegung, um aus dem hinteren Wasserbecken zu verschwinden. Durch das vordere aber ging ein Flüstern, Raunen, Murmeln und Summen wie von vielen Tausenden, die nicht auf dem Wasser, sondern unten auf dem tiefen Grunde miteinander sprächen. Nach einiger Zeit kehrten sie wieder, genauso, wie sie zuerst gekommen waren. Das Geripppe nahm seine alte Stellung dem Sockel gegenüber ein und sprach:

„Heut ist der erste Tag des neuen Mondes, der Tag, an dem er aus dem dunkeln Schatten der Erde tritt, um wieder ihr zu leuchten. Und dieser Tag, so hoff ich, soll auch uns das wiederbringen, was uns die Erde nahm: der Sonne goldnes Licht! Du hörst, ich spreche schon mit deinen Worten. Vielleicht geschieht es noch, dass wir nach diesen Worten handeln. Kennst du die Sage vom verzauberten Gebete?"

„Nein", antwortete ich.

„Nicht! So dürfen wir dir umso mehr vertrauen! Der Letzten einer, die hier zu uns kamen, herabgestürzt wie wir, durch eigne Schuld, war vorher drüben in dem Land gewesen, wo seit fast ungezählten, vielen Jahren ein wunderbarer Geist in tiefer Höhle wohnt. Man nennt ihn darum Ruh 'i kulyan, doch steigt er einmal zu den Menschen nieder, so naht er sich in weiblicher Gestalt, trägt weißes Haar, fast bis zur Erde nieder, und führt den Namen Marah Durimeh. Er traf auf sie in ärmlich kleiner Hütte und sprach mit ihr vom großen Menschheitsweh. Doch war ihm ihre Rede nicht begreiflich, denn was sie sagte, klang so wirr, so falsch, dass er sehr bald sich ärgerlich entfernte, vollständig überzeugt, dass er mit einem alten, verrückten Weib gesprochen habe. Als aber er am nächsten Tag erfuhr, dass ihm das seltne Glück beschieden sei, den Ruh 'i kulyan gesehn zu haben, erschien ihm jedes Wort in andrem Licht. Er dachte nach, und wie er weiterdachte und das, was sie gesagt, sich wiederholte, stieg in ihm mehr und mehr die Ahnung auf, dass er im Irrtum sei, nicht aber sie. Sie gab ihm, als er ging, die Sage vom verzauberten Gebete auf den Weg. Doch er, der sich für klug und weise hielt, warf sie von sich, als lächerliches Märchen. Erst hier, im allertiefsten Erdenweh, stieg diese Sage wieder in ihm auf, und als wir einst hier an dem Bilde schafften, erzählte er von jenem andern Bilde und von der Greisin Marah Durimeh. Das war für uns der erste Mondestag, nach welchem wir, still hoffend, schlafen gingen. Was wir bisher für ganz undenkbar hielten, das war nach dieser Sage Möglichkeit! Doch schwer, unendlich schwer, weil nicht an eine, nein, an so viel Bedingungen geknüpft, dass sie ein Mensch fast nicht erfüllen konnte. Denn merke wohl, ein Mensch war vorgeschrieben, ein einziger, der aber alles tat! Und ohne Ahnung hatte er zu handeln, genau wie du, der nichts von allem weiß!"

Wie sonderbar! Das klang ja wie ein Märchen!

„Hab' ich denn nun bereits etwas getan, was in der Sage vorgeschrieben ist?", fragte ich.

„Du kamst nicht, um die Schatten zu vernichten. Du hieltest jenem Zauberer fest stand. Du schenktest dem Gebete vollen Glauben. Du hattest vor dem Tode keine Angst. Du sprangst aus freier Absicht in die Tiefe. Das Übrige muss noch verschwiegen bleiben, weil du ja ohne Wissen handeln musst. Doch sag uns jetzt das eine, furchtbar eine, vor dem wir beben, sei es ‚ja', sei's ‚nein'! Wer stürzte diesen andern zu uns nieder, der noch kein Wort bisher gesprochen hat?"

„Ich. Er wollte mich hinaus ins Dunkle stoßen. Ich wich ihm aus und gab ihm einen Hieb, dass er es war, der zu euch niederflog."

„Und dann?"

„Dann warf ich ihm den Stumpf der Fackel nach und folgte hinterher."

„Warum, warum, warum sodann auch du?", fragte es schnell und dringend.

„Um ihn vielleicht zu retten."

„Zu retten! Ihn – ihn – – ihn!"

Es warf den Knochenarm als Zeichen der Verwunderung empor und fragte dann fast schreiend:

„Wer ist er aber denn? Sag, wer, wer, wer!"

„Wer, wer, wer!", rief jeder Kopf, und „Wer – wer – – wer – – – wer!", scholl es hinaus, dass alle Säulen dröhnten.

„Der Zauberer!", antwortete ich.

„Der Zauberer!", wiederholte das Skelett, und mit versinkender Stimme fügte es hinzu: „Also doch er, er, er!"

„Er – er – – er – – – er – – – –", verklang es hier im Bassin. Draußen aber war es still, unheimlich still!

Jetzt drehte sich das Skelett den Köpfen zu. Es ging ein hier oben bei mir unverstehbares Wispeln und Lispeln herüber und hinüber. Dann wandte es sich mir wieder zu und sagte:

„Ich weiß, du hattest uns noch viel zu sagen, um uns zu überzeugen, was wir waren, und dass wir durch Jahrtausende hindurch nur unserm Wahn und Hirngespinste dienten. Du hättest uns wohl niemals überführt; da kam die Sage Marah Durimehs und zeigte uns, was wir vorher nicht sahen. Nun muss ich dir gestehn: Du hast gesiegt, gesiegt, noch ehe du zu Ende bist! Soll ich es dir beweisen?"

„Nein. Ich kenne den Beweis."

„Mensch! Du bist unheimlich!"

„Das glaube ich! ‚Erhabenen Geistern' wird es stets beklommen, wenn auch der Mensch einmal zu denken wagt, und können sie nicht auf den Gedanken kommen, so wird dann gütigst er um Rat gefragt! Euer Beweis ist hier der Zauberer. Wenn er in andrer Weise unter euch geraten wäre, so würdet ihr statt Geister Teufel sein. So aber steht er unter Menschenschutz und ist darum selbst hier am Bild des Fluches der Menschlichkeit, der früheren, empfohlen!"

„Du sprichst so spitz, wie seine Augen blickten. Du triffst so tief, wie wir ihn treffen wollten. Wir haben es verdient. Vergib uns unsre Schuld!"

„Vergib uns unsre Schuld – – – vergib uns unsre Schuld!", klang es von Kopf zu Kopf und auch hinaus ins vordere Bassin. Da bog ich mich in großer, großer Freude so weit wie möglich vor und sprach:

„Was habe ich gehört? Das war ja ein Gebet! Die Seele naht, die Seele eures Bildes. Der Fluch kann niemals, niemals Seele sein. Und soll der Stein an Gottes Stelle reden, der nichts und nichts und nichts als segnen kann, so gebt ihm Hände, welche benedeien!"

„Und du, gib ihm die Worte für den Sockel!"

„Wann?"

„Jetzt, sogleich!"

„So hört!"

Sie drängten sich zusammen und kamen näher herbei. Dadurch wurde Platz für noch viele von denen, die draußen waren. Sie kamen herein. Ich sagte, nicht überlaut, doch langsam und vernehmlich:

„Gesegnet sei, wer nach der Wahrheit suchte
und ihr zu Füßen auch den Irrtum fand.
Drum leg ich ihn, den ich bisher verfluchte,
mein Gott und Herr, in deine Gnadenhand!"

Nach diesen Worten gab es da unten im Wasser eine so tiefe Stille, dass ich den befreiten, seligen Atemzug hörte, der mir von drüben, wo der ‚Zauberer' saß, zugeweht wurde, und hierauf die leise, leise Wiederholung:

„Mein Gott und Herr – in deine Gnadenhand – – –! Den Irrtum – – – also mich – – mich – mich! Nun nur noch eins, noch eins!"

Da regte sich das Gerippe, und es klang wie schluchzend zu mir herauf:

„Er flucht dem Irrtum und der Täuschung nicht! Aber er segnet sie auch nicht, sondern er gibt sie in Gottes Hand! So, genau so will es auch die Sage! Diese Worte müssen unbedingt, unbedingt eingegraben werden! Noch haben wir zwei Mondestage Zeit, des Bildes Rachefaust verzeihend zu gestalten. Es soll die Seele haben, die du ihm geben willst!"

Da stand der Zauberer von seinem Platze auf, hielt sich am Alabaster fest und machte eine Bewegung, als ob er sprechen wolle. Ich aber kam ihm zuvor und fragte hinab:

„So ist also der Rache nun entsagt, und ihr verzichtet auf den Fluchgedanken?"

„Ja", antwortete das Geripppe, und „Ja, ja – – ja!", ertönte es im ganzen Chore nach.

„So habe ich mein letztes Wort zu sagen."

Ich bog mich hinüber, griff nach des Zauberers Hand und sprach:

„Hier halt' ich ihn, den unbedacht Verfluchten. Was er an andern tat, ist nicht von mir zu richten. Dass er auch mich bedrohte, verzeihe ich ihm gern. Denn ich will ihn aus seiner Finsternis hinaus zum Lichte leiten! Er sei von dieser Schuld erlöst, sei von ihr – – – frei!"

„Das, das, das war es, das eine, eine noch!", hörte ich ihn leise sagen. „Aber was werden nun diese, diese tun da unten?!"

Da schob sich das Geripppe noch einmal weiter vor und richtete seine Worte nicht an uns, sondern an seine Wahngefährten:

„Auch was er uns getan, verzeihen wir ihm gern. Er sei erlöst von seiner Schuld, sei von ihr – – – frei!"

„Er sei erlöst von seiner Schuld, sei von ihr – – –frei!", riefen alle, alle Köpfe. Kein einziger war, der schwieg.

„Frei – – frei – – – frei – – – – frei!", erschallte das Echo draußen von Wand zu Wand, von Säule zu Säule.

Und nun erhob auch der Zauberer seine Stimme. Sie klang nicht etwa gedrückt, beklommen oder gar unterwürfig, sondern hell, rein, klar und selbstbewusst, als ob er es sei, der zu verzeihen habe:

„Ihr gebt mich frei, sagt ihr? Lasst das die letzte Torheit sein, die hier von euch geschieht! Wer stürzte euch? Nicht ich! Es war die Angst vor mir, die Furcht vor dem Gespenst! Dazu der Stolz, der sich zu beten schämte! Ihr dünktet euch so groß und so erhaben und wagtet es doch nicht, mir standzuhalten, dass ich euch sagen konnte, wer ich sei! Und wenn ich es nun jetzt euch sagen wollte, so könntet ihr es doch unmöglich fassen, weil Geisterwahn nicht schnell, nicht plötzlich heilt. Doch merkt euch das erlösend wahre Wort: Wer keinen Schatten wirft, der kann kein Wesen sein und wird vom Menschheitskörper nicht empfunden. Wenn eine Schuld, ein Frevel auf mir ruht, so seid ihr wohl die Letzten, Allerletzten, an die ich mich um Gnade wenden würde. Denn dass ihr's wisst: Wer mir verzeiht, hat nur sich selbst verziehen. Und weil ihr dies getan, so will ich euern Wahn und euern Selbstbetrug nicht länger strafen. Ihr habt gesühnt; so geb' ich euch denn eure Schatten wieder: Es werde Licht!"

„Licht!", rief ich. „Licht!", rief das Geripppe. ‚Licht, Licht, Licht!", wiederholten alle die Geister, und „Licht – – Licht – – – Licht – – – – Licht!", klang es hinaus bis in den tiefsten Winkel, und alle Säulen zitterten und bebten.

Da plötzlich war die lichte Schicht verschwunden, die auf der dunkeln Flut gelegen hatte, und Finsternis lag wieder um uns her. Doch es erklang ein Ton, so weich und doch so hell, so lind und mild und doch so siegreich klar. Wo kam er her und wo ließ er sich nieder? Aus einer andern Welt – – – im Bilde neben mir. Erst war er nur zu hören, doch bald dann auch zu sehen, ein wunderbarer, heilger Farbenton! Wie Sonnengold, vermählt mit Himmelsblau! Wo seine Quelle lag? Im Alabaster! Das Bild ward nicht von außen her beschienen. Es trug das Licht in sich und warf darum auch keine Spur von Schatten. Erst leise, wie ein Morgenhauch beginnend, entwickelte die reine, keusche Klarheit sich nach und nach zum tageshellen Glanze, sodass es war, als leuchte uns die Sonne. In dieser Helligkeit erschienen mir das Gerippe und alle, die in tiefem Staunen lagen, so fratzenhaft, so schrecklich widerwärtig, dass ich mit meinem Blick von ihnen floh und ihn an der Figur nach oben sandte.

Was ich da sah, das ward noch nie gesehen, weil keine Kunst noch je so Schönes schuf! Doch leider stand ich ja so dicht am Bilde, dass jetzt nur seine Größe auf mich wirkte. Wie klein, wie klein kam ich, der Mensch, mir vor!

Da sprach der Zauberer:

„Es wurde Licht! Soll es nun wachsen, bis es euch verzehrt? Flieht schnell hinaus, der Schatten wird euch retten!"

„Es gibt ja keinen Weg", sprach das Skelett, ‚wir sind für ewig, ewig eingeschlossen. Wird dieses Licht zur Schattenlosigkeit, so sind wir alle, alle hier verloren! Die Sage zwar erzählt von diesem einen, dass er den Schlüssel Hephata besitze, und bis zu diesem Augenblick ist alles, was sie sagte, eingetroffen, doch diese Felsen und Gigantenmauern sind für das Hephata ja wohl zu stark!'

Da rief ich aus:

„Ich habe ihn, den Schlüssel, und keine Stärke kann ihm widerstehen! Ich war schon einmal hier; da wurde er erprobt. Gebt Raum für uns da unten! Wir kommen jetzt hinab und führen euch hinaus!"

„Hinaus, hinaus!", jauchzte das Gerippe.

„Hinaus, hinaus, hinaus!", jubelten die anderen.

„Hinaus – – hinaus – – – hinaus – – – –hinaus!", frohlockte es im vorderen Bassin, dass alle Säulen dröhnten und Stein um Stein sich vom Gewölbe löste.

Ich sprang in das Wasser, der Zauberer mir nach. Während die Köpfe sich bemühten, eine Gasse für uns zu bilden, schaute ich zurück und aus dieser weiteren Entfernung an dem Bilde hinauf. Es strahlte schon so stark, dass mir sofort die Augen schmerzten. Da wandte ich mich schnell wieder zurück und griff mit beiden Armen aus, um durch die Wasserflut der Lichtflut zu entgehen. Der Zauberer hielt sich an meiner Seite. Die anderen folgten; keiner blieb zurück!

Der Glanz drang unter der hängenden Mauer auch in das vordere Becken und verbreitete dort eine Art von Dämmerung, die mir den Weg genügend deutlich zeigte. Ich schwamm nicht an den Seitenkanälen vorüber, sondern quer zwischen den Säulen hindurch gleich nach dem Hauptkanal, wo der letzte Lichtreflex verloren ging und wir uns infolgedessen in tiefster Finsternis befanden. Das konnte aber nicht stören, weil der Weg uns durch die engen Seitenmauern vorgeschrieben war. Wir konnten weder rechts noch links abweichen, sondern nur immer vorwärts, vorwärts, vorwärts, und dass die andern folgten, das hörten wir an ihrem Schwimmgeräusch, das in dieser steinernen Röhre wie dumpfes Meeresbrausen rauschte.

Viel leichter als früher mit dem Boote kam ich durch das Gestrüpp hinaus ins Freie, in den See. Um Platz zu machen, schwamm ich da erst eine Strecke geradeaus und drehte mich dann um. Der Zauberer war bei mir. Vor mir hielt das Gerippe. Hinter ihm sah ich seine Scharen, die so zahlreich waren, als ob der Kanal sich gar nicht entleeren könne. Es kamen immer mehr, immer mehr aus ihm hervor. Ich sah sie deutlich, denn die Sterne leuchteten, und die schmale Sichel des ersten Viertels stand gerade über uns am Himmel. War es möglich, dass alle, alle diese vielen, die ich erblickte und die noch immer nachdrängten, sich da drin im Berg befunden hatten? Kann es wirklich eine solche Menge von Geistern gegeben haben, die von ihrer Gedankenhöhe stürzten, weil ihnen plötzlich dort der feste Boden schwand?

Endlich, als die Letzten erschienen waren, erhob das Skelett seine Stimme und sprach:

„Heut ist der erste Tag des neuen Lebens, der Tag, an dem das Licht uns wiederkehrte. Wir sind voll Dank und sagen Lob und Preis. Schaut dort hinauf, zur halben Bergeshöhe! Der Mondesstrahl zeigt uns die Rosensäulen; ein Tempel ragt, geweiht dem Dienste dessen, den unser Hochmut einst nicht anerkannte. Wir haben es gebüßt, jedoch nicht bis zum Ende. Noch ist das Werk des Fluches nicht vollbracht, den wir in Segen umzuwandeln haben. Es soll und muss geschehen, uns zur Buße. Wir haben nun den Schlüssel Hephata. Und was uns tödlich war, des Bildes Eigenlicht, wird sich im Bergesdunkel schnell verlieren. Dann kehren wir zurück und lassen jene Faust, die sich im Grimm des Fluches ballen sollte, zur offnen Hand des Fürgebetes werden. Jetzt aber kommt mit mir hinauf zum Tempel! Adan, der Stern der Erdenmitternacht, erglüht grad über uns am Firmamente. Wir haben also heilge Geisterstunde und müssen dort hinauf, dem einzig Einen zu sagen, dass wir wieder beten werden!“

Es wandte sich schwimmend der Stelle des Ufers zu, von der aus man nach dem Weg zum Beit-y-Chodeh kam.

Die anderen folgten ihm. Ich aber blieb zurück. Wenn Geister beten, sei der Mensch bescheiden; er kann ihr Kyrie doch nicht verstehn!

Auch der ‚Zauberer‘ blieb halten. Wir sahen ihnen eine kleine Weile nach; dann fragte ich:

„Kommst du mit mir ans Ufer?“

„Nicht nur ans Ufer“, antwortete er. „Ich gehe mit dir heim, hinauf in deine stille Denkerklause. Da setzen wir uns an das Sternenlicht, und ich erkläre dir, warum es Schatten gibt und Fehler bei den Menschen. Komm!“

Wir schwammen nach der Landestelle und – sonderbar! Als ich da aus dem Wasser stieg, war ich nicht nass; auch mein Gewand war trocken. So auch bei ihm. Er nahm mich bei der Hand. Wir wandelten durch den Duar, den Weg zum Haus empor. Das Tor war zu. Es öffnete sich selbst, sobald wir es berührten. Die anderen Türen auch, bis wir in meinem Mittelzimmer standen. Da hörte ich von rechts her ein Geräusch, als ob ein Schlafender sich anders wende. Ich wollte schnell hinaus; er aber hielt mich fest und flüsterte mir zu:

„Du darfst dich noch nicht wecken! Ich habe dir so viel, so Wichtiges zu sagen, dass du erstaunen wirst, wie sicherlich noch nie im ganzen Leben.“

Wir traten auf das platte Dach hinaus und schauten nach dem Gotteshaus hinüber. Der Sterne Glanz lag auf dem ganzen Tal; der Tempel aber stand in jenem Licht, das aus dem Alabaster hell ertönte – – – im Sonnengold, mit Himmelsblau vermählt. Die Geister lagen alle auf den Knien. Ein süßer Rosenduft umwehte uns. Kam er von drüben? Sollte er es sein, der uns die leise, leise Strophe brachte:

> „In allen Himmeln leuchten heut die Sonnen,
> auf allen Erden wird zum Tag die Nacht;
> denn was der Wahn im blinden Hass begonnen,
> wird von der Wahrheit segensreich vollbracht!“

„Hörst du?“, fragte der ‚Zauberer‘. „Du wirst es nicht begreifen; ich aber will dir sagen, was sie meinen. Doch sollst du es nicht nur hören, sondern auch sehen. Schau mich an!“

Ich tat es. Was ging da mit ihm vor? Seine Gestalt begann zu verschwinden, sich wie in Nebel zu verwandeln. Doch nahm dieser Nebel sehr rasch wieder Formen an, und wer, wer stand da vor mir? Nicht mehr er, der ‚Zauberer‘, sondern der ‚Warnende‘, mit dem ich gesprochen hatte, ehe ich in den Berg gestiegen war. Ich sah nicht mehr den weißbehaarten Kopf mit stechend scharfen, kalten Feindesaugen, nein, sondern jene freundlich ernsten Züge und jenen weichen, väterlichen Blick, der bei der Frage, ob ich beten könne, besorgt und doch voll Hoffnung auf mir ruhte.

„Du wunderst dich“, sagte er. „Und doch ist nichts geschehen, was zum Verwundern wäre! Wer geistig Mündel ist, den mag der Vormund warnen. Doch den Erwachsenen, den reifen Denker, den warnt des Irrtums eigne, andre Stimme, die stets die volle, reine Wahrheit spricht. Und dieser ist kein Vormund überlegen! Du hast dein Wort gehalten. Bist weder meinem andern Ich noch meinem Wahn verfallen, der aller Welt den Schatten rauben will, weil er sich selbst für ohne Schatten hält. Du hast mich nicht besiegt und doch besiegt. Ich fühle mich verschuldet und werde quitt mit dir, indem ich dich in das Geheimnis führe, dass beide, Licht und Finsternis, den Tod bedeuten würden, wenn sie sich nicht versöhnt die Hände reichten, grad ihn in ewges Leben zu verwandeln. Darum die Wahl, die keine Lüge war, obgleich es Tod nicht gibt und doch kein Schatten lebt: Tod oder Schatten!“

Er setzte sich; so tat ich's also auch. Und nun begann er zu erzählen: Ein Menschenleben, ein Geistesleben und aber doch das ganze Menschheitsleben. Die Sterne wanderten am Himmel weiter; ich sah es nicht; die Zeit war wie für mich nicht mehr vorhanden. Die Sterne schwanden; auch dieses sah ich nicht. Ich achtete allein auf seine Worte. Im Osten stieg der Morgen bleich empor, doch schaute ich nicht hin. Mir war ein andrer Morgen aufgegangen, Nun aber kam der erste Sonnenstrahl und fiel verklärend auf sein Angesicht. Da sprang er auf, zog mich zu sich empor, berührte mit den Lippen meinen Mund und sprach:

„Hier diesen Kuss für den, der drinnen schläft! Komm mit hinein, dass er dich wiederhabe! Du wirst gebraucht. Und ich – – – ? Wohl noch viel mehr!“

Er nahm mich bei der Hand. Schon unter der Tür blieb er noch einmal stehen und sagte leise:

„Er liegt so still und schläft; ich höre seinen Atem. Sobald du dich ihm nahst, wird er zu träumen haben, was du bei mir erlebtest. Geh langsam, langsam hin und gib ihm meinen Kuss! Nicht übereilt sei deine Wiederkehr, weil er des Traumes sich nach dem Erwachen genau erinnern soll. Kein Wort sei ihm verloren!“

Ich folgte dieser Weisung und ging nur Schritt um Schritt quer durch das Mittelzimmer, dann durch die offene Tür ins Schlafgemach, in welches grad mit mir der Sonne Licht auch trat. Sein Angesicht begann, sich geistig zu beleben, und dieses Leben ward umso bewegter, je näher ich ihm kam. Nun war ich dort und bog mich zu ihm nieder, gab ihm den Gruß des ‚Zauberers‘, der an der Tür noch stand, und – – – erwachte aus dem Schlaf, riss beide Augen auf, sah mich aber schon nicht mehr stehen, sprang eiligst aus dem Bett und dann schnell durch die Tür hinaus ins Mittelzimmer. Der Zauberer war fort, das Zimmer leer und auch das platte Dach!

„Geträumt, geträumt!“, rief ich. „Und aber wie geträumt! So deutlich ist noch nie ein Traum gewesen! War das vielleicht ein sogenannter Wahrheitstraum? Es ist ganz so, als hätte ich's erlebt, als hätte ich es wirklich durchgemacht. Ich sehe alles noch. Ich höre jede Silbe. Ich werde es mir rekapitulieren. Dann setze ich mich her, es zu Papier zu bringen.“

Freuden und Leiden eines Vielgelesenen

Eine autobiografische Humoreske

„Ei ku guli dichaze,
istiriyahn ssi lahzime bechaze!"

Wenn ein Autor von seinen Lesern aufgefordert, ja förmlich gedrängt wird, „doch auch einmal etwas über sich selbst zu schreiben", so geht er nur, eben weil er so gedrängt wird, an die Erfüllung dieses Wunsches; denn er stürzt sich dabei kopfüber in die unvermeidliche Gefahr, ein Abu el Botlahn[1] oder Dschidd el Intifahch[2], wie der Araber sich auszudrücken pflegt, genannt zu werden. Und wenn er gar sich der obenstehenden Überschrift bedient, sich also einen Vielgelesenen nennt, so hat diese Gefahr schon gleich bei der ersten Zeile einen solchen Grad erreicht, dass sie gar nicht größer werden kann. Damit ist aber auch sogleich die Angst überwunden, welche man vor Gefahren zu haben pflegt, und ich kann freien und heiteren Gemütes meinen Leserinnen und Lesern sagen, dass ich mich schon deshalb als einen Vielgelesenen bezeichnen darf, weil nur ein solcher von den Freuden und ganz besonders von den Leiden reden kann, durch deren Besprechung an dieser Stelle ich mein Herz gern einigermaßen erleichtern möchte.

Dass ich kein Abu el Botlahn, sondern im Gegenteil ein bescheidener, durch seine Erfolge schwer niedergedrückter Schriftsteller bin, kann ich schon durch den Standpunkt beweisen, von welchem aus ich heute „meine Feder in die Tinte tauche". Glücklich, dreifach glücklich ist nämlich der Autor zu preisen, dessen Werke nie zum Druck angenommen werden! Sie bleiben sein unbestrittenes geistiges Eigentum und er kann, ohne jemals widerrechtlich nachgedruckt zu werden, zwischen seinen vier Wänden und im Kreise seiner heimlichen Bewunderer so oft, als es ihm beliebt, in ihren Schönheiten schwelgen; sie dürfen ihm so kostbar sein und bleiben wie eine Sammlung von Diamanten, die man nie verkauft. Schon weniger glücklich ist der Autor, welchem die Fatalität begegnet, ein oder einige Male gedruckt zu werden. Er ist dem Löwen der Öffentlichkeit in die unerbittlichen Pranken geraten, wird von ihm hin und her geworfen und hat von Augenblick zu Augenblick den entsetzlichen Biss zu erwarten, der ihm den Garaus macht. Das Honorar ist nur die Lockspeise gewesen, welche ihn in eine Lage brachte, der er nur durch die nunmehrige größte schriftstellerische Enthaltsamkeit entrinnen kann. Von einem vertraulichen, behaglichen, häuslich verborgenen Genuss seiner Geistesfrüchte kann keine Rede sein! Und nun erst derjenige unglückliche Literat, den der oben erwähnte P. T.[3] Löwe so fest hält, dass er nicht wieder loskommen kann! Er ist einem so beklagenswerten Geschick verfallen, dass jedes nur einigermaßen mitleidige Menschenkind ihm – – doch, wozu die Einleitung so lang machen! Ich gehöre ja leider selbst zu dieser Klasse von Duldern, und wenn ich von meinen Leiden erzähle, die von einigen seltenen Lichtblitzen nur umso stärker hervorgehoben werden, so werden damit die Qualen meiner Berufsgenossen auch beschrieben und ich brauche sie also gar nicht eingangsweise aufzuzählen.

---

[1] Vater der Eitelkeit [2] Großvater des Eigendünkels
[3] Prämisso titulo = nach vorausgeschicktem, gebührendem Titel; heute veraltete Höflichkeitsfloskel

Der Autor soll vor allen Dingen logisch sein, und da es keine größere Logik als diejenige der Tatsachen gibt, so lasse ich die Tatsachen sprechen, indem ich zunächst einen Tag, einen einzigen Tag der jetzt vergangenen Woche schildere.

Es ist Dienstagfrüh Punkt sieben. Ich werde um Manuskript gedrängt, habe seit gestern Nachmittag drei Uhr, also sechzehn Stunden lang, am Schreibtisch gesessen und kann, auch wenn ich nicht gestört werde, vor abends acht Uhr nicht fertig werden. Die Nacht, oft zwei, drei Nächte hintereinander, ohne dann am Tag schlafen zu können, ist überhaupt meine Arbeitszeit, der vielen Besuche wegen, welche täglich kommen, um „ihren" Old Shatterhand resp. Kara Ben Nemsi Effendi persönlich kennenzulernen. Es klingelt unten am Eingang und trotz der frühen Stunde wird mir ein Gymnasiast gemeldet, welcher so zeitig aus Dresden gekommen ist, um mich sicher anzutreffen. Beim Eintritt in die Studierstube erblickt er den mächtigen „Abu er Rad" im Hintergrund, lässt vor Schreck die Tür offenstehen, macht dann einen Sprung vorwärts und stürzt mit dem Ruf „Dunner unds Messer, das ist ja ein Löwe, ein richtiger, wirklicher Löwe!", auf das von mir in Afrika geschossene Raubtier zu, wobei er aber am Kopf des Grizzlybären hängenbleibt.

„Allerdings", antworte ich lächelnd. Das macht ihn darauf aufmerksam, dass ich auch da bin, und er wendet sich mir mit einer Verbeugung aus der Obersekunda zu, um mir den Zweck seines Besuchs zu erklären. Er will sich nämlich Folgendes von mir erbitten: eine Locke von Winnetou, einen Revolver, weil ich doch so viele hier hängen habe, ein Straußenei und nur ein Viertelpfund von dem echten Dschebelitabak, den ich in meinen Werken so gepriesen habe. Ich erlaube ihm, sich einen Tschibuk mit Dschebeli zu stopfen, und während er, auf dem Diwan sitzend, ihn mit der Miene eines Pascha von zwanzig Rossschweifen raucht, versuche ich weiterzuschreiben, komme aber bei den hundert Fragen, die ich ihm beantworten muss, nicht dazu. Zu meiner Freude bittet er mich, meinen Garten und besonders „das künstliche Gebirge" mit dem chinesischen Pavillon ansehen zu dürfen. Ich gestatte es, er geht mit einer rätselhaften Verneigung zur noch immer offenen Tür hinaus, wirft sie mit Riesenkraft ins Schloss und ich kann endlich wieder schreiben.

Es klingelt abermals. Man bringt mir eine Depesche folgenden Inhalts: „Heute Mittag zwölf Uhr Hotel Europäischer Hof, Dresden – – Herbig." Weil das Telegramm aus Leipzig kommt und mein dortiger Kommissionär Herbig heißt, nehme ich mir vor, nach Dresden zu fahren, obgleich es mich befremdet, dass dieser Herr, anstatt zu mir nach Radebeul zu kommen, mir meine kostbare Zeit verkürzt.

Acht Uhr! Die erste Post wird abgegeben; dreißig Briefe von Lesern, darunter vier mit zusammen achtzig Pfennigen Strafporto, ein fast tägliches Vorkommnis; ferner drei Pakete und eine Kiste. Die Pakete enthalten Manuskripte jener Art glückseliger Schriftsteller, die keinen Verleger finden; ich soll sie verbessern und dann an Redaktionen senden, welche gute Honorare zahlen. Die Kiste enthält zwei halbe Flaschen Wein, die mir ein Leser sendet, weil er „so entzückt von meinen Werken" ist. Ich öffne und koste, nachdem ich zwei Mark und fünfundneunzig Pfennige für unterlassene Frankierung und Verzollung bezahlt habe. Als Kenner schmecke ich, dass es ein Paysan[1] für fünfzig Centimes pro Flasche ist. Ich bin natürlich von diesem Werk des Absenders nicht so entzückt wie er von den meinigen, fühle mich aber verpflichtet, ihm einen für zwanzig Pfennige frankierten Dankesbrief zu schreiben.

---

[1] Franz.: eigentlich Bauer, hier im Sinne von Bauern- bzw. Landwein

Eben will ich mich wieder zur Arbeit setzen, da fällt mein Blick in den Garten. Der Gymnasiast ist mir über die Himbeeren geraten. Ich klingle, um ihm sagen zu lassen, dass meine gute Hausfrau auf diese Weise zu keinem Himbeersaft und Old Shatterhand zu keiner Limonade kommen könne; er geht höchst indigniert von dannen und ich erfahre, dass er vorher auch schon meine köstlichen Riesenerdbeeren, die ich mir mit vieler Mühe und durch eine Reihe von Jahren aus einer einzigen, von mir selbst hybridisierten Pflanze gezogen habe, den Weg aller Beeren habe gehen lassen. Wahrscheinlich hat er geglaubt, dass es eines Westmanns wie Old Shatterhand unwürdig sei, sich mit süßen Erdbeeren zu äsen!

Ich habe vielleicht eine halbe Seite geschrieben, da höre ich auf der Straße wiederholt meinen Namen nennen. Ich trete auf den Balkon und blicke, hinter Blumenranken versteckt, hinab. Da stehen vier junge Burschen, nehmen die Villa in liebreichen Augenschein und werfen sich ihre leise sein sollenden, aber sehr vernehmbar ausfallenden Bemerkungen zu:

„Es is' richtig, ganz richtig! Mer ham uns nich' verloofen! Siehste denn nich' die großen, goldnen Buchstaben da droben, du Dummkopp, du? Das heeßt ‚Villa Schschschatterhand'. Mer sin' also an Ort und Schtelle! Itzt kannste klingeln!"

„Nee, ich nich'!"

„Warum denn nich'?"

„Ich fürcht' mich so."

„Unsinn! Er wird dich nich' beißen! Hast's doch gelesen, was für ein guter Kerl er is'!"

„Wenn er aber grad heute schlechte Laune hat!"

„Warum denn grad heute? Klingle nur, drück nur immer off'n Knopp! Du wirscht gleich seh'n, dass das elektrisch is'!"

„Nee, ich drücke nich'!"

„Na, da drück du, August!"

„Ich ooch nich'! Höre, wenn er böse wird! Mer woll'n lieber wieder heemegeh'n!"

„Emil, du?"

„Nee, ich hab' ooch solche Angst!"

„Na, wisst ihr, was mer machen? Mer losen, und wen's trifft, der drückt off'n Knopp, aber feste, dass mersch ooch hört!"

Sie losen mit Streichhölzern und dann schieben sie den Betreffenden an den „Knopp". Die Glocke tönt und sie fahren erschrocken auseinander. Ich trete ins Zimmer zurück und bald werden mir die vier „Bewunderer" angemeldet. Es sind Kartonagenarbeiter. Ihr Prinzipal feiert heute seinen Geburtstag, da wird nicht gearbeitet und die dadurch hervorgerufene feierlich frohe Stimmung hat ihnen den Mut gemacht, den Verfasser ihrer Lieblingsbücher aufzusuchen. Ich lasse sie natürlich kommen. Sie stellen sich wie Orgelpfeifen nebeneinander an der Tür auf, starren mit weit offenen Augen meine Jagdtrophäen an und wagen vor Angst nicht zu sprechen. Meine Freundlichkeit verfehlt aber ihre Wirkung nicht und bald erklärt mir der Beherzteste von ihnen:

„Eegentlich sin' wir viere als Deputation abgeschickt. Sie werd'n nämlich von der ganzen Fabrik gelesen, wenn ooch bloß nur aus der Leihbibliothek. Aber mer ham Sie alle liebgewonnen und ooch die Großen halten sich lieber Ihre Bücher, als dass se ins Wirtshaus geh'n. Der Prinzipal spricht, Sie wär'n een wahrer Segen für seine ganze Kartonage!"

Ich zeige ihnen alles, was zu sehen ist, beglücke sie mit einem Glas Wein, weil

Geburtstag ist, und entlasse sie mit einem Gruß an den Prinzipal und ihre Mitarbeiter. Sie gehen stolz wie Spanier ab, und als sich unten das Tor hinter ihnen geschlossen hat, höre ich die Urteile, welche sie über mich fällen:

„Na, is' er nich' ganz gemütlich gewesen? Grad so wie unsereener! Schtolz scheint er nich' zu sein, gar nich'!"

„Nee, er hat grade so mit uns gered't, als ob mer ooch mit in Amerika und in Ägypten gewesen wären. Er hat mer sehre gefallen, sehre, das muss ich sagen!"

„Und die vielen großartigen Sachen, die er hat, allebonnöhr[1]! Es is' mer ganz angst und bange geworden, als mich der wilde Büffel so anguckte und der Kojote und der Leopard! Und der Löwe erscht! Und sogar Wein ham mer gekriegt! Na, kommt, mer woll'n machen, dass mer heeme kommen und erzählen können, sonst vergess'n mer alles wieder! Die andern wär'n sich aber ärgern, dass se nich' ooch mitgewesen sin'. So is' es aber, wenn mer keenen Mut besitzt; nu ham se nischt gesehen!"

Inzwischen ist es neun Uhr geworden und ich vertiefe mich so in die Arbeit, dass mir ein abermaliges Glockenzeichen entgeht. Meine Frau, welche weiß, wie notwendig ich zu arbeiten habe, kommt, um mich besorgt zu fragen, ob man mich stören dürfe. Ich verneine sehr energisch, erfahre aber, dass eine Dame mit zwei jungen Herren in einer Equipage angekommen sei, welche mir ihren Namen zwar erst beim Gehen sagen wolle, aber dennoch nicht gut abgewiesen werden könne, weil sie jedenfalls von hoher Distinktion sei. Ich lasse also die Herrschaften kommen, sie bleiben weit über eine Stunde bei mir, während welcher Zeit ich wieder hundert Fragen zu beantworten habe; und beim Abschied erfahre ich, dass mir die Ehre geworden ist, Ihre Durchlaucht, die Fürstin J. aus Wien mit ihren Prinzen bei mir zu sehen. Sie hat sich erst jetzt genannt, um zu verhüten, dass ich besondere Rücksichten auf ihren Stand nähme. Ich geleite sie zum Wagen und sehe einen Herrn kommen, den ich sofort als Geistlichen taxiere. Er bleibt stehen, bis die Pferde anziehen, und begrüßt mich dann mit meinem Namen. Er hat mich nach den von mir existierenden Bildern erkannt und stellt sich mir als den Regens[2] eines Priesterseminars vor, dessen Lehrer und Schüler alle Leser von mir sind. Ich habe mit diesem hochwürdigen Herrn oft und gern Briefe gewechselt, freue mich außerordentlich über diesen Besuch, fordere ihn auf, mein Gast zu sein, und bitte nur um die Erlaubnis, für zwei Stunden nach Dresden zu dürfen, um mit meinem Leipziger Kommissionär, der mir telegrafiert habe, sprechen zu können. Er lädt sich für von übermorgen an zu Gast, da er heute und morgen in Dresden sein müsse, und wir gehen nach einer halben Stunde zur Bahn, um in den Zug nach der Residenz zu steigen.

Unterwegs begegnet uns eine Dame in Trauer, welche uns nach der Wohnung von Dr. May fragt. Ich beschreibe ihr den Weg, ohne zu sagen, dass ich der leider allzusehr heimgesuchte Besitzer derselben bin, denn ich bin überzeugt, dass wir, wenn ich dies täte, den Zug versäumen würden. Am Bahnhof fasst mich ein hiesiger Herr ab, um mich zu fragen, wann ich heute zu sprechen sei; er habe Besuch aus Breslau, einen Herrn und eine Dame, welche nicht hier gewesen sein wollen, ohne daheim erzählen zu können, dass sie mich gesehen haben; morgen seien sie nicht mehr da. Ich gebe eine Zeit an, denn ich weiß jetzt, dass ich das Manuskript nun einmal nicht bis abends acht Uhr fertig bringe, sondern auch die nächste Nacht daran zu schreiben habe. In Dresden angekommen, trenne ich mich auf Wiedersehen übermorgen von

---

[1] Verballhornung von franz.: à la bonne heure! = Ausdruck der Begeisterung, Hochachtung

[2] Lat.: Vorsteher, Leiter

meinem Begleiter und fahre, um ja nicht verspätet zu kommen, per Taxameter nach dem ‚Europäischen Hof‘.

Da mein Kommissionär dort nicht zu sehen ist, muss ich warten und bestelle, weil es kein Bier gibt, eine Flasche Wein. An einem Tisch frühstücken drei Herren. Nach einiger Zeit gesellt sich ein vierter hinzu, welcher Herbig genannt wird. Ich gehe hin, nenne meinen Namen und frage ihn, ob er vielleicht heute früh von Leipzig aus an mich telegrafiert habe. Er springt erfreut auf, streckt mir die Hand entgegen und ruft:

„Ja, das habe ich, das habe ich! Ich bin aus Nürnberg, Reisender in Spielwaren. Sie besitzen dort viele Freunde und Leser und ich bin beauftragt, Sie aufzusuchen, um genau beschreiben zu können, wie Sie eigentlich aussehen.“

„Sie haben mich aber nicht aufgesucht, sondern mich nach Dresden und hierher befohlen!“

„Weil ich keine Zeit hatte, nach Radebeul zu fahren; ich muss bald wieder fort. Geben Sie mir also die Hand! Wir möchten nämlich gern wissen, ob Sie wirklich so kräftig sind, wie in Ihren Werken steht.“

„Also weil Sie keine Zeit haben, glauben Sie, muss ich welche haben? Wenn jeder meiner Leser sich erlauben wollte, in so unverfrorener Weise über mich zu verfügen, würfe ich aus Rücksicht auf diese Rücksichtslosigkeiten noch heute die Feder weg! Fühlen Sie denn nicht, dass Sie mich wie einen Domestiken behandelt haben, den man nach Belieben zitieren kann? Und meine Hand wollen Sie? Da, geben Sie her!“

Er legt seine noch immer ausgestreckte Rechte in die meinige. Ich will sie ihm zur Strafe kräftig drücken, habe aber meine Finger noch nicht fest zusammengeschlossen, da brüllt er:

„O weh, o weh! Halten Sie ein, lassen Sie mich los! Sie sind ja nicht gescheit!“

Die Anwesenden sind bei seinem Schmerzensschrei alle aufgesprungen, er hält die Rechte mit der Linken und hüpft von einem Bein auf das andere. Ich bezahle den Wein und gehe, mit mir selbst unzufrieden, dass ich ihm die Hand nicht fester gedrückt habe; er hätte da für einige Zeit das Schreiben von Depeschen, und nicht nur dies allein, lassen müssen!

Es ist gegen zwei Uhr, als ich wieder nach Hause komme. Die Dame in Trauer sitzt im Salon; sie will mich partout sprechen und hat sich durch nichts bewegen lassen, fortzugehen, selbst nicht durch die Erklärung meiner Frau, dass sie in der Küche beschäftigt sei und sie alleine lassen müsse. Halb erstaunt und halb zornig über eine solche Beharrlichkeit, begebe ich mich zu der Wartenden. Sie erkennt mich und macht mir Vorwürfe, dass ich ihr nicht gesagt habe, wer ich bin; ihre Angelegenheit sei so wichtig, dass ich sicher nicht nach Dresden, sondern mit ihr zu mir zurückgegangen wäre. Dann fährt sie fort:

„Mein Mann war Grenzaufseher und nebenbei ein hochbegabter Kunstmaler. In seiner letzten, langwierigen Krankheit schenkten Sie ihm infolge einer Bitte unsres Pfarrers einige Ihrer Bände. In seiner Begeisterung über den Inhalt hat er sie illustriert und nun komme ich nach seinem Tode, um Ihnen die Kunstwerke zu verkaufen. Ich bekomme dadurch die Mittel zu meinem Unterhalt und Sie werden noch viel berühmter werden, als Sie jetzt schon sind, und die großartigsten Geschäfte machen, denn wenn Ihre Werke mit solchen Bildern erscheinen, muss sich der Absatz derselben in einem Jahre schon auf Hunderttausende belaufen.“

„Liebe Frau, nach Berühmtheit trachte ich nicht, ich verfolge ganz andere, höhere Zwecke. Ich will Freund meiner Leser sein, weiter nichts. Was war Ihr Mann, ehe er Grenzbeamter wurde?“

„Unteroffizier. Er hat in Frankreich einen Säbelhieb über den Kopf bekommen, das hing ihm in der letzten Zeit so an, dass er dispensiert[1] werden musste."

Sie zieht ein Papierpaket aus der Tasche und gibt es mir. Es enthält die Illustrationen. Ich öffne es und lasse Blatt um Blatt durch meine Hände gleiten. Sie gleichen den Bleistiftversuchen eines Tertianers. Die Unterschriften beziehen sich auf Namen und Situationen, welche in meinen Reiseerzählungen vorkommen; wäre das nicht, so wüsste man gar nicht, was diese „Kunstwerke" vorstellen sollen. Arme Frau! Anstatt zornig über sie zu werden, muss ich ein herzliches Mitleid mit ihr fühlen. Der Säbelhieb hat nicht nur den Kopf, sondern auch den Geist ihres Mannes getroffen gehabt, wenngleich diese Verletzung erst später zu bemerken war. Und sie, die Kenntnislose, hat an seine Befähigung geglaubt! Während ich darüber nachsinne, wie ihr die Wahrheit ohne Kränkung und allzu schwere Enttäuschung mitzuteilen ist, richtet sie ihr Auge mit ruhelosem, fast fieberhaftem Blick auf mich und zieht, wohl um mein günstiges Urteil zu beschleunigen, einen Brief hervor, den ihr Pfarrer an mich geschrieben hat. Ich lese ihn. Es ist so, wie ich dachte. Sie ist durch Leiden geistesschwach geworden und hält jeden, der behauptet, dass die Zeichnungen nicht taugen, für einen Feind; sie war durch nichts davon abzubringen, zu mir zu fahren, um mir die Bilder zu einem hohen Preis zu verkaufen. Ich muss sehr vorsichtig verfahren und lade sie ein, einige Tage bei mir zu wohnen, bis ich mir die Angelegenheit überlegt habe. Sie geht vergnügt darauf ein und ich begebe mich in die Küche, die ich sonst nur höchst selten betrete, um meine darüber nicht weniger als entzückte Frau zu bitten, mir nicht bös zu sein.

Es wird gedeckt und wir setzen uns mit der neuen Bewohnerin unseres Hauses zu Tisch. Ich habe kaum die Suppe gekostet, so muss ich den Löffel wieder weglegen, weil schon jetzt der hiesige Herr mit seinem Breslauer Besuch kommt. Die guten Leute stellen sich zwei Stunden früher ein, weil sie gerade jetzt zufälligerweise hier vorbeigegangen sind! Ob sie stören, das ist Nebensache. Der Breslauer Leser ist ein dicker, jovialer Herr mit einem Vollmondgesicht; ich kann ihm nicht zürnen, habe aber Hunger und erlaube mir deshalb eine sehr bescheidene und versuchsweise Hindeutung darauf, dass meine Frau bei Tisch sitze und auf mich warte. Da erklärt er mir, gemütlich lachend:

„Herr Doktor, der Mensch soll sich mehr auf das Trinken als auf das Essen legen; ich verstehe das gründlich, denn ich bin Bierbrauer! Jetzt seh'n wir uns bei Ihnen um und dann gehen Sie mit uns, ein Glas Pilsener trinken. Wer so viel gedürstet hat wie Sie in der Sahara und auch anderwärts, der muss trinken, trinken, trinken!"

„Vorausgesetzt, dass er Zeit und Appetit dazu hat, ich aber habe weder das eine noch das andere. Besonders heute ist mir meine Zeit so karg zugemessen, dass..."

Er lässt mich nicht aussprechen, sondern fällt mir schnell in die Rede. Er erklärt mir mit bewundernswerter Unbefangenheit, dass ein Verfasser, dem so viel Liebe und Anerkennung entgegengebracht werde, stets Zeit für seine ihn aufsuchenden Leser haben müsse. Er verbreitet sich heiteren Mutes über die unschätzbaren Freuden, die mir die schriftliche und persönliche Anhänglichkeit so vieler Menschen bereiten müsse, und beweist mir bis zur Unwiderlegbarkeit, dass ich dafür verpflichtet sei, die dabei unvermeidlichen kleinen Leiden dankbar in den Kauf zu nehmen. Vor Hunger und um die lange Filaria[2] seiner Rede abzukürzen, rufe ich, in Ergebenheit die Hände faltend und das eingangsstehende Sprichwort rezitierend:

---

[1] Aus dem Dienst entlassen   [2] Lat.: Fadenwurm

„Sie haben Recht, nur zu Recht! *Ei ku guli dichaze, istiriyahn ssi lahzime bechaze!*"

„Wie heißt das und aus welcher Sprache ist es?"

„Es ist Kurmangdschikurdisch und heißt: Wer sich die Rose wünscht, muss auch die Dornen wünschen!"

„Das ist richtig, sehr richtig! Nehmen Sie meine Frau hier als die Rose und mich als Dorn, so haben Sie beides und alle Ihre Wünsche sind erfüllt! Und wenn Sie wieder einmal in einem Ihrer Bände über die vielen Briefe und Besuche klagen, so geben Sie Ihren Stoßseufzern dieses Sprichwort als Überschrift, damit ich nicht der einzige Mensch bleibe, der sich als einen Ihrer Dornen betrachten muss! Wir Leser können gar nicht anders, wir müssen uns als Ihre Freunde betrachten und... Horch! Hat das nicht unten geklingelt?"

„Ja", antworte ich, sogleich von einer schlimmen Ahnung wie von einem feindlichen Indianer beschlichen.

„Hoffentlich wieder ein Besuch! Sollte mich sehr freuen!"

Wie gern würde ich dem holdselig lächelnden Bierbrauer meinen bekannten Jagdhieb zu fühlen geben; aber wir befinden uns nicht im Wilden Westen, sondern in meinem Studierzimmer und er reibt sich mit so aufrichtigem Vergnügen, bei mir einen meiner Leser kennenlernen zu dürfen, die Hände, dass mein Zorn gar nicht aufkommen kann. Meine Ahnung hat mich nicht betrogen, denn das Zimmermädchen kommt, zu fragen, ob mein Weinhändler eintreten dürfe. Er ist ein eifriger Leser des „Deutschen Hausschatzes" und fühlt als solcher die mir sehr angenehme Verpflichtung, in meinem Keller nur unverfälschte Tropfen zu dulden. Ein heiterer Lebemann, macht er, wie jeder seiner Kollegen, sehr gern Geschäfte, und es ist wohl selten einem Sterblichen gelungen, mit ihm eine halbe Stunde beisammenzusitzen, ohne eine Bestellung aufzugeben. Er hat, wie schon öfters, auch heute seine Frau mitgebracht. Ich begrüße beide in zuvorkommendster Weise, denn es ist in mir ein teuflischer Gedanke aufgetaucht: Dieser Jünger des Bacchus aus Frankfurt am Main soll mich, ohne dass beide es ahnen, von dem klebrigen Jünger des Gambrinus aus Breslau befreien! Ich stelle die Damen und Herren einander vor und werfe ihnen einige Millionen Gärungspilze in das beginnende Gespräch. Dieses für sie hochinteressante Thema ist die Brücke, auf welcher sie sich schnell nähern und Wohlgefallen aneinander finden. Dann führe ich den Weinhändler in die nebenanliegende Bibliothek, um seine Rechnung zu bezahlen, und werfe da die hinterlistige Bemerkung hin:

„Dieser Herr würde wahrscheinlich ein Fass Niersteiner oder Josephshöfer bestellen."

„Wirklich?", erklingt die schnelle, eifrige Frage. „Da will ich Sie nicht lange belästigen, Herr Doktor. Was hat der Mann für jetzt vor?"

„Er wollte gehen, ein Glas Pilsener zu trinken."

„Bier? Fällt mir nicht ein! Ich bugsiere ihn nach Lechlas Weinstube, und zwar unverweilt. Bitte, gehen Sie nicht mit! Ich möchte nicht, dass er durch Ihre Gegenwart abgelenkt wird. Nehmen Sie mir das nicht übel und leben Sie für heute adjeh!"

Zwei Minuten später sehe ich sie mit ihren Frauen unten aus meinem Tor treten und Arm in Arm den Weg nach Lechla einschlagen. Ich bin vollständig überzeugt, dass beide morgen wieder zu mir kommen werden, um mir mitzuteilen, dass der Gambrinus noch nicht abgereist sei, weil ihm der Bacchus so außerordentlich gut gefallen habe. Ich aber habe meinen heimtückischen Zweck erreicht und kann nun wieder nach dem Speisezimmer gehen.

Während des Essens fällt mir ein, dass ich die zweite Post noch nicht aus dem

Briefkasten genommen habe, die dritte muss auch schon angekommen sein. Nach zehn Minuten bin ich fertig und hole sie. Der Kasten ist innen am Tor befestigt. Während ich den Inhalt herausnehme, kommt ein Herr, der klingeln will, dies aber unterlässt, als er mich stehen sieht. Er stellt sich als Verlagsbuchhändler N. aus Wien vor, hat mein Ave Maria in „Winnetou", Band III, gelesen und möchte einen Band Gedichte von mir veröffentlichen. Ich sage ihm, dass es mir unmöglich sei, mit neuen Verlegern zu kontrahieren, und dass meine Gedichte erst nach meinem Tode gedruckt werden sollen. Ich weiß, es ist eine Unhöflichkeit, ihn so vor dem Tor abzufertigen, und er lässt auch eine darauf bezügliche Bemerkung hören, aber ich bin nun zum Wurm geworden, der sich endlich einmal krümmen will. Nach so vielen Störungen will ich für den Rest des Tages mein Studierzimmer für mich allein haben!

Nun sitze ich wieder oben und gehe die Kuverts der eingegangenen Sachen durch. Zum Öffnen und Lesen habe ich heute keine Zeit. Ein Brief ist kurz adressiert: „Mr. Shatterhand, Dresden", er ist selbstverständlich nach Radebeul zu mir expediert worden. Ein Brief aus Köln am Rhein ist mit der Aufschrift versehen: „Herrn Schriftsteller Karl May". Der Schreiber desselben hat vergessen, den Bestimmungsort hinzuzufügen; die postamtliche Ergänzung lautet: „wahrscheinlich Oberlößnitz-Radebeul bei Dresden, Villa Shatterhand". Der betreffende Postbeamte ist jedenfalls ein „Hausschatz"-Leser. Ein anderer Brief kommt aus dem Kaukasus, wohl wieder eine Einladung zur Auerochsenjagd. Ich lege alles weg und beginne wieder zu schreiben. Trotz der gehabten Zerstreuungen komme ich in sehr guten Fluss und freue mich schon, dass ich wohl nicht die ganze Nacht zu arbeiten haben werde, wenn das so fort aus der Feder läuft, da klingelt es schon wieder. Das braucht mir nicht zu gelten und doch lege ich die Feder weg, um zu horchen. Ein lebhafter Wortwechsel klingt vom Tor zu mir herauf. Ich höre jemanden, der nicht hereingelassen werden soll, von „Wichtigkeit" und „Unaufschiebbarkeit" sprechen und dann bringt mir das Mädchen eine Karte. Der Herr sei nicht abzuweisen, er müsse mich unbedingt sprechen, da die Sache heute erledigt werden müsse. Der Einlass Begehrende ist auf seiner Karte als Gerichtssekretär bezeichnet und für die Behörde muss man jederzeit zu sprechen sein, ich lasse ihn also zu mir weisen.

Er tritt in sehr höflicher, ja devoter Weise ein; ich biete ihm einen Stuhl und bemerke bei dieser Gelegenheit, dass seine Stiefel etwas offenherzig sind und seine übrige Körperbedeckung sich in einem außergerichtlich-fadenscheinigen Zustand befindet. Er kommt der Aufforderung, welche in meinem Blick liegen mag, mit außerordentlicher Zungenfertigkeit nach, indem er mir erzählt, die „Liebe zur Feder" habe ihn veranlasst, auf seine vielverheißende gerichtliche Karriere zu verzichten und Journalist zu werden. Sein innerer, unwiderstehlicher Beruf prädestiniere ihn zur Kritik und so sei er für dieses Fach Mitarbeiter der bedeutendsten deutschen Zeitungen geworden. Leider aber werde gerade die Kritik unter aller Kritik bezahlt, auch sei es ganz unvermeidlich dabei, sich einflussreiche Feinde zu erwerben; diese beiden Umstände, vereint mit dem dritten, dass gerade das Genie am leichtesten verkannt und am meisten verfolgt werde, habe ihn nach und nach um alle Stellungen gebracht und, mit Respekt zu vermelden, ein so großes Loch in den Beutel gemacht, dass vor einigen Tagen der letzte seiner Pfennige hindurchgeschlüpft sei. Er befinde sich auf der Reise von Berlin nach Wien und seine Frau sitze mit zwei Kindern im Gasthof in Dresden, von Kellnern bewacht, weil eine dreitägige Rechnung zu bezahlen sei. Ein Rundgang bei den Journalisten Dresdens habe nichts gefruchtet und nun sei Karl May der einzige Rettungsanker, den es für ihn gebe.

„Wie viel brauchen Sie?", frage ich in der Absicht, die Sache kurz zu machen.

„Rund hundertfünfzig Mark."

„Das muss allerdings auch ich rund nennen! Sie hatten freilich Recht, als Sie diese Angelegenheit meinem Mädchen als eine wichtige und unaufschiebbare bezeichneten; nur hätte ich erwarten dürfen, dass sie das nicht für Sie, sondern für mich sei. Einem Genie, als welches Sie sich bezeichnen, darf ich kein Almosen anbieten, aber ich will Ihnen die Gelegenheit geben, die genannte Summe in kürzester Zeit bei mir zu verdienen, indem Sie einen neuen Katalog meiner Bibliothek anfertigen."

„Katalog?", fragt er erstaunt. „Ich bin Kunstkritiker, aber kein Bibliograf!"

„Das ist im Allgemeinen kein Fehler, denn ein Kritiker kann ausnahmsweise auch einmal das Geschick besitzen, einen brauchbaren Katalog auszuarbeiten."

„Sie scheinen ironisch zu sprechen, Herr Doktor!"

„Allerdings! Ich bin bereit, Ihnen auf eine anständige Weise, durch welche Sie sich nicht erniedrigt fühlen, zu helfen; Sie aber scheinen sich über mein Entgegenkommen zu wundern."

„Dazu bin ich doch berechtigt, denn ich brauche bares Geld, nicht aber Arbeit."

„Wenn ich Geld brauche, so arbeite ich. Da Sie nicht arbeiten wollen und doch Geld verlangen, so scheinen Sie anzunehmen, dass die Arbeit für den einen, das Geld aber für den andern sei?"

„Was ich annehme, das geht Sie gar nichts an! Ich verzichte auf Ihre Arbeit und auch auf Ihr Geld. Wahrscheinlich haben Sie selber nichts als Schulden. Ein Schriftsteller, der nicht lumpige hundertfünfzig Mark für einen Kollegen übrig hat, der ist in meinen Augen nichts, das merken Sie sich! Adieu!"

Er geht mit einer höhnischen, verachtungsvollen Geste zur Tür hinaus und hält sich für zu vornehm, sie hinter sich zuzumachen. Ich warte, bis sich unten das Eingangstor hinter dem genialen Kritiker geschlossen hat, und nehme dann die von ihm unterbrochene Arbeit wieder auf, rufe aber vorher dem Mädchen zu, dass ich von jetzt an für jedermann, er mag sein und heißen, was und wie er wolle, einfach nicht zu Hause sei.

Von jetzt an bringe ich ungestört vier oder fünf Seiten fertig; ich höre klingeln und wieder klingeln, achte aber nicht darauf, weil ich ja nicht zu Hause bin. Da kommt meine Frau und teilt mir mit, dass ein fremder Mensch sich den Eingang erzwungen habe und nun im Garten herumlaufe.

„Ein fremder Mensch? Erzwungen? Wer ist er denn?", frage ich.

„Das weiß ich nicht, er sagt es nicht. Er will dich überraschen. Er sieht fast wie ein Vagabund aus, spricht fremdartig und will auf deine Heimkunft warten. Der sonderbare Mensch behauptet, du werdest ihn dann sofort einladen, bei uns zu bleiben."

„Den muss ich mir doch einmal ansehen. Komm!"

Ich trete aus dem nach der Straße gelegenen Studierzimmer in die Bibliothek, aus welcher ein zweiter Balkon nach dem Garten geht, da tut es an der Balustrade dieses Altans einen lauten Krach und ich sehe die oberen Sprossen meiner Baumleiter erscheinen, welche soeben dort angelegt worden ist. Ich eile hinaus, und als ich das Geländer erreiche, erscheint auf der Leiter der „sonderbare Mensch", von dem meine Frau gesprochen hat.

„Was wollen Sie da? Steigen Sie sofort hinab!", rufe ich ihm zu.

„Nicht hinab, *but* hinauf!", antwortet er, indem er über das Geländer springt. Er ist ein kleiner, dünner, aber sehniger Kerl mit einem stark ausgeprägten, pfiffigen Vogelgesicht. Ein dünner Vollbart, zwischen dessen Haaren die Haut zu sehen ist, bedeckt seine Wangen, die Oberlippe und das Kinn. Seine Füße stecken in grauen, weitmaschigen sogenannten Paradiesschuhen; auf dem Kopf trägt er einen alten, abgebrauchten Luffahelm[1]; dazu kommen eine braune, verkniete Hose, ein grüngelbes Jackett und eine hellblaue Weste, über welche die Zipfel eines roten Halstuchs weit herabhängen. Er zieht den Helm vom Kopf, mustert mich mit listigen Augen und fragt in geläufigem, aber fremdbetontem Deutsch:

„Sie sind Mr. Kara Ben Nemsi Effendi, nicht wahr, Sir?"

„Ja", antworte ich.

„Also habe ich richtig kalkuliert, *very right!* Habe es Ihrer *little maid* gleich angesehen, dass sie mich belog, als sie behauptete, Sie seien nicht *at home!*"

Er scheint ein Westmann oder etwas Ähnliches zu sein, darum sage ich viel milder, als es sonst geklungen hätte:

„Und wenn man Sie fortweist, drängen Sie sich durch das Tor, gehen im Garten spazieren und steigen gar mit Hilfe der Leiter auf den Balkon! Wer sind Sie denn?"

„Ich heiße Kraft", lacht er, „und bin auf die Leiter geklettert, weil ich dachte, dass Sie hier oben zu finden seien. Ganz vortreffliche Idee, nicht?"[2]

„Allerdings, aber ich kenne keinen Mann namens Kraft, der sich so ohne alle Frage erlauben dürfte, auf meinen Leitern herumzuklettern!"

„Glaube es, glaube es sehr gern, Sir. Vielleicht ist Ihnen ein anderer Name geläufiger als der meinige, ich will da zum Beispiel von einem gewissen David Lindsay sprechen."

„Lindsay?", fahre ich auf. „Kennen Sie den?"

„Will es meinen! Wissen Sie, wo er jetzt ist?"

„Nein, leider nein. Er ist nach Australien gegangen, um auf meinen Rat das Festland auf Kamelen zu durchqueren, hat diese sehr schwierige Expedition, wie in allen größeren Zeitungen zu lesen war, zum glücklichen Ende gebracht und dabei nicht nur Gold-, sondern auch, was ich für noch besser halte, sehr ansehnliche Kohlenfelder entdeckt. Wo er sich gegenwärtig befindet, ist mir unbekannt."

„So haben Sie den richtigen Mann vor sich, es zu erfahren, denn ich bin während dieser Überlandreise bei ihm gewesen und auch später noch längere Zeit bei ihm geblieben. Als ich dann vor einigen Monaten mich auf nach Deutschland machte, trug er mir auf, Sie zu besuchen und Ihnen einen Brief von ihm zu übergeben."

„Einen Brief von meinem alten Lindsay? Das ist ein außerordentlich freudiges Ereignis für mich! Haben Sie ihn mit?"

„*Yes*, hier in der Tasche. Bin ja nur deshalb auf die Leiter gestiegen, um Ihnen das *paper* noch eher zu geben, als Sie *at home* kommen konnten, Sir!"

„So kommen Sie herein! Haben Sie Hunger, Durst?"

„Hunger wie ein Löwe und Durst wie ein Kamel!"

„So eile, Emma, und sorge für den Mann! Er wird natürlich bei uns wohnen, solange es ihm gefällt."

Während meine Frau sich entfernt, führe ich den unerwarteten, aber hochwillkommenen Gast in das Studierzimmer, wo ich es ihm überlasse, die Einrichtung desselben unter lauten Ahs und Ohs in Augenschein zu nehmen, während ich mich über den zwanzig engbeschriebene Seiten langen Brief hermache. Noch bin ich damit nicht zu Ende, als das Mädchen mit dem Imbiss erscheint. Er klopft ihr lachend auf die Schulter und fragt:

---

[1] Luffa = kürbisartige Pflanze [2] Gemeint ist hier vielleicht Karl Mays Schriftstellerkollege Robert Kraft (1869-1916).

406

„Nun, *my plum*, habe ich Recht gehabt oder nicht? Ich bin hier Gast, solange ich will, und wenn es mir gefällt, so bleibe ich da, bis mir Wurzeln aus den Füßen wachsen. Das sind die schlimmen Folgen, wenn man *Uncle* Kraft die Nase mit dem Tor abschlagen will!"

Es versteht sich ganz von selbst, dass nun von der Beendigung meiner Arbeit nicht mehr die Rede sein kann, und ob ich sie morgen oder übermorgen fertig bringe, das ist auch noch ungewiss. Wer weiß, welche Besuche ich wieder zu empfangen habe und wie lange Kraft zubringt, um mir alles, was in dem Brief kurz beschrieben wird, ausführlich zu erzählen! –

Man glaube ja nicht, dass ich diesen Dienstag beschrieben habe, weil die Störungen desselben ungewöhnliche seien, es passiert noch ganz anderes! Da besucht mich ein ungarischer Professor, nur für zwei Stunden, er ist aber neun Tage lang mein Gast. Ein Leser aus Amerika will mir nur die Hand drücken, nichts weiter, auch seine Frau will drüben sagen können, dass sie die Hand Old Shatterhands in der ihrigen gehabt habe. Ich tue ihnen den Gefallen und so drücken wir uns zwei Wochen lang die Hände, denn solange sind sie bei mir geblieben. Ein sehr hoch stehender Herr besucht mich, als ich schwer an der Influenza liege; aus Rücksicht auf seinen Stand stehe ich auf und habe ihm nun bei 39 Grad Fieber sechs Stunden lang alle möglichen und unmöglichen Fragen zu beantworten. Das hat mich kaputt gemacht, dass ich noch heute, wenn ich ihn sehe, in eine Art von Fieber gerate. Es ist mir geradezu unmöglich, mich ihm in der Ruhe zu zeigen, welche ich sonst stets besitze. Weniger gefährlich ist folgende kleine Episode:

Ich will mit meiner Frau ein Nachmittagskonzert besuchen und habe schon seit einer Stunde drei Realschüler bemerkt, welche draußen auf und ab gehen, ohne sich an die Klingel zu wagen. Als wir auf die Straße treten, werde ich von sechs Augen fast verschlungen und höre die Worte:

„Das ist er, ja, er ist's! Das ist seine Frau! Kommt, wir machen hinterher! Ich muss wissen, wo er hingeht!"

Sie folgen uns, bald mehr und bald weniger nahe hinter uns gehend, und wir hören nun folgende Urteile:

„Hört, sie ist nicht übel, seine Frau! Beinahe majestätisch! Er hat etwas krumme Beine, in dunklen Hosen sähe man es nicht so deutlich. Wahrscheinlich vom vielen Reiten, das drückt die Knochen rund!"

„Ich bin mit dem Schnurrbart nicht zufrieden, er müsste eigentlich größer sein!"

„Dafür ist der Gang umso elastischer, der reine Apatsche! Hört, jetzt hängt sie sich gar bei ihm ein! Herr und Squaw Old Shatterhand! Ob sie nach dem Jägerhof gehen? Da ist Konzert. Wer da mit hinein könnte! Dazu fehlen aber die Moneten!"

Wir betreten den genannten Konzertgarten und die drei Kritiker meiner Beine stellen sich draußen am Zaun auf und lassen mich so wenig aus den Augen, dass ich hingehe und sie frage:

„Sie fixieren mich! Kennen Sie die Folgen davon? Was wählen Sie, Pistole oder Säbel?"

Sie starren mich mit hochroten Gesichtern erschrocken an, bis der Älteste mir erklärt:

„Wir haben nicht fixiert, sondern nur so hingeguckt."

„Das ist egal! Kennen Sie mich?"

„Ja."

„So kommen Sie herein! Wir müssen die Angelegenheit besprechen!"

„Wir können nicht hinein, uns fehlt der Nervus rerum[1]."

„Das tut nichts. Kommen Sie an die Kasse!"

Sie kommen der Aufforderung mit sorgenvollen Herzen nach und sitzen dann höchst niedergedrückt beim Kulmbacher, welches ich ihnen geben lasse. Aber als ich kein Wort von Fixieren, Duell und Sekundanten erwähne, heitern sich ihre Mienen auf; sie bekommen den Mut, mir ihre „Blumen" zuzutrinken, und bald sitze ich als Examinand vor ihnen und werde so gründlich über meine Reisen ausgefragt, dass ich, als das Konzert zu Ende geht, beim besten Willen nicht sagen kann, was geblasen worden ist. Sie aber trennen sich mit der Versicherung von uns, dass sie zwar erst „notorisch erschrocken seien", bald aber gemerkt hätten, dass ich nur gescherzt habe; nun bitten sie mich mit dankbarem Herzen, ja nie zu vergessen, dass die zwei seligen Stunden hier im Garten der schönste Tag in ihrem Leben sein und bleiben werden!

Die Folge dieses für sie so hochwichtigen Ereignisses war eine von ihrer ganzen Klasse ausgefertigte Bierkarte[2], welche ich erhielt.

Bierkarten! Ich kann dreist behaupten, dass noch nie jemand so viele Bierkarten erhalten hat wie Karl May. Wer kennt alle die May-Klubs, deren Ehrenmitglied ich bin? Wer kennt meine vielen Geburts- und Namenstage, welche von diesen Klubs gefeiert werden? Wer zählt die Verbindungen, die akademischen und unakademischen Gesangsvereine, die Lese-, Fecht-, Turn- und anderen Vereine, die Stamm-, Skat- und Kaffeetische, welche mir durch Depeschen, Briefe, Karten, Blumen und sonstige Spenden beweisen, dass ich jährlich etwa zwanzig Geburts- und dreißig Namenstage habe? Gibt es unter den vielbesuchten Orten und Punkten zwischen den Alpen und dem Nord- und Ostseestrand einen, an welchem nicht einige feuchtfröhliche Leser auf Old Shatterhand und seine Westmänner angestoßen und mir dies durch Reime mitgeteilt haben, die teils über und teils unter aller Würde sind? Hat nicht der erste Karl-May-Klub in L... (es gibt dort deren zwei) in Friesland mir am letzten 29. Februar vier Würste geschickt, weil dieser mein Schalt- und Geburtstag nur in den Jahren gefeiert werden kann, welche sich durch vier dividieren lassen? Ich beantworte nämlich die Fragen nach meinem wirklichen Geburtstag[3] nie und verrate ebensowenig, dass er in jedem Schriftstellerverzeichnis zu finden ist.

Da ich von Gratulationen und Gaben spreche, so sei gleich hier die liebe, selige Weihnachtszeit erwähnt. Welch eine Masse von Zuschriften aller Formen und Größen geht in der letzten Hälfte des Dezembers bis Neujahr bei mir ein! Das sind Tage, an denen ich so recht sehen kann, wie groß die Familie ist, welche da an ihren „geliebten literarischen Papa" denkt. Da kommen nicht nur Briefe, sondern auch Gaben aus allen Himmelsgegenden! Feinster Rigoletwein vom Karst, ein 140 Pfund schwerer Käse aus der Schweiz, Zigarren aus wohl zehn Orten, bester chinesischer Tee vom berühmtesten Haus an der Leda, ein Kunstwerk aus Marzipan von herzensguten Leuten in Hamburg, ein Meisterwerk der Plastik aus Düsseldorf, Schinken aus Westfalen, Bier aus Bayern und Böhmen, Butter aus Holstein, Kaviar von der russischen Grenze etc. etc. und – *last not least* – eine kolossale Flasche Kanzleitinte vom schönsten Hafenplatz des Bodensees. Dich aber, du Spender der großartigen „Perle von Deidesheim", werde ich hier nicht erwähnen, denn du wirst bald auf anderem

---

[1] Lat.: eigentlich Hauptsache, auch scherzhaft für Geld

[2] Grußkarte, die von Studentenverbindungen, aber auch Schulklassen oder Vereinen anlässlich eines geselligen Beisammenseins verschickt wurde, bei dem man des Empfängers gedachte und auf sein Wohl anstieß.

[3] 25. Februar 1842

Wege von mir hören. Einstweilen Gruß dir und den „lieben Orgelpfeifen"![1] Lieber will ich dafür mit Namen nennen die sehr honorablen *Zepf Bros. Cincinnati, 236 fifth Street, Umbrellas and Canes, Repairing and Covering at Lowest Prices,* welche so pfiffig waren, mir einen Scheck über einen Dollar zu senden, um mich durch diesen Vorschuss auf Frankierung zu zwingen, ihre liebenswürdigen Briefe an Old Shatterhand zu beantworten.

Die Geburtstags- und Weihnachtsgeschenke erwähne ich in objektiver Weise, wer mich kennt, der weiß, dass ich viel, viel lieber gebe als nehme! Dies zu beweisen, wird mir, wie weiter unten zu sehen ist, mehr als reichlich Gelegenheit geboten. Hier aber will ich fortfahren, von den „Freuden" eines Vielgelesenen zu sprechen.

Am tiefsten berühren mich die Zuschriften, welche sich auf die religiösen, ethischen und, ich muss sagen, auch sozialen Wirkungen meiner einfachen Erzählungen beziehen. Es sei mir erlaubt, einige Zeilen, natürlich ohne Namen, wiederzugeben!

„Als wir acht Unterzeichneten Studenten der Philosophie wurden, haben wir nicht an Gott geglaubt. Die Lektüre Ihrer Werke hat uns den Glauben zurückgebracht, und wir werden ihn nun umso fester halten. Gott segne Sie!"

„Ich bin ein böser Mensch gewesen, habe Vater und Mutter in das Grab geärgert, den Glauben an Gott verlacht, bin aber durch Ihre Gespräche mit Marah Durimeh und Old Wabble gerettet worden."

„Da las mein Sohn jenen ernsten Ritt durch den Llano Estacado und wurde davon so ergriffen und gepackt, dass er den entsetzlichen Entschluss des Selbstmordes fallenließ. Sie sehen, Ihr ,Surehand' hat einer armen Witwe ihren einzigen Sohn erhalten!"

„Ich bin Missionar, und Sie sind es auch; meine größten Schätze hier im Innern Afrikas sind das Wort Gottes und Ihre Bücher, die ich, sowie sie erscheinen, über Marseille geschickt bekomme."

„Sie werden sich meiner früheren Briefe erinnern. Es war für mich, die arme, katholische Wirtschafterin, das größte Leid, dass mein Herr, der protestantische Millionär, mich meines Glaubens wegen verspottete. Ich habe ihn vermocht, Ihre Werke zu kaufen, nun ist er ein ganz anderer Mensch geworden. Erst verhöhnte er Sie, jetzt hat er gehört, dass Sie schwer krank gewesen sind, und ich soll Sie bitten, zu uns zu kommen; er stellt Ihnen seine ganze Alpe zur Erholung zur Verfügung. Ich bin unendlich glücklich!"

„Ich, die Lehrerin in den einsamen Dolomiten, habe einen lieben, lieben Freund, der mir alles Schwere ertragen hilft, der sind Sie. Sie glauben kaum, wie die armen, einfachen Menschen lauschen, wenn ich ihnen nach ihrem schweren Tagewerk des Abends vorlese! Ich kann behaupten, dass es jetzt keinen bösen Menschen mehr hier gibt. Haben Sie tausend Dank für das kostbare Geschenk Ihrer Bücher!"

„Jetzt bin ich wieder eine glückliche Frau. Ich sah mit schwerer, stiller Bangnis, wie mein Mann heimlich mit sich kämpfte, aber der Tod Winnetous und das Ave Maria haben ihm zum Sieg verholfen."

„Wir sind arm und können Ihnen keine Schätze geben, aber einen Dank sollen Sie haben, der ist: Seit wir Ihre Werke gelesen haben, sind wir keine Sozialdemokraten mehr und sehen zu unserer Freude, dass alle, denen wir sie borgen, auch langsam zu uns übertreten."

Es war mir sehr überraschend zu hören, dass meine Werke an hohen Schulen etc.

---

[1] Gemeint sind Kommerzienrat Emil Seyler und seine Töchter, mit denen Karl May gut befreundet war.

als Stilvorbilder dienen. Ich habe keine Zeit, zu entwerfen, ein Konzept anzufertigen, zu feilen, zu streichen, zu verbessern und dann eine Reinschrift anzufertigen. Ich setze mich des Abends an den Tisch und schreibe, schreibe in einem fort, lege Blatt zu Blatt und stecke am andern Tage die Blätter, ohne sie wieder anzusehen, in ein Kuvert, welches mit der nächsten Post fortgeht. An den Stil denke ich dabei gar nicht. Gerade das mag wohl das Richtige sein. Ich lasse das Herz sprechen und schreiben und bin stets der Meinung gewesen, dass das, was aus dem Herzen kommt, viel klüger ist als das, was der spitzfindige Verstand erst auszuklügeln hat. Weil ich meist Selbsterlebtes erzähle und Selbstgesehenes beschreibe, brauche ich mir nichts auszusinnen; das fließt so willig aus der Feder, und ich denke, dass das Feilen und Hobeln mehr verderben als bessern würde. Also, aufrichtig gesagt: Wer eine einfache, anspruchslose ungekünstelte Schreibweise kennenlernen will, der mag ein Buch von mir lesen; mehr will ich gar nicht bieten, und ich habe auch nie danach getrachtet, ein Stilkünstler zu werden. Ich lösche lieber meinen Durst am frischen, natürlichen Quell als aus einer Sodawasser- oder Brauselimonadenflasche. So habe ich es auch mit den fremden Sprachen gehalten. Zwar sind Fleischer und Wüstenfeld, die berühmten Orientalisten, meine Lehrer gewesen, aber den eigentlichen Fluss habe ich mir doch erst an Ort und Stelle geholt. Wirklich in den Geist einer Sprache eindringen kann man nur als Angehöriger des Volkes, von welchem sie gesprochen wird, und wer meine Erzählungen gelesen hat, der weiß, dass ich stets nach dieser – wenn auch der innern – Angehörigkeit getrachtet habe.

Weit weniger hat es mich überrascht, dass meine Bücher als Erziehungsmittel betrachtet werden. Es ist mein höchster Wunsch, nicht nur ein Lehrer meiner Leser und Leserinnen zu sein, sondern ihnen nach und nach ein lieber Anverwandter zu werden, von dem sie überzeugt sind, dass er es herzlich gut mit ihnen meint und sie so glücklich sehen möchte, wie ein Mensch eben zu sein vermag. Und da es ohne Gott kein Glück geben kann, so möchte ich ihnen gern schnell und billig geben, was ich mir während eines nur fünfzigjährigen Lebens unter steten Entbehrungen, Drangsalen und Kämpfen mühevoll errungen habe, nämlich den unerschütterlichen Glauben an Gott und die ebenso unantastbare Überzeugung, dass unser irdisches Leben eine zwar kurze, aber sehr ernste Vorbereitung auf das ewige Jenseits ist. Wer Ohren hat, die Brandung, welche beide trennt, schon hier zu hören, der kann weder das sein, was ich einen bösen, noch das, was ich einen unglücklichen Menschen nenne.

So freut es mich, dass meine Werke von diesem Standpunkt aus in vielen Schul- und Erziehungsanstalten gelesen werden und dass es als ein gutbewährtes Züchtigungsmittel gilt, Ungehorsame bis zu ihrer Besserung von dieser Lektüre auszuschließen. Wenn ich in dieser Weise von meinen Büchern spreche, so geschieht dies wieder durchaus objektiv. Es fällt mir nicht im Traum ein, mir auf das, was ich erlebt und geschrieben habe, auch nur das Geringste einzubilden. Was ich bin und was ich schaffe, das bin und schaffe ich durch Gottes Barmherzigkeit, und wer den Anker seines innern und äußern Lebens in die Barmherzigkeit des Allgütigen versenkt, der weiß, dass er nichts als nur ein schwaches Werkzeug Gottes und ihm zu unaufhörlichem Dank verpflichtet ist; Dankbarkeit ohne Demut aber gibt es nicht.

Mit dieser Dankbarkeit erinnere ich mich eines Ereignisses, welches ich hier nicht vorenthalten möchte. Es gab in einer berühmten höhern Lehr- und Bildungsanstalt, wo meine Bücher mittags und abends nach Tisch vorgelesen werden, mehrere räudige Schafe, bei denen kein Besserungsmittel fruchten wollte. Da bat mich der Obere um meine Fotografie. Da er mir den Grund seiner Bitte darlegte, schickte ich sie ihm. Es war allen Schülern ein Fest, das Bild zu sehen, den Betreffenden aber wurde sie nicht gezeigt. Einige Tage darauf teilte mir der Regens mit, dass er seinen Zweck erreicht habe, die Widerstrebenden hatten um Verzeihung gebeten und Besserung versprochen. Am gleichen Tag traf bei mir eine freiwillige Zuschrift von ihnen ein, in welcher sie sich bei mir bedankten und mir versprachen, mich stets in ihr Gebet einzuschließen.

Gebet! Kennt einer die Macht des Gebetes, so bin ich es! Wie oft, wie oft ist es der Fels gewesen, auf den ich mich in der Not gerettet habe! Und wenn meine Erzählungen hier und da Gutes wirken, so habe ich dies nächst Gott nicht mir, sondern den Gebeten meiner Leser zu verdanken. Ich weiß, dass Hunderte von ihnen täglich für mich beten; sie haben es mir geschrieben und ich schließe sie täglich auch in meine Bitte ein. Wenn so viele den Herrgott bitten, meiner Feder Segen zu verleihen, da kann doch wahrlich ich nicht stolz auf das sein, was ich schreibe! Es sind die Boten Gottes, die mir die Worte bringen. Wenn jeder Autor von diesem Standpunkt aus arbeitete, es gäbe weniger unnütze Bücher, aber mehr Glauben, mehr Liebe und Vertrauen!

Da fällt mir eine arme, blutarme Witwe in Taus in Böhmen ein. Sie schrieb mir, sie sei stets unglücklich gewesen und habe deshalb mit Gott gehadert; da habe ihr Pfarrer ihr meine Werke geborgt und sie sei still und zufrieden geworden. Nun möchte sie gern wissen, wie ich aussehe; ob ich ihr nicht eine Fotografie schicken könne, wenn auch eine alte. Da sie aber wisse, dass das Fotografieren Geld koste, so lege sie mir hier alle ihre Ersparnisse bei, ich solle ihr aber ja dafür ein Bild schicken. Sie wolle für mich beten und möchte mich dabei gern vor sich liegen haben. Der Brief enthielt – einen alten, recht abgegriffenen Guldenschein. Ist das nicht rührend?

Diese arme Witwe bot mir ihr alles für ein altes Bild. Wie viele, viele Leser, und nicht etwa arme, machen gar keine Umstände mit mir, sie bitten nicht, sondern fordern einfach meine Fotografie. Sie glauben, durch die Anschaffung meiner Werke oder auch nur dadurch, dass sie sie aus der Leihbibliothek entnehmen, ein gutes Recht auf die unentgeltliche Übersendung meines Bildes erworben zu haben. Ich schreibe hier die Anfangszeilen eines Briefes ab:

„Herr Doktor May, Old Shatterhand! Ich habe alle Ihre Werke geborgt bekommen und gelesen. Ich mag gar nichts anderes mehr lesen, auch meine Freunde nicht, darum senden Sie mir unverzüglich Ihre Fotografie und schreiben Sie mir Ihren Namen darauf, dass ich auch Ihre Handschrift mit habe!"

Dieses Schreiben eines wohlhabenden Bäckermeisters kostet mich 20 Pfennige Strafporto, die Erfüllung seines Wunsches oder vielmehr Befehls würde mich 3 Mark 40 Pfennige und einen Brief kosten. Und dabei hat er meine Bücher nicht gekauft, sondern geborgt! In dieser und ähnlicher Weise bin ich im vorigen Jahr neunhundertmal um mein Bild angegangen worden, im laufenden Jahr wird die Zahl der Begehrenden eine noch größere. Das ergibt Tausende von Mark, welche meine Leser in aller Unbefangenheit von mir verlangen. Dass der Fotograf Adolf Nunwarz in Linz-Urfahr Bilder von Old Shatterhand und Kara Ben Nemsi verkauft, ändert nichts, man will sie umsonst von mir haben.

Ganz ebenso ist es mit den Büchern. Ich habe im vorigen Jahr ca. 800 Bände verschenkt, damit aber nicht die Hälfte der Bittsteller befriedigt. Da meine Freiexemplare nicht entfernt dazu ausreichten, habe ich den größten Teil dieser Bücher selbst kaufen müssen. Und Dank? Die Bittschreiben erhalte ich, ja; schicke ich dann die Bücher, so kann ich darauf rechnen, dass fünfzig Prozent der Befriedigten nichts von sich hören lassen.

Aber weiter! Wenn ich nur um Bilder und Bücher angegangen würde, so wollte ich gern schweigen. Ich greife in die Mappe und ziehe ohne Wahl aus der Abteilung der Bittsteller einige Briefe heraus.

„Wie gesagt, es genügen zu dieser Vergrößerung meines Geschäftes 3.000 Mark, die bei Ihnen nichts ausmachen, mich aber, Ihren größten Verehrer und Bewunderer, glücklich machen würden, falls ich sie noch im Laufe dieser Woche bekäme."

„Wir verlangen gar keine Kirche, nur eine Kapelle sollen Sie uns bauen, höchstens für 10 – 15.000 Mark; die Gemeinde ist zu arm dazu."

„Zu diesem frommen Bau erübrigen nur noch 30.000 Mark, die Sie uns sicher zur Verfügung stellen werden. Sollten Sie nicht in der Lage sein, es flüssig machen zu können, so genügt nur ein Wort an Ihre steinreichen Freunde, und Lord Lindsay oder Sir John Raffley wird Ihnen die Summe gern gewähren."

„Da ich weder Verwandte noch Freunde habe, so sind Sie der Einzige, an den ich mich in dieser traurigen, leider selbstverschuldeten Lage wenden kann. Kommen die 1.100 Mark nicht bis Montag zurück, muss ich mich erschießen!"

„Also bitte, verehrtester Herr Doktor, haben Sie die Güte, Ihren Namen quer auf das beifolgende Wechselformular zu schreiben! Die 950 Mark werden am Fälligkeitstag sicher von mir eingelöst!"

„Da wir aber nicht die Mittel besitzen, ihn auf das Gymnasium zu tun, bin ich mit meiner Frau übereingekommen, Ihnen folgenden Vorschlag zu machen: Sie nehmen unsern Franz ganz zu sich, in Logis, Kost, Wäsche, Kleidung, geben ihm Unterricht in allem, was man auf dem Gymnasium lernt, ganz besonders aber in allen Sprachen, die Sie selbst können, und wenn er dann nach vier Jahren neunzehn Jahre alt geworden ist, dürfen Sie ihn dafür drei Jahre lang als Ihren Begleiter umsonst mit auf Reisen nehmen."

„Sie ist das schönste Mädchen der Stadt, will aber nach auswärts heiraten, möglichst weit weg. Da wären nun Sie bei Ihrer großen Bekanntschaft der richtige Mann, mir einen passenden Bräutigam vorzuschlagen, von dessen Vermögen Sie gewiss fünf und auch noch mehr Prozent erhalten werden."

„Da mir die Mittel fehlen, verkaufe ich Ihnen das ganze Unternehmen. Jeder Erzbischof und Bischof Deutschlands muss uns eine Predigt gratis liefern; auf diese Weise bekommen wir für jeden Sonn- und Feiertag des Jahres eine Predigt umsonst; Sie lassen diese Predigten drucken, die natürlich von aller Welt gekauft werden, weil sie die höchsten geistlichen Würdenträger zu Verfassern haben, und nach Verlauf schon eines Jahres sind Sie ein steinreicher Mann."

In dieser Weise könnte ich noch stunden-, ja tagelang fortfahren. Es ist wirklich ärgerlich, für so reich oder so dumm gehalten zu werden! Damit aber auch der Humor nicht fehle, will ich noch die originelle Bittschrift eines edlen Musensohnes bringen:

„Lieber Old Shatterhand,
Ich bin ganz abgebrannt;
Lös' ich den Ehrenschein
Nicht in fünf Tagen ein,
Muss ich Schmul Veit verführ'n,
Ihn mir zu prolongier'n.

Ungefähr achtzig Mark
Macht nur der ganze Quark.
Schick sie mir mit Verstand
F. G. R. postrestant[1]."

Der Fassung dieser Zeilen nach vermutete ich, dass der Bittsteller mich persönlich kenne, seine Handschrift kam mir bekannt vor. Ich suchte und fand dieselbe Schrift auf dem noch nicht eingelösten Schuldschein, den mir der Sohn eines Freundes als Primaner ausgestellt hatte. Er war ein leichtlebiger, aber sonst braver junger Mann und wollte sich damals dem reichen Vater nicht entdecken. Ich tat dies jetzt an seiner Stelle, der Vater bezahlte mich und die neuen Schulden und ich erhielt darauf folgende Epistel:

„Mein lieber Shatterhand,
Du warst bisher bekannt
Mir als verschwieg'ner Mann,
Dem man vertrauen kann.
Doch dieser Illusion
Spricht dein Verhalten Hohn,
Denn du hast mich zwar heut
Von dem Schmul Veit befreit,
Jedoch auf eine Art,
Die nicht korrekt und zart.
Dich, der nicht schweigen kann,
Pump' ich nie wieder an!"

Man sieht, seine Reime besitzen ganz dieselbe Eigenschaft, wie er selbst: Sie sind nicht ganz schlecht. Und ich will zur allgemeinen Beruhigung hinzufügen, dass er mich trotz seines fürchterlichen Racheschwurs doch wieder „angepumpt" hat, wenn auch nur für sehr kurze Zeit.

Will ich in der Schilderung meiner Leiden fortfahren, so komme ich jetzt zu einer Gattung von Briefen, über welche ich eigentlich ein noch tieferes Schweigen beobachten sollte, als dieser Musensohn von mir verlangte; da dieses Genre aber nicht uninteressant ist und ich keine Namen nenne, so glaube ich keine unverzeihliche Indiskretion zu begehen, wenn ich in halblautem Ton sage, dass die Verfasser dieser Briefe meist Verfasserinnen sind. Diese Verfasser scheinen als Damen die Eigentümlichkeit zu haben, mich für jünger zu halten, als ich bin, und sich für meine Person ebenso sehr wie für meine Bücher zu interessieren.

„Wie ist die Farbe Ihrer Haare und Ihres Bartes? Was tragen Sie überhaupt für einen Bart? Welche Augen haben Sie? Singen Sie Tenor, Bariton oder Bass? Von welcher Gestalt sind Sie? Wie viel Kilo wiegen Sie? Rauchen Sie? Spielen Sie Billard, Schach, Skat? Sind Sie musikalisch? Welches ist Ihr Lieblingstanz? Wie gehen Sie am liebsten gekleidet, dunkel oder hell? Welches ist Ihre Leibspeise, Ihr Leibgetränk? Was ziehen Sie vor, die Oper oder das Drama? Schlafen Sie lange? Welcher Klasse fahren Sie?"

So lauten einige der vielen Fragen, welche man mir vorlegt. Ich beantworte sie:

---

[1] Franz.: poste restante = postlagernd

„Ich trage Schnurrbart und Fliege; beide waren, wie auch das Kopfhaar, sehr dunkelblond; jetzt beginnt eine zwar ehrwürdige, mir aber ‚gräuliche' Färbung überhandzunehmen, denn ich zähle 54 Jahre, sehe aber zehn Jahre jünger aus. Meine Augen sind graublau. Ich singe ersten und auch zweiten Bass, je nachdem, wohin mich der Herr Direktor stellt. Meine Gestalt ist schlank, sehnig; ich bin 166 Zentimeter hoch und wiege 75 Kilogramm. Ich rauche gern und spiele alles, finde aber keinen Genuss dabei. Ich bin musikalisch und geige, blase und streiche die meisten Instrumente, keines aber mir zur Genüge. Ich tanze alle Tänze, doch nur, wenn ich muss, lieber bin ich Mauerblümchen. Dunkelblau ist in Beziehung auf den Anzug meine Lieblingsfarbe. Frack und Chapeau claque können mich zur Verzweiflung bringen. Die Handschuhe sind bei mir stets zu finden, nämlich in der Tasche. Den Regenschirm nehme ich bei verdächtigem Wetter zwar mit, lasse ihn aber nicht nass werden. Jetzt liegt er in Regensburg und ich wohne in Radebeul bei Dresden. Meine Lieblingsspeise ist Brathuhn mit Reis, mein liebstes Getränk Magermilch. Ich komponiere jetzt selbst an einer Oper, stelle aber ein gutes Drama gleich hoch. Ich schlafe sehr wenig und fahre zweiter Klasse."

So, das wird für heute genügen! Es gibt aber noch intimere Fragen, z. B. ob ich verheiratet bin, seit wann, ob glücklich oder unglücklich, ob meine Frau eine Indianerin, Perserin, Araberin oder Türkin ist und dergleichen mehr. Da kann ich denn aus vollem Herzen sagen: Ich bin noch nicht lange verheiratet, aber sehr glücklich. Und da ich dies hier öffentlich erklärt habe, so will ich das Paket Briefe, welches ich schon in der Hand hielt, wieder weglegen, denn es enthält – *honny soit qui mal y pense*[1] – Heiratsanträge, meist ohne Vorwissen der betreffenden Dame von Verwandten oder Vormündern an mich gerichtet. Ein sehr, sehr wissbegieriger Backfisch in Aachen hat mich auch gefragt, ob ich eine Jugendliebe habe. O ja, eine recht glühende sogar, nämlich meine gute Großmama. Für sie hat mein ganzes kleines Herz geschlagen und ich bin so eifersüchtig auf sie gewesen wie – wie, nun, wie eben der sechsjährige, blinde Young Shatterhand auf seine Großmama!

Eine weitere Art von Briefen, für welche ich hier an dieser Stelle herzlichen Dank sage, denn die Absender sind durchweg Abonnenten unseres lieben „Hausschatzes", enthält Einladungen, denen ich leider aus Mangel an Zeit bisher nicht Folge leisten konnte.

Die Kunde von meiner mehrmaligen schweren Erkrankung hatte zur Folge, dass mir von Angehörigen der verschiedensten Stände die umfassendste Gastfreundschaft angeboten worden ist, um mich fern von dem nervösen Jagen und Hasten der Welt in ungestörter Ruhe erholen zu können. Ich konnte wählen zwischen den Puszten Ungarns, der grünen Steiermark, dem herrlichen Achensee, den Schweizer Alpen, dem sonnigen Rhein und dem stillen Nordseestrand. Sogar aus der Lüneburger Heide schrieb mir ein einfacher Bauersmann:

„Ich kann Ihnen kein Schloss und keinen Palast bieten, aber kommen Sie dennoch! Sie finden, was Sie brauchen: die tiefste Einsamkeit. Und wollen Sie mit jemandem verkehren, so wohnen hier Leute, deren Herzen Sie gewonnen haben. Also kommen Sie, versuchen Sie es wenigstens einmal!"

Wenn ich vorhin gesagt habe, dass ich an einer Oper arbeite, so will ich jetzt noch eine zweite Indiskretion begehen, indem ich verrate, dass ich die Absicht habe, Winnetou auf die Bühne zu bringen. Eine gewagte Idee? O nein! Der Farbe wegen?

---

[1] ‚Ein Schelm, der Böses dabei denkt.'

Hat nicht Shakespeare seinen Othello geschrieben, der ein vollständig schwarzer Mensch gewesen ist? Wie? Ich sei noch lange kein Shakespeare? Gewiss, das weiß ich wohl, aber dafür ist mein Winnetou auch viel heller als sein Mohr! Und wer Winnetou kennt, der gibt mir sicher recht, dass es keine edlere und ergreifendere Bühnengestalt geben kann als diesen hochragenden Häuptling der Apatschen, der ganz desselben tragischen Todes sterben musste, welchem seine untergehende Nation verfallen ist. Mir klingt noch heute das Ave Maria in den Ohren, bei dessen Klängen er in meinen Armen die Augen schloss. Es waren da nur die erste und die letzte Strophe angegeben und ich bin so oft von Abonnenten unseres Lieblingsblatts angegangen worden, das Fehlende gelegentlich zu ergänzen, dass ich glaube, mich heute am besten von ihnen zu verabschieden, indem ich diesen Wunsch erfülle:

> „Es will das Licht des Tages scheiden;
> Nun bricht die stille Nacht herein.
> Ach, könnte doch des Herzens Leiden
> So wie der Tag vergangen sein!
> Ich leg' mein Flehen dir zu Füßen;
> Oh, trag's empor zu Gottes Thron,
> Und lass, Madonna, lass dich grüßen
> Mit des Gebetes frommem Ton:
> Ave, ave Maria!
>
> Es will das Licht des Glaubens scheiden;
> Nun bricht des Zweifels Macht herein.
> Das Gottvertrau'n der Jugendzeiten,
> Es soll mir abgestohlen sein.
> Erhalt, Madonna, mir im Alter
> Der Kindheit frohe Zuversicht;
> Schütz meine Harfe, meinen Psalter;
> Du bist mein Heil, du bist mein Licht!
> Ave, ave Maria!
>
> Es will das Licht des Lebens scheiden;
> Nun bricht des Todes Nacht herein.
> Die Seele will die Schwingen breiten;
> Es muss, es muss gestorben sein.
> Madonna, ach, in deine Hände
> Leg' ich mein letztes, heißes Fleh'n:
> Erbitte mir ein gläubig' Ende
> Und dann ein selig' Aufersteh'n!
> Ave, ave Maria!"

KARL MAYs
GESAMMELTE WERKE

KARL-MAY-VERLAG
BAMBERG·RADEBEUL
www.karl-may.de